U0711480

丛书总主编／马怀德

中国政法大学新兴交叉学科研究生精品教材

电子商务与法律导论

主　编◎郑佳宁　于　淼

副主编◎王　茜　朱晓娟

撰稿人◎（按姓氏笔画为序）

于　淼　王　茜　朱晓娟　安晋城

吴悠然　郑佳宁　孟　涛　曹　凡

冀　放

DIANZI SHANGWU YU FALÜ DAOLUN

中国政法大学出版社

2023·北京

声　　明　　1. 版权所有，侵权必究。

2. 如有缺页、倒装问题，由出版社负责退换。

图书在版编目（ＣＩＰ）数据

电子商务与法律导论/郑佳宁，于淼主编. —北京：中国政法大学出版社，2023.9
ISBN 978-7-5764-1113-3

Ⅰ.①电…　Ⅱ.①郑…②于…　Ⅲ.①电子商务—法规—中国　Ⅳ.①D922.294

中国国家版本馆CIP数据核字(2023)第184040号

出 版 者	中国政法大学出版社
地 　 址	北京市海淀区西土城路 25 号
邮寄地址	北京 100088 信箱 8034 分箱　邮编 100088
网 　 址	http://www.cuplpress.com (网络实名：中国政法大学出版社)
电 　 话	010-58908435(第一编辑部) 58908334(邮购部)
承 　 印	保定市中画美凯印刷有限公司
开 　 本	720mm×960mm　1/16
印 　 张	28.75
字 　 数	516 千字
版 　 次	2023 年 9 月第 1 版
印 　 次	2023 年 9 月第 1 次印刷
印 　 数	1～4000 册
定 　 价	89.00 元

总　序

　　2017 年 5 月 3 日，在中国政法大学建校 65 周年前夕，习近平总书记考察中国政法大学并发表重要讲话。他强调，全面推进依法治国是一项长期而重大的历史任务，要坚持中国特色社会主义法治道路，坚持以马克思主义法学思想和中国特色社会主义法治理论为指导，立德树人，德法兼修，培养大批高素质法治人才。推进全面依法治国既要着眼长远、打好基础、建好制度，又要立足当前、突出重点、扎实工作。建设法治国家、法治政府、法治社会，实现科学立法、严格执法、公正司法、全民守法，都离不开一支高素质的法治工作队伍。法治人才培养上不去，法治领域不能人才辈出，全面依法治国就不可能做好。

　　习近平总书记强调，没有正确的法治理论引领，就不可能有正确的法治实践。高校作为法治人才培养的第一阵地，要充分利用学科齐全、人才密集的优势，加强法治及其相关领域基础性问题的研究，对复杂现实进行深入分析、作出科学总结，提炼规律性认识，为完善中国特色社会主义法治体系、建设社会主义法治国家提供理论支撑。法学学科体系建设对于法治人才培养至关重要。我们有我们的历史文化，有我们的体制机制，有我们的国情，我们的国家治理有其他国家不可比拟的特殊性和复杂性，也有我们自己长期积累的经验和优势，在法学学科体系建设上要有底气、有自信。要以我为主、兼收并蓄、突出特色，深入研究和解决好为谁教、教什么、教给谁、怎样教的问题，努力以中国智慧、中国实践为世界法治文明建设作出贡献。对世界上的优秀法治文明成果，要积极吸收借鉴，也要加以甄别，有选择地吸收和转化，不能囫囵吞枣、照搬照抄。

　　当前，我们正处于中华民族伟大复兴战略全局和世界百年未有之大变局之中，面对深刻的社会变革、复杂的法治实践和日新月异的科技发展，我们必须清醒地认识到，我国法学学科体系存在学科结构不尽合理、社会急需的新兴学科供给不足、交叉融合不够、学科知识容量亟待拓展等深层次问题，需要加快构建具有中国特色和国际竞争力的法学学科体系。正如习近平总书记深刻指出的那样："我国高校学科结构不尽合理，课程体系不够完善，新兴学科开设不足，法学与其他学科的交叉融合不够。"近年来出现的教育法、网络法、卫生法、体育法、能源法、娱乐法、法律与经济等新兴法律领域和交叉学科，已经开始挑战固有的法学学科秩序，带来法学学科创新发展的新机遇。健全法学学科体系，重点在于创新法学学科体系，必须大力扶植法学新兴学科和交叉学科的发展。学科体系建设同教材体系建设密不可分。要培养出优秀的法治人才，教材体系建设是重要基础性工作。中国政法大学作为中国法学教育的最高学府，可以利用其学科齐全、人才密集的优势开展法学新兴交叉学科教材的编写工作，促进法学新兴交叉学科的建设。

编写法学新兴交叉学科教材是落实全面依法治国要求，大力发展法学新兴交叉学科的需要。十八大以来，全面依法治国进入快车道，对法学学科体系建设提出了新要求，构建中国特色法学体系特别是学科体系、教材体系刻不容缓。2020年9月，教育部等三部委联合下发了《关于加快新时代研究生教育改革发展的意见》，该意见明确提出，要加快学科专业结构调整、加强课程教材建设。推进法学新兴交叉学科发展、加强法学新兴交叉学科教材建设，是我校落实全面依法治国要求、加快法学学科体系和法学课程教材建设的应有之义和具体措施。

编写法学新兴交叉学科教材是推动法学教育事业，培养复合型、创新型人才的需要。随着经济社会快速发展，社会急需复合型、创新型人才。在法学领域，急需既懂法律，又懂专业技术和其他社科知识的复合型、创新型人才。特别是熟悉监察法、党内法规、大数据、人工智能、共享经济、数字货币、基因编辑、5G技术等方面的人才奇缺，研究也不深入。为此，急需建立一批法学新兴交叉学科专业，开设更多新兴交叉学科课程，努力培养社会急需的复合型、创新型法治人才。中国政法大学在回应新技术革新对法治的挑战，培养创新型、复合型人才方面一直在积极探索、努力耕耘。近年来，我校相继设立了一批科研机构（包括数据法治研究院、资本金融研究院、互联网金融法律研究院、党内法规研究所等），开设了一批新兴交叉学科课程。为发展新兴交叉学科，推动法治人才培养取得实效，必须推进法学新兴交叉学科教材建设。

编写法学新兴交叉学科教材是引领世界法学学科发展潮流，构建中国特色法学学科体系的需要。近年来，许多国家法学新兴交叉学科发展迅速。例如，美国推动法经济学、法社会学、法政治学、法心理学、法人类学等新兴交叉学科建设，在世界范围内产生较大影响。中国要引领法学学科发展，必须打破法学内部的学科壁垒，扩充法学学科的知识容量，推进法学和其他学科的交叉与融合。习近平总书记指出，要按照立足中国、借鉴国外，挖掘历史、把握当代，关怀人类、面向未来的思路，体现继承性、民族性、原创性、时代性、系统性、专业性，加快构建中国特色哲学社会科学。我们要在借鉴国外有益经验的基础上，努力建设既体现中国特色、中国风格、中国气派，又具有国际竞争力，能够引领世界发展潮流的法学学科体系。

推出这套法学新兴交叉学科精品教材，希望可以积极推动我国法学教育新的发展方向，做法学新兴交叉学科建设的探路者。我们深知，合抱之木，生于毫末；九层之台，起于累土。希望这套精品教材的推出能够成为一个良好开端，为推进我国法学新兴交叉学科发展尽绵薄之力。经过一段时间的努力，相信一定能够建成具有中国特色、中国风格、中国气派，符合时代要求、引领世界法学学科发展的我国法学新兴交叉学科。

是为序。

中国政法大学校长 马怀德
2021 年 9 月 9 日

前　言

随着信息网络技术的广泛应用，电子商务这一新兴产业在我国蓬勃发展，使得整个商务环境和商业方式产生巨大变革，也导致法律问题日益综合化、复杂化。应对社会的新变化、解决复杂的社会问题亟需跨学科专业的知识整合，推动融合发展成为新文科建设的必然选择。目前，全国已有300余所高校开设了电子商务、电子商务法等相关专业，迫切需要能为上述专业提供交叉融合指导的教材。在此背景下，我们编写了《电子商务与法律导论》一书。

本书系在实践教学的基础上不断总结经验而成，相较以往单一学科的教材而言，具有如下特色创新：

第一，学科交叉，体系完整。本书通过提取"电子商务"与"电子商务法"学科之交叉公因式，打破学科专业壁垒，实现不同学科之间的有机融合，形成逻辑统一、体系完备、思维前沿、重点突出的知识体系。

第二，法商兼修，注重应用。本书着重电子商务与法学的知识对应，例如，网站建设、网络营销与电子商务经营主体，在线销售与电子商务合同，现代物流建设与快递服务合同，客户关系管理与消费者权益保护、个人信息保护等，并结合日常生活中的实践案例，帮助学生理解如何将知识融会贯通并运用到实践之中。

第三，体例丰富，教学相长。本书关注跨学科体系下理论与实践的有机结合，既介绍了理论知识和技术公式，又穿插了商业实践运用和法学案例，还为每章设置了导读、事例、思考题和拓展阅读模块，内容丰富、深入浅出。

本书为新兴交叉学科的研究生课程教材，通过多学科交叉视角，全方位培养研究生的知识体系，可以广泛适用于电子商务与法律、电子商务、电子商务法、网络与电子商务法等课程，以期为广大高校开展相关教学提供规范化、理论化、系统化和高质量的教学材料。全书共十章，包括电子商务与法律概论、网站建设与网络营销、在线销售、电子商务与现代物流建设、客户关系管理、电子商务经营主体、电子商务合同、电子商务中的消费者权益保护、电子商务中的快递服务和电子商务中的个人信息保护。具体写作分工如下：

第一章　电子商务与法律概论　郑佳宁　王　茜

第二章　网站建设与网络营销　于　淼

第三章　在线销售　于　淼

第四章　电子商务与现代物流建设　于　淼　吴悠然

第五章　客户关系管理　于淼

第六章　电子商务经营主体　朱晓娟　孟　涛

第七章　电子商务合同　郑佳宁

第八章　电子商务中的消费者权益保护　冀　放　曹　凡

第九章　电子商务中的快递服务　郑佳宁

第十章　电子商务中的个人信息保护　安晋城

作为一部兼具专业性和实践性、教学体系和学术创新的教材，希望本书的出版可以更好地助力我国高等院校高水平研究生培养方案的完善，为中国特色社会主义事业培养德法兼备、法商融合的复合型、实用型、创新型法治人才。需要说明的是，我国的电子商务产业仍处在快速发展和变动之中，相关法律制度规范也随时可能因修订而发生变化。本书在立足于现行法律规范的基础之上，力求通过理论阐发和实践展望提高教材内容的前瞻性，但仍不可避免地存在局限。书中如有疏漏或不当之处，敬请专家、读者不吝赐教。编者电子邮箱地址为 zjn2002zjn@163.com。

全体编者谨识

2023 年 5 月

目录 Contents

第一章 ·

电子商务与法律概论

【导语】

电子商务的出现与发展使得商事交易方式发生了重大变革，也给法律体系和适用规范带来了全方位的挑战。作为调整电子商务领域相关主体及其行为的法律规范，电子商务法成为商事法律体系的重要组成部分。

本章从电子商务的概念界定入手，全面介绍了电子商务的特征、分类和对法律的影响；随后详细阐述了电子商务法的一般理论，包括电子商务法的概念、调整范围、特征和作用，并概述了域内外国家电子商务法立法进程的演变；最后对电子商务法的基本原则进行了具体介绍，帮助学生对电子商务形成初步的、总体的认识。

本章的学习重点在于电子商务的概念和特征，电子商务法的基本概念、基本原则和立法概况。本章的学习难点在于电子商务定义的内涵与外延、电子商务的具体类型和电子商务法的适用范围。

第一节　电子商务概述

一、电子商务的概念界定

信息通信技术的飞速发展给商事实践与民众日常生活带来了难以估量的深远影响，各类全新的交易机制应运而生。其中，电子商务的勃兴尤为引人注目。此种商业模式有效地打破了时空地域给交易活动带来的障碍，促进了生产端与需求端之间的无缝对接，极大地降低了交易成本，具有划时代的重要意义。商务部、中共中央网络安全和信息化委员会办公室、国家发展和改革委员会2021年公布的《"十四五"电子商务发展规划》指出："'十四五'时期，电子商务将充分发挥联通线上线下、生产消费、城市乡村、国内国际的独特优势，全面践行新发展理念，以新动能推动新发展，成为促进强大国内市场、推动更高水平对外开放、抢占国际竞争制高点、服务构建新发展格局的关键动力。"随着商业实践的不断推进，电子商务法也逐渐由稚嫩走向成熟，由粗疏走向精进，成为商事法律体系的重要成员。电子商务法的发展建立在电子商务商业实践的基础上，对电子商务概念的界定是明确电子商务法调整范围、区分电子商务法与其他部门法的前提性问题，因此成为本书开篇必须解决的重大事项。

关于何为电子商务，学界与实务界并未达成一致观点，存在较多分歧与争议。其中，代表性观点主要有广义说与狭义说。广义说认为电子商务是指一切依托于电子技术手段而进行的货物交换、运输、咨询、工程设计、合营、银行业务等商事活动，该观点主张电子商务的概念界定应尽可能宽泛，以适应社会发展与商事实践不断演进的需要。广义说所谓电子技术手段，是指一切能够实现信息快速传输的远程通信技术，电讯、磁力、无线、光学等具体技术形式在所不问。在实践中，互联网、广电网、移动网络等载体形式均可纳入电子技术的范畴之中。① 广义说所谓商事活动，不论其是否具有契约的法律形式，只要其与商事宗旨相关，即应当认为满足上述构成要件。广义说被大多数域内外立法所采用，较为典型的包括美国《统一电子交易法》、联合国《电子商务示范法》等。

狭义说认为电子商务之概念仅包含以计算机网络为技术支撑开展的商事交易活动。狭义说将电子商务等同于在线交易，认为两者的内涵外延大体相同。此种观点对电子商务法调整范围进行了较为严格的限缩，主要体现在：在技术层面，其要求电子商务之认定以计算机网络为限，广播电视、电报通信等技术手段均排除在外；在行为性质方面，其要求电子商务必须为特定之交易活动，能够产生设立、变更、终止权利义务关系的规范效果。尤应注意的是，狭义说中的商事交易活动必须发生在线上，必须通过线上交易系统缔结，并留存有以数据电文方式呈现的合同，仅在线上发布信息而采取线下缔约的行为并不属于电子商务调整的范畴。采狭义说立场的规范性文件较为有限，其中，较为典型的为世界贸易组织颁布的《电子商务与世界贸易组织的作用》。

《中华人民共和国电子商务法》（以下简称《电子商务法》）采取的是广义说的立场，《电子商务法》第2条采取"积极明确＋消极排除"的定义模式对电子商务进行了界定。就积极层面而言，《电子商务法》明确电子商务是指通

---

① 崔聪聪："论电子商务法的调整对象与适用范围"，载《苏州大学学报（哲学社会科学版）》2019年第1期。

过互联网等信息网络销售商品或者提供服务的经营活动。对此，应当从电子商务所依托的技术、电子商务交易行为和法律属性三个维度进行理解。"信息网络"系开放性概念，其具体表现形式随着技术发展与更新而不断扩展，就现阶段而言，主要包括互联网、广电网、移动网络等形式。"销售商品"是指出卖人将特定商品的所有权移转给买受人，由买受人支付经济对价的行为，其在法律属性上表现为买卖合同的订立与履行。销售商品既包括有形产品，也包括销售无形产品，如数字音乐、电子书、计算机软件的复制件等。"提供服务"是指一方提供并不具有可视外观的经济性劳务，而另一方予以接受的行为，主要指在线提供的服务，如滴滴打车、网络教育、在线旅游等，也包括线上订立服务合同，线下履行的服务活动，如家政服务。"经营活动"是指以营利为目的的持续性业务活动，即商事行为。经营活动首先以取得利润为目的，不以取得利润为目的的活动，即便利用了信息网络也不属于电子商务。经营活动还应当是具有一定持续性的业务活动，自然人利用信息网络出售闲置物品等偶发性、短期性的交易活动因不属于经营活动而被排除在电子商务的范畴之外，应当通过合同法等民商事法律规范进行调整。①

就消极层面而言，《电子商务法》第 2 条第 3 款规定，金融类产品和服务，利用信息网络提供新闻信息、音视频节目、出版以及文化产品等内容方面的服务，不属于该法规定的电子商务范畴。对于金融活动而言，由于其关涉国家经济安全，也与每一个自然人的财产安全息息相关，对此，国家建立了较为严格的规制体系，以防范金融风险的滋生与蔓延。与此同时，金融领域专业性、技术性较强，互联网领域金融创新日新月异，其交易模式较为复杂，需要进一步研究，待时机成熟后出台单行法予以规制。对于部分文化传播活动而言，其也被称为有关网络内容的服务，涉及新闻信息、播放节目、提供出版文化产品等领域，这些领域也存在着专门的规范性文件，其与电子商务的其他交易活动在立法取向、规范体系、规制目标等方面存在着较大区别，因此，《电子商务法》将其排除在外，而交由专门法规进行调整。

二、电子商务的特征

电子商务的特征主要包括虚拟性、超越时空性和经营性。

---

① 电子商务法起草组：《中华人民共和国电子商务法条文释义》，法律出版社 2018 年版，第 20~21 页。赵旭东主编：《中华人民共和国电子商务法释义与原理》，中国法制出版社 2018 年版，第 9~10 页。

虚拟性是指电子商务交易模式不具有传统交易模式的实在物理外观，而是表现为高度观念化的存在。借助信息网络通信技术，数据电文通过一定的机制得以转化，最终表现为普通民众能够理解和感知的文字、图片、视频、声音等形式，在虚实结合之间最终实现交易缔结与顺畅履行的良好效果。电子商务的虚拟性主要体现在交易市场与交易主体两方面。就交易市场而言，电子商务营造出不同于线下领域的虚拟市场，其并不占据一定的实体空间，而是通过信息网络技术的运用营造出一个交互空间。在这一空间中，买卖双方汇集在一起，彼此交流信息，通过线上系统订立合同、完成合同履行。对于该市场的搭建与运营，电子商务平台经营者发挥着组织者的重要作用。[①] 一方面，其通过对程序代码、信息传输渠道、交易资格的开放在技术层面构建起具有公共性、非排他性的交换空间，为交易活动的展开提供必要技术支撑。另一方面，其也是该市场的规则制定者与执行者，具有交易规则的制定权与单方变更权，其依法创设并修改的自律规范对众多市场主体均产生规范拘束力，从而对这些主体的利益格局产生重大影响。借助上述机制，电子商务市场趋于稳定与有序，以避免虚拟性特征带来的潜在风险。就交易主体而言，由于电子商务采取远程线上交易模式，交易双方难以对相对人的权利能力和行为能力进行明确判断。传统交易者，对交易双方权利能力和行为能力的判断可以通过查验身份证件、感知言谈举止等来完成。但在电子商务领域，市场的虚拟化使得交易双方互不见面，多采取文字发送等方式进行交流，因此，相关主体很难对交易相对人的年龄、智力状况等作出清晰明确的判断，这给交易安全带来了一定困扰和挑战。除此之外，部分主体还可能会利用网络的虚拟性特征以及双方之间的信息不对称局面，蓄意提供虚假信息，冒用他人之名义开展交易活动。上述种种现象均要求电子商务领域须适用特别的规制机制，通过行为能力推定、商事登记与公示等法律规则化解上述风险，有效应对交易主体虚拟化带来的挑战。

超越时空性是指电子商务交易活动能够超越时间与空间的障碍，从而极大地扩展交易领域和范围的特征。传统交易模式受制于时间与空间的限制。时间限制主要表现为，绝大多数经营者均存在一定的营业时间，交易相对人只能在该时间范围内与其发生交易关系。出于有效控制成本、提升经营收益的考虑，全年不打烊、24 小时不间断营业模式只有在例外情况方能被采用，且采取这一模式的经营者通过会适度提升产品、服务价格以应对成本压力。空间限制主要

---

① 薛军："电子商务法平台责任的初步解读"载《中国市场监管研究》2019 年第 1 期。

表现为，交易双方须身处同一地域环境内开展交易活动，故交易双方通常情况具有地缘上的相近性，跨国与远途贸易只有在大宗交易等为数不多的情况才会被采用。电子商务的出现极大改变了上述局面，一方面，电子商务具有超越时间限制的特征，交易主体借助信息化通信技术，能够在有限压缩经营成本的基础上，长时段、不间断地开展经营活动。另一方面，电子商务具有超越空间限制的特征，电子化手段的运营模式将身处不同地域的主体串联起来，极大地降低了远途交易的成本，使得跨地域交易成为可能。在电子商务的助力之下，消费者足不出户便可以购买到来自世界各国、各地区的商品，从而有效满足了其多样化、日趋丰富的消费需求。

经营性是指电子商务系长期性、组织性的活动，其最终目的在于获取利润并最终实现向成员的分配。[①] 经营性是所有商事法律行为的基本特征，含有普遍的营利性目的或经济性目的。[②] 电子商务的经营性主要表现为两个方面，一是电子商务具有很强的组织性与计划性。电子商务经营者通常会事先进行市场调研，投入大量资金开发软件、设计平台，配备相应的专业人员并确定其经营范围等。这些行为均围绕营利性目的展开，彼此配合、相互协调，形成一个周密的整体。与此同时，电子商务中的交易行为具有数量多、持续时间长、类型较为固定的特点，这与小额零星交易活动形成鲜明反差。二是电子商务是相关经营者获取利润并最终实现向成员分配的桥梁与纽带。借助相关交易活动，电子商务经营者力图实现以较小的投入获取较大收益的目标，源源不断地创造出利润，以维系组织的生存与发展。在实践中，电子商务经营者逐渐形成了各具特色的营利模式，大体分为两类：一是直接营利模式，即直接向商品服务的接受者收取一定费用，此种经营模式主要适用于平台内经营者、自营经营者等主体。二是间接营利模式，即并不直接向商品服务的接受者获取经济对价，而是通过其他主体获取利润的模式。间接式在电子商务平台经营者中较为常见，由于该领域具有的双边市场特性，相关经营者可以自由地将利润在不同主体之间进行配置，因而可能会出现免费向特定主体提供服务的情形。

三、电子商务的分类

对于电子商务，可以从不同维度、不同视角进行分类，法律意义上的分类着重关注其对法律规范适用的影响。

---

① 郑佳宁："电子商务平台经营者的私法规制"，载《现代法学》2020 年第 3 期。

② 赵中孚主编：《商法总论》，中国人民大学出版社 2009 年版，第 147 页。

（一）完全电子商务与不完全电子商务

根据电子化技术手段在交易活动中发挥作用的不同，可以将电子商务分为完全电子商务与不完全电子商务。完全电子商务，是指从磋商、缔约至履行的每一个环节均采用电子化技术手段进行的交易活动。实践中，完全电子商务的情形较为有限。完全电子商务需要满足如下标准：首先，电子商务经营者须在平台上发布交易信息，以供潜在的交易对象浏览、查阅；其次，交易相对人与该经营者通过线上缔约系统缔结合同，并以数据电文的方式保存相关内容；最后，合同的履行也须通过电子化手段进行，由于商品自身性质的局限，目前只有数字产品、在线服务等可以适用该交付机制，普通商品或服务则仍须借助线下机制完成履行，如通过快递物流等服务实现空间位置的变动，并最终交付交易相对人。不完全电子商务，是指只有一个或几个交易环节采取了信息网络技术，其余交易环节系借助线下手段进行的交易活动。较之于完全电子商务，不完全电子商务的情形较为复杂，其既可能是磋商环节使用信息网络手段而缔约环节通过线下方式进行，也可能是磋商缔约环节使用信息网络手段而履约环节通过线下手段进行，亦有可能磋商缔约环节使用线下机制而支付等履行环节通过信息手段进行。完全电子商务与不完全电子商务区分的意义在于两者的规范适用存在明显区别，对于前者而言，《电子商务法》适用于交易的整个流程，而对于后者而言，电子商务法仅适用于部分环节，对于采取线下交易机制的环节，则需要依据《民法典》《消费者权益保护法》等。

（二）B2B、B2C、C2C 电子商务

根据交易或商业环节的参与方类型，主要可将电子商务分为企业间电子商务（business-to-business，B2B）、企业与消费者间电子商务（business-to-customer，B2C）、消费者间电子商务（customer-to-customer，C2C）。B2B 电子商务是指在企业与企业之间通过信息网络手段开展的交易活动。在此类电子商务中，交易双方均为以营利为目的的企业，它们往往具备一定的财力、较为完善的组织架构与交易经验，交易双方的地位也大体平等，无倾斜保护之必要。有鉴于此，对于此类电子商务，法律规范应充分尊重交易双方的意思自治，尽可能减少强制性规范的设置，避免法律规范对市场交易的过度介入与干预。B2C 电子商务是指发生在企业与消费者之间通过信息网络手段开展的交易活动。该类电子商务均呈现出主体非对称性的特点，即交易的一方为消费者，以自身消费为目的购买特定商品或享受特定服务。交易的另一方为经营者，其可能表现为商法人、商合伙、商个人的组织形态，它们本质上以追求利润之目的而持续性开展经营活动，向社会不特定主体提供某一或某几种类型的商品或服务。由于交易主体的差异性，对于 B2C 电子商务，法律规范需要采取倾斜保护的立场，对于经营者课以较重的义务而对消费者予以适度优待，并设置必要的强制性规范，以防范经营者利用其经验或优越地位谋取不当利益。C2C 电子商务是指发生在消费者与消费者之间通过信息网络手段开展的交易活动。C2C 电子商务的创意来自跳蚤市场，顾名思义系个人消费者之间的交易，目的是个人使用而非转卖。但随着 C2C 电子商务交易的不断发展和观念的改变，现实中出现卖家通过出售未使用的商品进行"零售套利"。此时，如果卖家购买商品之前已经计划进行转售，则其产品购买融合了个人使用和未来交易的双重目的，其角色更接近于零售商，应当按照商个人处理。反之，如果卖家在购买一段时间后才产生转售意图，事先并没有转售计划，则应当视为消费者处置财产的行为，卖家仍然属于消费者。

（三）境内电子商务与跨境电子商务

按照交易双方是否处于同一国边境之内，可将电子商务划分为境内电子商务与跨境电子商务。境内电子商务，是指商品服务的提供者与接受者处于同一国边境之内的电子商务交易模式。跨境电子商务是指交易双方身处不同国家或单独关税区的电子化交易行为。跨境电子商务可以进一步细分为两种情形：一是商品或服务提供者位于境内而交易相对人位于境外；二是商品或服务提供者位于境外而相对方位于境内。跨境电子商务的法律适用较为复杂，除境内电子商务涉及的法律关系外，还涉及海关入境、关税征收、检验检疫等法律关系。除此之外，由于交易双方身处不同国度或单独关税区，其民商事法律适用之准据法确定也较为复杂。基于意思自治原则，双方当事人可以从买受人所在地、出卖人所在地、合同履行地等的法律中选择其一作为明确其利益格局的依据。跨境电子商务系本领域的新兴形态，其发展壮大对于全行业的转型升级意义重大，因此，《电子商务法》对其设置了专门的扶持政策，[①]该法第 71 条、72 条明确规定国家对其发展持积极鼓励态度，并从体制机制的方面为其顺畅履行提供必要制度保障，提升服务质量，以扫清其发展存在的障碍。

（四）商品交付电子商务与服务提供电子商务

按照交易法律关系的不同可将电子商务划分为商品交付电子商务与服务提供电子商务。商品交付电子商务，是指以商品的交付以及所有权或使用权的移转为主要内容的电子商务交易活动。就规范性质而言，此类交易双方之间存在

[①]　有论者指出在跨境电子商务发展过程中，政策因素的作用非常重要。相关内容参见李向阳："促进跨境电子商务物流发展的路径"载《中国流通经济》2014 年第 10 期。

买卖合同或租赁合同等法律关系，商品的提供方须将其财产权利一时性或永久性的移转给相对方，与此同时，提供方可以获得价金或租金作为补偿。商品交付电子商务交付的商品包括有形商品与无形商品，前者的交付原则上只能通过线下方式进行，出卖人或出租人可以自行将商品运送至双方约定的交付地点，完成合同义务的履行，也可以采取外包的方式，通过运输服务、快递服务来完成这一过程。后者因欠缺具体可感的有形外观，其交付通常采取的是线上方式，商品提供方须在约定时间内将该商品上传到指定系统，以供相对方及时下载、查阅。服务提供电子商务，是指以劳务的提供为主要内容并通过电子化手段进行的交易活动。服务提供电子商务中的交易双方存在服务合同法律关系，通常不伴随着财产权利的移转。在学理上，服务具有非实体性、消费提供同时性、非标准化的特点，服务的水准质量与双方之间的特性以及彼此互动有着高度的关联性。除部分线上服务外，绝大多数情况下服务的提供需要交易双方保持时空位置上的同一性，这使得此类电子商务交易的履行多采用线下模式。

（五）互联网电子商务与移动网络电子商务

根据交易依托的信息网络手段的差异可将电子商务划分为互联网电子商务与移动网络电子商务。前者是指基于因特网协议而将不同计算机系统串联在一起的信息网络手段而实施的电子化交易行为。后者是指利用非 PC 端设备之间的网络通信技术而实施的电子化交易行为。两者的主要区分体现在技术层面，就规范适用而言，两者并无本质性的区别。在实践中，随着智能手机的迅速普及，移动网络电子商务已经取代互联网电子商务，成为占比最大的电子商务交易模式。

四、电子商务对法律的影响

电子商务的出现与发展使得商事交易模式发生了重大变革，全新技术手段的运营在一定程度上促使法律关系趋于复杂，虚拟性、超越时空性、经营性特征给法律体系、规范适用带来了全方位的挑战，具体来说，其体现在如下方面：

第一，电子商务对合同法的影响。电子商务的出现极大地扩展了交易范围，使得民事主体能够与身处不同地域的主体缔结合同，有力扩展了意思自治的内涵，使民事主体的自主选择权得到有力保障。与此同时，电子商务促使合同法作出必要的调整以适应信息时代交易模式日新月异与不断演进的需要。在行为能力方面，电子商务虚拟性的特征使得传统意义上对主体资质条件的审查变得困难重重，由于信息的高度不对称，交易双方很难对彼此的年龄、智力状况作出清晰明确的判断，法律行为效力与交易安全因此陷入极大的不确定性之中。有鉴于此，我国《电子商务法》引入行为能力推定机制，借助程序规则巧妙地化解了上述难题。[①] 在合同订立层面，电子商务中的要约与承诺多采取数据电文的方式发送，到达与生效的时间、地点难以适用传统合同法的相关规则，由此带来的是合同成立时间、地点的模糊化。针对这一问题，电子商务法采取的是数据电文到达指定系统的处理规则。在合同效力层面，电子商务采取无纸化的数据电文形式，此种载体并非传统意义上的口头或书名合同，法律地位的含混不清使得其效力处于难以确定的尴尬境地。面对此种局面，各国电子商务法普遍采取功能等同的处理原则，直接以法定形式赋予其相应的规范地位，明确其对各方当事人具备的拘束效力。[②] 在合同类型层面，电子商务涉及的合同包括电子商务服务合同与电子商务交易合同，后者在整个交易体系中发挥着中心性的作用，是交易目的与归宿所在，而前者则扮演着辅助性、工具性的角色。这两类合同在目的宗旨、规范属性上均存在明显区别，需要分别进行规制。尤其是电子商务服务合同，其往往涉及平台经营者的规则创制权，如何有效协调平台自律监管与消费者权益保护之间的关系，妥善处理各方主体错综复杂的利益格局，成为合同法必须回答的重大课题。

第二，电子商务对知识产权法的影响。电子商务极大地丰富了知识产权的载体形式，使得文化产品的传播更为便捷、快速，但也在一定程度上成为滋生知识产权侵权行为的天然温床。[③] 在实践中，利用电子商务手段侵害著作权、商标权等权利的行为屡见不鲜，这极大地扰乱了市场秩序，给知识产权保护带来了极为恶劣的负面影响。为切实扭转上述局面，还权利人一片朗朗晴空，知识产权法须从如下方面进行调整：首先，明确平台经营者的义务和责任。作为市场组织者、运营者，电子商务平台经营者理应担负制止不法行为、保护知识产权的重要职责。但也要认识到电子商务平台经营者不是专门的执法机构，其能力存在一定的限制，不宜过度施加义务，否则将对电子商务的发展产生消极影响。因此，如何科学合理地设置电子商务平台经营者义务的边界范围，寻求出各方都能接受的共识方案，成为知识产权法的重要课题。其次，著作权中的网络信息传播权在线上领域频频遭受侵害，其权能范围、侵害形式、法律救济等内容仍然较为模糊，有待进一步完善和明确。最后，电子商务的勃兴给商标权保护提出了全新课题。在线上领域，部分经营者采取注册域名、关联检索词

---

① 参见《中华人民共和国电子商务法》第 48 条的规定。
② 张楚：《电子商务法》，中国人民大学出版社 2016 年版，第 48 页。
③ 杨立新："电子商务交易领域的知识产权侵权责任规则"，载《现代法学》2019 年第 2 期。

汇、不当关联等行为，试图取得竞争优势，此种行为在无形中降低了商标与权利人之间的排他性联系，容易使社会公众产生错误认识和判断。在这一背景下，商标法应如何协调权利保护与营业自由的关系，实现对上述现象的有效规制，成为法律人无法回避的必答题。

第三，电子商务对消费者法的影响。电子商务的飞速发展给消费者带来了丰富多彩的商品选择，使其交易范围迅速扩大，对于消费需求的满足具有重大意义。然而，我们也应当看到，电子商务的虚拟性、超越时空性特征，使得交易双方之间的信息不对称局面更为凸显，欺诈行为等侵害消费者合法权益的行为屡见不鲜。电子商务对消费者法的影响具体体现在：首先，消费者知情权保障受到冲击。在电子商务交易模式中，消费者难以对商品与服务进行切身体验，消费者的信息来源较为单一，高度依赖经营者提供的文字与图片。因此，如缺乏合理规制，那么消费者与经营者双方的利益格局将处于失衡局面。因此，在交易过程中，应当课以经营者充分告知说明的义务，要求其准确无误地向消费者传递与交易相关的一切信息，尽可能做到充分和具体。否则，消费者可以欺诈、重大误解等为由撤销合同，摆脱不当关系对其束缚。在交易完成后，原则上应赋予消费者反悔权，允许其在一定期限内无条件解除合同，使交易双方的法律地位恢复至交易未曾发生的状态。其次，消费者的公平交易权受到冲击。电子商务具有明显的规模经济效应，市场的发展使得相关经营者尤其是平台经营者趋于集中，[①]这些经营者实力雄厚、经验丰富，牢牢掌握了市场主动权，它们往往会借助格式条款等方式将自身意志转化为合同内容，从而使得消费者公平交易权面临一定的风险。为此，法律规范需要对格式条款进行有效的规制，既要课以相关条款提供者以积极告知义务，使消费者充分了解其内容，又应当建立格式条款效力审查机制，严格检视格式条款的合法性与合规性，避免格式条款成为"合法"侵害消费者权益的"白手套"。最后，消费者救济权面临一定挑战。在电子商务交易活动中，相关合同通常以数据电文的形式呈现，因技术原因，这些证据材料大多掌握在经营者手中。因此，如若仍然沿用"谁主张谁举证"的既有规则，消费者极有可能因举证不能而陷入败诉的境地，这明显悖于法律公平正义的价值追求。在这种情况下，有必要打破传统规则，对该领域的举证责任重新进行合理配置。除此之外，电子商务具有小额性、远程性的特点，而传统的争端解决模式则成本高、效率低，难以为消费者提供便捷、周延的保护。因此，须充分结合电子商务的本质特征，引入全新的争端调处模式，

---

① 赵鹏："平台、信息和个体：共享经济的特征及其法律意涵"载《环球法律评论》2018 年第 4 期。

使消费者足不出户便可实现有效维权。

第四，电子商务对竞争法的影响。电子商务的出现在相当程度上重塑了市场竞争格局，流量、点击与关注成为各经营者提升竞争力的重要资源，全新的经营行为层出不穷。电子商务具有双边市场的属性，相关经营者可以将收益在不同类别主体之间进行灵活配置，交叉补贴的盛行一定程度上使得相关市场的认定变得困难重重，并最终影响反垄断法对滥用市场支配地位的有效规制。①针对该问题，可以采取利润来源的界定模式，按照相关经营者获利领域的相似性判定相关市场的范围，并以此为基础对相关垄断行为进行认定。此外，电子商务领域也出现了部分扰乱市场秩序、违背商业道德要求的不正当竞争行为，如电商平台的经营者集中控制、电商平台的"二选一"以及数据互操作等，为行业的发展埋了一层阴影，也可能诱发逆向选择的恶性循环。②竞争法能否对电子商务发展带来的新问题、新挑战进行有效回应，无论在理论层面抑或是实践层面均具有重大且不可替代的意义。

第五，电子商务对税法的影响。电子商务的出现与发展在创造巨额经济产值的同时，也提供了潜在的财政收入来源。科学合理的设置税收规则，促进实现行业发展与税收有效征管之间的动态平衡，已经成为电子商务立法的重要目标之一。电子商务法遵循线上线下原则上须适用同等法律规范、履行相同义务的原则，不因技术载体的区别而有所差异。税法领域同样遵循这一原则，故除法律另有规定外，原则上电子商务经营者均应当履行积极纳税之义务，为社会秩序的维护与公共服务的提供贡献力量。依法纳税与税收征管目标的实现以税收主管部门及时、准确地掌握相关信息为前提。为切实降低信息获取成本、有效提升行政效率，法律对相关经营者设置税收登记义务，经营者设立、终止以及发生重大事项变动时，均应当向有关部门及时申报。为更好地发挥行业自律的作用、实现社会共治的政策目标，还应当调动电子商务平台经营者的积极性，使其参与到税收征管过程中来，并针对电子商务平台经营者的控制支配地位以及对平台内经营者相关信息的掌握，对其设置额外的法律义务。电子商务平台经营者除须履行依法纳税与税收登记义务外，还应当积极督促平台内经营者履行上述义务，及时跟进、掌握这些主体的义务履行情况，并向税收管理部门反

---

① 有论者指出，相关市场界定通常是反垄断分析的起点和基础，任何竞争行为均发生在一定市场范围内，界定相关市场就是明确经营者竞争的市场范围。相关内容参见赵莉莉："反垄断法相关市场界定中的双边性理论适用的挑战和分化"，载《中外法学》2018年第2期。

② 王晓晔："中国数字经济领域反垄断监管的理论与实践"，载《中国社会科学院大学学报》2022年第5期。

馈相关情况。当平台内经营者不履行或不完全履行上述义务时，电子商务平台经营者可以采取暂停交易资格、屏蔽链接、终止服务等一系列处置措施，确保本平台经营主体在税法领域的合法、合规。

第二节　电子商务法一般理论

一、电子商务法的概念和调整范围

（一）电子商务法的概念

通常而言，法律是指国家强制力制定或认可的，旨在调整特定社会关系的规范总和。作为商事领域重要的法律部门，电子商务法的概念界定同样遵循以上内容。因此，本书将电子商务法界定为旨在调整电子商务领域相关主体及其行为的法律规范的总称。由此可见，电子商务法的概念界定与调整范围受到电子商务本体的强烈影响，对后者不同的理解将直接导致对电子商务法认知上的差异性。[1] 基于此，可以从不同的层面对电子商务法进行解读。

1. 形式意义上的电子商务法与实质意义上的电子商务法。根据电子商务法的表现形式，可将电子商务法分为形式意义上的电子商务法与实质意义上的电子商务法。形式意义上的电子商务法，是指由立法机关颁行的以电子商务为主要规制对象的法典或单行法。我国于 2018 年颁行的《电子商务法》即属于其典型代表，该法包含七章共 89 条的内容，从市场主体、交易行为、行政监管等方面对电子商务领域进行系统化、全方位的有效规制。形式意义上的电子商务法具有设计周密、体系性强、内容纯粹单一等特点，是调整电子商务的基本法律规范，对当事人的行为具有很强的指引作用。[2]

实质意义上的电子商务法，是指相关规范并非为专门调整电子商务领域而制定，但在客观上却适用于电子商务的相关规范之总和。电子商务涉及的法律关系极为复杂，横跨诸多部门法，所涉及的法律关系，既表现出自身强烈的个性特征，又带有法律规范所具有的共性问题，对于共性问题，径直适用既有规范即可，并无重复立法之必要。因此，虽然《电子商务法》是调整电子商务相关主体及其行为的"规范大本营"，但仍有众多规范散落于其他规范性文件

---

[1]　张楚：《电子商务法》，中国人民大学出版社 2016 年版，第 7 页。

[2]　有论者指出，在我国《电子商务法》颁行之前，本领域存在着缺乏系统化和指导目标，各自为战的问题，相关内容参见刘颖："我国电子商务法调整的社会关系范围"，载《中国法学》2018年第 4 期。

之中，形成"一主多辅"的规范格局。具体而言，实质意义上的电子商务法主要包括：其一，《民法典》中有关行为能力、合同订立履行、侵权责任等内容；其二，《消费者权益保护法》中有关消费者权利、经营者义务以及争端解决等内容；其三，《专利法》《著作权法》中有关权利授予程序、权利保护范围、侵权行为样态及免责事由、法律责任等内容；其四，《民事诉讼法》及其司法解释中有关案件管辖确定、举证责任分配、庭审程序等内容；其五，《反垄断法》《反不正当竞争法》中有关垄断行为、不正当竞争行为界定的相关内容。

2. 狭义的电子商务法与广义的电子商务法。根据电子商务法调整对象的不同，可将电子商务法分为狭义的电子商务法与广义的电子商务法。狭义的电子商务法，是指以在线交易活动为主要调整对象的法律规范之总和。一方面，狭义的电子商务法的调整对象必须为在线交易活动，即经营者通过在线交易平台发布相关交易信息，消费者知悉相关信息后通过线上交易系统缔结合同的交易模式。此种模式的成立以交易远程性满足为前提，线上发布交易信息而线下缔约的行为并不落入其调整范围之内。另一方面，狭义的电子商务法主要调整的是电子商务的技术层面，即电子化技术手段的运用对双方利益格局产生实质性影响，包含合同缔结、电子签名、算法规制等内容，至于此种行为的实质层面，在通常情况下并不属于电子商务法的调整范围之内。

广义的电子商务法，是指以一切电子商务交易及其相关法律问题为调整对象的规范总和。广义的电子商务法调整的是一切电子商务交易活动，与交易活动具有关联性及由此产生的相关法律问题均在电子商务法的调整范围内。本书认为，广义的电子商务法的立场更为可取。首先，广义的电子商务法对电子商务的界定更为灵活、开放，能够适应电子商务多元发展的趋势，为行业未来的发展预留了广阔的空间。其次，广义的电子商务法的调整范围更为广泛，能够对方方面面法律关系进行有效规制，从而能够有效避免陷入规范缺失的局面，这对各方权利义务的明确而言具有积极意义。最后，广义的电子商务法兼顾体系思维，能够有效地协调不同法律部门之间的关系，从顶层设计的角度筹划一套系统方案，最终实现对电子商务领域全盘规制的理想效果。与之相反，狭义的电子商务法使得电子商务法的调整范围过于狭隘，无视了不同法律领域之间的复杂流动关系，容易导致"只见树木，不见森林"的局面。

（二）电子商务法律关系

法律关系是在法律规范调整社会关系中形成的人与人之间的权利义务关系。[1]

---

[1] 舒国滢主编：《法理学导论》，北京大学出版社 2019 年版，第 137 页。

电子商务法律关系是电子商务法调整范围所在，也是其区别于其他法律部门的重要标志。①因此，对电子商务法律关系可以从主体、客体与内容三个方面进行理解。

第一，电子商务法律关系之主体。法律关系的主体即法律关系中一定权利的享有者和一定义务的承担者。电子商务法律关系的主体主要包括电子商务经营主体、交易相对人、电子商务监管主体等。电子商务经营主体是指为实现有效盈利目标而有计划、有组织地开展电子商务经营活动，向社会各界提供特定商品或服务的自然人、法人和非法人组织。《电子商务法》将电子商务经营主体表述为"电子商务经营者"，包括电子商务平台经营者、平台内经营者以及通过自建网站、其他网络服务销售商品或者提供服务的电子商务经营者。作为商品或服务的提供方，电子商务经营主体是本领域最具活力、交易最为频繁的参与者，其通过持续不断的交易活动为电子商务的蓬勃发展贡献重要力量。值得注意的是，电子商务经营主体内部情况复杂、多元，并非所有的经营主体均直接与交易相对人发生法律关系，部分经营主体如电子商务平台经营者，其更多的是扮演着技术性、辅助性角色，通过特定服务的提供为交易的顺畅进行保驾护航。

交易相对人是指利用电子商务平台与经营者发生交易活动，以获取特定商品或服务的主体。普通消费者是交易相对人的重要组成部分，消费者权益保障是迈入电子商务时代法律重点关注的问题。电子商务监管主体是指对电子商务经营主体以及相关交易行为进行监督管理的主体。电子商务的健康持续发展离不开良好市场环境与交易秩序，需要监管机构对电子商务交易进行全方位、多主体、不间断的有效监管。从类型上来看，电子商务监管主体既包含市场监管、税务、网络信息管理、海关等政府部门，也包括行业协会、消费者权益保护委员会等社会团体，这些主体分别对电子商务实施行政监管与自律监管，从不同角度共同致力于良善市场环境的营造。

第二，电子商务法律关系之客体。电子商务法律关系的客体是权利与义务指向的对象，具体包括给付、物、智力成果、人格利益等。给付是指电子商务经营主体与交易相对人依据合同所实施的作为和不作为。就其内容而言，给付因交易关系的不同而有所差异。在买卖合同中，将商品交付给快递服务提供者，由其运送至指定地点交付收货人，并实现所有权的移转构成了给付的主要内容。

① 目前电子商务法律关系主要包括电子商务主体法律关系、电子商务交易法律关系、电子商务支撑保障法律关系等，相关内容参见孟兆平："中国电子商务法立法基本问题研究"，载《学习与实践》2016年第5期。

在服务合同中，提供特定劳务，实现服务接受方自身或固有财产状况的变动构成了给付的主要内容。而电子商务领域的物主要指的是有形商品，即具备特定物理外观，能够进入流通领域实现自主交易的物品。按照是否可以移动的不同，可以将其分为动产与不动产。智力成果是指凝结了人类无差别的脑力劳动，具有一定功能与价值的无形客体。电子商务领域的智力成果多表现为数据电文形式，其并不具有能够为人类所感知的物理外观，而是与特定计算机系统紧密相连，通过数据电文生成、复制、修改的操作发挥其功能。人格利益是指自然人所享有的与其自身紧密关联、不可分割的利益，生命、健康、隐私、个人信息等均为其重要组成部分，这些人格利益受到法律的保护，电子商务经营者等主体不得采取直接或间接方式侵害之，否则将面临相应的法律责任。

第三，电子商务法律关系之权利义务。这是指相关主体在电子商务活动中所享有的权利与所承担的义务。首先，电子商务经营主体须承担依法纳税、税收登记、依法经营、主体信息公示、交易信息披露、保护交易相对人个人信息、公平竞争等义务，并享有自主经营权、公平对待权等权利。其次，交易相对人享有安全权、知情权、自主选择权、公平交易权、任意解除权、救济权等权利，并负有按照合同约定全面、及时地履行给付的义务。最后，电子商务监管主体享有按照权限创制规范性文件，对相关经营者进行监督检查、处罚的权力，但权力行使必须遵循依法行政原则与比例原则，须做到对全体经营者一视同仁，除具备正当理由外，不得对上述主体实施区别对待。与此同时，电子商务监管主体须尊重经营主体所享有的各项合法权益，作出负担性行政行为时，应允许其进行申辩，主动听取其意见建议，最大限度地降低监管活动给相关主体经营带来的滋扰。

二、电子商务法的特征和作用

（一）电子商务法的特征

电子商务法的特征是指该法自身所独有的，区别于其他法律部门的固有特点，其主要体现在如下方面：

第一，开放性。电子商务法的调整范围与规制对象并非一成不变，而是随着行业的发展不断变动、延伸，具有很强的弹性空间。电子商务法的这一特征与电子商务领域的发展息息相关。作为新兴并蓬勃发展的商业形态，电子商务始终保持着相当的生机与活力，新的技术手段与商业模式持续涌现，故电子商务法必须保持开放性的态度，包容不断发展变化的电子商务技术，才能适应电子商务发展的需求。电子商务法的开放性主要体现为经营主体的开放性、技术手段的开放性和交易模式与法律制度的开放性。首先，电子商务经营主体不以具体服务类型的提供与否作为判断的必备条件，而是以其目的本质的追求作为认定标准。其次，电子商务法并不限定交易使用的特定技术载体形式，相关技术只要能够达到远程快速传递信息的功效，且运用于商事交易活动中，即可纳入该法的调整范围之内，这为新技术的发展预留了充足的空间。最后，随着电子商务领域的不断发展，新的交易模式不断兴起，社交电商、直播电商等模式逐渐进入规范视野并占据一席之地，这些模式中涉及的个人信息保护、检验检疫、海关申报等问题亦受到电子商务法的调整与规范。

第二，国际性。电子商务本身具有全球性与跨国性的特征。信息网络技术的广泛运用使得空间距离不再成为交易缔结与达成的障碍，商品与服务可以跨越山川险阻在全球各国之间自由流动。跨境电商的迅速发展，成为拉动本行业、本领域发展的重要"增长极"，为民众消费水平的提升、资源的有效整合、外向型经济的发展作出重要贡献。[①]电子商务的发展对电子商务立法提出了新的要求，1996 年联合国国际贸易法委员会电子商务工作组通过了《电子商务示范法》，旨在为电子商务活动创造一个安全的法律环境和提供一套可以被国际社会接收的法律范本。该法对数据电文范围、意思表示达到时间、合同成立地点等方面的规定深刻影响了我国立法，构成了《民法典》《电子商务法》相关内容的直接来源。

第三，综合性。电子商务法的综合性是指电子商务法调整和规制的法律关系属性多元，调整方法多样的特点。在体系定位上，电子商务法呈现出较强的行业法而非部门法的特征，其带有强烈的跨部门法色彩，[②]横跨民商法、经济法、行政法等多重传统法律部门。一方面，电子商务法既调整平等主体之间形成的横向法律关系，如合同法律关系与侵权法律关系。在这些法律关系中，相关经营者、消费者等主体法律地位平等，任何一方均不享有优越于对方的法律地位，双方基于意思自治与友好协商妥善地处置彼此之间的矛盾和分歧。另一方面，电子商务法也调整行政主管部门以及管理服务对象之间发生的纵向法律关系，由相关部门对电子商务经营者、消费者的相关行为进行监督、检查并纠正、处罚相关违法行为。在这一法律关系中，双方之间的法律地位并不平等，相关部门作出的行政行为具有单方性、自主性的特征，无论行政相对人自身意愿如何，

---

① 刘家国、刘巍、刘潇琦、赵金楼："基于扎根理论方法的中俄跨境电子商务发展研究"载《中国软科学》2015 年第 9 期。

② 孙笑侠："论行业法"，载《中国法学》2013 年第 1 期。

是否接受该决定，该行为均对其产生法律效力。电子商务法的综合性特征使其能够实现对本领域全面、系统调整的目标，但不同法律部门在规范构造、价值理念、目标追求等方面存在不少差异甚至龃龉之处，这使得该法需要妥善处理不同法律规范的关系，尽可能做到内部和谐统一。

第四，技术性。电子商务法相关规范的构造受到相关技术手段的强烈影响。从其来源来看，电子商务法的诸多规范直接源自行业技术规范，主要包括计算机、数字安全等领域。这些规则的设定与数据电文技术本身具有高度的契合性，旨在确保其运行在正常的轨道之上，避免出现错误与混乱。因此，对这些规则本身的理解须围绕相关技术特点展开，如欠缺对电子通信手段的基本常识，法律人很难对规范目的、设计初衷有着全面深入的理解，法律适用过程也可能产生偏差。再者而言，电子商务法的部分规范直接来源于商事实践，是行业惯例与交易习惯的升华与体现，这就要求法律适用者必须对本领域的商业模式、交易机制有着全面、系统的掌握，充分了解交易的流程以及其中潜藏的风险，唯有如此，方能掌握相关规范的精义。

第五，安全性。电子商务法将保障交易安全、维护相关主体人身财产安全作为重要的立法目标和宗旨。电子商务的飞速发展给人们的生活带来了诸多便利，但其具有的虚拟性特征也在无形中增加了交易风险，相关主体面临的不确定性显著上升。在这样的背景下，电子商务法将"安全"提升至前所未有的高度，使之成为该法的基本特征之一。电子商务法对安全性的重视主要体现在：一方面，保障交易安全。电子商务法实行较为严格的市场准入机制，要求相关经营主体原则上应取得相应的资质条件，并向交易相对人及时披露相关情况，以便充分了解相关信息。与此同时，该法还要求平台经营者承担资质审查义务，借助社会共治的力量促使这一制度真正落到实处。除此之外，电子商务法还实行行为能力推定制度，除确有证据证明交易相对人欠缺相应认知判断能力的情形外，原则上推定其具有相应的行为能力，不得以此为由否定缔结合同的效力。另一方面，保障人身财产安全。平台经营者须强化对自身平台的监督管理，采取必要措施防范危险情事的发生，切实保障消费者人身、财产安全免受不法侵害。为更好地实现这一目标，平台经营者须承担积极的作为义务，此种义务不仅作用于事后，更存续于事前和事中，其应勤勉尽责，为消费者权益维护构建起一张覆盖全面、强健有力的"法律保护网"。[1]

---

[1] 此外，电子商务领域安全挑战还体现在计算机系统安全方面，针对这一问题的研究参见侯英杰："大数据时代下计算机电子商务安全问题探析"，载《电子商务》2018 年第 6 期。

（二）电子商务法的作用

电子商务法的作用主要体现在：

第一，良好法律环境的构建。商业的历史与发展始终伴随着风险。因此，商事活动的发展有赖于良好法律环境的支撑，促使交易双方能够形成稳定合理的预期，通过明确权责关系实现权益保障。在电子商务领域，交易双方互不见面，尤为缺乏对相关信息的掌握和了解，极易滋生欺诈等机会主义行为，严重影响了人们对市场交易的信心。有鉴于此，必须强化法律制度的建构，有效对冲电子商务虚拟性、超越时空性特征所带来的负面效应，对相关经营者、交易相对人的权利义务关系作出科学合理、清晰明确的安排。上述安排必须覆盖自磋商、订约、履行直至争端解决的各个环节，有效减少模糊空间，从而使各方均能够按照一定的标准和规则来明确其行为的边界。

第二，市场秩序的维护。为鼓励新兴业态的发展，我国有关部门对电子商务的发展采取了审慎包容的监管态度，在促进电子商务快速发展的同时，也带来了一定的负面影响，行业乱象频发、竞争秩序混乱、资本无序扩张等一系列问题引起社会的强烈关注。究其原因，法律规范的缺失、行为标准的模糊难辞其咎。因此，需要制定出系统完整的电子商务法律制度，规范相关主体行为，实现对市场秩序的监管和维护。具体而言，电子商务法对市场秩序维护的作用体现于事前、事中及事后全过程。在事前阶段，通过市场准入机制的引入对经营主体进行筛选和甄别，阻却不合格的经营者进入电子商务领域，从源头上杜绝和避免违规行为的发生。在事中阶段，对电子商务经营者课以公平竞争、依法纳税、保障消费者权益等一系列义务，明确其行为边界所在，并由行政主管部门、平台经营者对经营行为进行严格监督，最大限度防范违法情事的发生。在事后阶段，有关部门应严格依法对电子商务经营者的违法行为进行处罚，并通过建立健全市场退出机制实现经营主体的动态更新，切实维护电子商务领域的市场秩序。

第三，促进行业发展。作为新兴的商业模式，电子商务的发展极大地拉动了经济成长，提供了众多就业机会，对改善人民生活、满足消费需求发挥着难以替代的重要作用。相关基本法律制度的创设与完善为电子商务的发展提供了良好的制度支撑和法治环境，消除阻碍电子商务快速发展的机制障碍，成为行业发展的"压舱石"与"催化剂"。本质上来看，《电子商务法》是一部行业促进法。其对电子商务领域的促进作用体现在：首先，将行业促进作为本法的基本原则，明确对电子商务采取鼓励支持的基本态度，从技术研发、应用推广、诚信建设、市场环境等多角度发力，充分发挥其在促进经济发展、提升人民生活质量方面发挥的作用。其次，设置电子商务促进专章，包含八个条文，分别从扶持政策、绿色发展、制度建设、运用推广、均衡发展、数据安全与有序流动、跨境电商等方面对电子商务的发展提出了富有针对性的举措。最后，《电子商务法》充分考虑到行业的实际情况，尽可能降低交易门槛、提升交易效率、保障交易安全。例如，在市场准入机制方面，《电子商务法》设置了较低的门槛条件并适度简化登记手续，以构建更为友善的营商环境。[1]

三、域内外电子商务法立法进程的演变

随着电子商务的蓬勃发展，电子商务立法工作也渐次展开，截至目前，域内外已经形成了较为成熟丰富的规范体系。

（一）美国电子商务立法

在电子商务的发展浪潮中，美国一直处于领先地位。1997 年 7 月，美国克林顿政府发布了《全球电子商务纲要》（A Framework for Global Electronic Commerce）。该纲要旨在促进电子商务的发展，增强企业和消费者对使用信息网络技术开展商业活动的信心。该纲要的主要原则有：①市场主题应起主导作用；②政府应避免对电子商务的不当限制；③政府参与电子商务发展的目的应支持和打造一个可预测的、最低限度的、一致的和简单的商业法律环境；④政府应承认互联网的独特品质；⑤应在全球基础上促进互联网上的电子商务。《全球电子商务纲要》还明确了部分具体制度，主要规制领域包括基础设施建设、安全与隐私保护、知识产权保护、电子支付等，其基本涵盖了电子商务交易活动的方方面面。[2] 为了适应与计算机有关的商品和服务的现代化需求，1999 年 7 月美国统一州法委员会（NCCUSL）为计算机信息交易制定了统一的商业法典，即《统一计算机信息交易法》（Uniform Computer Information Transactions Act，UCITA），并建议在全部 50 个州进行颁布。《统一计算机信息交易法》涵盖了与计算机信息有关的各种主题，包括但不限于标准软件许可证、计算机程序定制开发合同、访问在线数据库许可证、网站用户协议以及大多数基于互联网的信息协议。[3] 同年，美国统一州法委员会还通过了《统一电子交易法》（Uniform Electronic Transactions Act，UETA），旨在为电子交易奠定坚实的法

---

① 参见《中华人民共和国电子商务法》第 10 条的规定。

② By Kalama Lui-Kwan; and Kurt Opsahl (FNr1), Foreword: The Legal and Policy Framework for Global Electronic Commerce, 14 Berkeley Tech. L.J. 503, 503–04 (1999).

③ Brian D. McDonald, The Uniform Computer Information Transactions Act, 16 Berkeley Tech. L.J. 461, 462 (2001).

律基础，促进和支持信息经济的发展。[①]《统一电子交易法》适用于与任何交易有关的电子记录和电子签名，该法明确不能仅仅因为记录或签名是电子形式的就否定其法律效力，也不能仅仅因为合同订立时使用了电子记录就否定其法律效力。一直以来，电子签名都是阻碍电子商务发展的最大障碍之一，为了确保电子签名享受到与书面签名的同等法律保护，使消费者和企业对在线交易更有信心和放心，2000 年 6 月，美国国会通过了《国际与国内商务电子签名法》（ The Electronic Signatures in Global and National Commerce Act，ESign ）。[②] 尽管在颁布《国际与国内商务电子签名法》时，《统一电子交易法》已经被大约 18 个州所采纳，但美国国会认为有必要更及时地规定电子签名和记录的有效性，而不是通常需要 4 至 7 年的时间来等待各个州采纳 NCCUSL 的建议。与《统一电子交易法》类似，《国际与国内商务电子签名法》赋予"电子签名"和"电子记录"相应法律效力，并对消费者权益保护提出特殊要求，本质上是对《统一电子交易法》主要特征及其基本政策的采纳。

（二）欧盟电子商务立法

欧盟于 1997 年推出《欧盟电子商务行动方案》（A European Initiative in Electronic Commerce ），旨在建立信任和信心，确保全面进入单一市场。该方案由四章组成：①电子商务革命；②确保进入全球市场；③创建一个有利的监管框架；④促进一个有利的商业环境。[③] 行动方案最终催生了后续关于电子商务的主要指令，即《电子签名指令》（ Electronic Signatures Directive ）、《电子商务指令》（E-Commerce Directive ）、《远程货物买卖指令》（ Distance Selling Directive ）、《金融服务远程销售指令》（ Distance Marketing of Financial Services Directive ）、《通用数据保护条例》（ General Data Protection Regulation ）等，这些指令旨在实现为互联网企业与消费者建立合理法律环境的目标。《电子签名指令》旨在推动建立电子签名的法律认可框架。《电子商务指令》确立了电子商务的基础法律规范，内容涵盖垄断限制与秩序维护、行业自由、商业广告、电子签名与合同、格式条款运用、信息服务提供者责任等。《远程货物

---

① Patricia Brumfield Fry, Introduction to the Uniform Electronic Transactions Act: Principles, Policies and Provisions, 37 Idaho L. Rev. 237, 248 (2001).

② Sarah E. Roland, The Uniform Electronic Signatures in Global and National Commerce Act: Removing Barriers to E-Commerce or Just Replacing Them with Privacy and Security Issues?*, 35 Suffolk U. L. Rev. 625 (2001).

③ Electronic Banking, European Union Considers Regulatory Framework for Electronic Commerce, Banking Pol'y Rep., JUNE 16 1997, at 10.

买卖指令》主要对货物品质约定、消费者救济措施、交易时间等问题进行规定。《金融服务远程销售指令》旨在规范金融服务的远程销售。《通用数据保护条例》的价值在于将保护公民基本权利的法制变为推动和保障欧盟数字经济发展的法律，该条例明确了相关数据主体所享有的民事权利，包括可携带权、被遗忘权等，并对这些权利边界范围、经营者相关义务、数据跨境流动等进行了规定。[①]

（三）国际组织电子商务立法

伴随电子商务的全球发展，电子商务领域还掀起了国际统一法律浪潮，涌现出不少示范法与国际公约，并对世界各国电子商务立法产生了重大影响。其中最具影响力的莫过于 1996 年通过的《电子商务示范法》（The UNCITRAL Model Law on Electronic Commerce）。《电子商务示范法》旨在为各国立法机构提供一个国际上可接受的规则模板，以消除法律障碍，为电子商务创造一个更安全的法律环境。[②] 示范法采取功能等同原则，正式承认电子商务合同法律效力，兼顾不同国家、不同地区法律规定的差异性，使相关内容具有很强的适应性与开放性。[③] 在此基础上，联合国国际贸易法委员会于 2000 年通过了《电子签名示范法》（UNCITRAL Model Law On Electronic Signatures）。《电子签名示范法》对电子签名的定义、签名有效性要件、签名人行为、有效签名法律效果、外国签名的承认等事项作出了规定，对签名人、认证服务提供人、依赖方等相关主体的权责关系进行了合理配置。

（四）中国电子商务立法

与欧美发达国家相比，虽然我国电子商务领域立法工作起步较晚，但发展较快，目前已经形成较为完善的法律体系。我国电子商务萌芽于 20 世纪末，并于 2004~2007 年呈现出爆发式增长态势，电子商务立法工作亦于这一阶段起步，主要规范性文件包括《电子签名法》《电子商务模式规范》《网络购物服务规范》等。这一阶段电子商务立法的特点为：首先，规范层级较低，多以国家标准、行业标准的形式呈现，权威性相对有限；其次，规范事项较为单一，涵盖范围较为狭窄，各自为政局面突出，多针对某一特定事项，缺乏整体性、系

---

① W. Gregory Voss. European Union Data Privacy Law Reform：General Data Protection Regulation，Privacy Shield，and the Right to Delisting，72 The Business Lawyer 221，221-234 (2016-2017).

② Alan Davidson，The Law of Electronic Commerce Cambridge University Press，2009，p.26.

③ 值得注意的是，该示范法并非专门的电子商务法典，其主要规制电子合同法的相关内容，尤其是特殊性规定，相关内容参见谢勇："论电子商务立法的理念、框架和重点内容"，载《法律适用》2015 年第 6 期。

统性立法；最后，立法内容原则性较强，受到"宜粗不宜细"立法思想的影响，可操作性、针对性有待进一步提升。随着电子商务实践的飞速发展，电子商务立法工作向深入推进，《网络交易管理办法》《第三方电子商务交易平台服务规范》等一大批规范性文件相继出台。与此同时，电商与物流、农村电商、跨境电商等诸多细分领域指导意见颁行实施，初步形成了较为系统全面的规范体系，为电子商务的发展提供了强大规范支撑。但该阶段的立法也存在着碎片化倾向严重、缺乏临时应急方案等问题，亟待整理与调整。

在这样的背景之下，2013 年全国人大财政经济委员会牵头召开会议，统筹推进电子商务法起草与审议工作，成立了该法起草小组。其成员来自政府部门、科研院校、行业协会与电商企业，涵盖面广、代表性强，使各方面的意见都能反映与兼顾，以提升立法质量。2016 年全国人大财政经济委员会对《电子商务法（草案）》进行了一次审议，随后根据各方面的意见和建议，对该法草案进行了细致的修订，主要内容包括：首先，对电子商务平台经营者的义务责任进行了强化规定；其次，本着鼓励创新和促进发展的原则，对部分尚未成熟的内容进行了原则性规定；最后，为节约立法资源，删去了与现行法规相同或相似的重复规定。2017 年全国人大常委会对《电子商务法（草案）》进行了二次审议，在广泛征求意见的基础上，对该草案内容作出进一步调整：首先，对本法适用范围的明确，并对电子商务经营者进行了分类；其次，完善了电子商务合同订立与履行、消费者权益保护、争端解决机制等方面的规范；最后，设置了电子商务促进专章，以体现本法的立法目标与价值取向。2018 年《电子商务法（草案）》进行了三次审议，此次审议对草案的调整主要体现在环境保护机制的完善、跨境电商的法律适用规则、安全保障义务责任形态完善、部分法律责任罚款数额优化等方面。由于各方面存在的争议与分歧较大，全国人大常委会还对该草案进行了第四次审议，此次审议结束后，该草案在绿色包装义务、安全保障义务、知识产权保护等方面作出进一步完善。2018 年 8 月 31 日，经历了长达数年的立法进程，《电子商务法》正式通过，并于翌年元旦起开始生效，该法的颁行将对各方权责关系的明确、行业的稳健发展发挥重要作用。商务部2023 年发布的《中国电子商务报告（2022）》指出："2022 年，我国持续加强电子商务法律体系建设，电子商务法治化水平显著提高。在立法不断完善的背景下，各方开展广泛的治理实践，优化电子商务营商环境，着力提升服务质量与交易体验，加强对电子商务重点领域的监管与保护，推动行业自律和平台合规，电子商务规范发展迈上新台阶。"

第三节　电子商务法基本原则

基本原则是指集中体现某一部门法价值理念和立法追求，贯穿该法律始终并发挥基础性、本源性作用的法律规范。电子商务法的基本原则来源有二：一是民商法领域的一般原则在本领域的运用与延伸。作为商事法律体系的重要成员，电子商务法势必受到自愿、平等、诚实信用和兼顾效率与安全的基本理念的影响。二是该法所独有的原则，这些独有原则集中反映了电子商务的自身特点与发展趋势，体现为鼓励创新原则、技术中立原则和社会共治原则。

一、鼓励创新原则

《电子商务法》第 3 条规定，国家对电子商务的发展与创新持鼓励态度，推动新模式、新业态、新技术、新应用的发展，采取积极措施营造利于其发展的良好市场环境，以诚信体系带动行业建设，充分发挥其在满足人民需求、推动开放性经济发展中的重要作用。该条以立法的形式将鼓励创新原则确立下来，并贯穿《电子商务法》始终。

鼓励创新原则的确立与电子商务自身发展特点密切相关。众所周知，电子商务是一个新兴领域、朝阳产业，其发展时间较短、活力四射，新兴的商业模式与实践做法层出不穷，更新换代极为迅速，在经济增长中扮演重要角色。[①] 首先，发展时间短意味着电子商务成熟度相对较低，截至目前，该领域仍处于持续不断的变动、发展之中，欠缺较为定型化、模板化的商业模式，很难对其内涵外延作出完整、准确的描述。在这样的情况下，立法者须持包容开放的态度，避免过于僵化与刻板，为行业的发展预留充分的空间。其次，电子商务的创新性还源于其与技术的高度融合。电子商务以网络通信技术为基础，借助这一技术，不同主体可以实现远程实时信息联通与共享，以数据电文的方式完成整个交易活动。而网络通信技术本身便具有更新换代快、技术不断升级的特点，其无论在通信模式抑或是通信效率上均经历着复杂、深刻的变化。在技术革命的推动下，电子商务在商业模式与运营机理等方面均呈现出日新月异的发展态势，全新的模式与业态不断涌现，不断重塑人们对电子商务的认知与判断。最后，电子商务的创新性是其活力所在，对于行业持续发展意义重大。电子商务的不断创新使得其与相关行业高度融合，推动了传统商业模式的更新换代，通过信息网络手段和相关平台有效地实现了资源整合，降低了交易成本，提供了

---

① 聂林海："我国电子商务创新与规范发展"载《中国流通经济》2016 年第 6 期。

海量的就业机会，推动了国民经济的转型升级与产业结构的新陈代谢、更新优化，也极大丰富了广大人民群众的物质文化生活。毫不夸张地说，创新构成了电子商务的灵魂所在，也是其最为本质的核心特征，唯有呵护创新、鼓励创新，电子商务方能续写辉煌，走向更为美好的明天。

基于上述原因，《电子商务法》将鼓励创新提升至基本原则的高度。鼓励创新原则的主要内容包括：第一，对新技术、新模式、新业态的鼓励。新技术是指以人工智能、区块链为代表的新兴技术，这些技术代表着科技革命前进的方向，与电子商务的高度融合将提升电子商务运营效率，为数据信息的采集、流通与运用提供更为强大的技术支撑。新模式是指不同交易主体之间利用信息网络技术形成的全新交易方式与利益连结机制。随着移动互联网通信技术的普及，电子商务逐渐向教育、医疗、餐饮等领域蔓延，农村电商异军突起，其内涵外延逐渐扩大。新业态是指电子商务领域最近形成的安排不同行业、不同环节利益格局与分配关系的组织形态。随着交易模式的多元化，电子商务早已脱离了在线购物的单一模式，而与各线下环节呈现出高度融合的态势。O2O 模式、社交电商、直播带货等方式令人眼花缭乱，不断改变人们的日常生活，也使得电子商务领域呈现出多元化、异彩纷呈的特点。对于这些新技术、新模式、新业态，政府有关部门应持积极鼓励的态度，提供便利条件促进其成长，适度包容其发展过程中存在的问题，避免过度监管给其带来的消极影响。

第二，营商环境的优化。毫无疑问，作为秩序维护者、资源配置者，政府的一举一动势必会对电子商务的发展产生重大影响。其应当审慎行使公共权力，为电子商务的发展营造良好的市场环境，扫除创新发展的后顾之忧。一方面，应当推动诚信体系的建设。实践中，部分电子商务经营者利用电子商务所具有的信息不对称、虚拟化交易环境等特点，实施坑蒙拐骗、假冒伪劣等行为，使得市场秩序遭受严重破坏、消费者信心严重受挫、行业发展面临阴霾。鉴于此，政府有关部门应与电子商务主体一道建立起多层次诚信体系，使诚信真正成为市场主体的"通行证"，让失信者寸步难行，形成"讲诚信、守道德"的良好风尚，带动良善市场环境的形成。另一方面，须坚持干预的适度化、科学化，避免挫伤市场主体的积极性。政府的规制与监管是一把双刃剑，运用得当，则可以达到促进发展、维护秩序的积极功效；举措失当，则可能压抑市场活力，导致行业发展衰退的局面。因此，政府有关部门在进行规制与干预时，须充分考虑其行为对市场发展的深远影响，既要坚决打击逾越法律底线、破坏市场秩序的行为，又要审慎对待商业模式与技术的创新，避免过度的干预与禁令，为电子商务发展营造相对宽松的发展环境。

第三，积极推动外向型经济的发展，提升发展质量。在经济全球化的浪潮中，任何国家都是人类命运共同体的一员，其经济发展无法做到独善其身，故必须积极地参与到国际分工与竞争中。电子商务通过信息技术手段的运营，使国内外主体能够彼此相连，有效地夸大了交易范围，使各项资源要素实现合理有效配置。目前，跨境电商发展迅速，已经成为该领域不可忽视的一支"生力军"，其在外向型经济发展中发挥的作用不容小觑。[1]政府有关部门应该加大对相关经营者的扶持力度，从财政、税收等方面出台优惠政策，推动相关经营者扩大经营规模、提升经营水平；政府有关部门应当完善体制机制建设，简化海关入境、检验检疫、行政审批等方面的手续，以提升市场主体经营效率，为跨境电商的发展营造良好制度环境。

二、技术中立原则

技术中立原则规定在《电子商务法》第 4 条之中，其主要内容为，不同类型的商务活动，无论采取的是电子化技术手段抑或是传统线下交易模式，均应获得法律平等对待，任何歧视性政策和行政垄断行为均为法律所不许。

坚持技术中立原则主要有如下几点理由：其一，平等原则是各部门法普遍承认的公认法理。在宪法领域，法律面前人人平等的理念早已深入人心，成为不言自明的规范信条。在民商法领域，民事主体法律地位平等，均享有平等民事主体资格。技术中立原则在某种程度可以视为平等原则在电子商务的延伸与运用，其体现的是法律人对公平正义的不懈追求。其二，线上与线下商务活动虽表现形式有所差异，但其规范本质高度相似，理应适用相同的法律规范，受到大体相同的对待。无论是电子商务抑或是传统线下经营活动，其均具有交易性、组织性、综合性、持续性、营利性等特征，通过一系列组织资源的投入与持续性交易行为的开展，旨在实现以较小的投入获取较大回报的目标。在这一过程中，相关经营者与众多不特定主体发生合同法律关系，其行为受到商主体法、商行为法、竞争法、税法等诸多法域的调整。无论是其与交易相对人发生的民事法律关系，抑或是与行政主管部门发生的行政法律关系，其规范本质均不因技术手段的不同而发生本质区别。因此，在规范适用层面须进行一并处理，

---

[1] 具体而言，其功能体现在降低贸易成本、促进企业出口等方面，相关内容参见鞠雪楠、赵宣凯、孙宝文："跨境电商平台克服了哪些贸易成本？——来自'敦煌网'数据的经验证据"，载《经济研究》2020 年第 2 期。

不应厚此薄彼、有所偏颇。其三，线上与线下领域相互关联、彼此互动，区别对待的做法可能导致某一领域的畸形发展而对另一领域产生消极影响，这并不利于健康和谐经济结构的形成。诚如前述，线上与线下交易的差异主要体现在技术层面，二者的实际功能与规范本质具有高度相似性。正因为如此，二者互为替代关系，通过线下交易能够获取的商品与服务通过线上机制亦可得到，一旦对其中之一过分优待，使其成本降低、竞争力显著提升，势必导致另一者的衰败，由此带来的企业经营难以为继、职工丧失工作机会等一系列问题。故而，法律应对两者一视同仁，赋予其相同或相似的规范，使线上与线下交易形成良性互动局面，公平竞争、取长补短、共同发展，最终促进经济运行大局的平稳有序。

技术中立原则的内容主要体现为：第一，线上与线下交易法律地位平等，除具备正当事由外，原则上不得赋予一方以特别的优待地位。法律地位的平等既包括履行义务的平等也包括受法律保护的平等。对于前者而言，电子商务经营者同样须承担商事登记、依法纳税等义务，其义务承担的标准、义务范围以及违反义务的法律责任与线下经营者大体相同。对于后者而言，电子商务经营者同样享受自主经营权与公平对待权，在规范允许的范围内，可以自主地确定经营范围、经营模式、交易对象，不受个人、团体以及国家机关的不当干预，其依法开展进行的经营活动同样受到法律的承认与保护，与从事线下交易的经营者之间并无本质区别。再者言之，法律地位上的平等既包括私法领域的平等也包括公法领域的平等。就前者而言，采取数据电文形式订立的合同同样为法律承认和保护，具有与传统纸质书面形式相同的规范效力，当事人可以以此为依据主张权利，要求对方按照约定履行合同义务，并在权益遭受侵害时寻求司法救济，以国家强制力实现合同目的。与此同时，以数据电文方式呈现的证据具有与传统证据相同或相似的效力，具有相应的证明力，能够为待证事实之成立提供有力支撑。[①] 就后者而言，电子商务经营者须遵守市场监管、公平竞争等一系列公法义务。相关经营者须遵守国家对产品质量的相关规定，其销售的产品、提供的服务须达到国家标准、行业标准的要求，利用电子商务平台销售假冒伪劣产品的行为同样为法律所不许。与此同时，相关经营者还应做到诚信公平竞争，不得实施垄断行为与不正当竞争行为，以营造良好的市场环境。在

---

① 我国修改后的三大诉讼法都将电子证据作为一种新的证据纳入其中，使得这种新兴证据不仅在立法中终于名正言顺，而且在进行刑事控辩、民事举证等方面也能发挥重要作用。樊崇义、李思远："论电子证据时代的到来"载《苏州大学学报（哲学社会科学版）》2016年第2期。

实践中，线上领域出现了大数据杀熟、恶意不兼容、流量劫持等行为，这些行为虽然与传统意义上的不正当竞争行为在表现形式上有所差异，但本质上都侵害了公平、公正的市场秩序，实施者须承担相应的消极法律后果。

第二，区别对待与行政垄断行为之禁止。区别对待是指因技术手段、交易模式的不同而给予不同经营者以差异化对待，此种立场背离了技术中立原则的要求而为法律所禁止。在实践中，区别对待的表现形式包括：首先，免除电子商务经营者所负担的纳税义务或降低其税率、缩减其纳税范围。其次，弱化相关经营者承担的劳动保护义务，突破现行法律在劳动合同签订、最低工资标准、最高工时、劳动保护等方面的强制性规定。再次，擅自变更行政许可实施的法定条件，降低门槛允许不合格经营者进入该领域，向其发放许可证，使其获得经营资格。最后，在产品质量方面，降低或变相降低国家标准、行业标准的要求，使不合格产品能够通过电子商务平台进入流通领域。行政垄断行为是指利用行政权力排除限制竞争的行为。具体到本领域，其主要表现为：其一，针对电子商务主体进入特定领域、特定地区设置了过高的准入门槛，使其丧失了与传统经营者竞争的机会；其二，为利用行政权力强行推行线上交易，要求交易相对人必须通过电子商务平台购买商品或服务，从而将线下经营者彻底逐出这一领域。这些行为均使得某一形态的经营者获得不公平竞争优势，因此为规范所不许。

第三，线上线下融合发展之促进。线上交易与线下交易之间虽然存在着一定的竞争关系，但两者之间并非此消彼长的零和博弈关系，实现优势互补、走向互利共赢方才是最佳选择。对于线下交易而言，其在交易范围、交易便捷度等方面存在一定的短板，但其具有的实体性、现场性特征更加贴近消费者交易习惯，也能有效化解交易风险。对于线上交易而言，其固然在交易便利性等方面更胜一筹，但绝大多数部分的商品与服务仍须通过线下机制方能实现有效提供，其对线下机制的依赖程度仍然较高，与此同时其在购物体验上的短板亦显而易见。[①]正因为如此，在实践中兼采两大模式之所长的 O2O 模式应运而生，并呈现出迅猛发展的态势。相关部门应当积极采取措施，从财政、税收、监管等方面出台扶持政策，推动线上线下融合发展之深入，鼓励商业模式创新，使交易成本进一步降低、消费者体验进一步提升。

---

① 唐甜甜、胡培："线上线下＋物流融合发展的新零售动因与策略"，载《价格月刊》2018 年第 8 期。

三、自愿、公平、诚实信用原则

自愿、公平、诚实信用原则是民商法基本原则，《民法典》总则编对此有明确规定，使之成为指引民事主体行为的基本规范。就技术手段而言，电子商务与线下交易有所不同，但在规范本质上仍属于民商事交易的范畴。电子商务经营者与交易相对人之间存在买卖、租赁、服务等合同法律关系，其行为仍需遵守民商法基本原则的相关要求。《电子商务法》第 5 条对于自愿、公平、诚实信用原则再次予以确认，明确电子商务经营者须履行保护消费者、尊重知识产权、促进环境保护等一系列法定义务，其行为须遵循自愿、公平、诚实信用原则的要求。值得注意的是，尽管《电子商务法》第 5 条的调整对象主要针对的是相关经营者，但消费者等主体亦须遵守上述原则。

自愿原则也被称为意思自治原则，是指双方当事人依据自身意愿订立合同，从事交易活动，任何一方不得将自身意志强加于对方。自愿原则充分体现了民事主体的自主决定权，其可以根据自身的意愿安排其经济生活和社会生活，不受他人非法干预。对于电子商务经营者而言，其享有的自主空间包括自行确定经营范围、依法制定交易规则、确定商品服务定价、明确配送条件等。对于交易相对人而言，其可以自主决定的事项包括是否交易、交易对象、交易客体类型和数量等。在电子商务领域，为提升交易效率，格式条款被广泛运用，这一缔约机制在相当程度上限制了双方当事人，尤其是交易相对人的意思自主空间，直接排除个别磋商，交易相对人只能选择全盘接受或拒绝经营者给出的交易条件。为充分保障自愿原则的落实，保持双方利益格局的衡平，法律作出如下规制：一方面，提供格式条款的一方负有解释说明义务，使交易相对人充分知悉其主要内容，避免盲目决策；另一方面，其不得排除对方主要权利或免除己方主要义务，格式条款内容须满足适法性的要求。

公平原则强调电子商务经营者与消费者之间权利义务关系须遵循社会公认的道德准则，做到大体对等，避免出现权责分配畸轻畸重的局面。作为交换正义理念在电子商务领域的体现，公平原则体现了最为朴素的道德追求，贯穿交易达成与履行的全过程。具体而言，该原则主要体现为：其一，当事人所享有的主要权利不可剥夺，其承担主要义务和责任不应排除，从而充分实现经济利益上的等价性。具体而言，经营者享有支付价款的请求权，其须依约交付标的物或提供特定类型之劳务；交易相对人享有物品交付或服务提供之请求权，与此相对应，其也应当履行支付价款的义务。其二，平台经营者从电子商务活动中获益颇丰，其须承担相应的法定义务。平台经营者虽然并不直接参与交易活动，但其利用平台带来的巨大流量红利获取利润，理应担负起维护平台秩序、兼顾相关主体合法权益的义务。按照我国《电子商务法》的规定，该经营者的义务主要包括安全保障、督促商事与税收登记、保护知识产权、提供真实搜索结果、报送相关信息等方面。

诚实信用原则是指民事主体在民事活动中应当讲究诚实、恪守信用，并依照善意的方式行使权利、履行义务，被称为民法中的"帝王规则"。[①] 作为私法领域的重要原则，诚实信用原则具有特定化与补充、限制、控制与矫正等功能，[②] 在整个民商法体系中扮演重要角色。具体在电子商务领域，该原则要求电子商务经营者与交易相对人恪守诚信、保持善意、信守诺言，合理照顾相关主体的正当关切。诚实信用原则的确立具有极强的现实意义，原因在于，由于交易环境的虚拟性，部分主体投机心态严重，试图通过损人利己的方式实现自身短期利益的最大化，这直接导致了市场环境的恶化。有鉴于此，重申诚实信用原则，将其作为各方行为的准则规范便显得极为迫切与必要。诚实信用原则在电子商务领域具体体现为：其一，电子商务经营者负有信息披露义务，须将自身经营资质、交易规则、交易标的等相关信息告知交易相对人，使其能够清晰、准确地了解相关信息，尽可能减少交易的盲目性。[③] 此项义务的履行采取一般告知与个别询问相结合的模式，当交易相对人存在疑问时，经营者须进一步予以解释说明。其二，电子商务经营者须承担安全保障义务，采取积极必要措施防范危险情事的发生，对违法危险信息及时采取切断链接、屏蔽、删除等措施，为消费者人身安全之实现搭建起牢不可破的保障机制。其三，消费者须审慎行使享有的信用评价权，避免出现不当行为。消费者信用评价信息之填写，须符合客观事实，其不得编造欠缺事实基础的虚假信息，不得对经营者进行谩骂攻击、肆意诋毁。该权利行使之主体为业已实际发生交易的自然人，未实际购买或享受相关商品的主体不得发表虚假评价，使潜在交易主体产生错误认知。其四，平台经营者须承担协助消费者维权的义务。平台经营者是市场的搭建者、维护者、运营者，其掌握大量一手信息，应为消费者权益的保障提供便利条件。平台经营者须积极提供合同原件以及相关材料，以便消费者积极主张其权利；平台经营者可以视情况决定建立线上纠纷调解机制，基于自愿原则对平台内经营者与消费者之间的纠纷进行处理，提供

---

① 王利明：《民法总则研究》，中国人民大学出版社 2018 年版，第 113~114 页。

② ［德］迪尔克·罗歇尔德斯：《德国债法总论》，沈小军，张金海译，中国人民大学出版社 2014 年版，第 32~36 页。

③ 郑佳宁："电子商务经营者信息披露义务研究"，载《福建师范大学学报（哲学社会科学版）》2020 年第 4 期。

双方都能接受的处置方案，从源头化解矛盾冲突，以最小之成本、最快之速度妥善解决争端，为消费者权益维护提供线上绿色通道。[①]

四、社会共治原则

社会共治原则强调电子商务领域有效监管与秩序维护是一个系统工程，须由政府有关部门、行业协会、经营者、消费者等众多主体共同参与。该原则规定在《电子商务法》第 7 条，主要内容为：国家推动该领域协同管理体系的建设，使得各主体、各方面都能够参与到市场治理过程中来，形成完善的治理体系。在国家市场监管总局 2023 年发布的《市场监督管理投诉信息公示暂行规则（征求意见稿）》中专门规定了"社会共治"条款（第 22 条），要求"市场监管部门积极鼓励和引导电子商务平台、大型商圈、商场、商品交易市场、步行街、旅游景区、产业园区、行业协会等公示入驻及相关经营者的投诉信息，加强自我管理，提升消费质量，改善消费环境。"社会共治原则是社会共治理论在电子商务领域的运用与体现。传统法学理论恪守公法与私法之间的严格划分，认为两者之间泾渭分明，存在着本质区别。公法主体负担维护社会公共利益的义务，是公共治理的唯一义务主体，而私法主体并无能力也无义务参与其中，只需要遵守法律所确定的有限义务即可。这些义务多以消极不作为的方式呈现，积极促进治理之义务难以在法典中寻觅其踪迹。但近半个世纪以来，法学理论出现了治理主体扩大化的转向，私法与公法之间原本清晰的界限逐渐模糊，私法主体亦被纳入治理过程之中。原因在于，私法主体为社会的成员，在享受相关公共产品的同时，也应当为良善治理之实现、社会秩序之稳定贡献力量。从现实效益的角度来说，动员私主体参与其中可以有效降低治理成本、提升治理效能。[②]社会共治理论较好地契合了电子商务的自身特点。电子商务具有虚拟性、超距性等特点，在有效提升交易效率的同时，也容易诱发恶意欺诈、坑蒙拐骗等机会主义行为，使参与交易的各方利益受损。因此，强化对电子商务的监督和规制，形成覆盖全局、强而有力的有效治理体系便显得极为迫切与必要。对于电子商务而言，平台经营者是此项交易活动的组织者，掌握了大量的一手数据，对交易双方均具有很强的控制力。行业协会作为连接业界与政界、消费界的桥梁与纽带，能够发挥传递信息、进行自律监管的重要作用。消费者、平台内经

[①] 安迪："我国网络交易在线争端解决机制的建构"载《长白学刊》2014 年第 6 期。

[②] 有论者指出不同主体有着自己的优势与不足，很难完全单由某个主体来完成行政任务，这就凸现了强化合作的重要性，相关内容参见宋华琳："论政府规制中的合作治理"载《政治与法律》2016 年第 8 期。

营者直接参与交易活动，是最为重要的利益相关者，对电子商务治理而言有着最为直接的切身利益。将这些主体纳入治理过程中，完成由治理对象向治理主体的转变，能够充分发挥其积极性与主动性，使治理过程的科学性、民主性显著提升，增强治理活动的认同感与满意度，推动本领域长期稳定向好发展。

社会共治原则的主要内容包括：第一，电子商务协同管理体系的建构。这是指政府不同部门须按照法律确定的职权范围正确行使相关行政权力，彼此配合互相协调，形成对电子商务的规制合力。一段时间以来，由于机制设定的不科学、不合理，部门职责之间不同程度上存在交叉、重叠的现象，少数单位彼此推诿扯皮的现象时有发生，这并不利于电子商务的健康稳定发展。有鉴于此，必须建立起部分协调与配合机制，形成"一加一大于二"的系统效果。在实践中，电子商务综合协调工作组、协调联动机制已经建立，不同部分之间合作编写发展规划、草拟相关规范性文件、联合实施执法行为、彼此通报相关信息，这些做法已经形成相对成熟的经验，并对市场环境的改善发挥难以替代的关键性作用。除协调联动机制的建立外，还应当进一步明确不同部门的职责分工，尽可能减少重叠与空白之处。具体而言，发展与改革部门须正确草拟该领域产业政策，协调本领域重大问题；商务主管部门应推动本领域产业结构优化升级，推动信用体系建设，协调制定相关技术标准，开展反垄断审查等活动；市场监督管理部门则应负责电子商务的日常监督管理工作，管理市场主体资质审查与登记，直接查处微观领域违法行为，规范广告行为；海关管理部门则对关税征收、海关入境、检验检疫等事项进行管理。

第二，协同治理。协同治理强调充分发挥社会各界、市场主体在电子商务监督管理中的作用，使各个方面、不同主体的声音都能在其中得到充分反映。具体而言：首先，政府部门须强化与相关科研机构、一线企业的交流合作，增强彼此了解与互信，及时分享行业发展动态，共同制定科学有效的行业标准，推动业务模式与发展机制的创新。其次，电子商务行业协会应强化自律监管，制定科学合理的自律规范，有效约束成员企业行为，加大对违法违规行为的查处力度。再次，平台经营者应当制定科学合理的交易规则，加大对交易双方行为的审查力度，及时处理违法违规行为，切实保障消费者等主体合法权益，有效约束自身行为，审慎对待其享有的控制与支配地位，充分尊重相关主体合理关切，不得利用自身优越地位谋取非法利益。[①] 再次，平台内经营者须严

---

① 刘权："网络平台的公共性及其实现——以电商平台的法律规制为视角"载《法学研究》2020年第2期。

格地遵守法律、法规以及相关自律性规范的要求，优化经营管理、提升服务质量，力图为社会各界提供优质的服务。与此同时，其可以通过相关渠道反映行业发展动态和利益诉求，以便政府相关部门及时了解相关情况，作出正确决策。最后，消费者组织应积极受理相关投诉举报，向经营者及时反映消费者相关诉求，畅通纠纷调解与权益保障通道，参与相关规范性文件、行业标准的制定。

第三，行业自律。行业自律主要指行业协会根据法律法规、章程相关内容的授权，对电子商务经营者的行为予以约束、明确、规范的过程。作为行政监管的重要部分，行业自律具有形式灵活、成本较低、针对性强、高效便捷等特点，在电子商务市场秩序维护中发挥着独特作用。其主要内容包括：首先，行业标准与相关规范的制定。这些规范涵盖消费者保护、合同订立与履行、公平竞争、税收征管等诸多方面，具有指引与约束的功能，能够有效规范电子商务经营者的行为，提升行业服务品质。当然，行业协会规范的制定权也存在诸多限制，其必须满足适法性的要求，不得与法律法规中的强制性规范相抵触；必须满足民主性的要求，遵循章程确定的程序和标准，充分听取各经营者的意见建议，反映大多数业者的共同意愿。此外，行业标准与相关规范并非一成不变，其会随着法律法规、监管政策与行业发展趋势的变化而随时调整，紧跟时代的步伐，做到与时俱进、不断丰富。其次，对于经营者的培训与教育。行业协会应加大培训教育力度，向广大经营者告知最新的法律法规、监管动态、行业发展情况等事项，增强其依法经营、创新经营的意识与能力，通过案例分享、规范解读等多种方式优化培训效果，使相关内容真正做到深入人心，成为相关主体开展经营活动的航标与指引。最后，协助相关部门对电子商务经营者监督检查，对于违法违规者予以曝光并给予相应的处罚，形成强大的震慑效应，督促本领域的经营者做到诚信经营、合法经营，共同营造良好稳定的市场秩序。

五、兼顾效率安全原则

兼顾效率安全原则强调电子商务法律制度的设计须妥善处理效率与安全之间的关系，在提升交易效率、做到方便快捷的同时，切实保障交易安全，防范危险情事的发生。效率与安全是商事法律体系重要的价值追求，其如车之两轮、鸟之双翼，在交易活动中扮演着重要的角色，须统筹兼顾、不可偏废。

效率是商事活动的生命线，唯有切实提升效率，电子商务的运行成本方可降低；唯有切实提升效率，消费者的服务体验才能够得以提升，经营者盈利水平才能够保持在合理区间。脱离了效率，电子商务交易模式无疑会自废武功，陷入进退维谷、难以为继的困境之中。有鉴于此，效率成为《电子商务法》重要的价值追求。效率提升在《电子商务法》中具体体现为：其一，市场准入机制的简化。市场准入机制是关于特定主体进入某一经营领域开展营业活动的相关规范的总称，该制度的实施虽然能够起到防范化解市场风险、维护竞争秩序的作用，但过于繁琐的市场准入机制却可能在无形中提升了进入门槛，使得不少经营者望而却步。有鉴于此，《电子商务法》对市场准入机制作出了简化处理，原则上参与电子商务交易活动的主体均应按照规定办理市场登记手续，但零星小额交易者、销售自产农副产品者、依法提供便民服务者被豁免登记。这些小经营者进入市场的门槛显著降低，从而为市场活力的提升扫清了体制机制障碍。其二，行为能力推定规则。在电子商务领域，由于交易环境的虚拟化，交易参与者对彼此的年龄、智力状况欠缺有效的判断机制，如采取实质认定与个别识别机制对交易相对人行为能力进行个案式审查，势必极大地提升交易成本，使交易流程繁琐化、复杂化，明显背离了法律规范的初衷。因此，《电子商务法》采取了行为能力推定规则，无论实际情况究竟如何，法律均假定交易参与者具备相应的行为能力，以此为基础肯定交易合同的法律效力，这使得交易效率得到显著提升。其三，在线争端解决机制。实践中，电子商务交易呈现出小额性、高频性、大量性的特点，消费者与经营者交易大多数为价值有限的普通商品。而传统的争端解决机制如调解、提起诉讼、申请仲裁等存在花费不菲、时间延宕等结构性缺陷，难以适应电子商务交易的实际需求。在这一背景下，在线争端解决机制应运而生，并在电子商务领域占据一席之地。该机制的合法性为《电子商务法》所肯定，该法第63条规定，电子商务平台经营者可以建立上述机制。借助该机制，消费者可以足不出户地通过信息网络通信技术与经营者进行磋商协调，在平台经营者的主持之下与之达成双方都能接受的解决方案，从而有效提升了争端处理效率，为消费者提供了多元化纠纷处理渠道。

安全是指各项权益处于稳定可控的状态，有效排除他人或其他客体的破坏、干涉与侵扰。安全同样是《电子商务法》追求的重要价值之一。首先，这是民事权益保护与消费者安全权理论在电子商务领域的必然要求。众所周知，我国法律高度重视民事主体合法权益的保障，民事主体的财产权利与人身权利受到法律全方位的保护，不受非法侵犯。为此，《民法典》设置了违约责任、侵权责任、物上请求权、人格权请求权等一系列救济与保护机制。消费者安全权是指相关主体在从事交易活动、使用商品或接受服务时人身、财产不受干扰、破坏的权利，此项权利具有整体性、规制性的特征。[①] 基于上述理论，《电子商务法》将安全放在极为重要的位置，采取种种机制防范危险情事的发生，切实扫除相关主体的后顾之忧。其次，这与电子商务自身特点也有着高度关联性。电子商务不同于传统线下交易，交易双方互不见面，而通过电子化技术手段完成交易。双方对彼此的真实身份、信用水准、履约能力以及商品服务真实情况均知之甚少，这使得其面临的交易风险陡然上升。除此之外，电子化技术手段的专业性也使得交易相对人面对风险的自救能力显著下降，安全状态的维护高度依赖平台经营者等主体的积极作为。因此，强化规范保护、矫正交易模式固有缺陷便显得至关重要。

基于上述原因，保障安全成为我国《电子商务法》重要的原则之一，其具体体现在：第一，交易安全的保障。在交易正式开始之前，经营者须履行信息披露义务，向交易相对人告知其真实身份，并准确、全面地披露所提供的商品服务信息，充分保障其享有的知情权。当交易相对人对披露内容存有疑问时，电子商务经营者须进一步予以解释说明，使其充分了解相关情况，及时打消顾虑。在交易进行过程中，通过数据电文方式订立的合同构成了双方权责关系的基本依据，经营者与交易相对人须本着契约严守的原则，全面、及时地履行合同中的各项义务。除电子错误等例外情况下，原则上交易双方不得以意思表示错误为由撤销合同，以充分保障对方的合理信赖。

第二，固有利益安全的保障。在电子商务交易中，消费者享有的固有利益有可能遭到侵害，平台内经营者的不当给付可能构成加害给付，使得消费者原本享有的人身、财产权益受损，其他主体亦有可能实施加害行为，对消费者权益造成侵害。在这样的背景下，强化固有利益的保障力度，充分维护其安全，便显得尤为必要。为此，《电子商务法》引入了安全保障义务，明确规定平台内经营者负有此项义务。电子商务经营者须积极主动作为，检测危险情事并采取有力措施阻却危险，通过切断链接、彻底删除等技术手段的运用防范事态的扩大化，为消费者人身安全的维护建立起牢不可破的坚强防线。安全保障义务既包括直接作用于危险源的义务，也包括并非直接作用于危险源而是通过增强潜在受害人自救可能性的方式排除损害的义务。此项义务的违反将导致相关经营者承担相应责任。

第三，个人信息安全的保障。为实现合同的顺畅缔结与有效履行，电子商

[①] 钱玉文："消费者权的经济法表达——兼论对《民法典》编纂的启示"，载《法商研究》2017年第1期。

务经营者掌握了众多消费者个人信息，这虽然有助于交易效率的提升，但也增加了个人信息外泄的风险，电商领域的个人信息保护事项成为必须认真对待的重大课题。为此，必须充分尊重消费者的信息决定权，经营者对相关信息的采集必须建立在知情同意的基础之上，且此种同意不得以默示方式为之。①电子商务经营者与消费者须就采集方式、采集范围、信息用途等事项作出明确约定，电子商务经营者须严格遵照双方约定的范围使用相关信息，不得超范围、超用途采集使用信息。掌握消费者个人信息的主体须建立起信息安全保障机制，并设置相应的应急预案，尽可能防范信息外泄事件的发生。如上述情事仍不幸发生，相关主体须及时采取措施防止损失进一步扩大化，并及时上报相关部门。

【思考题】

1. 简述电子商务的概念和特征。

2. 简述电子商务的主要类型。

3. 简述电子商务法的调整范围。

4. 论述技术中立原则。

5. 论述社会共治原则。

【拓展阅读】

1. 李有星："论电子商务与传统商务法律的冲突与协调"，载《浙江大学学报（人文社会科学版）》2001 年第 4 期。

2. 高富平："从电子商务法到网络商务法——关于我国电子商务立法定位的思考"，载《法学》2014 年第 10 期。

3. 阿拉木斯："中国电子商务法治时代来临"，载《信息安全与通信保密》2015 年第 1 期。

4. 刘颖："我国电子商务法调整的社会关系范围"，载《中国法学》2018 年第 4 期。

5. 崔聪聪："论电子商务法的调整对象与适用范围"，载《苏州大学学报（哲学社会科学版）》2019 年第 1 期。

---

① 郑佳宁："知情同意原则在信息采集中的适用与规则构建"，载《东方法学》2020 年第 2 期。常宇豪："论信息主体的知情同意及其实现"，载《财经法学》2022 年第 3 期。

6. 朱晓娟、李铭："电子商务平台企业社会责任的正当性及内容分析"，载《社会科学研究》2020年第1期。

7. 姚辉、阚梓冰："电商平台中的自治与法治——兼议平台治理中的司法态度"，载《求是学刊》2020年第4期。

8. 郑玉双："计算正义：算法与法律之关系的法理建构"，载《政治与法律》2021年第11期。

9. 韩炜、唐洁："平台治理的机制设计：一个理论研究框架"，载《研究与发展管理》2023年第1期。

10. 郑佳宁："电子商务市场主体的认定与规范"，载《东方法学》2023年第2期。

第二章
网站建设与网络营销

【导语】

电子商务活动的实现离不开网站建设和网络营销。电子商务网站既是电子商务企业的网络门户，也是电子商务企业对外宣传的窗口。网络营销是电子商务的重要组成，也是其开展与实施的前提。

本章概述了网站建设的历史发展沿革、特征和技术依托，并详细介绍了网站建设的方式与技巧；随后引入网络营销概念，阐述了网络营销的基础理论、方式和策略，详细介绍了互联网社区规则对网络营销的指引作用和基于大数据的新式网络营销，并辅以商业案例，帮助读者理解有关知识板块与逻辑。

本章的学习重点包括网站建设所依托的关键技术、主要步骤和不同发展阶段网站的优化任务，以及网络营销的主要方式和策略。本章的学习难点在于了解建设电子商务网站的过程和工作原理，理解网络营销所运用的技术和策略，以及分析互联网社区规则、大数据技术对于网络营销的影响。

第一节　网站建设概述

一、网站建设历史及发展沿革

网站（Website）是指在因特网上根据一定的规则，使用 HTML（标准通用标记语言）等工具制作的，用于展示特定内容相关网页的集合，是人们沟通的一种工具。一方面，网站可以承载人们想要公开的信息，成为人们传播信息的载体，并且以网站为媒介，人们可以发布网络服务；另一方面，通过网站，人们可以搜索自己所需求的信息，记录想要浏览的咨询，挑选自己需要的服务。自 20 世纪 90 年代第一个网站诞生以来，网络建设模式的发展经过了多个阶段，并随着时代的变化出现了五次大的变革。

第一阶段：这一阶段的网页制作软件功能一般，依赖于美工将平面页面效果转化成网页，然后把所有的网页组合起来，共同链接成一个企业网站。此外，网站的具体功能如：新闻发布、产品发布等，需要程序员采用数据库进行构建，网站管理员需要在网站后台对各个功能模块进行持续管理。

第二阶段：采用"第二代网站建设技术"制作出来的企业网站，对第一代网站建设技术更新上的缺点进行了改善。相对于第一阶段，这一阶段的网络建设技术对工作人员的技术要求降低，只需要一个普通的文员就可以非常迅速地做好一个宣传型网站，网站建设对高技术人员的依赖性降低。此外，建设网站的员工也可以同时兼顾对网站的日常管理与维护，而不需要单独雇佣制作公司或专业网管进行维护，降低公司的人力成本。

第三阶段：2003年初以来出现了第三代网站建设技术——智能建站系统。智能建站系统是在自助建站软件的基础上对于网站的功能模块进行了加强，之前的网站功能比较单一，主要是以宣传为主。第三阶段的网站功能拓展了营销功能和服务功能，网站的交互性加强。此外，智能建站系统中除了保留自助建站软件中使用成品模板建站的便捷性以外，网站用户可以通过智能建站系统更加方便快捷地管理自己的网站，可以根据自己的偏好定义网站架构，并且可以随时、便捷地升级网站的功能，能够充分满足每个客户的个性化需求。

总体而言，这一阶段的智能建站系统完美融合了第一代和第二代网站建设技术的优势，使得网站的创作者在使用智能建站系统制作网站时，既能享受到系统带来的方便、快捷，同时也能满足网站建设者对网站界面的美观、个性化的要求，所以第三代网站建设技术受到了广大网站创作者的青睐。

第四阶段：在第三代网站建设技术基础上，针对程序和域名有独到的理解，这也是WEB2.0的一个新关键。概括来讲，这一阶段的网站建设技术在程序上符合人性化，在设计上追求感官化，在域名上领悟一体化。第四代建站技术不仅操作简单，而且非技术人员也可以进行网站后台的管理和网站结构的改变，维护人员不需要专业建设网站的技术和代码认知，仅仅运用鼠标拖拽模块和简单的文字编录输入就可以很好地进行操作，智能可视化网站建设技术在更新内容和维护方面极为方便，并且能够随时升级网站功能。

发展到现在，第五代建站技术已经出现：第五代网站是在综合了第一代静态网站和第二代动态网站的基础上完善起来的；首页更注重网站整体结构，图片和Flash运用合理，导航清晰；更符合搜索引擎的收录习惯，利于排名；人性化特点更为鲜明，在美观性的基础上更注重实用性。

二、网站建设特征

（一）网站建设与网络营销

网络营销是企业整体营销战略的一个组成部分，是为实现企业总体经营目标所进行的。网络营销具体指以互联网为基本手段营造各种网上活动，主要方式包括搜索引擎营销、博客营销、论坛营销、软文营销、网络广告、口碑营销、网络活动营销、许可 E-mail 营销和网络公关营销等。

网站建设是网络营销中非常重要的一步，是网络营销开展的基础与前提。基于网络媒体互动性强、传播效果可量化、传播信息可积淀、传播形式多样化等特征，其为网络营销带来的优势日益明显。网站建设与网络营销相辅相成、相互促进，网络营销的本意在于提高网站的用户体验和网站的流量，通过有质量的网站内容，让这些流量转化为销量，让尽可能多的网站访客转化为潜在顾客，因此需要从网站设计、网站内容以及网站质量上下功夫，提升网站布局结构的搜索效率、增加高质量原创性内容、提升网站流量，从而帮助实现高效网络营销。但同时需要注意的是，网站建设仅仅是企业网络营销的一小部分，真正想要达到良好的网络营销效果还需要和营销部门紧密沟通，通过线上线下的通力协作，提升网站的有效流量和用户转换率，达到网络营销的根本目的。

（二）网站建设与电子商务

电子商务活动的实现离不开网站的建设，电子商务网站既是企业的网络门户，也是企业对外宣传的窗口，需要详细地阐述企业网站所要实现的商业目标。建设电子商务平台是一项复杂的系统性工程，需要面对商务、技术和社会等一系列复杂问题，需要组织专门的团队有计划、按步骤地实施。其建设需要考虑硬件结构、软件、通信容量、网站设计、人力资源和组织能力等一系列因素。

网站正式建设前需要完善、全面的网站规划，明晰网站建设的具体实施步骤安排，包括：设计支撑企业商业模式的电子商务体系结构，选择相应的技术方案，给出具体的建设步骤及实施时间安排，说明网站建设时的人员组织，以及网站测试、维护评估建设所需要的必要开支以及未来收益。

具体的电子商务网站建设是一个系统性项目开发工程，可以大致分为总体规划、系统设计、系统实现、系统管理与维护四个阶段。首先，总体规划阶段的任务包括：系统需求调查、确定网站商业目的、功能分析与方案提出、进行系统可行性方案研究，其中可行性研究包括技术可行性、经济可行性以及社会环境可行性三个部分。其次，系统设计阶段需要分别进行网络硬件和软件的设计，确定：①包括服务器、工作站、网络连接设备在内的硬件设备；②网络拓扑结构以及布线系统；③网络操作系统；④ Web 服务器系统软件；⑤数据库管理系统；⑥客户端软件开发方法；⑦应用服务器与商业服务器软件。再次，系统实现阶段需要以被选定的方案为依据，分别完成设备的购置和调试、程序的编写和调试、人员的培训、数据的准备等工作。最后，在系统的管理与维护阶段，应制定管理与维护计划，定期对软件、数据、设备以及电子商务系统的安全进行管理与维护。

三、网站建设的技术依托

（一）网络爬虫技术

网络爬虫也称为网络蜘蛛，能够实现在互联网中自动寻找、采集、下载数据，这降低了人工提取数据的繁琐压力。随着互联网的普及与发展，储存在互联网中的数据量飞速发展，数据中蕴含着用户的信息与偏好，具有极高的分析价值。因此，如何有效提取互联网中的海量数据成为一个重要的研究议题，爬虫技术应运而生。网络爬虫技术可以实现对数据信息的自动采集整理，可以应用至各行各业、各个领域，例如爬取搜索引擎中的站点、爬取在线平台的用户评论数据、爬取金融网站的金融数据等。此外，网络爬虫技术还可以实时爬取微博、Twitter 等社交平台的推文，而后通过分析发现舆论导向，实现舆情监测，在重大事件发生时有利于指导相关部门引导舆论。

网络爬虫可以实现对海量网络信息的自动化浏览，其会根据一定的规则对信息进行爬取，背后支撑这种规则的即是网络爬虫算法。爬虫程序通常借助 Python 就可以方便地编写出来，而后就可以进行互联网信息的自动检索。

网络爬虫由控制节点、爬虫节点、资源库三部分构成。从示意图中可以看出，网络爬虫可以具备多个控制节点，而在每个控制节点下可以有多个爬虫节点。节点之间的联系十分密集，控制节点之间、控制节点与其下连接的爬虫节点之间以及同一控制节点下的爬虫节点之间都可以互相通信。所谓控制节点，也叫作爬虫的中央控制器主要负责根据 URL 地址分配线程，并调用爬虫节点进行具体的爬行。爬虫节点会按照相关的算法，对网页进行具体的爬行，主要包括下载网页以及对网页的文本进行处理，爬行后，会将对应的爬行结果存储到对应的资源库中。

网络爬虫按照实现的技术和结构可以分为通用网络爬虫、聚焦网络爬虫、增量式网络爬虫、深层网络爬虫等类型。在实际的网络爬虫中，通常是这几类爬虫的组合体。

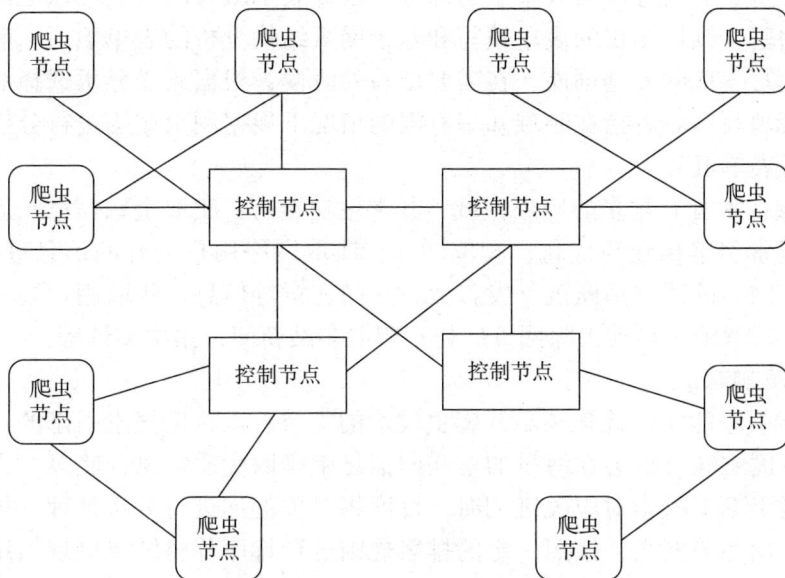

图 2.1　网络爬虫结构示意图

1. 通用网络爬虫（General Purpose Web Crawler），又叫作全网爬虫，其爬取的目标资源在全互联网中，目标数据往往巨大，爬行范围广，因此对其爬取的性能要求较高，这种爬虫方法主要应用于大型搜索引擎中，有深度优先爬行和广度优先爬行两种爬行策略。

2. 聚焦网络爬虫（Focused Crawler），也叫主题网络爬虫，即按照预先定义好的主题有选择地进行网页爬取的一种爬虫，聚焦网络爬虫不像通用网络爬虫一样将目标资源定位在全互联网中，而是将爬取的目标网页定位在与主题相关的页面中，因此可以大大节省爬虫爬取时所需的带宽资源和服务器资源。其爬行策略主要有 4 种，即基于内容评价的爬行策略、基于链接评价的爬行策略、基于增强学习的爬行策略和基于语境图的爬行策略。

3. 增量式网络爬虫（Incremental Web Crawler）。所谓增量式，对应着增量式更新。增量式更新指的是在更新的时候只更新改变的地方，而未改变的地方则不更新，所以增量式网络爬虫，在爬取网页的时候，只爬取内容发生变化的网页或者新产生的网页，对于未发生内容变化的网页，则不会爬取，因此在一定程度上能够保证所爬取的页面尽可能是新页面。

4. 深层网络爬虫（Deep Web Crawler），可以爬取互联网中的深层页面[1]，因此其最重要的部分即为表单填写部分。根据表单填写的方式可以把深层网络爬虫分为基于领域知识的表单填写和基于网页结构分析的表单填写。前者指建立一个填写表单的关键词库，在需要填写的时候，根据语义分析选择对应的关键词进行填写；后者指在领域知识有限的情况下根据网页结构进行分析，并自动地进行表单填写。

爬虫技术有非常多的应用领域，其常用功能有：爬取金融信息，进行投资分析；搜索引擎构建与优化；爬取图片；爬取网络用户公开的信息进行分析，如分析该网站的用户活跃度、发言数、热门文章等信息；爬取用户公开的联系方式，进行营销；自动去除网页广告；爬取多站新闻，集中阅读等。

【百度蜘蛛】

搜索引擎的实时优化离不开爬虫技术的支持。以百度搜索引擎的百度蜘蛛为例：百度蜘蛛每天会在海量的互联网信息中爬取优质信息并收录，当用户在百度搜索引擎上检索对应关键词时，百度将对关键词进行分析处理，从收录的网页中找出相关网页，按照一定的排名规则进行排序并将结果展现给用户。具体而言，其核心工作流程如下图所示：

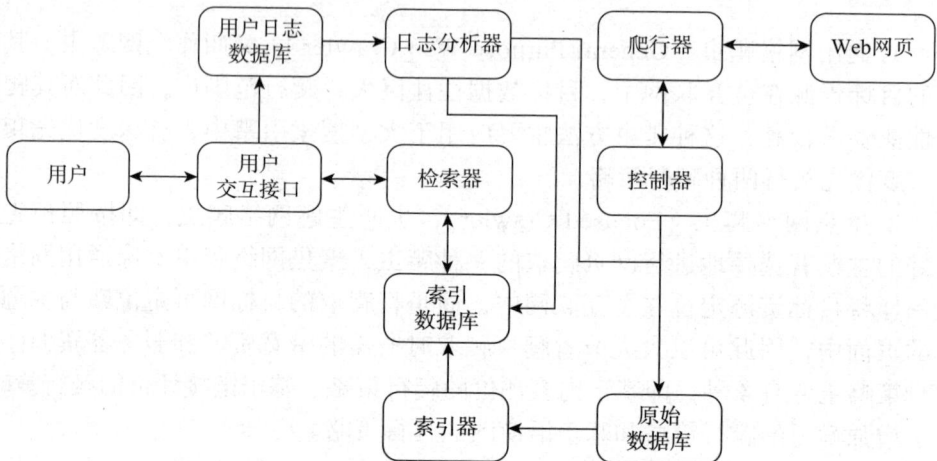

图 2.2　爬虫技术在搜索引擎中的应用

---

[1] 在互联网中，网页按存在方式分类，可以分为表层页面和深层页面。所谓的表层页面，指的是不需要提交表单，使用静态的链接就能够到达的静态页面；而深层页面则隐藏在表单后面，不能通过静态链接直接获取，是需要提交一定的关键词之后才能够获取得到的页面。在互联网中，深层页面的数量往往比表层页面的数量要多很多，因此我们需要想办法爬取深层页面。

第一步：爬取并存储网页

搜索引擎会利用爬虫模块对互联网中的网页进行爬取，然后将爬取到的网络信息存储到原始数据库中。爬虫模块主要包括控制器和爬行器，简单来讲，控制器就像大脑神经中枢，负责指挥、控制爬行，而爬行器则负责接收指令，进行具体的爬行工作。

爬虫机制会对原始数据库中的数据进行索引，并存储到索引数据库中。

第二步：获取数据

当检索行为发生时，用户会在界面上的交互接口处输入信息，此处的交互接口就相当于搜索引擎的输入框。当输入完成后，检索器会进行分词等操作，从索引数据库中提取数据进行相应的检索处理。

第三步：形成用户日志数据库

用户日志数据库中会储存用户的数据信息、行为信息等，包括用户的 IP 地址、用户输入的关键词等。

第四步：分析用户数据

分析用户数据的行为主要由日志分析器来完成。日志分析器会根据大量的用户数据去调整原始数据库和索引数据库，改变排名结果或进行其他操作。

因此基于网络爬虫技术，不仅可以帮助我们对网络营销的网站进行优化，还可以通过爬虫技术爬取用户在网站上的浏览信息，从而形成消费者画像，进而有针对性地改善网站建设、实施精准营销。

（二）点击流分析技术

点击流是一个通用术语，它是指用户在网站上持续访问的轨迹，能够呈现用户访问一个或多个网页的路径顺序以及停留时间等，可以较为全面地反映消费者的购买决策过程。访问者在一次访问中所请求的一系列网页被称为会话，而网站中的点击流数据则是网站中会话的集合。点击流数据中包含两大部分信息：点的信息与流的信息。点的信息包含访问的每一个页面的信息，包括 URL 和浏览时间等。其中 URL 是指统一资源定位系统，它是在因特网上每个网页都拥有的且唯一的地址，可以准确指代唯一网页，帮助数据分析者快速锁定用户的访问网页。流的信息则是表示消费者一次完整的访问过程，具体包括用户一次访问过程的开始时间、结束时间、浏览时长、浏览页面总数、用户的身份标识以及每个页面的单位浏览时长等，多个点连成流，总体形成点击流。点击流分析可以充分显示网站是如何被访问者导航和使用的。

尽管点击流分析的数据处理时间成本较高，但近年来点击流的应用领域也愈加广泛，电子商务领域便是其中之一。电商平台的发展在经历了 20 年的高速膨胀后也进入平台期，传统的电子商务服务个性化不足、对用户需求把控不精准、对用户需求变化掌握滞后性严重等局限性逐步显露。计算机技术与数据挖掘技术的突破与发展为这些局限性的解决提供了可能，学者们试图借助客户的浏览轨迹与浏览内容等，发掘客户的兴趣模式，发现客户的消费偏好，从而实时掌控客户需求，实现电子商务的个性化服务。点击流所包含的丰富数据则为这一研究思路提供了数据基础，商家通过分析客户的点击行为数据，实现客户兴趣模式的挖掘，进而制定精准营销策略，并实现网站建设的优化，以期提高平台的利润率。

点击流是一个非常丰富的数据源，因为可以通过记录中包含的 URL 检索每个用户请求的 HTML 文件。但是，由于无特定的结构，很难分析这种自由格式的文本数据。基于这样的背景，通过用户标识、类别标识、时间估计和数据清理等步骤进行数据预处理，进而形成的点击流数据仓库就至关重要。数据仓库包含很多表，通过外键产生关联，依据不同的主题建立不同的数据集市，例如：用于网站信息分析的页面数据集市、用于用户行为分析的会话数据集市等。根据客户主题的数据集市可以进一步分析客户的购买情况、购买趋势、消费偏好以及网站点击特点等。通过地理维、服务器维等不同维度的信息可以分析出服务器负载量程度、页面的受关注程度等，可以帮助管理人员进行数据可视化分析与展示。此外，数据仓库还支持继续加入新的主题，建立更多的分析查询，从而为企业的管理决策层提供更全面、更丰富的数据参考。

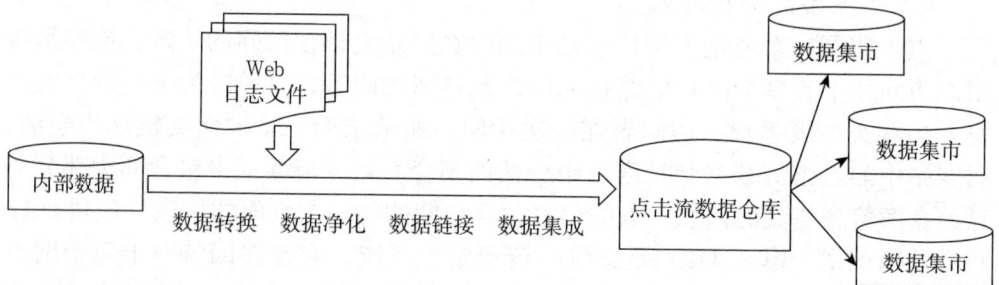

图 2.3　点击流数据仓库形成流程

其涉及的主要分析指标可以分为基础分析、来源分析、受访分析以及访客分析四类。

1. 基础分析。

（1）趋势分析：选取某一时间区间，提取网站的流量数据，绘制趋势变化图，从中分析网站访客的访问规律，例如活动高峰时间点、活动周期等，为网站制定长期的发展计划提供参考。

（2）对比分析：选取两个时间区间，对这两个时间区间内的网站流量进行纵向对比，发现网站流量变化规律、变化率等。

（3）当前在线：即当前时刻站点上的访客量，以及最近15分钟流量、来源、受访、访客变化情况等，方便用户及时了解当前网站流量状况。

（4）访问明细：最近7日的访客访问记录，通常按每个PV（Page Views，网页浏览量）或每次访问行为（访客的每次会话）显示，并可按照来源、搜索词等条件进行筛选，为数据处理提供便利性。通过访问明细，用户可以详细了解网站流量的累计过程，可以明晰期间每天的访客详情，从而为用户快速找出流量变动原因提供最原始、最准确的数据依据。

2. 来源分析。

（1）来源分类：提供不同来源形式（直接输入、搜索引擎、其他外部链接、站内来源）、不同来源项引入流量的比例情况。通过精确的量化数据，帮助用户分析什么类型的来路产生的流量多、效果好，进而合理优化推广方案。

（2）搜索引擎：提供各搜索引擎以及搜索引擎子产品引入流量的比例情况。从搜索引擎引入流量的角度，帮助用户了解网站的SEO（Search Engine Optimization，搜索引擎优化）、SEM（Search Engine Marketing，搜索引擎营销）效果，从而为制定下一步SEO、SEM计划提供依据。

（3）搜索词：提供访客通过搜索引擎进入网站所使用的搜索词，以及各搜索词引入流量的特征和分布。帮助用户了解各搜索词引入流量的质量，进而了解访客的兴趣关注点、网站与访客兴趣点的匹配度，为优化SEO方案及SEM提词方案提供详细依据。

（4）最近7日的访客搜索记录：可按每个PV或每次访问行为（访客的每次会话）显示，并可按照访客类型、地区等条件进行筛选，从而为搜索引擎优化提供最详细的原始数据。

（5）来路域名：提供具体来路域名引入流量的分布情况，并可按"社会化媒体""搜索引擎""邮箱"等网站类型对来源域名进行分类。帮助用户了解哪类推广渠道产生的流量多、效果好，进而合理优化网站推广方案。

（6）来路页面：提供具体来路页面引入流量的分布情况。尤其对于通过流量置换、包广告位等方式从其他网站引入流量的用户，该功能可以方便、清晰地展现广告引入的流量及效果，为优化推广方案提供依据。

（7）来源升降榜：提供开通统计后任意两日的TOP10000搜索词、来路域名引入流量的对比情况，并按照变化的剧烈程度提供排行榜。用户可通过此功能快速找到哪些来路对网站流量的影响比较大，从而及时排查相应来路问题。

3. 受访分析。通过受访分析可以知道用户对网站的访问情况，从而透视其对网站内容的偏好与兴趣。

（1）受访域名：提供访客对网站中各个域名的访问情况。一般情况下，网站不同域名提供的产品、内容各有差异，通过此功能用户可以了解不同内容的受欢迎程度以及网站运营成效。

（2）受访页面：提供访客对网站中各个页面的访问情况。站内入口页面为访客进入网站时浏览的第一个页面，如果入口页面的跳出率较高则需要关注并优化；站内出口页面为访客访问网站的最后一个页面，对于离开率较高的页面需要关注并优化。

（3）受访升降榜：提供开通统计后任意两日的TOP10000受访页面的浏览情况对比，并按照变化的剧烈程度提供排行榜。可通过此功能验证经过改版的页面是否有流量提升或哪些页面有巨大流量波动，从而及时排查相应问题。

（4）热点图：记录访客在页面上的鼠标点击行为，通过颜色区分不同区域的点击热度；支持将一组页面设置为"关注范围"，并可按来路细分点击热度。通过访客在页面上的点击量统计，可以了解页面设计是否合理、广告位的安排能否获取更多佣金等。

（5）用户视点：提供受访页面对页面上链接的其他站内页面的输出流量，并通过输出流量的高低绘制热度图，与热点图不同的是，所有记录都是实际打开了下一页面产生了浏览次数（PV）的数据，而不仅仅是拥有鼠标点击行为的数据。

（6）访问轨迹：提供观察焦点页面的上下游页面，了解访客从哪些途径进入页面，又流向了哪里。通过上游页面列表比较出不同流量引入渠道的效果；通过下游页面列表了解用户的浏览习惯，哪些页面元素、内容更吸引访客点击。

4. 访客分析。通过访客分析可以对用户的性质进行划分，是用户画像描摹与精准营销的基础与前提工作。

（1）地区运营商：提供各地区访客、各网络运营商访客的访问情况分布。地方网站、下载站等与地域性、网络链路等结合较为紧密的网站，可以参考此功能数据，合理优化推广运营方案。

（2）终端详情：提供网站访客所使用的浏览终端的配置情况。参考此数据进行网页设计、开发，可更好地提高网站兼容性，以达到良好的用户交互体验。

（3）新老访客：当日访客中，历史上第一次访问该网站的访客记为当日新访客；历史上已经访问过该网站的访客记为老访客。新访客与老访客进入网站的途径和浏览行为往往存在差异。该功能可以辅助分析不同访客的行为习惯，针对不同访客优化网站，例如为制作新手导航提供数据支持等。

（4）忠诚度：从访客一天内回访网站的次数（日访问频度）与访客上次访问网站的时间两个角度，分析访客对网站的访问粘性、忠诚度、吸引程度。提升网站内容的更新频率、增强用户体验与用户价值可以有更高的忠诚度，因此该功能在网站内容更新及用户体验方面提供了重要参考。

（5）活跃度：从访客单次访问浏览网站的时间与网页数两个角度，分析访客在网站上的活跃程度。提升网站内容的质量与数量可以获得更高的活跃度，因此该功能是网站内容分析的关键指标之一。

对于营销分析，查看点击流非常重要。人们使用电子商务网站上的点击流分析来找出促使消费者选择加入或退出交易的原因，并了解如何简化流程，目的是鼓励尽可能多的访客完成交易。虽然可以从搜索引擎优化和美学角度设计网站以吸引人们，确保人们找到该网站并喜欢他们所看到的内容，但是并不能确保消费者看到的是其想看的。如果难以长久地吸引消费者，则可能错失潜在客户。点击流分析则可以提供潜在客户如何与网站和购物车互动的信息，从而快速捕捉消费者的偏好，从而动态调整网站布局和功能，提升网页布局效率，不断进行改善。

（三）搜索引擎优化算法

搜索引擎优化（Search Engine Optimization，SEO）是指通过有效的方法改善各大平台网站的搜索结果，使其出现在首页，最大限度地提高其产品和网站信息的曝光率，获得更多的流量，使企业达到销售和品牌建设。主要的优化方法有优化关键词、增加有效外链从而对网站进行推广、增加原创性内容且保持内容连贯性与可读性、优化搜索算法等。国家互联网信息办公室、中共中央宣传部、教育部、科学技术部、工业和信息化部、公安部、文化和旅游部、国家市场监督管理总局、国家广播电视总局 2021 年公布的《关于加强互联网信息服务算法综合治理的指导意见》提出要"支持算法与社会、经济各领域深度结合"，而结合算法进行优化是搜索引擎优化的主要方式。在过去的几年里，主流搜索引擎进行了数次重要的算法升级，常用的算法有 Trust Rank 、Bad Rank 及百度的绿萝算法等。

1. Trust Rank 算法。Trust Rank 指信任指数，是基于网页与可信任网页之间的链接关系及传播深度来计算网页间信任程度的算法，目的是从互联网中筛选出质量相对较高的网页。

Trust Rank 算法认为，如果某网页与可信任网页之间存在链接关系，那么链接深度越小，该网页的可信任指数就会越高，权重就会越大。通过 Trust Rank 算法，搜索引擎可以找到互联网中相对权威的网站或者网页，如果进一步细分至不同行业，就可以挖掘出不同行业中的权威网站或网页。TrustRank 算法属于信任传播类模型，主要有可信任网页集合筛选和网页信任值的传播计算两步工作流程。

一个可信任网页包含的外出链接数越多，被链接的网页得到的信任值就会越小，反之亦然。假设某个可信任网页的信任值是 100，它存在 10 个外出链接，如果被指向的网页对信任值进行平均分配，则每个网页的信任值都是 10。Trust Rank 算法除了计算存在直接链接关系的网页外，还会计算存在间接链接关系的网页。网页与可信任网页之间的链接距离越大，可信任度就越小。通过以上两种策略计算出某网页的可信任指数，可信任指数越低，该网页的可靠性就越差，权重就越低。

2. Bad Rank 算法。Bad Rank 算法运算的前提假设为：如果某个网页与一个不可信任或具有作弊行为的网页之间存在链接关系，那么该网页也有可能存在作弊行为。与 Trust Rank 算法刚好相反，Bad Rank 算法最主要的目的是从互联网中筛选出质量较差的网页。

Bad Rand 算法与 Trust Rank 算法的工作原理极为相似，首先是确定一批不可信任网页集合（即网页黑名单），再通过网页与不可信任网页间的链接关系及链接距离计算出网页的不信任值，从而确定某个网页是否为不可信任网页。

3. 百度绿萝算法。百度绿萝算法主要用于打击超链中介、出卖链接网站及购买链接网站行为，百度官方于 2013 年 2 月 19 日发布 1.0 版本，有效制止了恶意交换链接、发布外链的行为，2.0 版本于 2013 年 7 月 1 日发布，用于整治一些网站到处发布软文进行推广的现象，主要针对软文发布平台，包括软文发布网站及软文受益网站。

第二节　网站建设的方式与技巧

一、自建设网站的主要步骤

好的网站建设工作能够将品牌或产品的形象和相关信息高效展现于服务对象面前，从而将网站的浏览者转变为品牌或产品的利益相关者（客户、股东、合作者等）。网站的建设需要与其服务对象的特点紧密相连。网站的服务对象主要分为六大类：第一类是顾客，分为潜在顾客和现有顾客，潜在顾客利用网站中的有效产品信息可以帮助企业增加新的销售额，即通过网站给予的信息了解产品或服务，在未来可能与企业产生交易。现有顾客能够通过浏览网站再次产生消费欲望并与企业产生交易；第二类客户是业务伙伴，业务伙伴通过网站形成对品牌的初步印象，促进深入交流，吸引业务合作；第三类是雇员，雇员通过网站能够找到理想中的工作，企业也因此产生了吸纳人才的又一渠道——网上招聘；第四类是股东或潜在的股东，股东们通过网站的财务信息和业务情况等了解企业的经营状态和发展潜力，以指导投资决策；第五类是咨询人员，咨询人员可通过网站中案例的阅读，收集优秀的企业案例，传播管理知识等。

国家工业和信息化部直属事业单位中国互联网络信息中心 2023 年发布的第 51 次《中国互联网络发展状况统计报告》显示，"互联网是承载数字经济发展的重要基础，在网络信息产业发展中扮演着重要角色。"2000 年，中国的网民数量仅有 2250 万。2019 年中国网民数量达到中国网民数量达到 8.54 亿。[①]中国互联网市场经历 20 年的发展有了跨越式的成果。随着网民规模的扩大，网站的建设工作也越来越重要。这样的受众规模为企业宣扬品牌理念，提高品牌和产品知名度，增加交易渠道等都提供了更大的可能性。很多品牌自 2010 年开始都注重建设自身的网站，主要通过自建设的方式。

自建设网站主要遵循以下步骤进行：

第 1 步：预调研

预调研即意味着了解企业的利益相关者希望从网站得到什么信息与什么服务，例如了解网站的目标客户、建设者想要反映的设计理念等。该步骤非常重要，若前期未把准备工作做好，则会在未来网站搭建过程中产生大量修改的成本，拖慢建设过程甚至流失潜在业务。

第 2 步：召开网站规划会，召集各部门参加，确定重要的工作，并据此分配预算和资源

该步骤主要按照调研结果规划网站中的模块组成、设计风格，建立雏形网站；除此之外，该步骤还涉及企业注册合适的域名，部署域名策略，选择合适的服务商并建立网站。网站规划会即依据调研收集到的信息规划未来网站建设的设计方向、内容与细节，而后初步建立网站以方便后续不断优化。

第三步：不断优化网站建设内容，在企业不同的阶段具有不同的网站优化任务。

根据企业每个阶段的业务任务不同，网站的建设工作也需要不断优化，例

---

① 数据来源于中国互联网信息中心（CNNIC）《中国互联网络发展状况统计报告》。

如数据储存与分析、新技术对接、网站建设效果评价等。

二、不同发展阶段网站的优化任务

具体而言，在企业不同发展阶段中网站的优化任务分别如下：

（一）域名选择

注册容易记的域名对业务很重要，主要为了提高访问速度和规模。选择域名需要注意两点：一是域名要有创意，好的创意能够让域名更容易留在人们心中；二是域名最好与网站的名称对应，例如"www.baidu.com""www.taobao.com"等均是与品牌名称相对应的好域名；三是需要对域名进行保护。只有好的域名还不够，企业不仅要着重进行主体域名的注册，还要能够对分流的相似域名进行管控，例如雅虎（Yahoo!）与"Yahow.com"。通用汽车 1992 年注册域名"gm.com"，没有注册"genaralmotors.com"，1997 年 Gil Vanorder 注册该域名，通用汽车日后意识到该公司域名分走了大量的访问流量，只好掏钱购买该域名。

而今，域名的概念又进行了延展，很多互联网中出现的社交平台也会产生"域名"问题。例如杨天真[①]在愚人节想与网友开个玩笑，将微博名从"杨天真小姐"改为"小杨不天真"。然而，愚人节后，由于"杨天真"这一微博名被抢注，她无法再改回。这极大可能会产生粉丝迷航的现象。

（二）雏形网站的搭建

企业自建网站将会面临很多困难，对企业的综合素质要求也较高。自建网站面临的问题可能有网站安全、网站成本、网站开发、网络带宽、网络知识、服务器、储存空间、网站建设速度、技术人员支持等。每一环处理不当都可能给后续访问网站的消费者带来不好的浏览体验。除了企业自建网站之外，企业还可以选择寻找服务商进行网站建设的外包。

企业选择外包时一般基于以下几个条件：一是企业要求迅速建好网站；二是企业一般缺乏自己运营网站的经验，没有专业的技术支撑；三是企业的信息技术部门和业务部门之间没有很好的协作关系，需要外包来达到网站的协同设计；四是网站规模和自营网站的费用难以预计，这也是企业对于网站建设的知识较为贫乏的原因，需要专业人士辅助。企业选择自建网站一般基于以下几个条件：一是企业自己有信息技术部门，愿意学习新知识，也有能力为网站的建设和后期的运维提供技术支持；二是高层管理人员的指令，能够与企业的信息

---

① 著名明星经纪人，壹心娱乐 CEO。

技术部门直接沟通需求，期望控制力强；三是对安全性要求较高，不希望引入第三方辅助网站建设；四是网站访问量固定，能够对后期运维有预期规划，对运营费用也有明确把握。

值得一提的是，企业在选择外包时需要层层把握每个环节的建设质量。例如在主机托管服务商的选择上尽量选择在业内较为知名的或经验丰富的；在平台的性能的建设上，注重平台性能数据和扩展升级的能力；在服务组合上，注重服务商是否能够给企业提供多样的、定制的、专业的方案；在成本上，能够以伙伴关系进行稳定合作，提供性价比较高的服务方案。以上这些信息需要从外包网站中了解情况或由各个环节的服务商自行提供。

（三）储备阶段

数据储备与展示阶段是需要企业在未来的运营过程中不断完善的。在网站的初步建立时期，企业需要把现有文件和数据放到网站上。这些文件与数据包含产品介绍、出版物、公司报告、年报、技术资料等，能够给予网站浏览者一些企业的基本参考信息。在这个阶段，网站的数据储备主要利用现有的信息，数据分析与挖掘的成本不高。且在过程中，较能促进企业各个部门之间的业务交流与数据沟通。

（四）完善阶段

完善阶段主要解决在网站运营过程中出现的问题，对技术和信息进行不断优化。在技术方面，解决了易出现的短时间内访问量飙升导致网站无法访问、服务器罢工等问题以及技术更迭问题。技术更迭是指，在网络技术的发展过程中，有一些新兴的技术能够为网页浏览者提供新的体验，这时企业会考虑是否需要把这项技术应用到网站中。例如2010年后被广泛应用到服装产业的虚拟试衣间技术，也被很多品牌对接到网站上，消费者无须走到实体店中就能够看到真实的着衣效果。在信息方面，企业业务的变动和成果的积累对网站的建设能够提供更多的信息。

（五）交互阶段

交互二字在此处指的是网站与浏览者之间的信息交互。网站为浏览者提供有用的信息，浏览者提供对网站的一些反馈（服务反馈、产品反馈、操作反馈等）。获得反馈的方式有很多，例如网站中设有业务反馈窗口，让访问者提问来建立同访问者的联系；设置人工客服，允许访问者与客服沟通问题；线上的弹窗调查、邮箱调查或电话调查。交互阶段对未来企业网站的优化非常重要，这对企业或政府来说并不难实现，可以雇佣电话专员或设置线上人工客服。

（六）数据库阶段

传统的网站建设办法即使用 HTML 页面的方式显示所有信息，这样非常容易实施，建设速度较快；但更新时需要修改页面中的全部内容，且客户无法根据自身的需求提取有关信息，造成了访问的不便利。数据库建设即从公司数据库里获取信息，用数据库软件创建要在网站上发布的信息，这样有助于后续的内容更新，即只需要对应修改数据库中的内容，方便客户访问，形成周到的客户服务；但也具有一些缺点，例如数据库的建设速度往往较慢，且需要较强的数据库技术支撑。

（七）高级储备阶段

高级储备阶段是基础数据库建立的进阶阶段。在这个阶段中，企业将提高数据库的数据储存种类，用各种方法扩大和增强公司核心信息库的价值。价值的挖掘实则是对消费者网站浏览行为的数据挖掘，通过消费者浏览页面的时间，点击网页的排序和频次，挖掘用户需求与偏好，能够为企业未来的网站设计和业务规划提供大量灵感。

（八）大量定制阶段

传统营销为所有人提供同样的信息，将信息"推"向市场，等待消费者的订单。定制则实现为每个人提供不同的信息，为每个访问者定制主页，实现"拉"的策略，为客户定制服务方案。以网站为介质进行定制工作，其成本将大大降低，且能够实现与消费者一对一的沟通与交流。新互联网时代下，很多平台结合人工智能和推荐算法等实现精准定制与营销。例如淘宝、小红书、微博、京东中的"猜你喜欢"模块，便体现新互联网时代的定制。当你在界面中搜索想要购买的商品信息，并产生了一些浏览历史；消费者再次刷新淘宝界面后，与浏览历史相关的产品信息也将被推荐在主页。淘宝根据用户的搜索、浏览和购买记录会对每个消费者打上标签，比如消费者的消费层级和年龄、喜好。而猜你喜欢中抓取的宝贝都是按照标签进行匹配的，将店铺定位的标签和人群标签进行匹配，数据越好的产品，越容易被展现。通过标签的匹配，实现点对点的定制。

（九）外向阶段

一位客户的价值是由生命周期决定的。客户生命周期可分为 5 个阶段，一是知晓阶段，客户知晓公司或一种产品的名字，并产生印象；二是了解阶段，潜在客户通过各种渠道继续接触企业或产品的信息，并产生兴趣；三是熟悉阶段，客户已经同公司交易过多次，非常熟悉公司的退货、信用和价格政策；四是承诺阶段，客户同公司经过多次满意接触后可能会对公司的品牌或产品非常忠诚或强烈偏好；五是分离阶段，客户因服务水平或产品质量的保护而极度失望，公司可能也会觉得维系客户的成本太高，于是关系开始疏远。

客户生命周期的开始在线下时，会受地理因素的约束，但在互联网环境下，客户生命周期开启于客户首次访问品牌网站之时。因此，外向阶段目标是让网站的每个访问者都能与品牌产生对话，对话的过程能够帮助企业开发为顾客带来真正价值的服务，例如提示服务、更新服务、个性化咨询服务等。

外向阶段也会产生针对性的市场营销，衍生出了新的市场营销概念——精准营销。精准营销利用客户产生消费决策的过程中的各类数据，对其消费动因进行分析，指导企业的营销活动。

利用生命周期中产生的数据，可将市场细分为多个具有相似需求的群体。企业识别每个细分市场的需求，规划出满足这些需求的向外发布的内容。规划内容与确定现有的发布内容进行比对，判断其能否满足目标细分市场需求。根据判断结果，企业进行营销内容的补充和完善。根据以上步骤，企业将对客户需求越来越了解，营销活动越来越具有针对性，营销效果也会越来越好。

（十）商业阶段

网站建设的目的在初级阶段为向消费者宣扬品牌理念、发展愿景，在商业阶段则是期望网站能为品牌创造价值。最典型的便是奢侈品的网站建设，以往奢侈品销售的 3/4 是在实体店中完成，消费者在网站上看到产品信息或秀场信息，再到线下购买。但当今时代，奢侈品将网站升级，也推出了品牌商城的业务。Gucci 自 2016 年将部分单品放在电商网站 YNAP 上出售，并与 Farfetch 合作；2017 年，Gucci 正式推出官网的线上购买业务。2017 财年第一季度，Gucci 收入猛涨 51% 至 13.54 亿欧元，同比增长 48.3%，这是 20 年来最强劲的增长，为开云集团贡献了 1/3 以上的收入。商业阶段网站相当于品牌的线上店铺，具有很多注意事项：产品分类要清楚（按照场合分类、按照客户群特点进行产品分类）；捆绑销售；在网站上展示产品，使消费者能从各个角度看到产品，提高购买的可能性；让消费者体会到商品的价值。

（十一）风格阶段

形成网站特有的风格，例如写作风格、排版风格、设计风格等。以网站的颜色基调为例，淘宝的网站是橙色，天猫的网站是黑红色，京东的网站是红色。这些颜色能够在消费者心中留下印象，形成品牌独有的网站风格。

（十二）全球化阶段

互联网无国界，在精心制作网页的最初阶段，全世界的网页设计者和开发人员就应当具有全球化的视角和想法，并在日后业务扩展中慢慢实现。全球化阶段需要注意的因素有很多，例如将网站翻译成多种语言，提供当地信息，用当地货币标出价格，尊重当地风俗习惯。

第三节　网络营销概述

一、网络营销概念

网络营销即为一种在互联网时代被开发使用的一种营销方式，网络营销的基础是现代营销理论，凭借网络、数字媒体与通信技术等实现营销目的的活动，是科学发展、市场竞争加剧等多种因素促成的。企业开展网上经营的各个过程中网络营销均发挥重要的作用，从最初信息发布、收集到电子商务阶段进行网络交易，网络营销都是一项不可或缺内容，是企业营销战略中的重要的一环。网络营销具有广义与狭义之分，其划分方式为实现方式的不同，广义网络营销指企业依托于计算机网络进行营销活动，而狭义的网络营销专指国际互联网营销。

网络营销的发展迅速。自 20 世纪 90 年代以来，互联网迅速发展起来，全球范围内掀起"互联网热"，网络技术的普及和发展改变了信息的传递、接收方式，改变了人们的生活、学习与工作的交流环境，企业也乘上互联网新技术的长风，纷纷提供网络信息服务，变革企业内部结构，同时发展新型的营销模式。2001 年起，我国的网络营销进入实质性发展与应用时期，其主要表现为以下 3 点：其一，网络营销服务市场已形成雏形，网络营销逐渐形成成熟的环节；其二，网站建设为企业网络营销打下坚实的基础，网络营销模式逐渐完善，网络广告的应用与形式发展迅猛；最后，搜索引擎营销、E-mail 营销得到了进一步发展。由赛迪顾问股份有限公司发布的《2005~2006 年中国网络营销市场与投资机会研究年度报告》显示，2005 年中国网络营销市场的规模达到了 56.3 亿元，同比增长 42.7%，且网络广告占网络营销总收入的 40.3%，搜索引擎营销、商务平台营销、Email 营销规模分别为 21.0%、31.5% 和 1.2%。根据《2021 年国民经济和社会发展统计公报》，2021 年中国互联网普及率已达 73.0%，其中农村地区互联网普及率为 57.6%，网络规模跃居世界第一，说明我国网络营销发展环境良好，且电子商务、网络社区、社交平台等迅猛发展，也为网络营销服务和商业模式创新开拓了更广阔的空间。

除了互联网技术的推动作用，网络营销的产生和发展还有赖于消费者消费观念的改变。首先，消费者的消费主动性增强，会主动通过各种渠道获取商品信息，比对分析后进行选择，相对而言，消费者对单向推销式营销的信任度较弱；其次，消费者对便捷性购物的要求越来越高，希望尽量节省时间和精力支出，尤其是具有一定消费偏好的消费者；再次，消费者的个性化需求增强，消费者基于个人心理意愿挑选与购买服务或商品，其认同感心理将对购买决策起到先决作用。基于此，网络营销和传统营销相比，可以满足顾客独特的需求，具有更多的优势。此外，网络营销对于企业来讲也具有明显的优势，如网络用户基数大，网络营销的传播效率更高；以网站为平台的营销活动减少了交通、通讯、人工、财务和办公室租金等支出，因此成本比线下营销成本要低得多，并可以通过部门与流程整合，最大限度地控制企业成本费用，提高经济效益。网络营销基于高速的传播，营销效率高，可以触及很多过去依靠人工销售和宣传而无法达到的市场，为企业发展创造更多机会。

　　网络营销与电子商务具有较多相似之处，同时又具有明显的区别，网络营销是电子商务的重要组成，是其开展与实施的前提，但是开展网络营销活动并不等同于完全实现了电子商务。首先，二者的关注点存在一定区别，电子商务一般是指进行商业活动时，买卖双方在开放的网络环境中且互不相见的情况下，进行交易的一种新兴的商业运营模式，其核心为交易方式与全过程的电子化，而网络营销则是借助数字交互式媒体和网络通信以实现营销的一种方式，强调的是与目标人群之间的网络互动，核心是营销手段的网络化；其次，二者在内容上存在差异，电子商务注重的是交易全流程的电子化，既包括电子交易前的网络营销活动，也包括交易过程中的网上支付和交易后的商品配送、售后服务等环节，由此可知电子商务与网络营销是包含与被包含的关系，网络营销只是电子商务的一个环节；最后，二者也存在一定交叉，网络营销是企业整体营销战略的一个组成环节，无论是传统企业还是电子商务企业，都需要网络营销为交易的促成以及交易双方的高效沟通提供支持。

二、网络营销的理论基础

（一）整合营销理论

　　整合营销传播理论（Integrated Marketing Communication）是在 20 世纪 90 年代初由美国教授唐·舒尔茨提出的，根据全美广告业协会定义：“整合营销传播是一个营销传播计划的概念，即通过评价广告、直接营销、销售促进和公共关系等传播方式的战略运用，并将不同的信息进行完美的整合，从而最终提供明确的、一致的和最有效的传播影响力”，其强调企业营销传播中众多要素的系统整合，与营销传播资讯的一致性与集中性、各传播手段与要素的协调统一性。

　　步入数字化时代，网络营销方式的兴起，为整合营销提供了很好的发展平台。品牌可以利用不同的渠道，生产适合不同场景的原生广告，实现多渠道的协同传播和内容贯通，从而迎合不同用户的偏好和需求，并且企业可以通过网站信息分析更好地捕捉用户的偏好与需求，对营销战略与计划进行动态调整，从而全面贯彻顾客价值导向的理念；同时网络营销以最高效的方式持续不断地向消费者传递自己的愿景与使命，网站是企业品牌形象的可视化体现，其网络广告传播的统一性更是传统线下营销无法比拟的优势。此外，随着数字技术的升级，传播手段越来越多样化，消费者被赋予了更大的需求表达平台，广告主也能与消费者进行更便捷的沟通，在空间整合意义下使传播内容更深入人心，从而满足消费者个性化需求，多维度构建品牌形象；此外，数据被称为21世纪的石油，消费者的行为以数字的形式呈现出来，网络营销可以实现全流程数据信息的搜集，并通过互联网上的数字痕迹来了解其需求，从而能够对顾客进行一对一的个性化营销；也可以通过转发、点击等数据对传播效果进行测量，从而实现精准营销，并有效地对未来的整合营销策略进行调整，使得品牌传播和建构更精准高效。通过使用大数据挖掘与分析技术对数据信息进行深度分析，企业可以把握营销活动各个环节的消费者反馈，实现和消费者之间的双向交流和沟通，使营销活动形成一个不断反馈、不断改进的闭环，从而达到良性循环的效果。2021年，商务部、中共中央网络安全和信息化委员会办公室、国家发展和改革委员会发布《"十四五"电子商务发展规划》，强调"鼓励生产企业依法合规开展用户画像和行为分析，实现基于数据感知和智能算法的精准营销，全面提升产销联动效率。"

（二）网络"软营销"理论

网络软营销理论是在工业经济大规模生产背景下提出的新理论。软营销理论强调在市场营销活动的同时也要关注消费者的感受和体验，基于消费者准则，提高消费者接受营销服务的主动性与舒适度。

在传统营销活动中，传统广告和人员推销是两种主要的促销手段。在传统的广告营销中，广告商不顾消费者的接受意愿与消费需求，一味追求广告的高频率出现与重复次数，以加深消费者对广告的印象；传统人员推销中，大多依靠推销人员的主观判断与营销方式，消费者只是被迫地接受推销人员的推销行为，有时甚至会产生强烈的不适感。

但在互联网平台上，信息传递具有公开性、平等性、自由性与交互性的特点，注重互相尊重，网络使用者较为关注个人隐私与信息的保护与交流体验。

因此，企业采用传统的营销手段在互联网上以主动强势立场进行营销并不可行。"软营销"与"传统营销"的最根本区别在于：主动方不同，传统营销由企业主动，而网络软营销由消费者主动。传统营销类似于推式策略，从商品与服务出发。网络软营销采用拉式策略，从消费者的需求与体验出发，采用个性化服务的方式，吸引消费者，使消费者在个性化的驱使下，到企业的网站上寻求相关产品与服务的信息，使消费者成为主动方。

（三）网络直复营销理论

根据美国直复营销协会（ADMA）的定义，直复营销（Network Direct Marketing）是一种为了在消费者群体中产生可度量的反应或达成交易效果，而使用的一种或多种广告媒体相互作用的市场营销体系。直复营销的"直"来自英文的"direct"，即直接的意思，是指越过中间分销渠道，直接通过媒体与企业和消费者相连；直复营销中的"复"来自英文中的"response"，即"回复"的意思，是指企业与顾客之间的交互，顾客对营销需要具有一个明确的回复，企业通过统计这种明确回复的数据，可以对以往的营销效果进行评价。"是否回复"是直复营销与直接销售最大的区别。

网络作为一种具有双向交流功能的交互式媒体与渠道，可以为企业与消费者间的双向互动提供一个高效的平台，从而助力直复营销的发展。例如，在网上消费情境下，用户可以通过搜索产品名称或品牌名称或点击网络广告链接，直接链接到企业的网站，以进行商品的挑选与购买，且企业可以对用户的购买倾向以及付费信息进行统计，从而与其保持良好、即时的交互及沟通。此外，顾客可以通过互联网直接参与到从产品研发设计，到定价与定量生产，再到出售交易的全过程中。与此同时，企业也可以在与消费者的交互中，及时统计并预测市场需求与偏好，迎接产品开发，订单接受，生产安排等方面的挑战，并将目标产品直接交付给消费者。互联网信息处理具有高效率、低成本的特点，这使双方之间的沟通更加透明和高效，因而企业可以及时掌握消费者需求变化等信息，便于进行市场细分与精准营销，更高效地开展营销活动。

（四）网络关系营销理论

网络关系营销指企业通过数字交互式媒体、电脑通信与联机网络的力量来达到营销目的，是使企业与消费者、分销商、供应商、竞争者、政府机关以及众多公众等利益相关群体产生交互活动的过程，其目标是为提高客户的满意度，增加自身的服务价值。通过增强与客户之间的联系，增强服务的有效性，进行良好的客户关系管理，与客户建立长期的关系，并在这种长期关系的基础上开展营销活动。

互联网作为交互式的平台，为企业与客户长期关系的建立提供了保障。其运作模式大体如下：首先，利用互联网，企业可以不经过分销商直接接收顾客的定单，并发掘客户个性化的需求。企业可以根据柔性化的生产技术进行定制生产，最大程度上地满足客户个性化的需求，提高客户的消费满意度，为客户创造更多的价值。与此同时，企业可以通过获得的营销数据，深入了解市场，进行市场细分，以提高对市场的反应速度。其次，互联网可以排除传统营销时间与空间的限制，便于与客户取得联系，并进行高效的沟通交流，客户可以以高效简便的方式获得企业的商品与服务，提高客户的消费体验感，并与客户取得长期的联系。互联网交易方式，也便于企业对产品质量、交易过程与服务值链进行全方位的控制。

三、网络营销方式

网络营销的方式有很多，例如较为经典的搜索引擎营销、电子邮件营销，新兴的自媒体营销、微博营销和微信营销等。

（一）搜索引擎营销

搜索引擎营销是根据用户对搜索引擎的使用，通过一整套的策略系统与技术，根据用户检索的信息将相对应的营销信息传递给目标用户，旨在让用户接收并发现信息，通过搜索引擎点击进入目标网站，以进一步了解相关信息。SEM（搜索引擎营销）的方法包括 SEO（搜索引擎优化）、付费排名、精准广告以及付费收录。

搜索引擎营销的基本步骤如下：

第一步，构建合适的搜索引擎检索的信息源。

第二步，创造网页/网站被搜索引擎收录的机会。

第三步，提高网站信息在搜索结果中排序的优先度。

第四步，凭借搜索结果中有限的信息吸引用户的关注度。

传统媒体宣传网站在 1998 年产生了"烧钱"局面，Amazon 建设网站花了 1.33 亿美元；Barnesand Noble 花了 7000 万美元；E-Trade 花了 7100 万美元；Amertitrade 花了 4400 万美元。花大手笔进行网站建设后，这些公司采用各种方式宣传网站域名。

一般搜索引擎的布局分为免费板块和付费板块。在网站中，你的域名是否能够被搜索者发现，主要取决于搜索者的关键词与网站中提供的相关关键词是否匹配，且匹配的信息能够出现在网页的前几页。因此，企业在制定主页文案时，尽量观察行业中的语言特点，多用合适的关键词。另外可以通过投放广告，将企业的信息和排名保持在前十位。用户得知网站的方式除了搜索引擎外，其次是网站链接和他人推荐。通常来讲，网站都会设有广告位用以吸引投资。

图 2.4　常见搜索引擎

这里便要提及近年来一种流行的网络营销方式——搜索引擎优化（SEO），其方法为增加特定关键字的曝光率，以增加网站的能见度，进而提高销售的机会。SEO 可以通过了解各类搜索引擎抓取互联网页面、进行索引以及确定对某一特定关键词的搜索结果排名等技术的机理，对网站栏目的结构、内容以及网站功能与布局等网站基本要素进行合理的设计和优化，目的为提高网页在搜索引擎结果中的排名，以增多网站的访问量，进而提高网站的销售能力。

【Adidas 与 ESPN】

Adidas（阿迪达斯）是世界知名的体育运动装备销售品牌，ESPN 为广泛报道世界杯足球赛盛事的网站。Adidas 的目标是为世界杯创造狂热气氛，强化品牌与世界杯之间的联系，让消费者解 Adidas 的新品。于是，在 Adidas 的网站上产生了这些变化：一是放置了 ESPN 的网站链接；二是在 Adidas 的首页上方出现对赛事结果的播报。通过这两项简单的举措，Adidas 网站访问量大大增加，广告印象比预期高 323%，点击率高了 158%，部分产品出现了断货现象。品牌对广告效果进行初步调查，发现品牌的知名度提高 12%，赞助关联提高了 35%，品牌美誉度提高了 12%，采购意图提高了 17%。

（二）新兴网络营销方式

互联网影响了年轻人的行为，反之年轻人也会决定互联网的营销重点。目前随着多媒体的爆发，网络上充斥了海量产品信息和体验信息。网民获取信息的主要渠道来自于网络，而不是传统媒介，例如广播、书籍、杂志、报纸、电视等。

除去在搜索引擎、行业网站等网页上投放广告达到网络营销的目的之外，社交软件成为又一有效的广告渠道。在中国，较为有名的社交软件有微博、小红书、微信等；在国外，较为有名的社交软件有 Twitter、Instagram、Line 等。很多品牌在社交平台上创建账号，投放广告，进行品牌理念和新产品的宣发。

伴着微信的火热兴起了一种新的网络营销方式，即企业通过微信公众号、微信推送、微信支付等功能形成的线上线下微信互动的营销方式。微信广告主要出现于两大模块，一是品牌可以自主建立公众号或小程序进行宣传，设计折扣类或体验类的商业活动，并将信息传达给客户；二是通过与微信合作在朋友圈中投放广告，主要目的是宣传品牌理念、新产品或新服务、派发优惠券等。

以下举了两个较为典型的例子，星巴克中国作为较早加入微信公众平台的品牌，在公众号中宣传品牌历史、介绍咖啡知识、开展营销活动。现如今，星巴克利用小程序也能进行线上咖啡下单或购买礼品卡。安视优作为中国知名的隐形眼镜品牌，在朋友圈投放产品宣传的广告，以提高品牌知名度。

图 2.5　星巴克微信营销

图 2.6　安视优微信营销

除微信营销之外，自媒体营销也成为网络营销的新兴力量。自媒体营销是指私人化、平民化、普泛化、自主化的传播者，以现代化、电子化的手段，向不特定的大多数或者特定的单个人传递规范性及非规范性信息的新媒体营销方式。自媒体的平台涵盖贴吧、微博等。在自媒体营销下，各个平台成就了许多如今耳熟能详的网红，例如 PAPI 酱、罗振宇、李子柒等。品牌会利用自媒体人的广泛影响力，对产品进行营销。

图 2.7　PAPI 酱与品牌合作进行自媒体营销

微博也是品牌和网红聚集的地方，很多品牌在微博上开通账号进行品牌宣传。以海尔为例，提起海尔，大多数人的固有印象还是民族家电企业或者海尔兄弟的形象。在电子商务时代，海尔利用微博营销为企业赢得了高曝光度。企业官方微博作为企业产品与理念的传声筒的刻板印象早已深入人心，但海尔官博与网友的互动让网友感叹"想不到你是这样的企业号"，海尔利用网络营销成功拉近了与消费者的距离。

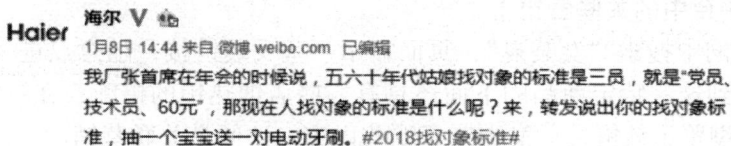

图 2.8　海尔微博营销

四、网络营销的策略

（一）关联营销

关联营销是指向客户推荐产品的同时，推荐其他同类型的、同品牌的或者可搭配的等有关联的产品。在网络营销的时代下，关联营销的效用愈发明显。例如在淘宝、京东、拼多多等电商平台中，当消费者把一件产品放入购物车时，关联营销就出现了。平台会推荐"猜你喜欢"栏目中的产品，这些往往是其他消费者在购买同类产品时也会选择的商品。关联营销的策略实施具有很多好处，一是可以延长客户的访问时间和访问范围，只聚焦于一类产品的客户在关联营销策略下聚焦于多类产品；二是减少客户流失，提高服务水平，品牌充分考虑消费者需求，为消费者准备好可能需要的物品；三是提高成交率，关联营销为客户提供的产品或服务信息更多，且通常能更高程度地满足客户的需求，因此成交率往往较高。

常见的关联营销一是可以基于客户相似性，通过将客户进行分类从而向同一类型的客户推荐类似产品；二是可以基于产品属性的相似性，对产品进行分类，从而向客户推荐与其购买产品类似的产品。对于前者，可以采用协同过滤算法计算两两客户间的相似性，或采用聚类算法将客户聚类成 M 类，并为其推荐第 i 类（即客户购买产品所属的那一类）产品中购买频率最高的产品；对于后者，可以采用搜索算法，将产品的属性进行分解，并为客户推荐与其购买产品属性最为相似的产品。

【淘宝平台中的关联营销】

在淘宝网中搜索"女装夏"，页面显示一些女装链接，随意点进一家店铺，我们可以看到这一特定商品的下面还具有一些店铺热销的搭配；在右侧也有一些消费者在浏览了该链接后又浏览了哪些内容，这便是关联营销。

（二）整合营销

整合营销，指的是将各种不同的传播工具和推广手段进行有效的结合，并根据市场环境的变化进行同步修正操作，最终实现在品牌方与客户方交互的过程中，完成企业增值的理念与方法。整合营销策略具有很多优点：一是能够整合各个渠道分散的客户和潜在客户。在如今的网络环境下，品牌、产品和服务涌现，消费者的选择地位较强，品牌只有精准把握消费者的需求偏好，整合各个渠道消费者的消费意向，才更容易拉近与消费者之间的距离。二是整合营销的理念也是帮助企业在进行营销活动时建立整体意识和积累意识。整体意识指企业营销活动实施的效果好坏是受多方面影响的，只有将整体运营好才能期待好的营销效果；积累意识指企业实施营销活动绝不是一锤子买卖，而是需要长时间培养消费者对于品牌产品和服务的印象。整合营销具有两大维度的整合工作，一是纵向整合，整合市场定位、品牌形象、营销目标再到具体的营销计划，层层落实；二是水平整合，整合信息内容、设计理念、传播渠道等。目前大部分品牌都以整合营销为基本营销策略，网络营销时代也产生了很多新的整合营销方式，以下以整合营销在新锐品牌或小众品牌中的应用为例。

图 2.9　淘宝中的关联营销

【新锐品牌整合营销——种草模式】

"种草"一词出现于网红带货的营销过程中，指消费者被某些媒体内容所描述的产品吸引，心里产生首因效应，通常是好感或好印象，心里非常想得到该产品。"可消除信息不对称"是这一模式深受消费者青睐的原因之一，在信息爆炸时代，消费者的有限信息处理能力被轰炸式的冗杂营销信息填满，而平台通过构建社区、聚集并连接具有相同需求的客户、开展知识营销、以生活方式重新定义品牌价值等营销模式与手段，将企业与消费者高效联结起来，为消费决策提供参考依据，提高顾客消费意愿，以达成多方共赢的局面。因此，很多新锐品牌或小众品牌在初步打开市场时会选择采用"种草"的方式进行分阶段部署整合营销。

第一阶段为 KOL（Key Opinion Leader，关键意见领袖），即与具有一定话语权的专业头部自媒体合作，包括以网红大 V 为主的流量明星，如薇娅、李佳琦等，其在社交媒体上有众多的粉丝，这使他们逐渐成为品牌商与电商平台争抢的对象。此阶段可以借助 KOL 发挥社交媒体在覆盖面和影响力方面的优势，初探市场，打开消费者认知；第二阶段为 KOS（Key Opinion Spreader，关键意见传播者），指某一垂直领域达人，粉丝基数不如 KOL，但有能力引领某个圈层的风潮，其更多地隐藏在包括某些朋友圈、社群、贴吧、论坛等在内的私域之中，比如电子发烧友，"用爱发电"进行多种新款手机的测评活动，助力品牌精准触达目标用户。此阶段可以通过与 KOS 合作深化市场对于产品的认知，以销售为目的进行内容创作，并以内行人的视角为消费者"种草排雷"；第三阶段为 KOC（Key Opinion Customer，关键意见顾客），这类人喜欢共享各类好物的集体，正存在于我们的身边，这阶段中品牌可以通过尾部自媒体引爆市场，增强市场对品牌的信任度，并进行营销活动的消费行为转化。整个过程品牌整合线上各个营销渠道，综合各个自媒体的营销优势，传达品牌理念和产品信息，最终实现价值转化。

互联网可以让身处不同城市，具有相同偏好的人聚集在一起，并互相关注相识，根据群体特征形成一个个社交社区，小红书便是社区平台中的典型。小红书诞生于 2013 年，当时正值海淘热，小红书成立的初衷是提供"海外购物指南"，通过用户分享自己的海外购物与游览经历，为其他用户提供参考，并减少其他用户的疑惑，小红书由此奠定了社区的基础。小红书创始人瞿芳曾将小红书比喻成一座城市。在这样的"一座城市"中，具有内容创作意愿的用户被聚集起来，相互传递有价值的信息，分享心目中的好物。

图 2.10　KOL 营销模式

伴随着互联网的快速发展，中国网民数量逐渐攀升，以小红书为代表的社交网络平台逐渐增多，社区中的用户数也在不断增长。小红书通过邀请名人入驻、赞助网络综艺等方式使社区保持活跃度，吸引新用户的同时增强用户黏性，用户规模快速扩张。与此同时，品牌商也逐渐关注到小红书这一具有流量的社交平台，并利用平台进行营销，"完美日记"的出圈便是小红书助力品牌营销的典范。截至 2020 年底，已有超 65 万的品牌入驻小红书。品牌、KOL 和用户共同构建丰富多彩的社区生态。

（三）情景营销

"消费者心理学最伟大的地方在于，它可以通过改变消费者的内在状态，而改变他们的消费状态"。情景营销，一种融合心理学的营销方式，简单来说，它是一个激发消费者想象力，使其完成购买的过程。移动互联网应用不仅满足了人们特定场景的需求，同时消费者在网络中的情感投入、社交分享也在触发消费者情感的流动，形成新的"情景"需求。与关注现实物理场景对消费者影响的场景营销不同，情景营销更为关注消费者的精神世界与内心想象，通过唤醒用户的深层心理共鸣，有效地将品牌理念植入人心。

图 2.11　移动应用的营销价值升维逻辑图

情景营销的四大关键点为：①提供原生内容：为用户提供满足其生活形态、生活方式的信息；②场景触发：基于用户的位置和情感需求触发消费行为；③产生情感共鸣：借助与消费者的情感沟通实现共鸣；④动态适配：结合用户的动态标签及时把握场景化需求。基于此，其作用机制可以抽象如下：

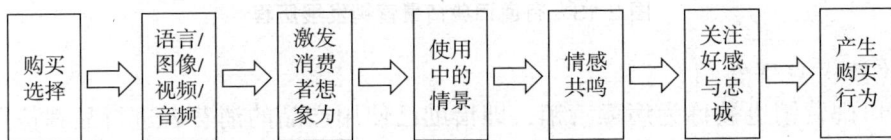

图 2.12　情景营销作用机制

网络营销中，随着大数据技术的发展，情景营销的应用也更加多样，对于情景信息的挖掘也更加深入。情景营销基于对用户数据的挖掘、追踪和分析，在由时间、地点、用户和关系构成的特定场景下，连接用户线上和线下行为，从而洞察不同情景下消费者的态度及情感化需求，如在享受美食时需求"健康""快乐"的信息；在学习时需求"成功""想象丰富"的信息；在理财时需求"可靠""责任"的信息等，并对于不同场景下的情感需求进行动态化的内容创意匹配，为用户提供实时、定向、创意的信息和内容服务，通过与用户的互动沟通，树立品牌形象或提升转化率，实现精准营销。作为情景营销实践者，有道词典是从场景到情景的营销价值升维的典型案例，其拥有 6 亿用户，从提供"查词"和"翻译"的场景开始，通过情景拓展，升级为人们看世界、了解世界的平台。

01	场景	翻译查询
02	用户需求	交友聊天、海淘购物、出国旅游、学习考试、工作需要、提高英语
03	情景拓展	工作商务、学习进修、海外旅游、海淘、资讯、跨文化社交
04	情景时刻	每日一句、双语阅读、出国留学、练口语、看视频、精品学堂、圈子精选
05	情景营销	信息流推广、原生内容、双语例句、定制品牌关键词、H5交互、主题活动

图 2.13　有道词典情景营销发展历程

（四）口碑营销

口碑营销也被称为病毒营销，即借助已使用产品的消费者进行品牌信息的传播，如果一个品牌对口碑推广运用得当，将会收获事半功倍的效果。口碑营销背后基于"突破人际网络"的理念，"六度分离"理论便揭示了该理念背后的实证逻辑。"六度分离理论"最早可以追溯到 1929 年，匈牙利作家考林西在他的短篇小说《枷锁》中就写到，两个陌生人最多通过 5 个人就能建立起联系。哈佛教授 Milgram 在 1967 年将该现象进行总结，并提出"六度分离理论"。

人际关系网络的应用为市场营销提供了新的思路，很多专家和学者思考如何通过一个消费者结识更多的消费者。口碑营销分为两大类别，一是传统的口碑营销，主要是本地传播，速度较慢且容易中断；二是基于互联网的口碑营销，主要是线上传播，具有传播速度快、辐射面广、传播成本低等特点，且互联网使每一位消费者都成为一个传播平台，当消费者向熟人进行品牌推荐时效果往往要比品牌自己做广告要好，可信性更高。目前新兴的网络营销渠道中，品牌的口碑营销策略也被体现得淋漓尽致。例如上文中提到的 KOL、KOS 和KOC，都是利用自媒体促使消费者产生对品牌的积极印象；此外，微博和微信的评论区也是消费者对产品或服务体验反馈的重要方式，很多消费者会在评论区向其他消费者分享自己的使用体验，潜在消费者也可以通过这些信息初步了解某产品或服务。

【三只松鼠口碑营销案例】

三只松鼠股份有限公司由章燎原于 2012 年创立，总部在安徽芜湖，是中国第一家定位于纯互联网食品品牌的企业。公司的主要经营范围是休闲零食，目标顾客群体为 80、90 和 00 后互联网用户。三只松鼠坚持"以数字化推动食品产业进步，以 IP 化促进品牌多元发展"的品牌理念，全心全意为顾客提供新鲜、健康和高性价比的零食，追求极致的用户体验，并且向顾客传播爱与快乐、"萌"与正能量。三只松鼠经历八年耕耘成为一家年销售额破百亿的上市公司，连续五年位列淘宝"零食 / 坚果类"成交额第一，成为零食行业首家迈过百亿门槛的企业。三只松鼠独特贴心的服务、优质的产品质量以及强大的促销力度都是其具有吸引力的口碑内容。如三只松鼠会在送给顾客的包裹里放置果壳袋、纸巾、封口夹等物品，以方便顾客使用，果壳袋上也会有一些有趣的提示语——"主人，我是鼠小袋，吃的时候记得把果壳放进袋子里哦"，其超越顾客期待的贴心关怀给顾客创造了感动和惊喜，大大提高了消费者的价值感和满意度，从而成为了有力的口碑内容。此外，其产品质量、促销活动都是其口碑内容的重要组成部分。同时，三只松鼠还搭建了完美的会员体系来提升口碑营销的效果——三只松鼠的会员无论在哪个平台上购买产品，都可以在松鼠星球上累计积分，并根据积分划分不同会员等级，享受对应会员权益，使会员在享受经济效益的同时得到独特的精神满足，从而产生正面积极的口碑。

五、互联网的社区规则指引网络营销

网络营销既然是依托于互联网，其营销环境需要所有网民的维护。互联网是数以千计的小区，某人是其中一个或几个小区的一员。这些小区是按兴趣与共同点而不是按地理划分的。互联网的部分规则对网络营销策略制定也具有一定影响：

（一）休闲规则

互联网上不同于现实的随意环境影响着网民对信息传送方式的感受，这从

很多互联网的相关词汇中流露出来，这些词往往具有趣味性和高传播力，例如种草、冲浪、安利等。这对网上营销产生了重大的启发：一是越来越多的企业注重产品/公司名的趣味性和活力，例如，Yahoo（粗人）、一点点、小米等。二是品牌与消费者的沟通风格应该活泼和随意，重点放在可读性上。三是产品与服务的对应调整，例如产品说明书和培训教材应轻松活泼。四是注重完全不同的顾客支持形式，用户更满意于及时的答复而不是圆满的答复。

（二）免费规则

互联网能够免费为网民提供一些有价值的信息，这对网上营销产生了启发。一是品牌注重免费信息的提供、免费资源的释放，这能吸引客户经常访问你的网站；二是在潜在顾客中建立品牌的良好形象，这是长期的培养过程；三是许多 Web 索引愿意登记品牌免费提供的信息，这对品牌提高索引排名很重要；四是免费的资源与服务可以拉进品牌在互联网中与网民之间的距离，有助于将品牌真正融合于互联网社区，为日后开展付费服务打下良好基础。

（三）行为准则

品牌融入互联网社区后，需要遵守互联网社区的行为准则。一是法律法规，品牌要以自身行为为示范，遵守法律法规；二是重视消费者隐私与消费者许可，除非消费者明确允许，否则品牌不可随意使用或泄露消费者信息，包括给消费者发送有关偏僻产品或服务的广告。这些行为准则对于品牌在消费者心中的印象非常重要，若出现违反行为准则的情况，将会引起消费者的反感，甚至引发消费者的报复。

【杜嘉班纳辱华影响品牌在中国市场的发展】

2018 年 11 月 21 日，Dolce & Gabbana 将在上海世博会中心举办第一届大型时装秀 "The Great Show"，许多明星将受邀参加。与此同时，Dolce & Gabbana 在预热期间专门拍摄了一场名为 "用筷子吃饭" 的广告活动，该活动将中国传统文化与意大利经典饮食相结合。然而，这则广告引起了中国网民的不满。一些网民指出，电影中叙述者的 "汉语发音" 和语调，以及 "中国模特" 用筷子吃比萨饼和意大利甜面包卷，都涉嫌歧视中国传统文化。尽管 Dolcgabbana 在微博上删除了这段视频，但仍然将它发布在即时新闻和 Facebook 账户上，这一 "涉嫌侮辱中国" 的事件在外国社交媒体上引起了很多争议。包括章子怡、黄晓明、李冰冰在内的许多中国明星纷纷表态拒绝出席该品牌的年度大秀，大秀原定日期的 21 日当天下午，中国文旅部下达通知将该活动取消。随着杜嘉班纳辱华事件的持续发酵，国内不少电商平台已第一时间下架 D&G 所有产品。目前杜嘉班纳在国内只剩下官网，其余的渠道全部被切断，杜嘉班纳已经遭到了全国封杀。

六、基于大数据的新式网络营销

（一）传统网络营销的弊端

传统网络营销主要是通过营销人员的主观思维或积累的经验，对海量的用户进行宣传与推送，以期望达到营销目的。随着互联网的飞速普及，微信等社交软件的兴起仅是拓宽了网络营销渠道，但推送形式仍是"广撒网式"。这就导致企业网络营销的实际发展效果并不佳，具体总结传统网络营销的弊端有以下两点：

1.单向营销现象严重。传统网络营销形式主要表现为依托于微信、微博、小红书、邮件等各类社交或内容软件进行营销，单向地向用户输出内容，没有与用户建立有效的沟通关系。其中关键问题点在于，这些推送内容无法精准匹配用户需求，这就意味着大部分的推送内容对于用户而言都是无效信息，容易引起用户对网络营销的抵触情绪，对企业的品牌形象不利，也会阻碍企业网络营销的长期进展。而在互联网时代，网络用户每天面临的都是海量信息轰炸，难免产生观感疲惫。在这样的背景下用户会更难对推送内容产生兴趣，这就需要企业在进行网络营销时能够实现个性化推荐，精准推送用户需要的、感兴趣的内容。而传统网络营销的单向营销方式无法实现这一需求，这就导致企业的网络营销投入产出不高，且不利于企业的可持续发展。

2.用户需求分析不足，客户管理意识弱。传统网络营销进行期间会留存海量的用户信息，其中包括用户的购买次数、购买金额等历史购买信息，这为分析用户需求、发现用户偏好创造了良好的数据基础。但是传统网络营销由于技术、营销思维等限制，无法借助数据挖掘、特征识别等方式实现对用户需求信息的全面分析，导致企业对用户需求信息了解不足、精准性不高，无法精准为用户推荐有效信息，降低了网络营销的效果。总体而言，传统网络营销并没有发挥出海量用户数据信息的价值，客户管理意识弱，无法为用户提供满意的个性化服务，整体营销效果一般，对企业发展的助益不强。

（二）基于大数据的新式网络营销价值

大数据赋能下的新式网络营销能够精准解决传统网络营销的弊端，在优化企业客户关系、明确企业战略目标以及预测用户需求方面都体现出了较高的价值。首先，在大数据时代背景下，企业可以依托数据技术对用户信息进行全面挖掘分析，能够发现每一位用户的需求与偏好，进而为每一位用户提供定制化服务，从而提高用户满意度，增加用户粘性，有利于优化客户关系；其次，依托于大数据分析，企业可以对用户需求精准掌握，为企业进行产品改良、市场布局以及营销战略制定提供重要参考，帮助企业将重心放在用户更加关注的领域，有利于企业长远发展；最后，对用户画像有准确把握，可以帮助企业预测用户需求，开展精准营销，进而取得更佳的经营与营销效果。

（三）新式网络营销可依托的技术

1. 社会网络分析。社交网络是体现实体之间关系的网络；在社交图中，每个节点代表一个人，两个节点之间的边代表它们之间的关系；人与人之间存在许多复杂的关系；如果可以确定多个节点，并挖掘出节点间的关系，便可以构建起社交网络，运用社交网络的相关理论进行分析。社交网络的应用十分广泛，可以用于客户关系管理进行用户画像，进行精准营销，也可以应用于人口统计学、生物学、传播研究、经济学、信息科技、发展研究、计算机科学等多个方面。

通过对社交网络中基本指标，如度、边介数、模块度、网络密度等指标的分析，可以了解一个平台中的用户黏性与单个用户的社交状况，来进行相应的网络营销与客户关系管理战略。通过对社交网络中节点中心性，如度中心性、中介中心性、接近中心性、特征向量中心性等分析，可以从不同维度发掘具有价值的用户。例如，使用特征向量中心性可以找寻最具有影响力的用户，这种用户虽然不是消费最高的，但是其熟识许多具有高消费能力或传播能力的用户，具有价值性高的朋友圈。因此在网络营销时，我们可以对这种用户予以特殊的客户关系管理方式。通过随机游走算法、Fast Unfolding 算法等，可以对用户进行聚类，将用户划分为不同的群体，对不同社区的用户制定个性化的营销策略。我们也可以对社区中用户的评论进行文本挖掘与情感分析。情感分析中常常会忽略人性的部分，比如讥讽和平静的语境，为了更加准确地分析出情感要素，营销人员需要人为地对其进行分析：即将所有提到企业的信息都看一遍，对他们进行分类，分成积极的、中性的和消极的，用标签来做标志。然后通过查看不同类别下分别有多少条信息，并定期比较不同类别信息的变化情况，例如关于企业的积极消息有没有增加？消极的信息有没有减少？此外，我们也可以构建指标体系，如年龄、购物习惯等，并通过贝叶斯网络等算法来分析用户之间的相似度，为用户推荐"好友"，以主动搭建网络密度更高的社交网络，将网络营销的价值发挥到最大化。

2. 情感分析。情感分析，是一种情感倾向性分析，是对具有情感主观色彩的文本，如微博评论等，进行收集、处理、归纳与分析的过程，是自然语言处理领域的一个重要分支。伴随着电子商务与社交网络的快速发展，情感分析这一方法也被广泛使用。企业可以通过对微博、论坛、推文等社交媒体的评论进行文本挖掘与情感分析，以了解消费者对产品与服务的需求与看法，以及舆论的走势，以深入了解消费者，并对位列趋势进行预判，及时调整生产与影响策略。情感分析的方法多种多样，根据使用的工具不同，基本上可以分为基于情感字典的情感分析方法、基于机器学习的情感分析方法两种。

【基于情感字典的情感分析】

基于情感词典的情感分析是较为简便的情感分析方法。首先，我们可以提取学习一些基础的词汇，例如"没有"是否定词，"喜爱""不错"是积极词语，"不好""垃圾"是消极词语等，并在电脑中构建一个基础的情感语料库。之后，我们输入待评价语句，并进行句子拆分，检索所拆分的词语是否在语料库中，并根据此词语的类别进行情感判断，例如"蕾蕾喜欢土豆"，"喜欢"这个词存在于之前所形成的积极语料表中，因此我们认为"蕾蕾喜欢土豆"这句话带有积极情感。采用情感词典的情感分析算法准确度主要取决于分词的准确率以及情感词典的准确率，对句式简单的句子的识别准确率高，但对复杂句子的分析依赖于复杂的文本处理算法。基于情感字典的情感分析步骤如下。

第一步：分词处理

一个完整的句子很难识别其中的积极词汇、消极词汇等语料库中的词汇，因此为便于识别句子中的情感字典中的词汇，我们需要先将句子进行自动分词，划分为一个个的词汇。Python 中较为常用的分词库是"jieba"，也称"结巴分词"。

第二步：准备情感词典

词典对于文本挖掘十分重要，对于文本的情感分析也不例外。情感词典主要分为四个细分词典分别为：积极情感词典，消极情感词典，否定词典与程度副词词典。在选择情感字典时，我们并不是对词典进行机械的整合，而是需要根据文本特点对词典进行词汇删减与更新。在实践过程中，为提高词汇识别与判断的精准度，我们常常加入一些行业的特殊词汇。不同的词语在不同的行业中的词频变化较大，是否可以作为关键词的概率也差别较大。例如，在电器行业中"环保""耐磨""省电"等词语是评价电器的积极词汇，如"耗电量大""掉漆""噪音大"等为消极词语，而这些词语对于其他行业意义较小，例如在饮食行业中这些词汇并不是判断情感倾向的关键词汇。又如，在汽车行业中，一条评论为"轮胎宽，安全"，那么在评价汽车行业时，可以将"轮胎宽""安全"这两个词纳入到语料库与模型构建的范畴中去。

第三步：情感判断

首先，我们可以赋予情感词语不同的权重，一般为了统计简便，我们将每个积极情感词语设定权重为"1"，将每个消极情感词语设定权重为"-1"，并且我们假设情感值满足线性叠加原理。一个句子中，如果包含语料库中的情感词，便加上相应的情感权重。如果句子中存在否定词或程度副词则要适应特殊的判断规制。否定词将使情感词汇的权重取相反数，程度副词可以使情感词汇的权重进行放大与缩小，例如"喜欢"为"1"，如果存在"非常"这一程度副词，"非常喜欢"这一情感词汇可以认为是2档的喜欢，赋予权重"2"。最后，我们将句子的情感权重进行加总，根据句子总权重的大小与正负判断句子情感的强烈程度与方向。

【基于机器学习的情感分析】

基于机器学习的情感分析，可以理解为使用有人工监督的机器学习方法来对文本情感进行分类于判断。与情感词典的计算方式不同，情感词典判断是直接计算文本中的情感词，计算情感总得分。基于机器学习的情感分析则会先选出一部分的积极文本与消极文本进行机器学习与训练，形成一个情感分类器。并通过这个分类器来对文本进行二分类或多分类，以对文本的情感数值进行打分，这种评价并不简单的是"1"为积极评价，"0"为消极评价，基于机器学习的情感分析可以计算出一个情感倾向概率值，例如文本的消极概率为20%，积极概率为80%。

目前，可以用来进行情感分析的机器学习算法与模型多种多样，如朴卷积神经网络、贝叶斯网络、SVM等。有时为了提高精确度，在模型构建时，也会将机器学习与深度学习模型相结合，如CNN与LSTM模型相结合以进行情感分析。基于机器学习的情感分析步骤如下。

第一步：人工标注

使用机器学习来进行情感分析，需要人为地为文本设定一个类标签。

例如，有6000条手机产品评论，如果我们要将这些评论分为积极与消极两大类。我们可以先从这6000条评论中随机选择3000条评论，然后对这3000条评论进行人工标注，将这3000条评论人工标注为"积极"与"消极"两类中的一类。而"积极"和"消极"就是类标签。

第二步：特征选择

特征是判断分类对象的依据，是其所展现出的部分特点。

特征就是分类对象所展现的部分特点，是实现分类的依据。

例如，在公园里我们遇到了一条白色、尖耳朵、体型较大的狗，我们可能初步判断这条狗的品种为萨摩耶。在上面的句子中"白色""尖耳朵""体型较大"便是这条狗展现出的特点，也是我们判断这条狗属于哪一品种的依据，这些判断的特点便是我们所说的特征。

在情感分析中，我们一般从"词汇"这一层面进行特征的识别。例如，有一句话"狗狗很可爱！"我们将这句话判断为"积极"的类标签。这句话中算上感叹号一共有四个词汇，"狗狗"，"很"，"可爱"，"！"。我们认为这四个词汇均可以对情感分类产生影响，均为分类的特征。也就是说无论在哪个文本中出现了这四个词，均可以被定义为"积极"这一类。这便是将所有的词均作为分词特征了。当然，我们也可以进行双词搭配进行特征的选择，例如将上面那句话分为"狗狗 很"，"很 可爱"，"可爱 ！"这三个搭配作为分类的特征，同样的，我们可以进行三词搭配与四词搭配。但在初步特征提取时显然存在一些问题，例如"狗狗"这一词虽然为特征，但其实对于情感分类并没有太大的意义，那么我们便需要对特征进行降维处理。

第三步：特征降维

特征降维即减少特征的数量。其目的有二：一是特征的减少，可以加快机器学习算法的运算色度；二是信息含量丰富的特征，可以帮助我们免受冗余特征词汇的干扰，提高情感分类的准确性。

那么什么是信息量含量较高的信息呢？同样是上面的那段话"狗狗很可爱！"我们可以发现，并没有必要将"狗狗"，"很"，"可爱"，"！"这四个词汇均作为特征。根据"可爱"这一个词，抑或是"很 可爱"这一双词搭配便可以判断这个句子为积极的情感倾向了。可以说"可爱"这一词汇的信息含量非常大。

为实现降维，我们可以通过统计词频（Term Frequency）、信息熵（Information Entropy）、卡方统计（Chi-Square）等进行统计学上的处理，来进行特征降维。

第四步：将语料文本用特征表示

在情感分类前，我们首先应将原始的文本用特征的形式进行表示。还是例如"狗狗很可爱！"这句话。

如果在 NLTK 中，如果选择所有词作为特征，其形式是这样的：[{ "狗狗"：True，"很"：True，"可爱"：True，"！"：True} ，positive]

如果选择双词作为特征，其形式是这样的：[{ "狗狗 很"：True，"很 可爱"：True，"可爱 ！"：True} ，positive]

用降维后的特征形式，可以表示为：[{ "可爱"：True} ，positive]

即将文本均转化为：[{ "特征1"：True, "特征2"：True, "特征n"：True, }，类标签] 的形式。

第五步：文本分类与训练

第一，进行文本分类。我们将文本分为开发集与测试集，在开发集中，我们又将文本分为开发训练集与开发测试集。我们将开发集进行分类器的训练与选择，使用测试集进行最终的情感分类与精确度的测试。

第二，我们用不同的分类算法给训练集构建分类器，如朴素贝叶斯算法、随机森林、CNN 等，用开发测试集检验分类器的准确度，并选择最佳特征数量与最佳算法。我们采用精确度最高的算法来构建分类器。在特征数量的选择方面，如果特征过少，则难以反映文本中的大部分特点，精确度降低；若特征过多，则会带来较大的噪音，对结果造成干扰，也会降低精确度。因此，我们需要对特征数量这一参数进行不断调试，来获取最佳的特征集。

选出最佳算法后可以调整特征的数量来测试准确度。

第六步：使用最佳算法下的分类器，运用测试集进行测试，计算精确度

我们在最佳的分类器与最佳的特征数量下，运用测试集进行情感分类，得到最终情感分析结果。并将人工标注结果与分类结果进行对比，进行误差计算，并确定分类的准确度。

【思考题】

1. 简述网站建设的主要步骤。

2. 简述现代网络营销的主要方式。

3. 举例说明网络爬虫技术、点击流分析技术和搜索引擎优化算法在网站建设或网络营销领域中的应用。

4. 论述网站建设、网络营销和电子商务之间的关系。

5. 论述大数据技术如何解决传统网络营销中的弊端。

【拓展阅读】

1. 黄志宏、周高鹏："网络时代背景下电子商务企业的营销创新策略探讨"，载《商业经济研究》2017 年第 10 期。

2. 姜野："算法的规训与规训的算法：人工智能时代算法的法律规制"，载《河北法学》2018 年第 12 期。

3. 张凌寒："搜索引擎自动补足算法的损害及规制"，载《华东政法大学学报》2019 年第 6 期。

4. 郑佳宁："用户行为信息商业化运用的规制路径"，载《西北工业大学学报（社会科学版）》2020 年第 3 期。

5. 董岩、时光、时雨甜："线上营销对网络消费者购买行为的影响研究"，载《经济问题探索》2020 年第 10 期。

6. 沈杰等："融合多信息的个性化推荐模型"，载《重庆理工大学学报（自然科学）》2021 年第 3 期。

7. 张子建："网络营销创新模式在电子商务中的应用——基于第三方支付平台"，载《商业经济研究》2021 年第 12 期。

8. 朱峥："数据时代网络爬虫的内部管理型规制"，载《行政法学研究》2022 年第 1 期。

9. 徐可："数字广告市场中个人信息保护与竞争规制的协调"，载《暨南学报（哲学社会科学版）》2022 年第 6 期。

10. 艾美杰："电商营销模式创新、品牌建设与客户集中度"，载《商业经济研究》2022 年第 24 期。

第三章

在线销售

【导语】

　　互联网技术的发展催生了在线销售，继而推动了电子商务的产生和发展。在线销售发展至今，已经在多个行业领域产生了非常多成功的案例，并仍在不断发展创新之中。

　　本章从在线销售的起源与发展入手，介绍在线销售对于消费者与企业的战略意义；阐述在线销售在图书、互联网金融、医疗、教育、商超类零售等行业中较为典型的应用案例，帮助学生对在线销售形成更为直观、全面的理解；介绍在线销售常用的定价策略，以及在线销售所导致的供应链矛盾；最后重点介绍近年兴起的电商在线销售和直播在线销售。

　　本章的学习重点包括在线销售在各领域的实际应用，协商定价、拍卖定价、协同定价和差异化定价四种主要定价策略，以及电商销售、直播销售两种新型在线销售方式。本章的学习难点在于分析在线销售所导致的供应链矛盾及其解决方案，以及理解电商环境下在线销售的发展现状和潜在风险。

第一节　在线销售的发展历史与战略意义

　　得益于互联网的发展，如今在线销售已经成为十分普及的商业模式。各类电商平台如雨后春笋，淘宝、京东等线上软件稳稳占据龙头地位，2020 年天猫"双 11 全球狂欢夜"24 小时内成交额达 4982 亿元，可见在线销售如日中天的发展态势。本节内容将追溯到在线销售的源头，理顺在线销售的发展历史，深刻剖析在线销售带给社会的改变，分析其对消费者、对企业以及对市场的战略意义。

一、在线销售的起源与发展

（一）国际在线销售的起源与发展

邮购业务是在线销售的起源和开端，而美国是邮购业务的创始者和发扬者。1863 年，Richard Sears 在创建 Sears 百货之前，就已经从事了 30 年的邮购业务。那时的邮购业务发展较为艰难，主要受到交通条件的掣肘，因为不甚便利的交通，有些消费者无法拿到邮购手册，而意向产生订购行为的消费者也由于交通不便利放弃了订购行为。1869 年，横跨美国东西两端的太平洋铁路开通，邮寄时长大大缩短，邮购业务的发展也进入了高速腾飞期。在这个过程中，Richard Sears 还发明了至今为止仍有公司在沿用的"货到付款"方式。而他的公司所销售的商品品类从钟表和珠宝延伸到了生活的方方面面，其公司盈利能力大幅度增长。19 世纪 90 年代，Sears 百货正式出现，公司拥有独立的配送中心，能够将每期的商品邮购目录、已经成交的商品送到美国从城市到乡村的各户人家手中。

邮购业的主要运作流程为，公司将本期销售的商品邮购目录寄送到消费者手中，该手册中包含销售的商品、价格、详细介绍、使用场景以及促销活动等；而后消费者若有心仪的产品填写订货单，并采用支票或者汇票的方式付款；邮购公司收到订货单后将商品送到消费者手中。除了邮寄邮购目录之外，公司还开拓了在杂志上、报纸上刊登产品信息和促销活动的方式向消费者宣传产品和服务。除此之外，大型的邮购公司也具有实体店，距离近的消费者可以直接前往门店选购。在这个过程中，邮购市场也出现了多样化的营销方式、订购方式、客户关系管理方式，销售渠道也十分多元。

邮购业给市场中带来的活力和利润空间让许多企业也深以为然，纷纷进入邮购业。许多人都认为这将是未来的主流销售模式。在这样利益的驱使下，美国的邮费开始大幅上涨，这就导致邮购企业的成本压力骤增。此外，由于邮购业务兴盛时期，公司的目标客户群为美国农村人口，当时这类人群占总人口的70%；而后续美国农村人口逐渐向城市聚焦，不少邮购公司意识到了这一变化，开设实体百货店，提高百货店的辐射范围，以方便与消费者接触，提高成交率。以 Sears 百货为例，在 Robert Wood 的带领下，其收入从 2 亿美元直接跃升为30 亿美元。

自 1980 年至 1990 年间，美国的年邮购总额一直处于稳步增长的状态，且其增长速度远高于传统的零售业，展现出了强劲的增长活力。邮购业的再一次兴旺来自于新市场的开辟，也就是 B2B 模式的出现与发展，这主要得益于美国政府政策的变动。美国政府出台诸多政策扶持中小企业的发展，其中包含要求美国的大型企业如果拿到了国家机构的订单，例如国防部、美国航天局、联邦政府、州政府等，其中 30% 的货物必须从小企业进行采购，这给小企业带来了巨大的发展契机。中小企业由于人力物力不足，很多商品选择从邮购渠道的方式采购。邮购业务的服务对象进一步扩大，至此，邮购业务以往 B2C 的模式被打破，B2B 的模式正式出现和兴起，这一定程度上缓解了原本只有 B2C 模式、市场中竞争者繁多所造成的激烈的市场竞争压力。

邮购业的兴盛期也没有持续很久，并没有像早期人们所预测的最终替代传统销售模式成为主流，而是在 20 世纪 90 年代就开始走下坡路，开始呈现颓败之势，进入了衰退期。探索其背后的原因，在于 90 年代早期，美国的经济大环境不佳，经济发展迟缓，邮购业又面临邮寄成本和纸张成本大幅上涨的问题。此外，这个时候在线销售随着互联网的发展正式出现，较大程度地冲击了邮购产业的发展。

其实早在 1979 年，Michael Aldrich 就发明了网上购物。当时英国对 Videotext 技术非常感兴趣，这是一种信息的双向传输技术。Michael Aldrich 在此基础之上提出互联网环境下的设想，该技术是否能够促进商家和消费者之间的信息沟通从而促进交易呢？在该时段，美国也具有该类型的服务，较为典型的公司为 The Source 和 CompuServe。1984 年，CompuServe 在美国和加拿大正式推出电子商城，这是当时能够提供相对全面的、系统的电子商务服务平台。从 1985 年至 1995 年，英国、美国和法国都在网上购物中的各个环节实现了技术突破，这些技术包含网站建设、图标导航开发、SSL 加密等。1995 年，杰夫·贝佐斯正式将亚马逊（Amazon），一家运营至今、全球商品品种最多的网上零售商和全球第二大互联网企业推入市场。同期，计算机程序员皮埃尔·奥米迪亚（Pierre Omidyar）创办拍卖网站 eBay。无论是 Amazon 还是 eBay，都对该时期的互联网业态、市场经营模式、管理理念产生深远的影响。随着互联网的发展，上线用户越来越多，电子商务网站也在该时期得到了时代的青睐。

时间来到 21 世纪初，互联网泡沫破灭，许多大大小小的电子商务企业面临寒冬，甚至直接破产。这些被时代淘汰的企业往往具有三大特征：一是企业规模小，没有强大的现金流、资金链；二是企业经营管理不善，无论是网站的运营、人力的管理还是物流的规划，都与大企业相比相差甚远；三是用户规模较小，能够产生的交易量不足以支撑企业度过寒冬。而 Amazon、eBay 这些电子商务公司虽然在泡沫之中也受到了较强的冲击，但还是坚强地挺过了这场"泡沫龙卷风"。

　　泡沫之后，在线销售行业又迎来了春天。在线零售发展至今，占据着可观的市场份额，与其根本性改变的价格结构是密不可分的。一方面是由于其便利性，对于上班族等没有闲暇时间进行线下实体店购物的社会群体，在线零售是最佳的购物方式；另一方面线上零售相比线下实体店节省了运输、储存以及地租等成本，使得线上零售产品的价格优势十分突出，这也是在线零售能够绵延至今并占据着稳定市场份额的核心原因。

（二）中国在线销售的起源与发展

　　探究中国在线销售的起源需要先追溯互联网在中国的起源。1999 年，我国迎来互联网的高峰发展期，据统计，1997 年我国网民达到 62 万人，而到 2000年底，我国网民已经达到了 2250 万人。在这个时期，不少网站出现，诞生了300 多家从事电子商务 "B2C" 的企业，1999 年也被称为我国的电子商务发展元年，在线销售的业态当然也是随之兴起，市场中出现了易趣、8848、当当等电子商务网站。2000 年，700 多家电子商务网站活跃在市场中。但好景不长，我国受到国外互联网泡沫的冲击，不少网站也随之消失，只留下了几家我们现在耳熟能详的企业。

　　2001 年至 2003 年，市场中的互联网企业开始思考自身存在的真正意义，将自身的发展战略调整落实到开发实质性应用、专注产品开发与客户服务的方向上去。2005 年，以当当网为例，当年已经能够达到销售额 4.4 亿的优秀成绩。淘宝网、易趣网也在该时期探索自身的商业模式，希望能够后来者居上。2006年起，中国的在线销售行业又迈入了新的阶段，网民数量再次实现跃升，为在线销售行业的发展提供了肥沃的土壤。在该阶段，各个电子商务平台在交易方式、物流配送、支付平台等方面实现了飞跃发展。在线销售从 2006 年起正式步入正轨，主要体现在四大方面：一是企业能够从自身的经营管理能力和战略目标上思考如何优化客户体验，丰富产品品类，提高配送效率等实质性问题；二是国家重视该产业的发展，对于网络安全、交易安全、信息安全、运营安全等也开始初步具有规范进行行业治理；三是中国市场对于网络购物、在线销售的接受度越来越高，无论是消费者对于电商平台的信任感，还是满意度、忠诚度都有明显的提高；四是中国的互联网技术、大数据处理技术都为在线销售、电子商务的发展提供了强有力的支撑，例如网络安全保护、推荐算法等专业度有明显的提升。

　　在线销售在中国市场上发展至今，已经产生了非常多成功的案例，例如淘宝、京东、拼多多、唯品会等，无论是各个细分领域还是全领域零售都有中国市场上孵化的成功案例。这些企业还在不断创新，从渠道融合到网络营销，从在线推荐到物流管理，从购物功能到社交功能，中国的电子商务企业正在且未来将不断寻找适应市场发展的行动路径。

二、在线销售对于消费者与企业的战略意义

对于消费者而言，在线零售的出现丰富了购物方式，为生活提供了便利，并且在线零售的价格优势也为消费者带来更多的福利。尤其是近年来随着中国电商平台的井喷式发展，淘宝、京东、拼多多等线上商城发展得如火如荼，为消费者提供了更多的选择，当日达、次日达等模式的开放也提供了极大的便利。此外，价格的公开透明也改变了传统销售信息不对称的问题，有效地维护了消费者的利益，消费者可以进行多平台、多商户的比较，还可以获取商家的信誉度以及其他消费者评价等信息，从而综合多方信息选择物优价廉的商品，并且7日无条件退换等规定也是消费者的保障，最大程度保证消费者能够线上购买到最满意的产品。

对于企业而言，裨益也是体现在多方多面的。传统店铺实际上是有许多弊端的，传统店铺要承担租金压力，尤其是一线城市，高昂的租金让许多创业者望而却步，并且若想要更周到地服务顾客就意味着更高的人力成本，丰富的商品种类背后是高额的库存成本。种种局限性直接限制了传统零售商可以经营的商品种类，即畅销商品，只有这样才能尽可能保证库存不积压，让库存循环起来，降低商家损失。但这样一来，一方面，线下店铺商品种类的丰富程度受到限制；另一方面，线下店铺对客户数量的要求也更高，较少的客户就相当于没有客户，因为当日成本都无法回笼。

但是事实上商品的种类丰富度还是十分重要的，这一点可以从著名的长尾理论中得知。长尾理论的内涵是多数消费者需要的不仅仅是畅销的商品，每个客户的品位与偏好都会与主流有所不同，也就是会产生一个很长的"尾巴"。尾巴上集中的客户群的显著特点就是每个集群的人数并不多，但是平行来看客户群的数量非常庞大，这就代表着当把长尾上的所有非畅销商品结合起来就可以创建起来一个比畅销商品还大的市场。线下的商铺是很难实现这一点的，因为这意味着巨额的储存成本和地租成本，这时线上零售的优势就愈发显现出来，可以表现为三点：一是直接节省了地租成本，线上企业可以实现小企业的战略联盟，当商铺接到订单后直接从有货的店铺发货，而不需要将所有的商品集中到同一个地点供消费者挑选，直接节省了商品的展示成本；二是节省了储存成本，尤其是一些比较特殊的商品品类，例如生鲜产品等品类储存成本是较为高昂的，但是客户需求又短期难以预测，就会给企业造成额外成本，而线上零售

就可以实现即买即摘、即摘即发，节省掉巨额的储存成本；三是可以实现薄利多销，传统的线下店铺由于各种成本的限制无法实现价格优惠，而线上零售就可以改善这一弊端，降低零售价格吸引消费者，扩大销售量，采取"薄利多销"的策略，在实现利润突破的同时也会吸引新客户，提高客户满意度与忠诚度，实现良性循环。

全国人民代表大会 2021 年公布的《中华人民共和国国民经济和社会发展第十四个五年规划和 2035 年远景目标纲要》强调"深入推进服务业数字化转型，培育众包设计、智慧物流、新零售等新增长点"。随着互联网与大数据的迅速发展，新零售模式开始上线。新零售模式相对于传统的在线销售更加智能、便捷，彻底打通线上线下的壁垒，实现线上与线下的质量相同、价格统一、品类统一。同时通过互联网平台，借助点击流等信息能够使得企业对消费者的信息有更加全面、具体、精准的把握，有利于企业与消费者建立更深层次的联系，掌握用户画像。这样的模式一方面有利于指导企业下一步的产品开发与产品营销，另一方面企业实现精准推荐后也能提高消费者满意度，使消费者能购买到最合心意的商品，实现企业与消费者的双赢。

第二节　在线销售的应用领域

所有商业形态的本质都在于盈利。无论是传统商业还是依靠互联网发展起来的在线销售，其商业模式每一寸架构的最终目的都在于盈利，在商业发展的长河中，盈利模式也在不断更替、创新。所谓盈利模式（Revenue Model），顾名思义就是赚钱的方法。目前比较常见的盈利模式有五大类：广告模式、订阅模式、佣金模式、销售模式以及推介模式，每种盈利模式基于其本身的特点可以适配于不同的行业，也可以组合后共同应用于某一商业模式。

广告模式是一种十分常见的盈利模式，向前追溯其出现的时间也十分久远。在互联网并不发达的年代，路边的广告牌、公交车的海报以及电视机的广告时间等都是广告盈利的一种具体形式。在互联网飞速发展的今天，广告更是随处可见，其中很常见的就是在浏览器搜索后的置顶广告条。广告模式产生的费用通常会由打广告的商家或企业进行先头支付，而后以一种免费服务的形式提供给消费者或使用者。事实上，广告模式是一种应用十分广泛且适用性很强的盈利模式，其中典型例子就是知识型、功能型 APP。目前像英语词典、日历、记账本等类型的 APP 盈利主要有两大方式：一是功能收费，二是广告收入。除此之外，像微博等热门 APP 打开时通常都带有 5 秒的等待加载时间，展示界面也是广告载体（如图 3.1）。

图 3.1　微博登入时的广告页面

订阅模式是一种对内容收费的盈利模式。早期在互联网并不普及的年代，这一盈利方式的重要体现是报纸、期刊文摘等知识读物的订阅，通常是以周、月、年等周期为单位进行订阅，而后根据读物的出版周期，商家会定期将读物送达消费者的地址。后来随着互联网的普及，无纸化阅读逐渐成为热门，知识网站、阅读 APP 等开始兴起。其主要运作模式主要分为两类：一类是会员制，即引导消费者进行信息注册，若想阅读精华内容或下载内容则需要注册会员，缴纳会员费；另一类是充值，即若想打开内容文件进行阅读需要支付阅读币、贝壳币等，这些虚拟货币需要消费者自行充值。

佣金模式顾名思义就是对每一笔交易进行佣金提成，手续费、中介费等都是该盈利模式的重要体现方式。细化至具体的应用场景，例如：微信提现需要缴纳固定比例的手续费、股票交易平台需要缴纳服务费。延续到线下来看，买房、租房若通过中介公司进行，则需要支付中介费，这其中的盈利方式也是佣金模式。

销售模式则是目前电子商务平台的主要盈利方式，即通过销售商品来获利。淘宝、京东、亚马逊、当当网等平台皆采用该种盈利模式。推荐模式是通过收取推荐费来获利，引申其含义，目前像抖音、微博、小红书等 APP 的热门推荐功能所应用就是该种盈利模式，用户需要花钱购买流量，进而获得平台的相应推荐实现上热门，通俗来讲就是"买热搜"。

以上盈利模式会组合应用于产品中，例如广告模式和订阅模式都常见于内容类网站或 APP，而本章重点讨论的在线销售主要应用的盈利方式是销售模式。

电子商务的出现为很多行业领域提供了新的发展动力。在电子商务的支持下，很多企业将"不可能"变为了"可能"。例如，传统的制造业进入小批量、多品种的时代，"零库存"成为可能；传统的零售业和批发业开创了"无店铺""网上营销"的新模式；各种线上服务为传统服务业提供了全新的服务方式。国务院办公厅 2022 年公布的《国务院办公厅关于进一步释放消费潜力促进消费持续恢复的意见》提出："促进新型消费，加快线上线下消费有机融合，扩大升级信息消费，培育壮大智慧产品和智慧零售、智慧旅游、智慧广电、智慧养老、智慧家政、数字文化、智能体育、'互联网＋医疗健康'、'互联网＋托育'、'互联网＋家装'等消费新业态。"传统的营销活动最典型的情景就是"推销员满地跑找客户""采购员满地跑找物资""说破了嘴、跑断了腿"等，消费者在商场中筋疲力尽地寻找自己所需要的商品而推销员很难找到正确的推销对象。互联网改变了这一现状，人们进入线上网站浏览、采购各类产品，可以随时提出困惑，享受客服的在线服务。此外，随着电子商务在电子交易环节上的突破，网上银行、银行卡支付网络、银行电子支付系统以及电子支票、电子现金等金融业务也产生了新变化。不少传统商业银行向线上转型，在网上为消费者提供全面的服务。依托于网上银行的发展，商家们可以在网上与客户联系，利用网络进行货款结算服务。下文将讲述电子商务在不同行业、不同领域中较为典型的应用案例。

一、图书行业

商品在线销售主要是指"图书、礼品、鲜花等以往只能通过线下店铺购买的各种实体化商品，借助于互联网平台实现线上销售"。相比早期流行的邮购方式，在线销售的便捷性有了进一步的提高。在 20 世纪 90 年代后期，依托于互联网的发展，许多店铺开始开设线上店铺，下至食用油、洗衣液等生活用品，上至洗衣机、彩电等大件电器。消费者可以足不出户就可以购买到形形色色的商品，对于上班族是极佳的购物选择，对于企业而言也解放了大量人力资源，实现成本节约。本节内容将以图书业为例，分析相关企业在在线销售领域的探索历程。

在互联网兴起之初，许多图书企业进行了改革，改变了传统以线下门店为唯一销售途径的经营方式，开始拓展销售渠道，开展线上线下相结合的销售模式。此外，也有一些企业是乘着互联网的东风"从 0 到 1"，扶摇直上，成为行业独角兽，亚马逊就是其中翘楚。从最初依靠建立图书销售网站奠定帝国基础，到至今发展为"万货商店"，其发展历程处处都隐藏着掌权人的智慧与互联网的力量。

互联网发展至今，已经深入到人们生活的每个角落，其给日常生活带来的改变已不能够与以往同日而语，抖音、快手等 APP 的迅速兴起为图书行业带来了新的发展浪潮。短视频营销具有传播速度快、范围广、成本低的优势，与传统网络营销仍需要商家做好成本预算，采取广告宣传、促销活动等措施达成营销目的不同，短视频营销是度过冷启动阶段后，账号就会得到粉丝的主动关注，大幅降低前期吸引粉丝的成本，无形中达成营销目的。短视频营销借助视频主人公的剧本演绎，更加生动形象地呈现出商品的具体使用场景，更容易激发消费者的购买欲。另外，短视频与直播营销带货模式的变现方式更加多样，为商家提高利润点提供了更大的空间。正因如此，近年来短视频带货、直播带货风靡大小城市，受众极广泛。借着这股东风，抖音、快手等 APP 也带火了大批账号，"磨铁图书"就是其中的典型之一。

【磨铁图书】

"磨铁图书"是北京磨铁图书有限公司在抖音上设置的宣传账号，也是机构运营抖音号成功的典型之一。深入分析该账号能够在众多图书运营账号中脱颖而出得到消费者的喜爱，并且能够实现销量突破的原因，主要有以下几点：

（一）账号分类设置，吸引固定的细分群体

北京磨铁图书有限公司在抖音上有"铁铁的书架"和"磨铁图书旗舰店"两个隶属于官方的运营账号，这两个账号重点营销推荐的书籍种类不同。"铁铁的书架"重点分享的是网络小说的出版书，如《我只喜欢你的人设》《嚣张》等。此外，该账号还会推荐、售卖小说漫画书以及配套的手办等。目前，该账号粉丝量已有 186.6 万，短视频共获赞 5799.9 万，在北京磨铁图书有限公司两个官方账号中数据表现更加理想。另一个账号名称为"磨铁图书旗舰店"，相对名称更加正式，易获得消费者信任。基于官方人设，该账号推销的书籍品类就更加丰富。除了网络小说以外，还包括国内外名著、名人记、工具书等多种品类，如《天才在左，疯子在右》、郭德纲的《过的刚好》以及《简笔画很好玩》等。

　　从以上介绍中可以看出，北京磨铁图书有限公司在官方账号以外设立一个独特的人设账号——"铁铁的书架"。这个账号从名称来分析，就可以感受到其十分贴近消费者，人设是一位分享书籍的朋友，将自己的书架分享给大家，无形中拉近与消费者的距离，避免"硬式营销"使消费者产生排斥感。另外，其视频内容虽然多样，但视频形式多以一位女主播口述的方式呈现，进一步贴近"分享书籍的朋友"的人设，降低营销感，提高浏览者对视频内容的亲切感与接受度。

　　（二）营销短视频内容紧跟时事，借势营销实现销量突破

　　在短视频营销中，"流量"是个至关重要的词语，它直接关系到账号的粉丝量、销售量以及转化率等关键数据。在抖音、快手等短视频平台上，流量的根本缔造者是平台的用户，而后平台按照一定规则进行流量的分发。入驻平台的商家若想获取流量通常要采用金钱购买的方式，这也是短视频平台的重要盈利渠道之一。除购买以外，学会"蹭流量"也是商家必学绝技之一。流量一词广泛传播，"流量小生""流量小花"等词语意味着有一部分群体是自带流量的，即明星。无论是当红演员还是体育健将，由于拥有国民度，所以其身上发生的各种新闻事件都携带着庞大的流量。因此，短视频账号若能充分利用好自然流量，会大幅降低购买流量的成本投入，"磨铁图书"在进行账号运营时就深谙这一真谛。

　　羽生结弦出生于日本宫城县仙台市，是日本花样滑冰男子单人滑运动员。2020 年 7 月 11 日，羽生结弦荣获国际滑联 2019~2020 赛季最有价值运动员，他凭借出色的技术 19 次打破世界纪录，成为了花滑界的神话。2022 年 7 月 19 日，羽生结弦宣布退役，引起了轩然大波，媒体们的争相报道引来了更多关注。与此同时，羽生结弦出版的自传《苍炎》销量激增。北京磨铁图书有限公司抓住了这一重要的网络热点事件，在"磨铁图书"账号上连续推出多条以羽生结弦为主题的短视频，包括介绍羽生结弦的成长经历、推销羽生结弦的画像手绘等。这一关键的借势营销具有重大意义，主要体现在两方面：一方面是短视频营销会促进磨铁图书《苍炎》的销量增长，成功地借到名人的流量；另一方面是带着"羽生结弦"话题词发布的短视频，新浏览者大多会是羽生结弦的粉丝或关注羽生结弦的人，这是一个涨粉的好时机。

　　（三）短视频内容多样化，兼顾用户留存与书籍推荐

　　北京磨铁图书有限公司的两个官方账号短视频内容与形式都十分丰富，而且特点鲜明。从封面来看，无论是"铁铁的书架"还是"磨铁图书旗舰店"，

两个账号发表的视频都会有鲜明、简单、清晰的封面，例如："《沉香如屑》——虐恋美学""用天津话写的书——冯骥才《能人》"。从封面中一是可以明确书籍名称，名称是最简单直接的吸引消费者的名词；二是简明扼要地介绍特点，如"虐恋""天津话"等，会吸引对相关特征感兴趣的消费者点开视频。这也是短视频营销的重要特征之一，即封面十分重要，封面点击率是短视频成功与否的重要参考数据之一。

图 2.2 "铁铁的图书"与"磨铁图书旗舰店"抖音主页

从视频内容来看，"铁铁的书架"主要有四大类常态化内容：一是单书推荐，主播会简明介绍书籍的核心特点，点明价格以及加赠的明信片等优惠，而后详细的介绍整本书的故事逻辑以吸引读者；二是直播预告，这部分短视频的主要作用在于为直播预热，内容包含直播的详细时间、直播间开售的秒杀书籍等，为正式的直播造势；三是情景剧，采用对话等方式将一个月的热门书籍融合至一个视频中，形成合集，能够更加广泛地触达相关爱好的消费者；四是活动预告，提前为某一书籍或相关手办的上架造势，例如车厘酒的《大佬怎么还不逃》特签发售等活动就在"铁铁的书架"账号上发布了多条内容，形式主要是制造悬念，勾起消费者兴趣。相对而言，"磨铁图书旗舰店"的内容就更加规整有序，基本具有统一的封面，但背景音乐等会根据书籍的内容进行调整，比如恐怖小说音效就会较为阴森，整体视频调性更加引人入胜，这与"铁铁的书架"主要是以主播口述的方式进行视频展示并不相同。

视频内容与形式的多样化，一方面吸引更多的消费者进行浏览，拉动整体书籍销量；另一方面有利于磨铁图书积累自己的粉丝群体，提高粉丝粘性。

（四）充分利用抖音平台功能，为浏览者提供更佳观感

抖音本身为了增强平台账号的营销能力，会不断更新应用功能，方便平台账号更便捷、生动、全面地推销、展示自己。首先是认证 logo，"铁铁的书架"与"磨铁图书旗舰店"两个账号都印有官方账号的标签，这会提升消费者的信任感，更容易产生消费行为；其次是简介部分，这部分"铁铁的书架"运营得更为有效，"磨铁图书旗舰店"账号则荒废了简介部分。"铁铁的图书"将近期即将举行的重大活动时间以及活动内容都放置在简介部分，例如"7月29日19点九鹭非香《护心》限量亲签""7月30日19点半，一个米饼《铮铮》5分钟特签"。这些内容一方面点名了时间节点，另一方面突出作者以及作品名称，这一点至关重要。因为对于网络小说而言，一位读者可能只读过一位作者的一篇小说，但是出于对小说的喜爱会认可作者的写文能力，因而在遇到同一作者的作品时会具备更强的阅读欲与消费欲。此外，简介部分还明确标明了固定直播时间，帮助消费者形成定期观看直播的习惯。

在用户留存方面，磨铁图书采用运营粉丝群以及回复粉丝评论的方式，提高官方账号与粉丝的互动率，进而提高粉丝粘性。

（五）多途径实现流量变现

目前磨铁图书进行变现的手段主要有三种，即开通抖音店铺粉丝直接进入商店选购、在短视频中插入购物链接、直播带货。虽然表现形式不同，但其本质都是流量变现的一种方式。这样多元化的购买方式设置，可以满足不同类型消费者的需求，从而最大化磨铁图书的流量价值。首先，抖音店铺的选购方式主要针对于老粉丝，这部分群体已经认准了"磨铁图书"的品牌，不需要存在随机冲动消费，而是在需要某一本书时直接搜索打开"磨铁图书"的账号，进入抖音店铺进行选购即可；其次，在短视频中插入购物链接主要针对的就是随机消费。这种销售方式的弊端在于其对短视频内容质量的要求很高，只有短视频内容具备足够的吸引力与煽动力时，才能促使抖音用户在刷到该视频时产生购买欲望；最后，直播带货销售就是针对新老粉丝了，通常直播带货之前会有短视频进行热场，抖音平台本身也可以提供直播预约提醒功能，从而提高直播的观看率，拉动销量。

二、互联网金融行业

随着电子商务的发展，金融行业也产生了翻天覆地的变化。随着淘宝、天猫、微商的兴起，支付宝、余额宝、微信支付等第三方支付平台方兴未艾，互联网金融的应用发展越来越被人们接受。互联网金融指传统的金融机构与互联网企业利用互联网技术与信息通信技术实现资金的融通、支付投资和信息中介服务的新兴金融业务模式。传统的金融机构以银行和资本市场为主要媒介开展业务，而电子商务的出现，使得传统金融也能够借助互联网平台发布产品信息、提供金融服务。互联网金融在行业中也可被称之为"电子金融"。电子金融的发展是建立在电子商务的发展之上的。传统金融业借助电子商务的兴盛之风，提出了三种业态：

第一，电子银行，又被称为网上银行。目前中国市场上中国银行、中国工商银行、中国建设银行等银行都已经具有网上银行。在网上银行能够办理大部分基本业务，这是传统商业银行与时代并行的典型案例，采用电子商务的手段提高了服务水平，拓宽服务渠道，消费者可以通过网上银行进行转账、消费，近年来还可以购买基金、股票等。电子银行的出现不仅方便了消费者，也解决了银行排队拥堵的问题，具有重要的社会效用。

第二，网上保险，指保险公司或新兴网上保险中介机构以电子商务技术为工具支撑保险经营管理中的经济行为。通过网上保险的渠道，公司可以接触更广泛的用户，直接提供或者出售保险商品。以中国平安保险的线上车宝购买业务为例，用户可以在网上直接填写个人认证信息和车辆信息投保，当车辆产生事故时，用户可以在网上直接申报理赔，拍摄现场照片，到指定车辆维修点报修等。网上保险为消费者解决了大部分的时间和佣金，同时，从保险从业人员的角度上说，缩短了销售环节，降低了人力成本。

事实上，随着保险行业的迅速发展以及消费者的保险意识逐渐增强，保险的种类在不断丰富，客户对保险公司以及保险险种的选择也更加挑剔。但是由于保险险种千差万别，相应的客户能够得到的理赔也是天壤之别，而丰富的险种价格梯度性也非常明显。

第三，网上个人理财，主要是利用电子商务技术为客户提供理财产品和理财信息，学习理财者的理财习惯提供理财计划等。在支付宝的理财板块中，不仅有支付宝自身的活期理财产品"余额宝"和"招财宝"，还有很多其他机构的理财产品、基金、黄金、股票、券商理财、保险、帮你投等板块。如下图所示，支付宝的理财板块还会针对性地推荐理财产品、推荐理财计划、总结理财经验等，为初次购买理财产品的消费者提供建议。此外，支付宝还会推出热门基金、热门基金经理的介绍推送，帮助消费者更快、更准确地了解市场行情，从而选择适合自身需求的基金或股票。

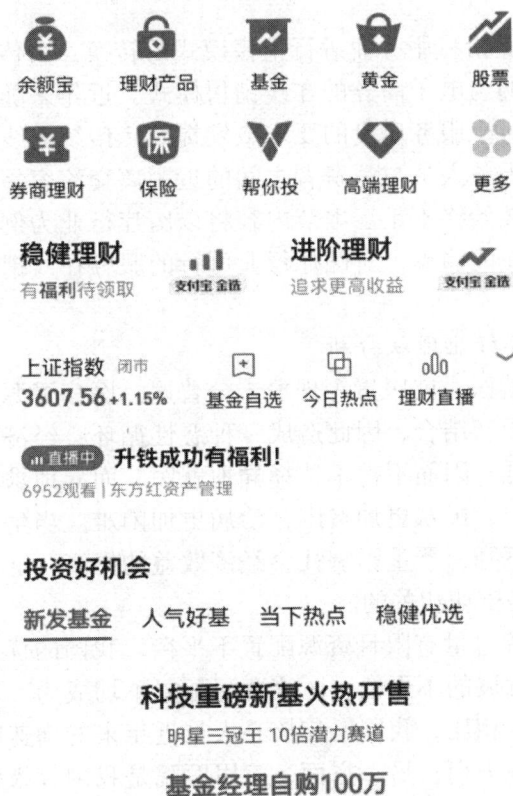

余额宝　　理财产品　　基金　　黄金　　股票

券商理财　　保险　　帮你投　　高端理财　　更多

稳健理财　　　　　　　　**进阶理财**

有福利待领取　支付宝 金选　　追求更高收益　支付宝 金选

上证指数　闭市　　　　□ 　　 ▢ 　　 ⅲ 　　∨
3607.56 +1.15%　　基金自选　今日热点　理财直播

直播中 **升铁成功有福利！**
6952观看 | 东方红资产管理

投资好机会

新发基金　人气好基　当下热点　稳健优选

科技重磅新基火热开售
明星三冠王 10倍潜力赛道

基金经理自购100万

图 3.3　电子金融之网上个人理财

电子商务的出现为金融业的信息化与科技化提供了契机，二者相互促进，产生了方便消费者的各类业态，产生了可观的社会效益，为企业拓宽服务领域提供了技术基础。但是互联网信息庞大复杂，这就意味着无论是企业还是消费者都需要更强大的信息分辨能力，因为金融业风险的范围和可能性也随着其迅速发展不断扩大。信息技术的应用虽然一定程度上减少了竞争的不完全性和非对称性，但外部性特征进一步加强，极容易产生信息欺诈等社会不良事件，这其中的规范工作需要各层级的共同努力。政府要加强宏观调控，加强对互联网金融领域的监督与干预；企业需规范自身行为，遵守相关法律法规，切勿出现"擦边球"行为；同时消费者要提高信息辨别能力，选择适合自己的风险等级产品，切勿急功近利导致上当受骗。总体而言，加强互联网金融领域的安全规范，对金融企业和个体消费者的风险防范工作非常重要。

三、医疗行业

服务在线销售是指将服务业进行销售模式的转换，由传统的线下服务销售转变为依托于互联网与电子商务的在线销售模式。近年来随着我国整体消费水平的提高，消费者对于服务质量的要求愈发提高。传统的线下服务销售存在许多局限性，一方面服务人员与消费者之间的近距离交流容易滋生矛盾，另一方面线下服务的便利性始终不足。本节内容将以医疗行业为例，介绍行业目前发展状况，分析其存在的痛点，对医疗行业可行的服务在线销售的具体模式与优势进行介绍。

（一）我国医疗行业现状分析

当今社会，难就医、就医贵等现象十分普遍。医疗资源的发达与否往往与当地经济发展情况紧密结合，因此造成一种恶性循环：经济落后地区的医疗资源匮乏且民众收入低，因而不得不选择异地就医，而异地求医则会进一步加重这些家庭的经济负担，民众更加贫困，治病更加困难。当生命得不到保障，社会总体生产力自然下降，严重影响社会经济效益的提高，这种状况与我国医疗行业的大环境特点是密切相关的。

1.我国医疗资源总量有限且资源配置不平衡。我国的优质医疗资源的总量有限，而由于区域发展的不平衡，医疗资源配置不均成为一个必然的问题。一方面，同人民的需求相比，我国医疗核心人员近年来的增速明显过缓，这就导致医疗供给结构出现失衡；另一方面，三甲医院是我国等级较高的医院，对于优质人才以及高质量医疗设备的吸纳就顺理成章，而社区医院就会缺乏人才与设备，这就使得民众对于"大医院""好医生"出现普遍的追风现象，大医院排不上队、等不上号，由此滋生的医院事故纠纷屡见不鲜，对社会的和谐发展十分不利。此外，我国的全科医生十分匮乏，这就导致医患比例极其不平衡，就医难也就成为必然。

2.就医难、就医贵成为普遍问题。当前社会，就医难、就医贵已经成为一个普遍的社会问题，亟待解决。随着人们对生活质量有了更高的追求，对于就医这种直接关系生命健康的事情自然更加重视，这就直接造成了大医院"一号难求"，挂上号但是"一床难求"，无论是挂号、就诊还是开药，医院处处都是长队。为了挂上"名牌医师"的就诊号，有的人跨越千里远道而来，有的人凌晨排队抢占先机。看到了医生却又不代表治得起病，高昂的进口药、特效药让无数的普通家庭望而却步。

3. 医生压力大，医患矛盾加剧。医患数量的严重不平衡，导致医生单位时间诊疗的病人数量直线上升，工作强度不断提高，医生猝死手术台、几天几夜不回家等新闻近些年更是屡见不鲜。一方面，高强度的工作难免导致医生情绪波动，这就会引起千辛万苦求得诊号的患者的不满，引发冲突，更严重的甚至出现殴打医生致死的恶性社会现象，使得医疗工作者人人自危，加剧了医患矛盾，产生极差的社会影响；而另一方面，过度的工作也会降低医生的诊疗质量，甚至造成医疗事故。近年来，类似的案件频频发生，面对面诊疗的弊端随着医疗结构的改变开始凸显，医疗改革已经迫在眉睫。

4. 老龄化现象加剧，老人就医难。据统计，我国的老龄化现象将会在2050年恶化至顶点，而伴随着这种变化，老年人就医会愈发困难。一方面，青年人的赡养压力正在激增，在未来一对夫妇最多甚至要同时赡养十二位老人，这代表着巨大的经济压力与精神压力；另一方面，工作与照顾老人不可兼得，分身乏术的现象已经可以预见。此外，老年人行动不便，独自外出就医会出现许多难以预知的风险。

总体而言，受目前我国面对面就医的局限，就医难、就医贵以及老年人就医等问题都无法解决，医疗行业的在线销售——远程医疗成为必行之路。建设远程医疗的意义十分重大：一是远程医疗可以最大化地压缩医疗成本，同步减少国家财政的医疗支出，从而减轻国家的财政压力；二是从患者的角度来讲，患者可以实现时间最快、路程最近的高质量就医，减轻患者的就医经济压力与时间成本；三是从长远角度来看，远程医疗的实现有利于缓解老龄化现象所带来的社会压力，解决青年人分身乏术的困境，实现老年人的快速、便捷就医；四是远程医疗系统的实时监测功能，能时刻保证老年人的健康状况，解放青年人的工作时间，使其无后顾之忧，同时也避免了老年人独自外出就医的不便利性；五是医疗在线销售的实现直接解决了面对面就医的种种弊端，可以大幅降低医患冲突概率，避免发生恶性事件。

（二）远程医疗的运作模式

目前，我国民政部门精准的人口普查数据以及十二金工程的群众个体金融数据，都为我们对居民的精准画像提供数据基础。前沿的相关工具例如热力图技术等，为我们能够远程全面、准确地把握居民医疗需求的密度和频次提供了重要的技术基础。基于热力图技术，我们可以对某地区的医疗资源部署做好全面把控、合理配置，实现时间最快、路程最近、成本最低的"最经济就医"，从而实现医疗资源更准确的配置和优化，这一点是传统的线下就医难以实现的。

依托大数据与人工智能构建的远程医疗系统可以实现这样一种机制：借助可穿戴医疗设备，老年居民的身体数据会实时传播到医疗仪器中，远程发送到医院的数据平台。系统会有自动调节机制，其中绝大部分数据考虑到每日的环比情况，只要变化不大，无需医生介入，这样一来一方面可以节约医疗成本与资源，但又可以保证老年人的身体情况处于平稳状态；而另一方面避免增加医生的诊疗负担，从而将节约的医疗资源配置给更需要的人。这样的机制就可以避免患者花费整天时间排队、挂号，但最终只看诊 5 分钟就被告知身体无恙的窘况，大大降低了出现医患纠纷的概率。

对于复杂的情况，系统会根据数据的异常程度，较为轻微的会首先通过实习医生的初步审核，从而确定由实习医生进行诊断调理或发送给从业医生；而异常严重的患者，系统会将数据立刻转至从业医生处，由医生做出专业判断。问题尚小的会要求其去就近医院就诊，其诊断结果会同步转至社区医院，减少重复诊断的医疗费用，而就近就医也可减轻患者异地就医的医疗成本。对于严重的病情，医生会协助其完善相关的挂号、手术与病床安排，使这部分患者以最快速度得到医疗救治。

综上所述，远程医疗的机制很大程度上便利了患者，尤其是老年人群体，这种机制就相当于远程的医生 24 小时在照料着老人，而中青年人可以无后顾之忧，做好事业，从而一举解决看病难、看不起病、中青年家庭主力分身乏术的困境。因此，远程医疗不仅会降低每个居民的医疗成本，减少其住院天数与就诊次数，提高其自我管理的能力和幸福指数；从宏观上，亦可以降低整个国家在医疗领域的财政支出，减轻国家的财政压力；从社会角度，也对医患关系紧张的问题起到纾解作用，有利于整个社会的和谐稳定发展。

总体而言，实现医疗服务的在线销售是互联网与大数据为现今民众带来的整体生活质量的提高，不仅提高了居民就医的便利性，也为社会的和谐稳定发展做出了重要的贡献。

【京东家医——互联网＋医疗】

京东家医是京东健康旗下的远程医疗健康平台，主要为家庭提供 7×24 小时的健康咨询、会诊、建档、计划制定等医疗服务。在疫情期间，京东家医为大多数居家的用户提供健康保障服务，服务范围覆盖大多数科室，中西医领域均有较为完整的医疗资源。

用户在京东家医寻求医疗帮助的流程也非常简单：第一步，下载京东家医 APP 登录个人信息并进行实名认证；第二步，咨询健康管家，健康管家将询问用户的病史和当前的表现；第三步，情况严重需要线上诊疗的用户将通过语音、视频的方式具体判断，情况较为轻微的医生会给予备选用药建议。京东家医除了日常诊疗自选的功能外，还提供门诊预约、主动随访服务，平台还推出21天祛痘护肤、60天中医祛湿等日常养生服务。

成为"国民首席健康管家"是京东健康的使命。京东家医瞄准了家庭场景——在国家分级诊疗的政策大背景之下，这些定位，恰恰切中了顶级医者的心意。在传统医疗模式和专家的支持下，京东家医能够联络大多数的线下三甲医院。此外，京东健康已经获得了韩德民、胡大一、林江涛、王建业、邹大进等院士、主委级专家的认可和支持，组建起25个互联网专科中心，开创了疾病互联网诊疗新模式。京东家医自上线以来，已经建立了16个中心诊区和9个专科诊区，已构建完善的、覆盖全生命周期的、全场景的诊疗矩阵。仅仅如此还不够，京东家医为了满足所有用户对药品供应、专业建议支持、智能硬件保障等方面的需求，近年来努力实现服务资源和供应链的整合，以助推全流程的医疗健康服务。

四、教育行业

在线教育是电子商务发展至今延伸出的新业态、新领域。与以往传统教育方式不同的是，在线教育将课堂搬上了互联网。该业态的出现并不是这几年的新鲜事，传统教育与互联网的结合在21世纪初就已经出现，但当时与互联网的结合形式还是以线上投放广告为主。随着移动设备的普及和互联网技术的成熟，在线教育又有了进一步的发展，高速带宽和4G、5G的移动网络让直播课程和碎片化的学习成为可能。2020年新冠疫情的爆发更是为在线教育的发展提供了契机，也让市场认识到在线教育的优势所在。

电子商务应用于在线教育的成功并非偶然。从资源利用的角度上来说，各种教育资源通过网络跨越了空间距离的限制，是学校教育成为可以超出校园向更广泛的地区辐射的开放式教育。网站整合来源于全国名校名师的教育资源，并将教学成果发布至网站，通过互联网传播至四面八方。从学生的角度上来说，传统教育将学生们局限在某一地域，受到该地域教育资源的限制。在线教育的发展一是整合了教育资源，发挥优质教育资源的作用，扩大辐射范围，使得优质的教育资源可以通过互联网共享至落后山区；二是帮助学生们突破地域，增加老师与学生们的交流机会，改善我国贫困落后地区教育资源匮乏的问题。

此外，在线教育不仅做到了将教育资源搬到互联网上，还匹配了更多针对性教育的手段和方式，相对于传统的教学方式更为系统和具有针对性。线上教育网站对每位学员的个人资料、学习过程、阶段性学习总结等实现完整的跟踪和同步，可以实时检测学生们的知识掌握情况，实现在线批改，节省老师阅卷时间，为学生们提出针对化的学习建议；此外，系统还可以自动生成阶段性的学生学习总结，为老师们制定教学优化方案提供可靠的依据。

【沪江网——在线教育的先行者】

沪江网成立于 2001 年，于 2006 年开始进行公司化运营，是中国最大的互联网学习平台。沪江网主要聚焦于外语数字教学服务，语言学习范围已经囊括英语、日语、法语、汉语、西班牙语、德语等多国语言。业务板块也十分多样，除了在线教育的核心板块——在线系统学之外，沪江网还开发了在线词典以及社区沪江部落等。

目前，沪江网已经发展为拥有两亿用户的在线学习大网站，业务范围从外语学习发展到了考研深造、职场指导、财务考证以及中小幼教育等多个板块。沪江网千万量级的注册用户在英语板块遥遥领先，超过第二名的 3 倍以上；日语更是超越了所有竞争对手注册用户的总和。

图 2.4　沪江网校

沪江网上积累了海量学习内容，很大一部分是免费的，也有很多课程是收费的，且根据学习时长不同、师资不同等价格水平也不同。既有低到 5 元能学到的课程，也有价格高达 8 万元的课程。2001 年，沪江语林网出现，5 年后注册人数就已经超过百万。该网站非常特殊，是英语学习的网站，向用户提供免费的网络学习资源，高性价比仍然是沪江网吸收潜在英语学习客户的主要竞争力。

沪江网的盈利模式较为多样，除了以上提及的网校盈利模式之外，还具有网站盈利模式。沪江网借助网络平台，不止销售产品，还提供交易平台和相关服务，并根据流量或者交易的价格收取一定额度的服务费。潜在的合作者可以通过两种方式和沪江建立合作关系，一方面，合作者借助平台开通沪江部落，通过身份认证后与学员互动并运营自己的专属部落。如果学员从合作者的部落中购买相关的教育产品及关联产品，沪江网将向合作者收取服务费。另一方面，合作者基于平台录制并上传相关课程，学员选择课程并付费后，沪江网将向合作者收取一定的费用。

近年来在线教育的便捷性使得其市场逐渐开阔起来，尤其体现在一线城市。父母工作繁忙，无暇接送孩子，线上教育就变成了最佳的选择。线上的方式吸纳了更多高素质、高学历的年轻教师，更容易取得孩子的认同感，教学方式也多有创新。掌门一对一、学而思等线上教育平台都发展迅速，呈现出良好的发展态势。

五、商超类零售行业

超市业态在零售市场中占有非常大的规模，传统超市模式商品从配送中心统一发货，运输到各个店铺，然后消费者在店铺中挑选。与图书、电子设备等产品不同，超市中有许多对保鲜要求高、运输时间高的生鲜产品，因此早在美国邮购发展鼎盛期，许多商品都已经实现了线上零售，但超市业态并未有太大起色，这与超市商品仓储物流成本高、消费者购买次数频繁等性质紧密相关。但是随着时代发展，消费者的价值观念也在不断向前演进，逐渐地购买商品的便利性、超市服务优质性等都成为消费者选择消费方式与场所的重要参考，而价格的重要性反而在下降。基于以上背景，互联网时代的到来加速了商超类零售行业的转型。

【盒马鲜生】

近年来，盒马鲜生在一二线城市广受年轻群体喜欢。盒马鲜生主要采取线上线下相结合的运作模式，打造了"一店二仓五中心"的功能体系，即以线下门店为中心，分为前端消费区和后端仓储配送区，将购物、餐饮、物流等多种业态整合在一起，给予消费者差异化体验，满足消费者多样化需求。

虽然伴随互联网发展，许多商超都开通了线上服务，但多是与美团或饿了么进行合作，即接单后由外卖平台骑手统一配送。而盒马鲜生的出色之处在于其提供24小时的配送服务，这对昼夜颠倒的打工人而言至关重要。盒马鲜生采取"线上＋线下"双渠道布局的策略，一方面基于线上平台留存的用户数据，不断细化用户画像，发掘用户偏好，深谙客户关系管理的重要性。通过对用户行为数据的分析，来个性化推荐适合该用户的活动内容，实现精准营销。另一方面，盒马鲜生也会依托线下门店，积极开展创意营销活动，吸引用户现场参与，打造品牌形象，促进随机消费。事实上，线上与线下的用户群体总是存在差异的，而盒马鲜生却实现了"双手抓、双手硬"，这也是盒马鲜生能在短时间内立足于一二线城市的重要原因。

综合来看，盒马鲜生的成功离不开其对客户关系的正确把握。无论是 24 小时配送、线上定制化推送，还是线下趣味活动，都充分体现出盒马鲜生对客户的重视程度。除此之外，"生熟联动"机制也是盒马鲜生的特色之一，顾名思义即顾客在店内购买海鲜后，可以选择打包带走，也可以选择支付少量加工费然后由盒马鲜生加工，顾客在店内享用。盒马鲜生还推出"日日鲜"策略，即"日日鲜"商品只能在当天销售，若没有售空则全部销毁，从源头上打消用户对"线上生鲜"的担忧。可以看出，盒马鲜生十分重视顾客的要求与体验，并且一直在不断寻求改进方式。

【美团——超市到家 & 美团买菜】

美团的基础核心业务是外卖，这也是美团发家的业务。但是近年来，美团也在不断调整策略、拓展业务，"超市到家"服务就是其中之一。深入分析其运作模式，在"超市到家"服务中，美团是充当中介角色，为线下实体超市提供一个线上售货平台。顾客通过美团 APP 搜索需要的商品，平台会推荐符合顾客需求的超市，然后顾客自行点击进入心仪的超市，进行商品选择，提交订单后会由美团平台统一分配骑手进行配送。通常来讲，顾客输入需求物品进行搜索后，平台推荐有两大原则：一是要包含顾客需求物品，二是要配送距离近。目前美团的超市到家业务是十分成功的，平台上的超市大大小小，大至物美、华联等大型商超，小至便民超市，商品种类也应有尽有，基本能够满足顾客的一站式购物需求。

除了充当中介角色，美团还开拓了以官方名义推出的外卖业务——美团买菜。美团买菜业务于 2019 年 1 月正式推出，是围绕社区居民精选便宜好菜的一款美团自营买菜平台及提供配送服务的生活服务 APP。美团买菜首个线下服务站于 2019 年 1 月在上海市虹口区周家嘴路开通，同年 3 月 26 日启动北京市场测试，7 月 10 日美团买菜登陆武汉，首批开出 10 个站点。与超市到家业务不同，美团买菜业务主要经营水果蔬菜、肉蛋调料等生鲜类产品。此外，虽然美团上线了单独的美团买菜 APP，但是在美团 APP 上也留有美团买菜的端口，因此依托于美团外卖业务长期积累的客户群体，美团买菜业务也发展得如火如荼。在一线城市，上班族在工作日往往没有逛超市买菜的时间与精力，美团买菜可以设定送达时间，部分地区可实现最快 30 分钟达，十分快速便捷。

事实上，经过对美团买菜模式的分析可以发现，其与 Webvan 的模式大同小异，都是配送站统一进行固定辐射范围内的商品配送。以目前美团买菜的发展趋势仍较为可观的角度来看，认为 Webvan 的失败是由于网上超市的观念有些超前的观点，是有一定道理的，20 年前的消费市场对于线上购物的接受度并不高，这也不仅是观念的问题，互联网并未普及至千家万户以及智能手机并不发达都是重要原因。

图 3.5　美团超市到家与美团买菜界面

第三节　在线销售常用的定价策略

一、在线销售定价策略概述

对于传统模式的商家以及电子商务商家来说，合适的定价策略有助于企业扩大用户群体，提高企业利润。相对于传统的经营模式而言，电子商务企业的经营模式涉及的定价策略需要做到以下两方面：

一方面，价格策略需能够协调双渠道供应链下的矛盾，相比于传统的线下经营模式，电子商务模式下企业可能具有单一线上渠道或者传统线下渠道和线上渠道并行的情况。

另一方面，通过价格策略的合理制定，企业能够及时削减线上市场的激烈竞争态势。电子商务平台的出现吸引了诸多企业进行在线销售，市场竞争态势远比传统线下渠道激烈，企业需要思考如何通过产品、定价、配送、服务等方式提高自身的可持续竞争力。

但在线销售模式下，企业能够实现在传统模式下无法进行的定价过程。例如在线销售模式下，价格信息对于消费者往往是全透明的。因此企业间的博弈状态和相关决策会很容易被推理出来；此外，企业若想对消费者进行价格敏感度的测试，可操作性也大大提高。因此，在以上两大差异因素的作用下，在线销售能够施行的定价策略具有种类多，针对性强的特点。价格策略的设计需要十分谨慎，电商企业需要思考如何制定最优定价，使得消费者的价值增值空间更大，避免价格战吞噬同行企业的共同利润。

定价策略的设计一般决定于以下三点因素：

第一，商品的类型。体验类商品、生鲜易腐类商品等适合于在线下渠道购买。当然并不是全然否定以上几类产品不能实现线上渠道，只是与其余商品的线上渠道的建立有所差异。体验性较强的商品诸如眼镜、电子产品、家具等往往采用线下体验店与在线销售相结合的方式。消费者可在线上进行产品的浏览，对应地到线下门店中进行体验，再决定是否下单。生鲜易腐类商品则取决于运输能力、是否具有冷链运输条件、企业是否能够承担运输产生的成本等因素。

第二，竞争者的数量。一般而言，与传统销售渠道相同，竞争者的数量越多，价格竞争态势就会越严峻。这就对企业选择价格策略、产品策略、营销策略等的要求更高。

第三，消费者的规模与结构。企业需要考虑自身的消费者特点。在线销售一般需要用户能够操作智能手机或电脑，这对年龄较大的中老年并不是特别便利。因此，一般中老年的生活用品一般在线下渠道便能购买；而线上渠道也会具有一些品牌，这些品牌将营销重点放到对线上渠道模式把握更为熟练的"子女"身上，从而打开销路。

二、常见的定价策略

常见的定价策略主要有以下四种：

第一，协商定价。所谓协商定价即通过卖家与买家之间的询价、还价等流程确定最终的成交价格。卖家在网络上会上传商品的相关信息，买家找到目标商品后与卖家联系，货比三家，讨价还价，最终成交。

第二，拍卖定价。拍卖定价的策略以 eBay 最为典型，eBay 所沿用的拍卖机制为英式拍卖，即最高出价者中标。目前很多电商平台也将该模式应用至二手货物、古董、艺术品、房产等物品的拍卖模块当中。例如京东中的京东拍卖以及淘宝当中的阿里拍卖。

第三，协同定价。在线销售的过程中，由于企业众多，消费者众多，企业在进行定价的过程中难免会引发"价格战"。而价格战往往是一种反噬性的、破坏性的竞争状况，协同定价有助于保护整条供应链的共同获益。供应链商的企业形成一种完全信息博弈的关系，企业间进行价格协同，共同维护价格水平，共同获益。

第四，差异化定价。实现差异化定价的方式主要有两种，一是以产品差异化为驱动力的价格差异化。具体而言，企业通过采用线上渠道售卖商品与线下渠道进行差异化处理的方式、线上渠道售卖的商品与同行不同的方式落实差异化定价的策略。二是以营销时段为驱动力的价格差异化。具体而言，诸多电商平台均会推出大型购物节的促销活动，企业在这些大促活动中发布的重点促销产品不同以实现产品差异化和定价差异化。

第四节　在线销售所导致的供应链矛盾

一、在线销售的供应链矛盾

国务院办公厅 2018 年公布的《国务院办公厅关于推进电子商务与快递物流协同发展的意见》提出，应当"推动供应链协同"，并"鼓励仓储、快递、第三方技术服务企业发展智能仓储，延伸服务链条，优化电子商务企业供应链管理"。很明显的是，线上销售渠道企业入门的成本较低，销路广，这些优势也在吸引着一些以往以传统模式经营的线下企业，甚至一些已经在供应链上的企业，例如制造商。因此很多商家目前为双渠道供应链模式，即既有线上供应链，又有线下供应链。以上所述为零售商的供应链模式，对于制造商来说，在电子商务的浪潮中也会在线上建立分销渠道，因此市场中出现了如下图所示的供应链模式。下图出现了两大矛盾点，一是经销商与消费者交易的过程中导致的线上渠道和线下渠道之间的矛盾；二是制造商的线上渠道与经销商线上渠道之间的矛盾。该种矛盾很可能造成双重边际效应的恶性竞争。很多学者在该问题上进行深入研究，探讨破题思路。

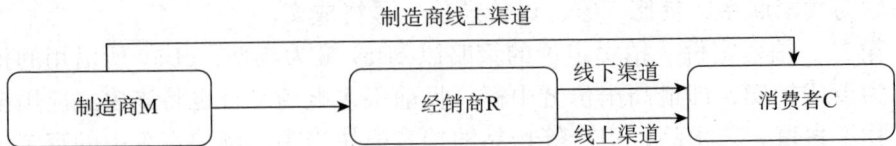

图 3.6 双渠道供应链

从博弈论的角度探讨双渠道供应链的矛盾问题，学者认为在具有供应商参与的双渠道供应链矛盾的分析中，最优价格是真实存在的。这里所指的最优价格即能够保障供应商、零售商和消费者利益的价格。但何种情况下、何时、如何取得最优价格，学者们对于几大问题展开了热烈的讨论。

一是双渠道供应链矛盾的利弊受产品类型的影响。生鲜、易腐商品在进行销售渠道选择时更需要考虑渠道的成本、物流的能力等。因此，最优价格的取得往往受所销售产品的生命周期影响。二是双渠道供应链矛盾的利弊受定价机制的影响。当集中决策时，需求价格弹性较大的商品在制造商加入后会收获更多的消费者，供应链的利润空间也会进一步扩大。当进行分散决策时，若制造商处于指导地位，零售商的利润与制造商的利润均低于集中决策时的情形，且随着消费者对在线销售的接受度的提升而扩大。三是双渠道供应链矛盾的利弊受消费者对在线销售的接受度的影响。当消费者对在线销售的接受度越强，该矛盾就会越大，零售商的利润会部分转移到制造商手中。四是双渠道供应链矛盾的利弊受产品多样性的影响。若双渠道供应链系统中存在两种差异性产品且消费者的接受度大于产品的差异程度时，制造商和零售商均能从差异性产品的销售中获利，但制造商的利润会高于零售商的利润。当消费者对于产品差异的感知能力逐渐下降时，制造商的优势也会逐渐下降，利润自然也会下降；但对于零售商而言，利润会先增后减。

二、供应链矛盾的化解方案

以上所述相关研究均建立在相对理想的环境当中，例如企业仅经营 1~2 种商品、消费者对于线上渠道的接受度能够被准确测算出来，以上环境在实际生活中显然是不存在的。那么在实际的企业经营过程中，如何化解可能出现的双渠道供应链矛盾呢？

很多企业直接明确规定，不允许制造端开发线上渠道，以保证经销商的利益，防止市场渠道发生混乱；也有一些制造企业对于在线销售的渠道十分看好，但不免得会与零售商发生利益冲突，渠道模式面临变革。格力作为一家空调制造的领先企业，不断推进渠道改革，拉动经销商进行双渠道融合，也取得了三赢的市场效果，即格力的市场占有率更高了，经销商的收益更高了，消费者的购买价格更低了。

【格力拉动经销商进行双渠道融合】[①]

格力自 2019 年开始销售体系改革，线上分销商城"格力董明珠店"上线。自此，线上销售在格力销售体系中的比重不断加大。改革持续至今。用董明珠的话说，"销售体系改革是顺应时代发展"。但这一举措为什么没有引起经销商的反对呢？格力作为制造商又是如何维护与经销商之间的关系，共同扩大盈利空间的呢？

格力之所以没有遇到制造商抢占经销商销售市场的原因在于两点：一是线上渠道的合理定位；二是防窜货机制的设计；三是鼓励经销商自行开设电商平台。以下笔者将逐一进行解释、剖析：

格力将整个空调市场看为可征服的战场，线上渠道的开拓并不是吞噬经销商利益的手段，而是提高格力在整个空调市场市场占有率的利器。2020 年，疫情期间，董明珠多次亲自上阵直播，全年带货销售 476.2 亿元。消费者在线上消费的每一单将由该区域的经销商负责配送、安装和售后服务，所得收入也将进行返利。董明珠明确表示，线上渠道并不是要取代线下渠道，更不是要取代线下经销商，二者是相互融合互补的关系。

防窜货机制指经销商不得突破格力为其划定的区域范围进行空调等家电的销售，一经发现将视情节轻重进行罚款、撤销经销商资格等惩罚。[②]该机制就保证了经销商的利益（线上销售利益和线下销售利益）不受侵犯。具体而言，其他经销商不得接收安装在经营区域之外的订单，格力官方渠道销售的产品也将交由该区域的负责经销商进行服务工作。

鼓励经销商自行开设电商平台是自 2020 年格力就推出的一项政策。董明

---

① 郑栩彤："格力电器销售体系变革董明珠：任重道远，携手经销商推动渠道融合"，载时间周报百家号，https://baijiahao.baidu.com/s?id=1720662544282517536&wfr=spider&for=pc，最后访问时间：2023 年 3 月 10 日。

② 根据格力对于经销商的管理制度规定。

珠坦言，经销商掌握线上销售的渠道模式不仅能够扩大区域市场占有率，从企业社会责任上说，还能创造更多的就业岗位。更长远的，该种举措还防止了假货流行、虚假宣传、偷税漏税等现象。董明珠亲自下场直播带货也是向经销商示范，希望他们能够及时响应，及时配合格力的销售体系改革。

以上三点保证了格力作为制造商不会侵犯经销商的利益，也保证了经销商之间不会相互侵犯形成恶劣的内部竞争。自销售体系改革以来，格力线上销量持续攀升。奥维云网数据显示，2021 年前 11 个月，格力空调线上市占率 31.52%，同比提升 2.57 个百分点，明显高于 2018 年同期、2019 年同期约 22% 的市占率。

第五节　在线销售的多种模式

一、电商渠道

（一）发展现状

电商渠道指第三方在线销售平台，例如淘宝、京东、1688、拼多多等。2011~2020 年，中国电商交易规模逐年增长，到 2020 年达到 37.2 万亿元。但从全国电商交易规模增速来看，2018 年以前保持在 10% 以上，2019~2020 年全国电商交易规模增速下降至 10% 以下。2021 年在疫情防控隔离政策的促进下，预计全国电商交易规模增速将有所回升，2021 年全国跨境电商交易规模增速为 15%。

这些电商平台的经营模式不同，吸引的企业类型也不同。以京东和淘宝为例，笔者认为二者虽然同处于电商赛道，但商业模式不同、盈利模式不同，所服务的企业群体和消费者群体特征不同。

表 3.1　京东与淘宝差异指标对比

差异指标	京东	淘宝
商业模式	采用价值链整合的方式，以产品流向管理为核心，以现金流管理作为支持，以资金流管理整合资源	建立在线销售平台，招商引资
盈利模式	B2C，广告费、服务费、商品贩卖差价	C2C，广告费、服务费
特色服务	京东物流，京东采用自检仓库，保证商品能够以最快的时间送至消费者手中	淘宝依赖于第三方物流，不负责入驻商家的物流运输；但后续菜鸟驿站整合了第三方物流，以节省物流的时间。

差异指标	京东	淘宝
商家特征	入驻条件严格，偏好国内外知名品牌的入驻	企业规模各异、数量较多，种类较多，质量参差不齐
消费者特征	注重物流速度、性价比、服务质量	追求价格的低廉、大多数为青年，且处于中档消费层次，购物深度较深

笔者认为从商品的整体质量上说，淘宝除天猫商家外，产品质量参差不齐，需要消费者自行进行判断；而京东由于企业的入驻条件严格，对于产品的质量设置较高门槛，这为提高平台产品质量起到了莫大的作用。从商品的价格上说，淘宝由于进货渠道较为复杂，同一商品的价格差异性可能也较大；而京东（尤其是京东自营）进货渠道有保障，价格也较高。从商品的服务上来说，京东具有自营物流，响应能力较强，售后服务的能力也较强；淘宝虽然强制规定商家7 天无理由退货，但是消费者在退货过程中还是会受到一些无良商家的刁难。从商品的丰富度上说，淘宝的商品覆盖度一定是比京东高的，这是京东对进货渠道严格把控所导致的。

近年来，市场中也逐渐出现一些细分领域的电商平台，如下表所示：

表 3.2　不同细分领域的电商平台

细分领域	电商平台
体育电商	虎扑识货、懂球帝商城、体博网、奥体网等
医药电商	叮当快药、阿里健康、老百姓大药房、一心堂等
母婴电商	蜜芽、妈妈帮、贝贝、好孩子、孩子王等
服装美妆电商	小红书、蘑菇街、唯品会等
跨境电商	天猫国际、网易考拉、达令、丰趣海淘等

目前，电商平台的发展主要呈现以下三大特征：

第一，电商平台发展进入成熟期，急需突破。2011 年到 2018 年，电商平台市场一直在不断扩大，很多品牌和商家都争相入驻，抢占市场。但 2018 年至 2019 年电商平台进入了红海领域。国内电商饱和，难生存，电商体系加速成熟，运营成本日益增大，产品利润低，低价竞争无利润。加上 2020 年突如其来的疫情，让中小卖家更加雪上加霜，加速外逃。

第二，电商平台的参与者越来越多，品牌化、精细化愈来愈强。从一开始的易趣、1688再到淘宝、京东，再到现在的唯品会、海淘等。电商平台的数量越来越多，种类也越来越多，每个细分领域也都有属于自己的电商平台。商家逐渐打开视野，在线销售渠道已经渗透到每家企业的经营战略中。目前我国现存"电商"相关企业超过571万家，2021的第三季度，电商相关企业的注册量为89.1万家，同比增长67%，两年平均增长率达32.1%。根据国家统计局的数据，2021年前三季度，全国网上零售额达9.19万亿元，同比增长18.5%；其中，实物商品网上零售额7.50万亿元，同比增长15.2%，占社会消费品零售总额的近1/4。

第三，平台的治理能力越来越强，盈利手段越来越多。无论是B2B模式、B2C模式还是C2C模式，电商平台传统的盈利手段主要有三种，一是广告投放，商家在电商平台上投放广告以吸引更多的线上消费者；二是佣金，平台为商家提供平台、客户群以及相关服务收取服务费；三是会员费用，会员升级对于企业来说是指通过交纳不同等级的会员费，电商平台为商家提供各色服务，例如咨询方案制定、营销方案制定、需求调研、跟踪消费者购买行为、统计分析销售业绩等，帮助企业进行运营管理。

但每种商业模式具有差异化的盈利模式。B2B的盈利模式中除了广告投放和佣金之外，还会具有增值服务。增值服务指电商平台为企业提供市场信息、行业数据分析、企业数据分析、商友俱乐部等。B2C的盈利模式中除了广告投放和佣金之外，还具有产品销售、引流等模式。产品销售即指平台自身的货品和服务的买卖收益。例如京东引入中间商赚差价的模式，很多消费者愿意选择京东自营中的商品，店铺往往具有物流快、商品好的优势。另外，不同电商平台由于自身的经营理念和战略不同，具有自身的盈利生态。例如京东自建物流，一是保证商品的交付速度，二是从物流网络中获取部分收益；拼多多引入"拼着买才划算"的盈利模式，并成为社群营销的典范。

（二）潜在风险

互联网的重要特征之一是信息的高速传播。近年随着电商平台的兴起，电子商务领域发展迅速，短期快速壮大的行业难免出现良莠不齐的局面。激烈的市场竞争背景也会迫使企业产生虚假营销问题，信息的高速传播会导致舆论发酵十分迅速，那么如何应对舆论问题，正确公关就成为电子商务平台的必修课。以拼多多为例，拼多多自成立以来，一直采取"打价格战"的策略，拼单即可优惠，分享好友即可优惠等平台政策，使得一时间处处可见"请帮我点一下"

的拼单链接，各台大型综艺节目、地铁、公交处处可见拼多多的身影，病毒式的传播策略给拼多多带来了巨大的曝光率，促使它短时间内迅速成长。

2018年7月26日是拼多多上市的日子，23日本应是全员期盼3日后荣登纳斯达克的一天，但是一把由美国Daddy's Choice点火，多家国际著名媒体扇风，一路烧至国内的舆情大火，瞬间将拼多多推到了风口浪尖。Daddy's Choice是美国一家尿不湿生产商，他们以侵权为名将拼多多告上了联邦法院，状告拼多多纵容平台售卖印有该公司logo的假货。随后，多家国际著名媒体发文声援，质疑拼多多是否可以顺利上市，传至国内后，网友纷纷发文质疑，短时间内蔓延大江南北，掀起轩然大波。

但是面对国内外主流媒体的挞伐，拼多多始终没有发声，直到7月26日，拼多多仍然在纽交所顺利上市，上市首日开盘暴涨，这在一定程度上缓解了负面新闻的影响。但是好景不长，7月28日创维电视发表声明，控诉拼多多销售带有创维logo的山寨产品，随着创维对拼多多出手，7月29日，国内童话作家郑渊洁也发声称，拼多多"星宝宝家居生活专营店"销售盗版皮皮鲁图书，侵犯其著作权。一时间，来自名人、名企的接连投诉掀起了一股热度，引发了网友的广泛热议，248元的"LV"包、9.9元包邮的东阿阿胶等山寨产品比比皆是，除了产品造假，类似"小米视界"等仿商标的店铺也处处可见，这无疑再次加剧了舆论，"山寨假货"的标签如一座大山牢牢压在拼多多头上，受此影响，上市不久的拼多多股价也大幅下跌。

一直到7月31日，此时的舆论甚嚣尘上，已经达到全网吐槽的地步，拼多多官方终于出面回应。拼多多的董事长兼CEO黄峥称山寨比假货更严重，而山寨是长期以来存在的问题，并非是拼多多的问题，言语中透露出的推脱责任之意，又一次点燃了网民的怒火，多家媒体争相报道，舆论再一次被推向新高峰。而与此同时拼多多在上海召开新闻发布会，回应网民控诉，声称对假货零容忍，对创维电视以及7.5元奶粉等事件一一回应，"白牌机是行业固有问题，并非只有拼多多有问题""7.5元奶粉是商家的引流策略，跟平台无关"，无一例外，所有的解释基本都是"甩锅论调"。拼多多联合创始人达达更是反复强调假货是所有的电商平台都要面对的问题，不应该只攻击拼多多，让一个仅有三岁的企业承担这一切并不公平。

最终这场混战在国家市场监督管理局的介入下平息，上海工商局约谈拼多多，声明定将严厉打击涉假山寨产品，安抚公众情绪，虽局势有所好转，但之后有关拼多多售假的质疑依然存在，拼多多公关完败。核心成员的言论发表、新闻发布会的召开本意都应该是解决民众质疑，以能够从负面新闻中脱身，但拼多多上下一致的"甩锅论调",企图祸水东引,将舆论引向其他电商平台,甚至升级为社会问题,这不仅没有达到脱离困境的目的,反而是陷入了更深的舆情风波中,毫无疑问,拼多多的危机公关并不成熟。分析其失败的原因:

1. 错失黄金公关时间。新媒体时代的危机传播具有紧迫性和关注性,公共危机一旦出现,就很有可能会迅速传播,引爆公众,对涉事企业形成巨大的冲击,这与传统的公共危机不同,新媒体时代下的公共危机借互联网之势,传播速度和传播范围成指数型爆炸增长,短短时间就会甚嚣尘上,因此当机立断,迅速处理是减轻危机影响的关键一步,传统的"黄金24小时"已经不再适用,互联网的特点决定了新媒体时代危机公关的"黄金3小时"。但是从案例回顾中我们可以发现,这场风波实际上从23日就开始爆发,到26日拼多多上市,再到28日、29日的接连投诉,整整历时七天的时间,但是拼多多始终没有做出回应,在第七天的时候才出现官方回复,没有在第一时间拦截下这场风波,错过公关黄金时间,而后一发不可收拾,这是拼多多此次危机公关失败的重要原因。

2. 失去公众支持,暴露管理问题。拼多多最初成立于2015年,而2018年就于纽交所上市,并一跃成为当年纽交所上市市值最高的互联网公司,毫无疑问,拼多多是相当成功的。但是,自危机爆发后,拼多多长时间不做回应,没有抓紧黄金公关时间的意识,并且在后期的官方回应中,我们也可以发现,拼多多内部并没有一套完善的针对"平台售假"的公关方案,而是一直为自己找理由,企图祸水东引,暴露出这个仅三岁的互联网企业管理实际上存在着很大的问题。此外,主要领导人的言论也是一味地推卸责任,而对于平台售假,从头到尾都没有向公众表明认错态度,甚至还发表"售假是整个社会的问题"类似的言论,严重缺乏社会责任感,以至于完全将自己放到了公众的对立面,舆论热度久高不下。

(三)危机公关

公众支持在危机公关中是十分重要的,随着互联网的普及,公众对互联网舆论的参与度极高,很大程度上引导着舆论的导向,海底捞在这方面就处理得很好。海底捞的"老鼠门"事件一度震惊全国,引发热议。当时很多网友猜测,海底捞官方可能会回应新闻造假等来挽回企业形象,但让大家都很意外的是,新闻爆出来后,海底捞官方第一时间出面道歉,并向公众保证马上下令整改,追究有关门店责任,这良好的认错态度反而赢得了很多网民的赞赏,后来海底捞蒸蒸日上的生意也反映出,此次海底捞的公关是十分成功的。

互联网时代的喧嚣意味着企业若想长久可持续发展,必须有成熟的处理风险的能力，危机公关是其中的重要一环，若舆论发酵对企业的品牌形象是极其不利的。因此，学会正确公关至关重要，在新媒体时代企业进行危机公关应遵守以下基本规则：

1. 第一时间回应。互联网时代的危机公关"黄金3小时"是十分重要的。由于依托于互联网，新闻爆出后若不及时处理，在接下来的事件它会像病毒裂变一样迅速蔓延大江南北。因此当危机发生时，官方一定要反应迅速，第一时间下场回应，争取在第一时间控制住事态发展，将危机造成的影响力降到最低。

2. 弥补管理不足，公众利益至上。作为企业来讲，要加强自身的社会责任感，避免损伤公众利益。出现严重的产品质量危机时，若事态严重应当第一时间召回问题产品，同时高层领导及时出面公开道歉，迅速寻找负面舆论源头，加紧和利益相关者的沟通，切忌推卸责任，一定要端正态度，主动承担责任，良好的认错态度往往会赢得公众的支持。在庞大的网民数量面前，公众的支持至关重要，他们很大程度上引导着舆论的走向，因此一定要有全局观，时刻谨记公众利益至上。

当然，这就需要企业要有一套完善的危机公关机制，在危机发生的第一时间调动企业的人力、物力、财力，迅速运作，因此新生企业要加强相关管理机制的建立，积极学习借鉴成功企业的经验。实际上，企业需要完善的管理机制也不仅仅局限于危机公关应对机制，以拼多多为例，企业也应在前期加强对平台的管理，加强产品的质量审核，对平台售假应当建立一套完善的惩罚和处理机制，从根源上预防危机的发生。

3. 借助权威机构的公信力平息危机。第三方的权威机构发声，往往会取得公众较高的信任度。因此，企业要学会利用权威机构的公信力，在危机发生时，通过权威机构之口，来赢得公众的信任，尽可能地挽回企业形象，降低危机对企业的负面影响。一旦企业的品牌形象在舆论中受损，这对企业的长远发展是极其不利的。

4. 利用媒介资源引导舆论。在新媒体时代的网络舆情危机中，像微博大v、B站粉丝量庞大的up主，他们的影响力和号召力是难以想象的，因此企业应当积累好相关的媒介资源，当危机发生后，迅速利用这些媒介资源引导舆论，或者投放更大的娱乐新闻来吸引公众眼球，以降低危机对自身企业的影响。在拼多多的案例中，一些学者也认为，拼多多之所以久不发声，且在危急关头仍然坚持上市，也是一种公关手段，希望能用上市来压过平台售假的丑闻，从而达到公关目的。

互联网时代的网络舆情危机具有传播速度快、传播范围广的特点，而且由于依托互联网，信息互动性很强，每位网民都可以发表看法，并且由于匿名的特点，使得这些言论很容易被竞争对手利用，导致局势加速恶化，这就对企业危机公关的能力提出了更高的要求。因此，牢牢把控黄金公关时间，建立完善的危机公关应对机制，保证系统运行，是企业在互联网时代进行风险把控的关键之处。

二、直播渠道

说到直播那就不得不提及游戏，直播渠道的产生源自于游戏中玩家的交流。2008 年，YY 语音平台出现，满足各位玩家的线上交流需求。慢慢地，YY 语音平台中形成了一个又一个社群，在该社群中的用户往往游戏兴趣相同、水平相似。随着平台人流量的增加，大家开始向往能够与一些前端的游戏大神一同游戏或者能够有旁观的资格。于是 YY 平台率先开启了游戏直播的功能，由于该模式的开发，YY 平台的用户量也出现激增。2012 年，YY 平台成功在美国纳斯达克上市。2014 年，在 A 站点击量较高的生放送直播独自成立了直播平台，至此斗鱼直播出现；2015 年，YY 平台将游戏直播业务也独立出来，成为虎牙直播。

游戏领域的成功让不少人看到了商机，但 PC 端直播的操作难度较大，需要专业的直播团队支持。随着互联网时代的发展，网速越来越快、网络用户也越来越多，手机上能够承载的功能也越来越丰富，因此该种直播方式逐渐从 PC 端转向移动端。人们可以随时随地拿起手机开始直播，慢慢地直播渠道渗透到人们生活的方方面面，商家也逐渐发现该渠道能够开拓的商业潜力。

中共中央、国务院 2022 年印发的《扩大内需战略规划纲要（2022—2035年）》提出要"支持社交电商、网络直播等多样化经营模式"。对于直播渠道的使用类型主要有两大类，一是个体进行品牌综合销售的直播渠道，较为著名的是"李佳琦直播间"；二是个体进行个人品牌销售的直播渠道，较为常见的是各个品牌自主进行的直播，例如"董小姐的店"。承载以上直播渠道的主要平台有自建平台和第三方平台。自建平台主要指微信小程序；第三方平台较多，例如抖音、快手、淘宝直播、微博、小红书等。

【李佳琦直播间】

提到直播渠道，不得不提的就是李佳琦。李佳琦是把直播带到"风口浪尖"的主播之一。疫情的爆发推进了"直播热"和"宅经济"，三年间，用户数量不断增长，用户需求不断多元分化，消费力也逐渐转移至直播间渠道。2019 年被称为电商直播带货的元年，李佳琦也是在 2019 年名声大噪。李佳琦的定位为美妆主播，向目标消费者推荐美妆单品。该主播爆火的原因之一为一则口红试色的视频，在视频中，每一支口红他都用心地讲解，亲自上嘴试色，获得了百万的播放量，也涨了很多粉丝。2019 年的淘宝双十一预售中，李佳琦直播间已经实现了高达 10 亿元的销售额；而 2021 年的淘宝双十一预售中，李佳琦以实现 106 亿销售额成为双十一最热的博主之一。在消费者的心中，李佳琦具有以下三点特质：一是熟悉女性消费者心理；二是直播间推荐的商品质量佳、价格好；三是具有洗脑的话术和有效的推销逻辑，但也鼓励女生们理智消费。在以上三点特质的支撑下，李佳琦逐渐发展为一个热门直播间品牌。

在李佳琦直播间的成长周期中，也衍生出一些与直播相关的营销理论和路径。例如直播带货的底层逻辑为效率和增量、如何刺激消费者心理、如何创新直播间模式、如何协同供应链做到精细选品，等等。

【思考题】

1. 简述在线销售在传统领域的实际应用。
2. 简述在线销售的主要定价策略及其考虑因素。
3. 简述在线销售所导致的供应链矛盾。
4. 论述在线销售对于消费者与企业的战略意义。
5. 论述电商销售模式的发展现状和面临的潜在风险。

【拓展阅读】

1. 于淼、康耀武、赛吉拉夫："电子商务环境下供应链双重渠道的定价策略分析"，载《商业经济研究》2015 年第 36 期。

2. 邵兵家、何炜浔、蒋飞："网络零售商退货政策对消费者购买意愿的影响"，载《重庆大学学报（社会科学版）》2017 年第 2 期。

3. 杨浩雄、孙丽君："互联网时代三四线城市快消品经营模式转变"，载《商业经济研究》2017 年第 2 期。

4. 刘培艳："O2O 电商模式下团购网站定价策略研究——以大众点评网为例"，载《商业经济研究》2017 年第 17 期。

5. 郑海英："数字经济时代电商平台定价策略选择研究——基于价格透明度的分析"，载《价格理论与实践》2019 年第 11 期。

6. 张夏恒、员婉婉、马述忠："向左或向右：'新零售'下销售渠道的选择策略",载《财会月刊》2019 年第 14 期。

7. 魏杰、常美静:"基于电商平台的定价顺序和销售模式选择",载《系统工程》2021 年第 1 期。

8. 曹凡:"外卖送餐平台内外法律关系探析",载《中国法学（英文版）》2021 年第 1 期。

9. 王道平、郭文璇:"网络购物节期间在线零售商定价策略——基于电商平台销售大数据的分析",载《中国流通经济》2021 年第 9 期。

10. 王卫东:"社会化电商拼多多盈利模式存在的问题与优化建议",载《中国商论》2022 年第 23 期。

第四章

电子商务与现代物流建设

【导语】

电子商务与现代物流的发展密不可分。电子商务是现代物流发展的驱动力，而现代物流的发展水平决定着电子商务的增长规模。现代物流与电子商务相互促进，相互匹配，共同打造了中国电子商务产业的迅猛发展态势。

本章介绍了现代物流的起源、发展阶段、基本概念和理论，并以零售业和传统制造业为例，介绍物流技术如何赋能各行各业；随后详细介绍了物流配送中心的选址、物流园区内部布局的设计优化和物流路径的设计；最后通过案例导读的形式加深学生对于电子商务与现代物流建设的理解和运用。

本章的学习重点包括电子商务环境下现代物流的特点、现代物流的配送战略、物流配送中心的选址、物流园区的内部布局和物流路径的设计。本章的学习难点在于理解电子商务和现代物流规划的关系，以及通过案例分析掌握如何在电子商务背景下进行物流配送中心选址、优化物流园区内部布局和设计物流路径。

第一节　现代物流的起源

一、第一个阶段：早期物流活动

原始社会末期，就体现出了物流的基本理念。具体而言，这时生产活动较为丰富，生产资料快速堆积，不仅能够满足人们现阶段的基本生活需求，还能被人们携带去往其他即将迁徙的地方，从而导致物品产生空间上的流动[①]。至于

———————

① 王之泰：《新编现代物流学》，首都经济贸易大学出版社 2005 版，第 28 页。

流动去何种地方，则由部落首领决定，一般为适宜生存，物品易于保存的地方。

生产力在技术的提升、人力规模的扩大中进一步发展，原始畜牧业也逐渐向着原始农业过渡，这个阶段产生了农作物的剩余和储存，仓储活动逐渐出现。仓储活动的出现意味着人们生产生活的水平到达了新的阶段，这为实物的流通层面奠定了坚实的基础。

封建社会时期，随着铁制农具与牛耕的普及以及都江堰等水利工程的兴建，农耕经济逐渐成为封建社会的主要经济支柱，使生产力得到了空前的解放。在小农经济中也逐渐形成了自给型生产、半自给型生产与交换型生产等多层次商品生产模式。由于交换经济的产生，物流活动成为交换过程中非常重要的环节。

手工业的发展成为继生产力发展后第二个主要促进物流活动发展的重要原因。明清时期，手工业中的分工不断细化，这为大规模生产与手工工场生产自己最擅长的工艺品提供了可能，以棉纺织为例：明清时期，苏杭盛行纺纱、织布，其技术和规模都达到了国内较为先进的水平，出现了生产工具上的细分；除此之外，苏南棉纺织手工业出现了生产领域上的分工现象，例如棉布生产过程中的织布和染布两个工序就分别在松江和芜湖两个地区进行，正所谓"织造尚松江，浆染尚芜湖"。[①] 从棉纺织手工业出发，我们可以发现手工业的快速发展促进商品流通，并进一步促进仓储技术与交通运输业的发展。

交通运输业的发展使早期物流活动实现质的跨越。最初，人们通过手提、背扛等方式进行商品的运输。随着商品交易范围的扩大，商朝时出现了马运、舟运等运输方式。春秋战国时期，除了陆路运输外，人们还试图利用长江、黄河与淮河等天然河道进行运输，开凿鸿沟、青河等沟渠作为人工运河，充分发挥水路运输能力，形成全国纵横交错的水路运输网络。秦始皇时期，"车同轨"法令被颁布，过去杂乱的运输路径经过"车同轨"的法令被统一规划起来，使各地之间交通畅通便利。隋唐时期，南北大运河的开通使我国的水路交通步入了一个崭新的时代，南北大运河贯穿南北，为纵向大规模的运输提供了可能。宋元时期，古代交通进入鼎盛时期。除了京杭大运河全线通航外，又开辟了以海运为主的潜运路线。明清时期，政府积极颁布相关法令修建运河，疏通水道，使河运成为明清时期的重要运输方式，提高了物流运输效率，并初步建成了较为完善的河运网络。此外，由于造船业的快速发展，明清时期海运也开始兴起，为跨国式的商品交换活动提供了便利。

---

① （明）宋应星：《天工开物》，甘肃文化出版社 2003 年版，第 81 页。

二、第二个阶段：物流概念的孕育阶段

在原始社会中，并没有物流这个词的概念，早期的物流活动可以视作物流中物料搬运的环节。物料搬运活动的出现虽然可以追溯到原始社会，但该名词是随着"物流系统"的出现而被提及、引用。物料搬运是指在同一场所范围内进行的、以改变物料的存放（支承）状态（即狭义的装卸概念）和空间位置（即狭义的搬运概念）为主要目的的活动。物流系统的建立、运转一定伴随着物料搬运活动。

物流的初始概念起源于美国，美国少校琼西·贝克于 1905 年从军事后勤角度创立物流概念 Logistics。物流在战争中起到非常重要的作用，通过数学计算、实地考察，美国在战争期间规划出较为完整的军备物资、武器送达前线的方案。但 Logistics 的概念并没有得到普及。

美国市场营销学者阿奇·萧（Arch W. Shaw）于 1915 年提出 Physical Distribution 的物流概念。他是从市场分销的角度提出的。1956 年，日本派专业的学者赴美考察，其将该概念翻译为"物的流通"，后续也被简称为物流。20 世纪 70 年代，中日之间的文化交流也推动了该名词进入了中国学者的视野，中国市场中也逐渐接受有关"物流"的新理念、新知识、新应用。

三、第三个阶段：分销物流学阶段

1940 年至 1980 年，该阶段可被称之为分销物流学（Physical Distribution）的建设、发展、成熟的阶段。该阶段中，美国对于物流的理解、物流相关理论和模型、物流相关的实践案例被世界认可。此外，这个阶段也形成了较为完整的物流学派、物流产业和物流领域。

1940 年至 1950 年，美国市场中还未从卖方市场过渡为买方市场，各个行业重生产轻物流；1950 年至 1970 年，美国市场慢慢从卖方市场过渡为买方市场，进入大量生产时代，物流的重要性慢慢突现出来。1973 年，石油危机爆发，商品价格上升，企业库存量突然上升，企业开始思考如何寻找买家，并将货物较快地送到客户手中。因此，企业开始重视销售和物流，这个阶段也出现了很多通过把握第三利润源克服市场寒冬的典型案例。

1980 年，分销物流学已经发展了近 40 年，物流管理学也在随着迅猛发展。学者们发现分销物流学在实际应用过程中具有局限性。以往分销物流学中将物流理解为运输、储存、包装、库存管理等功能的组合，但实际应用中企业为提高一个环节的效率往往需要牺牲其他环节的效率，无法达到全局最优。因此现代物流学登上历史舞台，旨在深入探讨物流在企业价值链流转中的重要作用、

重点理论与模型等。

四、第四个阶段：现代物流学阶段

1980 年后，现代物流学（Logistics）进一步得到发展、创新与验证。从第三阶段对于分销物流学局限性的解读上看，现代物流学能够应用的领域更加广泛、理论视角更加广阔。现代物流学具体而言是将企业运营过程中所有可能涉及物资流转的环节整合起来，寻找全局最优的方案，例如从企业的采购、生产、销售、售后等多环节思考物流能够在其中赋予的宝贵价值。国务院办公厅 2022 年印发的《"十四五"现代物流发展规划》指出："现代物流一头连着生产，一头连着消费，高度集成并融合运输、仓储、分拨、配送、信息等服务功能，是延伸产业链、提升价值链、打造供应链的重要支撑，在构建现代流通体系、促进形成强大国内市场、推动高质量发展、建设现代化经济体系中发挥着先导性、基础性、战略性作用。"

在该阶段，一些新型的理论和概念产生，例如物流外包和第三方物流。该阶段也匹配很多新产业、新业态的产生，物流也与这些新事物碰撞出新的火花，在本章节中笔者将通过"物流与新零售"和"物流与制造业"的解读，帮助读者理解物流究竟在变革之中起到了什么样的支撑作用。

第二节　现代物流基本概念及理论

一、现代物流的基本概念

现代物流的概念是从传统物流发展而来的，传统物流是指产品出厂后的包装、运输、装卸、仓储；而现代物流将物流涉及的环节全部综合起来集成化管理，其中包含采购物流阶段、生产物流阶段、销售物流阶段和回收物流阶段。

电子商务与现代物流的发展具有密不可分的关系，首先，电子商务是现代物流发展的驱动力，电商平台繁荣兴旺，物流行业也跟随着电子商务实现了跨越式的发展；其次，现代物流的发展决定着电子商务的增长规模，电子商务的发展导致对物流的要求越来越高，物流成为整个市场运行的核心，其效率决定了电子商务的未来的发展规模。现代物流与电子商务相互促进，相互匹配，共同打造了中国电子商务产业的迅猛发展态势①。

---

① 2020 年中国网络零售市场规模达到了 11.76 万亿元。

现代物流系统可被基本分为三大模块，一是配送系统布局，包含配送中心的选择和运输网络的设计（子配送中心的布局）；二是物流园区的设计；三是物流路径的设计与规划，主要涉及在多种优化条件下（运输成本最小、运输时间最短、调用资源最少、用户等待时间最短等），如何规划物流路径的问题。

二、电子商务环境下现代物流的特点

电子商务时代与网络时代、大数据时代、人工智能时代共同发展、相互支撑，电子商务是互联网、大数据、人工智能等技术的应用场景，而这些技术能够为电子商务环境下各个环节提供技术解决方案。在电子商务环境下，现代物流的重要性愈加凸显，发展空间也进一步扩大。电子商务环境下现代物流的目标有三，一是实时跟踪、记录物流信息；二是物流活动的自动化，例如装卸自动化、分拣自动化等；三是利用物流信息提高附加价值，即物流智能化，例如通过智能化分析提高客户的交易率、增强客户的满意度。

为达到以上三大目标，现代物流在电子商务环境下能够带给企业诸多改变，主要体现在物流的服务性、柔性、系统性和协作性。

服务性方面，现代物流与传统物流的差异性之一便是现代物流更加注重客户满意度，而这也是电子商务环境下需要的，二者在理念上能够匹配。企业想要实现服务性并不简单，需要提高物流的柔性、速度、智能性。

柔性方面，物流柔性指为满足客户的需求，物流能够依据需求随时调整，对物流资源进行及时整合，以保证物流作业能够灵活完成。物流的柔性化水平受物流系统的智能化水平的影响，制造的柔性也会一定程度影响物流的柔性化水平。

系统性方面，存在物流运作的系统性以及管理的系统性之分。物流运作的系统性指不能如传统物流一般仅仅关注一个环节效率的提升，而是应当着眼于各个物流资源、各个物流环节、各个物流参与主体，能够将其系统调动起来，为提高企业价值链流转效率服务。具体而言，企业需要具备完整的物流数据管理体系、物流资源调度体系、系统作业体系、库存管理体系等。物流管理的系统性指将系统管理的思想应用到物流管理中，从企业价值链的角度思考物流需要在何处发挥重要作用，从资源整合的角度思考物流运转如何提高效率。至此，从系统配备上和管理思想上，现代物流能够充分适应电子商务环境，提出系统化解决方案。

协作性方面，则存在外部协作和内部协作之分。外部协作指企业与供应链上的利益相关者和客户形成信息共享、及时响应的关系，以达到各个环节合作默契的效果，提高整条供应链上的收益水平。内部协作指企业中的物流部门、采购部门、财务部门等在电子商务环境下需要保持更高水平的信息共享、团队协作水平，以共同完成运输任务。

三、现代物流配送战略

现代物流配送主要基于两种基本的配送战略：

一是物品直接从供应商或者制造商运到零售门店或客户手中，称为直接装运配送战略；二是供应商的货物经过仓库或配送中心向零售门店或客户供货，称为转运战略。两大战略各有利弊，直接装运配送战略的实施让零售商们不需要为配送中心支付运作的相关费用，且提前期缩短了；但局限性在于由于没有中心仓库，未能实现风险分摊；且制造商和分销商的运输成本增加了。该战略在日用杂货行业的应用较为普遍。转运战略将仓库和配送中心用作库存的协调点，运输时间较短且商品在仓库停留时间非常短，库存成本和提前期也大大降低。但该战略往往需要较大的启动资金支持，此外，对于联动系统的要求极为严格。

除了两大基本战略之外，联合库存也是近年来经常使用的战略之一。联合库存指将库存消化于供应链的各个环节之中，供应链的上下游责任平衡、风险互担。联合库存管理战略有三大优点，一是降低物流成本，减少物流环节，由于联合库存将供应链的库存层次和运输路线进行了整体规划，供应链的库存运输的环节减少、运输路线也进行优化；二是降低库存风险，库存波动减小，由于联合库存战略将供应链库存系统分为多层次并集成为两大管理中心，这两大管理中心能够协调供应链环节之间的不确定性和需求的不稳定性，这能够缓冲库存波动；三是供应链库存的灵动性增强，在进行库存调用的时候，协调中心能够统一调度，对原材料和产成品统一调度和控制。

对于不同类型的产品采用不同的配送战略，影响配送战略的因素有很多，例如配送产品的特征、顾客需求和位置、服务水平、成本（包含运输成本和库存成本）、需求的变化、企业的规模等。每个配送战略都有优势和劣势，企业需要选择配送效率最高、配送成本最小的战略实施。以下总结了三大配送战略在风险均摊、运输成本、仓储成本、分配效率等的表现。

表 4.1　三大配送战略的属性表现

属性 ＼ 战略	直接装运	转运	联合库存
风险均摊	较弱	较强	强

续表

属性 \ 战略	直接装运	转运	联合库存
运输成本	运输成本较大	运输成本减少	较低的运输成本
仓储成本	没有仓库成本	没有持有成本	成本各级分摊
分配效率	即刻	延迟	延迟

第三节　物流技术赋能各行各业

一、新物流与新零售

从上文的总结中，作者认为物流的发展可以分为四个阶段；但若将划分界限后移，物流发展到当今阶段，实则是从"传统物流"到"新物流"。所谓新物流即利用互联网技术、人工智能算法等新兴技术，将商流、信息流和物流等进行协同，实现供应链上利益相关方以及客户的价值最大化。这与传统物流的理念具有较大差异，传统物流即简单地完成一次物流配送任务，模式较为简单，层次较为单一，无法实现全局最优；且传统物流并未将客户满意度纳为重要因素。零售业由于电子商务时代的到来，逐渐从"传统零售"转变为"新零售"。二者之间的区别在于新零售强调"渠道融合"和"体验共享"。渠道融合指新零售往往采用线上渠道和线下渠道相结合的方式；体验共享指新零售注重线下为消费者提供体验门店，增强消费者对于产品和服务的体验感。新零售对于物流能力提出了新的要求，具体而言，新零售对于物流的速度、物流的技术、订单的分配、云里的调度以及供应链优化等提出了更高的要求，实现运输时间的跨越性缩短。例如，国务院办公厅2021年发布的《"十四五"冷链物流发展规划》提出要创新"冷链物流＋新零售"等新生态、新场景，并"鼓励发展生鲜农产品新零售。支持快递企业加强冷链物流服务能力建设，支持农产品流通企业、连锁商业、电商企业等拓展生鲜农产品销售渠道，扩大辐射范围和消费规模"。新物流与新零售碰撞出新的火花，市场中同城急配兴起，仓储配送协同机制趋向完善，供应链主体和活动的融合度大大提高。

物流及时性的提高也提高了消费者的体验感。与一般的电商物流速度要求不同，新零售多数要求物流时间从"天"缩短为"小时"甚至"分钟"。该目标的实现离不开数据的支撑、物流新设备的使用、路径规划新算法的研发等。例如盒马鲜生提供一小时达服务，京东提供次日达服务等，这些物流模式都为平台吸引了大规模的用户流。此外，及时的物流能够帮助企业落实"零库存"战略，企业可采用大数据预测未来可能产生的订单，并进行库存规划与分配，物流将库存及时送到客户手中，从而实现更加优化的调度安排。该种模式下各个环节的联动也体现了从"传统物流"到"新物流"过程中降本增效的主要方式。

【新零售标杆：盒马鲜生】

2015 年，盒马鲜生正式创立，2016 年 1 月门店正式面世，是国内首家新零售商超。盒马鲜生具有多种业态，如盒马鲜生、盒马 X 会员店、盒马邻里、盒马生鲜奥莱等多种业态，围绕着联动性较强的供应链和活力较强的市场，打造了"让远亲更近，让近邻更亲，为用户带去鲜美生活"的生活方式。盒马鲜生主要采用渠道融合的方式，线上和线下均支持消费者消费，门店支持 30 分钟送货上门，线上也能实现快速购物。为实现该目标，区别于一般的传统零售，盒马运用大数据、移动互联、智能物联网、自动化等技术及先进设备，实现人、货、场三者之间的最优化匹配，从供应链、仓储到配送，盒马都有自己的完整物流体系。盒马鲜生能够给消费者提供较为新鲜的蔬菜、肉类、海鲜等。这不仅得益于品牌花费巨额成本建立的物流体系，还取决于盒马提出的一系列保护措施和物品管理措施。此外，品牌的供应链、销售、物流、具体作业都是通过智能设备的使用、数据的调用去赋能的，简单高效。这不仅可以缩短配送时间，还能有效管理产品品质，减少产品的损耗，从而获得较高的客户满意度。

二、物流与传统制造业

制造行业面临着诸多困难，诸如成本上升、产能过剩、品牌影响力缺乏等，而这时我国制造业社会物流的总额正在持续增长；无论是国内市场还是对外贸易，物流成本在制造业成本中所占比例也越来越大；制造业中的企业产品种类和数量越来越多，物流如何适应该种变动也是一大难题。因此现代物流能否在新型制造业中找到赋能空间十分重要。不少制造类企业呈现出重生产轻管理、重工艺轻物流、条块分管的管理特点。这就导致企业的成本结构灵活性较低，且成本降低的可能性较低。一是在这种情况下，企业进行跨区域的合作、交付、流通的过程中往往会产生较高的额外成本；二是企业往往使用自营物流，具有自有的运输车队，进行原材料、零部件和产成品的运输。这种模式具有三大局限性，一是企业内部的仓储较多，物品流、资金流等流通较为缓慢；二是由于企业自建物流，必然有较高的固有物流成本，难以降本增效；三是企业难以将精力聚焦于主营业务。现代物流能够给予传统制造业注入科学管理的理念和活力，主要体现在以下三大方面：

第一，提高企业的信息化水平和自动化水平。信息化的表现主要包含物流信息采集与录入、物流信息跟踪与传递、物流信息的处理与分析。企业实现信息化主要依托的系统包含电子订货系统、电子数据交换系统、快速响应系统、信息引导系统、自动分拣系统、条码识别系统等。

第二，提高企业的网络化水平。网络化分为内部网络化和外部网络化，内部网络化即通过公司内部信息流通网络的建立实现数据的协同和交换；外部网络化即通过建立物流配送中心或委托第三方物流实现快速的、低成本的物流网络建立。

第三，提高企业的物流智能化水平和柔性化水平。传统制造企业的智能化改造主要可以作用在物流吞吐量的预测、库存水平的控制、运输路径的选择、自动导向车和分拣机的控制与运行、物流配送中心的管理与决策。柔性化水平的提升即通过生产计划的调整、物流吞吐量的管控、库存的管控实现匹配消费者需求的柔性化物流。

第四节　物流配送中心的选址

一、配送中心的功能与选址程序

2020 年，国务院办公厅转发国家发展和改革委员会、交通运输部《关于进一步降低物流成本的实施意见》，指出"物流是畅通国民经济循环的重要环节"，要"完善以综合物流中心、公共配送中心、末端配送网点为支撑的三级配送网络"，以进一步降低物流成本、提升物流效率。物流配送中心具有一些基本功能：

一是运输功能。物流配送中心应当承载一定规模的运输能力。具体而言，配送中心需要具有能够匹配公司业务量和客户需求的运输工具，例如货车、叉车、冷链货车等。这些工具能够在规定时间内将货物送达。二是指挥功能。配送中心具有指挥运输网络分配并完成运输任务的功能。其中包括，订单下派，车辆指派，送货流程等方面的组织与任务布置，这些指挥功能是为了满足客户的订单需求，为客户提供便捷的同时降低企业的运输成本。三是储存功能。现代物流的配送中心一般都具有仓储设施，以支持市场分销活动的开展。仓储与配送功能共存的战略能够降低仓储成本，减缓企业的库存压力。四是装卸、搬运、包装与流通加工功能。配送中心的存在从本质上来说是为了加快商品的流转速度，将商品尽快送到客户手中，并节省企业的运输成本。因此，装卸与搬运是配送中心必备的功能，设备上需要匹配装载、卸载、提升、运送、码垛等机械，以提高工作效率，减少商品的损毁。配送中心的包装功能与生产中心的包装功能有所差异，配送中心的包装是对销售包装进行加固、组合等，而生产中心的包装指的是进行直接的销售包装。流通加工功能指的是在商品的外包装上贴上标签、条形码等，这些标记往往记录着商品的生产信息和物流信息，方便进行商品溯源。五是数据记录与分析功能。配送中心指挥功能的发挥离不开中心对于数据的记录与分析。数据包含需求数据、物流数据、库存数据、费用结算数据等。通过对这些数据的有效分析，中心可以科学部署物流配送工作，市场需求预测工作以及仓储管理工作等。这些工作的有效进行将提高配送中心的流转效率，进而节省配送成本和仓储成本。

配送中心作为企业的物流枢纽，其选择也需要非常谨慎，选址问题的影响因素错综复杂。一是商业环境，即点位是否能够做到接近原料供应地、客户点位、目标市场或劳动力市场，该因素将决定企业未来面对的运营成本和业务体量。二是财务因素，该点位的建设成本、人力成本等都会对点位质量的衡量起到举足轻重的作用。三是政治因素，该点位所在地域的政策法规也会对企业未来的管理工作造成较大影响。四是联动性，即该点位是否能够与企业其他的厂址、销售中心等形成良好的、便捷的地理联动关系，这就要求点位的选择不可过于独立。

因此配送中心的选址问题可分为以下几大步骤：

第一步：确定选址原则与目标

该步骤为日后的选址决策定下决策依据。常用的选址原则包含：事实性原则、需求导向原则、成本优先原则、可持续发展原则等。事实性原则指以事实为依据。事实指现实状况与现实条件。将双层模型建立在分析公司现实状况的基础之上，探索选址方案是否能够满足当前的客户需求。具体的现实情况指订单的分布、公司未来战略的部署等。方案需要能够帮助公司战略落地，并符合未来的发展预期。满足现实条件指能够满足成本阈值、人力资源配备能力和基本的利润目标。事实性原则要求公司在进行选址工作时能够从事实出发，认清公司发展需求，选择符合发展条件的方案。

需求导向原则即双层模型的设计要符合客户需求。具体而言，从配送中心选址的角度上来说，一是配送中心的分布要能带动物流系统的周转，提高吞吐量和配送效率；二是配送中心需要保证业务重要性，按需设立，发掘其最大的服务潜能。因此，需求导向原则的确定将有助于企业摆正设计方案的出发点，对所有方案进行有序的取舍。

成本有限原则指在配送中心的选址上需要遵守预定的成本，公司战略的设定落实必然需要较大的资金成本，无论是未来的配送中心落实工作还是最终运营工作，都需要大量的人力物力财力，高昂的租金、人力成本和运营成本将成为甄选方案的重点考虑因素之一。

可持续发展原则指选址工作不可仅满足当前的需求容量，更要看到未来5~10年后的发展方向和态势，或者拥有能够根据未来发展调整的强适应性。在具体选址时，需要考虑风险因素，方能保证方案的可持续发展。需要考虑的风险具体有政策风险、资金风险、法律风险和运营风险。

第二步：实地调研与备选场所选择

选址原则和目标确定之后，项目组应当组织座谈会。座谈会的讨论内容为确定实地调研的城市与调研重点，讨论具体的选址城市和选址范围，并组建调研组，后续进行实地调研活动。实地调研为确定备选场所的重要手段之一，能够为后续的场所选择提供数据与可参考的信息。大企业的配送中心甄选范围往往为全国，因此会议将首先确定调研的城市，了解该城市的落地扶持政策、特色产业等；其次，座谈会将确定调研的内容，包含租金、人力成本、配套基础设施、环境、政策指向等。

第三步：模拟路径分析

选出备选场所后，一般为50~60个备选配送中心，企业可依据当前的业务经营情况和客户需求，对未来的配送状况进行模拟。模拟工作即以每个配送中心为研究对象，探究未来若是使用该配送中心是否能够满足当前的运力需求、时间需求以及资金约束等。若企业的目前的订单数量过多，则需要借助算法进行高效率运算，全局寻优，找到最符合规划目标的一个或多个配送中心。

二、物流配送中心选址的现代评估方法

从选址问题的类型上来说，分为单一选址和多方选址。单一选址主要应用的方法为模糊决策法，例如 AHP 模型、灰色决策等。具体而言，企业设计一套能够评估点位质量的指标体系，考虑诸如便捷性、成本、可持续性等多个一级指标或二级指标，设计权重，然后根据调研结果最终得到每个点位的评分，并根据评分排位确定最终选址结果。除模糊决策外，若企业面临的候选点位数

量不多，则会选用穷举法；更有企业广泛采取重心法，选择离企业的联动网络中心距离最近的点位。多方选址为目前企业更容易面对的难题。其与单一选址的区别在于企业往往为了部署成熟的物流网络或生产网络，一次甄选多个配送中心、仓库或生产中心。目前企业在处理这类问题时，较常采用混合整数规划法，用0~1变量在大量备选场所中选择最符合规划目标的点位。较为前沿的处理方法为目标规划与仿生算法相结合。由于大企业面临的业务量往往以万计，穷举法、模糊决策并不能高效率计算系统成本和运转效率，因此需要借助仿生算法进行选址决策。

选址问题若能得到科学、客观的处理，其重要性和优势主要体现在以下几个方面：一是运输成本，选址问题得到有效解决最直观的效果便是帮助企业节约运输成本。二是提高服务水平，企业按需扩大业务网络，提高业务水平，便能够直接提高企业的服务水平，提高客户满意度。以配送中心的选址为例，企业若能依据未来发展需求合理配置配送中心，则会大大提高企业的运输效率。三是可持续发展，以配送中心选址为例，如果把企业比喻成人体，那物流运输便是人体中的血脉，配送中心便是血管与血管之间交错的中枢。这些"中枢"为企业未来的发展提供动力，为企业未来业务量的提升提供强有力的支撑。

第五节　物流园区内部布局的设计优化

一、物流园区的基本模块组成

目前国内还没有有关物流园区的标准界定。但就物流园区的特点而言，物流园区主要是囊括交通运输、城市物流、产业整合、资源整合、经济开发等诸多功能于一体的综合园区。物流园区的作用也与其功能相互呼应，一是能够承担大规模的物流运输工作，对城市的物流系统进行完善；二是促进城市间的经济发展，带动物流、现金流、人流等的流转，提高企业效益。物流园区的类型大致分为三种，如下表所示：

表 4.2　物流园区的基本类型

基本类型	运输方式	服务	其他特点
国际物流园区	港口、机场、陆口等多种运输方式	国际物流、区域物流、城市内物流	与海关的监管通道结合

续表

基本类型	运输方式	服务	其他特点
区域物流园区	陆口、铁路等多种运输方式	长途运输、城市间物流、城市内物流	区域内的物流集散中心
市域物流园区	陆口运输方式	城市内物流	辐射力较小，功能较为单一，仅能支持城市内及周边商贸的物流运输业务

物流园区的具体内部模块组成与建设园区的目的密切相关。这里的目的指的是：

第一，该物流园区需要承担何种运输类型，例如公路、铁路、水路等；在全国或周围城市中属于何种交通运输战略位置，例如华北区域的交通枢纽、华东区域的交通枢纽等；

第二，该园区需要承担何种基础服务，例如交通运输、仓储、信息集成、商务交易等；

根据以上建设目的，物流园区往往设计以下组成元素：

1.停车场：用以停放来往物流园区的访问车辆与运输车辆。

2.仓储区：用以办理货物的中转和暂时储存业务，仓储分为很多类，例如冷库和普通仓库。

3.加工区：主要进行产品的流动加工，例如产品的打包、加固和捆绑。

4.转运区：主要将分散的、小批量的货物集中，以便大批量运输；或将大批量的到达货物分散处理，以满足小批量的运输需求。

5.办公区：用以处理每日流转的业务，例如基本业务办理、车辆安排，进出管控等。

6.绿化：主要平衡物流园区的生态环境，采用绿化使得园区更加美观。

要将物流园区中的各个组成部分进行合理排布，从而有效地服务园区的基本运作，产生积极的经济效益，这需要考虑的因素有很多：一是考虑每个单元的面积，空间较小可能无法满足需求，影响运转效率甚至安全事故，空间过大导致成本的浪费；二是考虑每个单元的形状，一般为矩形，但为了匹配土地的形状，在边角的区域可能产生形状的调整；三是考虑每个单元在园区内的位置。这对于未来的业务便利性、运输高效性、成本节约性非常重要。这里的位置主要指两大方面，一是绝对位置，指单元之间的绝对路线距离；二是相对位置，指单元之间邻近关系。位置的排布首先需要考虑业务之间的关联性，业务关联性较高的单元应当被放置在邻近区域，其次考虑业务流动时产生的时间成本和运输成本。在第二节中，笔者会以一个整体的园区规划案例进行阐述。

二、物流园区内部布局优化的相关算法

（一）作业相关图法

综合各种文献期刊的观点，设施布置的形式主要有以下四种：

1. 功能布置，是将功能、工艺、程序相近或相同的设施排布在相近或相邻的区域。

2. 产品布置，是指为专门的产品所设计的标准化的按顺序配置的流水线式作业化分工。专门设立的产线、设备、员工以及标准化的作业分工是产品布置设计的基础。

3. 成组布置，是成组的布置具有相同或相似的制作工序或特征、特点的零部件的方法。这是用来进行特定的工艺流程加工的，其生产的产品种类是有限的。

4. 项目布置，指所有的加工工序和服务过程都围绕着特定的项目或服务对象的一种布置方式。

作业相关图法的基本思路是按照关系远近来安排各作业单位，其中如何判断关系的密切程度是该方法的关键。影响作业单位之间关系密切程度的因素有货物运输搬运的数量、员工管理的方便性、工作流程的连续程度等等。一般规定用 A、E、I、O、U、X 六个英文字母表示分值由高到低的关系密切程度。得分越高，与其他作业单位的关系越密切，其中以得分最高的单位为中心依次排布其他单位。

（二）从至表法

从至表法（From-to Diagramming）是一种矩阵式图表，常用于工厂车间设备布置，通过对区域间或单位间的位置来确定和计算物料总运量。表的列为起点即"从"，行为终点即"至"，按箭头前进的搬运次数总和对应对角线右上方的数字，按箭头后退的搬运次数总和对应对角线左下方的数字。

根据从至表所含数据元素的意义不同，可将其分为三类：

1. 表中元素表示从出发设备至到达设备距离的称为距离从至表。

2. 表中元素表示从出发设备至到达设备运输成本的叫做运输成本从至表。

3. 表中元素表示从出发设备至到达设备运输次数的叫做运输次数从至表。

当达到最优化时，这三种表所代表的优化方案分别可以实现运输距离最小化、运输成本最小化和运输次数最小化。

（三）物料运量图法

物料运量图法主要依据作业单位间的物料运量大小来进行设施布置。运量大的作业单位邻近，反之安排远些。作业单位较少、产品种类不多、生产条件比较稳定的工厂布置适用此种方法。

其主要操作步骤为：

1. 根据原材料、在制品在生产过程中的流向，初步布置各个生产车间和生产服务单位的相对位置，绘制初步物流图。

2. 统计车间之间的物料流量，并制定物料运量表，将对角线上下对称位置的数字进行合并。

3. 按运量大小进行初步布局，将车间之间运输量大的安排在相邻位置，并考虑其他因素进行改进和调整。

（四）系统布置设计方法

系统布置设计方法（System Layout Planning，SLP）广泛应用于工厂生产车间设施布置设计中，是设施布置设计的经典方法。系统布置设计方法是由美国的Richard Muther 在 1961 年提出来的。这种方法的特点在于结合了定量分析与定性分析，在对作业单位之间的物流关系与非物流关系分析的基础上，进行等级划分并赋予权值，以获得综合相互关系。根据综合相互关系和对设计对象的实地考察，确定各区域或作业单位的布置关系图，最后在此基础上给出设计的备选方案。

（五）遗传算法

遗传算法是较为常用的一类仿生算法，模仿了生物进化中染色体的匹配方式。遗传算法通过每代的迭代遗传，将优秀的基因保留下来，直到生成最佳子代。生成最佳子代的过程即全局寻优的过程，最佳子代也代表在搜索范围内能够生成的最优解。遗传算法的基本思想就是模仿自然进化过程，通过对群体中具有某种结构形式的个体进行遗传操作，从而生成新的群体，逐渐逼近最优解。在求解过程中设定一个固定规模的种群，种群中的每个个体都表示问题的一个可能解，个体适应环境的程度用适应度函数判断，适应度差的个体被淘汰，适应度好的个体得以继续繁衍，繁衍的过程中可能要经过选择、交叉、变异，形成新的族群，如此往复，最后得到更多更好的解。遗传算法的主要流程如下所示：

1. 编码：将问题的候选解用染色体表示，实现解空间向编码空间的映射过程。编码方式有很多，如二进制编码、实数向量编码、整数排列编码等。

2. 种群初始化：产生代表问题可能潜在解集的一个初始群体（编码集合）。种群规模设定主要有以下方面的考虑：从群体多样性方面考虑，群体越大越好，避免陷入局部最优；从计算效率方面考虑，群体规模越大将导致计算量的增加。应该根据实际问题确定种群的规模。产生初始化种群的方法通常有两种：一是完全随机的方法产生；二是根据先验知识设定一组必须满足的条件，然后根据这些条件生成初始样本。

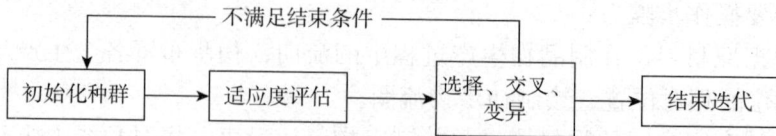

图 4.1　遗传算法运行流程

3. 计算个体适应度：利用适应度函数计算各个个体的适应度大小。适应度函数的选取直接影响到遗传算法的收敛速度以及能否找到最优解，因为在进化搜索中基本不利用外部信息，仅以适应度函数为依据，利用种群每个个体的适应程度来指导搜索。

4. 进化计算：通过选择、交叉、变异，产生出代表新的解集的群体。选择（selection）指根据个体适应大小，按照优胜劣汰的原则，淘汰不合理的个体；交叉（crossover）指编码的交叉重组，类似于染色体的交叉重组；变异（mutation）指编码按小概率扰动产生的变化，类似于基因突变。

5. 解码：末代种群中的最优个体经过解码实现从编码空间向解空间的映射，可以作为问题的近似最优解。这是整个遗传算法的最后一步，经过若干次的进化过程，种群中适应度最高的个体代表问题的最优解。

在物流园区内部布局设计工作中，遗传算法的目标函数设计体现了对于物流园区内部布局的要求。内部布局设计作为一个系统问题，往往面临着多个设计目标和规划目标，为准确确定企业对于厂址内部布局设计工作的期望，需要对管理层或项目组进行深度访谈。规划目标一般分为两种，一是物流成本最小。区域设计后，最直接检验区域设计合理性的便是内部物流成本。二是便捷性。区域设计后，联系紧密的区域是否能够在较短时间和较短路径下，达到信息、货物的互联。

第六节　物流路径的设计

一、物流路径设计的核心问题与规划目标

配送路线优化问题具有两大核心：一是"配"方面的研究，如配送中心的

选址问题和内部布局设计问题；二是"送"方面的研究，如车辆路线优化问题（如 TSP 旅行商问题和 VRP 多回路运输问题）。以上陈述中已经讲述了配方面的研究，囊括选址问题和内部布局设计问题，本节中将着重讲述物流路径的设计问题。

VRP（Vehicle Route Planning）问题指的是多回路运输问题，对一系列客户的需求点设计适当的路线，使车辆有序地通过它们，在满足一定的约束条件下，如货物需求量、发送量、交发货时间、车辆载重量限制、行驶里程限制、时间限制等等，达到一定的优化目标，如里程最短、费用最少、时间最短、车队规模最少、车辆利用率高。TSP（Travelling Salesman Problem）问题指的是只要一个旅行商，要遍历 n 个城市，找出一条包含所有 n 个城市的具有最短路程的环路。VRP 问题和 TSP 问题的主要区别在于 VRP 问题面临的顾客群体数量较大，只有一辆车或一条路径满足不了客户的需求，必须是多辆交通工具以及运输工具的行车顺序两个问题的求解。当然 VRP 问题和 TSP 问题也有很多延伸的问题，例如 Multiple TSP 问题（多个旅行商问题）、VRPTW 问题（有时间窗的车辆路径问题）等，配送路线优化问题需要考虑七大要素：

第一，配送中心。配送中心是通过接收并处理终端客户的订货信息，对供货方的货物进行保管、拣选、加工以及分发流通，以达到有效响应客户需求的目标的作业单位和机构。一个配送体系可以拥有一个配送中心，也可以拥有多个。

第二，客户。客户指货物的需求方或供给方，在配送业务中占主导地位。客户的属性包括客户类别、客户地理位置、客户重要程度等。客户需求一般指货物量、货物种类、到货时间以及送货地址等。

第三，运输网络。运输网络是由配送中心、客户需求节点及配送范围内的道路构成的网络系统。在图论中由顶点、无向边和有向弧表示。其中，边和弧代表方向、流量限制、权值等。权值表示时间、距离或费用。

第四，车辆。车辆是用于配送的运输工具，其属性包括车辆类型、最大载重、最大行驶距离等。通常将最大载重和最大行驶距离作为配置决策的主要依据。

第五，货物。货物是配送的内容，其属性包括货物名称、性质、体积、重量、数量等。

第六，约束条件。约束条件是对以上五个要素自身属性的数学表达，通常包括：满足客户对货物种类、数量、服务时间的要求；配送车辆的实际装载量不应超过自身的最大载重；配送车辆的所需行驶时间和里程不应超过规定的行驶时间和里程；满足道路行驶条件的约束。

第七，优化目标。包含车辆里程最短、综合费用最低、车辆调度数量最少以及客户等待时间最短等常用目标。

二、物流路径设计的现代算法

科技部 2022 年发布的《关于支持建设新一代人工智能示范应用场景的通知》指出："针对智能仓储、智能配送、冷链运输等关键环节，……优化场景驱动的智能供应链算法，构建智能、高效、协同的供应链体系，推进智能物流与供应链技术规模化落地应用，提升产品库存周转效率，降低物流成本。"目前学界与企业运营过程中常用的求解 VRP 问题的一般算法为现代启发式算法。启发式算法的种类有很多，例如仿生算法（蚁群算法、人工鱼群算法、粒子群算法等）、遗传算法、模拟退火算法、禁忌搜索算法等。每个算法都可以单独处理物流路径的设计问题，也可以根据每个算法的优势和局限性结合使用，例如遗传算法的全局搜索能力不强，而粒子群算法能够提高全局搜索能力，因此在研究中和实践中会尝试这两种算法结合使用。以下将简单介绍现代启发式算法中能够处理物流路径设计的典型算法。

（一）遗传算法

遗传算法（Genetic Algorithm，GA）是模拟达尔文生物进化论的自然选择和遗传学机理的生物进化过程的计算模型，是一种通过模拟自然进化过程搜索最优解的方法。[①] 遗传算法起源于对生物系统所进行的计算机模拟研究。其具体算法流程如上节所述。

（二）模拟退火算法

模拟退火算法源于物理中固体的退火过程。先将物体加热使其内能增大，再让物体冷却使其内能减到最小。内能相当于目标函数值，温度相当于控制参数。在给定温度下，搜索从一个状态随机变化到另一个状态，并用 Metropolis 准则判断。当温度慢慢下降到很低时，就以概率 1 停在最优解上。具体表示为：

如果用粒子的能量来定义材料的状态，算法可以用一个简单的数学模型描述退火过程。假设材料在状态 i 之下的能量为 E（i），那么材料在温度 T 时从状态 i 进入状态 j 就遵循如下规律：

---

① "遗传算法（Genetic Algorithm）"，载 CSDN 网，https://blog.csdn.net/u011125673/article/details/93393041，最后访问时间：2023 年 3 月 10 日。

如果 E（j）≤ E（i），接受该状态被转换。

如果 E（j）＞ E（i），则状态转换以如下概率被接受。

$$e^{\frac{E(i)-E(j)}{KT}}$$

其中 K 是物理学中的波尔兹曼常数，T 是材料温度。

在某一个特定温度下，进行了充分的转换之后，材料将达到热平衡。 这时材料处于状态 i 的概率满足波尔兹曼分布：

$$P_T(x=i)= \frac{e^{\frac{E(i)}{KT}}}{\sum_{j\in S} e^{\frac{E(j)}{KT}}}$$

其中 x 表示材料当前状态的随机变量，S 表示状态空间集合。

显然：

$$\lim_{T\to\infty} \frac{e^{\frac{E(i)}{KT}}}{\sum_{j\in S} e^{\frac{E(j)}{KT}}} = \frac{1}{|S|}$$

其中 ｜S｜表示集合中 S 状态的数量，这表明所有状态在高温下具有相同的概率。而当温度下降时，材料会以很大概率进入最小能量状态。

$$\lim_{T\to 0} \frac{e^{\frac{E(i)-E_{min}}{KT}}}{\sum_{j\in S} e^{\frac{E(j)-E_{min}}{KT}}} = \lim_{T\to 0} \frac{e^{\frac{E(i)-E_{min}}{KT}}}{\sum_{j\in S_{min}} e^{\frac{E(j)-E_{min}}{KT}} + \sum_{j\in S_{min}} e^{\frac{E(j)-E_{min}}{KT}}}$$

$$= \lim_{T\in 0} \frac{e^{\frac{E(i)-E_{min}}{KT}}}{\sum_{j\in S_{min}} e^{\frac{E(j)-E_{min}}{KT}}} = \begin{cases} \frac{1}{|S_{min}|}, & if\ i\in S_{min} \\ 0, & otherwise \end{cases}$$

其中 $E_{min}=\min\limits_{j\in s}E(j)$ 且 $S_{min}=\{i | E(i) = E_{min}\}$。

（三）禁忌搜索算法

禁忌搜索算法（Tabu Search，TS）是由美国科罗拉多州大学的 Fred Glover 教授在 1986 年左右提出的亚启发式随机搜索算法，可以跳出局部最优解。其通常从一个可能的初始解出发，以一系列特定的搜索方向作为试探，通过计算选择可以使特定函数值最大的方向。

禁忌搜索算法可以模拟人类的记忆思维，是人工智能的一种体现，且是局部领域搜索的一种扩展。是在领域搜索的基础上，通过设置禁忌表来禁忌一些已经历的操作，并利用藐视准则来奖励一些优良状态，其中涉及邻域、禁忌表、禁忌长度、候选解、藐视准则等影响禁忌搜索算法性能的关键因素。当前禁忌搜索算法在组合优化等计算机领域取得了很大的成功，近年来又在函数全局优化方面得到较多的研究，并大有发展的趋势。

其大致运算过程如图 4.2 所示：

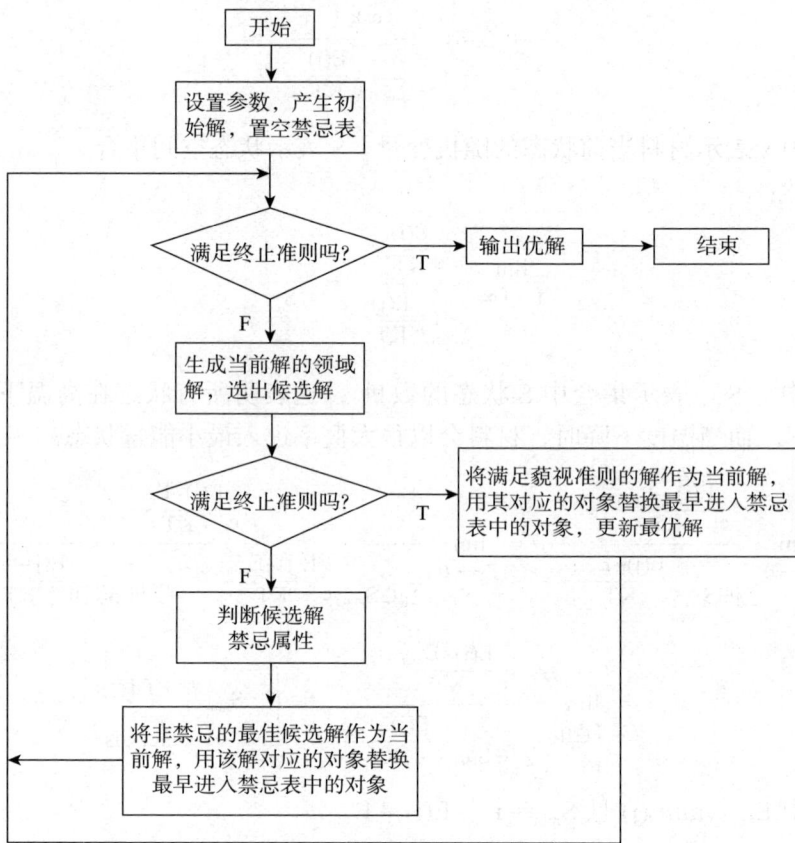

```
                        开始
                          │
                          ▼
                  ┌────────────────┐
                  │ 设置参数，产生初 │
                  │ 始解，置空禁忌表 │
                  └────────────────┘
       ┌──────────────────│
       │                  ▼
       │          ╱ 满足终止准则吗？ ╲──T──→ 输出优解 ──→ 结束
       │          ╲                ╱
       │                  │F
       │                  ▼
       │          ┌────────────────┐
       │          │ 生成当前解的领域 │
       │          │ 解，选出候选解   │
       │          └────────────────┘
       │                  │
       │                  ▼
       │          ╱ 满足终止准则吗？ ╲──T──→ ┌────────────────────────────┐
       │          ╲                ╱         │ 将满足藐视准则的解作为当前解，│
       │                  │F                 │ 用其对应的对象替换最早进入禁忌 │
       │                  ▼                  │ 表中的对象，更新最优解        │
       │          ┌────────────────┐         └────────────────────────────┘
       │          │ 判断候选解       │                    │
       │          │ 禁忌属性         │                    │
       │          └────────────────┘                    │
       │                  │                              │
       │                  ▼                              │
       │          ┌────────────────────┐                 │
       │          │ 将非禁忌的最佳候选解作为当 │            │
       └──────────│ 前解，用该解对应的对象替换 │←───────────┘
                  │ 最早进入禁忌表中的对象     │
                  └────────────────────┘
```

图 4.2　禁忌搜索算法运算步骤

（四）仿生算法——人工鱼群算法

人工鱼群算法是一种新型仿生优化算法，由李晓磊等人于 2002 年在动物群体智能行为研究的基础上提出，该算法通过模仿鱼群的觅食行为来进行寻优，即认为一片水域中鱼生存数目最多的地方就是本水域中富含营养物质最多的地方。算法主要觅食、聚群和追尾这三大鱼群基本行为方式，自上而下开始进行寻优，即从构造个体的底层行为开始，将一个或一群实体放置在环境中，让他们在环境的交互作用中解决问题，从而通过鱼群中各个体的局部寻优，实现全局寻优的目的。

1. 觅食（Prey）。觅食是鱼群寻找食物的一种本能行为，其往往通过视觉或味觉来感知水中的食物量或食物浓度，并据此选择行动的方向。首先应人工设置其初始的状态值，并使其在感知范围内随机选择下一步的行动方向，并计算其移动后的新状态函数值，如果移动后的状态函数值大于其移动前的状态函数值，则向该方向移动；如果移动后的状态函数值小于其移动前的状态函数值，则重新尝试随机选择其他移动方向，如果用完所有尝试机会，其状态函数值都不大于当前的状态函数值，则随机选择移动方向。

2. 聚群行为（Swarm）。鱼类会聚集成群进行集体觅食和躲避敌害，这是它们在进化过程中形成的一种生存方式。人工鱼会探索当前邻居内的伙伴数量，并计算伙伴的中心位置，然后把新得到的中心位置的目标函数与当前位置的目标函数相比较，如果中心位置的目标函数优于当前位置的目标函数并且不是很拥挤，则从当前位置向中心位置移动一步，否则执行觅食行为。鱼聚群时会遵守两条规则：一是尽量向邻近伙伴的中心移动，二是避免过分拥挤。

3. 追尾行为（Follow）。当某一条鱼或几条鱼发现食物时，附近的其他鱼就会聚集过来，随之鱼群中其他所有的鱼也会聚集过来。根据这一规律，使人工鱼不断探索其周围伙伴鱼的状态函数值，在其他伙伴鱼的状态函数值大于该鱼当前所在位置的状态函数值，并且伙伴鱼所在位置不是很拥挤时，则从当前位置向伙伴鱼移动一步，否则执行觅食行为。

4. 随机行为（Move）。它是觅食行为的一个缺省行为，指人工鱼在视野内随机移动。当发现食物时，会向食物逐渐增多的方向快速地移动。

人工鱼群算法的步骤如下所示：

1. 初始化设置，包括种群规模 N、每条人工鱼的初始位置、人工鱼的视野 Visual、步长 step、拥挤度因子 δ、重复次数 Try-number。

2. 计算初始鱼群各个体的适应值，并在公告牌上显示最优人工鱼状态及其值。

3. 对每个个体进行评价，对其要执行的行为进行选择，包括觅食、聚群、追尾和随机行为。

4. 执行人工鱼的行为，更新自己，生成新鱼群。

5. 评价所有个体。若某个体优于公告牌，则将公告牌更新为该个体。

6. 当公告牌上最优解达到满意误差界内或者达到迭代次数上限时算法结束，否则回到步骤 3。

（五）仿生算法——蚁群算法

蚁群算法是物流路径规划中较为常用的算法。1991 年的首届人工生命会议上，M.Dorigo 等人把蚁群算法应用于求解旅行商（TSP）问题。1996 年，M.Dorigo 将蚁群算法的应用范围进行了扩展，把应用范围从对称的旅行商问题扩展到非对称的旅行商问题、车间调度问题和指派问题。目前，对于蚁群算法的研究已经由单一的 TSP 领域渗透到了多个应用领域，由单一地解决一维静态优化问题发展到解决多维动态组合优化问题，并且由离散域范围内的研究逐渐拓展到连续域范围内的研究。

关于蚁群算法的基本原理，笔者采用小例子的形式给读者阐释：

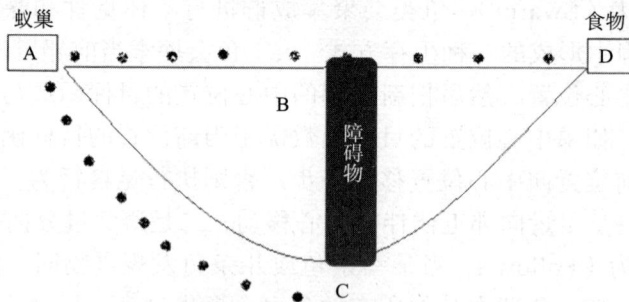

图 4.3　蚁群算法原理示意

如上图所示，每只蚂蚁的移动速度相同，在路径中间有个极大的障碍物，此时蚂蚁可随机选择的路线有 ABD 或 ACD。假设初始时每条路线分配一只蚂蚁，每个时间单位行走一步，上图展示的是为经过 9 个时间单位时的情形：走 ABD 的蚂蚁到达终点，而走 ACD 的蚂蚁刚好走到 C 点。那么，蚂蚁们将选择 ABD 路径还是 ACD 路径？为什么？蚂蚁是如何做出判断的？请读者思考。

若蚂蚁每经过图中的一点留下的信息素为一个单位，当经过 36 个时间单位时，一起出发的每一只蚂蚁都经过不同路径从 D 点获得了食物，此时 ABD 路线上的蚂蚁往返了 2 趟，每一处的信息素为 4 个单位，而 ACD 路线上的蚂蚁往返了一趟，每一处的信息素为 2 个单位，浓度比值为 2∶1。寻找食物的过程继续进行，则按信息素的指导，最终所有的蚂蚁会放弃 ACD 路线而选择 ABD 路线。

如上所述，蚁群算法具有寻优机制，即众多路径中倾向于选择信息素浓度高的路径。

在算法设计中，该机制采用数学公式表示如下。有一只蚂蚁站在 i 城市，它面临一个选择，即在 N 个城市中，选择下一站的目的地。

$$P_{ij} = \frac{X_{ij}}{\sum_{j=1}^{N} X_{ij}}$$

$$X_{ij} = (\tau_{ij})^a \cdot (\frac{1}{d_{ij}})^\beta$$

生物 X 值受两种因素的影响：

（1）信息值：连接城市 i 和城市 j 的残留信息素浓度 τ_{ij}；

（2）路长值：由城市 i 转移到城市 j 的启发信息 $\frac{1}{d_{ij}}$。

如果蚂蚁偏好信息素浓度，它会给信息值更高的权重 α；如果蚂蚁偏好更短路径，它会给路长值更高的权重 β。

路长值由路途决定，信息素浓度由三大因素决定：

1. 初始信息素：$t-1$ 时刻上的初始浓度 $\tau_{ij}(t-1)$。

2. 信息素挥发：蚂蚁走过的路径，信息素并不是全部都会留下，这个挥发的过程避免了过快的选择最优路径（$1-\rho$）。

3. 信息素增强：假设在 $t-1$ 到 t 过程，有 m 只蚂蚁路过了 ij 路径，蚂蚁 k 带来的信息素增量为 τ_{ij}^k。

以下为蚁群算法在具体运行过程中的步骤：

第一步：初始化参数。开始时每条路径上的信息素量相等，将 m 只蚂蚁放置在顶点。

第二步：计算蚂蚁 k 的转移概率 $p_{ij}^{k(t)}$，按轮盘赌的方式选择下一个顶点。

第三步：m 蚂蚁均完成遍历，蚂蚁死去。

第四步：更新路径的信息素 τ_{ij}，记录本次迭代的路径，更新当前的最优路径。

第五步：判断是否达到预定的迭代步数，或者是否出现停滞现象。若是，算法结束，输出当前最优路径；否，转 2，进行下一次迭代。

通过以上算法的计算，多点多辆的路径规划问题能够得到解决，在本章末，笔者将以海尔集团的路径规划问题作为案例，阐释该算法在具体企业实践中的应用。

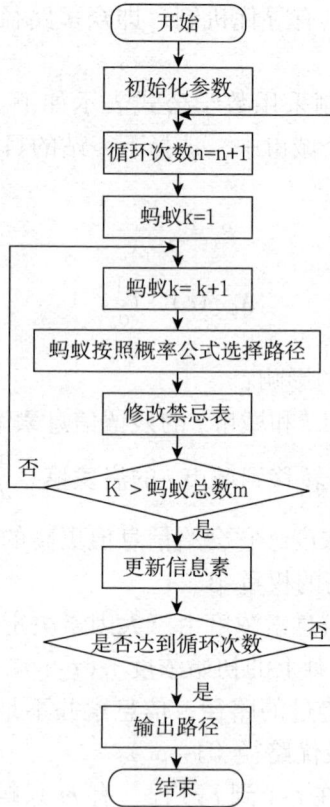

图 4.4　蚁群算法步骤总结

（六）仿生算法——粒子群算法

粒子群算法（Particle Swarm Optimization，PSO）是一种进化计算技术，源于对鸟群捕食的行为研究，其基本思想是通过群体中个体之间的协作和信息共享，从而使得整个群体的运动在问题求解空间中产生从无序到有序的演化过程，并寻求活动问题的最优解。

粒子群算法通过设计一种无质量的粒子来模拟鸟群中的鸟，粒子具有两个维度的属性，一是飞行速度；二是所在点位。飞行速度代表移动的快慢，让粒子在寻优的过程中能够根据所在位置和更新速度不断进行迭代，从而探索新的位置。所在点位便是对所有粒子的状态核定，可以体现移动的方向。每个粒子在搜索空间中单独地搜寻最优解，并将其记为当前个体极值，并将个体极值与整个粒子群里的其他粒子共享，找到最优的那个个体极值作为整个粒子群的当前全局最优解，粒子群中的所有粒子根据自己找到的当前个体极值和整个粒子群共享的当前全局最优解来调整自己的速度和位置。粒子群算法便是在不断游走、不断更新、不断寻优的过程中找到最优解从而达到研究目的。

从算法流程上看，粒子群算法求解流程如下：

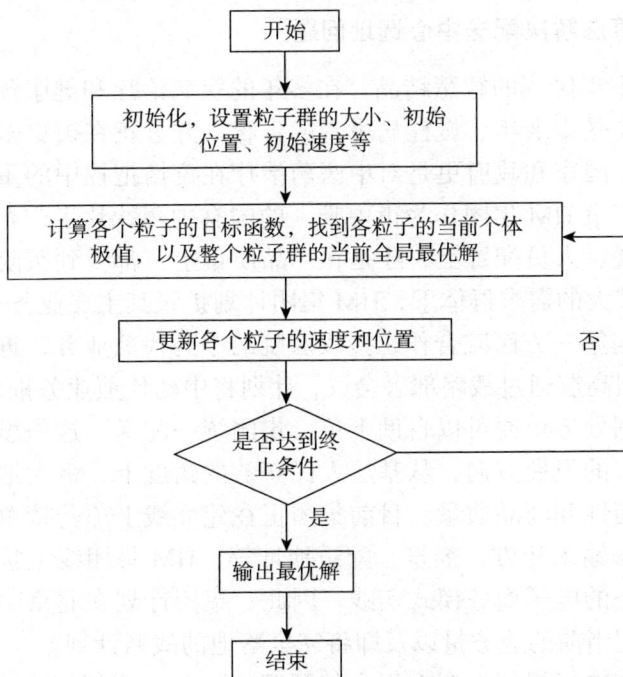

```
                    ┌──────────┐
                    │   开始    │
                    └──────────┘
                          │
                          ▼
              ┌─────────────────────────┐
              │ 初始化，设置粒子群的大小、初始 │
              │   位置、初始速度等          │
              └─────────────────────────┘
                          │
                          ▼
          ┌─────────────────────────────────┐
          │ 计算各个粒子的目标函数，找到各粒子的当前个体 │◄──────┐
          │  极值，以及整个粒子群的当前全局最优解      │       │
          └─────────────────────────────────┘       │
                          │                          │
                          ▼                          │
              ┌─────────────────────────┐            │
              │   更新各个粒子的速度和位置    │         否 │
              └─────────────────────────┘            │
                          │                          │
                          ▼                          │
                    ◇ 是否达到终 ◇───────────────────┘
                    ◇  止条件  ◇
                          │
                         是│
                          ▼
                  ┌──────────────┐
                  │   输出最优解    │
                  └──────────────┘
                          │
                          ▼
                    ┌──────────┐
                    │   结束    │
                    └──────────┘
```

图 4.5　PSO 算法基本流程

在更新粒子速度和位置时，粒子循着下列公式进行反复迭代，并进行适应度的计算与更新。

$$V_{id} = \omega V_{id} + C_1 rand(0,1)(P_{id} - X_{id}) + C_2 rand(0,1)(P_{gd} - X_{id})$$

$$X_{id} = X_{id} + V_{id}$$

其中，ω 为惯性因子，当惯性因子较大时，全局搜索能力较强，当用于优化遗传算法时，该因子的设定一般在 0.7 到 1 之间。C_1 和 C_2 为加速因子。其中 C_1 为个体学习因子，C_2 位社会学习因子，通常将 C_1 和 C_2 设置为 0 到 4 之间的常数。P_{gd} 表示全局最优解的第 d 维，P_{id} 为第 i 个变量的第 d 维。X_{id} 为粒子 i 的位置。V_{id} 为粒子 i 的速度。

第七节　电子商务与物流规划案例

一、遗传算法解决配送中心选址问题

中医药是中华民族的智慧结晶，在多年的疾病治疗和健康预防中起到不可忽视的作用，广受中老年、慢性病患者的青睐，并且正在被更多年轻人关注接受。疫情期间，国家和政府更是对中医药治疗在疫情把控中的重要作用给予了积极肯定。北京市 HM 集团作为市内唯一的国有中药饮片生产企业，无论是在技术、机器配置、人员配置上，还是在产品质量上，都受到医院和患者的广泛好评。在日益扩大的需求群体下，HM 集团计划扩张其主要业务——中药代煎。

以往集团与第三方医院合作，接收医院的中药代煎业务，近年来产生了较好的效益。集团高层通过战略部署会议，计划将中药代煎业务推广至每家每户，让患者在家根据处方单便可以自助下单，集团统一配送。这一思路的打开不仅匹配了公司未来的发展方向，从基层人民获益的角度上，极大地提高了患者煎药、取药的便捷性和药品质量。目前集团正在建立线上煎药接单系统，客户可以直接从手机端输入药方、剂量、配送地址等，HM 集团线上接单、收款，实现中药代煎业务的电子商务模式实践。因此，集团计划在北京建设 4~6 个配送中心，用以匹配当前的业务量以及即将完全落地的战略计划。

HM 集团在物流规划上存在很大的问题，一是物流规划未成系统，HM 集团在近 5 年间，客户需求不断上升，导致 HM 集团目前客户服务水平无法匹配其上升的物流成本。客户服务水平愈加趋近公司的上限，物流系统的压力越来越大，从配送中心的选址，到内部布局，再到物流路径的规划，都出现较大的成本缩减可能。二是选址科学性和客观性不高，比对了目前配送中心（兼生产中心）的点位和订单点位，大兴区配送中心位于城南方向，对订单的满足曲线基本成上发散式。上发散式花费的物流运输成本明显大于中心发散式。公司选址并未能严格匹配合订单分布特点，导致每年运输成本浪费严重。

配送中心选址问题将以成本优先为指导，以总成本最小为目标函数，总成本中考虑设施建设成本、车辆运输成本和运营成本。

第一步：提取订单来源及其 GIS 定位

模型以订单分布为选址依据，调用目前第三方信息系统中的患者住址，并进行数据提取与 GIS 定位。

为保证观感，从共 612 421 条可得客户信息中，通过随机抽取函数，抽取了共 500 条客户信息。通过分析客户分布点位，可以发现企业的潜在客户具有规模大，分布广的特点。通过第三方信息系统提取的主要信息有二：一是客户家庭地址；二是客户在最近一次消费中的订单数量。通过对客户的编号、订单数量的换算以及地址经纬度提取与坐标换算，得到每个客户对应的 GIS 坐标。

第二步：初始建模

本案例模型建立的假设如下：

（1）在一定点位范围内考虑配送中心的选址问题；

（2）运输成本与运输数量成正比，运输速度一定，均为常数；

（3）运输数量按区域数量总计；

（4）一个订单点由一个配送中心负责，且一次性配送完成；

（5）配送中心的成本中不包含仓储成本。

表 4.3 相关参数一览

模型符号	定义
$N, N=\{1, 2, ..., n\}$	表示配送中心的集合；
$C, C=\{1, 2, ..., c\}$	表示客户集合；
$A, A=\{1, 2, ..., a\}$	表示配送中心与客户的集合；
$Cost$	表示配送中心建设的成本函数；FC 为总投入成本上限；
F_n	表示配送中心 n 在处建立的建设成本；
D_n	表示配送中心是否在 n 处建立；
L_{nc}	表示配送中心 n 与客户 c 的点位几何距离；
σ	表示车辆空载的惩罚系数；
e_k	表示车辆 k 的满载载货量；
q_k	表示第 k 辆车从配送中心出发时的载货量；
Q_c	表示一个配送周期内客户 c 的需求量
$Labor_n$	表示若配送中心在 n 处建立，需要花费的人力成本；其中包含人力成本系数 λ。

上层模型中目标函数为成本函数，成本包含配送中心建设成本，车辆空载惩罚成本和人力成本。

Step 1：配送中心建设成本计算

配送中心建设成本主要囊括以下几大费用，一是土地场所租赁费用，二是设备采购费用。本案例在备选场所点位的基础上，采用租赁 APP 调查附近 1km 的场所租赁成本。

Step 2：车辆空载成本计算

该部分成本指配送车辆未达到最大运力时损失的机会成本，该部分成本的上升可能随着车辆使用频次的增加而上升。σ 为车辆空载的惩罚系数，在此为常数，不会影响最终的结果选择。

Step 3：人力成本计算

每个配送中心需要配备专业的人员，人员的职责为配送、仓储管理、客户管理等。在本案例的人力成本设计中假设人力成本与所选择的配送点面积成正比，人力成本系数为 λ。

目标函数：

$$MinCost = \sum_{n=1}^{N} F_n D_n + \sigma \sum_{n=1}^{N} \sum_{c=1}^{C} \sum_{k=1}^{K} L_{nc}(e_k - q_k) + \sum_{n=1}^{N} Labor_n$$

约束条件：

$$\sum_{n=1}^{N} D_n \geqslant 1 \tag{1}$$

$$\sum_{n=1}^{N} F_n D_n \leqslant FC \tag{2}$$

$$\sum_{k=1}^{K} q_k \geqslant Q_c \tag{3}$$

$$D_n = \begin{cases} 1, & \text{在 n 处建立} \\ 0, & \text{不在 n 处建立} \end{cases} \tag{4}$$

约束条件中，从上至下，公式（1）代表对于配送中心最终数量的约束；公式（2）代表配送中心的建设成本不得高于总建设成本上限；公式（3）代表车辆的配送量能够满足系统需求量，即一个周期内客户的需求总量；公式（4）为决策函数，判断是否需要在 n 处建立配送中心。

第三步：遗传算法求解模型

1. 编码方法。遗传算法的编码方法较为标准化，一般为二进制编码。二进制编码采用的二值符号集合为 {0，1}。本案例中，编码的长度取决于备选点位的数量，若备选点位的数量为 10，其中编号 1、6、9 被需选作配送中心，则编码应为 "1000010010"。

2. 初始种群。初始化的作用是在可行域内产生若干个可行解，这些可行解将应用于寻优过程中的"随机行为"。初始种群的设计可以是随机的，也可以是非随机的。初始种群为种群的第一代，种群数量和选择将影响后续的算法寻优效率，因此初始种群相关的参数设计尤为重要。

3. 适应度评估与停止。适应度评估由适应度函数的计算来完成，它是子代进步的尺度。适应度越高则表示该个体越优秀。适应度具有阈值，能够淘汰发育较差的个体，将较好的基因组成遗传给下一子代。停止代表迭代工作的停止，一般设计最大迭代次数，或为目标函数设计上限，达到上限即停止计算。

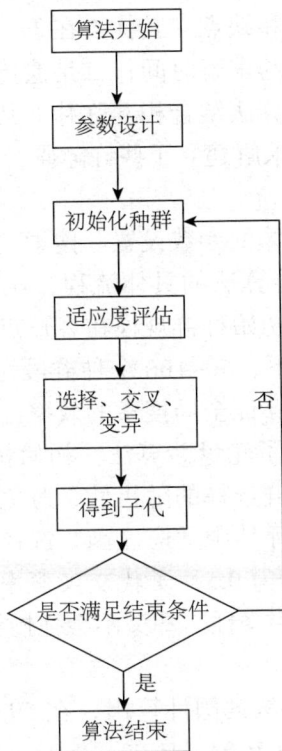

图 4.6 算法流程

4. 选择、交叉、变异。选择行为采用轮盘赌算法，将每个子代的适应度函数表示为轮盘上的一块面积，适应度函数越大，则进入下一子代的可能性越大。选择行为即采用随机思想甄选遗传的父代和母代。交叉即将父代母代的一部分基因进行交叉，生成一代染色体。交叉算子采用 Heuristic Cross 算子。该算子的选择将把每个等位基因的优势保留，是最为常用的交叉算子。变异即将个体染色体中某些基因采用该条染色体上的其他等位基因替换，产生新的个体。二进制编码中较为常用的变异方式为基本位变异，即采用 0~1 之间的随机数作为以较小的概率，采用该概率对个体进行变异运算。变异染色体基因的某一位或几位的组合将发生变化。选择的作用为优胜劣汰，适者生存；交叉的作用为保证种群的稳定性，朝着最优解的方向进化；变异的作用为保证种群的多样性，避免交叉可能产生的局部收敛。

5. 工具实现。案例采用 Python 实施遗传算法。Python 是目前无论是在企业还是在学界使用均较为广泛的编程软件之一，算法实现较为简单，且功能优化能力较强。将遗传算法分块设计程序语言，最终生成算法程序。遗传算法同其他算法一样，均具有优点和缺点。其优点在于，一是相对于其他算法而言遗传算法的计算效率较高，节约求解时间；二是遗传算法鲁棒性较强，能够适应各类数据，也能与各类其他算法结合相互弥补。其缺点在于较快收敛，很容易局部最优，这为全局最优的求解建立了些许障碍。

第四步：算法参数设计

该部分将对模型进行具体的参数设置。搜索空间为公司初步筛选的配送中心点位，共 59 个。依据遗传算法的具体流程，从初始种群设计到交叉变异等种群行为，分别选择参数。初始种群规模在客户点位总数量为近万体量，备选配送中心为近百体量的情况下，50~100 个种群最为合适。这样的种群规模既能防止收敛的速度过快，又能保证全局搜索的效率。遗传操作的选择算法通过以上的步骤说明，本案例选择了轮盘赌算法，初始特征概率设置为 0.5。从轮盘赌算法的开始到结束保证种群选择的随机性，避免局部最优的情况产生。由于目标函数总为正值，适应度评估中适应度函数选择目标函数，突变概率初步设定为 0.15 以及交叉概率设计为 0.5，子代交叉概率计算采用 Heuristic Cross 算子。这给模型增加了子代的多样性，却又不会拖慢算法进程。

第五步：实证结果

通过遗传算法的计算，本案例计算出，在 59 个备选配送中心中挑选出 6 个配送中心，编号分别为：CP-04、H-03、F-04、D-01、C-01 和 SY-07。具体信息如下：

表 4.4　甄选出的配送中心详细信息汇总

配送中心编号	面积（平方米）	附近 1km 平均每月租金（万元）
CP-04	415	3.8
H-03	457	2.7
F-04	294	1.4
D-01	349	2.1
C-01	313	3.1
SY-07	458	3.5

本阶段达到了初步的研究结果，公司从 1 个配送中心（生产中心）扩大到 6 个。配送中心的最大面积为 458 平方米，最小面积为 294 平方米，每年面临的租金成本约为 199.2 万元。基本布局也从上发散式过渡到中心发散式。由于本案例采用直线距离计算，若以每公里每车的运输成本为 13 元计算，改进后的配送中心将为公司节省 586 720 元[①]。节省下的运输成本占需要支出的租金成本的 29.5%，该部分节约可用于公司扩大业务规模、扩大配送中心面积等多种用途，这也直接证明了该方案的有效性。

二、H 企业物流优化

我国是全球家电生产及消费大国，家电行业在我国国民经济中占据着重要地位。然而，由于国际家电巨头产生的巨大冲击，加之我国家电行业需求增速逐渐回落，配送成本优化成为家电行业的主要竞争优势。面对严峻形势，如何优化家电物流配送路线，建立高效的家电物流配送体系，成为家电配送中心亟待解决的关键问题。

H 企业以郑州仓储为 DC 分拨中心（一级），下设 6 个转运 TC 库（二级），分别是商丘、洛阳、鹤壁、漯河、南阳、信阳，每个 TC 的覆盖范围在 0~200 公里之间。除此之外，H 企业还设置了 223 个 HUB 库（三级），以 15 公里半径覆盖，每县区至少一家。

[①] 节约成本数值的计算依据每辆车每公里运输成本 × 运输公里（原方案）— 每辆车每公里运输成本 × 运输公里（现方案）计算。

但 H 企业物流配送线路存在多种问题，亟待优化，影响系统的整体运作成本：

1. 企业仓储布局及管理费用过高的问题。H 企业的物流仓储布局，缩短了与客户的配送距离范围（相对于 SN、JD 等家电企业，H 企业是其 2 倍以上的仓储数量），极大地满足了下行经销商客户的市场需求。但是"牛鞭效应"，往往会造成常规产品的超额库存。

表 4.5　DC 仓库与 TC 仓库的相关成本信息

仓储	面积（平方米）	月均货量（方）		月均仓储费用（万元）	月均出库方数	月均入库方数	月均装卸费（万元）
		常规产品	长尾产品				
郑州	84152	31924	47886	151.5	79810	81517	72.0
漯河	18200	12000	3470	18.2	26637	26136	24.8
南阳	6320	19000	2490	7.6	11785	11706	11.9
鹤壁	7360	9532	990	7.4	9500	10500	9.8
信阳	5660	9000	900	5.9	10418	11279	11.7
商丘	6000	9100	1000	7.6	9996	9999	10.3
洛阳	12111	16121	1580	21.6	16985	17233	16.9
合计	139803	106677	58316	219.7	165131	168370	157.4

2. 配送区域划分缺乏适应性、战略性。洛阳家电物流配送中心规划的配送区域是以洛阳市的行政区域为依据，由于缺乏对区域客户数量、订单量等因素的考虑，配送区域内的货物需求量不均衡，部分送货车未达到满载状态。

3. 车辆配送服务效率较低，送货成本较高。H 企业现有的送货线路是依据送货员经验规划制定，是从单一路程最优化的角度出发，对整体的运货车辆进行调度安排的，弊端在于缺乏全局性。目前线路规划未曾综合考虑道路状况、车载能力、订单量等信息，区域内部分送货线路重复。

4. 配送时间不固定。H 企业虽制定了较为完善的配送系统，但是在实际执行过程中存在诸多问题。其中，员工的时间意识不够强烈的问题较为突出，从而导致配送时间不固定。究其原因，在农村地区，大部分零售商时间观念不强，对于配送时间未提出具体、明确的要求。因此，配送人员会延迟送货时间。但是，随着社会的不断发展，顾客的时间观念会愈来愈强烈。若不能及时重视并解决该问题,将会影响顾客的满意度,进而影响企业的经济效益。

总体来看,H 企业在物流中的核心问题包括:一是区域业务划分不均衡;二是路线规划不合理;三是时间成本过高。这三大核心问题是造成物流系统成本不佳的核心要素。因此提出以下解决方案,首先打破行政区划,按照订单量进行区域划分,缓解区域业务划分不均衡的问题;其次解决具有时间窗的 VRP 问题(VRPTW 问题),合理的路径规划将节省商品运输的时间,降低商品运输成本,提高客户满意度。

第一步:K-means 聚类法进行客户订单区域划分,打破行政区划(以洛阳市为例)

洛阳共有 1 个 TC 库(二级),5 个 HUB 库(三级);市内有行政区 5 个。产品由洛阳市 TC 库,运输至下属 5 个 HUB 库,分别负责 5 个行政区内部的产品配送。

由于订单量不平衡,行政区划的方式并不能解决问题,因此打破行政区划成为必行之路。作者将客户订单的分布作为划分配送区域的依据。洛阳市在 2018 年 6 月客户订单共 101 件,根据客户地理坐标,生成客户分布 GIS 数据。

根据订单的区域划分,这一思路旨在平衡各配送区域的订单数量,进而平衡各区运力。根据客户地理位置,在 minitab 软件中运用聚类算法对客户进行聚类分析,遵循各子配送区域送货量均衡原则,形成零售客户区域划分如下:

表 4.6 零售客户区域划分

区域编号	客户编号	客户数目	订单量
1	3、4、9、11、14、23、25、27、28、32、41、45、46、48、49、54、58、66、71、74、89、97	22	24
2	15、16、20、21、39、57、59、60、68、69、78、79、82、91、94	15	18
3	7、17、18、19、22、29、37、43、47、52、55、56、63、70、83、86、90、92、93、99	20	22
4	1、2、10、12、13、24、30、34、35、36、40、42、44、50、51、53、61、64、77、87、88、96、98、101	24	27
5	5、6、8、26、31、33、38、62、65、67、72、73、75、76、80、81、84、85、95、100	20	23

第二步:在新区划中,以区域一为背景,进行物流优化

形成新的区域规划后,可以发现,区域一具有 1 个 HUB 库,22 个客户需求点。在原始的配送路线下，实现该业务量的配送需要 5 辆车，早到等待较多，且客户点 49 存在晚到延迟，配送总成本为 4827 元。采用蚁群算法对新的区划目标迭代计算（以区域一为例），所建蚁群算法的基本流程如图 4.4 所示，将参数设置编写程序并在 MATLAB 中运行。

表 4.7　原方案与优化方案的对比

	原方案	优化方案
车辆数量	5	4
配送成本（元）	4827	3292.97
时间要求	早到等待较多，且客户点 49 存在晚到延迟	客户点 48 和 66 存在早到等待，不存在晚到延迟

车辆 1：路线 74-3-27，8：05 出发，工作时间为 4 小时 50 分钟；

车辆 2：路线 14-97-4-48-23-25-9，8：35 出发，工作时间为 5 小时 45 分钟；

车辆 3：路线 71-32-49-66-89-11-46，8：20 出发，工作时间为 5 小时 20 分钟；

车辆 4：路线 28-58-54-45-41，8：50 出发，工作时间为 6 小时 10 分钟。

通过结果比较分析可知，优化后的配送路线节省了配送车辆，且配送成本降低了 13%，其中，由于客户的时间窗满足程度得到提高，惩罚成本随之降低。此外，运用本案例得出的优化方案，各条配送线路的工作量也较优化之前得到了明显均衡。

三、Z 市应急规划与管理

（一）基本背景

乌尔里希·贝克曾经说过："人类已进入风险社会。"中国 21 世纪以来，经历了大大小小的灾情，印证了这句话。人口、经济、生产与文化的交织、扩散的过程中，让这样的风险更加严峻。近几年发生的灾害更是有领域广、频次高、规模大的特征，比如新冠肺炎疫情、南方水灾等。当前的应急管理体系建设质量急需改善，灾前的灾害信息采集效果差，缺乏信息、信息超载、信息失真的问题突出；灾后重建时，居民区重新选址安置缺少科学规划；灾害发生过程中，存在的问题主要如下：

第一，应急信息沟通不畅，信息共享机制缺失，应急管理协调联动的有效性受制。

第二，灾民安置效率低，应急避难场所设置数量不足且缺乏科学合理性。

第三，应急物资多头储备，整合难，调配难，速度慢。

第四，应急管理工作规范建设滞后，应急协调成本高，制度化规定不足。

因此，建设科学的应急管理体系就十分有必要，通过帮助城市建立灾害防护、应急管理体系，以应急避难场所为节点，以应急物资为连带，以信息联动为基础的灾害防护体系，无论是灾前预防、灾中应对还是灾后恢复，该应急管理体系都能发挥最大的效果。解决方案主要有应急避难场所选址与评估；应急物资储备点内部布局设计；应急物资调度流程设计；应急物资运输路径设计；应急场所物资储备几个部分。下面将以 Z 市为例，对各部分具体内容进行介绍，并对应急物资调度流程设计以及应急物资运输路径设计两部分内容进行详细阐述。

Z 市位于我国华北地区，从其地形条件来看，该市地形以山地和平原为主，四面环山，阴山山脉横贯中部，地势呈现出西北高、东南低的特征，并受到华北平原地震带一定程度的影响，地质活动较为活跃，在一定程度上受到地震等地质灾害的威胁；气候条件方面，Z 市主要属温带大陆性季风气候，夏季高温，降水短促集中，冬季漫长，寒冷干燥，受到"东南 - 西北"季风的影响，易出现大风、暴雨、冰雹、寒潮等强对流天气。因而在夏季，受到集中性的强降雨影响，Z 市的山地地区出现滑坡、泥石流等地质灾害的风险也较大。由于 Z 市的特殊地理与气候等状况，对 Z 市进行应急规划与管理，可以帮助 Z 市对各种自然灾害情况进行充分的准备，对灾前灾中与灾后的应急情况进行合理规划，及时储备物资，并实现快速高效的灾后物资运输与调配。

（二）应急避难场所选址与评估

对于应急避难场所的选择，可以按照下图思路进行。首先，对选址原则加以明确，遵循安全且经济的原则，即先保障安全便捷均衡，在此基础上实现经济适应有效；其次，参考国内多个规范性文件，如《中华人民共和国防震减灾法》《城市社区应急避难场所建设标准》等，并结合多个国内外数据库进行应急避难场所选址相关的文献检索，建立涵盖全面、可行性强、有中国特色的应急避难场所选址指标体系，具体而言可以根据实际情况需要设计更具针对性的用于自然灾害应急场所选择的指标体系，以及用于公共卫生灾害应急场所选择的指标体系；再次，对 Z 市可能的应急场所展开实地调研，并按照所建立的指标体系对各个场所进行打分；然后建立多目标决策模型，并结合使用熵权法计算最终得分；最后，根据得分对各个应急场所进行筛选，确定最优选址。

明确选址原则 ➡ 建立指标体系 ➡ 场所选址调研 ➡ 计算综合评分 ➡ 最终规划结果

☐ 安全便捷均衡　☐ 自然灾害类　　☐ ArcGIS技术　☐ 多目标决策模型　☐ 筛选机制
☐ 经济适应有效　☐ 公共卫生灾害类　☐ 实地调研　　☐ 熵权法计算得分　☐ 最优选址

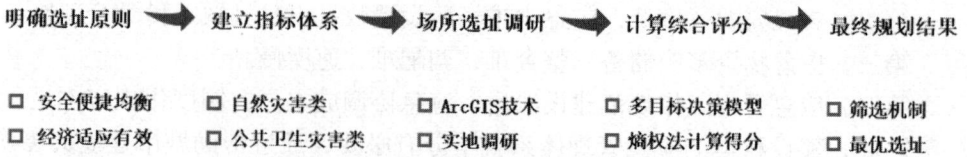

图 4.7　Z 市应急避难场所选址与评估方案设计思路

其中，对于指标体系的构建，Z 市应急避难场所的规划目标是选择安全、合理的场所建设点，作为后续设施装配与物资储备的基础。首先，Z 市辖区内有多个类型备用空地，可供应急避难场所的建设。其次，场所的选择受多方面因素的影响，包括危险源、建筑物和逃生距离等。因此，研究需要建立数学模型，提高 Z 市选址结果的准确性。结合安全性、便捷性、均衡性、经济可行性、适应性、功能有效性以及设施完备性的选址原则和国内外先进选址经验，研究确定了 Z 市应急避难场所的选址规划思路，如下图所示：

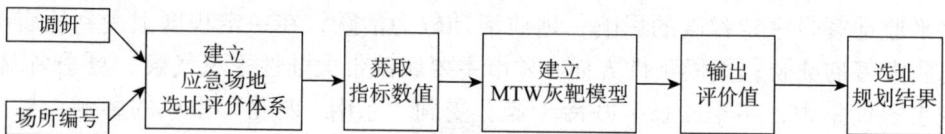

调研
场所编号 → 建立应急场地选址评价体系 → 获取指标数值 → 建立MTW灰靶模型 → 输出评价值 → 选址规划结果

图 4.8　Z 市应急场所选址思路

第一，根据调研结果，对每个市辖区的备用场所（公园、广场、绿地、体育场）进行标准编号。

第二，根据场所特点和 Z 市区情况，建立应急场所选址的评价体系，甄选全面、可行的评价指标，进一步确定指标得分标准。

第三，在市政府部门的帮助下，结合 GIS 技术和实地调研，获取指标数值，并根据评分。

第四，根据应急场地选址评价体系制定的指标和标准进行评分。

第五，建立多目标加权（MTW）灰靶决策模型。通过该模型建立事件集和方案集，进行备用场所综合评价值的计算。

第六，模型输出备用场所的评价值，检验结果的一致性。

第七，根据筛选机制，规划 Z 市应急场所的最终选址结果。

（三）应急物资储备点内部布局设计

应急物资库中的物资储量、类别、分拣线的排布非常影响物资调配的效率，因此有非常多的研究基于应急物资库的布局设计这一主题展开。

首先，需要对应急物资的现状进行调查，并对储备点的物资数量、类别、管理机制进行模拟排布；其次，应确定布局的基本组成元素，如收货、储存、拣货区域等；再次，基于以上复杂的物资组成和布局元素的约束，我们需要对布局进行排布，得到高效率的系统布局，具体而言，可以采用遗传算法与仿真算法来解决这一问题，即根据上述约束条件使用遗传算法不断生产可能的布局情况，并使用仿生技术对各布局方案的储存、作业效率进行模拟，从而挑选出储存与作业效率最高的方案；最后，应设计配套的应急物资日常管理方案，采用视频监控、数字化设备等，对其储备情况、仓库温度湿度等进行实时监控，保障储存点物资的质量及充分性。

（四）应急物资调度流程设计

应急物资调度流程指发生突发事件后政府进行的应急物资配置与协调方案。应急物资调度流程主要囊括应急物资调度的准备、供应、评估三个阶段。

1. 准备阶段。有突发公共事件发生后，政府成立应急物资调度指挥中心，进行应急物资预测、应急物资筹集、应急物资供应、应急物资储存等多方工作的协调。应急需求预测指初步动态预测居民对于各项物资的需求量，以随时补充物资；应急物资筹集主要指通过动用物资储备、物资征收征用、社会捐助、组织生产等渠道，获得相应需求量的物资，以保证供应阶段的有序进行。

2. 供应阶段。应急物资调度中心在供应阶段主要进行已筹集物资的分配、发放。其中，应急物资分配主要指应急物资在储备点间的分配；发放指从应急物资储备点到应急避难场所的调度。对于 Z 市来说，发生较高等级的灾害可能性较低，但仍需建立一个由三级节点构成的应急物资征调层级体系。该体系用以解决发生较大灾难，产生物资缺失时，省市县之间物资征调的问题。体系设置多级应急物资调度模型的层次结构，省级储备单位下辖多个市级储备单位（A_1，A_2...，A_m），每个市级储备单位下辖多个县级储备单位，如 A_1 下辖多个 B_1。

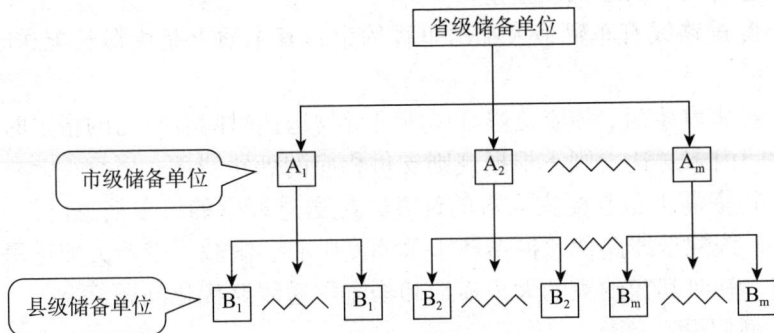

图 4.9 应急物资征调层级体系

高等级灾害发生后，率先消耗各个节点原有储存点的物资，但随着消耗量越来越大，各节点定急需物资；物资由省级储备单位供应，经过各市级储备单位转发至各县级储备单位。

3. 评估阶段。评估阶段即在灾难安全期对前两阶段应急物资调度中心的指挥决策进行绩效和协调能力评估，对调度效率低下、克扣物资等现象进行排查，并进行严惩，保证 Z 市整体物资调度流程的效率得到提升。

（五）应急物资运输路径设计

该部分归属于应急物资调度流程中的供应阶段，为应急物资调度的实施核心。该部分主要解决应急物资应当如何从储存点运输到各个应急避难场所。有了明确的路径规划，Z 市在面临严重的突发事件后可以对受灾人群进行生活上的紧急保障。该种活动以追求时间效益最大化和灾难损失最小化为目标。

1. 建模背景。Z 市应急物资配送过程中影响因素较少，情况较为简单，但应急避难场所规划较多，物资供应点也较多，因此物流运送的路径采用蚁群算法进行整体规划。以下是 Z 市物资运送的相关背景条件：

（1）为纯送货调度，即车辆从物资仓库出发，完成配送作业后空车返回物资仓库；

（2）物资仓库负责本区内多个应急避难场所的物资配送任务，物资仓库和应急避难场所的位置固定且已知；

（3）车辆均为同一型号，容积和最大载重已知，配送过程中不能超过二者的限制；

（4）应急避难点必须被访问一次，单个应急避难点由单车辆单次配送完成，不存在分批配送的情况；

（5）应急避难场所需要的应急物资可以混装，各配送车辆所配送线路的总需求量不超过该车的最大载重量；

（6）配送路线有车辆最大配送里程约束，其本质上是由最长配送时间约束转化而来；

（7）灾害发生后，各应急避难场所对货物送达时间有自己的指定时间限制，如规定时间内未送达，则需根据规则支付相应的惩罚费用；

（8）物资需求量与受灾人数的计算，配送过程中的订单信息已知。由以上界定可得，该配送线路优化模型属于单调度中心、满载、带最大配送里程约束、载重约束、软时间窗约束的大规模纯卸物流配送线路优化问题。

2. 模型假设。

假设 1：单位里程的运费为一定值，设为常数 α。

假设2：设计出的最短路径均能通行，受灾难的影响较小。

假设3：每个应急避难场所在有限的时间和资源下只能被访问一次。

假设4：当车辆在应急避难场所设置的合理时间内运达物资，物资仓库无须支付任何惩罚成本；时间窗宽度越窄，其惩罚成本的边际效应越高；为简化问题，本模型假设车辆不论早到晚到，随着违反程度的增加，惩罚成本呈线性增加。

3. 目标函数与约束条件。目标函数包括两部分，分别为配送成本最低和时间惩罚最小，拟实现配送成本与时间惩罚之和最小化。其中，配送成本包含运输成本与管理成本。时间惩罚函数表示配送车辆若未在限定的时间窗范围内送达货物，早于或晚于时间窗范围所受到的相应惩罚，当惩罚系数为无穷大时，该软时间窗约束转化为硬时间窗约束。

约束函数应从以下几个方面考虑：

（1）配送车辆最大载重量约束，即车辆 k 运输的应急物资重量总和不能大于该车的最大载重量；

（2）最大配送里程约束，及车辆 k 的运输总距离不能高于其最远行驶距离，实质是为了限制车辆的最大配送时间；

（3）配送车辆的起点和终点均为物流物资仓库，各应急避难场所点只能由一辆车访问一次；

（4）某个应急避难场所配送的车辆是唯一的；

（5）应满足应急避难场所限定时间窗范围的约束；

（6）考虑应急避难场所 i 的物资是否由车辆 k 配送；

（7）考虑车辆 k 是否从应急避难场所 i 行驶至应急避难场所 j。

4. 模型设置。本模型运用带有时间窗约束的最大最小人工蚁群算法优化，构建步骤如上文模型介绍部分所示，模型构建具体参数设置见下表。

表 4.8 模型参数设置

参数值	参数内涵
m=30	蚂蚁数量
alpha=2	信息素重要程度因子
beta=5	启发函数重要程度因子
rho=0.7	信息素挥发因子
Q=100	常系数

续表

参数值	参数内涵
Eta=1./D	启发函数
Tau=ones(n,n)	信息素矩阵
Table=cell(m,1)	路径记录表
iter=1	迭代次数初值
iter_max=180	最大迭代次数
Route_best=cell(iter_max,1)	各代最佳路径
Length_best=zeros(iter_max,1)	各代最佳路径的长度
Length_ave=zeros(iter_max,1)	各代路径的平均长度
maxLoad=8	每辆车最大负载
maxTime=1	时间限制
truckload=0	当前卡车负载
truckTime=0	当前卡车时间
c=1	车辆运输成本
c0=1	车辆管理成本

（六）应急场所物资储备策略

为满足人员在应急避难场所内的直接物资需求，我们将在本节提出在应急避难场所内部进行物资管理的方案，原因有两点：一方面，应急场所直接接触终端物资需求，需求数据的准确度较高。另一方面，灾害发生时期的缺货成本非常高昂，应根据避难人员的直接需求进行补给。上节讨论如何将应急物资从储备点运输至应急场所，鉴于此，本节进一步将应急场所作为终端型物资储备点，在场所的物资仓储区进行应急物资的直接储备，分配至避难人员，并定期向上级储备点发出补货需求。这一过程涉及三个变量的确定：库存检查周期，安全库存量，订货数量，以上变量的临界值确定是本节的研究重点，因此研究将结合物资的消耗特征，建立有效的库存控制模型，通过全流程的检查—需求—补货策略，保障物资的安全库存、持续供应，以降低延迟供应的概率，降低缺货所带来的社会经济损失。

1. 耐用型物资实物库存控制模型。研究根据应急物资的一般消耗速度，将使用周期长、折旧速度慢的物资划分为耐用型物资，主要包括蓬宿用品（基本生活物资）、疏散安置用具、耐用医疗药械（基本医药物资）。耐用性物资的一般储备方法是在灾害发生前预测应急避难场所内的物资需求量，并在物资仓储区提前储备。对于不具备储备条件场所，可以在灾害发生时期将需求计划提前报送上级储备点，以缩减到货时间。

应急避难场所内物资需求量的测算需要结合场所有效避难面积、可容纳人数、灾害等级和需求系数等因素。同时，考虑物资破损和需求波动性，耐用型物资储备考虑缓冲库存数，即安全库存率。根据上述思路，得到在 m 区域内第 i 种物资在场所 j 内的物资储备量 DMR_{ij}。

其中 MC_j 表示应急避难场所中的可容纳人数，$\overline{DRF}_m$ 表示 m 区域内发生灾害的等级期望值，SSR 表示安全库存率。

$$DMR_{ij}=MC_j \cdot \overline{DRF}_m \cdot DRF_i \cdot (1+SSR)$$

总体来说，耐用性物资的补货需求较低，一旦发生物资破损和避难人数扩容，应急避难场所负责人应将需求计划在第一时间报送上级储备点，以降低应急物资的缺货成本。

消耗型物资库存控制模型研究将使用周期短、消耗速度快的应急物资划分为消耗型物资，主要包括食品及瓶装水（基本生活物资）、消耗医药物资（基本医药物资）。由于消耗型物资的保质时间与供货提前期短，不建议在场所内提前存储，应在灾害发生时期将需求计划报送上级储备点和协议供应商（需求量计算同上），同时发挥周边商贸超市、商铺、企业的资源优势，完成消耗型物资的辅助供应。

进一步，考虑消耗型物资受灾害时期、人口数量的影响，其需求不确定性较大，研究在建模过程中引入随机库存策略（T-S 模型、随机连续需求模型），计算安全库存、订货量的变量临界值，并根据物资的实时消耗速度调整库存检查周期。

2. s-S 库存模型。灾害发生时期，对食品、生活用品等消耗型物资的需求会导致库存的持续消耗—补充。然而该类物品价值较低，持续检查库存造成较高的管理费用，因此采用定期检查策略。一般库存储备方法采用 s-S 库存模型，即最大库存法：每隔不固定时间检查库存（消耗速度与检查周期变动方向相反），并根据现有库存水平决定是否发出订货需求。

假设应急场所的仓储管理员对于某种物资，检查时的现有库存量为 I=P–N，I 代表该周期的有效库存数，即用检查时的总库存 P 减去无效的库存 N（例如食品腐坏，或药械包装破损等）。若 I 大于订货点 s，现有阶段不进行补货，若 I 小于订货点 s，即发出订货需求将库存补充至最大值 S，补货需求量为 S–I=S–P+N，经过供货提前期 LT 物资到货。假设灾害发生时期，受短时间内人口聚集速度影响，消耗型应急物资的消耗速度非常快且不均匀，场所内部仓储管理人员在检查时发现库存水平总是低于安全库存，则每次检查均会发出补货需求，库存量——时间变化图如下所示：

s-S 库存模型的操作方法简单，且不允许缺货情况发生（缺货成本无限高）在应急供应体系中的使用较为广泛。然而，这种储备方法只适合灾害等级较高的情况。一般灾害发生时应急物资供应紧张，而协议生产时间较长，因此在低灾害等级下 s-S 库存方法经常产生较高的库存费用。鉴于此，研究对消耗型物资储备进一步引入随机连续需求模型。

3. 随机连续需求模型。随机连续需求模型假设应急物资的需求是连续且随机的，并允许缺货情况发生（缺货成本有限），研究结合库存成本（货物价值）和缺货成本确定最优的补货需求量，避免过大库存的占用。

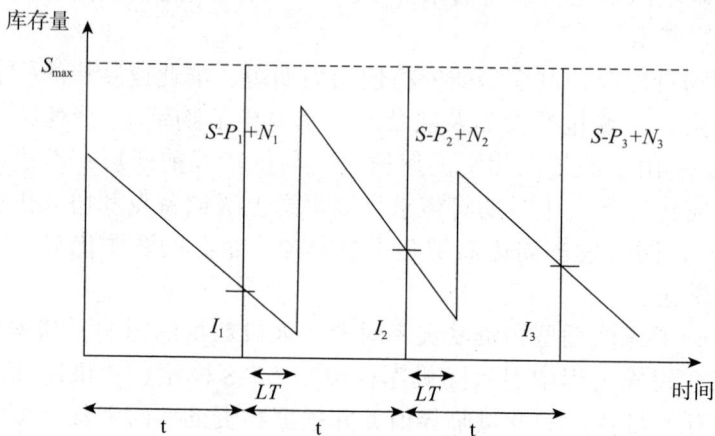

图 4.10　库存时间变化图

当应急场所仓储管理人员在检查库存时发现现有库存水平低于订货点 R，即发出补货需求 Q。研究将结合极值求解方法确定两个变量的临界值。假设在应急避难场所内某种物资的订货点为 R，订货点的衡量应包含两部分：其一，补货提前期内的应急物资需求期望 $E(D_L)$。其二，针对灾害不确定性储备额外的安全（缓冲）库存 SS，订货点的数学含义表达如下：

$$R=E(D_L)+SS$$

下图为在随机连续需求模型中代表提前期内需求的钟形曲线，由图可得知订货点的位置，R 右侧积分值即为缺货概率，即在订货点发出订货需求，也存在一定的缺货风险。

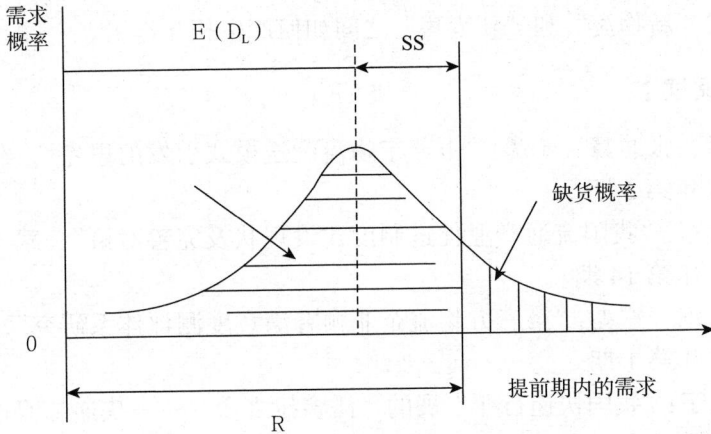

需求概率

E（D_L）

SS

缺货概率

0

提前期内的需求

R

图 4.11　随机连续需求模型中需求钟形曲线

目标函数的设计目标为成本最小化，总成本主要包含订货成本 CR、库存成本 CH 和缺货成本 CS，表达式如下所示。

$$CT(min) = CR + CH + CS = S \cdot (D/Q) + H \cdot E_L + CS \cdot ES(RL) \cdot (D/Q)$$

S 为每批次的到货准备成本，D 年总需求，Q 为每批次的订货量，H 为每年的储存成本，E_L 为年持有库存总期望，$ES（RL）$ 为单批次缺货期望，以批次为单位，单位批次的成本结合批次数 D/Q 进行衡量。对公式求导，可得保持合理库存的最佳订货量 Q 为：

$$Q = \sqrt{\frac{2D[S + CS \cdot ES(RL)]}{H}}$$

综上所述，研究引入消耗型物资的库存管理模型的意义在于帮助应急场所的仓储人员定期检查库存，并在最佳订货点发出合理订货需求，平衡缺货成本和过量存库占用的风险。s-S 模型的操作简单，不允许缺货情况发生，而库存成本较高。随机连续需求模型允许缺货情况发生，而操作过程较复杂，具体方法的使用需要结合消耗型物资种类、特征与灾害时期而定。

【思考题】

1. 简述现代物流配送的主要配送模式。

2. 简述物流配送中心的功能和在选址时的主要考虑因素。

3. 举例说明如何利用启发式算法技术优化物流路径设计。

4. 论述电子商务环境下现代物流的特点。

5. 论述"新物流"和"新零售"之间如何产生相互作用。

【拓展阅读】

1. 于淼、张丽慧、于蠡："由苏宁物流配送模式引发的思考"，载《管理现代化》2008 年第 6 期。

2. 吴长军："我国流通产业促进制度建设现状及完善对策"，载《中国经贸导刊》2014 年第 14 期。

3. 杨浩雄、王雯："第三方物流企业顾客满意度测评体系研究"，载《管理评论》2015 年第 1 期。

4. 郑佳宁："我国快递行业发展的'潘多拉之盒'——快递加盟连锁经营模式之法律问题探讨"，载《河南社会科学》2016 年第 3 期。

5. 武淑萍、于宝琴："电子商务与快递物流协同发展路径研究"，载《管理评论》2016 年第 7 期。

6. 吴鹏："协同创新视角下的快递业发展路径研究"，载《暨南学报（哲学社会科学版）》2017 年第 3 期。

7. 沈颂东、亢秀秋："大数据时代快递与电子商务产业链协同度研究"，载《数量经济技术经济研究》2018 年第 7 期。

8. 王卫东："移动网络电子商务物流信息实时提取方法仿真"，载《计算机仿真》2018 年第 8 期。

9. 李晶晶："中国快递市场成长与创新中的法律问题研究"，载《中国法学（英文版）》2019 年第 2 期。

10. 王京："快递加盟制中的合同义务构造"，载《理论月刊》2019 年第 9 期。

◇ · **第五章** ·

客户关系管理

【导语】

随着电子商务的迅速发展，电子商务企业数量激增，企业之间的竞争也变得愈发激烈。如何用最少的成本吸引新客户、维系老客户成为新时代电子商务企业提高企业竞争力的必修课，客户关系管理就应运而生。

本章概述了客户关系管理的概念与发展沿革，包括客户关系管理产生的背景和战略意义；阐述了如何识别和评估客户价值，并对客户关系管理的两大关注点——客户细分管理和客户流失防范进行讲解；随后介绍了电子商务背景下产生的在线推荐营销模式，以及大数据、互联网时代下客户关系管理面临的机遇和挑战。

本章的学习重点包括客户价值的识别和评估、客户细分的理论和模型、客户流失的预测和防范，以及在线推荐的主要算法和实践应用。本章的学习难点在于掌握如何通过客户价值识别、客户细分和客户流失预测制定客户管理策略，以及理解大数据、互联网时代下的精准营销和用户画像给客户关系管理带来的影响。

第一节 客户关系管理的概念与发展沿革

一、客户关系管理产生的背景

随着市场经济的迅速繁荣，市场环境的友好性与政策的红利扶持着大批新生企业，企业数量激增，企业竞争也变得愈发激烈。传统的卖方市场早已无法适应经济的洪流，供过于求的市场现状促使买方市场逐渐成为市场主流。企业争奇斗艳，企业规模不断扩大、产品种类愈加丰富，在激烈竞争的压力下企业开始专注产品质量。早期靠单一产品批量生产垄断市场的情况早已不复存在。消费者不再满足于得到某种产品，而是要得到更加优质的产品，产品的推陈出新成为这个阶段的主旋律。然而，发展的脚步是不会停滞的，日积月累下产品优势达到饱和，也逐渐无法成为企业进行市场竞争的助力。在这样的背景下，服务优势的重要性开始凸显，同类型的企业开始思考如何通过服务优势建立自身在市场中的可持续竞争力。服务优势获取的重心在于如何满足消费者的需求，提高消费者的满意度与忠诚度。

在信息共享并不发达的时代，由于信息的不对称性，消费者无法获取有关商品的所有信息，无法衡量某一个商品正常的价格到底应该是什么，标价是否符合其真实价值，也无法比较不同的商家产品质量是否相同以及价格哪一家更加划算等问题。如今广告手段越来越多，互联网与大数据的发展与普及，各类电商平台的建立与盛行，都在为消费者提供获取商品信息的渠道，因此，获取信息的渠道也越来越多样化，所能获得的信息也越来越全面。在互联网时代，消费者在进行购买行为之前就会清楚地了解企业的情况、商品的质量等各种信息，甚至对企业的信誉、经营者的信息都了如指掌。消费者在多方比较后才会产生购买行为，有的消费者注重企业文化，有的消费者注重产品质量，也有的消费者注重产品包装，在信息共享的时代，消费者可以多方获取信息后从而选择最符合自己心意的商家与产品，但这也同时意味着企业将面临更加恶劣的经营环境。

经营环境的恶劣直接来源于愈发激烈的市场竞争，具体体现在两大方面：一方面是吸引新客户的难度提升，在广告营销并不发达的年代，投入10万元的广告费用就会产生巨大的利润效应，吸引大量的客户群。但如今所有的公司企业都在做广告做营销，同样的10万块投入进去可能血本无归，完全被淹没在形形色色的广告宣传中，一丝浪花也翻不起来。另一方面是留住老客户的成本直线上升，而且不一定能留得住。因为激烈的市场竞争意味着所有的企业都在争夺客户，总有企业可以给你的客户更多的利润和诱惑，这时企业就面临两个选择：要么就放弃继续竞争，但是就直接造成客户流失；要么就继续竞争，但是这也同时意味着企业要付出更多的成本进行客户维系。因而，在这样的背景下，如何用最少的成本实现新客户的吸引、老客户的维系变成了新时代企业想要提高企业竞争力的必修课，客户关系管理就应运而生。

二、客户关系管理的战略意义

客户关系管理的含义从不同的角度来理解，会产生不同的解读方式。首先，从公司的内部管理的角度来讲，客户关系管理就是把公司中的开发设计、生产、营销、服务等部门整合到一起，整个公司都有一个共同的目标，就是一切都以客户的需求为准则，并以客户的期望为导向，给客户提供其最需要的产品、最需要的服务；其次，从计算机系统的角度，客户关系管理就是要将客户的所有信息都结合起来，并且通过对这些数据的相似性与差异性进行比较分析，从而争取得到更多的顾客信息，一方面能够对老客户的需求更加准确、具体的掌握，从而实现高水平的客户满意度和忠诚度，另一方面也能通过相似推荐吸引新的客户，开发潜在的消费群体；最后，也要从企业本身的经营特点与经营能力角度考虑，企业的组织结构不再是传统的以产品为核心，而是以客户为核心，不再是生产什么就销售什么，而是市场需要什么企业就生产什么，一切都以客户的需求为导向。但同时企业也需要注意，要根据企业本身的经营能力，从实际出发，不能为了全面满足客户需求而做出超出企业水平的战略规划，这样只会得不偿失，必须要找到顾客最需要的，而同时也与企业的生产经营能力相匹配的领域。因此总体而言，客户关系管理就是企业为了提高核心竞争力，利用相应的信息技术以及互联网技术协调企业与顾客间在销售、营销和服务上的交互，从而提升其管理方式，向客户提供创新式的个性化的客户交互和服务的过程。

【浦发银行、上汽大众、去哪儿网在客户关系管理上的革新】

随着市场观念的整体转变，许多企业也开始随之调整企业的发展战略。以浦发银行为例，在 2006 年之前浦发银行的经营策略仍是以产品为核心，着重于产品的创新与设计，将大量的成本都投入到了新产品的开发中，但是缺乏对客户需求的具体调研，并没有精确地掌握客户的金融需求。此外，产品开发之余，浦发银行并没有认识到市场推广的重要性，在新产品推向市场之前并没有进行有效的市场测试，缺乏必要的产品宣传与推广，因而新产品的销售效果并不可观；并且这一时期浦发银行的产品反馈机制并不完善，新产品发行出去却没有完备的新产品评价机制，使得银行无法掌握客户的体验与满意度，从而拉低了银行的整体服务水平。

吸收前期的教训，浦发银行逐渐开始进行经营策略的改革，在 2006 年至 2018 年间浦发银行开始进行客户细分，将客户分为普通、优质、贵宾和私人银行四种，来分类别具体抓取客户喜好，精准掌握不同类别客户的需求。同时，浦发银行也对服务队伍进行了归类，分为大堂助理、低柜理财、贵宾理财和私行理财，不同等级的服务人员来对点服务不同层级的客户，从而力求为客户提供最精准、最优质的服务，高级别的客户还可以拥有定制化的服务。这一阶段浦发银行的服务质量得到了大幅提高，但同时也出现了新的问题。浦发银行于

1992 年经中国人民银行批准成立，1999 年在上海证券交易所成功挂牌上市，总部设立于上海，庞大的客户数量给浦发银行也带来许多经营问题。一方面客户数据量太大，进行细分的工作量难以估计；另一方面客户细分不够精确，这就会使许多潜在客户流失，同时也会产生对部分客户的营销投入毫无回报的情况。2018 年是人工智能与大数据产生质的飞跃的一个分水岭，浦发银行开始利用智能手段，加大对线上用户的关注，依托推荐算法等技术有针对性地将产品推送给相应的客户。此外，浦发银行还创新对 VIP 客户的权益发放，根据 VIP 客户对酒店住宿、生活娱乐以及充值服务等各种各样的个性化需求，进行针对性的营销，满足客户需求，最大程度上实现客户满意度的提高。

在这样一个技术革命的过渡年代，类似的企业很多。随着商品经济的繁荣，20 世纪 90 年代还十分稀罕的物件迅速地进入千家万户，成为普通商品，诸如电脑、汽车等。在 20 世纪八九十年代，小汽车往往是财富的象征，但是随着它由高档商品沦为普通商品，卖方市场沦为买方市场，市场竞争随之变得更加激烈，许多经销商因亏损问题而退网的现象严重，厂商关系十分紧张。因此在这样的情境下，如何提高企业的竞争力，在激烈的市场竞争中得以存活甚至脱颖而出成为一个焦点问题。此外，随着汽车进入家庭，传统的企业服务已经无法满足消费者的需求，维修、保养等售后服务的需求开始明显提升，出现了一个新的前景可观的细分市场。上汽大众抓住了这个机会，根据客户的需求、市场的变化，同时考虑企业本身的经营能力与水平，选择合适的竞争参照企业，迅速重新定位，创新服务与营销手段。上汽大众推出个性化推荐、售后服务、增值服务、充电服务等多方面服务，力求改善客户的消费体验，最大化地提高客户的感知价值和消费满意度。同时，上汽大众的管理层也深谙客户细分的重要作用，依托信息系统对客户进行价值分类，重点识别高价值客户，对不同消费能力与消费理念的消费者进行差异化的管理和推荐，实现精准营销，从而提高企业营销成本的投入产出比。

随着大数据的发展，为企业的客户关系管理也提供了更多的便利。去哪儿网利用官方网站以及官方 APP 和微信小程序等多方平台，向客户提供旅游相关的信息，并且提供订票、订酒店、订旅游计划、订导游等一条龙服务，通过多元化、全面化的客户服务来全方位地满足客户需求，从而尽可能地吸纳新用户，并做好需求发生变化的老客户的维系。此外，借助于大数据平台的优势，用户利用去哪儿网平台所产生的购买行为会被信息系统记录下来，成为极有商业价值的数据源。去哪儿网可以通过整理、归纳、分析这些数据来构建大数据分析系统，从而能对客户的偏好与习惯有精准的把握，帮助平台精准向客户推荐其所满意的服务。同时通过数据分析也可以直观地发现公司目前发展的短板之处以及对客户需求预测的不到位之处，从而实现对公司未来发展方向与规划的调整。

因此总体而言，客户关系管理的产生对于企业的长期发展有着重要的意义。在买方市场的背景下，客户关系管理能够帮助企业对客户价值以及客户需求有较为精准、全面的把控，从而实现根据市场需求进行产品生产，根据客户需求进行精准营销与推荐，能够有效提高企业的竞争力。可以说，在目前市场经济非常繁荣的背景下，如何抓住客户的需求、如何进行好新客户的开发以及老客户的维系已经成为企业的必修课，成为企业成败的关键筹码。

如今客户关系管理的理论体系已经较为系统化，涉及客户价值、客户流失、客户维系、客户细分等多个领域，下面的内容将深入客户关系管理的各个板块，具体分析各板块的含义、操作方法以及意义。

第二节　客户价值

客户价值是有效进行客户关系管理的重要依据之一。企业只有对客户价值具备准确的把握，才能把每一位客户对于企业的价值发挥出来。因此，无论是学者或是企业，关注客户价值的研究是客户关系管理研究中的基础且核心的一环。

一、客户终身价值

客户终身价值（Customer Lifetime Value）指的是每个购买者在未来可能为企业带来的利益总和，其所存续的期间是从获取客户开始到客户流失为止。客户终身价值共包含三大部分，即历史价值、当前的价值以及未来的价值，因此客户终身价值理论实际上是强调了客户维系的重要性。这可以从两个角度理解，一方面客户流失意味着客户当前价值的流失，另一方面一旦客户流失，那么客户未来的价值也会随之流失。客户作为企业的重要资产，企业必须给予高度的重视，分析客户所处的生命周期，根据各个时期客户消费能力、消费欲望以及消费理念等各方面特点，针对性地采取相应的营销策略，从而进行有效的客户关系管理，进而保证企业的投入产出比达到最高，实现企业利润的最大化。

近年来，随着客户关系在企业竞争中所扮演的角色愈发重要，客户终身价值的应用也随之变得广泛起来，在金融服务业、物流业、酒店业等多个领域都得到应用。因为客户终身价值的本质就是客户在未来所能给企业带来的利润总和，因而如何衡量客户的终身价值就成为一个重要问题。事实上，客户的消费行为本身就具有较高的复杂性，因而客户终身价值的计算由于行业的不同等原因，存在许多不同的计算方法，各有利弊，具体整理如下：

表 5.1　客户终身价值（CLV）计算方式

计算方式	优缺点
CLV=AOV（平均每次交易的价值）× APY（平均每年的购买次数）× Margin（利润率）	计算思路简单明确，是常用方式之一；但是该计算方法只考虑了现有价值，而客户的潜在价值并未被包含其中，而且客户流失现象难以避免，但并未被考虑其中。
CLV=ARPA（每个客户带来的收益）$\times \sum\limits_{t=0}^{n-1} (1-c)^t$ 其中 t 为年份，c 为客户流失率。	该计算方式更加精确，考虑了客户流失率的问题，但是局限性是仍旧只考虑了现有价值而没有考虑潜在价值。
$CLV = \sum\limits_{t=0}^{n} C_t(1+d)^{-t}$ 其中 C 为客户第 t 年为企业创造的净利润，t 为客户生命周期的长度，d 为折现率。	该计算方式相对而言考虑较为全面，将客户的潜在价值与客户流失情况均包含其中；但是这个计算思路更倾向于财务会计的角度，对于市场营销而言可能并非最佳计算方法。

二、客户满意与客户忠诚

客户满意（Customer Satisfaction，简称 CS），是人的一种感觉水平，它是指客户在进行购买行为以后，对企业所提供的产品或者服务实际产生的绩效或产出与自己的期望相比较后所产生的一种心理感受。亨利·阿赛尔[1]认为："客户满意取决于商品的实际消费效果和消费者预期的对比，当商品的实际效果达到消费者的预期时，就导致了满意，否则，就会导致客户不满意。"菲利普·科特勒认为："满意是指个人通过对产品的可感知效果与他的期望值相比较后所形成的愉悦或失望的感觉状态。"因此总体来说，客户满意就是一种心理感受，是客户在进行了购买行为后，因产品或服务符合或超出自己原本的心理预期，从而产生的"物超所值"、"物美价廉"等良好的心理评价。全国人民代表大会 2021 年批准的《中华人民共和国国民经济和社会发展第十四个五年规划和2035 年远景目标纲要》提出要"提升产品服务质量和客户满意度，推动供需协调匹配。"客户满意对企业而言是一笔巨大的无形财富，当客户对消费的产品或服务产生满意的心理状态，他们就会将自己的消费经历与消费心理通过口碑

---

① 亨利·阿塞尔（Henry Assael）是美国消费者行为学家，著有书籍《消费者行为和营销策略》。

传播传递给其他的消费者，对提高公司的品牌形象具有重要的意义。

但是客户满意只是企业的第一阶段任务，客户对这一次的消费产生满意心理并不代表就会成为长期客户，简单来说就是客户满意并不等于客户忠诚。客户忠诚是指客户对企业以及品牌能够形成信任和情感依赖，愿意与企业建立长期的合作关系，愿意长期购买或使用企业的产品或服务。客户忠诚是客户满意的进阶阶段，客户满意一般是指对一次消费行为的满意度，而客户忠诚则是指客户已经对企业的产品产生了高度的信任，愿意持续购买，因而客户忠诚在营销实践中被定义为顾客购买行为的连续性。客户忠诚对企业的长远发展具有重要的意义，忠诚的客户会高频率地购买企业的产品或服务，并且极容易产生与品牌相关的交叉购买，在日常生活中也会更容易产生口碑传播，帮助企业挖掘潜在顾客。此外，忠诚的客户往往是企业高质量产品的主要受众群体，因为他们对企业的高度信任使得他们相对普通客户而言，更容易也更愿意付出更高的成本，并且这种联动效益与客户的忠诚程度往往是成正比的。我们通常用客户忠诚度来衡量客户忠诚，客户忠诚度通常会被作为客户价值评估体系的指标之一。

因此总体而言，客户满意与客户忠诚的重要性不言而喻，企业必须采用健康的、理性的、有效的营销方式，提高企业的产品质量与服务水平，尽可能做到客户满意，不断提高客户忠诚度，力求为企业培养稳定的高满意度、高忠诚度客户群体，这对企业的长远发展具有重要的意义。对于客户满意以及客户忠诚，目前学界多采用设计具体问题，结合量表和问卷进行综合值计算，得到客户满意以及客户忠诚的客观数值的方式进行量化，以便进行后续的产品策略、营销策略等的制定。

三、客户价值评估

客户关系管理的重要性已经不言而喻，那么接下来如何进行客户关系管理就成为核心问题。只有能够清楚、准确地识别客户的价值，才能做好客户分类，从而为各类特征不同的客户提供个性化的服务，因而客户价值评估就变得重要起来。传统对客户价值的评估比较粗糙，许多公司只是采用单一的客户消费频次、消费总额等指标来衡量客户价值，消费金额高则客户价值高，消费频次高则客户价值高。但是这其中其实有许多不足之处，通常来说客户由于其本身的消费特点在不同的指标上会有不同的表现，比如说有一些客户会高频消费但是单次消费金额很小，这就导致实际上这些客户对企业利润的总贡献率并不一定非常优越。因此在这样的情况下，只选择单一指标进行客户价值评估就会产生较多的误差，客户价值评估不准对企业的长期规划的制定是十分不利的。于是选择多个指标，建立客户价值评估指标体系逐渐成为学者们常用的客户价值评估方法。

在确定客户价值评估指标体系的过程中，要注意科学性与合理性。首先关于指标数量的限制问题，在衡量不同企业的客户价值时所建立的评估指标体系往往是不同的，一方面企业的数据存量以及质量会影响最终的指标数量，而在研究未来进程中评估过程的复杂性也往往是与指标数量成正比的，另一方面由于不同企业业务涉及行业的特点问题，指标体系的建立会因为行业的特殊性产生一些差异化的指标，但一般来说，最终客户价值指标体系的指标数量一般在10~15个之间，这是基于学者大量研究所总结出的一个相对科学的数量；其次是在建立客户价值评估指标体系的过程中，要考虑评估环境的限制，评估对象的不同会导致所选择的指标细化程度不同，比如在考虑客户忠诚度时要考虑客户正常履约率以及未来的合作可能等，在考虑服务成本时要考虑赠品成本以及服务时间成本等，要根据不同的评估对象合理把握指标的细化程度；最后在进行指标选择时要注意遵循五大原则：系统性原则、动态性原则、可比性原则、独立性原则以及定量与定性相结合原则。

表 5.2　指标选择原则

原则	含义
系统性原则	在选择指标时不仅要考虑客户当前的价值，还要考虑客户未来可能产生的价值，从而保证指标的全面性。
动态性原则	随着时间的变化。评估客户价值的各项指标也会随之变化，因此要注意指标体系的种类和权重要及时更新。
可比性原则	可以从两方面来理解，一方面是指评价指标的可比性，即建立出来的指标体系需要给各个指标赋予权重，从而标榜其重要性，另一方面是横向的可比性，即不同的客户之间可以进行比较，从而辅助企业进行客户价值分类。
独立性原则	各指标之间要尽可能地相互独立，避免因为指标之间的内相关性从而造成更加复杂的分析与计算。
定量与定性相结合原则	将定性研究方法和定量研究方法结合起来，从而更加准确地评估客户价值。

四、基于客户价值的管理策略

对客户价值的精准把握，是企业进行管理策略制定的重要支撑。客户价值是客户关系管理中的关键一环，当企业对不同客户的价值有全面的把控时，企业就可以根据客户的价值，选择性地进行营销或服务。对高价值的客户企业要投入最多的成本与资源，给予尽可能优质的产品以及服务，做好客户维系。同时高价值客户对企业的忠诚度也是最高的，更容易接受企业的高质量产品，因此企业也要注意开发这部分客户的升级消费；对于中等价值的客户，企业不必匹配与高价值客户相同的资源与服务，但是这部分客户是典型的潜力客户，所以当企业有额外的资源时也要做一定的资源倾斜，力图实现中等价值客户向高价值客户的进阶；最后对于低价值客户，企业只需要做标准化的管理、统一化的营销与服务，不必付出额外的成本，甚至对于一部分长期未消费并且明显无消费计划的负值客户，可以选择直接放弃，从而节省企业的成本。客户关系的管理策略能够渗透到企业经营管理的各个环节与过程，从产品的研发与设计、产品的生产与销售到营销活动的策划、售后服务的保障等，以上各个企业价值链环节都能在其中设计具体的管理策略以提高客户关系的维系水平。

　　按照客户价值对客户进行分类管理，对企业实现有效的客户关系管理有着重要的意义，能够提高企业的投入产出比。但是同时新的问题也随之而来，如何根据客户价值划分客户类别，传统的方法只是根据管理者或高层的经验粗略地划分高、中、低价值客户，但是这种划分界限并不清晰。当客户分类不准确时就难免会造成有消费潜力的客户被忽略掉，而重点营销的客户又不具备消费能力的情况，给企业造成不必要的损失，因此，客户细分的重要性就凸显出来。

第三节　客户细分

　　客户细分，即将企业的客户群进行细分，划分为不同的客户群，这些客户群分别具有其突出的特征，主要表现为忠诚度、满意度、消费额等，从而帮助企业直观地抓取不同客户群的客户特征，实现对症下药，采取适当的鼓励消费或客户维系手段，使得企业与顾客的价值最大化。精确的客户细分结果对企业实现对点营销、提高产品推广、宣传等方面的成本投入产出比具有重要的意义，能够帮助企业实现成本控制与利润最大化，因此客户细分的重要性不言而喻。本节内容将总结传统与现代的客户细分模型，并分析利弊。传统的客户细分模型由于指标选择缺乏全面性以及技术水平的限制等因素，细分结果相对较为粗糙，而现代的客户细分模型依托于大数据与互联网，采用的前沿算法，大幅提高客户细分结果的精确性。

一、传统客户细分模型

（一）客户金字塔

客户金字塔模型为最初成型的客户细分模型之一，初步地实现了客户的"分而治之"。模型将消费者群体视作金字塔，最上层为对企业最有价值的顾客，最底层为对企业贡献最小价值的顾客。根据客户金字塔，企业可以将客户分为四个层级，根据客户不同的盈利能力，为客户提供差异化的服务。客户金字塔的结构如下图所示：

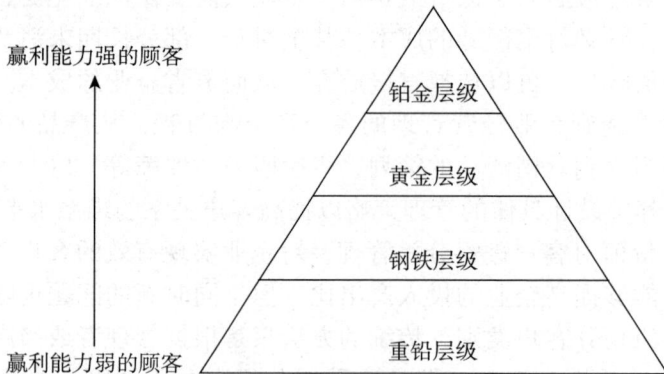

图 5.1　客户金字塔结构

客户金字塔进行客户细分的内在逻辑就是客户价值的不同，因此客户价值评估实际上是客户细分的前端工作，根据客户价值将客户分为金字塔中的四个类别。最经典的"二八理论"就是来源于客户金字塔，即 20% 的客户创造了 80% 的利润，而 80% 的客户仅提供了 20% 的剩余收入和利润。在进行客户细分后，企业对不同层级的客户进行差异化管理，这样可以帮助企业将资源集中在最顶层的客户中，从而最大化企业的创收能力。

（二）RFM 矩阵

RFM 矩阵即利用 R（Recency）、F（Frequency）、M（Monetary）三大指标作为客户价值的评估依据，对客户价值进行计算，而后对客户进行归类。R（Recency）指的是客户最近一次交易时间的间隔，R 值越大，表示客户发生交易的间隔越久；F（Frequency）指的是客户在最近一段时间内交易的次数，F 值越大，表示客户交易越频繁；M（Monetary）为客户在最近一段时间内的交易总额，M 值越大，表示客户价值越高。针对这三大指标，企业对客户数据进行采集与整理，按如下标准进行客户细分，每种指标类型的表现对应不同类型的客户。

表 5.3　RFM 客户分类标准

RS 分类	FS 分类	MS 分类	客户类型
高	高	高	高价值客户
低	高	高	重点保持客户
高	低	高	重点发展客户
低	低	高	重点挽留客户
高	高	低	一般价值客户
低	高	低	一般保持客户
高	低	低	一般发展客户
低	低	低	潜在客户

二、客户生命周期理论

客户生命周期理论为在时间维度下客户的价值细分模型。模型将客户价值分为五大周期，分别为导入期、成长期、成熟期、休眠期以及流失期。导入期为客户初始进入企业的资源库中，刚刚使用企业的产品或服务，用户价值在未来可能出现缓慢的提高。成长期为用户初步培养起使用企业产品或服务的习惯，客户忠诚度提升，认同企业的核心价值，也会定期使用产品或服务。成熟期为客户对产品形成高度的使用习惯和依赖，这时客户价值、客户满意度和忠诚度达到顶峰，能够给企业贡献较高的商业价值。休眠期为成熟期后的下降区段，客户对于企业产品和服务的熟练度开始降低，客户为企业贡献的商业价值也随着时间的推移不断下降。流失期指客户长时间未使用过企业的产品和服务，企业的营销策略也无法再次激起消费者的消费欲望。客户生命周期中随时间推移的客户价值曲线如下图所示。

客户生命周期模型

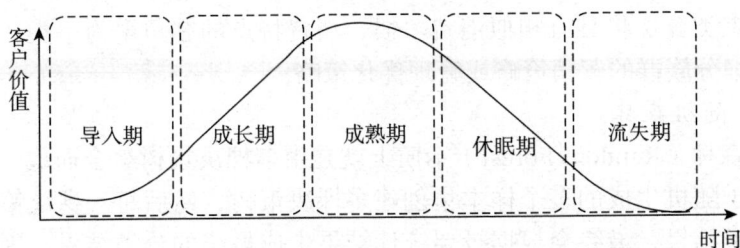

图 5.2　客户生命周期管理理论

与以上客户金字塔、RFM 等模型不同的是，客户生命周期模型针对某一个客户或某一种类型的客户在时间上进行客户状态的细分。而客户金字塔和 RFM 模型通过客户价值评估指标体系对某一个客户或某一种类型的客户的现有状态进行细分。三者相比，客户生命周期模型赋予了客户细分以时间维度，但不免元素过多，模型对于客户价值的评估有些粗糙，只能大体感受客户价值在时间上的变动和发展。客户金字塔与 RFM 矩阵能够从具体的指标上体现该组客户的价值特征。

三、现代客户细分模型

（一）K-means 算法

K-means 指 K 均值聚类算法，即 K-means clustering algorithm。K-means 算法是一种简单且有效的统计聚类算法，可以将相同属性的样本归置到一类，其流程比较简单，本质原理就是能够让簇内的样本点欧氏距离达到最小，而让簇间的欧式距离达到最大。主要流程可以分为三大步：

第一步是进行输入与初始化。将样本集作为输入，设置最初的簇数、最初质心的位置和最大迭代次数等参数。在启发式算法迭代下，质心的选择影响最终的分类结果，对模型的结果非常重要，需要谨慎选择。算法的输出是具体簇的划分、最终的质心和每个簇的样本，将簇初步划分为（A_1，A_2，$\cdots$，A_k）。

第二步是计算每个样本点与质心的距离。计算样本与质心之间的距离，即，$d_{ij} = \parallel x - o_i \parallel_2^2$ 将样本 x 标记为最小的 d_{ij} 所对应的类别。

第三步是不断的迭代与更新。算法返回第二步进行反复的迭代计算，更新质心、距离和样本所归类别。当所有的质心向量都稳定为某一定值时，则算法达到最优结果，输出簇划分和内部样本。

K-means 算法对数据量的要求比较小，模型原理就是依据欧几里得距离，数学原理明确，操作也较为简单，但是这也导致 K-means 算法的聚类结果比较粗糙，精度不佳。就 K-means 算法在客户细分领域的应用上来说，学界和企业往往通过聚类算法将具有相似消费习惯、消费特点的客户聚为一类，并提出对应于每个细分族群的营销策略或管理优化策略。

（二）随机森林

随机森林（Random Forest）本质上就是由多棵决策树组合而成，即在数据样本上基于随机生成的多个样本集创建多棵决策树，然后每一棵决策树都会生成一个分类结果，最终会根据投票统计结果生成最终的分类结果。因此简单而言，随机森林最终输出的类别是所有决策树的类别结果众数。

随机森林算法的核心思想在于"随机性"，通过随机性来提高模型的寻优能力。随机森林的"随机性"有三层含义：一是对训练样本随机采样，从而保证训练结果的科学性与有效性；二是对属性的随机采样，例如每一棵树都随机选择 60% 的属性；三是基于随机采样的属性的决策树构造，由于训练样本与属性的随机选择，保证了第三步所构建的每一个决策树都是有个性的。在大量具备个性的决策树运行下，哪怕训练样本都来源于同一数据集的部分数据，结果也仍然会出现大量的差异，而随机森林模型正是要在这样的波动差异中寻找到最稳定可靠的数据结果，从而保证了数据处理的准确率。因而对于随机森林模型来讲，决策树之间的相关性越大，输出结果的误差就会越大；而反之，每棵决策树的个性越强，则对模型结果的精准性越有利。

随机森林模型具有许多优越性：首先，随机森林在处理高维数据上具有较强的优越性，这主要是因为属性特征子集形成的随机性降低了高维带给数据处理的难度；其次，随机森林进行数据处理通常具备极为优越的准确率，并且处理速度很快；最后，随机森林还可以帮助数据处理者区分出每一个属性对数据分类的重要性，这对处理高维数据也是一大重要优势。但同时，随机森林也存在容易出现过拟合的缺点。

图 5.3　随机森林的运行机制

为了解决随机森林的弊端，衍生出了随机森林的三大变体：Extra trees、Totally random trees embedding（TRTE）及 Lsolation forest。

1. Extra trees。Extra trees 与随机森林的差异之处主要有两点：一是样本不采取随机采样，而是每个训练集均为原始训练集；二是根节点的选择是随机的，而非基于信息增益等筛选机制。基于这样的机制改进，Extra trees 整体决策树的规模大大加大，决策结果的方差降低，并且由于以全数据集作为训练集，使得其泛化能力较随机森林有明显提高。但同时这也意味着一定的弊端，所有的训练集均采用原始训练集使得决策树之间的差异化降低，会导致算法整体偏倚度增强，同时全数据集会导致计算任务的增加，拉低其数据处理速度。

2. Totally random trees embedding（TRTE）。随机森林最终的结果输出主要

是依赖于投票机制，每一个数据进入决策树后都会接受分类，一棵决策树可能存在多层，例如三层的决策树会至少存在四个叶子节点，这些节点有可能是同一类别的。事实上，越接近底层数据越难以区分，即使成功区分，那么其进入的也可能不是同一个叶子节点。TRTE 就是对这种机制进行了改进，将每一个叶子节点都进行位置编码，从而为每一个数据定义最终的位置编码，将随机森林的多数投票机制改进为位置判别进行分类，分类的精度更高。

3. Lsolation forest（LF）。Lsolation forest，中文名称为孤立森林，这是一种基于随机森林改进的专注于异常点检测的算法，其优势在于较小的样本即可满足异常点检测的需求，其决策树的深度一般较低。

就随机森林及其延伸算法在客户细分领域中的应用上说，该模型可被看做决策树结合投票机制的结合。决策树模式指的是依据不同的指标表现将客户分为不同类别，不同的决策树对同一客户可能会有不同的判断。于是随机森林模型中的投票机制在此发挥作用，综合不同决策树的判断数值并进行投票，得到客户最终所属的类别。

（三）SOM 神经网络

SOM 神经网络为自组织映射神经网络（Self-organizing map），能够处理单元阵列（一维或二维上形成输入信号）。与以往常用的 BP 神经网络结构不同的是，SOM 神经网络的层级分为输入层和竞争层，输入网络的向量个数决定了输入层的神经元个数。SOM 神经网络的结构如下图所示：

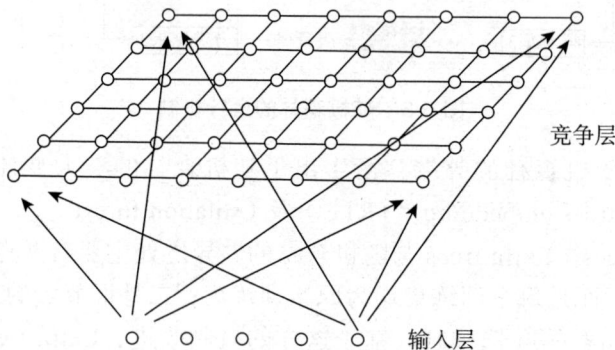

图 5.4　SOM 神经网络拓扑结构

SOM 神经网络的算法过程如下所示：

第一步是参数设计，由于 SOM 神经网络为无监督神经网络，需要设计的参数较少，主要涉及节点数设计、输出层神经元个数、学习率等。

第二步是进行初始化，初始化指算法相关参数与能够影响算法后续运行的所有环节的初始化。首先，输入与输出的神经元数量为最重要的参数之一。一般输入神经元数量与数据输入维数大致相同，输出神经元数量与想要把数据集区分成的类数一致。其次，与算法运行相关的优胜邻域初始化、学习率初始化等也是初始化环节中的重点工作内容。

第三步就是模型运作。首先寻找获胜节点，即计算神经元之间的点积，从中选择值最大的神经元作为获胜节点；若模型采用的是欧氏距离，则采用欧氏距离计算出距离最小的获胜节点。接下来以获胜节点为中心确定权值调整域，定义优胜邻域。权值调整指调整神经元之间的链接权重。一般初始优胜邻域范围较大，训练过程中会随着迭代计算慢慢缩小，直至达到理想结果。在调整权值时，学习率的选择可用单调下降函数，可选择的有以下几种：

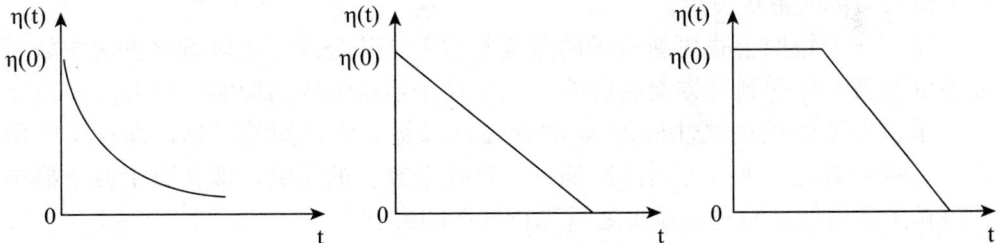

图 5.5 学习率函数选择

最后一步为算法结束，SOM 神经网络为无监督神经网络，不具有 BP 神经网络等具有的误差概念，训练何时结束以学习率是否达到目标值，或者算法是否达到迭代次数为判断条件，不满足条件则返回迭代。

SOM 神经网络主要应用于聚类问题，应用于客户细分时，需要设计指标体系，进行数据采集与标准化，再设计 SOM 神经网络的拓扑结构，最终输出客户细分结果。SOM 神经网络的优劣势也较为明显。优势在于聚类过程中能够保留数据源本身的拓扑结构特征，聚类较为简单有效；但同时也存在两点较为突出的劣势：一是对于 SOM 神经网络而言，其参数设计的质量对模型结果的影响十分显著，因此若参数不合理很容易产生"死神经元"的问题；二是神经网络竞争层的神经元个数需要提前制定，对竞争网络结构的限制会直接影响网络的收敛速度。为了解决这些局限性，SOM 神经网络出现了两大变体，改进的机制可以解决这些局限性。

1. P-SOM。SOM 是将 PSO 算法与 SOM 神经网络进行了组合，以 PSO 算法的优势来改善 SOM 神经网络的部分局限性。PSO（Particle Swarm

optimization）名为粒子群优化算法，与遗传算法类似，这也是一种仿生算法。其原理来源于鸟类飞行与觅食的社会活动，鸟群通过个体之间的信息交互来寻求全局最优点。因此，PSO 算法核心就是将鸟群比作粒子，利用群体中个体对信息的共享，使得群体运动在问题求解过程中由无序向有序演变，从而获得问题的最优解，实现全局寻优。整个算法运行的过程中都维持追求两个极值的原则，即个体历史最优位置与群体历史最优位置。由于原理简单、参数较少、容易实现等优点，PSO 算法的运用广泛。其具体运作原理如下：

第一步为初始化粒子群，包括搜索空间的上限和下限、学习因子、算法的最大迭代次数等，粒子速度的上限与下限，完成粒子位置和速度的随机初始化。

第二步为依据具体情境中拟定的适应度函数，计算每个粒子的适应值。目的在于以适应值作为核心依据，始终保留个体最佳适应值与群体最佳适应值，即个体与群体的最优位置。

第三步为按照公式更新粒子的速度与位置，从公式中可以看出算法中粒子的速度更新主要受到三方面的影响：一是粒子运动惯性的影响，即对之前速度的继承，主要体现在惯性权重 ω 的存在；二是自我认知的影响，即粒子的历史飞行经验对之后飞行方向的影响；三是社会经验的影响，即在整个粒子群中其他粒子的飞行经验对该粒子之后飞行方向的影响。

$$v_{id}^{t+1} = \omega v_{id}^t + c_1 r_1 (p_{id}^t - x_{id}^t) + c_2 r_2 (p_{gd}^t - x_{id}^t)$$

$$x_{id}^{t+1} = x_{id}^t + v_{id}^{t+1}$$

其中，ω 为惯性因子，c_1，c_2 为学习因子，通常取 $c_1 = c_2 \in [0，4]$，r_1、r_2 为（0，1）上的随机数，P_{id} 表示第 i 个变量的个体极值的第 d 维，P_{gd} 表示全局最优解的第 d 维。

第四步为计算更新后的每个粒子的适应度值，将每个粒子的适应度值与其历史最优位置的适应度比较，若更好则将其当前位置作为该粒子的最优位置。

第五步为对每个粒子的最优位置对应的适应度值与种群最佳适应度值对比，如果更优，则更新种群的最优位置与最佳适应度值。

第六步为判断搜索结果是否满足停止条件，通常是达到了最大迭代次数或者结果达到了精度要求，若满足停止条件则输出结果，否则转到第三步继续运行直到满足条件为止。

P-SOM 将 SOM 神经网络中涉及的权向量看作粒子，将输入神经元与权向量之间的欧式距离看作适应度函数，在算法运行过程中，PSO 算法会帮助权向量寻优，使得欧氏距离最小，并且 PSO 算法会使得每一个神经元的权重得以更新，避免"死神经元"的出现，其具体运作模式如下图：

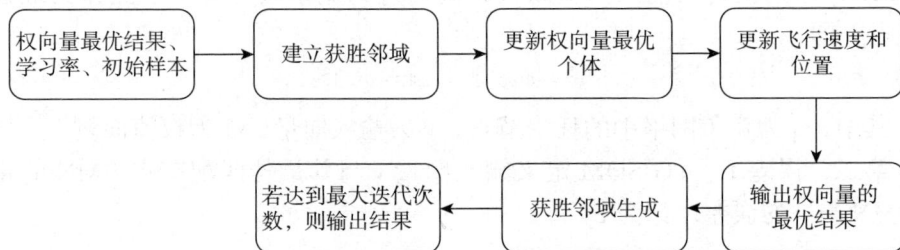

图 5.6　P–SOM 运作流程

总体而言，P-SOM 的运行机理比 SOM 神经网络更加复杂，主要表现在更新机制吸纳了 PSO 算法的优点，因此更新机制更加复杂，但同时这也显著提高了 P-SOM 的全局搜索能力，使得算法的优越性更为突出。

2. TG-SOM。TG-SOM（Tree-structures Growing Self-Organizing Maps），即动态增长自组织映射模型。该神经网络主要是解决 SOM 神经网络需要提前制定竞争层神经元个数、从而影响数据收敛速度的弊端，在 SOM 神经网络基础上采用灵活的树型结构，即可以按照需要在任意恰当位置生成新节点，提高算法执行效率。

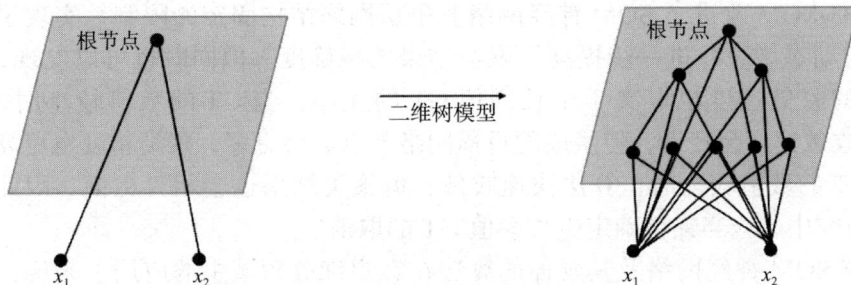

图 5.7　TG–SOM 网络结构示意图

TG-SOM 的网络结构与 SOM 神经网络相同，都由输入层和输出层两部分组成。其初始网络结构如图 4.7 左图所示，只含有一个根节点。之后，以这个节点为根不断生成新节点，形成二维树结构（如图 5.7），并且这些结点与输入层的所有节点都是全互连接的状态，节点权值的调整与 SOM 类似。TG-SOM 的改进核心在于其根节点的生成原则，引入了两个新概念：最佳匹配节点 BMN 及输入向量与 BMN 的误差。

第一，最佳匹配节点 BMN。TG-SOM 为每一个输入向量设计最佳匹配节点 BMN，原则是将与输入向量欧式距离最近的竞争层神经元节点作为最佳匹配节点，即：

$$\| v - \omega_{BMN} \| \leq \| v - \omega_q \|$$

其中，q 为竞争网络中的任一节点，v 为输入向量，ω 为权值向量。

第二，误差 E。TG-SOM 定义输入向量 v 与其最佳匹配节点 BMN 的距离为 BMN 与 v 的误差，记为 E。

$$E = \sum_{k=1}^{D} (v_k - \omega_{BMN, K})^2$$

其中，D 为 v 的维数。

TG-SOM 的具体运行机制如下：

步骤一为对输入向量进行标准化至 [0,1] 区间，同时将根节点的权值向量随机赋予 [0,1] 的随机值，根据研究需要计算生长阈值 GT。

步骤二为输入样本，寻找最佳匹配节点，计算误差 E。

步骤三为当 E>GT 时，则生成新的节点，当 E ≤ GT 时，则进行 BMN 邻域的权值调整，此处定义竞争层任一节点 q 及其子节点为 q 的邻域。

步骤四为循环以上步骤，直到不再生成新的节点。

TG-SOM 改进了 SOM 神经网络竞争层网络结构固定的限制，实现了神经网络的动态增长，进一步提高了聚类结果的精确度。但同时也可以发现，TG-SOM 的收敛速度也取决于生长阈值 GT 的大小，当 GT 的数值较小时，TG-SOM 收敛速度会变慢，但生成的目标网络节点数会更多，聚类精度也更高；反之，GT 的数值较大时，算法快速收敛，但聚类结果也会相对粗糙。因此，在实际研究中，应当谨慎确定生长阈值 GT 的取值。

就 SOM 神经网络及其延伸的算法在客户细分领域中的应用上来说，算法实践过程相较于其他算法较为简便，仅需要整理数据、调整神经元的数量即可；且该算法为无监督的神经网络，无需划分学习集和训练集，可将全部的客户数据放入算法进行训练。

（四）SVM 分类器

SVM 分类器（Support Vector Machine）的本质是空间中最大化点位间隔的线性分类器，是一种二分类模型。该分类器不仅仅限于二维空间样本点的分布，对于超平面的样本点也能进行分类。能够将样本点分隔开的算法有很多，但 SVM 分类器能够将最佳的超平面寻找出来。模型原理和算法流程如下。

给定一组训练数据和超平面，如下所示：

$$T=\{(x_1, y_1), (x_2, y_2), ..., (x_i, y_i)\} \in (x_1, y_1)^l$$

$$x_i \subset R^N, y_i \subset \{-1, 1\}, i=1, 2, ..., l$$

$$(w \times x) + b = 0$$

超平面可以准确划分所需要训练数据，算法将寻找最优的分类超平面。最优的分类超平面在算法的机制设计中具有如下特征，分类的超平面能够使训练数据与超平面之间距离最大，数据集与最优超平面的最小距离是：

$$M = \frac{|(w \times x) + b|}{\|w\|}$$

满足约束：

$$y_i [(w \times x_i) + b] \geq 1, i = 1, 2..., l$$

由以上模型计算出的最优超平面能够将样本进行精准分类。在实际分析状况中，可能产生超平面不能精准分类的情况，因此需要引入超曲面。SVM 设计了核函数，即下图的 k 函数。

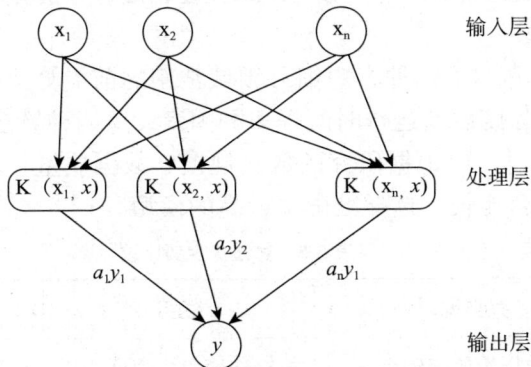

图 5.8　支持向量机算法结构

核函数可以对输入空间进行内积运算，是 SVM 分类器重要的参数之一。常用的核函数有以下几种：

表 5.4　核函数计算方式

常见核函数	计算公式
线性核函数	$K(x_1, x) = x_1 \cdot x$

常见核函数	计算公式
高斯径向基核函数	$K(x_1, x) = exp(-\|x-x_1\|/2\sigma^2)$
多项式核函数	$K(x_1, x) = (x_1 \cdot x + c)^d$ d 为正整数
Sigmoid 核函数	$K(x_1, x) = tanh(\vartheta(x-x_1) + b)$

比较不同核函数的分类的准确率。在实际处理分类问题时，分别计算几种核函数的分类性能，将准确率最高的核函数作为最终用于预测分类的核函数即可。除了核函数之外，决策函数、分类层次以及支持向量个数也是 SVM 分类器的重要参数。决策函数取决于具体的研究情境，包括样本间的欧式距离、精度等；分类层次根据具体需求，通常使"分类层次 =4"；支持向量个数的确定需要通过算法的反复迭代测试，从而选择效果最好的一个。

就 SVM 分类器在客户细分领域的应用上来说，该模型的专业度较强，应用难度较高。具体而言，算法的训练需要大量的数据支撑，需要较为专业的参数测试能力。但该模型最终生成的客户细分结果往往精度也是最高的，颗粒度也较小。

（五）算法比较

本小节我们共介绍了四种客户细分领域常用的前沿算法模型，由于对数据量的要求、操作难易度以及运作时间等多种因素，这四种算法各有利弊。因此，面临实际研究需求时，要根据研究的数据规模、数据质量、训练时间要求、结果颗粒度要求等综合比较，选择准确率最高的模型。

表 5.5　算法优劣势比较

算法名称	数据要求	优势	劣势
K-means 聚类	数据量要求较小	操作简单、速度快	结果粗糙、精度低
随机森林	数据量要求大，且数据输入前需要进行标准化	多棵决策树的集成算法，算法精度提升，输出结果取均值避免过度拟合	当数据的属性以及属性取值较多时，容易出现过度拟合的问题，影响模型精度
SOM 神经网络	数据量要求大，且数据输入前需要进行标准化	操作较为简单、参数设计难度较低，不易受独特值的影响	由于要预先设置竞争层神经元的个数，因此数据收敛速度难以保证

算法名称	数据要求	优势	劣势
SVM 分类器	数据量要求大、数据输入前需要进行标准化；若数据分布较为密集，会影响松弛变量与核函数的选择	可以解决非线性分类的问题，分类效果精准	对参数设计依赖性强，参数设计难度高，易出现难收敛的情况

四、案例分析——W 医疗器械公司客户细分与精准营销方案

（一）W 公司背景与问题分析

W 公司成立于 1998 年，主要从事高端创新医疗解决方案的制定。在过去的二十余年间，W 公司经历了高速扩张发展的阶段，产品已经进入全国上万家医院和诊所，业务遍布中国大小城市，以北京、上海、杭州、深圳、广州、武汉六大城市作为重点部署城市。然而时代发展从未停滞，医疗器械行业更是日新月异。伴随着市场竞争的愈发激烈，W 公司传统的竞争优势逐渐流失，管理模式的创新与改进迫在眉睫。在服务优势愈发凸显的当下，客户作为利润价值的来源是公司需要慎重维护的巨大财富。因此，如何改进传统客户管理高成本、低效率的弊端，从而实现有效、高效的客户关系管理是目前 W 公司需要首要解决的问题。

事实上，W 公司一直十分关注客户关系的管理。W 公司建有 CRM 系统（如图 5.9），并且系统的模块比较完善，但是 W 公司的客户关系管理仍旧效率不高，主要原因是对系统信息的利用并不充分，导致客户信息的价值并未充分发挥。

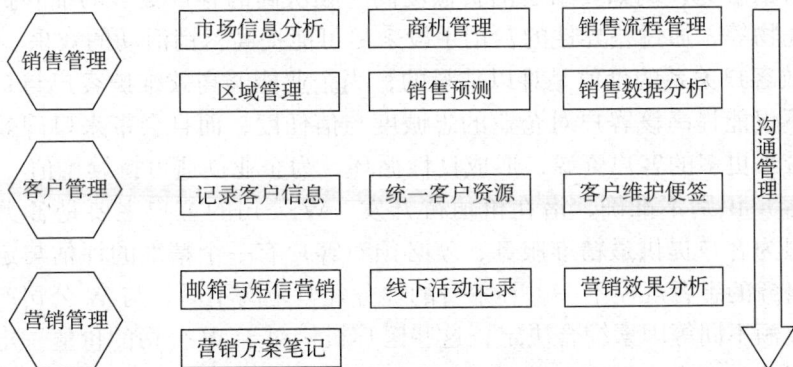

图 5.9　W 公司 CRM 系统结构

W 公司的 CRM 系统分为三大板块：销售管理、客户管理与营销管理。销售管理是该 CRM 系统的基层数据基础，其中累积了 W 公司长期的市场洞察、商机管理以及销售数据等；营销管理应当是 W 公司整个业务流程的前端部分，担任着营造 W 公司产品形象、品牌声誉的重任，直接地做出触达客户的行为与动作，包括邮箱与短信营销、线下活动的组织与记录等；而客户管理则是作为销售管理与营销管理的"桥梁"部分存在。若想充分发挥客户价值，W 公司的三大模块必须充分发挥价值，一方面销售管理模块中应当充分挖掘客户信息，包括客户偏好、消费习惯等，从而为营销管理提供数据支撑，使得营销活动更加具有针对性，提高营销成本的投入产出比；另一方面营销活动的精准性提高，会直接促进销售业务的顺利开展。二者相辅相成、互相促进，因此客户管理板块作为二者连接桥梁的重要性就愈发凸显，这也是目前 W 公司存在的主要问题，客户管理的连接性不强，导致销售管理与营销管理断层，从而降低了整体的业务效率。通过分析发现，W 公司的客户管理主要存在两大问题：

1. 关注关系但未关注关系有效性。事实上，W 公司已经关注到了在医疗器械销售中"关系"的重要性，但是公司在关系维护上往往采取相同的手段，所以尽管 W 公司十分重视与医疗机构、采购商以及政府机构等的关系维护，但是高成本低收益，总体而言并未有太大助益。关系要有优劣远近之分，W 公司在实际的关系维护过程中要注意采取差异化战略，这与定价策略中的差异化定价原理是一致的。在定价的过程中，出于对地区、消费水平、生产成本等多因素的考虑，往往进行差异化定价。那么在客户关系维护中，也是同样适用的：公司应当根据客户的偏好、习惯、消费水平等进行不同频次、不同力度、不同方式的营销触达，例如要给予消费额度高、频次高的客户更多的福利折扣、节日暖心礼物等，通过差异性的营销手段来尽可能提高营销活动的效果。

有效客户关系的价值是难以估量的，当企业能够高效维护客户与企业的关系时，不仅能提高该客户对企业的忠诚度与信任度，而且会带来口碑效应，即客户会带来更多的客户资源，形成良性循环，为企业创造可持续价值。

2. 客户识别不准确，潜在价值待开发。W 公司的客户主要是各类医疗机构，要想为客户提供最精准服务，就必须对客户有一个精准的评估与定位。医疗机构服务的患者规模不一、其本身的业务经营范畴不同、与 W 公司产生的交易频次金额不同等因素综合决定，这些医疗机构对于 W 公司的价值一定是不等同的。因此，对客户精准细分后进行分层次管理，根据客户的价值不同提供相应层次的服务，才能帮助 W 公司充分发挥所有客户的潜在价值。

（二）思路设计

通过对 W 公司客户关系管理存在问题的深入分析，研究明确要解决 W 公司的困境，就要为其设计客户细分方案，帮助 W 公司对不同层次的客户制定差异化营销策略，从而提高 W 公司的营销活动效果。具体研究思路如下：

步骤一为基于指标选取原则，并结合 W 公司的实际问题与需求，设计适用于 W 公司的客户价值评估指标体系。

步骤二为在对 W 公司客户价值有了明确评估后，选取 SOM 神经网络作为客户细分技术。原因有二：一是 SOM 神经网络操作相对简便，参数设计难度低，且细分结果精度高；二是 W 公司的 CRM 系统经过长期的运行与积累，可以提供足够量级的数据样本来支持 SOM 神经网络的运行。

步骤三为对 SOM 神经网络输出的客户细分结果进行分析，识别每一类客户的细节特征，并根据其特征针对性制定适用于每一类别客户的精准营销策略。

（三）研究过程

1. 建立客户价值评估指标体系。首先，依据学者研究以及 W 公司对于客户价值的主要衡量标准，初步确定了 12 个指标：最近消费间隔（天），消费频率（次）、总消费金额（元）、客户信用、客户满意度、年收入贡献、增量购买次数、可变成本（维系成本）、消费产品种类数、客户关系维系时间、服务成本以及客户忠诚度。

之后，根据科学性与可操性的标准对指标进行排序，完成初步筛选，共剔除 4 个指标：一是客户满意度，若想对客户满意度进行度量则需要通过问卷或访谈的方式进行，但由于 W 公司客户量级庞大，测量周期过长，因此出于可操性不高的原因将客户满意度剔除；二是消费产品种类数，研究的主要数据源是基于 W 公司的 CRM 系统，但是对于消费产品种类数，系统并没有专门的记载板块，因此考虑数据基础差、难以使用的原因，将消费产品种类数剔除；三是增量购买次数，该指标与 RFM 指标的主要衡量内容重复，因此剔除；四是客户关系维系时间，W 公司对于客户生命周期并无完整记载，因此该数据难以获得。

经过初步筛选后，初步整合 8 个可用指标，指标来源共有三种：一是学者历史采用的权威性高的指标；二是 W 公司常用的客户价值判断指标；三是本研究创新设计的指标。在初筛基础上，研究进行指标复选，主要依据原则是独立性与有效性。首先，独立性指的是如有两个或多个指标具有一致性的表意，则只保留一个，可变成本与服务成本的表意相近，因此剔除可变成本；其次，有效性指的是指标对客户价值评估这一主题的有效贡献度，收入贡献可通过 RFM 指标进行拆解测度，且更加细节准确，因此将年收入贡献剔除。

经过两轮指标筛选，确定共 3 个一级指标、6 个二级指标（如图 4.9），所有的指标数据都来源于 W 公司 CRM 系统的销售管理与客户管理模块。

表 5.6　W 公司客户价值评估指标体系

一级指标	二级指标	含义
消费属性	最近消费间隔（天）	该客户最后一次在 W 公司消费至今的时间间隔
	消费频次（次）	至今该客户在 W 公司的消费次数
	总消费金额（元）	至今该客户在 W 公司的消费金额
消费者属性	客户信用	该客户的消费金额偿还信用等级
	客户忠诚度	平均一年在 W 公司的消费次数
服务成本	服务成本	交易过程中产生的额外服务次数

2. 数据采集与处理。依据以上指标体系确定数据来源并进行数据采集，如下表所示：

表 5.7　W 公司客户价值评估指标体系数据来源

一级指标	二级指标	CRM 来源
消费属性	最近消费间隔（天）	销售数据模块：第一次消费记录与最近一次消费记录的时间差（以天为计）
	消费频率（次）	销售数据模块：销售记录条数
	总消费金额（元）	销售数据模块：销售数据总额
消费者属性	客户信用	销售管理模块：按照还款记录是否有延期、欠款行为发生，由此定级
	客户忠诚度	销售管理模块：统计消费次数与年数的比值
服务成本	服务成本	客户管理模块：平均每年每个客户下的服务记录条数

而后需要对以上数据进行数据的预处理。预处理主要分为两个阶段，第一个阶段是数据清洗阶段，即通过判断缺失数据的重要性，对空白数据进行处理。

一是补充法，若空白产生在客户信用和服务成本上，则采用按照均值补充的方式；二是删除法，若空白产生在 RFM 指标或客户忠诚度上，则直接删除该客户信息。第二个阶段为数据标准化阶段，即通过判断指标的正反向确定标准化的方式，如下公式所示：

$$y_{正向} = \frac{x - x_{min}}{x_{max} - x_{min}}$$

$$y_{反向} = \frac{x_{min} - x}{x_{max} - x_{min}}$$

经由以上数据采集和预处理，案例共采集到 9981 条有效的客户数据。

3. SOM 神经网络建模。SOM 神经元需要设计的参数：输入与输出神经元个数、学习率、拓扑图形结构等。一般而言，输入神经元的的个数一般与输入数据的维数相同。案例涉及 9981 条客户记录，6 大指标，即形成 9981 × 6 的矩阵，输入神经元共 6 个，形成自有的拓扑结构。输出神经元为 4 个，一般输出神经元表示最终分类的类别数。初始化过程还将初始化权向量 W_{ij}，代表 x_i 与 x_j 之间的链接权重。建立初始优胜邻域 N_j（0），即初始时期同属于 x_j 相关神经元组成的邻域。学习率 η（t）赋以随机初始值。

从训练集中随机选取一种输入模式进行归一化处理，计算输入神经元与竞争层神经元之间的欧氏距离，并选择与输入神经元最相配的节点为激活节点。

找到的激活节点向邻近的节点，分配给激活节点周围的神经元一个权重，如下公式所示：

$$W_{ij} = \exp (D_{ij}^2 / 2\delta^2)$$

其中 W_{ij} 为 x_i 与 x_j 之间的链接权重，D_{ij}^2 为 x_i 与 x_j 之间欧式距离的平方。

而后算法将定义优胜邻域并更新权重，一般初始邻域较大，随着迭代和训练而逐渐收缩，初始邻域值设置为 3。算法到第 561 次迭代时，学习函数便已经衰减到 0.01，算法结束。

4. 模型结果展示。模型结果中显示，W 医疗器械公司的客户群体可以按照客户价值评估体系的设计分为 4 类，第四类共有 4328 位客户，第三类共有 3102 位客户，第二类共有 1627 位客户，第一类共有 924 位客户。每个客户在价值评估指标上的表现各不相同。

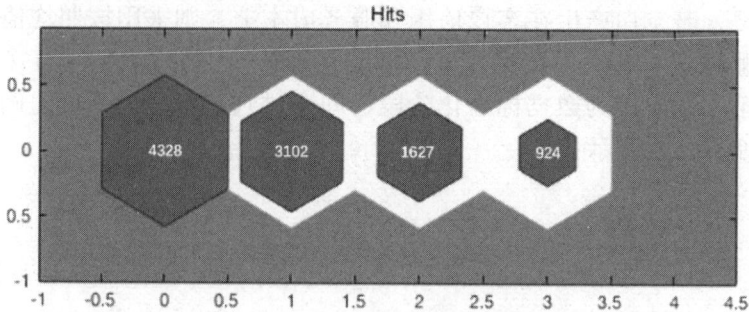

图 5.10　SOM 神经网络模型结果

表 5.8　W 公司客户群体细分结果

	核心客户	战略客户	一般客户	负值客户
客户数量	924	1627	3102	4328
R（Recency）	65.988	98.761	181.45	203.579
F（Frequency）	30.201	26.569	15.08	7.3
M（Monetary）（万元）	1389.0231	754.448	320.901	187.008
客户忠诚度	9.86	4.533	2.12	0.779
客户信用	5	4.232	4.089	3.12
服务成本	19.23	10.3	9.28	9.03

（四）客户管理策略制定

核心客户的特点为消费金额大、消费频繁、客户忠诚度和客户信用均较高，在日常维护过程中与企业产生的交互行为也较多。该类别的消费者数量占总数量的 9.3%，但贡献的销售收入占近 40%，是名副其实的高价值客户。值得注意的是，核心客户中一般包含较为重要的三甲医院、政府采购部门和规模较大的中间采购商。因此信用等级也较高。G 公司应当通过高价值的服务方式来关注目标客户。

战略客户的特点为消费金额、消费频率、客户忠诚度、客户信用、服务成本等都仅次于核心客户。数量占总客户数量的 16.3%。这类客户为消费潜力大，具有一定的忠诚度与消费倾向。尽管客户群数量少，但综合 RFM 指标表现良好、信用等级高。该类客户应注重价值的提升。

一般客户，其特点为客户数量大、消费频率较低。数量占总客户数量的

31.08%。一般客户每次消费均采购量不大，相较战略客户，他们的服务成本也居高不下，成本投入与产出比不高。该类客户应注重价值转化，但无需付出太多成本。

负值客户数量占比最多，消费间隔时间最长，消费频率在近 20 年来也稳定在个位数。这部分客户的服务成本也是居高不下，该类别客户数量占总客户数量的 43.36%。该类别主要囊括了与 G 公司发生过交易的，但可能在未来发展中流失了的客户，因此长时间处于低价值状态。该类客户应当刺激大部分负值客户消费升级，对小部分负值客户进行淘汰，释放资源空间。

第四节　客户流失

一、客户流失

客户细分是客户关系管理的重要内容之一，在对现有的客户进行精细化管理、提高管理效率后，客户关系管理的另一核心维度——客户流失的重要性就显现出来。客户细分管理与客户流失的防范是客户关系管理的两大有效关注点。

当企业的产品与服务无法做到客户满意与客户忠诚时，就会出现客户流失。客户流失是指由于企业各种营销手段的实施而导致客户与企业中止合作的现象。当客户发现企业所提供的产品与服务产生的绩效与自己预期所差甚远，就会产生不满意。这种不满意可能会导致两种结果，一种是客户对企业有较好的印象基础，因而仍然愿意再次消费，但是企业在客户心中的品牌形象仍然会难以避免地受损；另外一种就是直接产生客户流失。此外，企业的营销手段不当也会造成客户流失。以此前引起巨大国民关注度的"新疆棉"事件为例，以 H&M[①] 为首的一系列企业出现抵制新疆棉花的言论，引发了爱国人士的强烈反感，许多地方商场的 H&M 门店甚至直接摘牌，引发了巨大的舆论效应，其中所造成的客户流失量是难以估计的。类似的情况还有许多，Ubras 品牌女性内衣时，"让女性轻松躺赢职场"的广告词被指有侮辱职场女性的倾向，对品牌的形象也造成了较大的损害。

客户流失的原因是多样的，除了企业本身的服务不到位或营销方式不当的情况，竞争对手的客户争夺也是重要的原因。根据经典的"二八原则"，20%的客户可以给企业带来 80%的利润，这 20%的客户就是典型的高价值客户。

---

① H&M 是 Erling Persson 于 1947 年在瑞典创立的服装品牌。

但是每个行业内高价值客户的数量是有限的，因此竞争不可避免。大数据下的竞争更加激烈，各类电商平台的兴起以及信息愈发的公开透明方便消费者进行多方比价，选择性价比最高的企业进行消费，这就促使企业必须时刻监测市场动态，提高产品和服务质量，不断推陈出新，才能在与竞争对手的比较中占据优势，否则就必然面临客户流失的问题。此外，高层管理人员的离职变动也十分容易带来客户群的流失。最典型的就是金融产品，产品经理掌握着大量的客户资源，甚至许多客户选择购买的原因就是因为产品经理的服务，因而一旦产品经理离职或跳槽，就会给企业造成大量的客户流失损失。

因此，对客户流失进行预测，先发性地降低或防止客户流失造成的损失，对企业的长期可持续发展具有重要意义。

二、案例分析——T 金融服务公司客户流失预测

（一）案例背景

客户流失是企业营销中非常重要的概念，尤其是老客户的流失。流失预测的关键在于所建立模型的精度、模型的解释性和数据特征变量的质量，如何建立高效的预测模型和挖掘出有效的数据特征变量是客户流失预测乃至客户关系管理领域亟待解决的关键问题。在电子商务时代、互联网时代以及大数据时代的多重加持下，客户流失预测研究的进行将产生阶段性的革新，比如预测更加精准、效果更加明显等。该转变的出现主要原因有三点：一是文本数据的出现能够帮助企业直接了解客户对该产品的描述、使用感受和改进建议，丰富了数据源类型；二是流失预测模型的应用更加成熟、类型也更加多样，能够适应多种客户流失的预测场景。三是企业的客户规模明显扩大，积累下来的客户数据数量也能够支撑算法与模型的训练。客户流失预测的基本逻辑为建立客户流失风险评估指标体系，采集数据并建立流失预测模型对客户的流失风险进行预测，不同风险等级的客户将匹配不同的管理措施。

T 公司是一家欧洲的大型金融服务提供商，在业务中广泛地使用数据模型。随着互联网时代的到来，金融服务不仅能够有线下的金融机构提供，网上金融服务提高了投资者的交易便捷性。这就推进了金融服务投资热，大规模的金融机构都参与其中，T 公司也感受到了前所未有的竞争压力。除外部竞争压力外，T 公司还面临着客户流失的风险。下图 5.11 为 T 公司从 2015 年到 2021 年的在册客户总数量。可以发现从 2015 年到 2017 年，T 公司的客户数量变动幅度不超过 10%，但是从 2018 年开始出现小幅度下降，2019 年达到下降的峰值，2020 年到 2021 年又在 2019 年的基础上出现了小幅度下降。

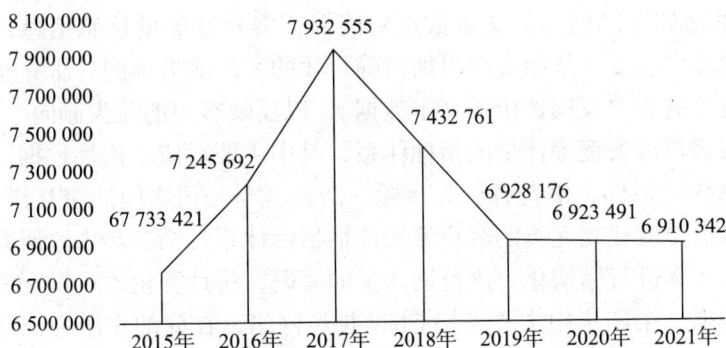

图 5.11　T 公司客户入驻数量（2015 年 ~2021 年）

　　图 5.12 为金融服务市场中从 2015 年到 2021 年的企业数量，可以发现，企业数量呈现逐年攀升的态势尤其是 2018 年至 2019 年，上升幅度已经达到了近 40%。

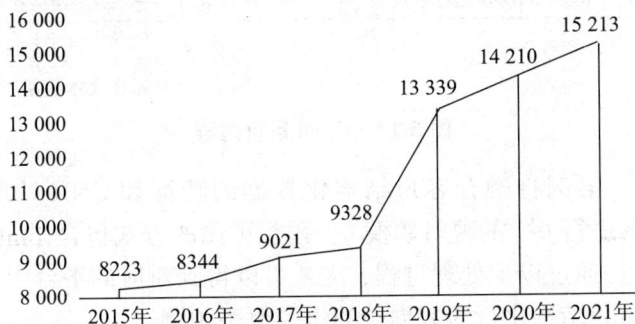

图 5.12　市场中的企业数量（2015 年 ~2021 年）

　　因此 T 公司希望能够设计出更能够吸引消费者的金融产品，以提高产品销量，增强客户忠诚度，降低客户流失率。该预测案例主要对线上银行中金融产品客户的流失风险进行评估，不同流失风险的客户将匹配不同的维系措施。

（二）研究思路

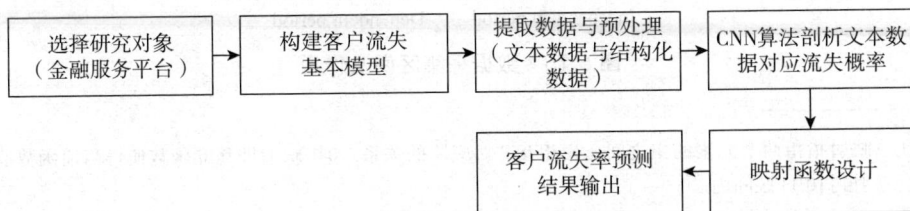

图 5.13　研究思路

研究思路如上图所示。文本数据更能保存客户原始的情感信息，从细微处反映客户的真实态度，从而实现更加精确有效的客户流失预测。研究通过 T 公司平台获得充分的客户反馈评价（文本数据），以反映客户的流失倾向。第二步中，建立全面的客户流失概率评估的指标体系，其中主要对应结构性数据。指标包含消费者人口统计指标、消费者行为指标、消费者与公司之间的交互行为指标等，依据以上多个维度建立完善的客户流失评估指标体系。第三步中，研究首先对这些提取出的文本进行结构化，进行词向量的编码，将计算机不可识别的文本转化为结构化数据。第四步中主要采用 CNN 神经网络，在此的作用为识别输入词向量的核心特征，并将其全连接为一个 0-1 的指数。其运行过程如下：

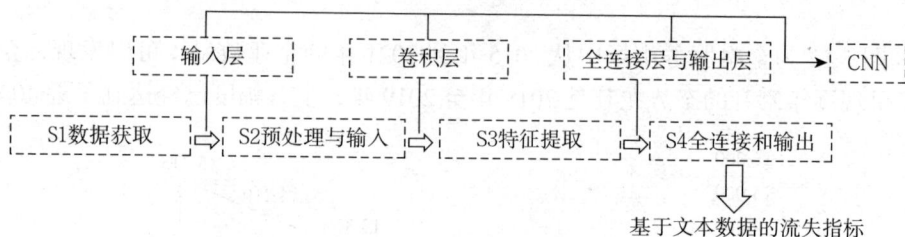

图 5.14　CNN 运行过程

第五步中，案例将融合客户结构化数据的特征和 CNN 处理后的文本数据的特征，对其进行 0-1 的映射建模[①]，预想可用的方式包含 Tanh 函数映射[②]、Logit 回归[③] 等。通过以上处理过程，文章可以得到对应的平台中每个客户综合其平台产品反馈和结构化行为数据等的流失概率预测。

（三）研究过程

1. 数据采集。选取 T 公司 18 个月的数据进行研究，规定前 12 个月为自变量期（Independent period），后 6 个月为因变量期（Dependent period），以前 12 个月的数据预测后 6 个月的客户流失。

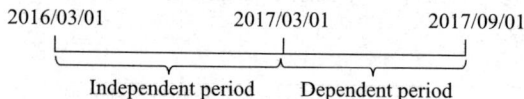

图 5.15　数据采集区间及作用

---

① 映射指指两个元素的集之间元素相互"对应"的关系。0-1 映射即建立函数使得当前函数值映射到 [0,1] 区间内。
② Tanh 函数映射即将输出函数值映射到 [-1,1] 的范围里。
③ Logit 回归是广义的线性回归分析模型，也可将映射锁定在 [0,1] 之间。

　　数据分为结构数据和文本数据。由于需要对客户进行低流失率和高流失率的区分，区分的规则即建立的有关消费者行为指标体系中的数据表现，指标体系中的数据作为结构化数据。结构数据包括顾客基本信息、顾客行为信息以及客户惯用联系方式 3 个一级指标和下属 23 个二级指标。具体如下所示：

表 5.9　消费者行为指标体系（结构化数据）

一级指标	二级指标
客户人口统计属性	年龄
	性别
	社会地位
	物质条件
	职业
	收入水平
	支付水平
客户行为属性	产品标准
	储蓄和投资
	风险相关产品购买情况
	信用产品购买情况
	总产品所有权
	信用卡相关行为
	货币价值
	银行相关产品购买情况
	交易相关行为
	伙伴关系时长
	账户余额
客户行为属性	贷款历史
	抵押历史

一级指标	二级指标
	电子邮件联系
客户联系方式属性	在线联系
	传统方式联系

文本数据为客户在自变量期间的最后 12 个月中发送给 T 公司平台的所有消息。这类数据具有高度的非结构性，需要经过预处理才可以用于 CNN 模型。文本数据预处理包括编码和分词。编码，是指对字词进行转化，用数字表达字词，如将"股票"以"0124"表示；分词，是指将原始语料以字词为单位进行划分，将整句都转化为数字表达。预处理最终使得客户的通信文本可以被 n 维向量表达，可以被输入 CNN 模型。

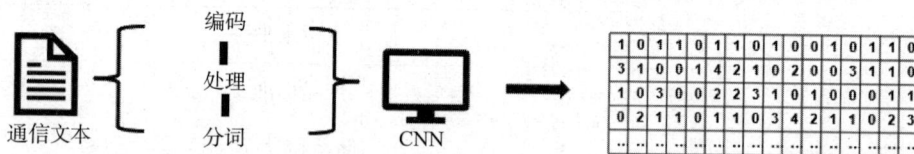

图 5.16　文本数据（非结构化数据）处理过程

2. CNN 算法训练。卷积神经网络（Convolutional Neural Networks，CNN）是深度学习中较为常见的算法。CNN 的架构主要有以下几大组成部分，一是卷积层，卷积指通过卷积核将原矩阵转化为特定维度的矩阵。卷积神经网络的核心为体现卷积神经网络的局部连接和权值共享特性。先用特定尺寸的卷积核（权值矩阵）提取整体数据的局部特征，然后通过步长平移的方式提取不同位置的数据特征。二是在卷积运算之后，经常进行池化处理，即压缩输入的特征数据，简化网络复杂度，提取主要特征。三是经过多次卷积、池化之后，数据将被输入全连接层，即压缩输入的特征数据，简化网络复杂度，提取主要特征，从而能够生成最终运算结果。CNN 算法在图像识别领域较为常见，近年来模型发展更加成熟，更多的 CNN 结构被提出，逐渐地，该算法也能够应用于自然语言处理、预测等领域。

在本案例中，文本经过预处理后被 CNN 识别为 n 维向量，向量首先通过输入层，然后进入卷积层，在卷积层初步得出文本的特征，并以卷积结果的形式进行数理化表达。卷积层通过卷积核、池化降低计算的密集度，并识别核心特征。直接由卷积计算出的特征往往有较高的维数，需要通过池化，减小表示输入微小变化的空间维数，提高效率。而后，CNN 算法将对数据进行全连接，将全连接层的输出结果送入输出层，CNN 将据此预测客户的流失概率，输出层使用 Softmax 函数作为激活函数，限定输出范围在 [0，1]。

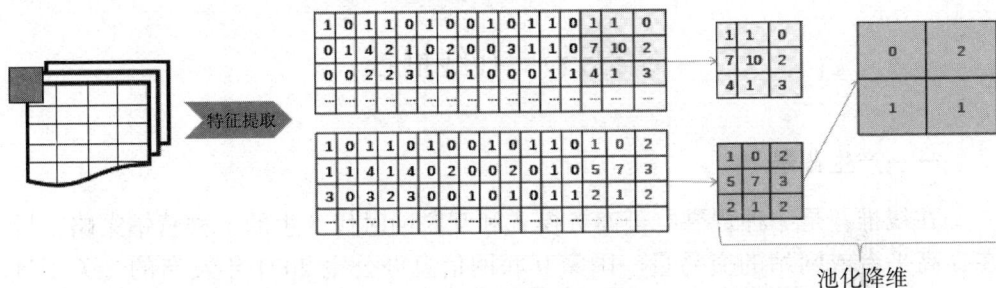

图 5.17　CNN 卷积与池化

3. CCP 模型建立与求解。来自于全连接层的输出概率作为 CCP 模型的一个新变量，表明客户的流失概率。结合基于文本数据的预测流失率与其他预选变量，映射到 [0，1] 的范围中。如下模型建立思路所示。

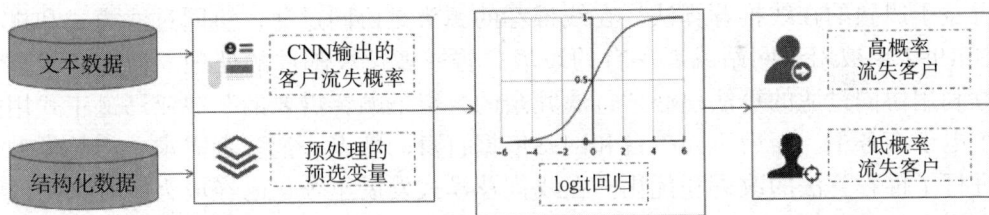

图 5.18　CCP 模型建立思路

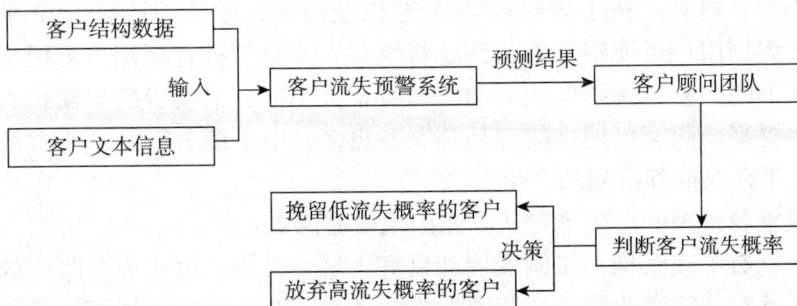

图 5.19　客户流失策略预警体系

经由 CCP 模型建立与求解，T 平台共识别出高流失概率客户 877 位，并针对客户流失策略建立预警体系，如下图所示。针对 877 位高流失概率客户（流失概率高于 0.5，均值为 0.67），T 平台将放弃该类别的客户，将节省下来的营销成本应用至新客户的获得中。T 平台还将挽留低流失概率的客户，其中本模型以 0.5 为决策界限，可根据平台的经营战略进行调整。

第五节　在线推荐

一、产生背景

在线推荐是一种背靠电子商务模式和互联网时代产生的一种营销策略，旨在提高平台或网站的交易量。国家互联网信息办公室 2021 年发布的《关于进一步压实网站平台信息内容管理主体责任的意见》指出，应当"优化算法推荐，明确推荐重点，细化推荐标准，评估推荐效果，按要求开展算法备案。强化弹窗管理，准确把握推送环节，严格控制推送频次，加强推送内容审核把关。"在线推荐的主要实现效果为识别消费者的需求，精准推荐适合特定消费者的商品或服务，该模式对于数据的反应非常迅速，对于数据的总结也非常精准，这得益于成熟的在线推荐算法。在线推荐的源头是协同过滤，协同过滤模式和机制 1992 年被用于网站或者平台的垃圾广告或者垃圾邮件的处理。而后在线推荐利用协同过滤的算法核心"过滤冗余的，留下顾客需要的"被亚马逊正式用于电子商务中。而后不同平台和网站依据自身的特点、消费者需求、产品类型进行了推荐算法的改进和优化。在线推荐模式发展至今，已经成为所有网站或者平台的制胜法宝之一。比如亚马逊、淘宝、京东、拼多多等电商平台会根据消费者的点击流计算消费者可能感兴趣的商品或服务，并将链接推荐至消费者的界面当中；抖音、快手等短视频 APP 以及微博、微信等社交 APP 采用在线推荐算法识别用户可能感兴趣的话题将视频、文章等推荐至用户界面中。在线推荐模式下的交易与传统模式下的交易有很大不同，消费者的规模扩大、需求的重要性提高、商家可提供的商品和服务更多，电子商务网站或平台的成功不得不归功于在线推荐机制的产生。

在线推荐机制的产生笔者认为原因主要有两点：

第一，有了在线推荐机制发展的良好土壤。首先，电子商务时代的到来让人们不断具有创新商业模式、营销策略的动力。企业能够更加便捷的接触消费者，了解消费者真正想要什么。网站或者平台上也具有能够满足大部分消费者需求的产品类型和数量。其次，消费者能够在网站或者平台上存有一定的行为数据，这些数据反映了消费者的消费习惯、消费需求，这成为商家驱动消费者消费行为的原动力。最后，在计算机技术的支撑下商家能够对数据加以分析，设计前沿的算法，将算法嵌入到系统中，从而实现在线推荐。

　　第二，明确并重视"推"和"拉"之间的关系。所谓"推"即商家刺激消费者的消费行为，将商品或服务推荐给客户；所谓"拉"即消费者告诉商家自己的需求以获得自己真正想要的产品或服务。在线推荐便是实现了这一推一拉的营销模式。具体而言推荐算法帮助商家识别消费者的消费习惯和消费需求，将能够满足需求的商品推荐给消费者，自然能够提高交易量。该模式也是"产品为中心"转变为"客户为中心"的体现之一。

二、主要算法

　　推荐的模式具有四种，一是通过用户消费行为之间的相似度进行推荐，例如 A 与 B 的消费需求和习惯很相似，那么适合 A 的商品大概率会适合 B，因此平台会给 A 推荐 B 买过的商品，也会给 B 推荐 A 买过的商品。二是通过产品之间的相似度进行推荐，例如 A 商品和 B 商品能够提供的功能很相似，因此平台会在消费者搜索 A 商品的同时也会推荐点击率较低但跟 A 商品很相似的 B 商品。三是通过内容的偏好进行推荐，例如很多 APP 和平台在用户注册时会进行用户偏好调研，例如询问对何类商品感兴趣、最喜欢的颜色是什么、最喜欢的生活方式是什么，等等，以获得用户在商品购买时的需求。四是混合式，即混有以消费者为核心的推荐算法和以产品为核心的推荐算法。

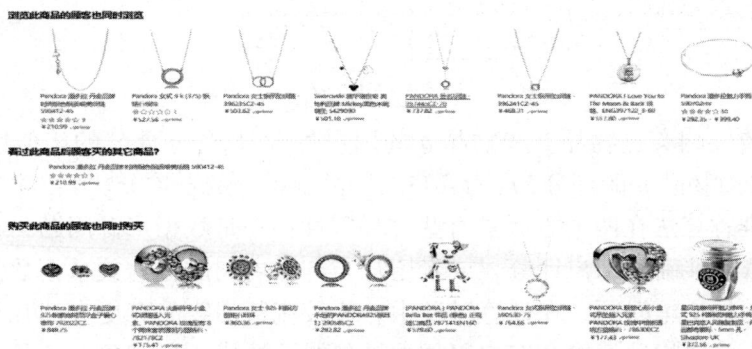

图 5.20　亚马逊网页中的推荐内容

　　举个例子，从以上图示中，"浏览此商品的顾客也同时浏览"和"购买此商品的顾客也同时购买"模块主要通过基于用户的协同过滤算法进行推荐；"看过此商品后顾客买的其他商品"模块主要通过基于项目的协同过滤算法进行推荐。每种推荐模式所对应的算法设计方式不同，以下笔者将介绍不同模式下算法的计算流程和核心公式。

（一）基于用户的协同过滤算法

```
┌──────────┐    ┌──────────┐    ┌──────────┐    ┌──────────────┐
│          │    │          │    │ 选取与当前 │    │ 推荐该N个客户  │
│ 分析客户评价 │⇒│ 计算客户    │⇒│ 客户最相似的│⇒│ 评价最高且当前 │
│          │    │ 之间的相似度 │    │ N个客户    │    │ 客户未浏览的   │
│          │    │          │    │          │    │ 商品          │
└──────────┘    └──────────┘    └──────────┘    └──────────────┘
```

图 5.21　基于用户的协同过滤算法主要流程

$$Sim(i,j) = \frac{\sum_{x \in Iij}(R_{i,x} - \overline{R}_i)(R_{j,x} - \overline{R}_j)}{\sqrt{\sum_{x \in Iij}(R_{i,x} - \overline{R}_i)^2}\ \sqrt{\sum_{x \in Iij}(R_{j,x} - \overline{R}_j)^2}}$$

计算用户 i 与用户 j 的相似度，$R_{i,x}$ 代表用户 i 对物体的 x 评分，$R_{j,x}$ 代表用户对 j 物体 x 的评分，$\overline{R}_i$ 代表用户对所有物体评价的平均评分，归一化用户打分，以免出现较大偏差。

（二）基于项目的协同过滤算法

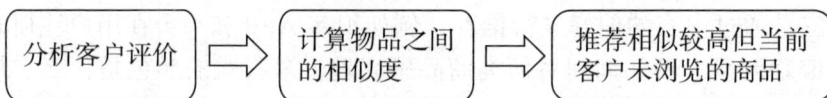

```
┌──────────┐    ┌──────────┐    ┌──────────────┐
│          │    │          │    │ 推荐相似较高但当前│
│ 分析客户评价 │⇒│ 计算物品之间 │⇒│ 客户未浏览的商品 │
│          │    │ 的相似度   │    │              │
└──────────┘    └──────────┘    └──────────────┘
```

图 5.22　基于项目的协同过滤算法主要流程

$$Sim(p,q) = \frac{\sum_{x \in Up,q}(r_{p,x} - \overline{r}_p)(r_{q,x} - \overline{r}_q)}{\sqrt{\sum_{x \in Upq}(r_{p,x} - \overline{r}_p)^2}\ \sqrt{\sum_{x \in Upq}(r_{q,x} - \overline{r}_q)^2}}$$

计算曾经购买过物品 p 和物品 q 的用户集合对 p、q 评分的相似性，$r_{p,x}$ 为客户集合 x 对物品 p 的评分，$\overline{r}_p$ 为客户对物品 p 评分的平均分。

该种推荐算法在四个方面具有些许局限性：一是数据来源问题，在数据来源上主要依赖准确的用户评分，或者用户与产品之间的行为关系，数据有部分主观性；二是长尾问题，在计算过程中，比较流行的物品有更大的几率被推荐给客户，冷门的物品但符合客户兴趣的被忽略，造成长尾现象；三是冷启动问题，当新客户进入系统时，推荐的流程将无从依据；四是数据稀疏问题，除了金融系统、网购系统，在一些生存周期较短的系统中，由于更新速度较快，大量商品不会有用户评分，评分矩阵稀疏，推荐效果较差。

（三）基于内容的推荐算法

数据来源主要是客户的评价而不是产品评分，所以该推荐算法可解决冷启动问题和打分稀疏问题。数据获取问题是该算法未成为主流算法的主要障碍。

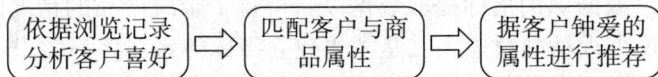

```
依据浏览记录        匹配客户与商        据客户钟爱的
分析客户喜好   ⇒    品属性      ⇒     属性进行推荐
```

图 5.23　基于内容的推荐算法主要流程

$$q(s_i, s_j)= \sum_{l \in \{F, IP, OP, P, E\}} Wl \times (q_{cd}(l(s_i), l(s_j), q_m(l(s_i), l(s_j))))$$

其中第一部分为语义属性综合值，第二部分为共同描述比率综合值，第三部分为匹配质量值。通过以上主要公式计算物品之间的语义相似度，本质上也是根据产品的相似度进行推荐。

（四）混合推荐算法

该算法将针对性的推荐算法按照某种设计机制融合，设计机制主要有整体式混合设计、并行式混合设计和流水线式混合设计。

表 5.10　混合推荐算法类型及主要特征

算法类型	主要特征
整体式混合设计	将一个整体的推荐问题，分解为特征的抽取、组合、使用等各个环节的优化问题，在进行个性化推荐时较为适用。
并行式混合设计	至少需要实现两种不同的推荐方法，该机制主要增加后处理阶段。常用的分为以下三种：加权型混合推荐方案；交叉调和混合方案；切换式混合方案。这种混合推荐技术根据不同的推荐场景、用户记录或各种推荐方法质量，决定应用哪种推荐算法。
流水线式混合设计	将流程分成多个阶段，多种技术顺序使用，直至产生最后的结果。

三、推荐算法在金融产品设计中的实践应用

Cinch Financial 是一家为帮助客户匹配优质金融产品并产生交易的互联网平台。其总部设置在波士顿。平台提供多种金融产品，例如保险、信用卡、银行理财产品、贷款等。公司创立之初，便有金融推荐系统专利，2014 年以来，Cinch 对客户的服务也一直建立在这样的金融产品推荐系统上。在线销售时代的到来让 Cinch 想要在线上渠道中抓住更多消费者的心，具体而言，公司希望精准匹配用户需求，设计并提供针对性的金融产品，以提高企业的销售收入。

（一）数据体系搭建

金融数据提取体系即在广泛获取的外部金融产品数据库下进行指标凝练、数据提取和数据录入。产品的精准推荐工作核心在于两点，一是需要设计金融产品的识别指标，依据识别指标提取数据以获得每个金融产品的精准阐述，未来将金融产品与客户需求精准对应。二是需要建立指标体系对客户需求进行识别。

表 5.11　金融产品信息提取指标体系

指标数据	具体含义
产品名称	金融产品的名称、编号等
产品供应商	金融产品的服务者和平台或金融机构
产品原始定价	金融产品的价格以及收益机制
产品风险等级	金融产品的风险定级
产品具体描述	金融产品的主要类型、内容等
产品源网页	金融产品的来源网页
产品经济价值	金融产品的未来价值评估定级
服务水平	金融产品对应服务商的服务水平
商誉	金融产品对应服务商的信用
其他具体信息	与产品相关的其他有助于消费者决策的信息

客户个人信息数据体系用于推荐系统识别客户偏好，匹配产品特征，为客户推荐心意金融产品。

表 5.12　消费者信息提取指标体系

指标数据	具体含义
理财倾向	消费者的抗风险等级、风险偏好类型
现有金融产品情况	消费者目前拥有金融产品的情况
银行信息	消费者的银行风险定级、存款额度等
信用卡信息	消费者的信用卡还款情况、信用额度以及信用定级情况
贷款信息	消费者的贷款记录、还款记录
家庭保险信息	消费者的家庭保险类型

指标数据	具体含义
汽车保险信息	消费者的汽车保险类型
其他具体信息	与能够识别消费者交易特征相关的其他具体信息

（二）推荐系统机制设计

1. 前端系统机制设计。前端的系统机制主要围绕平台上具有的金融产品展开，通过金融产品的各个数据接口建立起金融产品信息提取数据库。有了数据之后，Cinch 建立了金融产品组合策划评分系统，该系统的主要作用有二，一是对单独的金融产品的盈利能力和推荐指数进行数值化和可视化；二是组成盈利能力较强的金融产品组合。

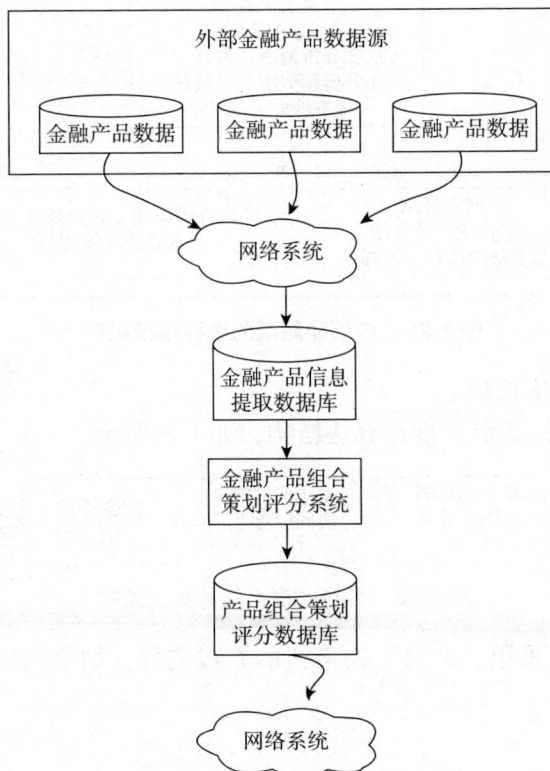

图 5.24　前端的推荐系统机制

2. 中端和尾端推荐系统设计。中端的系统机制主要围绕平台上的消费者展开，调取消费者的个人资料数据库和前端设计出的产品组合策划评分数据库，通过综合筛选、分析消费者偏好、分析相似消费者偏好、提取匹配金融产品进行未来产品的推荐工作。

尾端的系统机制则根据中端所得到的产品推荐结果进行两大方面的的系统展示，一是网页展示推荐金融产品的主要信息、评分等，例如产品的组成、期望的收益、供应商来源、评分、同类产品排名等；二是客户从网站或邮件中进行产品相关信息的了解、交流、筛选。

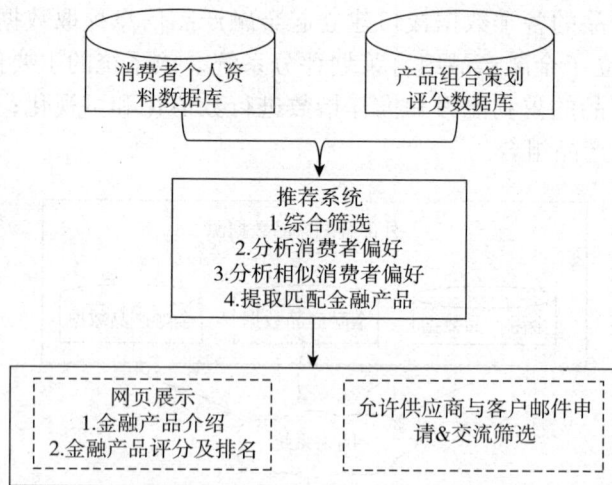

图 5.25 中端和尾端的推荐系统机制

（三）推荐算法匹配

Cinch 采用并行式混合推荐算法结构，如下图所示：

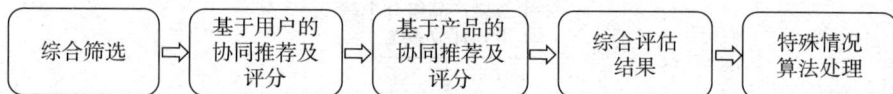

图 5.26 并行式混合推荐算法结构

综合筛选主要采用"0，1"决策树的方式进行，如下图所示进行金融产品的初步筛选：

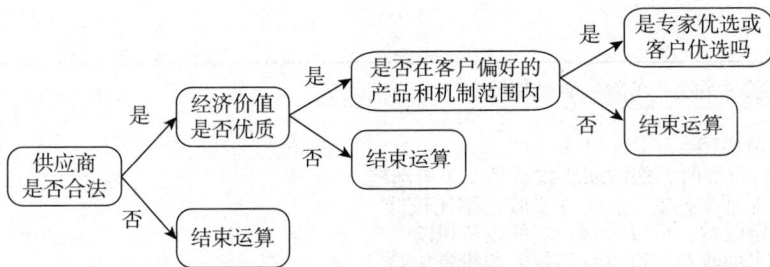

图 5.27　综合筛选决策树

　　基于用户的协同推荐（UCF）即根据相似客户交易产品的筛选与评分，得到候选产品集群；基于产品的协同推荐（ICF）即对客户交易产品的相似产品进行筛选并评分，得到候选产品集群；最终得到综合评估结果，并进行排序。混合式推荐算法也可能遇到新用户的冷启动问题，系统设计了新用户注册问卷调研的方式进行初步信息采集。问卷主要涉及以下几大方面：一是历史购买金融产品的经验（品类、价格、投资历时、盈利与否与多少）；二是偏向的金融产品类型；三是投资风格（风险偏好或保守）。具体问卷内容设计如下：

1. 您是否了解或购买过金融理财产品？（单选题）
A. 了解并购买过
B. 了解但没有购买过
C. 没有了解且没有购买
2. 您的投资经验可以被概括为？（单选题）
A. 有限：除银行活期账户和定期存款外，我基本没有其他的投资经验
B. 一般：除银行活期账户和定期存款外，我购买过基金、保险等理财产品，但还需要进一步专业知识的指导
C. 丰富：我是一位有经验的投资者，参与过股票、基金等产品的交易，并倾向于自己做出投资决策
D. 非常丰富：我是一位非常有经验的投资者，参与过权证、期货或创业板等高风险产品的交易
3. 您对金融产品的预期投资时间大概多久？
A.0~1 年
B.1~5 年
C.5~10 年
D.10 年以上
4. 您可用于投资的资产数额（包含金融资产和不动产）为？（单选题）
A. 不超过 50 万人民币
B.50 万 ~300 万（不含）人民币
C.300 万 ~1000 万（不含）人民币
D.1000 万人民币以上
5. 在金融产品的选择上，您偏好于哪种类型的金融产品 / 服务？（多选题）
A. 债券、货币市场基金、债券基金等固定收益类的投资品种
B. 股票、混合型基金、偏股型基金、股票型基金等权益投资品种
C. 期货、期权、融资、债券等
D. 高风险金融产品或服务

E. 保险（家庭保险、车险、养老保险等）
F. 贷款
G. 其他，请描述
6. 当您进行投资时，您的期望收益是？（单选题）
A. 尽可能保证本金安全，不在乎收益率比较低
B. 产生一定收益，可以承担一定的投资风险
C. 产生较多的收益，可以承担较大的投资风险
D. 实现资产大幅增长，愿意承担很大的投资风险
7. 您是否有过投资失败的经历，如有，遭受的损失是多少？（单选题）
A. 没有投资失败的经历
B. 有投资失败的经历，本金亏损 5% 以内
C. 有投资失败的经历，本金亏损 5%~20%
D. 有投资失败的经历，本金亏损 20%~50%
E. 有投资失败的经历，本金亏损 50% 以上
8. 您认为自己能够承受的最大投资损失是多少？（单选题）
A. 很小的投资损失
B. 较小的投资损失
C. 较大的投资损失
D. 损失可能超过本金

（四）系统界面实现

1. 个人信息界面。以下界面主要有两大用处，一是基本的个人信息采集，例如姓名、信用卡、贷款、电子邮箱、邮编、地址等；二是消费特征采集，例如偏好的产品类型排序等。

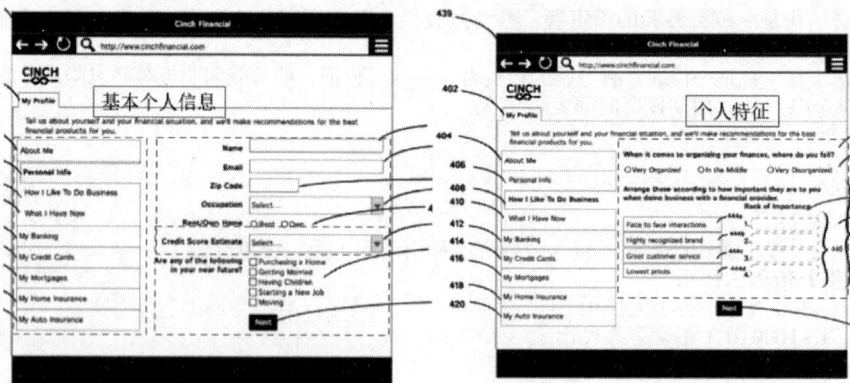

图 5.28　个人信息界面

2. 评价及结果展示界面。以下界面主要有两大用处，一是列出产品在各个指标上的分数；二是对综合评分进行展示和排序。以下界面为贷款类金融

产品的指标分数和对应评分排序。

　　如果对银行账户服务、信用卡服务或者贷款服务感兴趣，可点击具体排行榜即可进行产品的收藏和具体产品信息的浏览。系统还会针对每个顾客的消费习惯发送关于推荐金融产品的电子邮件，点击邮件中的链接也能够跳转页面进行直接交易。

　　3.客户选择与交流页面。客户点击心仪的产品类型和收藏的商品，获得报价和供应商的相关资料。客户首先进行购买资格预审，例如资金审查、信用审查等；其次若对产品有疑问，可以直接联系供应商进行产品细节的调整和量身定制。敲定产品细节后，客户可在平台上进行直接交易。

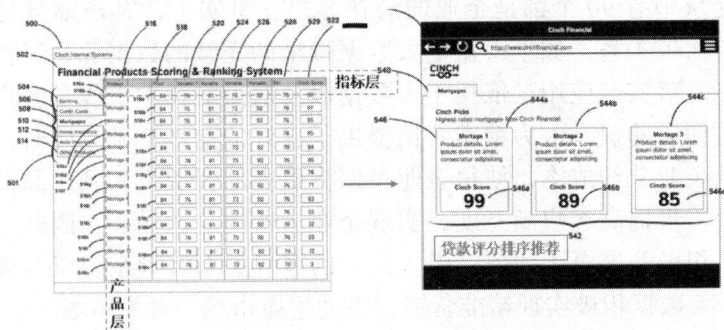

图 5.29　贷款类产品指标分数与对应评分排序

第六节　客户关系管理面临的机遇与挑战

一、大数据时代下的客户关系管理

　　传统营销手段的受众往往是较大范围的、模糊的消费者群体，例如100个受众中只有10个是企业的潜在客户，这就代表着企业投入的营销成本只有10%是可能有效果的，到消费者真正产生消费行为的投入产出比就会更低。因此，传统营销手段的目标受众不明晰直接导致企业的营销计划落地点模糊，营销效果不佳，造成企业成本的浪费，甚至会因为不恰当的营销手段导致企业品牌形象受损，造成客户流失。究其原因，与传统信息流通速度慢，企业无法实时掌握客户需求与客户动向有重要关系。随着大数据的发展，这一问题得到了显著改善。2021年，商务部办公厅发布《智慧商店建设技术指南（试行）》，要求"强化问题导向。聚焦实体店面临的客流少、成本高、效率低、盈利难、品类单一、同质化严重等问题，从重构流通渠道和供应链的全局通盘考虑，系统性解决问题，推动场景革命、流程再造和精准营销"。许多企业推出线上平台，能够实时记录消费者的消费记录、浏览记录，建立客户关系管理（CRM）系统，完整地记录客户信息，有利于企业及时抓取客户特征，掌握市场动向，为实现精准营销提供了前端支持。

精准营销是指在精准定位的基础设置上，依托现代信息技术手段，建立个性化的客户营销体系。精准营销不仅在效果上能够帮助企业直接接触目标客户，还能从成本上帮助企业节省不必要的营销成本，并且保证企业的投入成本能够价值最大化。与传统营销手段相比较，精准营销手段的受众是清晰明了的，例如 100 个受众中有 90 个都是企业的潜在客户。事实上，客户细分与精准营销具有重要的因果关系，如今得益于大数据带来的完整的数据源，这种因果关系得到了更好的落实与应用。依托于大数据以及前沿的技术手段，客户细分结果的精确性得到质的提升，为精准营销提供了良好的前端基础。同时，精准营销的实现帮助企业节约成本，使得企业可以将更多的资源投入到产品开发、服务改进中，进一步提高客户满意度，实现企业运营的良性循环。因此，企业应当开放思维，积极开展电子商务，引入先进的客户关系管理系统以及客户细分手段，依托于大数据积极实现精准营销，主动适应市场、开发市场。

二、互联网时代下的客户关系管理

互联网的迅速普及为客户关系管理的发展与沿革带来了新的契机，互联网所带来的智能化与开放的数据源使得企业能够更加全面、便利、准确地抓取客户特征，形成用户画像，从而实现互联网时代下高效率、高效益的客户关系管理。

用户画像是指对用户按照一定的规则进行统计、划分，从而指导用户推荐，客户分层运营，达到理想的营销效果。用户画像实际上是进行客户关系管理的大前端工作，只有进行准确的用户画像，对客户的消费额、消费频次、消费能力等各方面特征具备全面、精确的把握，才能进而实现客户细分与精准营销。因此，作为整个流程的头端部分，用户画像具有重要的现实意义与应用价值。

用户画像一般通过交易数据、客户基本情况等数据来源进行数据分析，采用的数据类别基本如下：一是用户的交易数据，即用户的购买习惯提取特征，例如交易频次、交易量等，因此该部分数据得到的用户画像维度有限。二是用户的文本数据，例如客户档案、客户反馈、客户评论等，该部分数据用以刻画用户的职业、识别用户感兴趣的主题，也可以进行情感画像、产品喜好画像等。尤其是平台中的评论数据，反映了用户在使用某个产品或享受某项服务时给予的评价与反馈。但该部分数据处理起来复杂度很高，原因是用户的表达习惯不同导致同一情感词的表达含义不同，且有部分用户并不会在网络上产生可用数据。三是用户浏览网页的行为数据，该部分的数据较为客观。产生的点击流往往记录了客观的用户信息，可用于用户行为分析和兴趣识别。第三类别的数据往往适用于 B2B 或 B2C 的电子商务企业进行市场细分，具有较大的数据存量。而该部分数据也解决了第二种数据源可能存在的数据不足问题。通过对以上三类数据的数据挖掘，企业能够得到意想不到的数据知识，从而指导企业未来的产品设计、产品营销、产品决策，帮助企业在前期挖掘产品定位、中期进行客户细分实现精准营销、后期判断市场走向以及发展趋势，在每个阶段为企业决策提供助益，对企业降低产品开发风险、降低营销成本等诸多方面都有重要意义。

三、客户关系管理与企业经营管理的协同问题

依托于大数据与互联网，客户关系管理的方法与流程更加前沿、精确、完备，在企业的经营管理中也占据着愈发重要的地位。用户画像能够对客户的消费能力、消费偏好等诸多特征进行描绘，帮助企业掌握客户特征以及客户需求，从而实现对下一步企业产品开发、营销等工作的指导作用。同时用户画像中全面的客户信息也为客户细分提供了重要的数据基础，改变了传统客户信息缺失的弊端，再加上 K-means、SOM 神经网络、SVM 分类器等前沿算法的加持，大幅提高客户细分的准确性。高准确度的客户细分结果在很大程度上避免了因客户细分不准所导致的潜在客户流失、企业营销成本浪费等现象，对企业的经营管理具有重要价值。此外，客户细分结果更加精确为企业的精准营销布局提供前端基础，实现企业广告的精准投放，提高营销效果，实现对客户的精准推荐。

总体而言，伴随着大数据与互联网的发展，客户关系管理得到了重大的改进与发展，为企业经营管理所能做出的贡献也与日俱增。因此，企业要协同好客户关系管理与企业经营管理之间的关系，使得客户关系管理最大程度服务于经营管理，实现客户与企业的双价值最大化。

【思考题】

1. 简述客户终身价值。
2. 简述客户细分的传统和现代模型。

3. 举例说明在线推荐算法的实践应用。

4. 论述客户关系管理对电子商务企业的战略意义。

5. 论述互联网时代下客户关系管理面临的机遇与挑战。

【拓展阅读】

1. 于淼、翟亮、张彩霞："第三方物流客户关系管理研究"，载《商业时代》2007 年第 21 期。

2. 于淼、陈世红、凌屹："客户关系管理的数据采集过程分析"，载《商业时代》2007 年第 23 期。

3. 黄伟建、赵春荣、杜巍："电子商务时代的企业客户关系管理"，载《经济导刊》2011 年第 8 期。

4. 张峰："电子商务环境下客户关系管理的内容与手段分析"，载《中国商贸》2011 年第 20 期。

5. 邵兵家、陈静静："电子商务下流失客户赢回策略的有效性研究"，载《商业时代》2014 年第 23 期。

6. 郭丹丹、吕艳玲："电子商务企业会员制营销策略分析与优化"，载《商业经济研究》2015 年第 19 期。

7. 郑佳宁："经营者信息的财产权保护"，载《政法论坛》2016 年第 3 期。

8. 夏国恩等："融入客户价值特征和情感特征的网络客户流失预测研究"，载《管理学报》2018 年第 3 期。

9. 刘璞、李晗、周平："电子商务投资与企业绩效——基于客户关系管理的视角"，载《河北经贸大学学报》2019 年第 6 期。

10. 周长城："电商付费会员制如何行稳致远"，载《人民论坛》2021 年第 24 期。

第六章

电子商务经营主体

【导语】

作为电子商务法律主体的重要组成部分，电子商务经营主体是电子商务法律关系的重要参与者，享受法律权利，履行法律义务，承担法律责任，构成了电子商务法律制度的起点和归宿。

本章概述了电子商务经营主体的概念、特征和分类，并介绍了电子商务经营主体的市场准入机制和其不再从事该领域经营活动时须遵守的退出规则；同时详细阐述了全体电子商务经营主体均享有的一般性权利和应承担的一般性义务，并着重介绍了电子商务平台经营者这一特定主体的概念界定、类型划分、权利享有和义务承担，为学生展现出有关电子商务经营主体的制度全貌。

本章的学习重点包括电子商务经营主体的概念、经营模式、市场准入规则、一般性权利和义务以及电子商务平台经营者的权利和义务。本章的学习难点在于准确适用不同类型电子商务经营主体的市场准入规则，正确分辨电子商务平台经营者、平台内经营者和消费者之间的法律关系并识别违反法律强制性规定的常见情况。

第一节　电子商务经营主体概述

一、电子商务经营主体的概念

电子商务经营主体是指以营利为目的持续性地通过电子商务网络平台向电子商务交易相对人提供商品或者服务，参与电子商务法律关系的自然人、法人或非法人组织。电子商务法律主体是电子商务经营主体的上位概念，电子商务经营主体是电子商务法律主体的重要组成部分，也是其核心之所在。电子商务法律主体是参与电子商务法律关系的自然人、法人以及非法人组织，是法律权利的享受者与法律义务的承受者，包括电子商务经营主体、电子商务交易相对人和电子商务监管主体。电子交易相对人是指出于自身生活所需或者其他目的通过电子商务网络平台向电子商务经营主体购买商品或者服务的自然人、法人或非法人组织。在电子商务交易中，电子商务经营主体往往居于出卖人的法律地位，而电子商务交易相对人往往居于买受人或者服务接受者的法律地位。无论是电子商务经营主体，抑或是电子商务交易相对人，均属于民事主体的范畴，双方之间的法律关系本质上属于平等主体之间的民事法律关系的范畴，适用意思自治、诚实信用等民商法基本原则。电子商务监管主体是指根据法律、法规的规定对电子商务交易活动行使监督管理职责的行政机关及法律授权的其他主体。

有别于前两类主体，电子商务监管主体属于公法主体的范畴，依法行使行政职权，其所参与的法律关系多为垂直型而非水平型法律关系，其行为须遵循行政法定原则、正当程序原则、比例原则等一系列公法原则。作为电子商务法律主体的重要组成部分，电子商务经营主体是电子商务法律关系的重要参与者，享受法律权利，履行法律义务，承担法律责任，构成了整个电子商务法律制度的起点和归宿，明确电子商务经营主体法律制度对于构建电子商务市场具有重要意义。

二、电子商务经营主体的特征

电子商务经营主体具有如下特征：

第一，网络性。电子商务经营主体必须依附于网络而存在，网络性是电子商务经营主体区别于传统商事主体最为显著的特征。电子商务经营主体主要依托网络交易平台、网络社交软件等技术手段向潜在的交易相对人通过传输图片、视频、文字等形式展示自身提供的商品与服务，并最终达成交易。在整个过程中，无论是信息的传递、合同的订立、货款的支付、商品的交付均与信息网络密不可分。而在传统商事交易中，商事主体主要依托实体性经营场所来提供商品或服务。

第二，营利性。营利性是商事主体的本质特征，电子商务经营主体亦不例外。营业性是电子商务经营主体区别于电子商务交易相对人的突出特征，电子商务交易相对人从事交易活动，可能是为了生活所需，也可能是基于其他目的，并不必然具有获利的动机。通说认为，营利性是指以营业活动为手段最终获取利润并将利润分配给组织体成员。[1] 商事主体以营利性为其根本和最终的目标，利用自身所有的营业财产有计划、有目的地持续开展同一种类的营业活动，以期获得最大化利润并将利润分配给股东等权利人。营利性的特征要求电子商务经营主体的行为具有持续性、计划性、反复性的特征，其他交易主体偶尔利用信息网络技术出售自身闲置物品或者有偿提供个别服务的行为并不属于《电子商务法》的规制范畴，上述主体也不属于电子商务经营主体。电子商务经营主体的营利性特征，决定了其所实施的法律行为带有强烈的商事性特征，属于商事行为的范畴，受到民法与商法的双重调整，更为注重交易的效率、边界与安全，适用商事外观主义等基本法理。

第三，虚拟性。在电子商务中，交易双方依托网络交易平台、网络社交软件等渠道完成交易，双方并不进行现实接触，对于另一方的理解和认知主要通过数据交换的方式完成，囿于技术手段的局限，电子商务经营主体无法检验交易相对人的真实身份，与此同时，交易相对人也无从知晓电子商务经营主体的真实身份。由此可见，虚拟性特征虽然能高效地实现资源的有效配置，但是却带来了交易双方之间信息上的鸿沟，电子商务经营主体往往占据信息优势，这为电子商务交易相对人合法权益的保护增添了诸多的不确定性。因此，考虑到电子商务经营主体的虚拟性特征，法律对其采取了一些有别于传统商事主体的特殊规制措施，包括经营信息公示义务、商品信息披露义务等方面。

第四，法定性。作为典型的商事主体，电子商务经营主体同样受到商事主体法定原则的调整和拘束。商事主体法定原则，是指以强制性规范对商事主体的类型、标准及设立作出具体的规定，以此达到控制其进入市场的目的。[2] 商事主体法定原则包括商事主体类型法定、商事主体内容法定和商事主体程序法定。商事主体类型法定要求行为人必须在法定类型范围内设立电子商务经营主体，不得创设法律尚未规定类型的主体。例如，我国《公司法》仅承认有限责任公司与股份有限公司两大类型，并无无限公司、两合公司的规定，故行为人不得设立无限公司作为电子商务经营主体的组织形式。商事主体内容法定是指法律对电子商务经营主体的财产和组织关系事先进行规定，行为人不得擅自改变或修改其财产关系和组织关系。例如，我国《公司法》规定修改章程、增资减资等行为须通过股东会、股东大会作出特别决议的方式为之，采取公司组织形式的电子商务经营主体不得将上述职权交由董事会行使，如果公司章程中存

---

① 施天涛：《公司法论》，法律出版社 2018 年版，第 7 页。

② 赵旭东主编：《商法学》，高等教育出版社 2011 年版，第 11 页。

在相关内容，则相关内容无效。商事主体程序法定是指法律对于电子商务经营主体设立、变更、终止的程序作出规定，行为人未按照法定程序行事的，不发生相应的法律效力。本章第二节市场准入部分将结合相关规范对这一特征展开论述。

第五，私法性。在学理上，法律部门可以分为公法与私法两大类，其中，前者与公共利益相关，呈现出较强的拘束性和法定性，后者则与私人利益相关，以意思自治为原则。电子商务经营主体属于私法主体的范畴，其设立、变更、消灭的依据是民法规范和商法规范，而非行政法等规范。因此，电子商务经营主体与其他市场主体法律地位平等，不得将自己的意志强加于其他主体，而是通过平等协商、意思自治的方式参与法律关系。基于私法性特征，电子商务经营主体原则上无法行使行政职权，不得对其他主体采取行政处罚、行政强制等措施。与此同时，电子商务经营主体并不受到行政主体法定原则、正当程序原则、比例原则等公法原则的限制，无论是在组织法层面，亦或是行为法层面，均存在较大的意思自治空间。在组织法层面，设立人可以根据自己的意志设立、变更、终止电子商务经营主体，不需要向行政主管部门说明自己行为的正当动机。在行为法层面，电子商务经营主体可以决定开展某一业务、终止特定义务、扩大或者缩小业务范围，确定交易对象和交易条件，通常不需要行政主管部门的批准，也不需要说明理由。

三、电子商务经营主体的分类

（一）电子商务平台经营者、平台内经营者、自建网站经营者、其他电子商务经营者

这是我国《电子商务法》立法所采取的分类模式，分类的依据是不同电子商务经营主体的经营模式和经营范围。《电子商务法》第9条第1款规定："本法所称电子商务经营者，是指通过互联网等信息网络从事销售商品或者提供服务的经营活动的自然人、法人和非法人组织，包括电子商务平台经营者、平台内经营者以及通过自建网站、其他网络服务销售商品或者提供服务的电子商务经营者。"

电子商务平台经营者是指在电子商务中为交易双方或者多方提供网络经营场所、交易撮合、信息发布等服务，供交易双方或者多方独立开展交易活动的法人或者非法人组织。例如，开设淘宝与天猫网络购物平台的浙江天猫网络科技有限公司即属于电子商务平台经营者。电子商务平台经营者的本质特征在于其搭建并运营了一个虚拟的网络交易空间，即电子商务平台，旨在促进和保障

电子商务活动的顺畅展开。[①] 从功能性角度而言，电子商务平台经营者不直接与交易相对人进行交易，而是为交易双方搭建安全可靠的交易平台与交易机制，提供信息传递、撮合交易等中介性服务。[②] 就法律关系而言，电子商务平台经营者与平台内经营者、电子商务交易相对人存在电子商务平台服务合同法律关系，与第三方支付机构存在托管支付服务合同法律关系，与第三方征信机构存在信用评价服务合同法律关系。此外，电子商务平台经营者的服务具有一定的开放性，除《电子商务法》第9条第2款规定的提供网络经营场所、交易撮合、信息发布等服务外，其还可以提供仓储、物流、支付结算等其他服务。

平台内经营者是指通过电子商务平台销售商品或者提供服务的电子商务经营者。[③] 例如，新华书店股份有限公司利用天猫平台开设网络旗舰店销售图书，即属于平台内经营者的范畴。平台内经营者与电子商务平台经营者存在电子商务平台服务合同法律关系，与电子商务交易相对人存在买卖合同、服务合同等基础法律关系，与经营快递业务的企业存在快递服务合同法律关系。

自建网站经营者是指自行设立网站、搭建网络平台，并以此为基础销售商品或者提供服务的电子商务经营者。例如，亚马逊股份有限公司设立亚马逊购物平台和购物移动客户端，并在上述平台上销售相关商品。自建网站经营者与电子商务交易相对人存在买卖合同、服务合同等基础法律关系，与经营快递业务的企业存在快递服务合同法律关系，与第三方支付机构存在托管支付服务合同法律关系，与第三方征信机构存在信用评价服务合同法律关系。虽然，平台内经营者与自建网站经营者均直接与交易相对人发生交易，通过信息网络销售商品、提供服务，两者的主要区别在于，但前者交易所依托的平台为第三人所搭建，法律关系相对复杂，而在后者中，交易所依托的平台由自身搭建，并无第三人的参与，法律关系较为简单。

其他电子商务经营者是指通过其他网络服务销售商品或者提供服务的电子商务经营者。例如，通过微信网络社交软件出售鞋帽服饰等物品的经营者。需要指出的是，网络社交软件与电子商务平台不同，虽然也具有网络性、虚拟性等特征，但是却缺乏核心的交易功能。通常而言，网络社交软件中并未开通专门的交易功能，其未设置合同订立、合同履行、争议解决等机制，即便某些主

---

① 郑佳宁：“电子商务平台经营者的私法规制”，载《现代法学》2020年第3期。

② 马更新：“平台经营者‘相应的责任’认定标准及具体化——对电子商务法第38条第2款的分析”，载《东方法学》2021年第2期。

③ 杨立新：“电子商务法规定的电子商务交易法律关系主体及类型”，载《山东大学学报（哲学社会科学版）》2019年第2期。

体利用社交软件开展有偿销售商品或者提供服务的活动，也不能通过网络社交软件直接完成交易。

值得注意的是，以上分类并非绝对，实践中，某一主体可能同时具备两种以上的身份。例如，某公司搭建了网络交易平台，该公司既提供开放商户注册进行交易的中介服务，又同时利用该网站直接开展销售商品的自营业务，此时，某公司兼具电子商务平台经营者与自建网站经营者双重身份，应当根据其具体行为的不同，分别适用不同的法律规范。

此外，还应当指出，《电子商务法》所设置的分类具有一定的开放性，随着电子商务领域的不断发展，还会涌现出新型主体，对此，《电子商务法》预留了相应的空间，以适应实践不断变化发展的需要。

（二）作为商个人、商合伙、商法人形态的电子商务经营主体

这是按照电子商务经营主体的法律地位和责任形态的区分所做的分类。这一分类的法律意义在于，部分电子商务业务只能由商合伙、商法人进行，商个人不得涉足。例如，我国《电子商务法》第9条第2款规定，电子商务平台的经营者只能是商合伙和商法人，商个人不得经营这一业务。

作为商个人的电子商务经营主体是指按照法定程序取得商事主体资格并从事电子商务经营活动的自然人。这一形态又可以细分为个体工商户和个人独资企业两大类型。个体工商户是指公民在法律允许的范围内，依法经核准登记，从事工商业经营的家庭或户。个人独资企业是指由一个自然人出资设立、由其控制经营，并由其个人财产对企业债务承担无限责任的企业形态。

作为商合伙的电子商务经营主体是指由两个以上的自然人或法人发起设立，共同出资、共同经营、分担收益和风险，并以电子商务经营活动为其主要业务范围的企业形态。合伙企业包括普通合伙企业和有限合伙企业，普通合伙人对企业债务承担连带责任，有限合伙人对企业债务以出资额为限承担有限责任。

作为商法人的电子商务经营主体是指按照法定程序设立登记，具有独立法人人格，以其自身的财产独立对外承担民事责任、履行民事义务，并旨在开展电子商务经营活动的企业法人，包括有限责任公司与股份有限公司。有限责任公司是指由50个以下的股东出资设立，每个股东以其所认缴的出资为限承担有限责任，公司以全部资产对外独立承担责任的企业法人。股份有限公司是指公司资本划分为等额股份，由2个以上200个以下发起人设立，每一个股东以其购买的股份为限承担有限责任，公司以其全部资产对外独立承担责任的企业法人。

（三）直接电子商务经营主体与间接电子商务经营主体

这是按照相关主体是否直接参与电子商务交易活动所做出的分类。直接电子商务经营主体是指直接参与电子商务交易活动，并以自己的名义与交易相对人缔结合同来销售商品或者提供服务的自然人、法人以及非法人组织。间接电子商务经营主体是指虽然并不直接参与电子商务交易活动，但为电子商务交易活动的顺利进行发挥辅助、保障功能的主体，因此，间接电子商务经营主体又可以被称为辅助性电子商务经营主体。[①]

在《电子商务法》第9条规定的主体中，平台内经营者、自建网站经营者、通过其他网络服务销售商品或者提供服务的电子商务经营者均属于直接主体的范畴，与电子商务交易相对人直接缔结合同。而电子商务平台经营者则为典型的间接主体，发挥着搭建交易平台、传递相关信息、最终有效撮合交易的功能，并不直接与电子商务交易相对人发生交易关系。实践中，间接电子商务经营主体还包括网络接入服务提供者、电子交易认证服务提供者、电子支付服务提供者等。网络接入服务提供者是指通过配备一定的软件和硬件设备，确保网络信息能够正常顺利传播的商事主体，网络基础设施经营者、互联网连接服务提供者、网络主机服务提供者、搜索引擎服务提供者等均属于这一范畴。电子交易认证服务提供者是指提供审查交易双方资信状况，并对适格交易主体颁发认证证书服务的机构。电子支付服务提供者是指提供网上银行支付服务或者第三方支付服务，促进电子商务交易顺畅履约的商事主体。网络接入服务提供者、电子交易认证服务提供者、电子支付服务提供者虽然不直接参与交易活动，但其与电子商务平台经营者、自建网站经营者之间存在辅助性法律关系，向其提供一定类别的专业性服务，从而保障电子商务交易的顺畅开展。

（四）其他分类

按照经营规模大小的不同，可以将电子商务经营主体分为大型电子商务经营主体、中型电子商务经营主体、小型电子商务经营主体。按照经营电子商务业务的同时是否同时经营线下业务，可以将电子商务经营主体分为专营电子商务的经营主体和兼营电子商务的经营主体。按照经营地域范围的不同，可以将电子商务经营主体分为全国性电子商务经营主体和区域性电子商务经营主体。按照经营内容的不同，可以将电子商务经营主体分为销售商品的经营主体与提

---

① 也有学者将其界定为电子商务交易法律关系主体的非基本范畴，相关内容参见杨立新："电子商务法规定的电子商务交易法律关系主体及类型"，载《山东大学学报（哲学社会科学版）》2019年第2期。

供服务的经营主体，对于前者，其与电子商务交易相对人之间涉及的是买卖合同法律关系，对于后者，其与电子商务交易相对人之间涉及的是服务合同法律关系。

【汪海江、腾讯科技（深圳）有限公司等侵权责任纠纷案】①

本案原告为汪海江。本案被告为腾讯科技（深圳）有限公司（以下简称腾讯公司）、深圳市腾讯计算机系统有限公司（以下简称腾讯计算机公司）及财付通支付科技有限公司（以下简称财付通公司）。腾讯公司、腾讯计算机公司是网络服务提供者，通过微信中的公众平台向用户提供存储空间服务，用户通过注册微信公众号，可自定义公众号菜单、编辑菜单名称、设置网页跳转，通过公众平台用其所申请的公众号发布信息，用于包括媒体传播、企业宣传、咨询交流、商品或者服务信息发布等。财付通公司为微信支付服务的网络服务提供者。

原告通过案外人上海赢客公司注册的微信公众号"买单宝商户端"链接进入"马上花商城"，并在案外人上海闪霖公司经营的商铺中购买商品。具体而言，汪海江以网络购物的方式在上海赢客的公众号平台购买了"黄金码头麻花胶丝锁骨项链""金尔曼橄榄项链"等产品，分为 11 个订单，金额共计 156 332 元，汪海江以微信支付的方式支付了 78 166.01 元，通过马上花支付 78 165.99 元。原告付款后，上海赢客公司和上海闪霖公司拒绝对汪海江支付货物及退款。原告认为"买单宝客户端"是具有支付功能的微信公众号，微信为其提供链接通道。腾讯公司、腾讯计算机公司和财付通公司提供微信公众平台的网络技术服务，是运营方，且腾讯公司是微信产品的共同运营公司。腾讯公司、腾讯计算机公司和财付通公司对于资质审查存在过失，同时违反了自己的服务协议。据此，原告向深圳市南山区人民法院提起诉讼，请求判令：一、腾讯公司、腾讯计算机公司及财付通公司共同连带支付汪海江货款 156 332 元；二、腾讯公司、腾讯计算机公司及财付通公司共同连带支付赔偿金 468 996 元；三、腾讯公司、腾讯计算机公司及财付通公司共同承担全部诉讼费用；四、腾讯公司、腾讯计算机公司及财付通公司连带共同支付货款利息；五、腾讯公司、腾讯计算机公司及财付通公司共同支付汪海江往返路费 1100 元。被告腾讯计算机公司和腾讯公司、财付通公司均主张其已尽到合理注意及审查义务，不存在任何过错责任，不应承担任何法律赔偿责任。被告腾讯公司、腾讯计算机公司强调原告所称的"买单宝客户端"仅为具有支付功能的微信公众号，公众号由第三方自行

---

① 案件来源：广东省深圳市中级人民法院 (2021) 粤 03 民终 14969 号民事判决书。

运营、发布内容并提供服务，腾讯公司、腾讯计算机公司及财付通公司仅提供微信公众平台的网络技术服务，而非电商平台。作为网络服务提供者，其均认为自己已尽到合理注意及审查义务，不存在任何过错责任，不应承担任何法律赔偿责任。毕竟，被告公司本身无法事前知晓和控制用户发布的信息内容，也没有普遍的审查义务和审查能力。财付通公司提交公证书等证据称，已向汪海江告知，需阅读并遵守《微信支付用户服务协议》及《财付通服务协议》《腾讯服务协议》《QQ 号码规则》《腾讯微信软件许可及服务协议》等，除非汪海江接受《微信支付用户服务协议》和附属协议，否则无权使用微信支付服务，一经开通或者使用微信支付服务，即视为已理解并接受协议和附属协议。财付通公司还称汪海江对使用协议约定的服务过程中发生的指令合法性、真实性及有效性承担责任，汪海江的微信号在登录状态下发出的支付指令视为汪海江本人发出的支付指令，因为资金划扣的及时性，支付指令一旦发出立即生效，不可撤销，如使用第三方软件或者技术引发的纠纷，应该有第三方负责解决，财付通公司不承担任何责任，在任何情况下汪海江应当先核实对方的身份，特别是涉及财产操作的，在转账之前自身有核对对方真实身份的义务。财付通公司确认汪海江在本案中通过微信支付的金额为 78 146.89 元，款项最终付至汪海江发出指令所指向的商户。本案的争议焦点为：

（1）腾讯公司、腾讯计算机公司及财付通公司作为网络服务提供者是否存在过错而须承担相应的侵权责任。

（2）腾讯公司、腾讯计算机公司作为网络服务提供者，是否已经履行相应的合理注意及审查义务。

（3）财付通公司为微信支付服务的网络服务提供者是否须承担赔偿责任。

一审法院深圳市南山区人民法院认为腾讯计算机公司作为网络服务提供者，只有在其存在过错的情形下，才应承担相应的侵权责任。另，腾讯计算机公司在用户注册时通过《微信公众平台服务协议》《微信公众平台运营规范》明确要求用户不得侵犯他人权利、不得从事违法行为，在公众号中也设置了便捷程序接受投诉。本案中，腾讯计算机公司在涉案公众号中已公示了公众号用户的经营者主体信息，包括真实名称、联系方式、工商执照注册号或统一社会信用代码等。本案现有证据不足以证明腾讯计算机公司存在主观过错。汪海江要求腾讯计算机公司连带返还货款并支付三倍赔偿金、货款利息及往返路费的依据不足，另，微信系由腾讯计算机公司主办及运营，腾讯公司不是微信的运营者，在本案中亦不属于网络服务提供者，汪海江请求腾讯公司承担责任，没有法律依据，根据《微信支付用户服务协议》的相关规定，财付通公司为微信支付服务的网络服务提供者，其根据汪海江发出的支付指令向其指定的收款方及时转账，但并不对其资金进行监管与转账前审查，不存在过错和过失，故汪海江要求财付通公司承担连带责任的依据不足。据此判令：驳回汪海江的全部诉讼请求。案件受理费 10 053.28 元，由汪海江负担。

广东省深圳市中级人民法院二审，判决驳回上诉，维持原判。

第二节　电子商务经营主体市场准入机制

市场准入法律制度是国家对市场主体进行调控和监管的重要举措。电子商务经营主体市场准入机制是指国家允许自然人、法人、非法人组织进入电子商务领域，从事销售商品、提供服务等经营活动的各项实体条件和程序规范的法律制度总和。公平合理的电子商务市场准入机制有助于实现下列制度目标：促进电子商务市场的健康稳定发展、净化电子商务领域的市场环境、维护社会公共利益、保障交易各方的合法权益、便利电子商务纠纷的解决等。虽然在市场经济中，市场在资源配置发挥基础性、决定性作用，但市场并非万能，其存在力所不逮之处。如果不正视这些缺陷和局限，完全放任自流，势必造成严重的后果。在电子商务领域更是如此，由于其自身所具有的虚拟性、跨地域性等特征，电子商务交易过程中的信息不对称局面更为突出，这无疑进一步加剧了道德风险和背信行为。如果任由其发展，难免会出现坑蒙拐骗盛行、劣币驱逐良币的局面，对市场发展有百害而无一利。基于此，必须引入电子商务经营主体市场准入机制，从源头抓起，有效处置市场失灵现象，维护市场稳定和秩序，[①]为电子商务顺畅发展打牢制度根基。

一、市场准入机制的基本原则

从功能地位来看，基本原则贯穿电子商务经营主体市场准入机制的始终，集中反映了市场准入机制的价值取向和制度目标，构成了市场准入机制的基础所在。本书认为，电子商务经营主体市场准入机制包括如下基本原则：

（一）商事便利原则

在市场经济体制中，市场在资源配置中起到决定性作用。市场准入机制的建立并非意味着政府在电子商务发展过程中应该大包大揽，而是通过这一机制维护市场的良好秩序。市场准入机制不能成为电子商务发展的包袱与障碍，为

---

① 桂阳："电子商务市场准入及退出制度研究"，载《农村经济与科技》2018 年第 6 期。

此，必须贯彻商事便利原则。这一原则要求电子商务经营主体市场准入机制的相关内容必须考虑商事交易活动的便捷性，不得为市场主体增加不合理的负担和压力。在实体条件上，市场准入机制的相关要求必须与电子商务发展实际相符合，不得设立过高、苛刻、不切实际的要求；在程序性内容上，相关程序的办理须简便、快速，不得无故拖延办理时间，徒增市场交易成本。2015 年原国家工商行政管理总局颁行出台的《关于加强网络市场监管的意见》明确要求，落实登记注册制度便利化政策措施，指导各地放宽电子商务市场主体住所登记条件，营造宽松平等的准入环境。国家市场监督管理总局 2019 年发布的《市场监管总局关于做好电子商务经营者登记工作的意见》指出："积极支持、鼓励、促进电子商务发展，结合电子商务虚拟性、跨区域性、开放性的特点，充分运用互联网思维，采取互联网办法，按照线上线下一致的原则，为依法应当登记的电子商务经营者办理市场主体登记提供便利，促进电子商务健康有序发展，为经济发展注入新活力新动力。"随后，2019 年市场监管总局《关于电子营业执照亮照系统上线运行的公告》提出，市场主体使用电子营业执照登录亮照系统，按系统提示输入亮照信息后，系统即生成该市场主体电子营业执照的展示链接和标识图标。市场主体将电子营业执照展示链接及图标嵌入网页，便可实现营业执照网上自主公示。2022 年实施的《市场主体登记管理条例》第 11 条第 2 款规定，电子商务平台内的自然人经营者可以根据国家有关规定，将电子商务平台提供的网络经营场所作为经营场所。上述规定集中体现了商事便利原则的基本要求。

（二）公平进入原则

公平进入原则是指电子商务市场应当向所有主体开放，同一经营领域应当适用统一的准入条件，除法律另有规定的情况外，禁止对某一主体实施歧视性对待措施，不得为某一主体提供额外优待措施的法律原则。公平进入原则是实行市场经济体制的应有之意，要求任何适格主体均有参与市场交易、合法获取财富的机会，不得将任何适格主体排除在电子商务领域之外。公平进入原则包括如下内容：首先，市场向社会大众开放，不得将电子商务作为某些主体垄断经营的"自留地"。其次，不同市场主体适用相同的准入条件。这是指市场主体申请某一类电子商务经营活动时，适用相同的准入条件，不同类别的电子商务经营活动可以适用不同的准入条件。最后，严格限制、控制歧视性、优待性措施。歧视性措施是指对于某一主体采取比法律规定更为不利、严苛的对待措施。优待性措施是指对于某一主体采取比法律规定更为宽松、有利的对待措施。歧视性措施、优待性措施原则上为法律所禁止，存在但书条款的情形例外。

（三）比例原则

比例原则是行政法领域的基本原则，关注的是手段和目的之间的相当性，要求政府实施某一行为时，不仅应当具备目的的正当性，而且其所实施行为应与目的之间合乎相应的比例。本书认为，比例原则同样适用于电子商务经营主体市场准入机制中。具体体现为：首先，市场准入机制的实施必须旨在实现正当的法政策目标，即维护电子商务正常市场秩序、维护社会公共利益、保障交易各方合法权益、促进全行业健康稳定发展。其次，市场准入机制的种种措施必须有利于上述目标的达成，这一点要求手段与目的之间应当具备积极的因果关系，不得将市场准入机制变为排除市场进入、实现行政垄断的工具。最后，在达成相关法政策目标的种种措施中，应当选择对行政相对人影响程度最低的措施。就监管措施而言，尽可能选取事中和事后监管，在市场准入领域不设置或者尽可能少设置行政许可措施，降低市场准入门槛，使得更多的主体能够参与电子商务领域的经营活动，构建良好的电子商务营商环境。

二、市场准入机制的一般规则

按照商法的基本原理，商事主体的设立、变更、终止必须完成商事登记，未经设立登记的，商事主体欠缺法律人格，无法合法地开展经营活动。商事登记构成了商事主体取得权利能力和行为能力的必要条件。这一原理同样适用于电子商务领域，商事登记制度构成了电子商务经营主体市场准入机制的核心与基础。对于商事登记的法律性质，学界素来存在争议，主要学说包括私法说、公法说和公私法融合说。[①] 本书倾向于公私法融合说的观点，认为商事登记兼具公法性和私法性的双重意义，既能够产生商事主体创设的私法效力，亦能发挥着行政管理的功能。

在《电子商务法》制定过程中，有部分观点认为，我国电子商务市场尚处于发展的初期，市场规模小、发展不完善，且参与交易的很多主体均为小微企业，为鼓励市场发展、营造更为优良的营商环境，应当摒弃强制登记制度，至少对平台内经营者放宽登记要求，不要求其进行强制登记。[②] 本书认为这一观点并不妥当，理由在于：首先，电子商务不具有实体性交易场所和交易设施，是典型的"虚拟市场"，商事登记制度能够起到化虚入实的作用，可以对市场必需的、与主体相关的信息进行收集、筛选和验证，并对市场风险进行有效控

---

① 参见徐强胜："商主体的类型化思考"，载《当代法学》2008 年第 4 期。

② 赵旭东：《中华人民共和国电子商务法释义与原理》，中国法制出版社 2018 年版，第 56 页。

制，从而维护交易安全。其次，商事登记制度具有税收普查的功能，能够有效避免电子商务领域广泛存在的偷税漏税现象，实现线上交易与线下交易公平对待，避免电子商务领域出现不公平、不合理的竞争优势。最后，商事登记制度具有行政管理的作用，能够有利于政府主管部门及时了解和掌握电子商务领域发展的动态，为政府的有效监管奠定前提和基础。

最终颁行出台的《电子商务法》对电子商务经营主体登记制度给予了肯定性回答，根据《电子商务法》第10条的规定，电子商务经营者应当依法办理市场主体登记。需要说明的是，电子商务经营主体登记与普通商事登记之间的关系。电子商务的特殊性在于通过信息网络进行交易，由此可见，电子商务不过是一种特殊的经营方式，其法律性质仍然为商事行为，取得商事主体身份是从事电子商务经营活动的前提。从是否采取信息网络经营方式的角度来看，商事主体可以分为三类：专营线下业务的主体、专营线上业务的主体和兼营线上和线下业务的主体。第一类不在电子商务法调整的范围之内。对于已经注册登记的商事主体，欲采取第二类或第三类经营方式的，需要办理经营方式的变更登记，或者是原有营业执照的加注登记，即在原市场主体登记的基础上，对经营方式的事项进行相应变更，增加电子商务的内容；对于以电子商务方式初始开展商事经营的商事主体，需要办理的则是商事主体的设立登记，同时直接将电子商务登记为其专营或兼营的经营模式。①

电子商务经营主体的登记条件取决于其所采取的法律形式。按照法律形式的不同，电子商务经营主体可以分为商个人、商合伙、商法人，而商个人又包括个体工商户和个人独资企业，商合伙包括普通合伙企业和有限合伙企业，商法人包括有限责任公司与股份有限公司。法律对于这些不同形态的商事主体规定了不同的设立条件和设立程序，电子商务经营主体须从中选择其一作为其法律形式，并符合该种组织形态的实体性和程序性设立条件。

《个人独资企业法》第8条规定，设立个人独资企业须满足如下条件：其一，投资人为一个自然人；其二，有合法的企业名称；其三，有投资人申报的出资；其四，有固定的生产经营场所和必要的生产经营条件；其五，有必要的从业人员。《合伙企业法》第14条规定，合伙企业设立时须满足如下条件：其一，有二个以上合伙人。合伙人为自然人的，应当具有完全民事行为能力；其二，有书面合伙协议；其三，有合伙人认缴或者实际缴付的出资；其四，有合伙企业的名称和生产经营场所；其五，法律、行政法规规定的其他条件。《公

---

① 赵旭东："电子商务主体注册登记之辨"，载《清华法学》2017年第4期。

司法》第 23 条规定，设立有限责任公司须满足的条件包括：其一，股东符合法定人数；其二，有符合公司章程规定的全体股东认缴的出资额；其三，股东共同制定公司章程；其四，有公司名称，建立符合有限责任公司要求的组织机构；其五，有公司住所。《公司法》第 76 条规定，设立股份有限公司须满足的条件包括：其一，发起人符合法定人数；其二，有符合公司章程规定的全体发起人认购的股本总额或者募集的实收股本总额；其三，股份发行、筹办事项符合法律规定；其四，发起人制订公司章程，采用募集方式设立的经创立大会通过；其五，有公司名称，建立符合股份有限公司要求的组织机构；其六，有公司住所。

除满足商事主体的一般性条件外，电子商务经营主体设立登记还需满足一些特别条件。其中，对于电子商务平台经营者与自建网站经营者而言，需要满足的特别条件包括：其一，具备完善的网络交易系统，设立独立的网站网址，并依法完成相应的登记备案程序；其二，制定并实施科学合理的交易规则和争议解决机制；其三，制定并实施电子认证机制、电子支付机制、物流交付机制等履约辅助机制；其四，内部管理措施完善合理，能够及时反映、管理电子订单的履行情况，存在较为严密的网络安全预案。对于平台内经营者而言，除办理工商登记、取得法人资格外，还应当符合电子商务平台设置的准入条件，在实践中，主要包括提供身份证明、提供一定数额的担保金、提供有效银行账户、同意平台制定的交易规则等方面。

值得注意的是，无论是商个人、商合伙、商法人，其商事登记行为，均由设立中主体依法提出申请，工商行政管理部门就申请人是否符合法定条件进行审查并决定是否通过设立。商事登记的流程和审核主体恰恰反映出该行为所具有的公法性的特征以及该行为承担的行政管理的属性。在《电子商务法》立法过程中，曾经有学者指出，平台内经营者的商事登记审核权，可以由电子商务平台经营者行使。[①] 本书认为这一观点有欠妥当，不宜采纳。理由在于：首先，授权电子商务平台经营者行使审核权存在严重道德风险和明显利益冲突。作为一类商事主体，电子商务平台经营者以追求利润为最高目标，而达成这一目标，其希望尽可能多的经营者在平台进行注册，以增加人气。因此，如果将登记审核权授予电子商务平台经营者，可能会出于商业利益的考虑不正当地行使职权，随意降低市场准入门槛，导致商事登记的制度功能无法充分发挥。其次，电子商务平台经营者不具有履行登记审核权应有的条件。从本质上来说，电子商务

---

① 赵旭东：《中华人民共和国电子商务法释义与原理》，中国法制出版社 2018 年版，第 60 页。

平台经营者是一类私主体，并不具有行使国家公权力应有的相关条件，无法对登记申请人提供的相关材料的真实性、准确性、全面性进行审核，难以履行相关职责。再次，要求电子商务平台经营者行使登记审核权，将模糊其作为私法主体的定位和属性，加重其负担，不利于电子商务市场的健康稳定发展。最后，这一观点违反行政法定原则的要求。行政法定原则要求行政职权的行使在实质层面和程序层面必须具备相应的法律依据，显然，我国实证法并未授权电子商务平台经营者行使该职权。

在法理学上，法律责任是行为主体违反法律设置的第一性义务所需要承担的第二性义务。《电子商务法》第10条设置了电子商务经营主体依法进行商事登记的义务，相关主体未依法进行登记的，除满足法定登记豁免情形外，均属于无证无照经营的非法行为，须承担相应的法律责任。对此，《市场主体登记管理条例》作出了详细规定。该条例明确，市场主体违反登记管理的行为，由市场监督管理部门予以查处。在查处过程中，市场监督管理部门可以行使如下职权：其一，进入市场主体的经营场所实施现场检查；其二，查阅、复制、收集与市场经营主体经营活动有关的合同、票据、账簿以及其他资料，其三，向与市场主体经营活动有关的单位和个人调查了解情况；其四，责令市场主体停止相关经营活动；其五，查询涉嫌违法的市场主体的银行账户。如果电子商务经营主体未经设立登记而从事经营活动的，由市场监督管理部门责令改正，没收违法所得；拒不改正的，处1万元以上10万元以下的罚款；情节严重的，依法责令关闭停业，并处10万元以上50万元以下的罚款。

三、市场准入机制的特殊规则

对于某些特殊领域和特殊行业，除满足市场准入机制的一般规则外，法律对电子商务经营主体市场准入机制设置了特殊规则。基于特别法优于一般法的原理，这些特殊规则将优先于一般规则予以适用。具体而言，这些特殊规则主要包括行政许可机制与登记豁免机制。

（一）电子商务领域的行政许可

行政许可是指行政机关根据公民、法人或者其他组织的申请，经依法审查，允许其从事特定活动的行为。行政许可的前提是存在一般性的行为禁止义务。行政许可制度旨在实现维护公共安全、保障公共利益、合理配置稀缺资源等制度目标。在电子商务市场准入领域，行政许可的设立必须奉行谦抑性的原则，具备充分的正当化基础。凡是市场竞争机制能够有效调节、行业组织能够实现自律管理、行政机关可以通过事后监管达到相同或相似管理目标的，原则上不得设置行政许可。就程序条件而言，我国《行政许可法》规定，行政许可的设置原则上只能由法律、行政法规、地方性法规为之，必要时，国务院可以采用发布决定的方式设定行政许可，部门规章、地方政府规章以及其他规范性文件均不得设置行政许可。我国《电子商务法》第12条规定："电子商务经营者从事经营活动，依法需要取得相关行政许可的，应当依法取得行政许可。"

现阶段，电子商务领域的行政许可措施主要存在于如下领域：第一，电子商务平台经营者、自建网站经营者应当取得互联网信息服务的行政许可。《互联网信息服务管理办法》将互联网信息服务分为经营型和非经营型两种，对于经营型采取许可制的管理模式，对于非经营型采取备案制的管理模式。经营型互联网信息服务是指通过互联网向用户有偿提供信息或者网页制作等服务活动。根据《互联网信息服务管理办法》及《电信条例》的要求，经营型互联网信息服务提供者应当取得互联网信息服务增值电信业务经营许可证。《电信条例》第13条规定，从事该业务活动须满足的条件包括：其一，经营者为依法设立的公司；其二，有与开展经营活动相适应的资金和专业人员；其三，有为用户提供长期服务的信誉或者能力。《互联网信息服务管理办法》第6条规定，从事上述业务活动应当满足的条件包括：其一，有业务发展计划及相关技术方案；其二，有健全的网络与信息安全保障措施，包括网站安全保障措施、信息安全保密管理制度、用户信息安全管理制度；其三，从事的业务范围涉及新闻、出版、教育、医疗保健、药品和医疗器械，已取得有关主管部门同意的文件。就行政许可程序而言，上述经营者应当向省级电信管理机构提交申请，如果其业务范围跨越两个以上省、自治区、直辖市的，须向国务院信息产业主管部门提交申请，取得跨地区增值电信业务经营许可证。

第二，利用互联网平台从事特定行业时须获得行政许可。对于新闻、出版、教育、医疗保健、药品和医疗器械等特殊领域和行业，必须取得额外的行政许可方能经营，主要规范依据包括《互联网站从事登载新闻业务管理暂行规定》《网络出版服务管理规定》等。例如，在药品销售行业中，某一商事主体欲通过电子商务平台销售药品的，除取得药品销售的一般性资质外，还需要额外获取《互联网药品交易服务资格证》和《互联网药品信息服务资格证》。之所以在该领域设置行政许可，是因为药品销售行业具有很强的公共性，直接关乎人民群众的生命健康。设置行政许可，能够有效避免利用互联网销售假冒伪劣药品的行为，从而为广大群众的身体安危建立起牢固的屏障。又如，在网络出版服务领域，相关主体必须取得网络出版服务许可证。《网络出版服务管理规定》根据主体性质的不同，设置了不同的许可条件。对于图书、音像、电子、报纸、期刊出版单位而言，其应当满足的条件包括：其一，有确定的从事网络出版业务的网站域名、智能终端应用程序等出版平台；其二，有确定的网络出版服务范围；其三，有从事网络出版服务所需的必要的技术设备，相关服务器和存储设备必须存放在中华人民共和国境内。对于其他主体而言，除须满足上述条件外，还应当满足如下额外条件：其一，有确定的、不与其他出版单位相重复的，从事网络出版服务主体的名称及章程；其二，有符合国家规定的法定代表人和主要负责人，法定代表人必须是在境内长久居住的具有完全行为能力的中国公民，法定代表人和主要负责人至少1人应当具有中级以上出版专业技术人员职业资格；其三，除法定代表人和主要负责人外，有适应网络出版服务范围需要的8名以上具有国家新闻出版广电总局认可的出版及相关专业技术职业资格的专职编辑出版人员，其中具有中级以上职业资格的人员不得少于3名；其四，有从事网络出版服务所需的内容审校制度；其五，有固定的工作场所。

　　第三，从事某些特定行业须获得行政许可。商事主体从事特定行业时须取得相应的行政许可，故当其利用电子商务平台从事该行业时，也应当取得该行政许可。诚如前述，电子商务交易的出现只是改变了经营模式和经营场所，并未改变经营活动的本质。因此，除法律另有规定外，对于线下交易的规制措施原则上同样适用于线上交易领域。例如，我国法律规定从事餐饮服务营业活动的，应当取得餐饮卫生许可证和排污许可证，而当商事主体利用电子商务平台开展外卖业务的，同样应当取得上述许可证。值得注意的是，这里所涉及的情形与利用互联网平台从事特定行业时须获得行政许可的情形有所不同。对于后者，行政许可针对的是互联网交易本身，如果采取线下交易经营此种业务，不需要取得该许可，但在本情形中，行政许可针对的是经营行为本身，并不考虑其经营场所和经营方式，即便采取线下交易的经营模式，同样需要取得该行政许可。

　　就行政许可与商事登记的关系而言，当电子商务某一领域存在行政许可时，行政许可构成了商事登记的前置性程序，未获取相应许可的，工商行政管理部门对于申请人的登记请求应当予以驳回，设立中的电子商务经营主体也无法获得商事主体资格。

（二）电子商务经营主体的登记豁免

　　电子商务经营主体的登记豁免制度是指在符合法律规定的特殊情形下，免除电子商务经营主体向市场监督管理部门进行登记的法律义务，从而依法直接取得相应主体资格的制度。这一制度充分体现了商事便利原则，将大大推动社会各界的创业热情，促进电子商务领域的快速稳健发展。我国《电子商务法》

第 10 条规定，电子商务经营者应当依法办理市场主体登记。但是，个人销售自产农副产品、家庭手工业产品，个人利用自己的技能从事依法无须取得许可的便民劳务活动和零星小额交易活动，以及依照法律、行政法规不需要进行登记的除外。由此可见，登记豁免制度的适用范围包括：其一，个人销售自产农副产品、家庭手工业产品。这一行为的实施主体必须为自然人，法人和非法人组织不在此列。自然人销售的必须是自产农副产品或者自产家庭手工业产品，不包括其通过其他渠道购买并用于转售的农副产品、家庭手工业产品。其二，个人利用自己的技能从事依法无须取得许可的便民劳务活动，例如部分家政服务、维修服务等。其三，零星小额交易活动。这一概念范畴可以从两个方面进行理解：一方面是零星性，表明其行为的频率较低，并非经常为之，而是具有较大的偶然性；另一方面是小额性，表明交易金额较小。根据《网络交易监督管理办法》第 8 条的规定，零星小额的标准为对自然人名下各网店交易额合并计算后，年交易额累计不超过 10 万元的。

值得注意的是，理论界对于是否豁免商个人中的小商人的登记义务，一直存在争议。从比较法的经验来看，为了保护营业自由，域外法上的小商人多被许可自由选择登记，不登记也可以从事相应的营业行为。[1]显然，我国《电子商务法》在这一问题上采取了弹性的做法，在规定电子商务经营者强制登记的同时，还规定了登记豁免制度作为补充。这一做法简化了自然人从事电子商务活动的准入门槛，有利于发挥市场活力、降低行政干预成本。[2]

【海外代购及其提供者的法律地位】[3]

随着物质生活水平的日益提升，境内现有的产品难以完全满足国内消费者的需求，部分境内消费者通过海外代购的方式，采购境外商品。境内消费者以互联网为媒介，在各大交易平台和社交软件上寻找企业或个人代购方，并向他们指定交易产品，由代购方按照交易过程中指定的交易对象去海外市场进行购买，然后采用海外直邮或随私人行李携带的方式进入国内，最终交付给消费者。海外代购的对象主要为奢侈箱包、婴儿奶粉、奢侈化妆品、最新电子产品、奢侈服装鞋子等国内供应量较低、价格较高的境外商品。随着境内消费者海外代购需求的增长，越来越多的电子商务企业开始进入该海外代购行业，除了京东、

---

[1] 李建伟："民法典编纂背景下商个人制度结构的立法表达"，载《政法论坛》2018 年第 6 期。

[2] 马更新、王焕悟："电子商务经营者登记豁免制度的反思与重构"，载《北京联合大学学报（人文社会科学版）》2022 年第 3 期。

[3] 资料来源：《2021 年我国海外代购行业现状分析：2021 年海外代购市场规模回升至 2175 亿元》，载产业信息网，https://www.chyxx.com/industry/1102327.html，最后访问日期：2022 年 11 月 13 日。

阿里巴巴、顺丰等开通了海外购频道外，还有洋码头、海猫季、CN海淘、酷海淘等企业纷纷加入到"海淘"大军中来。由于海外代购行业的门槛较低，除电子商务企业外，大量的个体也通过微信等社交平台纷纷开展海外代购业务。我国海外代购行业已经具有庞大的市场规模。数据统计显示，2012年我国海外代购市场交易规模仅483亿元，到2019年我国海外代购市场规模达到了2820亿元，海外代购业务规模保持较快增长。2020年受到疫情影响，海外代购市场规模下滑至1850亿元，2021年回升至2175亿元。

海外代购行业在满足国内消费者需求、为其生活消费提供便利的同时，也带来了大量的问题，严重侵害了消费者的合法权益。例如，商品的货源渠道并不真实，严重侵犯了消费者的知情权。有的代购方表示，其货源来自多个渠道：一部分从品牌线下专柜以商场活动价进行采购；一部分通过品牌的国内代理商进行采购；有时还会通过国内免税店购买一些优惠商品；只有极小部分通过朋友在国外采购。又如，有的代购方以代购名义制造、销售假货，严重侵害消费者的人身安全。2018年，苏州警方破获一起特大制售假化妆品案，查获假冒名牌化妆品15万件，涉案金额高达500万元。据犯罪嫌疑人供述，一瓶5mL假名牌香水进价在6元左右，经过组合包装后卖给下家为50元，下家再以代购的名义卖给普通消费者，最高可以卖到200元。再如，海外代购可能违反我国海关、税收等相关规定。2018年9月28日，在上海浦东机场T2航站楼，有一班航班查了100多个代购。而面膜一片一片数，每片罚20元，"三盒面膜罚款200多元"；"一个万宝龙罚款900元"；"1万元的护肤品，被罚了3000元"；"10只唇膏要罚1800元总共罚了17000元"。其中，一位男子被查出代购了数款几十万元的名表，总额178万元人民币，因情节严重，已经被缉私队羁押。不当的海外代购行为可能破坏我国的海关监管秩序与税收管理秩序，严重者可能构成走私普通货物、物品罪，代购方应当承担相应的刑事责任。

那么，什么是海外代购？海外代购是指国内消费者利用网络与代购方签订合同，代购方根据合同对商品的具体要求，在域外购得商品，或者根据市场形势提前准备好消费者所需的商品，并借助快递等方式将商品送达消费者，随后依照合同的约定获取报酬的行为。海外代购的类型多样，按代购方是否盈利为标准，可以分为盈利海外代购和非盈利海外代购。盈利海外代购是指代购方通过互联网上的各种平台与消费者订立合同，并通过代购行为获取利益的海外代购模式。非盈利海外代购是指代购方并不通过代购行为获得经济利益的代购模式。实践中，发生纠纷的海外代购行为主要是盈利海外代购行为，这也是法律规制的重点。按交易过程中签订的合同性质为标准，可以分为现货海外代购和非现货海外代购。现货海外代购通常是指代购方根据自己对市场形势的判断，预先购买好商品，当消费者请求代购方代购自己所需的商品时，代购方直接把提前购得的商品通过快递寄送给消费者，不需要再去采购。非现货海外代购是指代购方不会事先采购商品，而是提前向消费者发出下单通知，在消费者的预订单累积到一定数量后，代购方再根据消费者在预订单中的要求从境外采买相应商品，随后把统一购得的商品一并快递给国内的消费者。按代购商品的交易方式为标准，则可以分为直邮海外代购和非直邮海外代购。直邮海外代购是指，代购方以国际快递的形式，直接将商品从境外寄送给国内的消费者。非直邮海外代购是指，代购方在国外购买商品后，将这些商品带回国内，或者先行寄回国内，然后再寄送给消费者。按代购主体为标准，可以分为个人海外代购与企业海外代购。个人海外代购指的是个人代购方在网络购物平台或者社交平台上，发布代购商品的相关图文信息来招揽消费者，消费者与个人代购方通过网络购物平台下订单并完成交易的海外代购模式。个人海外代购的常见形式是在大型网络购物 C2C 平台（例如淘宝网）上开设的个人海外代购网店，或者直接通过大型社交平台（例如微信）的个人账户开展的海外代购业务。企业海外代购是指专业从事海外代购业务、拥有海外商品采购资格的电商企业，在网络购物平台上发布代购商品的相关图文信息，与消费者与订立合同，并利用其专门设置在境外的采购部门代购商品的交易行为。在此种代购模式中，从事海外代购业务的经营者为企业，既可以是跨境电商平台经营者，也可以是跨境电商平台经营者以外的跨境电商企业。在我国，典型的企业代购方为跨境电商平台经营者，如天猫国际、京东国际、网易考拉海购等。

海外代购业务的开展受《电子商务法》的规制。开展海外代购业务的企业构成电子商务经营者，受《电子商务法》调整，自无疑问。在个人代购行为中，开展海外代购业务的个体也构成电子商务经营者。不过，如果个人代购方只进行零星小额的海外代购交易活动，那么其构成《电子商务法》规定的小额经营者，不需要进行商事登记，但是依旧需要履行电子商务经营者的相关义务、承担相关法律责任。

第三节　电子商务经营主体的退出机制

商事制度之完善不能偏于入口端的登记，还应关注出口端的退出。[①] 电子

---

① 张阳："商事主体终止的制度检视及其结构优化"，载《交大法学》2022 年第 2 期。

商务经营主体的退出机制是指出现法定或者约定事由时，电子商务经营主体停止开展业务活动，了结既有的法律关系，永久性地退出电子商务市场的相关法律规范的总称。市场经济就是竞争经济，竞争必然意味着优胜劣汰，市场退出机制便是法律处置市场竞争中落败与严重违法的商事主体的制度规范，该制度有助于实现市场主体的新陈代谢，提高资源利用效率。与此同时，市场退出机制与市场准入机制一道，共同构成了国家对电子商务领域进行监管的重要举措，分别发挥着事前监管机制与事后监管机制的作用。

一、市场退出的类型与事由

按照启动主体的不同，电子商务经营主体退出机制可以分为强制退出机制和自愿退出机制。强制退出机制是指当电子商务经营主体严重违背工商、税务、劳动保护、环境保护、市场竞争等方面的法律规范，由有权机关依法作出吊销其营业执照、责令关闭，永久性取消其电子商务领域经营资格的机制。在法理上，强制退出机制本质上是一种行为罚，其针对的是存在严重违法行为的商事主体，具有强制性、单方性、终局性的特征。在我国法律规范体系中，吊销营业执照、责令关闭的规定极为普遍，与电子商务经营主体关系较为密切的情形包括：电子商务经营主体伪造变造相关材料或者隐瞒真实情况，骗取营业执照或者相关行政许可的；电子商务经营主体销售的产品或者提供的服务严重违反国家的相关规定，给社会公共利益以及消费者人身财产安全造成重大损害的；电子商务经营主体违反国家环境保护的相关规定，造成重大环境污染事故的；电子商务经营主体在广告或者宣传中严重弄虚作假，侵害消费者合法权益的；法律、法规确定的应当吊销电子商务经营主体营业执照或者责令其关闭的其他情形。

除吊销营业执照、责令关闭外，人民法院经债权人申请依法作出破产宣告也属于强制退出机制。在我国，目前只有企业存在破产清算程序，自然人并无破产清算制度，因此，只有采取个人独资企业、合伙企业、有限责任公司、股份有限公司等组织形式的电子商务经营主体方适用这一制度，采取个体工商户、自然人等形式的电子商务经营主体并无适用的空间和余地。就破产宣告的事由而言，我国《企业破产法》规定为资不抵债或者明显欠缺清偿能力。资不抵债是指企业在资产负债表上呈现出的全部债务已经超过其资产的情形。明显欠缺清偿能力是指虽然企业资产负债表上资产数量仍然超过负债，但由于无法变现等其他原因，企业明显欠缺清偿债务的能力，且此种状况无法在可预见的未来得到显著改善。破产清算的宣告将使得电子商务经营主体的权利能力和行为能力受到限制，一旦完成财产的清算和分配，并且历经注销登记，该主体法律资格消灭，将终局性退出电子商务领域。

自愿退出机制是指在出现营业期限届满、作出解散决议、决定退出电子商务业务、自然人死亡等情形时，电子商务经营主体自愿提出终局性停止开展电子商务经营活动的机制。自愿退出机制的发动主体与强制退出机制不同，对于前者，退出机制由经营者主动发起，相关部门或有关机构只是根据经营者的申请进行审查；而对于后者，则由监管部门主动发起退出机制，且程序的发起不以经营者的主观意愿为转移。此外，强制退出机制尤其是吊销营业执照、责令关闭等具有强烈的惩罚功能，是对电子商务经营主体最为严厉的惩罚措施之一，而自愿退出机制不具有惩罚功能，旨在解决经营主体和平退出电子商务领域的相关法律关系。

按照退出机制对商事主体资格影响的不同，可以将市场退出机制分为消灭主体资格的退出机制和不消灭主体资格的退出机制。在前文所述的具体退出机制类型中，吊销营业执照、责令关闭、营业期限届满、依法作出解散决议等情形均属于消灭主体资格的退出机制。出现这些情形后，商事主体依法进入清算程序，停止开展全新业务，了结既有的法律关系，最终使得法律主体资格归于消灭。与之相对应，决定退出电子商务领域则属于不消灭主体资格的退出机制。此时，商事主体资格仍然存续，只不过该商事主体不再从事电子商务经营活动，转而从事其他领域的经营活动，这一过程体现的是该主体对自身营业范围的调整。

二、市场退出的程序

为保障商事交易安全，充分保障消费者等交易相对人的合法权益，电子商务经营主体在退出市场的过程中，须遵循一定的法定程序，在未完成相关程序之前，电子商务经营主体不得擅自进行注销登记，否则有关责任人员将承担相应的法律责任。具体来说，目前我国法上规定的电子商务经营主体退出程序主要包括信息公示与披露程序、商事主体清算程序两个方面。

（一）信息公示与披露程序

《电子商务法》第16条规定，"电子商务经营者自行终止从事电子商务的，应当提前30日在首页显著位置持续公示有关信息。"《电子商务法》第36条规定，"电子商务平台经营者依据平台服务协议和交易规则对平台内经营者违反法律、法规的行为实施警示、暂停或者终止服务等措施的，应当及时公示。"这两个条文构成了信息公示与披露程序的基本法律规范。其中，第16条的规定属于一般条款，具有广泛的适用空间，所有类型的电子商务经营者均应当遵守上述规定，而第 36 条则属于特殊规定，适用情形较为有限，仅对电子商务平台经营者产生规范效力。

对于《电子商务法》第 16 条规定的一般条款，应当从如下方面进行理解：其一，适用的主体为电子商务经营者，既包括电子商务平台经营者、平台内经营者，也包括自建网站经营者、通过其他网络服务销售商品或者提供服务的电子商务经营者。其二，适用的情形为自行终止从事电子商务，即本书所称的自愿退出机制所涉及的情形，包括公司营业期限届满、作出解散决议、决定退出电子商务业务、自然人死亡等；而对于强制退出机制所涉及吊销营业执照、依法责令关闭等情形，不适用本条的规定。其三，义务的具体内容为提前 30 日在首页显著位置持续公示有关信息，既包括时间性的要求，也包括持续性、显著性、公示位置等方面的要求。

对于《电子商务法》第 36 条规定的特别条款，应当从如下方面进行理解：其一，本条适用的情形为平台内经营者的退出机制，电子商务平台经营者、自建网站经营者、通过其他网络服务销售商品或者提供服务的电子商务经营者等其他电子商务经营主体的退出并不适用本条的规定。其二，电子商务平台经营者对于平台内经营者退出电子商务市场的相关事实，负有法律上的公示义务，其应当选择合理恰当的方式向社会公众告知这一事实。

（二）商事主体清算程序

商事主体清算程序是指出现法定或者约定的情形时，商事主体停止继续开展业务活动，了结既有法律关系，最终使得法律主体资格归于消灭的程序。[①] 对于电子商务经营主体退出机制而言，商事主体清算程序只用于消灭主体资格的退出机制，不消灭主体资格的退出机制不需要经历这一程序。对于电子商务经营主体而言，商事主体清算程序的启动事由包括经营期限届满、出现约定的解散事由、作出解散决议、吊销营业执照、被责令关闭等情形。

为保障债权人、股东等相关主体的合法权益，《公司法》等法律对商事主体清算程序的具体流程作出了明确规定，电子商务经营主体退出市场时，同样应当遵循相关规定进行清算，未尽到法定清算义务的，该主体的股东、董事、监事、高级管理人员等须依法承担清算责任。在电子商务经营主体进入清算程序后，其行为能力受到一定的限制，不得继续从事商事经营活动，只能从事与清算目的相关的活动。以采公司制的电子商务经营主体为范本，清算程序

---

① 赵旭东：《商法学》，高等教育出版社 2011 年版，第 253~254 页。

具体包括：其一，成立清算组。如果电子商务经营主体采取有限责任公司的形式，则股东为清算组成员，如果其采取股份有限公司的形式，则清算组成员包括董事或股东大会指定的人员。其二，清理公司，编制公司财产清单和资产负债表。其三，向债权人进行公告，按照《公司法》的相关规定，清算组应当在成立后 10 日内向债权人进行公告。就公告的形式而言，我国法律并未作出明文规定，清算组可以通过在报纸、电视上发布公告的方式进行通知，也可以采取单独逐一告知的通知形式。其四，清偿债务，代表公司参加诉讼活动，按照法定程序分配公司财产。对于财产的分配顺序，我国法律进行了明确规定，首先应当支付税费，其次应当偿付职工债权和社会保险费用，再次应当偿付普通债权，最后如有剩余应当按照出资比例在股东之间进行分配。其五，编制清算报告，并向市场监督管理部门办理注销登记。注销登记是电子商务经营主体退出市场的最后步骤，注销登记的完成使得其丧失法律主体资格，最终得以退出所有市场经营活动。

第四节　电子商务经营主体的一般性权利与义务

法律权利是指法律关系主体可以自主决定实施或者不实施某一行为而获得受保障的权能或者权益。法律义务是指法律关系主体必须依法履行的实施某一行为或者不实施某一行为的法律要求。法律权利与法律义务相互依托，共同构成了法律关系的重要内容。较之于传统商业模式，电子商务依托信息网络开展，具有虚拟性、跨地域性等特征，因此，电子商务经营主体的权利与义务也表现为较为突出的个性特征。就电子商务经营主体的权利义务而言，我国《电子商务法》采取总分式的立法模式，首先规定了其权利义务的一般性规则，而后根据电子商务经营主体类别的不同，设置了权利义务的分则式规定。本书也采取这一体例，采取总分式的模式分析电子商务经营主体的法律权利与法律义务，本节处理的是一般性问题，后续小节将处理特殊性问题。

一、电子商务经营主体的一般性权利

（一）自主经营权

自主经营权是指电子商务经营主体可以在法律的范围内根据自己的意愿确定经营范围、确定商品与服务价格、确定交易对象和交易条件，不受行政主管部门、其他组织和个人非法干预的权利。自主经营权是市场在资源配置中决定性作用的重要体现，是对市场主体的充分肯定和尊重。在规范体系内部，电子商务经营主体的自主经营权也是契约自由原则在电子商务领域的反映和体现。

自主经营权的内容包括：其一，自主确定经营范围。电子商务经营主体可以选择经营某一种业务，也可以选择不经营某种业务，还可以选择在某一空间和时间范围开展某种业务或同时开展多种业务，任何主体不得强迫电子商务经营主体开展或者不开展某种业务活动。其二，自主确定商品与服务的价格。电子商务经营主体可以根据自身的成本、市场供求等因素自主确定商品与服务的价格。值得注意的是，自主经营权的权能并非毫无限制。事实上，在我国，商品与服务的价格形成机制包括政府定价、政府调节价和市场调节价。对于政府定价的商品与服务，电子商务经营主体须遵循相关规定，并无自主空间，而对于政府调节价的商品与服务，经营主体须在政府确定的范围内进行定价，自主定价空间存在一定的限制。其三，自主确定交易对象和交易条件。除依法负有普遍服务义务的主体外，电子商务经营主体可以选择交易对象，有权拒绝向特定主体提供商品或服务。这里所称的交易条件包括但不限于履行地点、履约期限、售后服务、风险负担、争议解决、违约责任等方面。

（二）依法获得公平对待的权利

依法获得公平对待的权利是指电子商务经营主体适用相同的法律条款、在同等条件下享受相同的法律权利、履行相同的法律义务，除具备正当条件外，不得对其进行区别对待的权利。《民法典》第4条规定，民事主体在民事活动中的法律地位一律平等。平等原则是现代社会的重要基石，也是法治的公信力之所在。对于电子商务领域而言，平等原则同样适用，电子商务经营主体有权获得公平对待，主要体现在：其应当适用相同的市场准入条件，适用相同的监管标准，在违反法律设置的相关义务时，同等地适用法律并承担相应的法律责任，不得因其规模大小、所有制性质、地域范围等法外因素而享受优待或者歧视。需要指出的是，依法获得公平对待的权利并非一律禁止和排斥区别对待，只不过这种区别对待必须具备正当化事由，防止区别对待泛滥成灾对社会公平造成的冲击。例如，为致力于实现精准扶贫的政策目标，国家税务总局出台了针对连片特困地区农副产品线上销售的税收优惠政策《支持脱贫攻坚税收优惠政策指引》，这一政策对于特定地域的特定经营者予以超乎其他主体的特殊优待，而该政策建立在精准扶贫这一合理目的的基础之上，因此，该政策仍然契合平等原则，并未侵害电子商务经营主体获得公平对待的权利。

二、电子商务经营主体的一般性义务

（一）依法纳税与进行税收登记义务

较之于传统商业模式，电子商务经营活动在交易模式、经营场所等方面具有一定的特殊性，但其作为商业活动的本质并没有发生改变，电子商务经营主体同样以营利为根本目的。因此，电子商务经营主体同样需要依法纳税，根据法律的相关规定，完成税收登记。《电子商务法》第11条规定，"电子商务经营者应当依法履行纳税义务，并依法享受税收优惠。依照前条规定不需要办理市场主体登记的电子商务经营者在首次纳税义务发生后，应当依照税收征收管理法律、行政法规的规定申请办理税务登记，并如实申报纳税。"从权利主体来看，所有电子商务经营主体都负有依法纳税和税收登记的义务，既包括需要进行市场登记的电子商务经营主体，也包括按照法律规定可以豁免登记的电子商务经营主体。从义务范围来看，电子商务经营主体的纳税义务由法律所确定，基于税收法定原则，线上交易与线下交易实行相同的税率，确保市场的公平竞争。[①]与此同时，《税收征收管理法》第15条明确规定，设立个体工商户、企业及其分支机构，自领取营业执照的30日内，应当向税收管理部门进行工商登记。从应纳税种的范围来看，电子商务经营主体主要涉及的是增值税、营业税、企业所得税等税种。此外，为督促电子商务经营主体更好地履行上述义务，切实保障消费者的合法权益，《电子商务法》第14条还规定了电子发票的出具义务，该条内容为，电子商务经营者销售商品或者提供服务应当依法出具纸质发票或者电子发票等购货凭证或者服务单据。电子发票与纸质发票具有同等法律效力。

（二）依法经营的义务

电子商务领域并非法外之地，电子商务经营主体的经营行为同样须遵守法律、法规的相关规定。《电子商务法》第13条规定，"电子商务经营者销售的商品或者提供的服务应当符合保障人身、财产安全的要求和环境保护要求，不得销售或者提供法律、行政法规禁止交易的商品或者服务。"该规定确立了电子商务经营主体的依法经营义务。该义务包括积极方面的内容和消极方面的内容。从积极方面来说，电子商务经营主体提供的服务应当符合保障人身、财产安全的要求和环境保护要求，满足国家对同类产品的技术标准规范，不会对交易相对人的人身安全、财产安全造成损害，不会对生态环境造成破坏。从消极方面来说，电子商务经营主体不得销售或者提供法律、行政法规禁止交易的商品或者服务。这里所称的禁止既包括相对禁止，也包括绝对禁止。相对禁止是指该商品或者服务依法不得通过互联网进行交易，但可以通过其他交易方式进行交易。例如，我国法律规定，体育彩票与福利彩票不得通过互联网进行销售，

---

① 李晨菊："电子商务个人经营者所得税收征管问题探究"，载《山西省政法管理干部学院学报》2019年第4期。

但可以依法通过线下方式进行交易，这便属于相对禁止的范畴。绝对禁止是指该商品或者服务按照法律规定不得成为买卖、交易的标的，即该标的物属于不融通物的范畴。例如，税务发票、毒品等依法不得买卖，电子商务经营主体不得从事出售上述物品的交易活动。除一般性规定外，在跨境电商领域，电子商务经营主体还须遵守其他特别规定。跨境电商涉及市场监管、海关、对外贸易等多部门，对于国家安全与经济秩序关系重大，有鉴于此，《电子商务法》第26条设置了特别规定，其内容为，电子商务经营者从事跨境电子商务，应当遵守进出口监督管理的法律、行政法规和国家有关规定，例如《跨境电子商零售进口商品清单》等。

（三）主体信息公示义务

在电子商务领域，电子商务经营主体与交易相对人互不见面，通过互联网平台沟通信息、完成交易，这种交易过程的虚拟性、远程性的特征使得双方的信息不对称现象更为突出。为充分保障交易相对人的知情权，尽可能填平信息鸿沟，法律要求电子商务经营主体须承担主体信息公示义务。《电子商务法》第15条第1款规定："电子商务经营者应当在其首页显著位置，持续公示营业执照信息、与其经营业务有关的行政许可信息、属于依照本法第十条规定的不需要办理市场主体登记情形等信息，或者上述信息的链接标识。"从公示的形式来看，电子商务经营主体必须将相关信息在其首页显著位置予以持续公示，不能犹抱琵琶半遮面，将相关信息隐藏在某一角落，或者仅仅在非常短暂的时间内公示相关信息。从公示的内容来看，应当包括营业执照信息、行政许可信息、豁免登记信息等方面，在实践中还包括经营地址、邮政编码、电话号码、电子邮箱等内容。从公示的具体要求来看，应当满足真实性、全面性、准确性的要求，电子商务主体公示的相关信息应当与客观实际相符合，不会使得交易相对人产生错误的认识和理解，不存在隐瞒、遗漏重大事实的情况。

（四）真实交易信息披露义务

有别于线下交易，在电子商务交易中，交易双方并不见面，交易相对人对于交易标的的认识完全依赖电子商务经营主体对产品的文字、图片、视频等描述，双方之间的信息不对称现象明显。为保障交易相对人的知情权，缩小双方之间存在的信息鸿沟，信息披露义务的引入势在必行。[1]《电子商务法》第17条规定，电子商务经营者应当全面、真实、准确、及时地披露商品或者服务信

---

① 郑佳宁："电子商务经营者信息披露义务研究"，载《福建师范大学学报（哲学社会科学版）》2020年第4期。

息，保障消费者的知情权和选择权。电子商务经营者不得以虚构交易、编造用户评价等方式进行虚假或者引人误解的商业宣传，欺骗、误导消费者。

真实交易信息披露义务包括积极内容和消极内容两个方面。就积极方面而言，电子商务经营主体应当全面、真实、准确、及时地履行信息披露义务。全面是指电子商务经营主体应当披露与商品、服务相关的全部信息，不得故意隐瞒或者存在重大遗漏；真实是指电子商务经营主体所披露的信息必须与客观事实相吻合，不得编造未曾发生的事实并向交易相对人公布；准确是指电子商务经营主体所披露的信息应当便利交易相对人阅读和理解，不得存在容易使得其产生错误性认识和判断的误导性信息；及时是对信息披露时间性的要求，电子商务经营主体应当在相关信息产生之后及时地将信息披露，不得有意拖延。就信息披露的方式而言，本条并未作出明确规定，在实践中，电子商务经营主体往往采取视频、图片、文字等形式向交易相对人披露商品或者服务的信息。

就消极方面而言，电子商务经营主体不得以虚构交易、编造用户评价等方式进行虚假或者引人误解的商业宣传，欺骗、误导消费者。其中，虚构交易是指电子商务经营主体与特定主体相互串通，制造交易假象使得潜在交易相对人陷入错误认识的行为。在实践中，这一行为被称为"刷单"，刷单行为严重扰乱了电子商务领域的正常秩序，为法律所禁止。编造用户评价是指电子商务经营主体唆使特定并未参与交易的主体编造虚假的用户评价使得交易相对人陷入错误认识的行为。虚假的商业宣传是指电子商务经营主体通过网络、电视、报纸等形式宣传自身产品与服务的过程中存在与客观事实不相符的行为。引人误解的商业宣传是指电子商务经营主体对自身产品与服务的宣传中虽然没有存在客观事实不相符的虚假事实，但其所使用的措辞容易使得交易相对人产生错误、不切实际的认识。上述四类行为均会使得交易相对人陷入错误认识，并基于此种错误认识而实施交易行为，由此对交易相对人的合法权益造成严重侵害。因此，法律严格禁止电子商务经营主体实施上述行为。

（五）对交易相对人个人信息保护义务

随着电子商务领域的快速发展，个人信息保护的问题日益突出，少数无良商家肆意出售交易相对人信息，导致个人信息泄露、非法利用的现象屡见不鲜。[①] 为此，《电子商务法》对电子商务经营主体课以较为严格的个人信息保护义务。《电子商务法》第 23 条规定，电子商务经营者收集、使用其用户的个人

---

① 程建华："困境与应对：电子商务模式创新中的消费者权益保护"，载《国家行政学院学报》2015 年第 6 期。

信息，应当遵守法律、行政法规有关个人信息保护的规定。这条规定起到转介规范的工作，必须结合相关法律、法规进行理解。

具体来说，与个人信息保护相关的法律法规主要包括：《民法典》第 111 条规定，自然人的个人信息受到法律保护。任何组织和个人需要获取他人个人信息的，应当依法取得并确保信息安全，不得非法搜集、使用、加工、传输他人个人信息，不得非法买卖、提供或者公开他人个人信息。《个人信息保护法》共 8 章 74 条，从个人信息处理规则、跨境信息流动规则、个人信息主体的权利、个人信息处理者的义务等方面全方位构建了我国个人信息保护与合理利用的制度框架。《网络安全法》第 41 条至第 43 条也对网络运营者搜集用户个人信息的要求、目的、范围等内容作出了规定。《刑法》第 253 条之一规定了非法出售、提供公民信息罪，对于严重侵害公民信息权的行为给予刑法制裁。《消费者权益保护法》第 14 条、第 29 条、第 50 条对消费者个人信息保护的问题作出了规定，并对经营者侵害消费者个人信息权的法律责任作出了规定。《快递暂行条例》第 34 条对快递服务领域个人信息的搜集、使用、销毁等问题作出了规定。

综合以上法律、法规，电子商务经营主体对交易相对人个人信息保护义务主要内容包括：其一，电子商务经营主体搜集交易相对人个人信息必须征得后者的同意。[①] 电子商务经营主体必须在其网站显著位置公示其信息搜集的方法和规则，在搜集交易相对人个人信息时，必须征得其明示同意，双方应就使用范围、使用方式、使用期限等内容进行约定，电子商务经营主体必须在双方约定的使用范围内使用个人信息，不得超范围使用信息。其二，电子商务经营主体应当协助交易相对人查询、更正相关个人信息。[②] 我国《电子商务法》第 24 条规定，电子商务经营者应当明示用户信息查询、更正、删除以及用户注销的方式、程序，不得对用户信息查询、更正、删除以及用户注销设置不合理条件。电子商务经营者收到用户信息查询或者更正、删除的申请的，应当在核实身份后及时提供查询或者更正、删除用户信息。用户注销的，电子商务经营者应当立即删除该用户的信息；依照法律、行政法规的规定或者双方约定保存的，依照其规定。其三，妥善保管交易相对人个人信息的义务。电子商务经营主体必须设置合理的安全系统，确保其所掌握个人信息处于安全、可控的状态，应当设置应急预案，采取一切合理措施防止个人信息泄露，未经交易相对人同意，

---

① 郑佳宁："知情同意原则在信息采集中的适用与规则构建"，载《东方法学》2020 年第 2 期。

② 聂进："电子商务经营者的个人信息保护责任与措施分析"，载《电子商务》2020 年第 3 期。

不得将相关个人信息透露给第三人，更不得将相关个人信息有偿出售。当然，这一义务内容也存在例外情形，《电子商务法》第 25 条规定，当法律、法规存在规定，要求电子商务经营主体向公安部门、发展改革部门、财政部门、统计部门、市场监督管理部门等有关部门提供相关个人信息时，电子商务经营主体应当及时提供，此时，不需要征得权利人的同意。其四，在发生信息泄露事件时及时采取补救措施的义务。电子商务经营主体在发生信息泄露事件时，必须采取补救措施，立即向有关主管部门进行报告，并通知权利人，及时销毁相关信息，采取种种措施尽可能将影响降低至最低程度，并就权利人遭受的损失承担损害赔偿义务。

（六）公平竞争义务

公平竞争义务是指电子商务经营主体在参与市场竞争的过程中，应当遵守《反不正当竞争法》《反垄断法》等相关条文的规定，遵循诚实信用原则的基本要求，不得实施滥用市场支配地位、商业贿赂、商业诋毁、假冒或者仿冒行为等违法竞争行为的法律义务。国务院 2022 年发布的《"十四五"市场监管现代化规划》提出："加强反垄断和反不正当竞争协同，统筹运用电子商务法、广告法、价格法等，依法查处'二选一'、歧视性待遇、虚假宣传、刷单炒信、大数据杀熟、强制搭售等垄断和不正当竞争行为。"对此，我国《电子商务法》也设置了专门条文进行规制。《电子商务法》第 22 条规定，电子商务经营者因其技术优势、用户数量、对相关行业的控制能力以及其他经营者对该电子商务经营者在交易上的依赖程度等因素而具有市场支配地位的，不得滥用市场支配地位，排除、限制竞争。

就规制模式而言，公平竞争义务采取积极规制与消极规制相结合模式。从积极规制的方面来看，竞争法设置一般性条款，要求电子商务经营主体在参与市场竞争的过程中，必须遵循法律、法规和诚实信用原则的要求，该规定起到兜底性条款的作用。从消极规制的方面来看，《反不正当竞争法》《反垄断法》等法律规定了若干种违法竞争行为，要求电子商务经营主体不得实施上述行为，否则该主体将承担相应的法律责任。例如，《电子商务法》第 22 条所涉滥用市场支配地位行为。市场支配地位是指电子商务经营主体在某一领域和某一地域就特定业务所享有的支配性、优势性地位。市场支配地位本身并不具有违法性，但电子商务经营主体利用自身所具备的市场支配地位从事打压竞争对手的行为具有违法性。按照《反垄断法》的相关规定，市场支配地位的认定须结合市场份额、控制销售市场和原材料市场的能力、财力和技术条件、其他经营者的依赖程度、进入相关市场的难易程度等因素进行认定。就违法行为的形态而言，滥用一词具有相当的开放性和模糊性，必须结合具体情形进行认定，在实践中，通常认为，垄断价格、掠夺式定价、强迫交易、无正当理由区别对待、搭售等行为均属于滥用市场支配地位的范畴。与此同时，滥用市场支配地位的行为类型具有一定的开放性，随着实践的不断变化发展，还会出现其他形态的违法行为。

除此之外，根据《反不正当竞争法》等相关法律的规定，违反公平竞争义务的行为还包括：假冒行为或者仿冒行为，即通过假冒、仿冒其他经营主体的名称、包装、装潢、质量标志、原产地标志使得交易相对人陷入错误认识和判断的不正当竞争行为。商业贿赂行为，即电子商务经营主体通过给予或者变相给予利益相关主体及其工作人员经济性利益或者非经济性利益从而达到特定商业目的的不正当竞争行为。商业诋毁行为，是指电子商务经营主体为了占据市场、打压竞争对手，针对具有相同或相似经营范围的主体，故意编造并散布与客观事实不相符合的虚假信息，使其市场竞争能力和商业能力受到损失，进而谋求获取非法商业利益的不正当竞争行为。上述种种行为均严重背离了诚实信用原则的要求，违背了公平竞争义务的规定，严重扰乱电子商务市场的正常竞争秩序，为法律所明令禁止。

【嘉兴市洞洞拐网络科技有限公司其他不正当竞争行为案】[①]

本案举报人为海盐县闪电侠跑腿服务有限公司（以下简称闪电侠跑腿服务公司），闪电侠跑腿服务公司经与"闪电小哥"平台开发者签订海盐地区"闪电小哥"平台使用协议，于2018年3月起建立海盐地区"闪电小哥"平台，并通过"乐外卖"软件（电脑版和手机版）在海盐地区开展招揽商家入驻"闪电小哥"平台和商家管理、维护等事宜，上线"闪电小哥"平台的商家则通过关注"闪电小哥"微信公众号开展接单等经营活动。自2018年3月起，海盐县闪电侠跑腿服务有限公司共为海盐地区100余家商家提供"闪电小哥网上订餐"等经营服务。本案被举报人为嘉兴市洞洞拐网络科技有限公司（以下简称洞洞拐网络科技公司），于2017年7月成为"美团外卖"平台海盐地区代理商。负责海盐地区代理和管理商家入驻"美团外卖"平台等事宜，并通过"蜜蜂 美团外卖销售助手"（网页版或手机版）进行包括划定商家配送范围等内容在内的商家维护。自2017年7月起，共为海盐地区500余家商家提供"美团外卖"平台网络订餐等经营服务。

2018年4月初，洞洞拐网络科技公司从总部得知"美团外卖"平台在海

---

① 案件来源：海盐县市场监督管理局盐市监处字〔2018〕160号行政处罚决定书。

盐地区市场占有率有所下降，从 2 月的 62.83% 下降至 3 月的 61.66%，经其调查发现部分签约"美团外卖"平台的商家同时上线了"闪电小哥"平台，遂于 2018 年 4 月上旬起，通过其下属业务员以电话、微信等方式通知同时上线"美团外卖"平台和"闪电小哥"平台的商家，要求商家关闭或停止在"闪电小哥"平台上的经营，否则将暂停相关商家在"美团外卖"平台的服务，随后大部分商家关闭或暂时停止了在"闪电小哥"平台上的经营。因无正当理由直接关停签约商户服务无法通过总部审批，2018 年 4 月 11 日起，当事人对拒不关闭或停止在"闪电小哥"平台上经营的"翻滚吧！蛋炒饭"等部分商家，由其业务员通过使用"蜜蜂美团外卖销售助手"软件修改后台数据的方式，缩小相关商家在"美团外卖"平台上的配送范围，将原本正常半径为 2.5 公里 ~3 公里的配送范围缩小到 0.2 公里 ~1.5 公里，迫使商家关闭或暂时停止在"闪电小哥"平台上的经营，之后才予以恢复。在此期间造成相关商家在"美团外卖"平台上的接单量明显减少，上线或使用"闪电小哥"平台的商家数量明显减少。2018 年 4 月 20 日，闪电侠跑腿服务公司向海盐县市场监督管理局举报称：洞洞拐网络科技公司采用修改商家配送范围等手段迫使同时上了"美团外卖"以及由闪电侠跑腿公司运营的"闪电小哥"平台的商家退出"闪电小哥"平台，给部分商家和海盐县闪电侠跑腿服务有限公司带来不同程度的经济损失。2018 年 4 月 27 日海盐县市场监督管理局批准予以立案调查，在查办案件时，办案人员对当事人行为的定性有三种不同意见。

第一种意见认为，当事人使用后台管理软件，未经商家同意，单方面修改商家合法下载、正常使用的外卖平台后台数据，缩小相关商家在外卖平台上的配送范围，将原本正常半径为 2.5 公里 ~3 公里的配送范围缩小到 0.2 公里 ~1.5 公里，造成相关商家在平台的接单量明显减少，并以此为要挟，迫使商家停止在"闪电小哥"平台的经营。当事人的行为符合《反不正当竞争法》第 12 条第 2 款"经营者不得利用技术手段，通过影响用户选择或者其他方式，实施下列妨碍、破坏其他经营者合法提供的网络产品或者服务正常运行的行为……（二）误导、欺骗、强迫用户修改、关闭、卸载其他经营者合法提供的网络产品或者服务"所述情形，属不正当竞争行为，应依照新《反不正当竞争法》予以查处。

第二种意见认为，当事人使用后台管理软件修改数据，缩小相关商家在当事人代理的外卖平台上的配送范围的行为，确属一种不当使用技术手段的行为，但其针对的仅是自己所经营管理的后台，并非直接针对竞争对手的软件实施不正当技术手段，因此不能适用新《反不正当竞争法》第 12 条的规定进行处罚。

第三种意见认为，当事人行为表面上看是不正当竞争行为，接到通知后，大部分商家关停了在"闪电小哥"平台上的经营，实际上，当事人实施这种行为的前提是其代理的外卖平台在海盐地区占有绝对的市场支配地位，市场占有率高达 60% 以上。倘若新兴的、市场占有率极低的"闪电小哥"平台也使用相同手段进行竞争，则肯定无效。因此，当事人的行为实质上是一种滥用市场支配地位的违法行为，违反了《反垄断法》。因此，本案的争议焦点为：

（1）当事人行为是否构成不正当竞争行为。

（2）当事人行为是否构成滥用市场支配地位。

海盐县市场监督管理局经核查认为洞洞拐网络科技公司为维持其市场占有率，采用缩小相关商家在其平台的配送范围或将配送范围等不当技术手段，强迫其平台商家关闭或停止"闪电小哥"平台经营的行为，违反了《反不正当竞争法》第 12 条第 2 款第 2 项之规定，属不正当竞争行为。一是当事人使用技术手段修改自己所经营管理、用户直接使用的后台数据，而非直接针对竞争对手的软件实施不当技术手段，其用意是以此迫使用户在自己和竞争对手间"二选一"，从而达到强迫用户关闭或停止使用竞争对手合法提供的网络产品或者服务的目的，属于不正当竞争行为。二是当事人仅为某知名外卖平台的代理商，具有独立法人资格，且某知名平台总部并不许可代理商无理由关停签约商户等行为。因此，当事人是否具有《反垄断法》所述市场支配地位，值得商榷。另外，当事人相较竞争对手虽有一定的市场地位优势，但实际上当事人是采用不正当技术手段的方式达到强迫用户关停"闪电小哥"平台服务的目的，当事人的行为更符合《反不正当竞争法》第 12 条的规定。据此，海盐县市场监督管理局责令当事人停止违法行为，并作出罚款 20 万元的行政处罚。

第五节　电子商务平台经营者的权利与义务

在电子商务经营主体内部，电子商务平台经营者无疑扮演着关键角色，其作为沟通需求方和供应方的桥梁，将海量的信息汇集起来，并以此为基础转化为有效交易。与此同时，电子商务平台还在一定程度上发挥着交易规则制定者与交易纠纷调解处置者的角色，事实上承担着相当程度的管理职责，是电子商务发展不可或缺的中心性主体。从法律适用的角度而言，电子商务经营主体的相关规则，很多都是以电子商务平台经营者为蓝本搭建，我国《电子商务法》中电子商务平台经营者一节的诸多内容，对于平台内经营者、自建网站经营者等其他类型的经营主体也具有很强的适应性。

一、电子商务平台经营者概述

顾名思义，电子商务平台经营者即以设立、运行、管理电子商务平台为主要业务内容的营利性主体，对于电子商务平台的理解是把握这一类主体特征的关键所在。电子商务平台是指为通过信息网络进行商务交易活动提供虚拟空间、交易场所、交易机制、交易规则等基础性服务，促进商品与服务的供应方和需求方达成交易的信息网络系统。电子商务平台具有如下特征：其一，虚拟性，电子商务平台本质上是计算机信息系统，并不具有可以为人体感知的物理形态，可以跨越空间距离，使得处于不同地域位置的主体联系起来，并达成交易；其二，公共性，电子商务平台提供的交易空间、交易场所、交易机制、交易规则等内容对所有主体开放，以上内容并不为特定主体所垄断和独占。其三，开放性。开放性主要体现在交易资格的开放性，即任何主体只要符合电子商务平台经营者设置的注册条件，均可以在上述平台中成为买方和卖方，从事交易活动，这种交易资格并不具有数量限制，不进行总量控制。

在我国《电子商务法》中，电子商务平台经营者被界定为在电子商务中为交易双方或者多方提供网络经营场所、交易撮合、信息发布等服务，供交易双方或者多方独立开展交易活动的法人或者非法人组织。考虑到电子商务平台经营者所具备的开放性、中立性、营利性、控制性的特征，[①] 其对经营者的技术条件、人员配备、资金实力等因素具有一定的要求，单个自然人显然无法承担如此重任，因此，法律要求电子商务平台经营者必须是商法人或者商合伙。本书认为这一做法契合我国电子商务领域的发展实际，应当予以肯定。在立法过程中，对于电子商务平台经营者的立法概念问题，曾经存在较大的争议，有观点认为应当采取第三方平台的用语，以凸显其在电子商务交易过程中的第三方地位。[②] 而在最终公布的《电子商务法》条文中，以上观点并未得到采纳，原因在于，我国电子商务领域发展迅速，在实践中，不断涌现出各式各样的新业态、新模式，这些新业态、新模式的出现在一定程度上模糊了第三方的属性。换言之，明确其第三方的属性可能使得这一概念无法统摄实践中出现的所有情形，使得这一概念趋于封闭和僵化，不利于保持概念的开放性、灵活性，基于此，最终立法采取了电子商务平台经营者这一更具弹性的术语。

在明确电子商务平台经营者概念的过程中，还需要与平台内经营者、自建

---

① 郑佳宁："电子商务平台经营者的私法规制"，载《现代法学》2020 年第 3 期。
② 电子商务法起草组编著：《中华人民共和国电子商务法条文研析与适用指引》，中国法制出版社 2018 年版，第 52 页。

网站经营者等相关概念进行区分，主要在于：一般来说，电子商务平台经营者并未直接参与商品、服务的交易活动，属于间接主体的范畴，而平台内经营者、自建网站经营者都直接参与交易活动，属于直接主体的范畴。平台内经营者须在电子商务平台上进行注册，并遵守其所提供的种种交易规则，对电子商务平台经营者具有较强的依附性。自建网站经营者虽然也搭建了与电子商务平台功能作用类似的交易系统，但是，相关系统呈现出较强的封闭性特征，并不对除却自身以外的第三方销售者开放，不符合电子商务平台对公共性、开放性的基本要求，因此，其也不属于电子商务平台经营者的范畴。

二、电子商务平台经营者的分类

电子商务平台经营者在实践中表现出纷繁复杂的形态，可以根据不同的标准进行分类，不同类型的电子商务经营者参与的法律关系与应适用的法律规则均有所不同。

（一）单一型电子商务平台经营者与复合型电子商务平台经营者

按照电子商务平台经营者提供的服务是否具有复合型为标准，可以将电子商务平台经营者分为单一型电子商务平台经营者与复合型电子商务平台经营者。单一型电子商务平台经营者是指提供以虚拟交易空间、交易场所、交易机制、交易规则为核心内容的电子商务平台服务的经营者，其所发挥的作用和功能较为有限，具有单一性的特征，并不叠加其他功能。复合型电子商务平台经营者是指除提供基础款电子商务平台服务外，还额外提供电子支付结算、电子认证、广告搜索、信用评价等电子商务辅助性服务的电子商务经营主体。有别于前者，复合型电子商务平台经营者集多种不同的身份于一体，法律关系较为错综复杂，权利义务体系更为立体丰富。在实践中，绝大多数电子商务平台经营者均属于复合型的范畴，以便为交易相关方提供更为全方面的服务。

（二）场所型电子商务平台经营者、居间型电子商务平台经营者与混合型电子商务平台经营者

这是按照电子商务平台经营者在基础交易关系中所发挥的作用和地位的不同进行的分类。场所型电子商务平台经营者是指仅仅搭建并运行虚拟空间的交易平台，并不直接或者间接参与基础交易关系的电子商务平台经营者。此类电子商务平台经营者类似于线下交易中的市场管理方，仅仅充当了提供交易平台和交易场所的角色，对交易的介入程度很低；与此相对应，其对交易相关方承担的义务也最轻。居间型电子商务平台是指除搭建虚拟空间的交易平台外，还积极向交易双方报告缔约机会、促使双方积极缔结合同的电子商务平台经营者。

此类主体虽然并不直接参与基础交易关系，但对基础交易关系的实现具有积极的促进作用，与交易相对人存在居间合同法律关系。与前一类主体相比，此类电子商务平台经营者对基础交易关系的介入和参与程度更高，其对交易相关方也应当承担相应较重的法律义务和法律责任。混合型电子商务平台经营者是除经营电子商务平台业务外，还同时经营自营业务或辅助业务的电子商务平台经营者。这类主体的法律地位具有三重性。其一，作为第三方主体，或是提供交易场所，或是积极促进合同缔结，但是并不直接参与基础交易关系。其二，作为自营主体，直接与交易相对人发生基础交易关系，与之存在买卖合同、服务合同等法律关系，须履行相关合同项下的各项法律义务。其三，作为辅助服务的提供者，还可以为平台内交易主体提供仓储、物流、支付结算、交收等服务。换言之，混合型电子商务平台经营者同时兼具多重身份，必须根据其具体行为的性质来确定法律适用。[①]

三、电子商务平台经营者的权利

在法理上，权利既是特定主体的自由意志空间，也是对特定利益赋予有效保护的法律之力。对权利的保护既是现代法治社会的基本要求，也是电子商务市场顺利发展的必然要求。综合既有法律规范，电子商务平台经营者的权利主要包括：

（一）制定自律性规范的权利

基于平台自治的市场逻辑，[②]电子商务平台经营者事实上发挥着一定的管理职能，其所制定的自律性规范，在不与法律相抵触的前提下，对平台内经营者、交易相对人等主体具有广泛的拘束力，发挥着裁判规范的作用。按照不同标准可以对上述自律性规范进行分类，从内容角度来看，自律规范包括进行事前管理的准入规范、进行事中管理的交易规范、进行事后管理的争议解决规范；从拘束对象来看，可以将其分为仅仅拘束平台内经营者的卖家规范、仅仅拘束电子商务交易相对人的买家规范以及拘束双方的共同规范。值得注意的是，电子商务平台经营者仍然属于私法主体的范畴，与其他民事主体地位平等，不得将其意志强加于他人，为避免出现此项权利滥用的情形，法律对此进行了明确约束与限制。《电子商务法》第32条、第33条规定，电子商务平台经营者应当

---

① 郑佳宁："混合型服务平台的法律责任承担——以外卖送餐平台为蓝本"，载《社会科学辑刊》2023年第3期。

② 金善明："电商平台自治规制体系的反思与重构——基于《电子商务法》第35条规定的分析"，载《法商研究》2021年第3期。

遵循公开、公平、公正的原则，制定平台服务协议和交易规则。平台服务协议，是指平台通过规定数据信息的发送、传输和处理方式来为平台使用者提供服务的协议。平台交易规则是指由平台经营者依法制定的，以提供规范化的电子商务服务为目的的各项规章制度，包括用户注册制度、平台交易相关规则、信息公示制度、个人信息保护制度、商业秘密保护制度、消费者权益保护制度、广告发布审核制度、交易安全保障制度、数据备份制度、交易争端解决制度、违法信息举报处理制度等。此外，电子商务平台经营者还负担信息公示披露义务，应当在其首页显著位置持续公示平台服务协议和交易规则信息或者上述信息的链接标识，并保证经营者和消费者能够便利、完整地阅览和下载。

（二）审核查验平台内经营者相关信息的权利

作为虚拟空间交易平台的搭建者与管理者，电子商务平台经营者应对进入该平台的经营者进行适当的管理，以维护平台的良好交易秩序。为此，必须赋予电子商务平台经营者审查检验平台内经营者相关信息的权利。对此，《电子商务法》第 27 条作出了明确规定。从查阅信息的范围来看，包括身份、地址、联系方式、行政许可等信息，电子商务平台经营者可以要求平台内经营者在注册时提交相关信息，平台内经营者拒不配合的，电子商务平台经营者有权拒绝其注册申请。在获取相关信息后，电子商务平台经营者有权对相关信息的真实性、全面性、合法性进行审查，如果在审核过程中存在疑问的，有权向平台内经营者进行询问，要求其作出合理解释；如果平台内经营者无法作出合理解释或者电子商务平台经营者发现其提供的材料存在伪造、变造等情形的，电子商务平台经营者有权单方面终止服务协议。除准入环节的审查、询问机制外，电子商务平台经营者应当定期更新相关资料，为此，其有权要求平台内经营者定期提供身份、地址、联系方式、行政许可等信息的变动情形，平台内经营者应当予以积极配合。

四、电子商务平台经营者的义务

国务院 2022 年公布的《"十四五"数字经济发展规划》指出："强化平台治理。科学界定平台责任与义务，引导平台经营者加强内部管理和安全保障，强化平台在数据安全和隐私保护、商品质量保障、食品安全保障、劳动保护等方面的责任，研究制定相关措施，有效防范潜在的技术、经济和社会风险。"为规范电子商务市场的顺畅发展，我国法律、法规对电子商务平台经营者设置了诸多法律义务，主要包括对平台内经营者、交易相对人等私法主体负担的义务和对政府等公法主体负担的义务，其中，前者根据私法主体对象的不同，又可以分为对平台用户负担的一般义务、对知识产权权利人负担的义务和对消费者负担的义务。

（一）对平台用户负担的一般义务

电子商务平台经营者与交易相对人、平台内经营者等平台用户之间存在平台服务合同法律关系，电子商务平台经营者须按照合同条款的约定全面履行合同义务，此种义务属于约定义务的范畴。除此之外，电子商务平台经营者对交易相对人、平台内经营者等平台用户还负有一系列的法定义务，这些义务均属于私法义务的范畴。根据《电子商务法》的相关规定，这些义务具体包括：

1. 提供公平竞争与公平交易环境的义务。电子商务平台具有一定的公共属性，经营者不得滥用这种公共属性为自身谋取不正当利益，而是应当为电子商务交易活动创造良好的环境。《电子商务法》第35条明确规定，电子商务平台经营者不得利用服务协议、交易规则以及技术等手段，对平台内经营者在平台内的交易、交易价格以及与其他经营者的交易等进行不合理限制或者附加不合理条件，或者向平台内经营者收取不合理费用。

2. 终止服务提前告知义务。由于电子商务平台具有较为强烈的公共属性，一旦终止经营，其影响的不仅仅是电子商务平台经营者本身，还包括交易相对人、平台内经营者等利害关系人。为使得上述主体能够提前有所准备，在电子商务平台准备关闭时，经营者必须依法提前向利害关系人通知上述情况。《电子商务法》第36条规定，电子商务平台经营者依据平台服务协议和交易规则对平台内经营者违反法律、法规的行为实施警示、暂停或者终止服务等措施的，应当及时公示。

3. 自营业务标识义务。在电子商务平台中，商品的销售者或服务的提供者既包括平台内经营者，也可能包括电子商务平台经营者自身。当电子商务平台经营者销售商品或提供服务时，这种业务形态被称为自营业务。为使得消费者及时、准确地了解商品或服务的来源，保障其知情权不受侵犯，电子商务平台经营者必须对其自营业务通过显著明确的方式进行区分，以便消费者做出正确、理性的消费选择。《电子商务法》第37条规定，电子商务平台经营者在其平台上开展自营业务的，应当以显著方式区分标记自营业务和平台内经营者开展的业务，不得误导消费者。电子商务平台经营者对其标记为自营的业务依法承担商品销售者或者服务提供者的民事责任。换言之，当电子商务平台经营者开展自营业务时，其居于出卖人或服务提供方的地位，交易相对人得请求其交付约定之标的物或提供相应服务，当其不履行或不正确履行合同义务时，交易相对人有权请求其承担违约责任。

4. 真实搜索结果的提供义务。在电子商务交易活动中，电子商务平台经营者与交易相对人之间存在明显的信息不对称现象，电子商务平台经营者可能会利用这一点来为自己谋取私利，损害交易相对人的合法权益。为此，法律必须予以规制。《电子商务法》第40条规定，电子商务平台经营者应当根据商品或者服务的价格、销量、信用等以多种方式向消费者显示商品或者服务的搜索结果；对于竞价排名的商品或者服务，应当显著标明"广告"。竞价排名是平台经营者的盈利来源，也是影响交易相对人选购的重要因素，如果平台经营者为了获利不经筛选就进行广告投放，致使交易相对人看到虚假排名，将损害交易相对人的知情权和选择权，因此，该规定要求电子商务平台经营者严格区分真实搜索结果与竞价排名，并对两者予以明确区分。

5. 信用评价服务提供义务。网络交易呈现出虚拟性的特征，提供商品或服务的主体鱼龙混杂，令消费者难以抉择。为此，电子商务平台经营者应该结合销售量、投诉量、主观评价等因素，建立起信用评价机制，为交易相对人选择交易对象提供相应的参考。《电子商务法》第39条规定，电子商务平台经营者应当建立健全信用评价制度，公示信用评价规则，为消费者提供对平台内销售的商品或者提供的服务进行评价的途径。电子商务平台经营者不得删除消费者对其平台内销售的商品或者提供的服务的评价。

6. 保存相关信息的义务。电子商务交易以计算机电文为依托，在交易过程中会产生一定的交易信息、用户信息、商品服务信息等数据信息，这些数据信息对日后的争端解决而言具有重要意义。为此，《电子商务法》第31条规定，电子商务平台经营者应当妥善保管相关信息。从保存的期限来看，法律规定为3年，但存在但书条款的情形除外；就保存信息的范围来看，主要包括交易信息、用户信息、商品服务信息；就信息保存的具体要求来看，要求保存的信息应当满足全面性、可用性、保密性的要求。

7. 协助解决争端的义务。电子商务平台经营者作为交易场所的提供者，角色定位呈现出一定的准公共性特征，其掌握了大量一手交易数据信息，对电子商务争端的解决具有得天独厚的优势。为充分保障交易双方尤其是交易相对人的合法权益，法律课以电子商务平台经营者以协助解决争端的义务。《电子商务法》第61条规定，消费者在电子商务平台购买商品或者接受服务，与平台内经营者发生争议时，电子商务平台经营者应当积极协助消费者维护合法权益。

（二）对知识产权权利人负担的义务

知识产权是指权利人对其智力劳动所创作的成果和经营活动中的标记、信誉所依法享有的专有权利。鉴于电子商务平台经营者在互联网交易过程中所扮演的中心性地位，法律要求其对知识产权权利人负有知识产权保护义务，主要规定在《电子商务法》第 41 条至第 45 条。从法律属性上来说，知识产权保护义务仍然属于私法义务的范畴，只不过其权利人为知识产权权利人，通常情况下与电子商务平台经营者之间并无合同法律关系。具体而言，电子商务平台经营者的知识产权保护义务主要体现在如下方面。

1. 建立知识产权保护规则的义务。在电子商务领域，电子商务平台经营者对平台的运营享有控制力，其对发生在平台内的电子商务活动承担着"监管者"的职责，管理方式甚至呈现出行政执法的特点，因此，电子商务平台经营者是最有能力保护知识产权的主体。[①]《电子商务法》第 41 条规定，电子商务平台经营者应当与知识产权权利人进行密切合作，建立起一整套知识产权保护规则，包括市场准入、日常监管、问题处置等方面，防患未然，最大限度保障知识产权权利人的合法权益。需要指出的是，建立知识产权保护规则不仅是一种义务，电子商务平台经营者亦能据此获得制裁侵害知识产权行为的权利，例如对平台内经营者实施降权、屏蔽乃至封禁的处罚。当然，这种权利必须在法律规定的框架内行使，否则可能导致制裁行为的无效。

2. "通知—删除"规则所要求的义务。"通知—删除"规则最初是互联网时代著作权保护的产物，我国对"通知—删除"规则的继受，主要借鉴于 1998 年《美国数字千年版权法》（DMCA），是该法所确立的限制网络服务提供者侵权责任的避风港制度中的一个环节。简言之，该规则要求，网络服务提供者接到权利人的侵权通知以后，应当删除存在于其系统之上的侵权材料，或者断开存储侵权材料的网址。[②]我国法上的"通知—删除"规则率先确立于《信息网络传播权保护条例》，后由原《侵权责任法》第 36 条扩展为"通知加采取必要措施"，并使其广泛适用于一般网络侵权领域。《电子商务法》针对电子商务的特征，在此基础上又作了进一步细化。根据《电子商务法》第 42 条至第 45 条的规定，所采取的具体规则流程为"通知—转通知（采取必要措施）—反通知—二次转通知—（15 天内未回复）恢复"。这与《民法典》侵权责任编关于网络侵权的规定基本一致，只是在恢复程序上设定了刚性程序 15 天的选择期间，而《民法典》则为到达权利人后的合理期限。根据《电子商务法》的规定，

---

① 张晔："论知识产权协同保护格局的完善——以电子商务平台为中心"，载《内蒙古社会科学》2022 年第 4 期。

② 孔祥俊："'互联网条款'对于新类型网络服务的适用问题——从'通知删除'到'通知加采取必要措施'"，载《政法论丛》2020 年第 1 期。

在整个"通知—删除"规则中，电子商务平台经营者负担如下义务：

第一，接到侵权通知后采取必要措施的义务。《电子商务法》第42条规定，知识产权权利人认为其知识产权受到侵害的，有权通知电子商务平台经营者采取删除、屏蔽、断开链接、终止交易和服务等必要措施。通知应当包括构成侵权的初步证据。电子商务平台经营者接到通知后，应当及时采取必要措施，并将该通知转送平台内经营者；未及时采取必要措施的，对损害的扩大部分与平台内经营者承担连带责任。因通知错误造成平台内经营者损害的，依法承担民事责任。恶意发出错误通知，造成平台内经营者损失的，加倍承担赔偿责任。

第二，终止采取必要措施的义务。根据《电子商务法》第43条的规定，平台内经营者接到转送的通知后，可以向电子商务平台经营者提交不存在侵权行为的声明。该声明也被称为反通知，其包括不存在侵权行为的初步证据。[①]电子商务平台经营者接到声明后，首先，应当将该声明转送发出通知的权利人，以便权利人尽早安排日后决策；其次，告知权利人可以向有关主管部门投诉或者向人民法院起诉；最后，在15日内未收到权利人已经投诉或者起诉通知的，及时解除之前采取的必要措施。

第三，公示义务。设定公示义务的目的旨在保护消费者的知情权，增强社会公众对电子商务平台经营者的监督，促进商事信用体系建设。公示义务主要包括以下内容：一是《电子商务法》第42条规定的收到的权利人的通知；二是《电子商务法》第43条规定的平台内经营者对此回应的声明；三是处理结果，包括法院对此作出的判决、相关部门的决定、电子商务平台经营者采取的处置措施等。

3.明知或应知侵权时的制止义务。《电子商务法》第42条和第43条规定"通知—删除"规则主要适用于电子商务平台经营者对侵权行为不知情的情况，如果电子商务平台经营者知道或者应当知道侵权行为时，则负有主动制止侵权行为的义务，采取必要措施，包括但不限于删除、屏蔽、断开链接、终止交易和服务等，从而有效制止侵权行为。电子商务平台经营者对显而易见的侵权行为未采取必要措施制止的，应认定其对损害结果的发生具有主观上的过错，从而将其视为共同侵权行为人，并与侵害知识产权的平台内经营者承担共同侵权责任。关于知道或者应当知道的判断标准，应当从提供网络服务的类型、侵权

---

① 参见姚志伟、刘榕、周立勤："电子商务平台内经营者反向行为保全研究"，载《中国应用法学》2020年第6期。

行为的样态、侵权行为的持续时间等多个角度进行综合考量。

《最高人民法院关于审理利用信息网络侵害人身权益民事纠纷案件适用法律若干问题的规定》第 6 条规定，人民法院依据《民法典》第 1197 条认定网络服务提供者是否"知道或者应当知道"，应当综合考虑下列因素：其一，网络服务提供者是否以人工或者自动方式对侵权网络信息以推荐、排名、选择、编辑、整理、修改等方式作出处理；其二，网络服务提供者应当具备的管理信息的能力，以及所提供服务的性质、方式及其引发侵权的可能性大小；其三，该网络信息侵害人身权益的类型及明显程度；其四，该网络信息的社会影响程度或者一定时间内的浏览量；其五，网络服务提供者采取预防侵权措施的技术可能性及其是否采取了相应的合理措施；其六，网络服务提供者是否针对同一网络用户的重复侵权行为或者同一侵权信息采取了相应的合理措施；其七，其他相关因素。本书认为，该条规定虽然针对的是侵害人身权益的案件，但是其对"知道或应当知道"的判断标准，在判断电子商务平台经营者是否履行了明知或应知侵权时的制止义务，具有较强的借鉴性。

【慈溪市博生塑料制品有限公司诉谢辉等侵害实用新型专利权纠纷案】①

本案原告为慈溪市博生塑料制品有限公司（以下简称博生公司），系被诉侵权产品的专利权人。

被告谢辉，系"免手洗拖把店"淘宝店铺的运营者。被告浙江兴昊塑业有限公司（以下简称兴昊公司），系被诉侵权产品的生产厂家。被告永康市联悦工贸有限公司（以下简称联悦公司），系"帮主妇旗舰店"天猫店铺的运营者。被告浙江天猫网络有限公司（以下简称天猫公司），系电子商务平台经营者，在本案中为被告联悦公司经营的"帮主妇旗舰店"销售涉案被诉侵权产品提供网络技术服务。

原告是专利号为 ZL20182008×××.7，名称为"具有新型桶体结构的平板拖把清洁工具"的实用新型专利的专利权人，该专利申请日为 2018 年 1 月 18 日，授权日为 2018 年 12 月 21 日，至今处于有效状态。原告发现被告谢辉在其开设的名为"免手洗拖把店"的淘宝店铺中销售被诉侵权产品，故通过公证处进行了公证购买取证。经比对，被诉侵权产品落入涉案专利权利要求 1~3、5~8、15、26、28 的保护范围，且被诉侵权产品包装上显示生产厂家为被告兴昊公司。原告与被告谢辉取得联系后，向其送达了《专利侵权告知函》，并得知被告谢辉销售的被诉侵权产品购自被告联悦公司。于是，原告通过公证

---

① 案件来源：浙江省宁波市中级人民法院（2019）浙 02 知民初 367 号民事判决书。

的形式又从被告联悦公司开设的名为"帮主妇旗舰店"的天猫店铺中购买到了被诉侵权产品，该产品与被告谢辉销售的产品一致，且生产厂家亦为被告兴昊公司。之后，原告对被告联悦公司的"帮主妇旗舰店"销售被诉侵权产品的情况向被告天猫公司投诉，并提交了详细的侵权分析报告，被告天猫公司知道或应当知道被诉侵权产品侵害涉案专利权，但仍未采取必要措施。四被告的行为已构成对原告专利权的共同侵害，严重挤占了原告专利产品的市场份额，公证书显示天猫网"帮主妇旗舰店"中被诉侵权产品的月销量达1万多，按照每个产品的售价、利润以及截至起诉日该店铺的销量，推算其获利为316万元，给原告造成了巨大的经济损失。据此，原告向浙江省宁波市中级人民法院提起诉讼，诉请：①判令被告谢辉立即停止销售、许诺销售被诉侵权产品的行为；②被告兴昊公司立即停止制造、销售被诉侵权产品的行为；③被告联悦公司立即停止销售、许诺销售被诉侵权产品的行为；④被告天猫公司立即删除、断开被诉侵权产品的销售链接；⑤被告兴昊公司、联悦公司、天猫公司连带赔偿原告经济损失316万元；⑥本案诉讼费由四被告承担。被告谢辉辩称，其销售的被诉侵权产品有合法来源，且对该产品是否侵权并不清楚。被告兴昊公司、联悦公司辩称，被诉侵权产品并未落入涉案专利权保护范围，即使落入保护范围，采用的也是现有技术和抵触申请中公开的技术方案，故不构成侵权，请求法院驳回原告诉讼请求。被告天猫公司辩称，其只是电商平台，并不直接参与网络交易，原告在诉前未向平台进行投诉，而平台在收到诉讼材料后已及时通知卖家，卖家亦提供了相关专利和公证的在先产品。因平台难以判断被诉侵权产品是否构成侵权，在此情形下委托第三方机构进行侵权判断，并冻结了被告联悦公司的账户。综上，天猫公司已经尽到了必要措施，请求法院驳回原告诉讼请求。本案的争议焦点在于：

（1）被诉侵权技术方案是否落入原告涉案专利权的保护范围。

（2）被告兴昊公司、联悦公司提出的现有技术抗辩是否成立。

（3）若侵权成立，四被告民事责任的承担问题。

经审理，法院认为被诉侵权产品的技术特征与原告在本案中主张保护的涉案专利权要求中技术特征均相同，落入涉案专利权的保护范围。被诉侵权技术方案并未被完整公开，被告联悦公司据此提出的技术抗辩不成立。被告兴昊公司未经原告许可，制造、销售落入涉案专利权保护范围的产品，被告联悦公司未经原告许可，销售、许诺销售落入涉案专利权保护范围的产品，均已构成对原告享有的涉案专利权的侵害，应承担相应的民事责任。被告兴昊公司自认被告联悦公司在天猫平台开设的"帮主妇旗舰店"系其唯一的销售平台，其制造的被诉侵权产品全部销售给被告联悦公司，并由被告联悦公司通过该店铺对外进行销售，而被告联悦公司在诉讼中继续销售、许诺销售被诉侵权产品，亦未主张合法来源抗辩，显然两者对于被诉侵权产品在天猫平台的销售存在明确的分工合作，构成共同侵权，庭审中，原告认可被告谢辉销售的被诉侵权产品具有合法来源，仅主张要求其停止销售、许诺销售被诉侵权产品的行为。被告天猫公司遵循审慎、合理的原则，未及时删除被诉侵权产品的链接，而是维持针对 80.2 号专利投诉时所采取的冻结保证金和店铺账户的措施，留待司法作出是否构成侵权的裁判，并无不当，应视为其已采取了必要措施，对侵权的扩大不存在过错。故判决：

（1）被告谢辉、联悦公司立即停止销售、许诺销售被诉侵权产品的行为，被告兴昊公司立即停止制造、销售被诉侵权产品的行为。

（2）被告天猫公司立即删除、断开涉案被诉侵权产品的销售链接。

（3）被告兴昊公司、联悦公司于判决发生法律效力之日起 10 日内连带赔偿原告博生公司经济损失 316 万元。

（4）驳回原告博生公司其他诉讼请求。

（三）对消费者负担的义务

在电子商务领域，消费者与电子商务平台经营者在经济实力、知识水平、信息掌握等方面存在巨大差距，形成了一个二元对立的不完全平等的关系。在此情形下，仅要求电子商务平台经营者承担对平台用户的一般义务是远远不够的，而需要法律课以其对消费者负担的特别义务，从而给予处于弱势地位的消费者以倾斜性保护。

1. 资质资格审核义务。之所以要求电子商务平台经营者承担审核义务，是因为平台经营者具有"企业"与"市场"的二重属性，其不仅掌握平台内经营者的接入权，还掌握平台内经营者的相关信息，故让电子商务平台经营者对此类信息进行审核，有利于保障消费者的生命安全，实现社会的稳定发展。[①] 根据《电子商务法》第 38 条第 2 款之规定，电子商务平台经营者的审核义务具有两项限制条件：其一，审查的对象是平台内经营者的某种资质或资格，即经营者从事销售商品或提供服务的经营活动时所必要的证明文件或其他必须具备的条件。其二，平台内经营者所经营的商品或服务属于关系消费者生命健康之范畴。如何理解"关系消费者生命健康"，本书认为，对于一切影响到消费者生命健康的商品或服务均应在列。电子商务平台经营者的审核义务实现的可能

---

① 孙晋、袁野："论平台经营者的民事法律责任"，载《财经法学》2020 年第 1 期。

性在于，平台经营者享有《电子商务法》第 27 条第 1 款所规定的审核平台内经营者相关信息的权利，因此，电子商务平台经营者有能力对相关信息的真实性、准确性、完整性进行审核。电子商务平台经营者未尽到审核义务的，造成消费者损害的，按其过错程度承担相应的责任。

2. 安全保障义务。电子商务平台经营者的安全保障义务，是指平台经营者应当采取必要措施，对在其平台内进行交易的消费者的生命健康权进行安全保障的义务。《电子商务法》第 38 条第 2 款规定，对关系消费者生命健康的商品或者服务，电子商务平台经营者对消费者未尽到安全保障义务，造成消费者损害的，依法承担相应的责任。

对于《电子商务法》第 38 条第 2 款规定的安全保障义务与《民法典》第 1198 条规定的经营者、管理者或者组织者的安全保障义务之间的关系。学界存在较大争议，有观点认为，《电子商务法》第 38 条第 2 款属于特别规范，《民法典》第 1198 条是一般规范，《电子商务法》第 38 条第 2 款是现行法将安全保障义务的适用范围扩张到网络交易领域的重要制度革新。[1] 反对者认为，上述观点有违立法者本意，电子商务平台经营者的安全保障义务并非《民法典》第 1198 条在电子商务领域的扩展。[2] 本书认为，电子商务平台经营者的安全保障义务与经营者、管理者或者组织者的安全保障义务有所不同，不能简单地将《电子商务法》第 38 条第 2 款作为《民法典》第 1198 条的特别规范。电子商务平台经营者负有安全保障义务的前提是存在"关系消费者生命健康的商品或者服务"，而经营者、管理者或者组织者的安全保障义务无此要求，在保护范围上也及于财产。此外，从法律后果上看，违反电子商务平台经营者的安全保障义务，应当承担"相应责任"，但在第三人侵权时违反经营者、管理者或者组织者的安全保障义务仅须承担"相应的补充责任"。多数观点认为"相应责任"是一种包容性的民事责任，既可能表现为补充责任，也可能表现为连带责任或按份责任，具体应根据电子商务平台经营者的审核或者安全保障义务内容及相关实际情形进行判断，需要遵循"具体问题、具体分析；具体案例、具体解决"的原则。[3] 电子商务法起草组在《电子商务法条文释义》中也明确指出，此处"相应的责任"不限于补充责任，还包括连带责任和按份责任等。[4]

① 陆青："电子商务平台经营者安全保障义务的规范构造"，载《浙江社会科学》2021 年第 11 期。

② 林洹民："电商平台经营者安保义务的规范解读与制度实现"，载《现代法学》2020 年第 6 期。

③ 王道发："电子商务平台经营者安保责任研究"，载《中国法学》2019 第 6 期。

④ 电子商务法起草组编著：《中华人民共和国电子商务法条文释义》，法律出版社 2019 年版，第 119 页。

我国侵权法上的安全保障义务乃借鉴德国交往安全义务理论所创设。关于安全保障义务的内容，因其所涉范围较广，涉及各个行业、各个主体，不同义务人对不同保护对象所负有的安全保障义务是不同的，在法律中无法明确其具体内容。本书认为，在具体认定上应当结合电子商务行业的普遍情况、电子商务平台经营者对风险的预防和控制能力等进行综合认定，大致可以分为并非直接作用于危险源的义务和直接作用于危险源的义务两类，前者具体包括警告义务、指示义务；后者具体包括危险控制义务、选任和监督义务、组织义务。①

（四）对政府等公法主体负担的义务

除却负担的私法义务之外，电子商务平台经营者还对政府等主体负担公法义务，以维护电子商务市场的正常秩序。值得注意的是，由于电子商务平台经营者所具有的公共性特征，其掌握了大量的交易数据信息，为便利监管进程，电子商务平台经营者负担的公法义务，多为作为义务，即电子商务平台经营者必须主动提供相关信息、积极配合监管部门，否则将承担相应的法律责任。上述义务既是保护消费者权益的需要，又体现了电子商务治理模式的持续变革。②主要包括以下内容：

1. 信息报送义务。作为虚拟空间交易场所的建设者和管理者，电子商务平台经营者掌握了大量的一手数据信息，尤其是对平台内经营者的情况了如指掌。要求其向监管部门报送相关信息，能够在很大程度上降低监管成本。根据《电子商务法》第28条的规定，电子商务平台经营者的信息报送义务主要包括两个方面：一是身份信息报送义务。电子商务平台经营者应当按照规定向市场监督管理部门报送平台内经营者的身份信息，提示未办理市场主体登记的经营者依法办理登记，并配合市场监督管理部门为应当办理市场主体登记的经营者办理登记提供便利。二是涉税信息报送义务。电子商务平台经营者应当依照税收征收管理法律、行政法规的规定，向税务部门报送平台内经营者的身份信息和与纳税有关的信息，并应当提示依照《电子商务法》第10条规定不需要办理市场主体登记的电子商务经营者依照第11条第2款的规定办理税务登记。这在本质上是一种税收征管协力义务，旨在强化电子商务平台经营者在税务领域

---

① 参见郑佳宁、朱文超："电子商务平台经营者的安全保障义务"，载《月旦民商法杂志》2021年第73期。

② 伏创宇："我国电子商务平台经营者的公法审查义务及其界限"，载《中国社会科学院研究生院学报》2019年第2期。

的管理责任。①

2.经营异常的阻止和报告义务。电子商务活动具有极强的灵动性，使得部分违法违规行为具有较强的隐蔽性，难以被及时发现和阻止，因此，需要电子商务平台经营者对所发现的经营异常线索主动进行出击。《电子商务法》第12条规定，电子商务经营者从事经营活动，依法需要取得相关行政许可的，应当依法取得行政许可。《电子商务法》第13条规定，电子商务经营者销售的商品或者提供的服务应当符合保障人身、财产安全的要求和环境保护要求，不得销售或者提供法律、行政法规禁止交易的商品或者服务。《电子商务法》第29条规定，一旦平台内经营者违反上述规定，未取得行政许可开展非法经营活动，或者其所提供的商品与服务违反保障人身、财产安全的要求和环境保护要求，即构成异常经营状况，此时，电子商务平台经营者应当立即阻止上述经营行为，并向有关监管部门进行报告。

3.积极协助配合政府监管、司法裁判的义务。在政府有关部门进行行政监管，法院、检察院等司法机关调查案件的过程中，可能会向电子商务平台经营者询问相关情况、要求其提供相关资料。此时，电子商务平台经营者应当积极履行配合、协助的义务，如实告知相关情况，并将其所掌握的数据信息等相关证据向政府有关部门、司法机关等主体提供，不得刻意隐瞒真实情况，不得提供虚假情况，不得阻扰相关部门和机关的执法、司法公务执行活动。

【思考题】

1.简述电子商务经营主体的分类。
2.简述电子商务经营主体的公平竞争义务。
3.简述电子商务平台经营者的概念和分类。
4.论述电子商务经营主体的市场准入规则。
5.论述电子商务平台经营者的义务。

【拓展阅读】

1.赵旭东："电子商务市场准入及退出制度研究"，载《中国工商管理研究》

---

① 田开友："电子商务平台经营者涉税信息报送义务履行的规范化研究——基于我国《电子商务法》第28条规定的阐释"，载《政治与法律》2021年第3期。

2015 年第 2 期。

2. 赵旭东："电子商务主体注册登记之辩"，载《清华法学》2017 年第 4 期。

3. 蒋大兴、王首杰："共享经济的法律规制"，载《中国社会科学》2017 年第 9 期。

4. 伏创宇："我国电子商务平台经营者的公法审查义务及其界限"，载《中国社会科学院研究生院学报》2019 年第 2 期。

5. 郑佳宁："电子商务平台经营者的私法规制"，载《现代法学》2020 年第 3 期。

6. 刘继峰："我国互联网平台反垄断制度的立法模式选择"，载《价格理论与实践》2021 年第 1 期。

7. 金善明："电商平台自治规制体系的反思与重构——基于《电子商务法》第 35 条规定的分析"，载《法商研究》2021 年第 3 期。

8. 李小草："电商平台经营者角色演化及主体规范模式嬗变"，载《现代法学》2022 年第 5 期。

9. 马更新、王焕悟："电子商务经营者登记豁免制度的反思与重构"，载《北京联合大学学报（人文社会科学版）》2022 年第 3 期。

10. 郑佳宁："混合型服务平台的法律责任承担——以外卖送餐平台为蓝本"，载《社会科学辑刊》2023 年第 3 期。

第七章

电子商务合同

【导语】

作为合同的下位概念，电子商务合同既满足合同的一般性特征，又在其缔约主体、技术手段等方面具有特殊性。因此，电子商务合同制度须在合同一般原理的基础上，针对电子商务合同在成立、生效、履行等方面特有的法律问题展开研究和讨论。

本章概述了电子商务合同的概念、特征和分类，并阐述了电子商务合同成立过程中的要约、承诺环节及合同成立的时间、地点判断；随后介绍了电子商务合同的生效要件和效力瑕疵，并对自动交易合同、点击合同两类特殊类型的电子商务合同效力判断进行了分析；最后详细阐述了电子商务合同的履行原则和履行具体规则，以及电子商务合同的违约责任归责原则、免责事由和责任承担方式。

本章的学习重点是电子商务合同的成立、生效、履行和违约责任的承担。本章的学习难点在于辨别电子商务合同与民事合同之间的关系，了解电子商务合同在订约能力、成立时间、合同效力、交付方式、风险负担等方面的特别规则。

第一节　电子商务合同的概述

一、电子商务合同的概念

合同是指民事主体之间设立、变更、终止民事法律关系的协议，是法律行为中最为重要的组成部分，也是债发生的重要原因之一，更是市场经济正常运转不可或缺的重要纽带。就传统而言，我国民事立法上的合同主要指向的是财产法层面的协议，而将婚姻、收养、监护等身份法领域的协议排除在外。但随着《民法典》的颁布，两者原本清晰的界限有所模糊，我国《民法典》第464条规定，身份性协议优先适用其自身的规定，但在规范缺失的情况下，可以参照适用合同法编的相关规定。

电子商务合同系合同的下位概念，其理解和把握必须建立在后者的基础上。一方面，其应当具备后者的共性特征，满足对合性、平等性、财产性、意定性等要求。另一方面，其又具有自身的特殊之处，必须以电子技术手段的采取、电子商务法律关系主体的具备为认定的先决条件，这使之与其他类型的合同相区分。本书认为，电子商务合同是指具有平等地位的电子商务法律关系主体采用数据电文等信息网络方式展开的旨在创设、更新或终止民事权利义务关系的财产性协议。电子商务合同具备与传统书面合同、口头合同相同的规范效力，同样受到法律的承认和保护。此类合同的认定须满足两点要求：其一，主体特殊性，必须是具有平等地位的电子商务法律关系主体为之，包括电子商务经营者和用户。其二，技术手段特殊性，合同的订立或履行必须通过数据电文等电子化手段进行。就电子商务合同的法律适用而言，其具有复杂性和多元性的特征，对此，我国《电子商务法》第47条进行了明确规定。一方面，电子商务合同应当适用我国《电子商务法》第三章的相关规范，该章对其效力、行为能力、要约与合同成立、格式条款、告知义务、履行方式、电子支付等事项进行了规定。另一方面，在《电子商务法》规定阙如的前提下，我国《民法典》总则编、合同法编以及《电子签名法》的相关内容亦可用于电子商务合同权利义务关系的明确。

就主体而言，电子商务合同的当事人必须为电子商务法律关系主体，主要包括电子商务经营者和用户。此类主体须满足如下的特征：其一，平等性。无论是电子商务经营者抑或是用户，其在法律地位上一律平等，任何一方均不得将自身的意志强加于对方，电子商务合同的成立和生效必须建立在双方意思表示一致的基础上，任何主体并不享有随意处置他人事务、自行为他人设定义务的专断权。其二，网络性。电子商务法律关系主体须通过特定信息网络开展交易活动，仅开展线下交易的主体并不属于此类主体。[①] 这里所称的通过特定信息网络开展交易活动须在相当宽泛的层面上进行理解。一方面，通信网络形式众多，这一概念具有相当程度的开放性，现阶段其主要包括互联网、电信网、

[①] 参见郭锋等：《中华人民共和国电子商务法法律适用与案例指引》，人民法院出版社2018年版，第264页。

广电网、移动互联网、物联网等。随着技术的不断进步和更新，新的信息网络形式不断涌现，只要其在功能上与前述形式相同或相似，均可被纳入这一概念之中。另一方面，所涉交易只需有某一环节利用线上手段进行，并不要求交易所有环节均完成线上化作业，看货下单功能与自动化缔约系统的采用与否并非该主体认定的充要条件。具体而言，电子商务法律关系主体包括电子商务经营者和用户两类主体。其中，电子商务经营者是指通过互联网等信息网络从事销售商品或者提供服务的经营活动的自然人、法人和非法人组织，电子商务平台经营者、平台内经营者、自营经营者和其他类型的经营者均囊括其中。而用户则是指利用电子商务经营者提供的服务和相应技术条件开展电子商务交易活动的自然人、法人和非法人组织，包括消费者和非消费者用户。

就技术手段而言，数据电文等电子化手段的使用是电子商务合同不同于其他类型合同的关键之处。对此，域内外立法例已有较为成熟和系统的认知。例如，联合国国际贸易法委员会《电子商务示范法》中规定，数据电文系指经由电子手段、光学手段或类似手段生成、储存或传递的信息，这些手段包括但不限于电子数据交换（EDI）、电子邮件、电报、电传或传真。[1]我国《电子签名法》第 2 条第 2 款亦规定，数据电文是指以电子、光学、磁或者类似手段生成、发送、接收或者储存的信息。由此可见，数据电文的理解可以从如下方面进行展开：首先，远程性。即信息接收者和信息发送者处于不同的时空环境内容，通过特定技术手段完成信息的发送和接收。其次，留痕性。该项技术的采用使得相关信息具备一定的电子化表现形式，此种形式可以在较长的一段时间内被保存，并为特定范围的人员反复读取、理解。再次，信息性。该项技术的采用服务于信息交互过程本身，其能够将数据电文转化为人们能够理解和认知的形态，并最终对人们的思想观念乃至潜在行为产生一定的影响。最后，开放性。特定技术形式和载体的满足与否并非认定数据电文满足与否的先决条件。事实上，随着技术的日新月异，数据电文的具体形式不断变化、丰富、完善，其保持相当程度的开放性。我国现行法律规范对于数据电文所使用的技术并未加以限定，仅规定了法律认可的条件与程序，原则上对于所有应用技术采取平等与开放的态度，遵守技术中立的原则。

二、电子商务合同的特征

作为合同的下位概念，电子商务合同既满足合同的一般性特征，又具备其

---

[1] 参见 1996 年联合国贸易法委员会《电子商务示范法》第 2 条 a 款的规定。

独有的、区别于其他类型合同的个性特征，具体体现在如下方面：

（一）形式的特殊性

电子商务合同的订立必须通过数据电文等技术手段为之，交易双方之间并不存在传统意义上的书面文件，而是以无纸化的数据电文作为证明合同成立的主要凭证。[①] 国务院办公厅 2020 年制定的《国务院办公厅关于以新业态新模式引领新型消费加快发展的意见》指出要"推广电子合同、电子文件等无纸化在线应用"，以无纸化的数据电文形式存在的电子商务合同也就大量出现。就技术层面而言，数据电文表现为计算机系统的特定字符，其可以通过一定的技术手段转化为常人能够理解和认知的日常语言，并可以进行复制、查阅。数据电文方式的采取在提升交易效率、便利交易开展的同时，也带来一定的风险和挑战，最为突出的一点是双方当事人的真实身份难以核查。对此，可以考虑引入数字证书、电子签名等验证方式[②]进行化解，避免出现无端的纠纷和冲突。

再者而言，数据电文形式的采取直接导致了缔约的远程化特征，电子商务经营者和用户往往身处异地，互不见面，高度依赖特定技术手段了解相关信息、发出要约、做出承诺，并最终达成意思表示一致。此种订约模式与传统线下合同存在明显区别。就传统而言，双方当事人通常须处于同一时空环境内，通过面对面交流的方式交互彼此信息，并最终作出是否订约的决定。

除此之外，部分电子商务合同还呈现出较强的自动化属性。以点击合同为例，电子商务经营者往往事先设定自动化算法程序和订约条件，用户点击并同意合同相关条款后，该电子商务合同即告有效成立。[③] 在这一过程中，电子商务经营者等主体的意志因素有所弱化，取而代之的则是计算机程序基于事先设定程序所作出的智能决策，此种行为与传统意义上民事主体的意思表示具有相同或相似的效力，均能对双方当事人产生相应的规范拘束力。[④]

（二）权利义务关系的复杂性

电子商务法律关系主体往往需要与不同主体订立不同类型、不同内容的电子商务合同，这些电子商务合同涉及交易规则、价金支付、物品交付、争端解决、信用评价、信息保护等诸多方面，主给付义务、从给付义务、附随义务等

---

① 乔娇："电子合同订立相关法律问题"，载《人民法治》2018 年第 20 期。
② 参见《国家标准电子合同取证流程规范》（GB/T 39321—2020）第 9 条的规定。
③ 刘柳豆："电子商务格式合同的法律规制——以奇虎 360 公司和腾讯公司（QQ）的网络纷争为视点"，载《重庆邮电大学学报（社会科学版）》2011 年第 3 期。
④ 薛虹："论电子商务合同自动信息系统的法律效力"，载《苏州大学学报（哲学社会科学版）》2019 年第 1 期。

彼此交织，内容极为驳杂。例如，当用户利用电子商务平台开展交易活动时，其须与电子商务平台经营者订立平台服务合同，注册账户并获取相关交易权限，以此作为交易活动开展的基础。其还须与平台内经营者订立买卖合同或服务合同，约定由后者交付特定标的物或提供相关服务，最终完成交易的全部环节。电子商务法律关系主体之间订立的合同，其内容既包括传统线下合同涉及的部分，如标的物种类数量、履行时间地点、违约责任、争议解决等，又包括后者通常并不包含的部分，如个人信息保护、信用评价、交易规则等，上述内容横跨公法与私法、实体与程序，彼此交融、密切联系，形成一个缜密的整体，共同服务于电子商务交易目的本身。

（三）履行方式的多元性

电子商务合同履行方式呈现出多元性和复合性的特点，缺乏一以贯之的统一模式，既包括线上的履行模式，也涉及线下的履行模式，既涵盖财产权利的移转，也包括特定劳务的提供。电子商务合同具体形式的确定，既与交易内容有关，又与双方当事人之间的约定有关。就电子商务经营者负担的主给付义务而言，其包括交付特定标的物、提供特定服务等不同类型。标的物的交付通常意味着空间位置的变换，其一般应通过线下方式完成，快递服务、物流服务的使用构成了其履行的典型情形。而服务的提供则情况较为复杂，部分服务可以通过线上方式完成，如平台服务、特定技术服务等，而部分服务由于自身属性的原因，必须通过线下面对面方式方能履行，如旅游服务、外语培训服务等。就用户负担的主给付义务而言，其一般为支付特定价款，用户既可以通过线上支付的方式加以完成，也可以通过线下货到付款的方式履行该义务。

（四）成立和生效的特殊性

就传统书面合同而言，合同成立的先决条件是双方当事人的签字或盖章，而合同的生效则受到法定生效要件和意定生效要件的双重控制，在法律欠缺明文规定或当事人并未作出另行规定的前提下，法律推定已经成立的合同即刻生效。如果存在法定或意定的特别生效要件，则该要件的满足将实现合同效力的转化。例如，需要行政审批的合同，自有关机关作出批准决定后开始生效。而电子商务合同却与之不同，由于其采取了数据电文的形式，该合同的成立和生效无法适用传统书面合同的相关规定。在这一问题上，各国普遍采取的是功能等同的做法，即数据电文在满足法定要件的前提下具备与传统纸质合同相同的效力。我国《电子商务法》第48条第1款规定，电子商务当事人使用自动信息系统订立或者履行合同的行为对使用该系统的当事人具有法律效力。换言之，运用自动信息系统订立的合同对当事人产生拘束力，合同双方可以以此为据请求对方履行债务并在对方拒不履行合同义务时向法院申请强制执行。关于合同成立的问题，根据《民法典》的规定，需要区分以对话方式作出的意思表示和非以对话方式作出的意思表示。[①] 具体而言，以非对话方式作出的采用数据电文形式的意思表示，应采取到达主义的基本立场，即以数据电文达到接受者系统作为要约、承诺生效的时间节点，在双方当事人没有另行约定的情况下，应以收件人的主营业地作为合同成立地点。而合同生效的问题则相对较为复杂，通常而言，电子商务合同亦遵循"成立推定生效"的规定，在其满足法定生效要件的情况下，其自合同成立之刻其便具有相应的规范效力。[②] 然而，当存在特别生效要件时，电子商务合同的成立与生效之间可能存在一定的时间差。例如，双方当事人约定，电子商务合同的生效须满足某一意定生效条件，此时，合同虽已成立，但给付请求权并未即刻发生效力，该条件满足后，电子商务经营者、用户方可向对方请求履行相关合同义务。

三、电子商务合同的分类

（一）信息产品合同与非信息产品合同

这是根据合同交易的标的和履行方式的不同进行的分类。信息产品是指具备数字化载体形式并能通过数据电文等技术手段实现传输分享的产品。在实践中，计算机软件和程序、数据库、电子文档等均属于信息产品。信息产品合同是指以信息产品为标的而订立的合同，反之，非信息产品合同则意味着其交易标的为除信息产品之外的其他产品。值得注意的是，信息产品合同与非信息产品合同之划分，并非泾渭分明、非此即彼，而是存在一定的模糊空间。在实践中，部分合同的标的既包括信息产品，也涉及非信息产品，此时，应当结合合同整体确定其交易目的，并以此为据确定主给付义务，最终完成上述分类的明确。

值得注意的是，信息产品内部可以作出进一步的划分，以是否具备有形载体为标准，信息产品包括有形信息产品和无形信息产品两类。在前者中，数据电文附着于特定物理载体或介质之上，此种载体或介质具备能够为视觉所感知的外在形式，出卖人须将该载体交付给出卖人方可认定为给付义务的完全履行。而无形信息产品与之恰恰相反，其所蕴含的数据电文并不存在上述物理载体，而是通过纯粹电子化技术手段进行流动。上述分类的规范意义在于，信息产品

---

① 参见《中华人民共和国民法典》第 137 条的规定。
② 陈吉栋："智能合约的法律构造"，载《东方法学》2019 年第 3 期。

合同与非信息产品合同的法律适用有所不同，对于前者尤其是无形信息产品而言，其给付义务的履行通过线上手段即可完成，并无线下快递物流环节的参与，其权利义务关系较为明确清晰，主体相对单一。而非信息产品合同则与传统线下交易具有更强的相似性和亲缘度，其可以被视为是传统线下交易的线上增强版，除适用《电子商务法》的规定外，在履行时间地点、货物检验、违约责任等方面还可能适用《民法典》合同法编的相关规定。

（二）点击合同、通过电子数据交换缔结的合同和通过电子邮件方式缔结的合同

这是根据订约方式和技术手段的不同对电子商务合同进行的分类。点击合同，也被称为电子形式的格式合同，即通过数据电文方式加以呈现的全部由格式条款组成的合同。在学理上，格式条款是指一方当事人自行确定并未与交易相对人开展充分协商，旨在实现重复多次利用的合同条款。在电子商务领域，格式条款涉及用户注册协议、商家入驻协议、平台交易规则、信息披露与审核制度、广告审核机制等方面。[①] 对于点击合同而言，相关条款通常由电子商务经营者事先确定，用户的意志难以参与到其形成过程中来，只能选择全盘接受或拒绝合同的相关内容。点击合同的采取使得当事人尤其是用户的自主意志受到了相当程度的限制，为此，法律必须进行强而有力的调整和规制，通过合同公平性的提升治愈其在意志性方面存在的瑕疵。一方面，课以点击合同提供方以信息披露义务，[②] 其必须以清晰明确的方式向用户告知格式条款的具体内容，尤其是涉及后者重大权利义务变动的条款，必须以特别之方式加以呈现，确认后者充分了解并愿意接受相关条款的拘束。另一方面，当相关条款存在歧义，有多种解释可能性时，应当选择对该条款制定者不利的一种进行解释。

针对这一问题，2021 年颁行的《网络交易监督管理办法》亦有所规制，该办法第 21 条规定，网络交易经营者向消费者提供商品或者服务使用格式条款、通知、声明等的，应当以显著方式提请消费者注意与消费者有重大利害关系的内容，并按照消费者的要求予以说明，不得包含免除其主给付义务、排除限制消费者原给付请求权和次给付请求权、排除消费者寻求救济的权利以及合同解除权、规定合同最终解释权等内容。

通过电子数据交换缔结的合同最为重要的一点在于其订立必须依赖电子数

---

① 参见《网络交易平台合同格式条款规范指引》第 3 条的规定。

② 刘柳豆："电子商务格式合同的法律规制——以奇虎 360 公司和腾讯公司（QQ）的网络纷争为视点"，载《重庆邮电大学学报（社会科学版）》2011 年第 3 期，第 48 页。

据交换（EDI）这一特定技术手段。从技术层面而言，EDI 是一种数据电文的处理方法，其将商事领域的相关信息及其背后蕴含的缔约意志转化为能够为计算机等系统识别和认知的特定结构格式，并以此依托实现信息的传递、交流，最终达成缔结交易的目标。此种合同基本的订约流程在于：企业首先收到一份 EDI 订单，系统会根据实现设定的参数和标准进行审查，如果其符合相关要求，企业将会通知潜在交易相对人，并将相关信息传递给企业下设的职能部门，由其安排生产、物流、售后等环节。EDI 在 20 世纪 60 年代首先应用于海关、银行等部门，后被广泛应用于国际贸易之中。使用 EDI 可以减少贸易过程中的纸面文件，代替人工迅速处理大量数据，大幅提高了交易效率；同时，交易双方采用国际标准的传输协议传输 EDI 加密电文，也极大提升了交易安全。但是，EDI 需要通过购买专用增值网服务才能实现，亦需要专业的 EDI 操作人员操作，使用成本较高。

通过电子邮件方式缔结的合同在实践中也较为常见，其突出特征在于合同的订约过程，即要约、承诺的作出须通过电子邮件的方式进行。电子邮件在 20 世纪 80 年代开始兴起，采用非标准化、非格式化的信息处理结构，以网络协议为基础，依靠手工编辑方式完成，并不依靠自动化传输。电子邮件不仅可以传递文字、数字、图像、声音在内的各种形式的信息，而且在信息发送、传输与接受上完全以电子为形式，无需借助纸质文件。[①] 相较于自动信息系统，交易双方可以通过电子邮件直接在网上磋商，能够更加直观清晰地反映双方的意思表示。因此，通过电子邮件方式缔结的合同的适用范围更广，不仅可以适用于企业之间，还可以适用于企业与个人、个人之间的交易。然而，通过此种订约也可能存在一定的风险和弊端，电子邮件安全性较差，信息传输过程中数据容易遭到截获和篡改，这在一定程度上增加了交易风险。此外，电子邮件难以验证交易相对人的真实身份，这可能为之后的潜在纠纷埋下隐患。对此，可以采取电子签名、另行签订确认书等方式对交易相对人身份及其意思表示进行核查确定，以最大限度地保障交易安全。

此外，出于鼓励交易、便利当事人的考虑，我国《民法典》合同编和《电子商务法》对于电子商务合同订立的具体形式没有作出限定要求，原则上，一切能够充分反映当事人真实意思的载体和方式均受到规范的承认和保护。

（三）电子商务服务合同与电子商务交易合同

这是根据相关合同在电子商务交易中发挥的作用和功能的不同进行的分

---

① 朱广新："书面形式与合同的成立"，载《法学研究》2019 年第 2 期。

类。对于电子商务服务合同而言，其在电子商务交易活动中扮演着工具性、辅助性的角色，其本身并非终极目的，而是服务于电子商务交易合同的订立和履行。有别于线下交易模式，电子商务交易活动呈现出高度技术化的特征，从合同磋商、订立、履行直至争端解决等诸多环节，不同类型的主体提供形形色色、名目繁多的辅助性服务，这些服务对于电子商务交易活动的正常运转而言意义重大。为此，电子商务经营者、用户等主体须与相关主体订立服务合同，明确各方的权利义务关系。在实践中，电子商务服务合同的表现形式为：首先，平台服务合同。平台内经营者、用户须与电子商务平台经营者订立该合同，由后者向前者开放交易场所，提供交易活动所必须的技术条件，前者也应当遵守后者创设的交易规则，诚信、公平地开展交易活动。平台服务合同是电子商务交易展开的前提，根据此基础性法律关系，双方当事人始方取得在电子商务平台上进行交易的资格。其次，电子支付服务合同。相关主体与电子支付服务提供者作出约定，由后者按照前者的指令向特定第三人支付一定数目的价金，以履行电子商务交易合同项下的价金支付义务，支付指令必须确保其完整性、一致性、可追踪性和不可篡改性。严格意义上讲，电子支付服务包括价金托管和支付，具有双重法律关系。[①] 在整体层面，电子商务平台经营者与电子支付服务提供者间存在一个总括的价金委托服务合同关系；而具体到每一笔价金的托管和服务，用户与电子支付服务提供者之间存在一个独立的委托服务合同关系。再次，信用评价服务合同。信用评价服务，是指对电子商务交易中平台内经营者的经营活动，或者交易相对人的消费品行、信用和信誉进行累积评价，从而确定其信用程度。信用评价服务的提供者，可以是电子商务平台经营者，也可以是前者委托的第三方征信机构。信用评价服务能在一定程度上促进电子商务交易的缔结和履行，缓解交易中信息不对称的局面，尤其有助于消费者通过销量、好评度等指标组成的信用评价进行消费选择。[②] 最后，快递、物流服务合同。相关主体与经营快递业务的企业、物流企业等主体订立合同，约定由后者提供快递服务或物流服务，将指定物品运送至指定地点，并交付给收件人或收货人，以履行电子商务交易合同项下的物品交付义务。快递、物流服务是电子商务交易重要的履约保障机制，线上销售的有体商品绝不可能脱离线下人工运送实现物体的空间转移。线上交易平台和线下支撑体系是电子商务的任督二脉，

---

① 杨立新："电子商务法规定的电子商务交易法律关系主体及类型"，载《山东大学学报（哲学社会科学版）》2019 年第 2 期。

② 郑佳宁："电子商务平台经营者的私法规制"，载《现代法学》2020 年第 3 期。

缺一不可。① 《电子商务法》第52条规定，在电子商务交易法律关系中，快递物流服务提供者应当遵守法律、行政法规，按照符合承诺的服务规范和时限提供快递、物流服务。

对于电子商务交易合同而言，其在整个交易体系中扮演核心和关键的作用，是交易活动的最终目的和归宿，此类合同的当事人主要包括平台内经营者、自营经营者和用户。就法律属性而言，电子商务交易合同缺乏整齐划一的单一属性，而是随着交易目之差异呈现出千姿百态的特征。在实践中，常见的电子商务交易合同包括买卖合同、租赁合同、承揽合同、委托合同等不同形态。在买卖合同中，居于出卖人地位的电子商务经营者负担按照合同约定的时间和地点交付标的物的主给付义务，作为对价，用户也应当支付合同约定的价金。在租赁合同中，电子商务经营者以暂时让渡特定财产的使用权为代价获取用户支付的租金收益。而承揽合同、委托合同均可被纳入服务合同的范畴之中，此类合同的突出特点在于，电子商务经营者与用户之间通常并不伴随着财产权利的永久性或一时性移转，而是以特定劳务的提供为合同主要目的。有别于物型合同，电子商务经营者提供的劳务具有无形性、难以库存性、难以复原性等特征，其水准和质量既与该经营者自身能力水平相关，又受到用户个人特征的影响。

第二节　电子商务合同的成立

一、电子商务合同中的要约

（一）要约的概念与认定

要约是指要约人发出的具有明确内容，希望受要约人能够予以接受并对其自身产生拘束力的意思表示，其以订立合同为最终目的。② 对于要约的理解可以从如下方面展开：其一，要约必须满足明确性的要求，具备合同的必备条款，主要包括合同类型、标的、数目、价格等要素。其二，要约必须体现要约人受拘束之意思，即要约达到受要约人并由其作出承诺，该意思表示对要约人产生规范拘束力，此时，合同已经有效成立，要约人须全面、及时履行合同项下的各项义务，而排除受拘束之意思将使得要约无法有效成立。电子商务合同中的

---

① 郑佳宁："电商线下履约代收货款制度的法律规制与适用"，载《河南师范大学学报（哲学社会科学版）》2017年第5期。

② 韩世远：《合同法总论》，法律出版社2018年版，第117页。

要约完全遵守民法基础理论的上述概念界定，即应当同时满足明确性和受拘束性的构成要件。不过其也具备不同于其他类型要约的特殊之处，主要体现在表现形式的独特性，电子商务合同中的要约通常采取数据电文的载体形式。

在实践中，电子商务领域还广泛存在要约邀请，其与要约之间具有一定的相似性，容易发生混淆。电子商务合同中的要约邀请是指特定主体希望由相对人向其发出要约的表示。就规范层面而言，两者的区分显而易见，主要体现在：一方面，要约邀请并不满足明确性的要求，其可能欠缺合同成立所必备的要素，诸如合同主体、合同标的、价格等，具有模糊性、概括性和不明确性的特征，有待进一步补充完善。而要约之认定，必须以上述要素的兼备为前提，这使得两者存在重大差异。另一方面，拘束力满足与否不同。要约邀请并非规范意义上的意思表示，而停留在自然表意行为层面，其仅向相对人传达了特定信息，并不包含受其拘束的法效意思。基于上述特征，要约邀请发出后，其行为主体可以自主撤销或变更该邀请，相对人发出要约后，该主体亦无作出承诺的法定义务。

由于电子商务交易面向不特定交易主体、同一时间内可能交易数量巨大，这增加了电子商务合同成立判定的复杂性。

当然，由于电子商务实践的纷繁创新，再加之交易中经常存在面向不特定交易主体、同一时间内交易数量巨大的情况，这增加了要约与要约邀请界限划分的复杂性。具体而言，在电子商务中两者的区分应从如下方面展开：第一，电子商务广告的认定。电子商务经营者可能利用网站或手机 APP 发布相关广告，其性质的认定仍然应围绕内容完备性与主观受拘束性两方面进行考察。首先，须进行内容完备性的考察，分析相关广告内容是否满足了合同全部的必备条款。例如，在网络直播中如果主播宣传的内容具体确定，包含商品名称、数量、规格、价格、发货时间、运费承担等信息，则其发布的信息符合要约条件。其次，须对行为人的主观意愿进行考察。实践中，行为人往往会以特别声明的形式表达不愿拘束之意志，从而排除要约之成立。对此问题，最高人民法院认为，若商业广告中注明"限售数量""先到先得"或注明有效期的，一般可以视为要约，但如果意思表示上标明"仅供参考""须以我方最后确认为准"，则表示最后决定权留给自己，不受意思表示约束，不应视为要约。[①]

第二，电子商务平台上的产品展示。电子商务经营者可能就特定产品制作

---

① 最高人民法院民法典贯彻实施工作领导小组主编：《中华人民共和国民法典合同编理解与适用（一）》，人民法院出版社 2020 年版，第 67~68 页。

照片和视频，以吸引用户进行下单。此种行为性质的认定仍然需要围绕上述标准展开。首先，仍然需要就客观维度进行考察，分析该经营者的行为是否包含标的、价格等合同必备要素，如能满足这一要件，则可推定要约的初步成立。①其次，应当分析电子商务经营者与用户之间的意愿。在实践中，电子商务平台上所展示的产品与实际库存之间并非完全对应，可能出现的一种情况为该平台展示的产品实际业已售罄。为避免陷于履行不能的境地而承担相应的违约责任，电子商务经营者可能会实现排除受拘束之意思，此种行为在通常的情况下可以获得规范的承认。不过，此种行为在降低电子商务经营者自身风险的同时，也可能导致用户利益格局的不确定性，诱发利益失衡的局面。为此，《电子商务法》设有强制性条款予以矫正，该法规定，当用户为消费者时，其支付价款的行为意味着合同成立，电子商务经营者不得以格式条款的方式约定合同不成立。②

（二）要约的法律效力

就电子商务合同中的要约而言，其效力应遵守《民法典》合同法编设定的一般规则。就要约的生效时间而言，比较法上存在不同的立场，大体可以分为发出主义和到达主义两种立场，前者以要约的发出作为生效时点，后者以要约的到达作为生效时点。我国《民法典》采取到达主义的立场，要约人以数据电文方式发送的要约到达受要约人能够掌握和控制的系统之时，该要约开始发生拘束力，自该时点往后，要约人不得随意撤销或变更其要约内容，否则将承担相应的法律责任。除《民法典》的一般性规定外，我国《电子商务法》第49条也对要约生效的条件和时间作出了更为细致的规定：一方面，当电子商务经营者发布的信息符合要约要件时，用户选择商品服务并提交订单提供的行为意味着合同成立，双方另有约定的除外。这里所称的符合要约条件主要指的是相关信息明确具体且表达出发出人受拘束之意思。另一方面，限定格式条款在本领域的适用。如果交易相对人为消费者时，其支付价款的行为意味着合同的成立，这一做法不得通过格式条款的方式加以改变。上述针对消费者合同的特殊规则旨在充分保障消费者权益，避免经营者滥用优势地位谋取非法利益。

此外，我国《电子商务法》第50条还对电子商务经营者的告知义务进行了规定。在实践中，要约的发出多由电子商务经营者进行，由于网络交易的虚拟性以及双方在信息掌握上的不同地位，用户往往对缔约过程知之甚少，这对

---

① 薛军："电子合同成立问题探析"，载《法律适用》2021年第3期。
② 参见《电子商务法》第49条第2款的规定。

其权益保护十分不利。有鉴于此，电子商务经营者告知义务被引入该领域。就告知信息而言，其主要包括订立合同的步骤、注意事项、下载方法等。就告知要求而言，信息的告知应当满足清晰性、全面性和明确性的要求，并保证用户能够便利完整地阅览和下载。除履行告知义务外，电子商务经营者还应当保证用户在提交订单前可以更正输入错误。在电子商务交易中，用户使用电脑或手机误击"同意"或"确认"的情况非常普遍，电子商务经营者应当提供检测并纠正或避免错误的合理方法。

（二）要约的撤回、撤销与失效

电子商务合同中的要约撤回是指在要约人已经发出要约但该要约并未生效时，要约人得作出相反的意思表示阻止该要约发生原本预设的法律效力。要约撤回的作出以要约并未发生法律效力为前提，基于到达主义的立场，作为电子商务经营者的要约人欲撤回要约，其所发出的撤回通知必须先于要约达到受要约人，此时，该撤回行为方可发生相应的规范效力。然而，我们应当看到，受到电子商务领域技术特征的影响，要约的撤回在该领域意义较为有限。[1] 原因在于，数据电文技术手段的使用通常会使得相关要约即刻到达受要约人掌握的信息系统内，要约的发出与要约的到达之间欠缺明显时间差，这从根本上否定了要约撤回适用的前提条件。不过，也不能排除例外情形的存在。例如，因系统故障导致要约并未及时到达对方系统，此时，作为电子商务经营者的要约人自然可以援引我国《民法典》的相关规定撤回该要约。而电子商务合同中的要约撤销是指在要约业已生效的前提下，对于符合法律规定的特殊情形，规范允许要约人作出意思表示，使要约的效力归于消灭。有别于要约之撤回，电子商务合同中的要约撤销具有例外性的特征。基于要约拘束力的理论，已经生效的要约对电子商务经营者产生拘束力，该主体不得随意撤销、变更，这是对用户合法权益和合理信赖的重要保护机制。按照我国《民法典》的规定，要约的撤销具有一定的限制，具体体现在：一方面，当电子商务经营者等主体以明示方式载明该要约不可撤销或附带一定承诺期限时，基于禁反言原则，其不得撤销该要约；另一方面，作为受要约人的用户基于合理信赖而认为该要约不可撤销，并为合同的履行作了一定的准备工作时，出于信赖保护的要求，要约人亦不得作出撤销要约的意思表示。

而电子商务合同中要约的失效是指由于法定失效事由的出现，原本已经生效的要约丧失其规范效力，不再对要约人产生拘束力的情形。按照我国《民法

---

[1]　凌斌主编:《电子商务法》, 中国人民大学出版社 2019 年版, 第 118 页。

典》合同编第 478 条的规定，电子商务合同中要约的失效主要包括如下情形：其一，要约被用户等受要约人拒绝；其二，要约被电子商务经营者等要约人依法予以撤销；其三，要约明确载明承诺期限，而在该期限内用户等受要约人并未作出承诺的意思表示。其四，用户等受要约人对要约中的合同标的、价款等实质性内容作出修改。

二、电子商务合同中的承诺

（一）承诺的概念与构成要件

电子商务合同中的承诺是指电子商务法律关系中的受要约人作出的同意要约的意思表示。承诺一经到达意味着电子商务经营者与用户达成了意思表示一致，由此，法律行为得以最终成立，并为双方当事人创设了权利义务关系。电子商务合同中的承诺认定须满足如下构成要件：

第一，主体的特定性。承诺必须由受要约人作出，其可以亲自为承诺之意思表示，也可以通过代理人开展上述行为，而没有接到要约的第三人无权作出该意思表示。就发出对象而言，承诺必须面向电子商务经营者等要约人发出，通过口头、书面或数据电文等方式使之了解其意思表示，向除要约人之外的第三人进行的承诺不发生缔结合同的规范效力。

第二，内容的吻合性。承诺的内容应当与要约相同或大体相同，如若用户对要约的内容进行了实质性修改，则双方的合意并未形成，此时该意思表示应当被视为新要约而非承诺。这里所称的实质性修改主要是指有关合同标的、数量、质量、价款或者报酬、履行期限、履行地点和方式、违约责任和解决争议方法等的变更。

第三，时间的期限性。承诺须在一定期限内作出，否则该承诺无法产生当事人预期的规范效力。对此，须结合要约的不同情形进行分析。当要约明确设定承诺期限时，用户等受要约人须在该期限内作出承诺，超出期限作出承诺的行为亦将被视为新要约。当要约没有设定承诺期限时，受要约人应在合理期限内作出，合理期限的确定应当综合考虑交易习惯、交易模式、交易成本、双方意思表示等要素。有别于存在明确期限的情形，合理期限的确定存在一定的弹性空间，伴随着法官自由裁量权的行使。

（二）承诺的法律效力

就承诺的生效规则而言，比较法上存在不同的做法，其中，英美法系采取的是发出主义的立场，大陆法系普遍采取的是到达主义的立场。而我国《民法典》遵循的是后一做法，以承诺的到达作为其生效时间，该规则对于电子商务领域而言同样适用，用户等受要约人所作出的承诺到达电子商务经营者时发生效力，电子商务合同得以有效成立。值得注意的是，电子商务领域对于承诺的发出和到达，区分意义较为有限，原因在于，该领域的合同缔结多采取数据电文的方式，此种方式具有远程性和瞬时性的特征，承诺作出与达到之间的时间差几乎可以忽略不计，两者在时间上可以作一体对待。然而，在某些特殊情况下，两者可能并不完全重合，例如，当系统出现技术故障时，可能出现承诺已经发出而尚未达到的情形，此时，仍然应适用《民法典》确定的相关规则，以到达作为承诺生效的时点。除此之外，承诺的生效还可能涉及某一特殊情形。由于数据电文的虚拟性和匿名性特征，电子商务交易安全存在潜在风险。有鉴于此，实践中部分大额交易采取签订确认书的模式，以此增强交易的安全性。签订确认书能够保证合同无篡改，保证当事人身份和意思表示的真实性。此时，承诺的生效时点不再以到达为标志，而应适用特别规定。我国《民法典》第491条第1款规定当事人采用信件、数据电文等形式订立合同要求签订确认书的，签订确认书时合同成立。

《民法典》第483条规定，承诺生效时合同成立。在电子商务交易中，当事人一方通过信息网络发布的商品或者服务信息符合要约条件的，对方选择该商品或者服务并提交订单成功时，提交订单成功即为已经作出承诺的意思表示，电子商务合同成立。当然，这只是原则性规定，当事人另有约定的除外。需要注意的是，提交订单同时立即付款不应视为合同成立的所附条件。提交订单是承诺的意思表示，付款则是用户的主给付义务，实践中存在立即付款、分期付款、货到付款等不同的履行方式，不能一概而论。通常而言，对于限时限量供应的商品，为防止用户提交订单后迟迟不付款最终导致他人丧失交易机会，电子商务经营者往往会设置限时取消订单的权限，但这并不影响合同的成立，而是事先为电子商务经营者预留了对电子商务合同的单方解除权。

（三）承诺的撤回

对于电子商务合同中的承诺而言，受要约人在特定情况下能够将其撤回。电子商务合同中的承诺撤回是指用户等受要约人在承诺达到电子商务经营者、发生规范效力之前作出相反的意思表示，以阻止该承诺发生效力的行为。承诺的撤回须满足如下要件：其一，表意相反性，即撤回承诺的行为针对承诺行为本身，以取消后者效力为根本目的。其二，时间的优先性。承诺的撤回必须在承诺产生效力之前作出，并先于承诺达到要约人。换言之，承诺的撤回以承诺发出与到达之间存在明显时间差为前提。在电子商务领域，由于数据电文即时到达的属性，两者之间的时间差几乎可以忽略不计，因此，承诺的撤回实际意义较为有限，其适用的主要情形在于技术故障的出现导致发出的承诺无法实时到达要约人信息系统。此外，还应当看到，对于承诺而言，并不涉及撤销的问题。原因在于，承诺生效后，合同业已有效成立，其对电子商务经营者和用户均具有规范拘束力，除满足法定或约定解除事由外，当事人不得随意变更或解除合同。

【直播电商的经营模式及法律规制】①

2016 年被公认为直播元年，国内接连涌现出了 300 多家网络直播平台。2016 年 3 月，蘑菇街率先把直播引入了电商带货，成为国内直播电商的首创者。当其他电商平台开始追逐直播风口的时候，蘑菇街早已有了一套属于自己的精细化运营方法，如通过"直播切片"留住精彩直播，让商品拥有更多曝光与展示的机会，进而吸引精准流量等。此外，淘宝、京东等电商平台，抖音、快手等短视频网站，也都相继开启了直播导购功能。2020 年以来，直播电商在疫情、政策等多重因素的刺激下爆发式发展。很多影视明星、网红、企业家等纷纷加入直播带货行业，比较知名的带货主播有李佳琦、薇娅、辛巴、雪梨等。《2022年中国电子商务发展趋势报告》显示，截至 2022 年 6 月，我国电商直播用户规模为 4.69 亿，较 2020 年 3 月增长 2.04 亿。2022 年上半年，通过短视频直播进行网购消费的网络用户比例高达到 49.7%。2021 年 5 月至 2022 年 4 月，抖音平台每月有超 900 万场直播，售出超过 100 亿件商品，交易总额同比增长 2.2倍。在当前"国内大循环"新型经济模式下，直播电商可以吸引大量的消费者，有助于进一步刺激并满足国内消费需求，对于打通国内生产、分配、流通、消费的各个环节，发挥中国超大规模市场的优势，具有一定的促进作用，直播电商逐渐成为现代社会经济发展的新现象。①

直播电商经济在成为新的营销和商业模式的同时，也导致了纠纷频发、乱象丛生。例如，2020 年 12 月，快手主播辛巴及其团队成员因在直播间售卖名为"即食燕窝"、实为"糖水"（风味饮料）的产品被广州市场监管部门罚款 90 万元。2021 年 8 月，河南省消费者协会针对该事件提起消费民事公益诉讼，请求判令北京快手科技有限公司、辛巴（辛有志）、广州融昱贸易有限公司、广州和翊电子商务有限公司共同承担退一赔三的责任，退赔金额总计人民币 7971.4156 万元。同年 12 月 15 日，郑州市中级人民法院受理了该案（案号 2021 豫 01 民初 1461 号），目前案件正在审理过程中。李佳琦直播间也存在

---

① 资料来源:《网络直播营销管理办法（试行）》《2022 年中国电子商务发展趋势报告》《直播电商行业高质量发展报告（2021—2022）》。

虚假广告、夸大宣传等问题。之前，李佳琦在推荐不粘锅时，为了证明不粘锅"不粘"，先让助理把一个鸡蛋打进了烧热的锅里。过了一会，正当助理准备用铲子把煎熟的鸡蛋铲上来的时候，鸡蛋却牢牢地粘在了锅底，并且还有烧糊的迹象。后来，这款不粘锅的直播介绍和产品链接均已无法查询。此外，李佳琦持股49%的上海妆佳电子商务有限公司于2020年6月10日受到上海市崇明区市场监督管理局行政处罚，原因为"发布虚假广告"，罚款1万元。行政处罚决定书显示，举报人在李佳琦专属店购买了菲诗蔻洗发水，该店家在网上虚假宣传该洗发水有防脱发功能，但该公司无法提供相关依据。网络主播薇娅在2019年至2020年期间，通过隐匿个人收入、虚构业务转换收入性质虚假申报等方式偷逃税款6.43亿元，其他少缴税款0.6亿元。官方依法对黄薇作出税务行政处理处罚决定，追缴税款、加收滞纳金并处罚款共计13.41亿元。

中国计量科学研究院发布的《直播电商行业高质量发展报告（2021—2022）》蓝皮书指出，随着政策、监管的日趋完善，直播电商行业将迎来持续、稳健的发展时期。那么什么是直播电商？直播电商就是商家通过短视频等直播方式，为观众推送商品，刺激消费者购买欲，从而实现电商交易的一种营销模式。近年来，随着电子商务行业迅速发展，维护用户忠诚度的难度日益上升，流量成本明显增加。与此同时，直播行业的迅速发展，蕴藏着巨大的流量，电商与直播的结合成为电商行业一种崭新的竞争策略，促进我国经济发展的作用日益突出。传统电商以"人找货"的方式进行购物，消费者根据自身需求通过搜索商品关键字的方式进行产品选择和下单购买。产品仅通过图片和文字公示信息，这种方式传递的信息具有局限性，内容单一、标签化较弱，导致大部分顾客购买欲望有限。"直播＋电商"模式以"货找人"的方式进行购物，降低了电商获取流量的成本，且大幅提高了产品信息转化率。在直播模式下，主播和消费者之间具有很强的互动性，能够让消费者更清楚、深入地了解产品，并与用户建立更加紧密的信任关系，为推广商品提供更畅通的渠道。目前，直播电商模式通常有主播、商家、直播平台、电商平台、消费者等主体参与。直播平台在不同主体的参与下会呈现不同的运营模式。根据参与主体是否包括平台内经营者，直播带货可以分为自营式直播和助营式直播。自营式直播中，参与主体有商家、平台和消费者；助营式直播中，参与主体有商家、主播、平台和消费者。

对于直播电商行为，《民法典》《电子商务法》《广告法》都存在适用的空间。2021年4月23日，网信办、公安部、商务部、文化和旅游部、税务总局、市场监管总局、广电总局联合发布了《网络直播营销管理办法（试行）》。该管理办法规范了平台主体责任履行不力、主播言行失范、虚假宣传、数据造假等突出问题，对直播营销环境下的不同参与主体予以划分，压实直播营销平台的责任，对直播间运营者、直播营销人员的行为提出明确要求，规范直播营销行为，保护消费者合法权益，维护网络市场秩序，促进新业态健康有序发展，营造清朗网络空间。

三、电子商务合同成立的时间和地点

（一）合同的成立时间

在采取要约——承诺的缔约模式下，承诺的到达是合同成立的判断时点。[①]具体到电子商务合同领域，其通常采取数据电文的技术手段，应当以数据电文到达要约人系统为合同成立的时点。然而，数据电义的到达时间并未一目了然，信息网络技术的运用使得信息传递过程趋于复杂，由于其高度的技术性和强烈的虚拟性，收件人控制的范围欠缺可以被明确界定或感知的具体范围，这使得到达的认定变得困难重重。在这一问题上，域内外立法给出一定的答案。例如，联合国国际贸易法委员会《电子商务示范法》第15条规定，数据电文的到达时点采取意定优先的模式，允许当事人自行加以确定。在欠缺约定或约定不明的情况下，适用如下规则：在收件人为接收数据电文而指定了某一信息系统时，以数据电文进入该指定信息系统的时间为收到时间。如果数据电文发给了收件人的一个信息系统但不是指定的信息系统，则以收件人检索到该数据电文的时间为收到时间。如果信息系统并未被指定，则以数据电文进入收件人的任一信息系统的时间为收到时间。

我国原《合同法》的规定与之有所差异，该法并不承认意定优先的规则，数据电文的到达时间完全由法律规定。具体而言，该法区分了两种情形：一方面，当收件人指定系统时，该数据电文进入该特定系统的时间，视为到达时间；与之相反，当特定系统未被指定时，该数据电文进入收件人的任何系统的首次时间，视为到达时间。而我国《民法典》的最新规定在一定程度上修正了原《合同法》的立法模式，与联合国国际贸易法委员会《电子商务示范法》大体保持一致。我国《民法典》第137条允许当事人就数据电文到达时间进行约定，并赋予约定时间先于法定时间的优先效力。该规定在相当程度上扭转了原《合同法》过分僵硬立法模式的弊端，实现了与国际惯例和先进立法的充分对

[①] 周洪政："电子合同成立的相关法律问题探析"，载《广西大学学报（哲学社会科学版）》2012年第1期。

接，体现了充分尊重合同成立事项上当事人意思自治空间的价值取向，[①] 避免实证法的过度干预和规制，值得充分肯定。

除要约—承诺模式，电子商务合同法律关系当事人还可能通过其他方式缔结合同，其具体表现形式和规则适用包括：其一，双方当事人在承诺生效之前另行签订合同确认书，此时，应以该确认书的签订时点作为合同成立的时间。换言之，合同成立的时间节点有所提前，此种情况下，承诺的生效丧失了原本具有的规范意义。其二，在承诺生效之前，电子商务经营者与用户中的一方已经实际履行其所负担的主给付义务且相对人予以接受，如电子商务经营者的发货行为或者用户的付款行为，此时，双方以自己的实际行动表明合同已经成立，该合同的成立时点亦发生了前移。

（二）合同的成立地点

电子商务合同的成立地点具有重要的规范意义，主要体现在民事程序法和民事法律适用法方面，成立地点是确定管辖和准据法的重要依据。就民事立法的一般规则而言，合同的成立地点为承诺的生效地。而电子商务合同的成立地点则因数据电文技术手段的使用而变得错综复杂。诚如前述，电子商务领域承诺生效地点采取"意定优先、法定补充"的模式，当事人可以就这一问题自行约定，法定补充规则亦较为复杂。再者而言，受到数据电文自身技术特性的局限，其发送和接收伴随着众多步骤，可能历经多个地点，因此，承诺生效地的确定变得尤为困难。因此，电子商务合同承诺生效的地点具有较强的随意性和不确定性，这与法之安定性的价值追求之间存在一定的矛盾和冲突，亟待有效解决。

对此，域内外立法作出了一定的回应。联合国国际贸易法委员会《电子商务示范法》采取了如下规则：[②] 其一，出于对双当事人意思自治的尊重，电子商务经营者与用户可以就收到地点进行自主约定，此种约定在不违反强行法的前提下具有优先和最高效力，将排除法定规则的适用。其二，一般意义上，数据电文收到地点以收件人的营业地点为准。如果其营业地点存在多个，则从如下规则中择一确定：首先选择与基础交易活动关系最为密切的营业地点，如果基础交易并不存在，则以其主要营业地点为基准。其三，在兜底层面，如果数据电文收件人并不存在营业地点，则以其惯常居住地为判断基准。

而在我国原《合同法》中，联合国国际贸易法委员会《电子商务示范法》

---

① 薛军："电子合同成立问题探析"，载《法律适用》2021 年第 3 期。

② 参见 1996 年联合国贸易法委员会《电子商务示范法》第 15 条的规定。

所设置的相关规则大体上被采纳并在一定程度上予以简化，以更好地适应我国商事实践的需求。我国《民法典》第 492 条沿袭了原《合同法》的相关规定，坚持"意定规则优先、法定规则补充"的立法模式，在尊重当事人意思自治的同时，发挥制定法查漏补缺、妥善配置权利义务的重要作用，以减少无谓纠纷、促进交易顺畅进行。具体而言，所采规则包括：其一，采取数据电文方式订立的合同，其成立地点可以由当事人自行协商，法律对此予以充分尊重。其二，在欠缺上述约定的情况下，须适用法律设置的规则。首先，应当以收件人主营业地为合同成立地点，如果其没有营业地的，则以经常居住地为基准。其中，经常居住地是指自然人除住所之外经常居住的地方，要求该自然人在上述地点居住满 1 年以上。

（三）确认收讫规则

数据电文技术的广泛运用在促进产业升级、提升交易效率的同时，也带来了一定的问题。在电子商务领域，部分不法分子截取、篡改数据电文，这使得交易安全面临重大风险。为化解电子商务交易活动中的不确定性，确认收讫规则应运而生。确认收讫规则是指收件人在知悉相关数据电文后，以手动或自动方式向信息发送方发出通知，告知其已经收到相关信息的事实。该规则的适用能够在最大限度上化解信息异地传输过程中存在的风险，防范错误和遗漏的发生。当然，确认收讫规则的采用也在一定程度上增加了交易步骤，使得交易成本有所上升，带来一定的副作用。有鉴于此，确认收讫并非电子商务合同订立的必备环节，除法律有特别规定的情形外，当事人可以自主选择适用或不适用。

对于确认收讫规则的适用，域外法上已有较为成熟的经验。根据联合国贸易法委员会《电子商务示范法》第 14 条的规定，其主要内容包括：首先，形式的开放性。确认收讫可以采用任何方式为之，既包括自动化传递信息行为，也包括手动作出的行为，具体形式的确定由双方当事人协商确定。其次，当数据发送人明确声明信息发送以确认收讫为条件，则该确认信息收到之前，其所发送的信息视为未发送。再次，在数据发送人并未作出上述声明的情形下，如其未在合理期限内收到该确认，可以指定期限要求数据接收人发送该声明，逾期未发送的行为将产生信息视同未曾发送的法律效果。又次，收讫确认的发送与收到仅仅表明收件人收到了相关信息，并不能全然证明其所收到的信息与收件人发送的信息如出一辙、完全相同。最后，该示范法并不处理确认收讫的规范效力问题，这一问题由各国国内法规定或当事人另行约定。

在我国法上，有关确认收讫的规定主要体现在《电子签名法》中，该法第 10 条规定，法律、行政法规规定或者当事人约定数据电文需要确认收讫的，应当确认收讫。发件人收到收件人的收讫确认时，数据电文视为已经收到。换言之，在法律规定或当事人约定需要确认收讫的场合，此种行为的缺失将导致信息收到的不成立，进而可能会对合同效力产生影响。例如，当一方作出的承诺需要确认收讫时，作为要约人的电子商务经营者拒不发送确认收讫通知的行为将使得承诺无法有效到达，由此，其与用户之间的电子商务合同法律关系并未有效成立，自然排除给付请求权之主张。此外，还应当看到确认收讫通知的效力仅仅停留在形式层面，只能表明收件人收到了相关信息，而无法佐证相关信息的真实性、原始性和全面性，当事人不得以确认收讫的发送和确认作为佐证数据电文实质内容的依据，此项事实的主张，仍然应当依靠其他证据材料。

第三节 电子商务合同的效力

一、电子商务合同的生效要件

电子商务合同的生效是指法律按照一定的尺度对电子商务经营者与用户之间订立的电子商务合同进行评价后得出肯定性法律效果，该合同能够产生当事人预设的规范效力。电子商务合同的成立与生效既有区别又有联系。一般而言，电子商务合同的生效以成立为基础和前提，在该合同尚未成立的情形下，其生效问题自然无从谈起。但两者评价的维度不同，电子商务合同的生效主要基于规范维度，具有强烈的价值判断色彩，而电子商务合同的成立主要基于事实维度，价值判断的因素并不凸显。

就合同的生效而言，我国《民法典》设置了一系列生效要件，唯有全部满足上述要件，某一合同方能同时具备请求力、受领保持力和执行力，该规则对于电子商务合同而言同样适用，具体包括：

（一）相应行为能力的具备

在民事领域，行为能力是指民事主体以自己的名义独立实施法律行为，以取得民事权利、承担民事义务的能力。在我国实证法上，行为能力包含完全民事行为能力、限制民事行为能力和无行为能力三种情形。其中，年满18周岁且精神健康的自然人为完全民事行为能力人，其原则上可以实施所有类型的法律行为，规范另有规定的除外。年满8周岁的未成年人和不能完全辨认自己行为的精神病人为限制民事行为能力人，仅能开展与其智力和认知水平相匹配的法律行为，对于超出部分，则须由其法定代理人代为进行。而8周岁以下的未成年人和完全不能辨认自己行为的精神病人为无民事行为能力人，不得独立实施法律行为。

《民法典》中对于行为能力的三分法同样适用于电子商务领域，并构成了本领域识别交易主体行为能力的基本准则。然而，由于网络交易的技术特征，电子商务合同中的行为能力问题也表现出一定的特殊性，最为突出的一点是，行为能力的具备与否难以举证，常常处于真伪不明的状态。众所周知，电子商务交易活动呈现出虚拟性和远程性特征，交易双方往往难以查验对方的真实身份，即便电子商务经营者要求用户提供身份证号码等材料，也只能就其年龄状态进行形式审查，无法了解此主体的精神状况，因此，难以对其行为能力形成全面准确的认知。[①] 此种局面的形成严重威胁交易安全，使得双方的权利义务格局处于飘忽不定的状态，极不利于电子商务的健康平稳发展。有鉴于此，我国《电子商务法》第48条第2款设有行为能力推定规则，即法律推定行为人具备与从事该交易行为所匹配的相应行为能力，如欲主张相关电子商务合同因行为能力的欠缺而存在效力瑕疵，则需要另行举证。就规范目的而言，该条文充分彰显了商法外观主义和便捷交易的基本法理，旨在充分保障交易安全，维护市场交易秩序，同时有效保障未成年人等特殊群体的合法权益，避免电子商务的飞速发展给此类主体带来负面效应。就规范性质而言，该条文主要集中在程序法层面，设有举证责任倒置的规则。在该规则引入之前，行为能力系法律行为有效的积极构成要件，应由主张权利成立者进行证明，而该规则的引入在相当程度上扭转了这一局面，该要件变成了抗辩事项，法律推定该要件业已满足，主张权利不成立者须承担行为能力欠缺的举证责任，并承担因举证不能而带来的不利法律后果。

（二）意思表示真实

众所周知，传统民法奉行意思自治的基本原则，当事人表现在外的自主意志是确定其享受权利、承担义务的重要依据，电子商务合同自然不能例外。因此，意思表示真实是相关合同发生规范效力的必要前提。这里所称的意思表示真实可以从如下方面进行解读：一方面，其表意行为是电子商务经营者、用户等主体在自主意志支配下作出的行为，并无欺诈、胁迫等外在不法行为的干涉。另一方面，该表意行为与电子商务法律关系主体内心的意愿保持一致，并无意思表示错误、同谋虚伪意思表示等情形。

随着信息网络技术的日新月异，电子意思表示在载体、原件形成以及保

---

① 电子商务法起草组编著：《中华人民共和国电子商务法条文研析与适用指引》，中国法制出版社2018年版，第176页。

存、归属规则等方面均已自成一体，具备了不同于一般"书面形式"的特殊性。这使得该要件的认定也具备了一些不同于民事一般法的特殊之处。电子商务合同中的意思表示往往是以数据电文的方式加以呈现，行为人利用其掌握和控制的特定信息系统发送信息并为表意相对人所知悉。因此，电子商务领域中的意思表示呈现出很强的技术性、虚拟性和形式性特征。在实践中，行为人往往会注册特定电子账户开展交易活动，并通过用户名和密码的方式实现身份识别，阻却第三人的进入，实现该账户与特定主体之间的排他性对应关系，并以此为依托发送数据电文。交易双方高度依赖数据电文呈现出的内容判断对方的交易意愿，并以此为据采取进一步的行动。这也就意味着对意思表示真实的认定必须充分考虑保障交易安全、维护交易秩序的价值取向，以相关数据电文为基础认定相关主体表意的真实性问题。具体而言，对于数据电文所反映出的内容，原则上应当推定其由账户的控制者发布且反映了该主体的真实意思。该控制者如主张相关信息并非由其发布或并未反映其真实意思，则应当承担相应的举证责任，向交易相对方举出切实充分的证据，如此，方能对电子商务合同的效力产生影响。除此之外，电子商务合同中意思表示真实性的认定还适用"显而易见"规则。具体而言，当数据电文虽然由特定主体控制支配下的电子账户发出，但相关内容明显存在可疑之处，与双方之间的交易习惯、彼此特征、交易规则等内容相抵触时，信息接收者应当进一步核查了解，不应轻信上述内容，更不得主张上述内容体现了信息发送者的真实意志而对其主张权利。

（三）不违反法律、行政法规强制性规定和公序良俗原则

电子商务合同是双方当事人意志的体现，其订立与履行必须运行在法律设定的框架之内，满足适法性的要求。具体而言，电子商务合同应当满足如下要求：

第一，不违反法律、行政法规强制性规定。这里所称的法律是指全国人民代表大会及其常务委员会制定的规范性法律文件，不包括宪法在内。而行政法规则是国务院制定的规范性文件。就法域内容而言，这里所称的法律、行政法规既包括民商法、电子商务法等领域，也包括市场监管法、食品药品管理法、竞争法、税法、刑法等领域，上述规范内容均可通过该转介条款对电子商务合同效力产生影响。就规范性质而言，电子商务合同不能违反的必须是强制性规定。强制性规定与任意性规定相对应，其突出特点在于，该规定的适用具有强制性和非选择性的特征，不受当事人主观意志的左右，相关主体排除适用该规定的行为无效。值得注意的是，对于强制性规定还应进行限缩理解，按照规范

效力的不同，其可以分为效力性强制性规定和管理性强制性规定，前者的违反将导致合同无效的局面，而后者的违反仅仅会产生行政责任的公法效果，对私法行为效力不产生影响。①

第二，不违反公序良俗原则。公序良俗原则，是指法律行为的内容及目的不得违反公共秩序或善良风俗。②该原则要求电子商务合同的内容必须遵守公共秩序和善良风俗，不得违反国家和社会所公认的道德底线。有别于法律、行政法规的强制性规范，公序良俗原则的相关内容具有相当的抽象性和概括性，该条款发挥着基本原则的功能，须在个案中方能实现具体化作业。对于电子商务领域而言，公序良俗原则主要体现在如下的方面：首先，经济竞争秩序的要求。电子商务合同中的相关内容必须遵守市场公平竞争的基本准则，电子商务经营者不得利用市场支配地位排除竞争，不得通过不正当竞争手段的实施获取非法利益。其次，消费者保护的要求。电子商务经营者应当充分尊重和保护消费者合理关切，切实缓解虚拟空间交易机制给消费者带来的相关风险，不得利用自身的控制支配地位免除己方责任、排除或限制消费者权利。最后，社会管理方面的要求。基于技术中立原则，线下领域对交易活动的禁止和限制对于电子商务而言同样适用，电子商务合同不得以国家禁止流通的标的为主要内容，不得利用合同交易机制开展贩卖毒品、网络赌博、淫秽色情等非法活动。

【郑某涵与北京蜜莱坞网络科技有限公司合同纠纷】③

本案原告为郑某涵，被告为北京蜜莱坞网络科技有限公司（以下简称蜜莱坞公司）。"映客"系蜜莱坞公司经营的视频直播平台。

郑某涵系未成年人，刘某娟系郑某涵之母。郑某涵在外出留学期间，沉迷蜜莱坞公司旗下的"映客"直播，利用其母亲刘某娟的身份信息注册账号，多次用其母亲交给其的生活费以及其母亲的银行账户向映客账户进行充值。自2016年1月27日至2017年4月1日期间，共计发生863笔"映客"虚拟币充值交易，共计524 509元，单笔最高金额为19 998元，单笔最低金额为6元。另外，郑某涵又通过他人银行账户向该"映客"账号进行多次充值。同时，郑某涵利用该账号先后对多个直播主播进行打赏。郑某涵向北京市朝阳区人民法院起诉请求：郑某涵系未成年人，目前尚在加拿大留学。留学期间，郑某涵在

---

① 王轶："民法典的规范配置——以对我国《合同法》规范配置的反思为中心"，载《烟台大学学报（哲学社会科学版）》2005年第3期。
② 王泽鉴：《民法总则》，北京大学出版社2022年版，第294~295页。
③ 案件来源：北京市第三中级人民法院（2018）京03民终539号民事判决书。

映客直播平台注册了映客号为 1××××××7 的账号,并在 2016 年 2 月至 2016 年 4 月期间,通过支付宝和微信支付等方式,将本应作为学费的款项在映客直播平台购买虚拟映币进行消费。郑某涵的母亲刘某娟在知晓后,多次与蜜莱坞公司协商退款事宜,但未果。现郑某涵诉至法院,要求确认郑某涵与蜜莱坞公司之间的买卖合同无效;蜜莱坞公司返还 657 734 元及利息(以 657 734 元为基数,自 2016 年 10 月 26 日起至判决生效之日止,按照中国人民银行同期贷款利率计算);诉讼费用由蜜莱坞公司负担。被告蜜莱坞公司辩称:①原告主体不适格。涉案的映客号是用刘某娟的身份证号码注册,所以蜜莱坞公司认为与郑某涵之间并无合同关系。②涉案的映客号使用微信和支付宝进行付款,根据郑某涵提供的微信和支付宝的回单均显示账户户主为刘某娟,所以蜜莱坞公司认为消费行为属于刘某娟。③诉状落款日期是 2016 年 10 月 9 日,显然刘某娟已经知道这件事情,但在起诉之后,刘某娟的映客号仍然有充值行为,所以刘某娟是认可充值行为的。④涉案的账户对外赠送礼物较多的主播也给刘某娟账户回赠了礼物,明显存在意思联络,所以不同意退款。而且这个账户的礼物可以转换为人民币提现,这个账户在收到礼物后也有提现行为。⑤涉案账户购买的钻石基本消费完毕,剩余还有 2.4 元的钻石,不存在退款基础。蜜莱坞公司有理由相信账户的充值消费行为均为刘某娟所为,双方的合同关系有效。⑥即使郑某涵在刘某娟的同意下使用微信和支付宝,但是刘某娟应该妥善保管,而且蜜莱坞公司无法审查是否为刘某娟操作账户。综上,蜜莱坞公司不同意郑某涵的诉讼请求。本案的争议焦点为:

(1)郑某涵是否为涉案网络消费合同的签订与履行主体。

(2)郑某涵与蜜莱坞公司之间的网络消费合同的效力问题及郑某涵要求蜜莱坞公司返还交易款项的请求是否成立。

一审法院认为:涉案"映客"账号以及向该"映客"账号充值的账户均为郑某涵之母刘某娟所有,仅凭郑某涵与刘某娟之间的微信聊天记录,不足以证明是郑某涵在刘某娟不知情的情况下私自登陆并充值消费,故郑某涵应自行承担举证不能的法律后果。郑某涵要求确认合同无效并返还款项及利息的诉讼请求,证据不足,法院不予支持。据此,一审法院于 2017 年 9 月判决:驳回郑某涵的诉讼请求。一审判决后,郑某涵不服北京市朝阳区人民法院(2016)京 0105 民初 66357 号民事判决,向北京市第三中级人民法院提起上诉。

二审法院认为:其一,郑某涵在加拿大,刘某娟在中国境内。涉案"映客"账号的注册地址在加拿大,与郑某涵的出入境记录情况相符。故对于郑某涵主张的涉案账号的注册情况,法院予以确认。从涉案"映客"账号的使用情况看,均符合郑某涵的年龄特点。从双方的微信聊天记录可以看出郑某涵隐瞒母亲刘某娟购买"映客"虚拟币。已经形成了相对完整的证据链，足以证明郑某涵系涉案账户的注册和使用者。其二，刘某娟作为限制行为能力人郑某涵（16岁）的法定代理人和钱款的所有人，面对多笔、持续、大额、不合常理的财务支出，未尽到必要的谨慎核查的义务，已经构成了对郑某涵交易行为的默认，故此期间内的网络消费合同不宜以郑某涵系限制行为能力人、法定代理人未予追认为由而认定无效。对于郑某涵要求返还此期间交易款项的请求，法院难以支持。2016年5月26日刘某娟通过发送律师函的方式向蜜莱坞公司明确提出了异议，披露了真实使用者非其本人且为未成年人的情况。蜜莱坞公司系网络消费服务的提供者，蜜莱坞公司未采取相关措施，未能履行其作为网络消费服务提供者的责任，放任与未成年人进行网络消费交易的风险发生。故律师函发出后的网络消费合同应认定无效，蜜莱坞公司负有返还郑某涵交易款项的义务。据此，二审法院认为郑某涵请求确认2016年2月至2017年4月1日期间与蜜莱坞公司发生的购买"映客"虚拟币的买卖合同全部无效的请求，依据不足，法院不予支持。郑某涵要求返还上述期间内交易款657734元的请求部分成立，对成立部分的上诉请求，法院予以支持。郑某涵要求支付交易款利息的请求，缺乏依据，法院不予支持。遂判决：

（1）撤销北京市朝阳区人民法院（2016）京0105民初66357号民事判决。

（2）北京蜜莱坞网络科技有限公司于本判决生效之日起七日内向郑某涵返还人民币49120元。

（3）驳回郑某涵的其他诉讼请求。

二、电子商务合同的效力瑕疵

电子商务合同中的效力瑕疵包含合同无效、合同可撤销、合同效力待定三种情况。

（一）电子商务合同无效

电子商务合同无效是指电子商务合同虽然已经有效成立，但因严重欠缺生效要件而不能发生当事人预设规范效果的情形。电子商务合同的无效是自始、绝对、确定的无效，某一合同被宣告无效后，双方当事人应当返还财产、恢复原状，使双方利益格局恢复到合同尚未缔结的状态。对于电子商务合同而言，其无效的主要情形包括：

一方面，因法律、行政法规强制性规定、公序良俗原则的违反而严重不适法。具体到电子商务领域，其主要情形包括：其一，销售或者提供法律、行政法规禁止交易，损害国家利益和社会公共利益，违背公序良俗的商品或者服务。[①] 例如，我国法律明文禁止销售假币，在电子商务平台上以买卖假币为主要内容的合同无效。又如，我国法律明确要求学位论文的写作须由学位申请人亲自完成，以提供代写学位论文服务为主要内容的电子商务合同无效。其二，在利用格式条款和格式合同缔约的过程中，电子商务经营者存在免除己方主要义务、排除消费者主要实体性和程序性权利、确定最终解释权等行为，此时，包含上述内容的条款无效，不对用户等主体产生规范拘束力。《电子商务法》要求电子商务经营者清晰、全面、明确的告知用户订立合同的步骤、注意事项、下载方法等事项，赋予电子商务经营者保护消费者权益的义务。[②] 其三，违反国家对特定行业的管理性措施。彩票、药品、食品等标的虽然允许开展交易，但上述领域性质特殊，与人民群众生命财产安全的维护、社会公共秩序的保障关系重大。为此，我国设置了一系列行政许可机制，只有严格审批并取得相应资质的主体方能在电子商务领域从事相关标的的经营活动，上述规则的违反将导致合同无效的效果。例如，《关于做好查处擅自利用互联网销售彩票工作有关问题的通知》要求严禁彩票发行销售机构及其代销者擅自利用互联网销售彩票，禁止网络公司等单位和个人擅自利用互联网销售彩票的行为。《食品药品监管总局关于加强互联网药品销售管理的通知》规定，企业通过自设网站或第三方网站提供药品互联网交易服务，必须按照规定申请取得《互联网药品交易服务资格证书》后方可开展业务，零售单体药店不得开展网上售药业务。

另一方面，因行为能力欠缺而无效。行为能力的欠缺包含两种情形：其一，无行为能力人独立订立电子商务合同，此时，该效力瑕疵无法治愈，相关合同因行为能力的欠缺而处于无效的境地。其二，限制行为能力人超越其能够认知的范围订立电子商务合同，此时该合同处于效力待定的状态，等待其法定代理人作出最终决断。如其法定代理人拒绝追认或不置可否，则该电子商务合同也将陷入无效的境地。值得注意的是，电子商务领域行为能力的认定适用特别规则，出于保障交易安全、提升交易效率的考虑，法律推定交易主体具备行为能力，提出上述主张否定合同效力者须承担相应的举证责任。首先，在判断限制民事行为能力人实施的民事法律行为是否与其年龄、智力、精神健康状况相适应时，法院可以从行为与本人生活相关联的程度，本人的智力、精神健康状况能否理解其行为并预见相应的后果，以及标的、数量、价款或者报酬等方面进

---

① 参见《网络交易监督管理办法》第 11 条的规定。

② 参见《电子商务法》第 50 条的规定。

行认定。其次，限制民事行为能力人实施民事法律行为时，应当遵守特别法律规范对身份信息认证的特殊规则。例如，2020 年修订后的《未成年人保护法》要求，网络直播服务提供者为年满 16 周岁的未成年人提供网络直播发布者账号注册服务时，应当对其身份信息进行认证，并征得其监护人的同意。① 又如，在智能合同的订立过程中，《区块链信息服务管理规定》要求区块链用户提供"组织机构代码、身份证件号码或者移动电话号码"等真实信息，且区块链平台需对这些信息进行认证，完成对智能合同当事人行为能力的提前辨别。②

（二）电子商务合同可撤销

电子商务合同可撤销是指电子商务合同虽然已经有效成立，但其并未体现双方当事人的真实意思，享有撤销权的一方当事人可将合同撤销，使之效力归于消灭的情形。电子商务合同之可撤销不同于电子商务合同无效，在前者中，合同效力存在相当之变数，在撤销权行使之前，该合同处于有效的状态，而撤销权的行使将完成合同由有效向无效的转变，而在后者中合同自始至终处于无效的状态。对于电子商务合同而言，其可撤销的情形主要包括电子错误、受欺诈、受胁迫等。

第一，电子错误。电子错误是指在电子商务合同磋商订约的过程中，因电子化通信手段和相关信息系统的缘由导致数据电文所呈现的内容与双方当事人的真意不相吻合的情形。电子错误的认定须满足如下要件：首先，错误的存在，即表现在外的相关内容与当事人的真实意思相背离，两者存在实质性区别。其次，该错误的产生与信息系统的使用具有直接关联度，如相关错误产生于信息系统使用之前的预备阶段，则该行为并不属于电子错误。最后，信息系统设置的正确性和正当性，双方当事人中的任何一方并未故意采取不法行为，使得信息系统的运行出现故障或偏差。对于电子错误问题，普遍观点认为其具有可撤销性，受该错误不利影响的一方当事人可以在法律规定的期限内撤销该电子商务合同，并由此带来恢复原状、返还财产、赔偿损失等一系列法律后果。

除电子错误外，民法领域的一般错误在电子商务合同中也有一定适用的可能性。但应当看到，错误的可撤销制度在保障意思表示真实的同时，也可能对交易安全和交易秩序的维护带来一定的负面影响，这对于奉行外观主义法理的电子商务法而言表现得更为突出。因此，对于民法领域的一般错误撤销问题，应从严进行认定：一方面，该主体必须承担相应的举证责任，证明错误的真实

① 参见《未成年人保护法》第 76 条的规定。
② 参见《区块链信息服务管理规定》第 8 条的规定。

存在，而且还应当采取电子证据的客观化采信规则。另一方面，该主体也应当承担相应的损害赔偿责任，以填补交易相对人因失败交易而蒙受的财产损失。以标价错误为例，需要结合当事人双方的主观心态进行具体分析。[①]电子商务经营者是否真的表示错误，对标的物价格构成重大误解，从而引发"职业薅羊毛"行为的后果；还是其滥用自己的信息优势地位实施虚假销售宣传，之后又以标价错误为借口主张撤销。如果属于第一种情形，应当准允电子商务经营者撤销错误，使电子商务合同自成立时起无效，此时，消费者不能主张合同履行请求权，只能要求电子商务经营者返还已支付价金。如果属于第二种情形，则应当保护消费者对交易的合理信赖，要求电子商务经营者依据诚实信用原则履行合同义务，即按照所标价格交付商品或者提供服务，不得行使合同的撤销权。

第二，受欺诈与受胁迫。受欺诈的电子商务合同是指在电子商务合同订立过程中，一方当事人故意告知虚假信息或隐瞒重要信息，使对方当事人陷入错误认知而订立的合同。受欺诈的电子商务合同之成立须满足欺诈之故意、欺诈行为、欺诈与合同订立之间的因果关系等要件。在电子商务领域，受欺诈的合同主要体现为居于出卖人或服务提供者地位的电子商务经营者对商品服务进行虚假、夸大宣传，或并未尽到法定、意定的告知义务，使消费者等主体陷入错误认知，并最终订立合同。而受胁迫的电子商务合同是指在合同订立过程中，一方当事人利用威胁、恐吓等不法行为使交易相对方陷入恐惧和不安，并在此种状态的支配下被迫签订违背其真意的电子商务合同。胁迫恐吓行为的实施，既可以由合同当事人完成，又可以由合同之外的第三人完成。受胁迫电子商务合同的认定须满足胁迫行为、违法性、因果关系等要件。值得注意的是，受欺诈与受胁迫的法律行为均规定在我国《民法典》中，但对电子商务领域同样适用，电子商务合同中受欺诈、受胁迫的一方主体可以援引相关条文，在法律规定的期限内撤销该合同，以摆脱相关合同的束缚，实现向其真意的回归。

（三）电子商务合同效力待定

效力待定的电子商务合同是指电子商务合同虽然已经得以成立，但因为相应权限的欠缺而导致其效力处于悬而未决的状态，须由第三人加以追认或拒绝，以最终确定其效力状态的情形。在学理上，效力待定也被称为未决的无效，如相关主体作出追认之意思表示，则该合同效力转为有效，反之，则合同不发生

[①] 参见蔡立冬、麻悦："网络消费者恶意缔约的司法应对"，载《吉林大学社会科学学报》2020年第5期；李伟伟："电子商务合同中的重大误解——以网络标价错误为例"，载《财经法学》2019年第2期。

当事人预期的规范效力。对于电子商务合同而言，其效力待定的情形主要包括无权代理和行为能力限制两种情况。

第一，无权代理。无权代理是指特定主体无代理权、超越代理权或代理权终止后仍以电子商务经营者或用户的名义开展法律关系的行为。此时，该合同之效力不应直接归属于被代理人即电子商务经营者或用户，而是由后两者作出进一步的意思表示，当其拒绝追认时，则应当由无权代理人自行承担相应的法律后果。无权代理与表见代理在外表形态上较为相似，均以代理权的欠缺为前提，但两者规范效果截然不同，表见代理产生与有权代理相似的规范效果，此时，该行为之法律效果由被代理人承担，而区分两者的关键在于代理权外观的具备与否。在这一问题上，电子商务合同呈现出自身的特殊之处。就传统合同而言，代理权外观多以工作证、授权委托书、空白合同书、单位公章证明等方式加以呈现，这些载体多为民法意义上的有体物，具备客观的外在形态。而电子商务领域与之不同，其代理权的取得主要通过相关电子账户的控制使用权、电子签名等方式加以呈现和证明，上述载体并非民法意义上的有体物，而是更多地表现为特定之数据电文。由于技术特征的缘由，上述佐证材料可能被窃取、盗用，并对交易安全构成威胁。此时，便有表见代理成立之可能性。当行为人使用加密账户且电子签名正确时，如其行为模式并无可疑之处，则可适用表见代理的相关规则，由被代理人承担相关责任。反之，当其使用一般账户、电子签名存在错误或其行为明显违背常理时，则适用无权代理的规则，由电子商务经营者、用户等有权主体最终决定合同的效力归属。

第二，行为能力之局限。我国《民法典》规定，限制行为能力人只能从事与其智力、认知水平相匹配的法律行为，对于超出部分，其行为效力待定，须由其法定代理人予以追认或拒绝。在电子商务领域，上述问题尤为突出，实践中部分未成年人利用其电子商务平台开展巨额打赏、擅自购买昂贵物品等行为，给部分家庭带来了沉重的经济负担，也破坏了该领域正常的市场秩序。有鉴于此，须适用效力待定机制进行规制。电子商务领域适用行为能力推定规则，规范默认行为人具备相应的行为能力，但此种推定仅仅影响举证责任的承担，并非不可推翻。该限制行为能力人的法定代理人可以通过使用记录、相关录音、使用习惯、证人证言等证据证明相关交易行为确系限制行为能力人所为，并予以拒绝追认，以此为基础否定合同之效力，进而要求电子商务经营者返还财产、恢复原状。当前，为了防止行为能力认定的纠纷，有关部门出台了系列规范文件，要求针对未成年人的身份信息进行预先认证，并对其购买、充值、打赏等交易行为进行提前限制。例如，《国家新闻出版署关于防止未成年人沉迷网络游戏的通知》规定，网络游戏用户账号实行实名制注册，所有网络游戏用户均须使用有效身份信息方可进行游戏账号注册。①《互联网直播服务管理规定》要求直播服务提供者必须按照"后台实名、前台自愿"的原则，对用户进行基于移动电话号码等方式的真实身份信息认证。② 又如，《国家新闻出版署关于防止未成年人沉迷网络游戏的通知》明确网络游戏经营者需采取有效措施，限制未成年人使用充值服务，不得为未满 8 周岁的用户提供游戏付费服务，其他未成年人用户的充值金额受到严格的控制。③《中央文明办、文化和旅游部、国家广播电视总局、国家互联网信息办公室关于规范网络直播打赏 加强未成年人保护的意见》则禁止网络直播经营者为未成年人提供现金充值、"礼物"购买、在线支付等各类打赏服务，且不得研发和引诱未成年人参与直播打赏活动。④

三、特殊电子商务合同的效力问题

电子商务领域特殊形式的合同主要包括自动交易合同、点击合同等，对于这些合同而言，其效力判断须适用特殊规则。

（一）自动交易合同

自动交易合同是指合同的订约过程由自动化信息系统完成的电子商务合同，其突出特点在于要约与承诺过程融为一体、难以分离，与此对应的则是自动化信息系统在缔约过程中扮演的重要角色。自动交易合同适用的主要情形包括：其一，电子数据交换（EDI）技术的使用，使得交易缔结过程初步实现自动化。其二，电子商务平台经营者使用自动竞价交易系统。就其法律属性而言，自动交易合同中所使用的自动交易系统居"电子代理人"的法律地位，其行为是电子商务经营者、用户等主体的延伸和代表，充分体现了相关主体的自主意志，因此，该交易系统按照预先设定程序作出的行为自然应当归属这些主体。需要指出的是，无论计算机程序达到何种智能程度，在法律上其终究只是当事人进行意思表示的工具，不具备独立的意思表示能力，"电子代理人"不是民法意义上的合同当事人的代理人，电子商务合同项下的权利和义务仍归属于使用计算机程序的一方或者双方当事人。

有别于其他类型的电子商务合同，自动交易合同呈现出更强的形式性、技

---

① 参见《国家新闻出版署关于防止未成年人沉迷网络游戏的通知》第 1 条的规定。

② 参见《互联网直播服务管理规定》第 12 条的规定。

③ 参见《国家新闻出版署关于防止未成年人沉迷网络游戏的通知》第 3 条的规定。

④ 参见《中央文明办、文化和旅游部、国家广播电视总局、国家互联网信息办公室关于规范网络直播打赏 加强未成年人保护的意见》第 2 条的规定。

术性特征，其应当更加严格地遵循外观主义法理，以彰显促进交易效率、保障交易安全的价值追求。基于上述特点，自动交易合同中的错误撤销应当受到更为严格的规制，原则上，此类合同当事人仅能就部分电子错误主张撤销，而民法一般错误规则的适用应当予以排除。具体而言，只有当自动交易系统因不可归责于双方当事人的原因出现故障时，自动交易合同当事人方可行使合同撤销权，而表示错误、性质错误等事项并不能产生此项权利。在系统出现故障时，合同撤销权的行使须遵循如下要求：首先，及时通知相对方。撤销权人须在合理期限内通知相对方错误的具体情形以及己方不愿受相关内容拘束的意愿。其次，及时止损。撤销权人须采取合理必要措施防范损失扩大化，将其尽可能控制在合理范围之内。最后，不得享有或转让合同项下的各项权利。撤销权人不得使用该自动交易合同涉及的商品或服务，将其移转给第三人或在该物之上设定其他财产权利。

（二）点击合同

点击合同是指一方事先预设全部或部分合同内容，由相对方点击相关内容并表示同意后得以成立的电子商务合同。点击合同的突出特征在于：其一，定型化。合同条款事先由一方拟定，并无进行个别协商的空间，相对方只能选择全盘接受或拒绝。其二，重复性和抽象性。点击合同针对的是不特定多数主体，其预设的目标在于重复、多次使用，在点击合同提供方撤回该合同文本或作出修改前，该合同将一直保持规范效力。其三，互动性。点击合同的有效成立并非单方意志的体现，而是伴随着电子商务经营者与用户之间互动与沟通，只有交易相对方同意并接受相关内容，该合同方能对双方当事人产生相应的规范效力。电子商务交易中常见的用户注册协议、网络服务协议、平台服务协议、隐私政策等都属于典型的点击合同。

就法律性质而言，点击合同属于格式合同的范畴，理应受到格式合同相关规范的调整和规制。其一，点击合同中不得包含免除合同提供方责任、加重合同相对方责任或排除对方主要权利的内容，不得违反法律、行政法规的强制性规定和公序良俗原则，如有抵触，将产生合同全部或部分无效的规范后果。其二，在 B2C 交易模式中，如果电子商务经营者选择使用点击合同缔结契约，其应当负担较高程度的告知说明义务。在此种交易模式下，用户往往欠缺交易活动所必备的经验和知识，处于天然的弱势地位，理应获得更为充分的保护与优待。电子商务经营者应当合理提醒用户注意，采取变更字体字号、附带解释说明、进行人工提醒等方式向用户进行告知，当用户存在疑问时，电子商务经营者还应当开展进一步的解释和说明以帮助其更为全面充分地了解合同的内容。

其三，在 B2B 交易模式下，法律假定参与交易的双方均为具备一定经济实力、专业知识和交易经验的商事主体，有能力作出理性判断，此时，点击合同提供方负担的告知说明义务相对较弱。点击合同提供方仅须在一般程度上尽到告知说明义务即可，给予相对方充分了解、接触相关文件的机会，如相关术语或合同条款出现重大变化时，则需要进行额外的说明澄清。

【刘智超诉同方知网（北京）技术有限公司买卖合同纠纷案】[①]

本案原告为刘智超，被告为同方知网（北京）技术有限公司（以下简称同方知网公司），是中国知网的运营者。

2017 年 5 月 9 日，原告刘智超在被告同方知网公司运营的中国知网（www.cnki.net）上通过支付宝充值 50 元，中国知网充值中心对于用支付宝方式充值的最低额限制设定为 50 元。后刘智超于充值当日至 2018 年 6 月 2 日期间在中国知网合计消费 9 元，账户余额共 41 元。2018 年 10 月 21 日，刘智超电话联系中国知网的客服，询问是否可以自定义充值及账户余额能否退还，客服答复不可以自定义充值，不同的充值方式对于最低充值金额有不同规定。对于多余的金额可以退还，但退款周期长，还需扣除一定的手续费，如需继续使用中国知网，建议先不退款。此外，中国知网充值中心上列明多种充值方式：支付宝、微信支付、银联在线、会员卡、神州行卡、汇付天下、移动短信、银行电汇、邮局汇款等，其中支付宝的充值最低限额为 50 元，其他部分支付方式也设定了不同金额的最低充值额限制。中国知网在其帮助中心网页"答读者问"一栏第 19 条写道："个人用户没使用完的金额是否可以退订？账户余额不支持转出功能，购买的充值金额没有时间限制，用完为止。"

2018 年 11 月 6 日，刘智超以中国知网作出的最低充值金额限制及账户余额不能退还的规定侵犯其权益为由将同方知网（北京）技术有限公司起诉至江苏省苏州市姑苏区人民法院，认为最低充值金额限制及充值金额不能退还的规定是格式条款，限制了原告的权利，加重了原告的责任，应属无效。被告通过最低充值金额限制，拒绝向原告提供其商品的行为，是设定不公平、不合理的交易条件进行强制交易的行为，侵犯了原告的自主选择权与公平交易权。故请求法院判令：①撤销被告作出的最低充值金额限制；②被告返还原告账户全部余额人民币 41 元；③被告承担诉讼费用。审理过程中，原告将上述第 1 项请求变更为：请求法院判令被告制定的最低充值金额限制条款无效。被告同方知网公司辩称：其一，个人用户充值的余额可以退回，客服人员的答复表示可以

---

① 案件来源：江苏省苏州市姑苏区人民法院（2018）苏 0508 民初 7333 号民事判决书。

退回，只是向原告刘智超说明退回的程序复杂，还会扣除手续费，建议原告继续使用。原告称与客服多次沟通不属实，事实上我方得知原告起诉后多次主动联系原告，试图解决此事，但均被原告拒绝。我方已经将原告账户余额41元退至原告的付款账户。其二，网站首页帮助中心第19条是以问答形式表述，且位置不显眼，不应视为原、被告之间的合同条款。我方在实际操作中并未按照该问答的规定操作，而是可以退回充值余额。我方已经于2018年11月26日将该条问答删除。其三，最低充值金额限制是一种商业惯例，被告在其运营的中国知网网站和手机知网中提供了多种充值方式，如支付宝、微信、银联在线、会员卡等，有的充值方式最低限额系10元。银行电汇、邮局汇款及在书刊超市里订阅期刊可以对任意金额进行结算，均没有最低金额限制。不同充值方式所设定的最低限额和阶梯充值金额是出于为用户使用效率考虑，这样可以大幅减少每篇文章的付费操作次数，毕竟多数用户会重复下载或阅读文献，该方式执行多年来也得到用户认可。鉴于实践中确实存在小额付费的用户需求，我方即将增加0.5元短信充值的支付方式选项，每篇文献每页的费用为0.5元，最低充值0.5元的规定已相当于取消了最低充值金额限制。此外，被告也在研发单篇付费系统，目前正在测试。本案中双方的争议焦点主要集中在以下几点：

（1）中国知网的最低充值金额限制及充值金额不能退还的规定是否属于格式条款。

（2）中国知网上关于最低充值金额限制的规定是否有效。

（3）中国知网上关于最低充值金额限制的规定是否侵犯原告自主选择权和公平交易权。

一审法院认为，消费者享有自主选择商品或者服务的权利，有权自主选择商品品种或者服务方式，自主决定购买或者不购买任何一种商品。经营者不得以格式条款、通知、声明、店堂告示等方式，作出排除或者限制消费者权利、减轻或免除经营者责任、加重消费者责任等对消费者不公平、不合理的规定，不得利用格式条款并借助技术手段强制交易。格式条款、通知、声明、店堂告示等含有前款所列内容的，其内容无效。本案中，被告同方知网公司在中国知网上关于最低充值额限制的规定导致消费者为购买价格仅为几元的文献需最低充值10元至50元。虽然账户余额可以退还，但同方知网公司称退还需扣除手续费，该网站对于最低充值额的设定占用了消费者的多余资金，且收取退款手续费也增加了消费者的负担。故该规定侵犯了消费者的自主选择权，限制了消费者的权利，是对消费者不公平、不合理的规定，应认定无效。对于原告刘智超要求同方知网公司退款的请求，因同方知网公司已经退款，故对该项请求予以驳回。据此判决：

（1）被告同方知网（北京）技术有限公司在其经营的中国知网（www.cnki.net）充值中心关于最低充值金额限制的规定无效。

（2）驳回刘智超的其他诉讼请求。

本判决为终审判决。

第四节　电子商务合同的履行和违约责任

一、电子商务合同的履行原则

合同的履行，是指债务人全面地、适当地完成其合同义务，债权人的合同债权得到完全实现。[①] 合同履行是合同效力的重要表现，它是当事人订立合同时所追求的目的。电子商务合同的履行是指电子商务经营者与用户按照法律规定以及合同约定全面、及时、适当地承担自己负担的合同义务，使得合同目的得以实现的过程。合同履行并非纯粹的动态概念，而是包含动态和静态的综合概念。[②] 参酌我国《民法典》《电子商务法》以及相关学理和行业实践，本书认为，电子商务合同的履行原则包括全面履行原则与协作履行原则。

第一，全面履行原则。在学理上，全面履行原则也被称为适当履行原则，是指电子商务经营者与用户须按照合同所确定的时间、地点、方式、标的正确、完整地履行合同，以真正实现合同的目标。全面履行原则要求合同当事人既履行主给付义务，又履行从给付义务，还要履行附随义务，做到与合同内容的高度契合性。在实践中，电子商务合同违反全面履行原则的情形包括：首先，迟延履行，即在合同规定的履行期限之后提出给付。其次，不按照规定地点履行。在未得到对方当事人同意的情况下，擅自改变履行地点。再次，改变履行方式。比如将原本线下的履行模式转变为线上，由原来的赴偿之债转变为交送之债等。最后，标的存在偏差。电子商务经营者等主体擅自改变标的物类型、减少标的物数量、标的物质量存在瑕疵，甚至存在加害给付等行为，导致用户等主体的固有利益受到侵害。对于电子商务合同而言，全面履行原则的具体要求随着履

---

① 崔建远：《合同法》，北京大学出版社 2021 年版，第 123 页。

② 郭锋等：《中华人民共和国电子商务法法律适用与案例指引》，人民法院出版社 2018 年版，第311 页。

约模式的不同存在一定的差异性。若其交易标的为实物时，因涉及物品的线下交付，应当由居于债权人地位的用户上门自取或由电子商务经营者送货上门。若交易标的为虚拟物品时，一般需要通过电子信息系统完成义务的履行，此时应当赋予相对人合理检验的权利，使其能够充分掌握该物品的性质和功能。

第二，协作履行原则。该原则是诚实信用原则在合同履行领域的体现和具体化，要求双方当事人在合同履行过程中应积极回应对方合理关切，尽可能为相对方提供协助和便利条件，帮助其履行合同义务、维护其合法权益。具体而言，该原则在电子商务合同中的体现包括如下方面：首先，债务人应当积极协助债权人履行给付义务，除具备正当事由外，不得无故拒绝受领给付，应当积极提供便利条件，将收件地址、联系方式、负责人员等信息告知对方。其次，当合同履行存在障碍时，电子商务经营者与用户应当在合理期限内通知对方，说明其面临的实际情况和可能的应对措施，以缓解信息不对称的局面，方便相对方采取进一步措施，避免损失的扩大化。再次，电子商务经营者对信息的利用必须遵循法定要求。电子商务经营者收集、使用消费者个人信息，应当公开其收集、使用规则，不得违反法律、法规的规定和双方的约定收集、使用信息。[①] 相关主体应当妥善保管和审慎使用合同履行过程中获取的个人信息，避免因信息外泄给用户带来的滋扰和损害。最后，在涉及信息产品的交付或提供中，电子商务经营者与用户应当仔细检查相关信息系统的状况，确保其运行良好，无重大故障，以便利相关信息产品的有效传输。

二、电子商务合同的履行具体规则

（一）一般情况下电子商务合同的履行规则

通常情况下，电子商务合同履行规则主要包括产品质量、费用承担、履行地点、履行时间等方面。

第一，产品质量。电子商务合同产品质量的确定首先应当考虑当事人之间的约定，如果合同文本中对产品质量进行了特别约定，适用该约定即可。在合同欠缺相关约定或约定不明的情况下，则适用《民法典》合同编的相关内容。首先应当适用强制性国家标准，当欠缺该标准时，可以考虑适用推荐性国家标准、行业标准，如果上述标准均不存在，则按照行业通常标准或合同目的加以确定。基于技术中立原则，上述规则不仅对线下交易活动发挥作用，而且也能够适用于电子商务领域。电子商务经营者亦应当遵循上述要求，平等对待线上、

---

① 参见《网络交易监督管理办法》第13条的规定。

线下交易相对人，在同等条件下，向交易相对人交付或提供质量水准相同或相似的产品。

第二，履行费用。履行费用的明确遵循意思自治原则，电子商务经营者与用户可以在合同订立过程中开展充分协商，自主安排这一事项，约定履行过程中产生的费用由电子商务经营者全部承担、用户全部承担或由双方各自负担部分。如果双方之间没有约定或约定不明时，双方应当秉持诚实信用原则开展再次协商。当出现协商不成的情形，则需要适用法定的处置规则。对此，我国《民法典》合同编有着明确的规定。通常而言，履行费用应由履行义务的一方承担。因此，在交付商品或提供服务过程中产生的费用，应由居于出卖人或服务提供者地位的电子商务经营者承担，而在支付价金过程中产生的相关费用，则应当由居于买受人或服务接受者地位的用户承担。对于因自身原因而增加的费用，则应当由其自行承担。例如，当电子商务经营者因自身经营筹划不善而导致的快递、物流成本上升，理应由其自行负责，该主体不得将新增部分费用转嫁给用户；反之，若用户临时改变收件地址而导致快递、物流费用上升时，此时，电子商务经营者可向其主张支付额外的费用。

第三，履行地点。履行地点的确定同样遵循"意思自治为主、法定规则为辅"的理念，在不违反法律、行政法规强制性规定的前提下，电子商务经营者与用户可以自行确定履行地点，从而排除法定规则之适用。如电子商务合同并未载明相关内容，则适用法定规则，具体包括如下方面：一方面，适用线下合同的一般规则，这部分内容主要规定在我国《民法典》合同编中。首先，对于给付货币的义务，义务人须在接受货币一方所在地提出给付；其次，若电子商务合同涉及交付不动产时，该义务须在不动产所在地履行；对于其他类型的义务，则按照义务主体所在地的标准确定履行地点。上述内容虽然以线下合同为蓝本构建，但对电子商务合同而言同样适用，并作为明确电子商务经营者与用户权利义务关系的重要准则。另一方面，涉及电子商务合同的特殊规则，这些规则主要处理无形产品的交付问题。在这一事项上，我国实证法并无明文规定，学理上也存在一定的争议，一般认为，应当以无形产品提供者所在地或该产品所在地作为确定合同履行地的标准。对此，我国《电子签名法》第12条设有相关规范，其主要内容为发件人的主营业地为数据电文的发送地点，收件人的主营业地为数据电文的接收地点。没有主营业地的，其经常居住地为发送或者接收地点。此外，允许当事人对上述地点进行另行约定以排除法定规则之适用。

第四，履行时间。在实践中，履行时间是电子商务合同的重要条款之一，电子商务经营者与用户往往会在合同中对履行时间作出明确约定，根据《电子商务法》第 20 条的规定，电子商务经营者应按照承诺或者与用户约定的时间交付商品或者提供服务，如向用户作出"多少日内发货""当日必达"等交付承诺的，否则将承担损害赔偿等违约责任。然而，也不能排除双方并未就该事项作出约定的情形，此时，应当适用我国《民法典》合同编设置的法定规则，由于履行期限并未明确，债务人可以随时履行，债务人亦有权随时提出履行请求，但双方必须为对方预留充足的准备时间。此种期限的确定具有一定程度的弹性空间，须综合考虑交易习惯、履行地点、所需花费等因素。例如，实物商品采快递方式交付的，应当适用快递服务时限的推荐性国家标准，同城快件为3 个日历天，省内异地或省际快件为 7 个日历天。[①]

在电子商务合同中，针对履行时间的一个突出问题在于何时相关义务才能够被认为已经履行完毕，这是确定双方权责归属，进而明确合同履行状态的重要基础。对此，我国《电子商务法》第 51 条根据合同义务和标的之不同设有相应的规则。首先，合同标的为交付商品并采用快递、物流方式交付的，收货人签收时间为交付时间。签收时间为用户当面查验快递或物流交付的商品数量和外观后的签收时间。快递、物流企业若使用智能快件箱等智能服务设施进行投递的，应当以用户自智能快件箱取出快件或包裹的时间为签收时间，从而保障用户在监控设备下对商品进行当面查验。[②]其次，合同标的为提供服务的，以生成的电子凭证或者实物凭证中载明的时间为交付时间。当然，上述凭证更多的是起到证据证明的作用，并非不可推翻，如果确有证据表明其记载的时间与实际提供服务时间不同的，以后者为准。这是因为，提供服务的本质是提供劳动本身，即劳动力的使用，因此实际提供服务的时间也就是劳动力的使用时间。再次，针对无形产品等采用在线传输方式交付的，该标的进入对方当事人指定的特定系统并且能够检索识别的时间为交付时间。检索识别要求当事人能够识别出对方所交付的无形产品并且能看到完整的内容，原因在于无形产品在在线传输过程中可能被毁损。为此，《电子商务法》第 51 条特别强调了对在线传输的无形产品进行检索识别的要求。最后，上述规定均为任意性规范，当事人可以另行约定交付方式和时间，以充分尊重意思自治。

（二）信息产品合同履行的特殊规则

信息产品合同是指以具备数据电文形式、能够实现信息流动分享功能的商

[①] 郑佳宁：《快递服务合同通论》，元照出版社 2021 年版，第 26 页。

[②] 郑佳宁、邬小丽："智能寄递服务的私法规制"，载《大连理工大学学报（社会科学版）》2020年第 6 期。

品为标的的合同。有别于以传统商品为标的的电子商务合同，信息产品合同个性突出，其履约过程具有很强的特殊性，须遵循如下方面的规则：

第一，信息产品合同中的附随义务。在信息产品合同中，信息产品的交付与价金的交付构成了双方当事人的主给付义务。一方面，电子商务经营者须在规定的时间内以合同约定的方式向用户交付信息产品；另一方面，用户也应当支付相应的价金。除上述给付义务外，电子商务经营者等主体还应当履行附随义务，告知用户产品使用的方法、技巧、潜在问题以及应对措施等。电子商务经营者应当向用户提供打开文件所必须的技术手段或给予相应的指导和帮助，确保合同目的得以真正实现。与此同时，用户也应当履行保密、协作等义务，按照合同约定的范围和方式使用该信息产品，未经电子商务经营者许可，不得将该信息产品转交第三人使用。

第二，信息产品合同中的电子控制权保留。在实践中，信息产品合同中往往伴随着电子控制权保留的相关条款，上述条款对信息产品使用目的、使用范围、使用频率、使用方式等方面进行一定的限制，以确保信息产品交付用户之后，电子商务经营者仍然对该信息产品享有一定的控制权和支配权。本书认为，电子控制权保留条款系电子商务合同重要的实践做法和行业惯例，其出现和发展具有一定的合理性和正当性，这一做法能够有效地维护电子商务经营者的合法权益，实现信息产品知识产权的经济价值，避免因用户的恶意行为给权利人带来的损害。然而，我们也必须看到，电子控制权保留条款的适用也在一定程度上限缩了用户的权利，使之面临潜在不公平的局面。有鉴于此，法律应当有条件地承认该条款的效力，即电子控制权保留条款必须满足如下要件方能产生当事人预设的规范效力：首先，不得违反法律、行政法规的强制性规定和公序良俗原则，不得排除对方所享有的主要权利。其次，该条款的主要目的在于防范和制止用户等主体超出合同目的使用信息产品的行为。最后，电子控制权的行使必须以向对方发出相关通知为前提。

第三，风险负担规则。该规则旨在解决电子商务合同项下的标的因不可归责于双方的原因毁损灭失时对待给付的问题。对此，我国《民法典》合同编明确采取了交付主义的立场，在交付完成之前，如标的物出现毁损灭失，此时买受人对待给付义务免除，反之，如该情事发生在交付完成之后，此种风险应由买受人承担，其支付价金的义务并不随之发生变动。在信息产品合同中，上述规则仍然适用，应当以交付的完成与否作为确定风险究竟由电子商务经营者抑或是用户承担的基点。然而，该问题的关键在于如何理解交付之完成。对此，本书认为，须结合不同的交付模式开展讨论：首先，如果电子商务经营者采取电子邮箱或社交软件的方式交付信息产品，此时，应当以接收方邮箱或者电子账户接收到相关文件为移转时点，而用户是否存在下载行为，则在所不问。其次，如果电子商务经营者采取许可用户自行下载的交付模式，该用户成功下载相关文件的行为视为交付完成，该行为产生风险负担移转的法律效果。与此同时，为避免用户怠于下载文件的行为，双方可以自行约定一定的下载期限，超出该期限而仍未下载的行为视为受领迟延，亦会产生风险负担转移的效力。再次，如果电子商务经者采取允许用户登录系统进行访问的交付模式，则需按如下规则处理：若电子商务经营者向用户提供 API 接口权限，用户可通过 API 接口进行访问时，应当以用户获得 API 接口权限之时为交付时间；若电子商务经营者向用户提供登录特定网络环境的账号密码，用户须以该账号密码登入相应的网络环境后才能进行访问时，应当以电子商务经营者提供的登录账号密码信息进入用户指定的特定系统之时作为交付时间。最后，如果信息产品实际由第三方保管和控制，应当以第三方主体向用户提供相关下载权限、API 接口权限，或者通过电子邮件等渠道发送文件、账号密码的时间作为交付时点，并以此为据明确用户与电子商务经营者的权责归属。

【山东博远重工有限公司与浪潮世科（山东）信息技术有限公司计算机软件开发合同纠纷上诉案】①

本案原告为浪潮世科（山东）信息技术有限公司（以下简称为世科公司）。本案被告为山东博远重工有限公司（以下简称博远公司）。

2018 年 12 月，原告世科公司与被告博远公司签订《技术开发（委托）合同》，受托研发"博远集团基建在线互联网平台项目。"该合同约定，原告应于2019 年 2 月 18 日完成整体系统安装调试并提交被告测试验收，系统验收合格后 10 个工作日内交付，合同总额为 50 万元，具体付款方式为：首付款 15 万元，初验通过之后付款 20 万元，终验后付款 15 万元。合同实际履行过程中，博远公司多次更改项目需求，因此导致软件交付期限发生变更。2019 年 4 月12 日，世科公司最后一次向博远公司交付软件，但该软件存在 24 处需要优化的问题。博远公司仅支付了合同约定的首付款 15 万元。因此世科公司向山东省济南市中级人民法院起诉请求：①博远公司支付世科公司技术开发款项 35万元；②博远公司赔偿世科公司公证费损失 6000 元；③博远公司承担本案全部诉讼费用。被告博远公司辩称：世科公司未完成软件开发工作，也未最终交付软件，其目前交付的软件存在大量错误，没有通过初验，不满足付款条件。

---

① 案件来源：最高人民法院 (2020) 最高法知民终 713 号民事判决书。

首先，世科公司提交的软件不符合合同要求，不符合初验条件。其一，世科公司提交的软件不符合合同要求，存在大量问题。从博远公司提供的证据（世科公司项目负责人任国栋的录音）以及系统 BUG 列表中可以看出世科公司交付的成果中存在 24 个 BUG 未解决，其中微信端 9 个、PC 端 15 个，且从世科公司提交软件后，一直未解决。其二，世科公司未提交初验申请，软件未进行初验。其三，软件部署上线是测试需要，即使能够上线，也不能证明初验验收合格。世科公司 2019 年 3 月 15 日提交代码后，博远公司为验收需要，对网页和小程序进行了联网，因为网页和小程序的部分功能如微信支付等需上网才可进行测试。其四，存在软件优化问题不代表初验合格。世科公司交付的成果中存在的 24 个 BUG 属于 2019 年 4 月 12 日版本后仍然存在的问题，经博远公司反馈后，世科公司迟迟不予解决。根据涉案合同第 12 条第 2 项中（3）的约定，在出现上述问题后，世科公司只有给予解决才有可能符合初验条件。其次，涉案合同履行中世科公司存在延期交付问题。其一，迭代一期、二期、三期文件是对合同所附的整体需求文档的细化和实施内容，是对整体软件的分步实施内容，合同履行是按照迭代一期、二期、三期分批分步完成。迭代三期确认时间是 2019 年 1 月 17 日，该确认时间仅是对迭代三期部分内容的确定。迭代一期、二期、三期的确认时间是按照 2018 年 12 月 28 日世科公司给博远公司发送的软件开发里程碑的时间来确定，不存在延期确认也不存在软件交付应当顺延的问题。其二，世科公司在 2019 年 4 月 12 日提交修改版本后，针对博远公司于 4 月 15 日、4 月 26 日等多次在禅道系统中反馈的问题未进行修改，也未提供新版本，存在延期交付问题。本案中双方的争议焦点为：

（1）世科公司提交的软件是否符合合同要求，是否符合初验条件？

（2）涉案合同履行中世科公司是否存在延期交付问题？

（3）世科公司交付的软件是否符合合同约定，达到终验标准？

一审法院在审理中认为：首先，由于涉案软件包含迭代一期、二期、三期项目，而迭代三期项目需求在 2019 年 1 月 17 日才经双方确认，故涉案合同履行期限已实际变更，世科公司交付期限相应顺延。按照原先双方约定的开发时长，即顺延后的软件交付时间应为 3 月 18 日。2019 年 3 月 15 日，世科公司将开发完成的软件代码提交博远公司验收，应视为按期交付。而且在世科公司交付后，博远公司并未提出所谓延迟交付问题。其次，双方未约定初验要求，应当考虑涉案软件是否能够实现合同目的、存在问题是否属于软件基本缺陷以及相关商业惯例等因素。根据博远公司反馈意见，仅有 PC 端微信支付功能无法实现属于软件缺陷，且已修复，其他问题均为软件功能或界面优化需求，在软件开发过程当中，对功能及页面的不断优化属于正常情形，符合商业惯例，不影响项目软件的使用，不属于"软件存在缺陷"的问题。关于"PC端微信支付功能无法实现"的问题，世科公司已经在其3月30日提交的版本中开放相关端口，只要该软件接入互联网后即可使用，即世科公司已经修复此项瑕疵。故世科公司交付的软件符合初验标准。由于2019年4月12日以后，世科公司未再向博远公司交付任何软件，故4月12日版本软件视为世科公司交付的最终版本。截至2019年4月26日，世科公司交付的软件版本依旧存在24个问题需要优化，尚未达到"无任何缺陷或能正常运行使用无任何问题"的标准。虽然世科公司称其已经完成上述24处优化，但其并未提交证据证明。世科公司仅仅是电话、短信联系博远公司未得到回应，便认为无法完成交付而不交付软件，虽然博远公司存在消极回复的情形，但世科公司在未实际最终交付最后版本软件的情形下，未能证明其行为仍符合终验标准的付款条件。故判决：①博远公司于判决生效之日起10日内支付世科公司初验款20万元；②博远公司于判决生效之日起10日内赔偿世科公司公证费用6000元；③驳回世科公司的其他诉讼请求。

最高人民法院二审，判决驳回上诉，维持原判。

（三）电子支付的特殊规则

电子支付是指用户、电子商务经营者和金融机构之间使用特定数据电文的方式将一定数目的金钱转给银行或者其他金融机构，以实现远程货币支付结算的行为。中共中央、国务院2023年印发的《质量强国建设纲要》强调"促进网络购物、移动支付等新模式规范有序发展，鼓励超市、电商平台等零售业态多元化融合发展"。在电子商务合同履行中，电子支付扮演着非常重要的角色，秉承鼓励创新与环保的立法精神，《电子商务法》鼓励使用电子支付作为给付价款的主要方式。[①]《电子商务法》第53条至第57条设有相关规范，电子支付的特殊规则主要包括：

第一，电子支付的使用。电子支付方式的运用以电子商务当事人的约定为前提，其可以采取此种支付方式，也可以采取现金支付等方式。在电子支付服务中，主体上并未对银行与非银行支付机构进行区分，而是将此项服务的提供者统称为电子支付服务提供者。电子支付服务提供者从事相关业务活动必须满足适法性的要求，遵守国家的相关规定，并保证电子支付命令的完整性、一致

[①] 杨东、黄尹旭："《电子商务法》电子支付立法精神与条文适用"，载《苏州大学学报（哲学社会科学版）》2019年第1期。

性、可追踪性和不可篡改性。

第二，电子支付服务提供者的义务。电子支付服务提供者负有如实告知义务，应当向用户通报电子支付服务的功能、使用方法、注意事项、相关风险和收费标准等事项。在电子支付服务中，用户处于信息上的弱势地位，仅凭个人知识和能力很难对该服务产生全面的认识，其知情权需要特别的保护。电子支付服务提供者负有公平交易义务，表现为不能随意定价、附加不合理交易条件，限制用户使用其他支付工具或者只能使用特定电子支付服务提供者的服务。此外，电子支付服务提供者还负有信息保存、提供的义务，即其应当向用户免费提供对账服务以及最近三年的交易记录，从而保障用户掌握自己的收支情况和资金风险，且在用户主张权利时为其提供必要的证据支持。

第三，电子支付的安全管理要求。电子支付服务提供者应当着力防范技术性风险、操作性风险和系统性风险，从资质审核、风险评估、收款使用调查等方面着手建立安全机制，如有违反，造成用户经济损失的，应当承担相应的损害赔偿责任。

第四，错误支付的法律责任。错误支付，是指支付结果与用户最初的支付意图相违背，包括支付主体错误、支付账号错误、支付时间错误等。导致支付错误的原因有支付指令在发出、传输、接收过程中出现错误，以及支付指令错误执行或重复执行。在发出支付指令前，用户应当核对支付指令所包含的金额、收款人等完整信息。在电子支付完成后，电子支付服务提供者应当及时准确地向用户提供符合约定方式的确认支付信息。支付指令发生错误的，电子支付服务提供者应当及时查找原因，并采取相关措施予以纠正。立法对错误支付采过错推定主义，即因错误支付造成用户损失的，电子支付服务提供者应当承担赔偿责任，但能够证明支付错误非自身原因造成的除外。

第五，未授权支付的处置。未授权支付是指在未获得有效授权的前提下，用户之外的第三人发出支付指令，导致相关款项从其账户中被扣减的情形。为避免未授权支付的出现，用户应当妥善保管交易密码、电子签名等安全工具。用户发现安全工具遗失、被盗用或者未经授权支付的，应当及时通知电子支付服务提供者。一旦出现未授权支付，相关损失的承担遵循如下规则：通常而言，这部分损失由电子支付服务提供者承担，但该电子支付服务提供者能够证明损失系由用户过错造成的，则由用户自行承担。此外，电子支付服务提供者还负有防范损失扩大的义务，当其发现支付指令未经授权，或者收到用户支付指令未经授权的通知时，该提供者应当积极作为。如违反上述义务，该提供者须就损失扩大部分承担责任。

三、电子商务合同违约责任归责原则和免责事由

电子商务合同违约责任是指电子商务合同当事人不履行或不完全履行其所负担的合同义务时所面临的不利法律后果。实践中，依照合同当事人的不同，电子商务合同的违约情形主要分为三类：一是违反电子商务平台服务合同的情形，即电子商务平台经营者与平台内经营者、用户之间因违反平台服务协议或平台交易规则而产生的纠纷；二是违反电子商务商品或服务交易的情形，常见的情况有迟延发货、产品质量与约定不符、商家任意更改或取消订单等；三是违反电子商务交易中其他相关服务合同的情形，如快递物流服务纠纷、电子支付服务纠纷、信用评价服务纠纷等。对于守约方而言，违约责任的承担是重要的权利救济机制，能够填补其面临的损害。就合同全局而言，违约责任是处置交易僵局、有效应对失败合同的重要机制。违约责任的认定须对归责原则和免责事由进行通盘考虑。

（一）电子商务合同违约责任的归责原则

归责原则是指确定电子商务经营者、用户等主体违约责任的依据、标准和原则。对于违约责任而言，比较法上存在不同的归责原则，其中，大陆法系国家普遍采取过错责任原则，违约责任的承担以违约人存在过错为前提，与此同时，为强化对守约方的保护力度，在程序法层面还设置了举证责任倒置规则，推定违约方存在过错，并由其承担相应的举证责任。而英美法系国家普遍采取的是严格责任标准。我国《民法典》合同编受到不同立法传统的混合影响，其采取了二元化的违约责任归责原则：总则部分采取了严格责任的立场，违约责任的承担与过错的具备与否并无直接关联；分则部分的若干合同，诸如委托合同、保管合同等，则适用过错责任归责原则。①

上述规则对于电子商务合同而言同样适用，该合同违约责任归责原则亦呈现出二元化的复杂趋势，随着合同性质的差异而随之发生变化。在一般情况下，其违约责任的承担并不考虑过错因素，除满足法定和约定的免责事由外，违约行为的存在将直接宣告违约责任的有效成立，电子商务经营者、用户等违约主体不得以自身欠缺过错为由主张抗辩。但是，对于通过电子商务平台缔结的委托合同、保管合同，其违约责任的承担则需要考虑过错因素，原则上适用过错责任原则。违约方只有违反善良管理人标准，具有主观上的可归责性时，方需要向相对方承担损害赔偿等违约责任。通常而言，过错的成立应由相对方自行举证，如其举证不能，则将面临权利无法有效成立的不利后果。此外，这两类

---

① 韩世远：《合同法总论》，法律出版社 2018 年版，第 746-752 页。

合同违约责任的成立要件会随着有偿抑合同或无偿合同的不同而发生相应变化。例如，当电子商务经营者与用户订立无偿保管、委托合同时，其仅就故意或重大过失负责，当该经营者过错程度处于具体轻过失或抽象过失时，用户不得对其主张权利。

（二）电子商务合同违约责任的免责事由

免责事由是指按照法律规定或当事人之间的约定，电子商务合同中的违约方对其违约行为造成的损害不承担违约责任的事实和理由。免责事由包括法定免责事由与约定免责事由。免责事由在违约责任认定过程中扮演的角色不同于归责原则，归责原则适用于一切情形，具有基础性、根本性的作用，而免责事由则主要针对部分情形，覆盖范围相对有限，发挥着对违约责任进行微调的功能。

法定免责事由主要包括不可抗力和债权人过错。

第一，不可抗力。不可抗力是指不能遇见、不能避免、无法克服的客观情况。作为最为普遍和广泛的免责事由，不可抗力可以适用于所有类型的电子商务合同，并能产生免除全部或部分违约责任的法律效果。不可抗力的认定须从主客观两方面进行：就主观维度而言，其必须超出违约人注意义务之极限，即便其正确、完整地履行注意义务，损害结果仍然不可避免。就客观维度而言，其发生有着必然性，不以电子商务经营者和用户的主观意志为转移。我国《民法典》第 590 条规定，当事人因一方不可抗力不能履行合同的，根据不可抗力的影响，部分或者全部免除责任，但是法律另有规定的除外。因不可抗力不能履行合同的，应当及时通知对方，以减轻可能给对方造成的损失，并应当在合理期限内提供证明。当事人迟延履行合同后发生不可抗力的，不免除其违约责任。

对于电子商务合同而言，不可抗力的常见情形包括：首先，文件遭到病毒攻击。在技术层面，计算机病毒是指编制者在计算机程序中插入的破坏计算机功能或者数据的代码。病毒攻击并非全部属于不可抗力，相关情形下责任的免除须满足一定的条件。电子商务经营者等主体须安装相关杀毒软件并保持更新，尽到行业内商事主体一般的注意义务标准，此时，如其仍然遭受病毒攻击，该主体可以援引不可抗力主张免责。其次，因客观原因造成的网络中断。例如，网络服务提供商遵循政府发布的命令，在一定时间内对特定区域实施断网措施。又如，因自然灾害或者人为施工不当等原因导致通信设施损坏而致使通信出现故障。最后，因客观原因造成的支付不能。例如，用户利用特定电子支付平台履行支付价金之义务，其款项已经从自身账户中扣除，但因电子支付服务提者的原因导致相关款项并未能进入电子商务经营者账户之中，此时，用户亦可援引不可抗力主张免责。

第二，债权人过错。我国《民法典》第 592 条规定，当事人都违反合同的，应当各自承担相应的责任。当事人一方违约造成对方损失，对方对损失的发生有过错的，可以减少相应的损失赔偿额。上述条文同样适用于电子商务合同，当居于债权人地位的用户对违约情事的扩大亦存在过错时，电子商务经营者可以援引上述条文减轻自身责任。值得注意的是，债权人过错的规范效力与不可抗力存在一定的区别。对于债权人过错而言，其只能起到减轻责任的效果，无法全盘免除违约人承担的民事责任，而不可抗力的法律效果较为多元，减轻责任、免除责任均囊括其中。

对于电子商务合同而言，债权人过错的常见情形包括：首先，拒绝受领。例如，用户拒不完成配合债务履行的不真正义务，拒绝提供自己的收货地址、联系方式，从而导致相关标的价值出现贬损，此时，应当自行承担该部分损害，而不得转嫁给电子商务经营者。其次，协助配合不当。例如，用户疏于检查自身用于缔约、履行的信息系统，致使电子商务经营者出现履行不能或履行瑕疵的情形，此时，电子商务经营者亦可援引债权人过错条款减轻己方责任。

有别于法定免责事由，约定免责事由具有意定性的特征，其产生以双方合同约定为前提，[①] 因此，其具体内容和效力呈现出千差万别的特点。约定免责事由充分体现了意思自治原则，能够将法律规定进一步具体化，重新配置相关风险，其存在具有一定的积极意义。然而，也必须看到约定免责事由可能带来的一定的负面效应。实践中，约定免责事由多由在经济实力和交易格局上处于强势地位的电子商务经营者制定，用户无法参与上述过程，只能选择被动接受或拒绝，这使约定免责事由在合意性和公平性上均存在一定的瑕疵。为此，法律必须进行适度的调整和规制，约定免责事由必须满足相关要件方能产生当事人预设的规范效力。一方面，约定免责事由的提供方必须尽到充分说明告知义务，使用户等主体充分了解相关事由的具体情形和法律后果，充分保障其知情权，避免用户仓促作出决定。另一方面，约定免责事由不得与法律、行政法规中设置的强制性规定相抵触，不得违反公序良俗原则、损害社会公共利益，不得否定用户等主体的基本权利或免除电子商务经营者承担的主要义务。

---

① 钟国才、谢菲："论免责条款的效力"，载《武汉大学学报（哲学社会科学版）》2010 年第 6 期。

四、电子商务合同违约责任的具体方式

对于合同违约责任的具体形态，我国《民法典》第 577 条至 587 条有着明确规定，主要包括继续履行、采取补救措施、赔偿损失、违约金等形式，上述内容同样适用于电子商务合同。此外，针对信息产品合同，还存在继续使用、停止使用等违约责任的承担方式，本书将对以上形态逐一进行考察。

第一，继续履行，也被称为实际履行，是指守约方当事人可以请求违约方继续履行其尚未履行完毕或履行质量存在瑕疵的债务，并向人民法院申请强制执行。具体而言，当用户并未支付价款时，电子商务经营者可以请求继续付款；当电子商务经营者未按照合同约定发送货物时，用户可以请求该经营者继续发货，向其交付相关商品并移转该商品的所有权。当电子商务经营者并未履行提供相关服务的义务时，用户可以请求该经营者继续提供服务，使得合同目的的真正得以落实。就功能而言，继续履行具有无可比拟的优势，其能够确保合同目的的真正落实，使得电子商务经营者与用户利益格局达到合同预设的应有状态，相较赔偿损失等其他救济措施难以达到同等效果，只能在抽象的金钱价值上与之相接近。

然而，继续履行这一救济方式也存在其固有的弊端，受到主客观条件的限制，并非所有的电子商务合同均能适用该救济机制。不适用的具体情形包括：其一，法律或事实上的履行不能。例如，电子商务合同所交易的标的已经毁损灭失或由合同外第三人依法取得所有权。其二，债务标的不适宜继续履行。当电子商务合同所涉标的为具有高度人身属性的服务时，出于对债务人行动自由的尊重，继续履行请求权应被排除。其三，履行费用过高。作为债权人的用户通过继续履行获得的收益与作为债务人的电子商务经营者继续履行过程中产生的花费明显不成比例时，用户亦不得主张继续履行。其四，债权人并未在合理的期限内提出继续履行之请求。

第二，赔偿损失。这是指当电子商务经营者、用户没有向对方履行合同义务或履行合同义务不符合要求时，受到损失的相对方可以请求违约方承担相关损失的违约责任承担方式。就赔偿损失与继续履行的关系而言，比较法上存在不同立法体例，德国法采取的是继续履行优先规则，而在英美法上，继续履行具有例外性的特征，只有当法律明文规定时方可适用。我国《民法典》合同编并未明确两者之间适用的先后顺序，因此，除却排除继续履行的特殊情形之外，受到损失的一方可以自行从中选择更为有利的违约救济机制，实现对其权利的充分救济。赔偿损失救济方式的适用须满足损害、违约行为、因果关系等构成

要件。电子商务合同赔偿损失同样遵循完全赔偿原则，力图回复到损害未曾发生的应有状态，[①] 其赔偿范围还受到可预见性原则的制约，以违约方在缔约时能够预见或应当预见的因违约给对方造成的损害为限。需要注意的是，当电子商务经营者销售商品或者提供服务，其向用户承诺的赔偿标准高于相关法律赔偿标准时，用户可以主张电子商务经营者按照承诺进行赔偿。[②] 在电子商务合同中，损害赔偿的方式不仅是金钱方式，还包括代金券、会员升级等方式。

就赔偿损失与原给付请求权之间的关系而言，主要包括如下情形：其一，两者同时存在、并行不悖，简单损害赔偿即为典型代表。该种损害赔偿意味着电子商务合同仅仅面临局部性障碍，但并未触发合同解除与清算机制。作为守约方的电子商务经营者或用户可以请求对方赔偿因迟延履行或不完全履行给己方带来的损害，与此同时，相关主体还可以同时要求对方继续履行电子商务合同项下的主给付义务，以最终实现合同目的。其二，赔偿损失是对原给付请求权的替代。电子商务经营者或用户等守约方只能择一主张权利，赔偿损失的适用意味着对原给付请求权的放弃，替代损害赔偿即为典型代表。这种情况意味着合同交易的彻底失败，进而转入解除与清算环节。例如，在以提供服务为主要内容的电子商务合同中，电子商务经营者严重破坏双方之间的信赖关系，已达到根本违约的程度，用户可以解除合同并主张替代损害赔偿。

第三，违约金。这是指按照当事人之间的约定，电子商务经营者、用户出现违约行为时应向相对方支付的金钱。对于违约金可以从如下方面进行理解：首先，其具有金钱性的特征。违约金交付的标的必须为金钱，不得为其他物品，也即以其他物品为标的的违约金条款不发生电子商务合同当事人预设的规范效力。其次，违约金的适用以双方当事人约定为前提。在电子商务合同订约过程中，电子商务经营者与用户就违约金事项充分协商达成一致，并在合同文本中形成违约金条款，在这种情况下，如果某一主体在合同履行过程中出现违约行为，相对人方能主张适用违约金救济机制。最后，违约金的功能在于填补非违约方遭受的损害，当违约金的数额严重偏离实际损失时，电子商务合同当事人可以请求人民法院予以调整，以回归违约金损害赔偿之预定的规范面貌。

第四，采取补救措施。该救济机制是指旨在治愈合同不完全履行，使得履行瑕疵得以消除的种种措施。我国《民法典》合同编规定的补救措施具体形态包括修理、重作、更换、退货、减少价款或者报酬。其中，修理、更换、退货

---

① 程啸、王丹："损害赔偿的方法"，载《法学研究》2013 年第 3 期。
② 参见《最高人民法院审理网络消费者纠纷案件适用法律若干问题的规定（一）》第 10 条的规定。

等主要针对的是买卖合同，当电子商务合同以移转标的物所有权、支付价金为主要内容时，得适用上述规定。以上补救措施的适用须结合瑕疵严重程度加以确定。当电子商务经营者提供的商品瑕疵较轻时，修理这一机制应当被优先考虑，而当相关瑕疵十分严重，使得商品无法正常使用时，更换、退货等机制得以被主张。重作适用于承揽、委托等合同，若电子商务合同属于上述性质，用户得对电子商务经营者提出重作的请求，要求其重新提供相关劳务，使之契合电子商务合同的相关约定。而减少价款、报酬的救济方式原则上适用于一切类型的有偿合同，无论交易标的为何，用户均可对电子商务经营者提出上述要求。

第五，停止使用和继续使用。停止使用也被称为许可方的阻止权，[①]是指在信息产品合同中，当被许可方存在违约行为时，许可方在解除合同后可以关闭被许可方信息访问权限，要求其删除或交还已经取得的信息产品，使得双方的利益格局恢复至合同并未订立的状态。此种救济措施的采取与信息产品的特性有着密切关系，源于特定的数据电文在技术层面极易被复制、传播，这给许可人的权利带来了较大的威胁，亦增加了知识产权保护的难度。有鉴于此，须从技术层面入手加以解决，通过停止使用机制的采取化解上述难题。继续使用是指在信息产品合同中，当许可方出现违约行为时，被许可方可以要求其继续履行合同项下的主给付义务，通过信息网络向其交付信息产品或开放相关技术权限，使其能够继续使用信息产品的救济措施。就规范定位而言，继续使用可以被归入继续履行的范畴，不过其履行标的较为特殊，主要集中于信息产品，此种救济模式的运用可以实现对被许可人权利的周延保护。

【思考题】

1. 简述电子商务合同成立的时间和地点。
2. 简述自动交易合同的效力。
3. 简述电子支付的特殊规则。
4. 论述电子商务合同格式条款的规制。
5. 论述电子商务合同的履行与风险负担。

---

① 杨凝："电子商务合同违约救济方式探析"，载《华中农业大学学报（社会科学版）》2010年第1期。

【拓展阅读】

1. 杨立新："网络交易法律关系构造"，载《中国社会科学》2016 年第 2 期。

2. 王洪亮："电子合同订立新规则的评析与构建"，载《法学杂志》2018 年第 4 期。

3. 张凌寒："《电子商务法》中的算法责任及其完善"，载《北京航空航天大学学报（社会科学版）》2018 年第 6 期。

4. 薛虹："论电子商务合同自动信息系统的法律效力"，载《苏州大学学报（哲学社会科学版）》2019 年第 1 期。

5. 夏庆锋："互联网商品交易的二阶法律关系分析"，载《社会科学》2019 年第 1 期。

6. 杨东、黄尹旭："《电子商务法》电子支付立法精神与条文适用"，载《苏州大学学报（哲学社会科学版）》2019 年第 1 期。

7. 薛军："电子合同成立问题探析"，载《法律适用》2021 年第 3 期。

8. 吕来明："《网络交易监督管理办法》重点问题理解与适用"，载《中国市场监管研究》2021 年第 3 期。

9. 石冠彬："论民法典网购合同成立时间规则的适用"，载《东方法学》2022 年第 3 期。

10. 吴双："论电子商务合同格式条款的法律配置：问题、进路与方法"，载《东北大学学报（社会科学版）》2022 年第 5 期。

◇ **· 第八章 ·**

电子商务中的消费者权益保护

【导语】

消费者的信赖是电子商务市场建立和发展的基础，保护消费者合法权益是《电子商务法》的法律使命之一。结合电子商务交易的特殊性，《电子商务法》对电子商务交易中涉及的消费者权益保护特殊问题作出了规定，这些规定与《消费者权益保护法》等其他保护消费者的法律法规一起构成了对电子商务消费者合法权益的完整保护。

本章在对电子商务消费者权益保护的基础概念、保护机制和法律体系进行概述的基础上，详细阐述了电子商务消费者权利的具体内容和电子商务经营者负有的各项消费者权益保护义务，并重点列举了电子商务中消费者知情权、选择权、公平交易权受侵害的主要情形；同时讲述了电子商务消费者受侵害时的救济途径和侵害消费者权益的法律责任承担，并对消费诉讼制度进行了介绍。

本章的学习重点是电子商务消费者的主要权利，包括安全权、知情权、自主选择权、公平交易权和反悔权，以及电子商务经营者负有的消费者权益保护义务。本章的学习难点在于对刷单炒信、编造用户评价、竞价排名、封禁行为、大数据杀熟等可能损害消费者合法权益的行为的合法性判断。

第一节　概述

一、电子商务消费者的概念界定

（一）"消费者"的概念

正确理解"消费者"的概念要先从"消费"的概念说起。从理论上说，广义上的消费是指人类为生产生活所需而进行的一切物质消耗，可以进一步分为生产性消费和生活性消费两类。其中，生产性消费是指人类为满足社会生产活动所需而进行的各种生产资料的消耗；生活性消费是指人类为满足生活需求而进行的生活资料的消耗。狭义上的消费仅指生活性消费，不包括生产性消费。我国的《消费者权益保护法》便是从狭义的角度来理解消费，从而对"消费者"做出定义的。

《消费者权益保护法》第2条规定，消费者是指为满足个人或家庭的生活需求而购买、使用商品或接受服务的人。根据学界的主流观点，"消费者"的概念包含如下含义：

1. 消费者属于自然人。学界通常认为，消费者应当为自然人，法人或其他社会组织无法成为消费者。将消费者的范围限定为个体社会成员的理由在于：其一，只有自然人才能进行最终的生活消费，不具有生理实体存在的法人或其他社会组织不具备成为消费者的资格。上述组织纵然为满足自身或其成员、职工之生活需求而购买商品或服务，亦不得被认定为消费者；当然，实际使用该等商品、服务的职工、成员作为自然人仍可被纳入消费者范畴，享受《消费者权益保护法》的保护。其二，《消费者权益保护法》旨在为处于弱势的消费者提供倾斜性保护，保障其在消费过程中的人身、财产安全等合法权益不受侵害。而法人或其他社会组织通常具备一定经济实力，可以在势均力敌的情况下与经营者进行谈判，不需要法律给予特别保护。如果将法人或其他社会组织也纳入消费者范畴，不免与前述立法宗旨产生冲突。有人提出，如果不承认法人或其他社会组织的消费者资格，是否会导致其合法权益得不到法律保护。实际上，尽管法人或其他社会组织没有被纳入消费者的保护范围，但其权利受到侵害时依然可以通过其他法律手段获得救济，只是不享受《消费者权益保护法》所赋予的特殊保护。

2. 消费者所获得的商品或服务系由他人提供。消费的过程是物质和能源的转化过程，必须有消费对象。消费对象可以是生活商品，也可以是生活服务，其来源分为两种：一是通过自己的劳动获得或提供的，二是通过他人的劳动而获得或提供的。消费自己的劳动成果的行为不构成《消费者权益保护法》意义上的消费行为。消费者的消费对象必须来源于他人的劳动或劳动成果，通常是通过支付一定的对价来换取一定数据和质量的消费对象。消费者支付的对价主要采取货币的形式，但也可能是劳动、提供便利等其他形式。但值得注意的是，未支付任何形式的对价而获得经营者赠与的商品或服务的自然人仍可以被纳入消费者的范畴，享受法律的相关保护。作为与经营者相对应的概念，消费者并不是某个固定的阶层或集体，而是一个社会角色。某人可以在作为经营者向他人提供商品或服务的同时，由作为消费者为自身生活需要而向他人购买商品或服务。

3. 消费者购买商品或接受服务是为满足生活消费所需。"消费者"概念的核心标准在于"生活消费"。为避免抽象概念的滥用给消费者权益保护带来的潜在危害，应当在较为宽泛的层面上对"生活消费"目的进行界定。质言之，生活消费目的之界定应采取消极排除的模式，除营业目的、独立职业目的外，原则上一切目的均可被纳入这一概念的范畴之中，以实现充分保障消费者权益的立法追求。[①] 如果行为人购买商品或接受服务的行为具有营利性质、以进行二次获利为目的，则明显不属于生活消费行为，其应被排除在"消费者"范畴外。

就生活消费的具体判断标准，理论界存在两种观点：一是"主观说"，即以交易主体的心理状态为依据进行判断。如果交易主体在交易时的主观目的是为了将所购商品或服务用于非经营性用途，则无论该等商品或服务最终被用于何种用途，该主体都可被视为《消费者权益保护法》意义上的消费者；反之，如果交易主体购买商品或服务时是以满足生产需要为目的，即使购买后，该主体出于各种原因将所购商品或服务用于生活需要而非生产需要，其也不能被认定为《消费者权益保护法》上的消费者。二是"客观说"，即以所购商品或服务的实际用途作为判断依据，因为目的潜藏于人的内心、难以确定，"以生活消费为目的"应当通过客观行为表现出来。因此，无论交易主体在购买商品或服务时抱有何种主观目的，只要该主体将购买的商品或服务用于满足生活需要而非生产经营需要，则其应当被纳入消费者的范畴。客观来说，这两种说法都有所偏颇。"主观说"理论存在明显缺陷，因为实践中人们从事交易行为的动机往往是复杂、多变的，难以从事后判断购买时行为人的主观心理动机。考虑到《消费者权益保护法》正从"重点保护"到"全面保护"的方向发展，相较而言，"客观说"更能符合当前为消费者提供充分保护的政策需要，具有一定合理性。因此，无论交易主体购买商品或服务时持有何种主观动机，只要在购买后没有将所购商品或服务用于生产性经营或再次出售，就不宜否定其作为"消费者"的法律资格。

（二）电子商务消费者

电子商务消费者，是指为实现个人的生活消费目的而利用电子商务交易模

---

① 杨立新、刘召成："德国民法典规定一体化消费者概念的意义及借鉴"，载《法学杂志》2013 年第 1 期。

式购买商品或接受服务的自然人。电子商务消费者首先应满足消费者的基本特征，但也具有其自身的特点：

第一，从主体来看，电子商务消费者以自然人为限，法人和非法人团体并不包含在内。但在实践中，为了聚集足够数量的、购物需求相同的消费者，从而获得批量购买的谈判优势、从商家处获得折扣优惠，团购合同可能是以某企业或组织的名义签订。尽管如此，在以"团购"等形式进行的消费中，团购中的个人之间是独立的，不具有集体性质。因此，参与"团购"的个人购买者仍可被纳入消费者范畴，其权益受到《消费者权益保护法》的保护。

第二，就主观要件而言，在电子商务交易的虚拟环境中更加难以考察和确定的人的主观心理状态，采用主观标准将给电子商务消费者维权带来巨大的障碍。因此，为保障电子商务领域消费者权益保护的效率和力度，对其消费行为目的的判断不宜采用单纯的主观标准，而是应当结合客观行为进行判断，即消费者购买、使用了商品或服务，且没有用于非生活消费用途，就可被视为以生活消费为目的。

第三，就行为要件而言，与传统线下交易相比，电子商务消费者的消费行为在本质上没有发生变化，即为了满足生活需要而进行购买、使用商品或接受服务，但其消费形式和消费环境发生了变化。在消费形式上，电子商务消费者的消费行为是以电子商务交易的方式进行的。在消费环境上，电子商务平台是电子商务消费者购买商品或接受服务的主要场所。此外，考虑到电子商务交易的复杂性，在行为层面，交易行为是否实施或生效并非判断消费者行为要件满足与否的前提条件，只要某一自然人落入电子商务经营者能够控制和支配的范围，即可将上述主体认定为消费者。

第四，就客体要件而言，消费者的消费客体包含各式各样的商品和服务，其范围涵盖教育、医疗、法律等各行各业。但值得注意的时是，《电子商务法》第2条第3款将线上金融服务产品交易和线上文化娱乐服务排除在该法律的适用范围外。这也就间接对电子商务消费者的消费对象进行了限制。其原因主要在于，线上金融服务产品交易或线上文化娱乐服务交易远比一般的电子商务交易复杂，其监管核心仍围绕金融或文化娱乐行业展开，已有相应的法律法规进行调整，不宜再囊括在《电子商务法》的规制范围内。

二、电子商务领域消费者权益保护的重要性

2021年8月30日，习近平总书记在主持召开中央全面深化改革委员会第二十一次会议时强调："要从构建新发展格局、推动高质量发展、促进共同富裕

的战略高度出发，促进形成公平竞争的市场环境，为各类市场主体特别是中小企业创造广阔的发展空间，更好保护消费者权益。"消费者权益保护的问题源于消费者在市场交易中的弱势地位。在电子商务领域，电子商务的发展滋生了可能导致消费者权益受到损害的新风险因素，使消费者的处境更加危险，也更为凸显出消费者权益保护问题的重要性。

第一，电子商务的出现加剧了传统商品经济交易中消费者与经营者之间的交易实力差距。互联网技术的发展改变了人们的生活方式，特别是在近年新冠疫情的影响下，人们的生活普遍依赖电子商务。就商品交易组织形式而言，电子商务交易通常不再采用单个经营者独立销售商品的传统形式，而是以电子商务平台为依托将众多经营者聚集在一起，形成某种意义上的"经营者同盟"。其中，电子商务平台经营者通常具有雄厚的资本，掌握了丰富的资源和渠道，甚至具有一定市场支配地位，成为名副其实的"经济巨人"。电子商务经营者与消费者之间的力量对比更为悬殊，势单力薄的消费者很难凭借自身的力量与电子商务经营者抗衡。这将致使消费者面临更大的权益受侵害的风险。例如，电子商务经营者可能利用格式条款迫使消费者与其达成不公平的交易条款，而不具备在平等地位基础上与其讨价还价能力的电子商务消费者只能屈从。

第二，电子商务的发展使得消费者对于商品信息的了解更为困难。只有对商品的品质、功能有一定的了解，消费者才能正确选购的商品。在面对面的线下交易中，消费者可以通过直接观察、沟通了解商品信息，继而判断是否购买产品。但当现代技术的发展促使交易由线下发展到线上后，线上进行的电子商务交易呈现出非实体性、超距性、匿名性的特征。在这一模式下，交易双方处于不同的空间环境中，交易活动的完成高度依赖网络信息。因此，消费者了解商品、服务的渠道和程度更为有限，其与电子商务经营者的信息不对称局面愈发凸显，消费者权益面临侵害的风险显著提升。由于双方的信息差，电子商务经营者可能采取机会主义行为，以损人利己的方式谋取不正当利益，这对消费者权益保障工作提出了全新的要求。此外，电子商务技术的运用使得消费者的规模和地域范围不断扩大，消费者群体的抽象性、公共性、不特定性程度日益凸显，这使得强化消费者保护的必要性和迫切性进一步提升。

第三，由于电子商务的超距性、虚拟性，消费者维权更加困难。其一，在线下交易中，消费者选择经营者时通常会考虑地域因素就近选择，因此，地域通常不会成为其行使救济权的限制因素。但电子商务具有超越时空性特征，消费者与经营者之间的地理空间距离可能十分遥远，甚至跨越了国界。这不仅可能导致管辖和法律适用问题，还会极大地增加消费者的维权成本。其二，电商务消费者可以获得的有关电子商务经营者自身的信息十分有限，经营者可能提供虚假的身份信息。这也就导致在纠纷发生后，消费者难以准确核实经营者身份或与经营者取得联系，也就无法提起有效的索赔。其三，在进行虚拟的电子商务交易后，一旦发生纠纷，电子商务消费者难以提供实质性的证据；即使留存了证据，有关证据也大多以网上聊天记录、截图等电子形式存在，其法律效力认定存在困难，使得电子商务消费者维权面临实践障碍。其四，电子商务交易是在平台服务系统、快递物流系统等多个系统的共同支持下完成的，可能涉及平台经营者、平台内经营者、快递物流公司等多方主体。因此，在发生消费者侵权事件后，很可能出现各方主体之间责任认定不清、责任主体不明或责任分担不合理等问题，使得消费者无法获得充分的法律救济。

有鉴于此，为了对处于弱势地位的电子商务消费者提供保护，维护社会的公平和正义，应当建立健全电子商务消费者权益保障机制，形成全方位的电子商务消费者权益保护规范体系。

三、电子商务消费者的权益保护机制

国家、社会采用了多种途径对电子商务消费者的合法权益进行保护。根据承担消费者保护职责的主体的不同，电子商务消费者的权益保护机制可以分为政府保护、社会保护与经营者保护。

（一）政府保护机制

政府保护机制，是指各级人民政府及政府部门积极履行其法定职责，强化对相关经营者的监督检查力度，通过对不法行为的惩处形成良好市场环境，最终实现消费者保护的机制。此种保护机制具有覆盖范围广、权威性强、效果立竿见影等特点，在电子商务领域发挥着极为重要的作用。政府保护机制面向的是抽象意义上的电子商务消费者。

我国《消费者权益保护法》以宣示性的方式，明确要求各级人民政府担当起维护消费者合法权益的重任。①一方面，政府应当承担领导和组织的职责，通过对有关行政部门工作的组织、协调、督促来实现既定保护目标。另一方面，政府应当承担监督义务，预防与制止侵害消费者合法权益行为的发生，并形成全流程、全方位的保护体系。与此同时，为进一步使得上述规定得以落实，《消费者权益保护法》第32、33条又作出了细化规定，其具体内容为：首先，明确依法行事的原则。市场监督管理部门等相关部门须依法行事，按照其职责范

① 《消费者权益保护法》第31条。

围采取措施，实现对消费者的充分保护。其次，确立抽检机制。有关部门随机抽取商品和服务，并对其质量经验，向社会公布相关结果，以便消费者作出正确的选择。最后，规定产品缺陷处理机制。当产品存在安全隐患、可能造成严重危险时，相关部门应当按照具体情况选择最为合适的补救防范措施，阻止产品继续流通，防范损害情事的发生与扩大。

（二）社会保护机制

社会保护机制，是指除政府之外的消费者组织、行业协会对电子商务消费者采取的种种保护措施。电子商务消费者保护是一项系统性工程，除政府履行法定职责、持续发力外，更离不开社会各界的参与和支持。[①] 消费者组织、行业协会等团体往往掌握相关资料，具备一定的经济实力与社会影响力，能够在这一过程中发挥重要作用。

具体而言，消费者组织承担的消费者保护职责主要体现在：首先，消费者组织发挥着电子商务消费者教育的重要功能，通过发布相关信息或提供咨询服务不断提升消费者的自我保护的能力和水平，切实保障其合法权益。其次，消费者组织通过参与消费者相关法律、法规、标准等的制定反映电子商务消费者的利益诉求，扮演电子商务消费者与政府、业界沟通的桥梁和纽带。再次，消费者组织接受消费者的投诉，参与调解其与经营者之间的纠纷矛盾，参与针对电子商务经营者的监督检查，通过实际行动协助维护其合法权益。最后，当消费者权益受到侵害时，消费者组织支持受害消费者或直接代表其提起诉讼，通过司法手段和司法程序为消费者权益的维护贡献力量。

而行业协会对于消费者保护的主要职责体现在如下方面：首先，行业协会在制定自律性规范文件时应充分听取消费者以及其组织的诉求和主张，合理回应其权益关切，以自律规则的方式不断提升消费者权益保障水平；其次，行业协会应强化对电子商务经营者的自律监管，对存在问题、违反法律规定的经营者进行惩戒；最后，当消费者与电子商务经营者发生纠纷时，行业协会应积极参与纠纷的调解工作，妥善协调商品服务提供者与接受者之间的利益冲突。

（三）经营者保护机制

经营者保护机制，是指通过对电子商务经营者课以相应法律责任的方式，

---

① 有论者指出，应当探寻行业组织参与机制，构建行政机关、社会组织、经营者三维网状信息关联机制，对网络交易平台、经营者的行为进行诚信评价，录入电子商务诚信数据库并予以披露。相关内容参见程建华："困境与应对：电子商务模式创新中的消费者权益保护"，载《国家行政学院学报》2015 年第 6 期。

由经营者对消费者的人身、财产权益进行保护的机制。电子商务经营者可能承担的关于消费者保护的法律责任以民事责任为主，主要体现为违约责任和侵权责任。

违约责任的承担以相关经营者与消费者存在有效的合同为前提，通常采取严格责任的归责原则。当违约行为存在且不属于不可抗力、受害方过错等例外情形时，电子商务经营者应向消费者承担违约责任。就责任形态而言，违约责任主要包括继续履行、赔偿损失、采取补救措施、违约金等具体形态，消费者可以根据交易的具体类型以及相关经营者违约行为的严重程度，选择最为合理的违约救济方式。除适用违约责任一般规定外，电子商务消费者还可以援引先行赔付条款主张权利。

侵权责任的承担则需要满足违法性、过错、因果关系、损害等构成要件。对于电子商务经营者而言，此种责任承担的主要情形包括加害给付、安全保障义务的违反等。其中，当电子商务经营者履行约定义务不当而构成加害给付时，两大责任可能产生请求权竞合的局面，消费者可以从中择一主张权利。

四、电子商务消费者权益保护法律体系

（一）我国的消费者权益保护立法概况

改革开放之后，随着我国市场经济的蓬勃发展，在人民的生活资料需求基本得到满足后，消费者权益保护问题受到了国家的关注。在这种情况下，国家积极通过法律手段，制定了包括《消费者权益保护法》在内的大量有关消费者权益保护的法律法规或规范性文件，形成了我国的消费者权益保护法律体系，举其要者，有以下几个方面：

第一，消费者权益保护基本法。《消费者权益保护法》于 1993 年 10 月 31 日通过，并在 2009 年和 2013 年进行了两次修订。其内容涵盖消费者的权益、经营者的义务、国家对消费者合法权益保护、消费者组织、争议解决、法律责任等方面。《消费者权益保护法》在我国的消费者权益保护法律体系中发挥了类似总纲的统帅作用。

第二，产品安全方面的立法，我国涉及产品安全方面的立法主要包括《食品安全法》《药品管理法》《医疗用毒性药品管理办法》《放射性药品管理办法》《化妆品监督管理条例》等。前述法律法规明确了关系消费者生命健康的食品、药品、化妆品等消费产品的安全标准，强化了政府监管和责任承担，为消费者人身、财产安全提供法律保障。

第三，产品质量方面的立法。我国涉及产品质量方面的立法主要包括《产

品质量法》《出口商品检验法》《计量法》《标准化法》及其有关实施条例或实施细则等。前述法律法规对政府在产品质量方面的监管职责作出了细致规定，明确了产品质量责任的有关主体，起到了提高产品质量水平，保障消费者人合法权益的作用。

第四，产品标示宣传方面的立法。我国涉及产品标示宣传方面的立法主要包括《商标法》《广告法》《药品、医疗器械、保健食品、特殊医学用途配方食品广告审查管理暂行办法》《广播电视广告播出管理办法》等。前述法律法规对产品标示和广告宣传提供了较为全面、具体的规则，有利于加强消费者的知情权保护，净化市场环境。

第五，物价、市场管理方面的立法。我国涉及物价、市场管理方面的立法主要包括《价格法》《价格管理条例》《价格违法行为行政处罚规定》等。前述法律法规的出台有效地规范了经营者的市场行为，打击和遏制了价格违法行为，加强了对消费者合法权益的保护。

第六，市场竞争方面的立法。我国涉及市场竞争方面的立法主要包括《反不正当竞争法》《反垄断法》等。各种类型的利用不正当手段进行市场竞争和利用市场地位实施垄断的行为不仅破坏了正常的市场秩序，也对消费者的利益造成损害。因此，对此类行为的规制也有利于消费者权益的保护。

第七，其他法律法规。除前述法律法规外，一些民商事法律规范虽然不是主要为实现消费者权益保护所制定的，但也包含大量涉及消费者权益保护的制度。例如，《民法典》合同编中有关合同效力、合同履行、违约责任的一般规定和侵权责任编中的"产品责任"都与电子商务消费者的权益保护密切相关。

（二）我国电子商务消费者权益保护法律体系

互联网技术的发展使得电子商务走进我国的千家万户。适应时代需要，我国出台了《电子商务法》，明确了电子商务领域法律监管的原则和框架。《电子商务法》在多处体现了对于消费者的关怀和保护，例如：① 在总则第 5 条原则性地规定了电子商务经营者负有消费者权益保护的义务；② "电子商务经营者"章节明确了电子商务经营者义务和责任，为消费者知情权、选择权、安全权等合法权益的保护提供依据；③ "电子商务合同的订立与履行"章节明晰了电子商务合同的订立步骤、注意事项、格式条款效力等方面具体规则，有利于保护消费者的知情权、公平交易权等合法权益；④ "电子商务争议解决"章节规定了商品或服务质量担保机制、电子商务经营者先行赔偿机制、消费者保障金等机制，保证消费者的救济权利；⑤ "法律责任"章节明确了电子商务经营者侵害消费者合法权益时应承担的法律责任，并规定了相应的行政处罚措施，保障电子商务消费者权益保护落到实处。因此,《电子商务法》的出台体现出我国电子商务消费者权益保护体系正在日趋成熟和完善。

须注意,《电子商务法》并未设置关门的消费者权益章节,其内容也未涵盖消费者权益保护的全部范畴。实际上,在电子商务领域,消费者的消费活动主要是消费的形式和环境发生了变化,消费者所享有的权益和保护规则并未发生根本性改变。因此,《电子商务法》的实施并不影响《消费者权益保护法》及其司法解释的效力。概言之,我国目前已初步形成了以《消费者权益保护法》为基本法、以《电子商务法》为重点、以其他涉及消费者权益保护的法律法规为重要补充的电子商务消费者权益保护法律体系。

第二节 电子商务消费者的权利

一、消费者权利概述

(一)"消费者权利"的概念界定

对于"权利"的概念界定,学界存在资格说、利益说等不同观点,由此也导致学者们对于"消费者权利"的理解存在分歧。例如,支持利益说的学者认为,权利是受法律保护的利益,因此消费者权利是指"消费者在购买、使用商品或接受服务时依法享有的受法律保护的利益"。[1]而支持资格说(或称能力说)的学者认为,权利是法律主体为实现其利益而为或不为一定行为的一种资格或能力。因此,消费者权利是指"消费者依据《消费者权益保护法》的规定实现和保护自身人身权和财产权能力或资格的集合"[2]。以上观点各有其合理之处。

实际上,消费者权利保护法律体系的功能和目的就在于,明确消费者在社会经济活动中应享有何种利益以及享有利益的程度,进而通过法律规范赋予消费者为实现该等利益而为或不为一定行为的资格和能力。因此,可以将"消费者权利"定义为消费者在消费活动中依法享有的各项权利的集合。这一概念包含三方面含义:其一,在法律规定的范围内,消费者有资格依据自己的自由意志从事各种消费活动;其二,为保证自身权益的实现,消费者有权依据法律规定,要求负有相应权利保护义务的主体为或不为特定行为;其三,当自身权益受到不法侵害时,消费者可以请求政府、社会组织或负有保护职责的主体提供

---

① 李昌麒:《消费者权益保护法》,法律教育出版社 2021 年版,第 53 页。
② 王兴运:《消费者权益保护法》,北京大学出版社 2015 年版,第 56 页。

保护，并要求负有相应法律责任的主体承担法律责任。这里的消费活动应当从广义上理解，即包含为进行生活消费而购买、获他人赠予、使用商品或接受服务的各类活动。

此外，应当准确理解"消费者权利""消费者权益"和"消费者利益"三个概念之间的逻辑关系。通常认为，消费者权益是消费者权利和消费者利益的合称。少数学者对前述观点持反对意见，认为将法律上的权利和利益并列存在逻辑不同、保护不全面的问题。[①] 尽管如此，消费者权益的概念已得到了广泛的认同，并最终在《消费者权益保护法》制定时被采纳。

（二）消费者权利的特征

与一般的民事权利相比，消费者权利具有以下特点：

第一，主体依赖性。消费者权利为消费者所独有，与其消费者身份密不可分。一方面，享有消费者权利的前提是具有消费者身份，只有在作为消费者参与市场交易活动时，有关主体才能享有和行使这些权利；另一方面，具备消费者身份也是享有消费者权利的充分条件，即无关于消费者的年龄、性别、职业、受教育程度、经济状况等其他因素，凡是消费者皆受消费者权益保护法律体系的保护、平等享有消费者所应享有的一切权利。问题在于，消费者在享有和行使消费者权利时，是否依然受民法自然人行为能力的限制？本书认为，应当将消费者权利保护范围无差别地扩张至所有的自然人，承认无民事行为能力人或限制行为能力人依然具有进行消费行为的资格和能力，可以在合理范围内主动行使其应享有的消费者权利。唯有如此，才能实现消费者权益保护的公平和全面。

第二，法定性。根据权利来源的不同，基于法律规定直接产生的权利被称为法定权利，而基于当事人约定而产生的权利被称为约定权利。消费者权利以《消费者权益保护法》等相关法律法规作为其权利源泉。因此，消费者权利具有法定性、强制性和不可剥夺性，经营者不得通过格式条款等方式剥夺消费者权利或对其权利进行不合理限制。《消费者权益保护法》对于消费者权利的权利内容、范围、行使方式等作出了较为详细的规定，消费者应当在法律规定的框架内行使其所享有的消费者权利。

第三，弱势性。由于消费者在交易信息、经济实力等方面的弱势地位，消费者权利也具有弱势性特征，主要表现在：① 消费者权利极易受到侵害。消费者权利的有效实现依赖于经营者、政府、社会组织等负有相应义务的主体完整

---

① 谢次昌：《消费者保护法通论》，中国法制出版社1994年版，第118~119页。

履行其相关义务。因此，如果任何义务主体不履行其义务或义务履行不及时、不适当，都可能影响消费者权利的实现，甚至对消费者带来不应有的权利损害。② 消费者权利救济存在困难。弱势群体的权利救济问题一直是一道社会难题，无论是与经营者协商、向行政部门投诉，还是提起法律诉讼或仲裁，对于单个消费者而言都要付出较大的时间、金钱成本，很可能得不偿失。特别是在电子商务领域，消费者维权成本高、证据留存难、存在争议的问题多和相关法律规定不完备等难题导致消费者获得法律救济的路途坎坷、困难重重。

第四，不对等性。通常情况下，权利与义务是相依相存的，法律在赋予民事主体法律权利的同时也会对其课以相应的法律义务。但《消费者权益法》的立法宗旨在于向处于弱势地位的消费者赋予特别的倾斜保护，由此导致消费者所享有的权利和需承担的义务呈现出一定程度的不对等性。[1] 消费者依法享有知情权、选择权、安全权等众多权利，但法律却并未明确规定消费者应履行的相应义务。学界通常认为，消费者应承担的法律义务主要包括两个方面，一是不得滥用权力损害社会公共利益、国家利益或对他人权利造成不当损害；二是在环境保护、交易秩序维护等方面承担社会责任。

二、电子商务消费者权利的具体内容

根据我国《消费者权益保护法》等法律法规的有关规定，电子商务消费者享有的消费者权利包括如下内容：

（一）消费者安全权

消费者安全权，是指消费者在购买商品、享受服务的过程中，享有请求经营者采取合理必要措施防范危险情事的发生，切实保障其人身、财产安全的权利。[2] 我国《消费者权益保护法》第 9 条明确规定，消费者享有人身、财产安全不受损害的权利。从存续时间来看，该权利既存在于商品服务的交易环节，即消费者进入实体或虚拟交易场所缔结、履行相关合同时，也存在于商品服务的使用环节，即消费者离开该场所后具体使用商品、服务时。因此，电子商务经营者既应当确保消费者利用电子商务平台和相关交易系统时的人身、财产安全，也应当确保其在使用合同交易标的时的人身、财产安全。就内容来看，消费者的安全权包括两个部分：一是人身安全权，即消费者的身体、健康、生命

---

[1] 钱玉文："消费者权的经济法表达——兼论对《民法典》编纂的启示"，载《法商研究》2017 年第 1 期。

[2] 温蒈："电子商务中的消费者安全权保护"，载《中国流通经济》2016 年第 2 期。

等客体应处于安全可控的状态之中，不发生疾病、意外伤害、不法侵害等情事；二是财产安全权，即消费者所享有的物权、债权等财产性权利的价值不因消费行为的实施而遭受贬损或降低。

为了强化了对电子商务消费者安全权的保障力度，《电子商务法》将经营者的安全保护义务延伸至线上领域，并明确规定了电商平台经营者负有资质审核义务与安全保障义务，违反前述义务将导致相应的法律后果。通过对相关经营者课以积极作为的法定义务，电子商务消费者的安全权受到了更高程度的保障。[①]

（二）消费者知情权

消费者知情权是指，消费者享有知悉其所购买的商品、服务真实情况的权利。[②]知情权在消费者权利体系中占据了极为重要的基础功能地位，发挥着前提性的作用。对信息的掌握和了解并非目的本身，而是消费者作出正确抉择、维护自身合法权益必不可少的重要依托。相较于传统线下交易而言，在电子商务交易中，消费者和经营者之间存在地域空间的阻隔，消费者对商品、服务的了解高度依赖电子商务经营者提供的相关信息，双方之间的信息不对称局面尤为突出；同时，由于电子商务产品与服务更加多样化、科技化，消费者愈发难以凭借自己的常识或生活经验理解和判断所获得的信息，形成了信息理解障碍。[③]在这种情况下，强化对消费者知情权的保护力度尤为必要。

根据《消费者权益保护法》和《电子商务法》的有关规定，对消费者知情权的保护体现在两个层面：① 就积极的层面来说，消费者的知情权应当被充分尊重和保护。为此，相关经营者应当全面、真实、准确、及时地披露商品或者服务信息。② 从消极层面来说，为避免消费者陷入错误认知而实施不利行为，虚假或引人误解的宣传行为为法律禁止，例如，相关经营者不得进行虚构交易、编造用户评价等行为。

（三）消费者自主选择权

消费者自主选择权，是指根据自己的意愿自主决定是否购买商品服务以及其具体类型的权利，为我国《消费者权益保护法》第9条所明确规定。自主选

---

① 有论者指出，平台承担安全保障义务，主要体现在对进入平台的经营者进行资质审查，建立举报投诉、信用评价等制度、对平台内提供的商品或服务进行监测抽查，建立保险制度等。相关内容参见周樨平："电子商务平台的安全保障义务及其法律责任"，载《学术研究》2019年第6期。

② 《消费者权益保护法》第8条第1款。

③ 徐骏："智能时代消费者知情权的困境与变革"，载《中南大学学报（社会科学版）》2021年第3期。

择权是意思自治原则在消费者法中的具体体现，旨在充分保障相关主体真实意愿，避免经营者利用其强大的经济实力与优势的交易地位侵害消费者权益。

消费者的选择权主要体现在以下方面：① 消费者可以根据自己的品位、爱好和需求自由选择商品和服务，任何人不得违背其意志强迫其进行交易。为此，消费者并可以对不同的商品和服务进行比较、甄别和挑选，只要在挑选过程中没有对商品造成不当损害。② 消费者有权自主选择商品或服务的提供者，即作为其交易对象的经营者，任何人不得强迫消费者接受特定经营者所提供的商品或服务。③ 消费者有权自主决定是否接受交易的各项条款条件，任何人不得代替或强迫消费者作出决定。

（四）消费者公平交易权

消费者公平交易权，是指消费者在与经营者进行交易时有权获得公平的交易条件。[①] 交易公平，是指参与交易的各方所获得的利益大致相当，具体到消费交易中，体现为消费者所获得的商品或服务的价值不得显著低于其所付出的货币等形式的对价，并在质量、价格、计量等方面获得公平对待。

消费者公平交易权的内容体现在：① 产品服务应当满足国家标准、行业标准设定的质量要求，功能正常、运行良好，能够符合合同预定的目标。② 产品和服务价格应当合理。电子商务经营者所提供的产品和服务与市场价格应大体相当，不存在过高或过低标价的行为。③ 就同一产品或服务而言，除具备正当事由外，电子商务经营者原则上不得区别对待交易对象，在价格等方面设置不同的交易条件。④ 产品或服务应当计量正确。原则上，产品服务应当采取国家法定的计量单位和计量标准，商品服务的提供者不得出现缺斤短两等行为。

（五）消费者反悔权

消费者反悔权，又被称为"冷静期制度"或"撤回权"，是指采取电子商务模式进行交易活动的消费者在法定期限内无须说明理由即可解除合同、退回商品并请求电子商务经营者返还价金的权利。我国法律虽然没有直接使用"反悔权"这一表述，但《消费者权益保护法》中的"七天无理由退货"具有和反悔权相同的法律效果。

对于电子商务交易活动而言，买卖双方并不处于同一空间环境之内，消费者无法亲自查看商品的真实情形，其对商品的了解程度较低，存在极大的信息不对称问题，这对消费者权益保障而言十分不利。为此，消费者反悔权应运而生。消费者反悔权系契约严守原则的例外情形，旨在充分保障消费者合法权益，

---

① 《消费者权益保护法》第10条。

避免因冲动消费、盲目消费带来的损失。

为了防止反悔权被滥用，《消费者权益保护法》明确规定：① 反悔权的适用范围为远程商品销售行为，此种交易模式下双方对信息的掌握高度不对称，须通过该权利的引入矫正利益失衡局面。然而，此种权利的主张亦有一定的排除适用情形，主要包括消费者定做商品、鲜活易腐商品、数字化商品、报纸期刊等。② 消费者反悔权的行使具有期限性特征，法律规定的行使期限为收到商品后的 7 日内；该期限经过而消费者无所作为时，消费者事后不得另行主张解除合同。③ 消费者行使反悔权时，消费者退货的商品应当完好，具备进行二次销售的可能。

此外，为避免经营者在收到退回商品后迟迟不返还价款，形成久拖不决局面，相关法律设置了 7 日的返还期限。违反返还期限规定的行为构成迟延履行，有关经营者须向消费者承担违约责任。与此同时，上述规定具有任意性的特征，经营者与消费者可以进行特别约定，自主安排退货事宜。

（六）消费者结社权

消费者结社权，是指消费者享有为维护自身合法权利而依法成立社会团体的权利。[①] 消费者结社权是《宪法》第 35 条所规定的公民结社自由落实到消费者保护领域的体现。消费者结社权具体包括如下含义：① 消费者有权组成社会团体，团结起来壮大自己的力量；② 消费者有权通过组成社会团体维护自己的合法权益，由消费者团体代表消费者监督经营者、监管者的行为，向政府反映意见，参与政法决策或立法活动，为消费者提供帮助等；③ 消费者结社权必须依法行使，无论是消费者团体的成立，还是该团体的运营和活动，都必须符合法律所规定的程序和要求。

（七）消费者索赔权

消费者索赔权，又称为消费者获得赔偿权，是指消费者在因购买、使用商品或服务受到损害时依法获得赔偿的权利。消费者索赔权是法律赋予消费者的救济权利，是消费者维护自身合法权益的法律武器。我国《消费者权益保护法》第 11 条对消费者索赔权作出了一般性的规定，而第 44 条则专门明确了消费者通过网络交易平台进行商品或服务交易的，有权依法要求平台内经营者或平台经营者进行赔偿。在此基础上，《电子商务法》阐明了电子商务经营者就消费者人身、财产损害的责任承担规则和责任分担标准，为消费者索赔权的实现提供保障。实践中，消费者索赔权既可以通过自力救济实现，例如由消费者与经

---

① 《消费者权益保护法》第 12 条。

营者进行协商，也可以以借助公力救济得以实现，例如向有关监管部门投诉、向法院提起诉讼等。

（八）消费者获得知识权

消费者获得知识权，又称为消费者受教育权，是指消费者享有获得有关消费和消费者保护的知识的权利。①消费者获得知识权是消费者正确选择和使用商品或服务，防止损害事件发生，提升自我保护能力的重要保障。根据《消费者权益保护法》的规定，消费者有权获得两个方面的知识：一是消费知识，例如如何更好地甄别、筛选商品和规范地操作、使用商品等；二是消费者权益保护的有关知识，例如消费者享有何种权利和如何实现这些权利等。消费者获得知识权的实现途径非常广泛，包括政府宣传、消费者团体培训、经营者答疑等方式。消费者获得知识权的实现也需要政府、消费者团体、经营者等主体群策群力、共同保障，例如由政府进行消费者教育宣传、消费者团体举办讲座或培训、经营者提供指南说明和答疑解惑等。

（九）消费者受尊重权

消费者受尊重权，是指消费者享有人格尊严、民族风俗习惯获得尊重的权利。这一权利是《宪法》第37条规定的"人格尊严不受侵犯"和第4条所规定的民族风俗习惯受尊重权在消费者权益保护领域的具体体现，亦为《消费者保护法》第14条所确认。因此，消费者受尊重权实际包含两方面内容：一是消费者的人格尊严不受侵犯，任何人不得用侮辱、诽谤、诬告陷害等方式侵害消费者的人格权益；二是消费者的民族风俗习惯应当得到尊重，经营者不能以任何方式进行民族歧视或强迫消费者接受有违其民族风俗习惯的交易。

（十）消费者监督权

消费者监督权，是指消费者对于商品、服务和消费者权益保护工作享有监督的权利。消费者监督权的授予有利于及时发现和纠正经营者的违法行为，促进消费者权益保护政策的落实。消费者监督权的对象既包括提供商品和服务的经营者，又包括负责消费者权益保护工作的国家机关及其工作人员。消费者监督权具体包含如下方面：① 评价、批评、建议权，例如对商品和服务作出评价、对国家机关的消费者权益保护工作提出批评建议；② 投诉、举报权，例如向监管部门或消费者协会检举侵害消费者权益的违法违规行为；③ 控告权，例如通过诉讼程序要求有关主体承担法律责任。

---

① 《消费者权益保护法》第13条。

（十一）消费者个人信息受保护权

《消费者权益保护法》2013 年修订时新增了消费者的个人信息受保护权，但并未规定该权利的含义和具体内容，而是从明确经营者收集、使用消费者个人信息时应遵循的原则和负有的保密义务的角度为消费者的个人信息权提供保护。[①] 随着电子商务的快速发展，大量的消费者个人信息被采集、利用和进入到流通领域，给电子商务消费者带来了诸多困扰。为此，2018 年出台的《电子商务法》明确了电子商务消费者享有查询、更正、删除个人信息的权利，并规定了电子商务经营者的相应义务。2021 年，《民法典》和《个人信息保护法》正式实施，标志着我国个人信息保护的法律制度体系初步形成，为消费者个人信息受保护权的实现提供了坚实的法律依据。

三、电子商务中侵害消费者权益的主要情形

由于电子商务特殊的交易环境，消费者权益受侵害的情形呈现出不同于线下交易的特点，例如手段更为多样化、技术化、隐蔽化等，也出现了不同以往的新现象和新问题，突出表现在对消费者的选择权、知情权和公平交易权的侵害上。

（一）侵害消费者知情权的主要情形

在电子商务交易中，侵害消费者知情权的情形主要表现为以虚构交易的方式"刷单炒信"、编造用户评价和电商欺诈等。

1. 通过虚构交易"刷单炒信"。虚构交易，是指交易双方本无交易目的，事先相互串通订立虚假交易合同的行为，在电子商务领域最常见的表现形式就是"刷单炒信"（或称为"虚假刷量"）行为。刷单炒信，是指通过在电子商务平台上刷单、刷量的方式炒作商家的流量数据的行为。在网络交易时代，"流量"是用于描述网站用户数量、浏览量、点击量、商品销售数量等数据指标的简称。"互联网经济就是流量经济"，流量越高意味着公众的关注度越高，商业价值也就越大。因此，为了快速提高流量，部分经营者不惜铤而走险，通过自行刷单、相互刷单或雇佣他人刷单等方式进行刷单炒信。伴随着电子商务经营者之间的"流量之战"，利用技术手段快速提高流量的黑灰色产业出现，出现了专业的刷单组织者和刷单团队。

真实的流量数据可以反映出消费者对于产品或服务的需求和信任程度，也是其他消费者进行选购商品或服务时的重要参考依据。虚高的流量数据表面上

---

① 《消费者保护法》第 14 条、第 29 条。

提高了经营者的关注度，但实际上干扰了正常的电子商务交易秩序，损害了同业经营者的竞争利益，并可能对消费者和其他网络用户形成误导，严重损害消费者和网络用户合法权益。因此，《电子商务法》第 17 条明确禁止电子商务经营者以虚构交易等方式进行虚假宣传。违反前述规定的经营者应按照《反不正当竞争法》第 20 条、《消费者权益保护法》第 56 条第 1 款、《广告法》第 55 条等相关法律规定承担相应法律责任。

2. 编造用户评价。编造用户评价，是指电子商务经营者与第三人串通制作并发表背离客观事实的用户评价，使得潜在消费者陷入错误认知的行为。编造用户评价的行为可以分为两类，一类是编造虚假好评，另一类是编造恶意差评。

编造虚假好评，是指通过虚构消费者对商品服务的正面评价提高经营者信用的行为。虽然此类虚构的消费者评价不是经营者对其自身或商品服务的介绍，不属于广告的范畴，但其能对消费者形成误导，一定程度地起到虚假宣传的作用。编造虚假好评不仅损害了消费者的知情权，还破坏了电子商务的公平竞争秩序。

编造恶意差评，是指通过虚构对商品服务的负面评价诋毁经营者的信誉，或利用差评对经营者提出不合理诉求的行为。在实践中，编造恶意差评主要有以下两种动机：一是经营者故意购买或雇佣他人购买同行业、同类别的竞争对手的商品或服务，再通过作出恶意差评的方式降低竞争对手的商业信誉和竞争力，实现不正当竞争的目的；二是通过编造不符合实际的恶意差评威胁商家，向商家提出退款不退货、加倍赔偿等不合理诉求，甚至出现以勒索财物为目的的所谓"职业差评师"。

与虚构交易类似，通过编造用户评价的方式进行虚假宣传的行为为《电子商务法》所禁止。有关电子商务经营者要承担《反不正当竞争法》第 20 条、《消费者权益保护法》第 56 条第 1 款、《广告法》第 55 条等相关法律所规定的法律责任。

3. 电商欺诈。电商欺诈是指电子商务经营者在提供商品或服务的过程中采用欺骗性手段误导消费者，致使消费者因错误认识而遭受损害的行为。由于欺诈成本低且成功率高和事后追索难，电商欺诈已经成为损害消费者权益和破坏电商行业健康发展的一颗毒瘤。因此，《消费者权益保护法》对实施欺诈的经营者施加惩罚性赔偿责任，以此威慑和遏制电商欺诈行为的蔓延。

根据《消费者权益保护法》第 55 条和《侵害消费者权益行为处罚办法》第 16 条的规定，电商欺诈的构成要件包括：① 经营者有欺诈的故意。这里的故意是指，经营者明知自身作出了虚假陈述或隐瞒了真实信息，会导致消费者陷入错误认识，而希望或放纵这一结果的发生。② 经营者实施了欺诈行为。欺诈行为可以表现为积极作为的形式，例如经营者故意陈述错误事实，也可以表现为消极不作为，例如当经营者基于明文规定、诚信原则或交易习惯而负有信息披露义务却不予披露。③ 经营者的欺诈行为足以对消费者形成误导。通常应以一般消费者的认知水平和识别能力为标准，经营者的行为致使消费者对所售商品、服务、电子商务合同及其他重要情况形成错误认识。如果该等行为不足以使一般消费者产生误解，则个别消费者需证明其确实产生认识错误，且该错误系因与经营者的欺诈行为所导致。④ 消费者基于其错误认识而作出了意思表示，即消费者因错误认识而缔结了电子商务合同，其合法权益因此受到了损害。

（二）侵害消费者选择权的主要情形

在电子商务交易中，侵害消费者自主选择权的行为主要包括强卖强买、搭售、违法提供搜索结果等。

1. 强买强卖。强买强卖，是指违背消费者意愿，采取胁迫等不法手段强行与之订立电子商务合同，进而发生交易的行为。按照《民法典》的相关规定，受胁迫的法律行为效力处于可撤销的状态，受胁迫的消费者可以在法定期限内行使撤销权，使电子商务合同不再对其产生拘束力，彻底摆脱"法锁"之束缚。

2. 搭售。搭售也被称为附条件交易，是指电子商务经营者在销售某一产品时要求消费者同时购买另一产品或服务的行为。搭售行为并不一定具有违法性，需要视情况进行具体化、个性化剖析，但滥用市场支配地位、破坏公平竞争秩序的搭售为法律严格禁止。对此，我国《电子商务法》亦有所规制。该法第19条规定，搭售商品服务行为之实施，须履行提示义务，否则此种行为为法律所不许。提示义务的履行须满足显著性的要求，必须达到唤起消费者注意的程度，为避免其陷入错误认知，不得将搭售作为默认同意选项。换言之，电子商务经营者可以在法律许可的框架内实施搭售行为，但此种行为必须以履行告知义务为前提，与此同时，设置搭售为默认选项的做法被明令禁止，以充分保障消费者的自主选择权与知情权。

3. 违法干涉搜索和排名结果。在电子商务活动中，消费者在选购商品或服务时极度依赖电子商务平台提供的信息搜索和排名技术。在虚拟的网络交易环境中，搜索和排名技术能帮助消费者筛选符合其需求的商品和服务，供其进行比较、甄别和筛选。但另一方面，由于消费者往往基于搜索或排名结果进行选择，搜索和排名结果是否客观、中立对消费者选择权的实现具有极大影响。对搜索结果的人为干涉可能导致消费者形成误解，使其作出违背本心的错误选择，对消费者的自主选择权造成侵害。例如，在"竞价排名"机制被引入电子商务领域，成为各电子商务平台的重要盈利方式之一后，对消费者造成了较大的困扰。竞价排名是指，由经营者对与商品或服务有关的关键词进行竞价，竞价成功的经营者其商品或服务的推广信息就会出现在该关键词搜索结果页面的靠前位置的商业营销模式。就竞价排名应当被定性为一种信息检索或搜索引擎服务还是广告，司法裁判中一度存在争议。[①] 为解决这一问题，2018 年出台的《电子商务法》明确将"竞价排名"定性为广告，并对电子商务平台经营者课以搜索结果中立义务。[②]

（三）侵害公平交易权的主要情形

在电子商务活动中，侵害消费者公平交易权的情形主要表现为"大数据杀熟"、拒退押金和利用格式条款规避"砍单"责任等。

1. 大数据杀熟。大数据杀熟是指，电子商务经营者利用大数据和算法技术收集分析用户信息后，在向不同消费者提供同样的商品或服务时，根据其购买意愿、消费水平等因素通过隐蔽手段进行价格歧视的行为。[③] 实践中，电子商务交易领域普遍存在"大数据杀熟"的现象，该现象主要有三种表现方式：一是经营者通过大数据进行"用户画像"，继而针对消费者的消费习惯和消费水平制定不同的价格；二是经营者利用消费者的地理位置信息确认周边是否存在潜在竞争对，如果该位置周边的同业竞争者少，则一定幅度的加价；三是经营者通过与消费者的交互行为细节判断其对商品或服务的需求的急迫程度，并以此为依据进行动态浮动加价。"大数据杀熟"现象在相当程度上侵犯了消费者的公平交易权，破坏了市场正常竞争秩序，必须予以严格规制。对此，《电子商务法》第 18 条第 1 款规定，个性化检索结果的提供须遵循法律设置的条件；且除提供这一结果外，相关经营者还应当提供不针对特定消费者个性特征的一般化检索结果，以满足平等性、公平性的法律要求。[④]

2. 拒退押金。要求用户预交一定数额的押金作为担保是共享单车等共享经济平台的惯常商业操作，但对于此类押金的法律性质尚无明确规定，实践中存在的押金管理不透明、押金难退甚至经营者破产跑路等问题也引发消费者对

---

① 姚志伟："竞价排名服务提供者法律性质新论"，载《北京航空航天大学学报（社会科学版）》2021 年第 6 期。

② 《电子商务法》第 40 条。

③ 胡元聪、冯一帆："大数据杀熟中消费者公平交易权保护探究"，载《法学研究》2022 年第 1 期。

④ 也有观点认为该条款适用范围过于宽泛，有予以限缩解释之必要，相关内容参见葛江虹："解释论视角下《电子商务法》定制搜索结果条款的规范目的及限制适用"，载《法律科学（西北政法大学学报）》2021 年第 3 期。

押金安全的普遍担忧。[①]为充分保障消费者的公平交易权，针对押金难退问题，《电子商务法》设有专门条款予以规制。该法第 21 条规定，押金的收取以明确其退还方式和程序为前提，此种约定须以明示方式为之。押金退还的条件须满足公平性、合理性的要求，违反这一要求的内容不发生法律效力。相关经营者须严格遵循事先约定的内容处理押金退还事宜，符合条件的情形须无条件返还相关款项，否则将承担《电子商务法》第 78 条所规定的法律责任。

3. 利用格式条款逃避"砍单"责任。使用格式条款有利于提高电子商务交易的交易效率，但也容易造成对消费者权益的侵害。因为提供格式条款的电商经营者处于优势地位，其拟定的格式条款通常对自己有利，而对消费者不利。经营者甚至可能利用格式条款不合理地免除或减轻自己的责任、排除消费者的主要权利。例如，实践中，有电子商务经营者利用格式条款约定，消费者下单成功并付款并不代表双方已订立电子商务合同，合同在商品发货后才成立。特别是在电商低价促销活动中，经常出现消费者已经下单支付价款，商家却以商品缺货、系统错误、操作异常等各种原因拖延发货时间甚至取消订单，并以前述格式条款为依据拒绝承担违约责任的现象。这种"砍单"行为就是典型的利用格式合同侵害消费者合法权益的行为。因此，《电子商务法》第 49 条明确规定，电子商务竞争者不得以格式条款作为逃避合同责任的借口，经营者以格式条款形式作出的"消费者支付价款后合同不成立"的约定无效。对于上述电子商务中侵害消费者权益的情形，国务院强调要加强网络市场监管，并在 2022年公布的《"十四五"市场监管现代化规划》中指出："强化合同行政监管，完善与混合业态相适应的格式条款监管制度，引导重点行业经营者建立健全格式条款公示制度，建立合同示范文本库。"

【刘某与北京三快科技有限公司侵权责任纠纷案】[②]

本案原告为刘某，被告为北京三快科技有限公司（以下简称三快科技公司），系"美团外卖"平台的运营方。

2018 年 7 月 19 日 11 时 55 分 20 秒，刘某通过三快科技公司运营的"美团外卖"平台，向商家"沙哇低卡轻食沙拉（国金中心店）"购买了"套餐金枪鱼三明治＋红豆薏米汁"一份，收货地址为长沙市芙蓉区八一路 407 号湖南信息大厦××室，配送费为 4.1 元。同日 12 时 8 分 20 秒，另一美团注册用户通过上述平台向同一商家订购了同样的套餐一份，收货地址也为湖南信息大

---

① 陈蓉："共享单车预付押金的法律性质及其法律规制"，载《商业经济与管理》2019 年第 9 期。

② 案件来源：长沙市中级人民法院（2019）湘 01 民终 9501 号民事判决书。

厦××室，配送费为3.1元。三快科技公司提供的平台日志后台显示，刘某订单所涉商圈当日11点47分开始订单大幅上涨，配送费动态上调，11点57分后订单大幅上涨的状态结束，配送费动态恢复正常水平。刘某认为三快科技公司对其多收取的1元钱配送费是"大数据杀熟"区别定价，侵犯了其知情权、公平交易权等，遂诉至法院。请求判令：① 三快科技公司在美团官方微信号、官方微博、官方网站、官方贴吧等媒体官方首页向刘某道歉并承诺以后不再进行此类侵害原告权益的行为；② 三快科技公司向刘某赔偿500元。被告三快科技公司辩称：三快科技公司不存在"大数据杀熟"情况，订单的配送费用是根据当时商家所在商圈多种因素影响下形成的一个变化值，并非一个定值。如骑手的数量、接单意愿等。刘某下单当天，商家所在商圈出现"爆单"情况，而涉案订单也处于"爆单"状态，三快科技公司根据此情况配送费上调一元。另刘某购买的"准时宝"服务获得了3.02元的赔偿金，恰好也证明了当天其订单处于"爆单"状态，且刘某所下订单与其同事并不是同一时间，配送费不具有对比性；原被告双方在用户协议中约定，提交订单即视为接受外卖订单中的全部内容，现刘某以三快科技公司侵权为由起诉，无事实和法律依据，请求驳回刘某的所有诉讼请求。

刘某在二审上诉过程中认为一审判决在案件事实认定错误：① 被上诉人在有折扣、优惠、减免时会在价格旁标明原价，而对上诉人实施价格欺诈行为时，未标明任何原价、费用变动说明等类似提示或告知，明显侵犯了上诉人的知情权和公平交易权。② 被上诉人的证据全部为被上诉人私有的电子数据，可以由被上诉人主观随意生成、删除、篡改、打印，且得不到其他证据的印证，不具有证据的客观性，不应采信。③ 被上诉人证据中的"准时宝"是一项有偿增值服务，是被上诉人未能准时送达时支付的违约金，不具有证据的关联性，不应采信。④ 依据被上诉人的说法，那么上诉人先于同事13分钟下单，与同事在同一时间同一骑手手中取得外卖，却要多支付1元的配送费，送达的时间更晚支付的费用却更高，明显违背常理。⑤ 关于被上诉人利用大数据杀熟进行价格欺诈的行为，国家通讯社、新华社等已有严谨的权威报道，一审认定明显与权威调查结果相悖。⑥ 上诉人再次补充提供更多同一时间同一地址同一商家同一服务的截图，可证明被上诉人利用"大数据杀熟"，新老用户不同价而进行价格欺诈的行为。三快科技公司在二审中并未发表答辩意见。

本案的争议焦点主要集中在：三快科技公司是否存在利用"大数据杀熟"的价格欺诈行为。一审法院认为：除法律另有规定外，行为人因过错侵害他人民事权益，才应当承担侵权责任。刘权所述的两份订单虽然购买商家、商品、收货地址均一致，但关键是下单时间不一致。三快科技公司根据平台交易量对配送费进行动态调整，是自身的经营行为，不构成对刘权的侵权。刘权另主张三快科技公司的行为涉嫌违反《反垄断法》等，不属于法院审查范围，法院对此不予处理。据此，依照当时《侵权责任法》第6条之规定，判决如下：

（1）驳回原告刘某的所有诉讼请求。

（2）本案受理费80元，因适用简易程序，减半收取40元，由原告刘某负担。

二审法院查明的事实与一审法院一致。二审法院认为，根据《最高人民法院关于适用〈中华人民共和国民事诉讼法〉的解释》第90条的规定："当事人对自己提出的诉讼请求所依据的事实或者反驳对方诉讼请求所依据的事实，应当提供证据加以证明，但法律另有规定的除外。在作出判决前，当事人未能提供证据或者证据不足以证明其事实主张的，由负有举证证明责任的当事人承担不利的后果。"本案中刘某应当对三快科技公司存在价格欺诈行为负举证责任，但是本案中刘某只是提供了三快科技公司在刘某下单时比其同事多收1元的配送费的证据，但三快科技公司的外卖配送费是动态调整的，订单量大时配送费上涨，而刘某与其同事下单时间并不一致，两者的配送费不具有可比性。综上，现有证据不足以证明三快科技公司对刘某多收1元的配送费是利用"大数据"区别定价，侵犯了其公平交易权等，一审对刘某的诉讼请求不予支持并无不当。刘某的上诉请求不能成立，应予驳回。一审判决认定事实清楚，适用法律正确，应予维持。遂判决：

（1）驳回上诉，维持原判。

（2）二审案件受理费40元，由刘某负担。

第三节　电子商务经营者的义务

一、经营者义务概述

（一）《消费者保护法》意义下的经营者和经营者义务

在经济学中，经营者一般是指以营利为目的从事商品或服务的生产、销售等经营活动的人。与前述意义上的经营者不同，《消费者保护法》中的经营者是与消费者相对应的概念，是指向消费者提供商品和服务的市场主体。经营者是商品交换和流通的实施者，其以获得交换价值为目的，通过市场中介向他人提供商品和服务。虽然我国《反不正当竞争法》第2条等其他法律亦对"消费者"进行了定义，但该等定义并不能直接适用于消费者权益保护领域之中。因为《反不正当竞争法》对于消费者概念的理解是以规制竞争为出发点，以竞争者之间的相互关系为核心，该理解更接近于经济学上的经营者概念。然而，在消费者保护法领域，只有当与消费者发生直接或间接关系时，商品或服务的提供者才会成为消费者保护法意义上的经营者，需要承担保护消费者的义务与责任；否则，《消费者保护法》有关保护消费者权益的规定对其没有适用的空间。

在消费者保护的语境下，经营者义务与消费者权利相对应，可以视为一个问题的两个方面。经营者义务的设置以保护消费者权利为目的，消费者的权利的实现依赖于经营者义务的履行。因此，本节中的经营者义务具有特殊含义，系指经营者在向消费者提供商品或服务的过程中应当承担的与保护消费者合法权益有关的义务。从广义上说，经营者义务可能基于法律直接规定产生，也可能基于与消费者的合法约定而产生，即包含法定义务和约定义务两类。而狭义的经营者义务仅指为赋予消费者特别保护而由《消费者权益保护法》等法律所明确规定的经营者法定义务，不包含约定义务。为方便讨论，本节所称的经营者义务仅指狭义层面的经营者义务。因此，本节中的电子商务经营者义务特指电子商务经营者应当依法承担的与消费者权益保护有关的义务。

（二）经营者义务的类型

《消费者保护法》《电子商务法》等法律所规定的经营者就消费者权利保护应承担的法定义务具有以下特征：

第一，具有直接约束性。经营者的消费者权利保护义务来源于法律的直接规定，并由法律明确其内容、范围和行使方式，而不依赖于经营者和消费者之间达成合法有效的合同约定。当一定的法律事实出现，经营者即负有相应的法定义务，例如，只要经营者向消费者出售商品且该商品属于法律规定的"三包"义务的适用范围内，即使当事人之间未就"三包"服务作出有关约定，经营者也应向消费者承担退货、更换、修理的义务。

第二，具有基础性。尽管经营者义务并非基于当事人之间的合同产生，但这并不意味着当事人之间的合同约定不起作用。实际上，法定义务体现的是法律的最低要求，消费者和经营者可以协商约定由经营者承担更高标准的义务与责任。例如，法律规定家电产品的"三包"期限一般是 1 年，但经营者可以和消费者约定更长的"三包"期限，在不具有其他无效事由的情况下该等约定有效。换言之，如果当事人之间约定了比法律规定更为严格的经营者义务，则经营者应按照合同约定承担有关义务；如果当事人没有作出此类约定，则法律规定自行适用。

第三，以强制性义务为主。根据当事人能否通过合同约定排除有关义务的适用，消费者义务可以分为强制性义务和补充性义务。对于强制性义务，经营者必须严格遵守该等义务，违反有关义务必然导致相应法律责任；此外，经营者不得通过格式条款等方式约定排除该等义务，消费者可以主张此类约定不成为合同的内容。而对于补充性义务，法律赋予电子商务合同当事人一定的意思自治空间，经营者可以通过与消费者平等协商合法约定排除或限制该等义务；如双方未作特别约定，则直接适用法律的有关规定。为了明确经营者基本的行为标准、防止其利用优势地位进行不公平交易、确保消费者得到最基本的保护和更方便的救济，《消费者权益保护法》所规定的经营者义务以强制性义务为主。

二、电子商务经营者的一般义务

根据我国《消费者权益保护法》的有关规定，电子商务经营者负有的消费者保护义务主要包括：

（一）依法、依约、诚信经营履行的义务

《消费者权益保护法》第16条规定经营者应当依法、依约和诚信经营，具体包含三项内容：① 经营者的守法义务。经营者不但应当遵守《消费者权益保护法》的有关规定，还应当履行其他法律法规要求其承担的法定义务。② 经营者的守约义务。只要经营者和消费者之间的约定合法有效，经营者就应当遵守有关约定，履行合同义务。③ 经营者的诚信竞争义务。为使消费者合法权益得到更好的保护，除受法律和合同拘束外，经营者的行为还应当受到社会公德、诚实信用原则和商业道德准则的约束。即使在法律或合同没有明确约定的情况下，经营者也不得利用法律或合同的漏洞，通过设定不公平、不合理的交易条件或强制交易等方式损害消费者的合法权益。

（二）接受消费者监督的义务

经营者有义务听取消费者对其商品或服务的意见，接受消费者的监督。[①]在电子商务中，消费者进行监督的方式主要包括对经营者的商品或服务作出评价，向电子商务平台、消费者组织或有关监督部门进行举报或投诉，以及提起诉讼、仲裁等。就经营者而言，首先，其应为消费者对其商品或服务作出评价创造便利的方式，积极听取消费者的批评建议，例如设置消费者评价板块、配备专门的客服、进行消费者满意度问卷或回访等。其次，电子商务经营者应当为消费者投诉、举报提供便利的方式，并公开投诉、举报的渠道，例如设置专

---

① 《消费者权益保护法》第17条。

门用于投诉、举报的留言板、电话、邮箱等。最后，电子商务经营者应当正确地对待消费者提出的批评意见和投诉，及时受理并在进行合理甄别的基础上积极跟进、处理。对于消费者提出的真实、合理的批评意见，经营者应当采取措施解决和纠正有关问题，不能因消费者对其商品或服务作出负面评价就对消费者进行骚扰、辱骂或打击报复。

（三）保障安全与消除危险的义务

根据《消费者权益保护法》和《电子商务法》的规定，电子商务经营者负有保障消费者安全和消除安全危险的义务[1]，具体包括如下方面：① 电子商务经营者提供的商品或服务应当具有安全性，不存在可能危害消费者人身、财产安全的缺陷。这里的安全性通常是指符合有关国家标准、行业标准或法律规定的安全性要求。② 如果由于商品或服务自身的性质或现有技术水平的制约，经营者无法完全保证有关商品或服务的安全性，则其应当向消费者进行明确的警示和说明真实情况，并指导消费者正确地使用有关商品或接受服务，防止危险的发生；③ 一旦发现所提供的商品或服务存在缺陷，电子商务经营者应当及时告知消费者，并采取必要措施避免危险事故的发生或减小消费者受损失的程度，包括但不限于停止销售、召回产品、公开警示、销毁产品或进行无害化处理、停止服务等，并及时向有关行政部门报告；④ 电子商务经营者不得销售或提供法律禁止交易的商品或服务。

（四）提供信息的义务

《消费者权益保护法》第 20 条规定了经营者对消费者所负有的信息提供义务，包括真实、全面地向消费者提供商品和服务的信息，解答消费者提出的疑问和对所提供的商品或服务明码标价。

在电子商务活动中，经营者和消费者之间信息不对称的程度远高于线下交易活动。因此，相较于一般的经营者，电子商务经营者承担着更高信息提供义务，主要体现在以下方面：① 信息提供义务的履行标准从《消费者权益保护法》中"真实"标准提高到《电子商务法》所要求的"全面、真实、准确、及时"。[2]全面，是指相关经营者应当全部披露与交易相关的信息，不得存在重大遗漏，不得隐瞒负面消息和潜在缺陷。真实，是指相关经营者披露的信息应当与客观事实相吻合，不得编造与客观事实不符的虚假信息。准确，是指电子商务经营者披露相关信息使用的文字表述应当精准、明确，不会使消费者产生错误认知。

---

① 《消费者权益保护法》第 18 条；《电子商务法》第 13 条。
② 《消费者权益保护法》第 20 条；《电子商务法》第 17 条。

及时，是指电子商务经营者应当在信息产生的合理期限内向消费者进行披露，不得故意进行拖延。② 就披露信息的内容来看，《消费者权益保护法》所要求披露的信息范围主要围绕商品和服务本身。① 但在电子商务交易中，消费者除需要了解商品或服务的有关信息，也对经营者主体资质和交易本身的规则有知情需求，因此，经营者主体信息和交易规则信息也应在披露之列。②

（五）标明身份的义务

《消费者权益保护法》第 21 条规定了经营者负有标明其真实名称和标记的义务。经营者的身份和标记代表着其在市场上的信誉，要求经营者向消费者表明身份不仅有助于消费者在交易时作出正确的判断和选择，还有利于消费者在受到损害后确认和联系追索对象、获得法律救济。在虚拟的电子商务交易环境中，消费者对于电子商务竞争者的身份有更高的知情需求。因此，《电子商务法》明确要求电子商务经营者向消费者提供其真实身份信息，包括营业执照信息、行政许可信息、市场主体登记信息等，并在其首页显著位置持续公示前述信息或包含前述信息的链接标识。③

此外，实践中许多电子商务平台采用混合经营的模式，不仅为其他经营者提供平台服务，还在平台上经营自营业务，导致消费者容易混淆谁是商品或服务的真实提供者。因此，《电子商务法》明确要求，电子商务平台经营者应当将其自营业务与平台内经营者提供的商品和服务进行区分标记。对标记为自营的商品和服务，平台经营者应承担商品或服务的提供者所应承担的民事责任。④

（六）出具凭证、单据的义务

根据《消费者权益保护法》第 22 条的规定，电子商务经营者有义务向消费者出具购物凭证或服务单据。购物凭证或服务单据是消费者与经营者之间订立消费合同的凭证，是消费者行使相关权利和向经营者索赔的重要依据。如果依据法律规定或按照商业惯例，经营者应当出具凭证或单据的，则即使消费者没有向经营者索要有关凭证或单据，经营者也应当主动向消费者出具，且其出具的凭证或单据的形式和内容应当符合法律规定或按照行业惯例的要求。实践中，购物凭证或服务单据的表现形式包括发票、收据、保险单，等等。为了促进交易便利，电子商务经营者可以向消费者提供电子凭证或电子单据，该等电

---

① 《消费者权益保护法》第 8 条。

② 郑佳宁："电子商务经营者信息披露义务研究"，载《福建师范大学学报（哲学社会科学版）》2020 年第 4 期。

③ 《电子商务法》第 33 条。

④ 《电子商务法》第 37 条。

子凭证或电子单据的效力同样受法律认可。[①]

（七）质量担保义务

《消费者权益保护法》第 23 条规定，电子商务经营者对其提供的商品、服务负有质量担保义务，主要包括两个方面：一是默示质量担保义务，即在电子商务经营者没有作出特别许诺的情况下，其所提供的商品或服务应当具人们所合理期待的一般质量和性能；二是明示质量担保义务，即当电子商务经营者通过广告、产品说明、样品展示等方式，对其所提供的商品、服务的质量、性能作出许诺的情况下，其应保证该等商品、服务的实际情况符合其所作出的承诺。作为例外，如果消费者在购买商品或接受服务前已经知晓有关商品或服务存在瑕疵，且有关瑕疵不违反法律法规的强制性规定，则就该等瑕疵电子商务经营者不承担质量担保义务。

为了促进电子商务行业的发展和维护电子商务消费者的利益，电子商务平台可以建立商品、服务质量担保机制和消费者权益保证金制度。[②]商品、服务质量担保机制是指，由电子商务平台经营者组织发起的，由平台内经营者等义务主体就在平台内进行交易的商品和服务向消费者作出质量担保的机制。消费者权益保证金，是指依照电子商务平台经营者和平台内经营者通过协议设立的专门用于保障消费者合法权益的保证金。为了规范消费者权益保证金的使用，电子商务平台经营者应当在与平台内经营者的有关协议中明确约定该等保证金的缴纳、提取、使用、管理和退还办法。

（八）"三包"义务

"三包"义务，是指经营者对出售的商品提供退货、更换、修理等售后服务的义务。根据《消费者权益保护法》的规定，对于不符合质量要求的商品或服务，依照法律规定或合同约定，消费者可以要求进行退货或由提供该等商品或服务的经营者进行更换、修理。[③]在电子商务交易中，消费者只能通过视频、文字或图片选购商品，难以检验和发现商品可能存在的瑕疵和缺陷。因此，"买者自慎"的原则不适用于电子商务交易，电子商务经营者应当承担更高标准的"三包"义务，以此为处于信息劣势的消费者提供倾斜性保护，从而实现真正意义上的契约自由。因此，《消费者权益保护法》规定了适用于电子商务交易

---

① 《电子商务法》第 14 条。
② 《电子商务法》第 58 条。
③ 《消费者权益保护法》第 24 条。

的"七天无理由退货"制度。[①]

（九）依法使用格式条款的义务

《消费者权益保护法》第 26 条明确了经营者负有合理使用格式条款的义务。实践中，电商经营者通过通知、声明、店铺公告等方式制定格式条款，并利用技术手段强制消费者进行交易的情形屡见不鲜，极大地损害消费者的知情权、自主选择权和公平交易权。因此，《民法典》《消费者权益保护法》《电子商务法》等法律均对电子商务经营者在经营活动中使用格式条款的行为进行了约束，主要体现在以下方面：① 经营者应当以显著方式提醒与消费者有重大利害关系的内容，包括商品或服务的数量、质量、价格、注意事项、售货服务、免责事由等，并应消费者的要求向其进行说明；② 经营者不得利用格式条款的方式制定对消费者不公平、不合理的规定，包括免除或减轻自身责任、排除或限制消费者的权利或加重其责任的规定；③ 经营者不得借助技术手段强制消费者接受格式条款。此外，对于电子商务平台通过格式条款方式制定的平台服务协议和交易规则，平台经营者应当进行公开披露，以落实其向合同相对方提示条款内容的义务。[②]

（十）尊重消费者人格的义务

与消费者的受尊重权对应，经营者负有尊重消费者人格尊严和人身自由的义务。《消费者权益保护法》第 27 条明确禁止经营者进行以下行为：① 侮辱、诽谤消费者；② 随意对消费者的身体或携带的物品进行搜查；③ 以任何理由、手段非法剥夺或限制消费者的人身自由。[③] 虽然在虚拟的电子商务交易中很少涉及非法搜查或限制消费者人身自由的情形，但电子商务消费者依然负有尊重消费者人格权的义务，不得以任何形式侵犯消费者的人格权益。例如，实践中有的电子商务经营者在消费者对其商品或服务给出了"差评"后通过短信、电话等方式对消费者进行骚扰、辱骂或威胁恐吓，此类行为侵犯了消费者的人格尊严和个人隐私，违背了经营者负有的尊重消费者人格的法定义务。

（十一）保护消费者个人信息的义务

电子商务经营者在经营过程中收集、使用消费者的个人信息，应当遵守《消费者权益保护法》《电子商务法》和《个人信息保护法》等法律法规的有关

---

① 《消费者权益保护法》第 25 条。

② 宁红丽："平台格式条款的强制披露规制完善研究"，载《暨南学报（哲学社会科学版）》2020年第 2 期。

③ 《消费者权益保护法》第 27 条。

规定，保护消费者的个人信息权不受侵害。电子商务经营者为了向消费者寄送商品、进行定向营销等原因或多或少地收集和使用了消费者的个人信息。为了防止对消费者个人信息权的不法侵害，《消费者权益保护法》第29条详细规定了经营者负有保护消费者个人信息的义务，包括两方面内容：

第一，依法、依约收集和使用个人信息的义务，其内容包括：① 遵循"合法、正当和必要"三大原则。合法，是指经营者的收集、使用行为符合法律的要求；正当，是指经营者收集、使用消费者个人信息具有正当的目的；必要，是指经营者在确有必要的限度内收集和使用消费者的个人信息。② 遵循"告知—同意"原则，即向消费者明确告知收集、使用信息的目的、方式和范围，公开其进行信息收集、使用的规则，并获得消费者的同意。③ 经营者收集、使用个人信息的行为不得违反法律法规的规定或与消费者的合同约定。

第二，对消费者的个人信息保密的义务，即经营者及其员工在采集了消费者的个人信息后，不得向他人泄露、出售或非法提供该等信息，并应当采取技术手段和其他必要措施防止消费者的个人信息丢失或被泄漏，保护其个人信息的安全；如果经营者发现存在消费者的个人信息丢失或被泄漏的风险，应当立即采取措施进行补救。

三、电子商务平台经营者的特殊义务

作为交易的组织者和交易场所的提供者，电子商务平台经营者在保护电子商务消费者合法权益的方面发挥着重要作用。因此，除了前文提到的电子商务经营者的一般义务外，电子商务平台经营者还应依法承担一些特别的消费者权益保护义务，主要包括如下方面：

（一）资格审查义务

电子商务平台的资格审核义务，是指电子商务平台经营者应当审查、登记和定期核验进入平台的商户是否具有相应的资质、资格。根据《电子商务法》以及《消费者权益保护法》《食品安全法》等其他相关法律的规定，平台经营者可以要求入驻平台的经营者提供以下信息：其一，经营者的身份信息、地址、联系方式等基本信息；其二，对于经营范围涉及事先行政许可事项或要求具备特定资质的，提供相关行政许可文件、资格证书、资质证明等证明材料；其三，平台经营者基于自身管理的需要，认为有必要提供的其他信息，例如银行信用记录、无犯罪记录等。

对于电子商务平台经营者的资格审查义务，目前学界争议最大的是应采取何种标准来认定该义务是否履行。目前主要存在三种观点：第一种观点认为，

应当采取形式审查标准，即平台经营者仅需要对平台内经营者提供的材料进行书面审查，并定期核验是否更新；第二种观点认为，应当采取实质审查标准，即平台经营者需要调查确认材料的真实性，例如对特许经营等资质进行线上核验或线下审核；第三种观点认为，应当根据平台内经营者的经营范围进行区分，对于涉及食品、药品、化妆品等关乎消费者生命健康的商品或服务，应对其提供者进行更加严格的实质审查；而对于一般的商品和服务，可以适当地降低审查标准，平台经营者进行形式审查即可。在司法实践中，为了避免给平台经营者施加过重的义务，法院原则上认为平台经营者对平台内经营者的资质信息按照商业上合理的标准进行形式审查即可，只要电商平台经营者能在事后按照《消费者权益保护法》的要求提供平台内经营者的有关信息，并在发现经营者资质问题或规避资格审查行为后采取必要措施。但对于关乎消费者生命健康的商品或服务，根据《电子商务法》第38条第2款的要求，平台经营者应当事先主动审查商品或服务的提供方是否具有相应的资质资格，例如食品经营许可证等；未履行资格审查义务导致消费者的生命健康、财产受到损害的，平台经营者应当承担相应法律责任。

（二）安全保障义务

平台经营者是交易场所的提供者，消费者基于对平台的合理信赖而进入该虚拟场所进行交易，平台经营者就应当为消费者的人身、财产安全提供保障。电子商务平台经营者的安全保障义务可以视为《消费者权益保护法》第18条第2款所规定的传统实体场所经营者的安全保障义务延伸到了线上虚拟场所。具言之，平台经营者安全保障义务的内容包括如下方面：① 采取措施排查和防范可能危害消费者人身、财产安全的风险。例如网约车平台对车辆的安全性、适驾性进行审查；② 警示和排除有关风险，电子商务平台经营者知道或者应当知道在其运营的平台内进行交易的商品或服务有安全缺陷，或存在侵犯或可能侵犯消费者合法权益的其他行为时，须采取必要措施避免或减轻对消费者的损害；③ 在危害发生后对消费者进行救助。值得注意的是，与传统实体场所经营者的安全保障义务不同，考虑到线上交易的虚拟性特征和电子商务经营者的能力范围，平台经营者安全保障义务的履行方式一般体现为采取告知、提醒、屏蔽、删除、断开链接或封禁账号等措施。

根据《电子商务法》第38条第2款的规定，电子商务平台经营者负有的安全保障义务具有如下特征：① 义务主体为电子商务平台经营者，而非一般的电子商务经营者。对普通的平台内经营者而言，其仅需保障自己提供的商品、服务符合安全要求，无需对其他经营者提供的商品、服务所造成的危险负责。

② 此项义务仅针对与关系消费者生命健康的商品或者服务，如食品、药品、网约车等领域，并非所有事项均涵盖其中。③ 安全保障义务的设置要求电子商务平台经营者积极作为，在事先、事中和事后主动采取行动，监测、防范和遏止可能损害消费者人身、财产的危险发生。对平台经营者课以积极作为的法定义务有利于使消费者安全权受到更高程度的保障。④ 违反安全保障义务所产生的责任具有多元化的特征。原则上，平台经营者须对消费者承担补充责任，但当其故意违反该义务或存在法律特别规定时，则需要对消费者承担连带责任。

（三）搜索结果中立义务

搜索结果中立义务是指，电子商品平台经营者负有依照《电子商务法》的要求向消费者提供客观、中立搜索结果，避免对消费者形成误导的义务。对于搜索结果的非法干涉可能导致消费者对有关商品、服务的知名度、影响力等形成错误认知，继而在错误认知的基础上做出违背本意的选择，对消费者的知情权和选择权造成侵害。因此，《电子商务法》对"竞价排名"等影响搜索结果中立性的行为做出了规制。该法律并未一刀切地禁止"竞价排名"，而是对平台经营者做出两项要求：其一，平台经营者应通过多种方式向消费者展示商品或服务的搜索结果，包括但不限于根据商品或服务的价格、销量、信用排名展示；其二，搜索结果中包含竞价排名的商品或服务的，应将该商品或服务显著标明为"广告"，以避免消费者对有关商品、服务或经营者的知名度、影响力形成误解。①

（四）建立信用评价制度的义务

根据《电子商务法》的要求，电子商务平台经营者应当建立信用评价制度，为消费者提供便捷、畅通的评价渠道和合理的评价规则，并在平台上公示有关渠道和规则。② 此外，为了防止平台经营者滥用管理权，损害消费者的言论自由和评价利益，《电子商务法》以禁止性规定的形式明确了电子商务平台经营者不得删除信用评价的义务。③

该义务的立法原义在于保障电子商务信用评价体系的真实、客观，维护消费者的监督权、知情权和选择权。但在实践中，消费者的信用评价除了真实、客观的评论外，还可能包含虚假、不实的评论内容。这些虚假、不实的评价不仅破坏了电子商务经营者之间诚实守信、公平竞争的交易环境，还有损于消费者的合法权益。对于此类评价，为避免与《电子商务法》第 39 条相抵触，电

---

① 《电子商务法》第 40 条。
② 《电子商务法》第 39 条第 1 款。
③ 《电子商务法》第 39 条第 2 款。

子商务平台通常采取"折叠""屏蔽"或要求评价人期限内修改、删除等方式进行处理。在司法实践中，法院在判断平台经营者前述行为是否违反不得删除评价义务时，也会考虑被删除评价是否属于虚假、不实或恶意评价。

（五）消费者维权协助义务

根据《电子商务法》第61条的规定，当消费者与平台内经营者因在该平台内进行商品或服务交易而发生争议时，平台经营者负有积极协助消费者维权的义务。平台经营者的协助义务具体表现为积极提供平台内经营者的姓名、地址、联系方式及有关交易的基本信息，协助消费者联系平台内经营者，协助消费者与经营者进行协商或主持双方进行调解等。法律对电子商务平台经营者课以消费者维权协助义务有利于公平、有效地解决消费者和平台内经营者之间的消费纠纷，保护消费者的合法权益。

【范某与北京京东叁佰陆拾度电子商务有限公司网络购物合同纠纷案】①

本案原告为范某，被告为北京京东叁佰陆拾度电子商务有限公司（以下简称京东电子商务公司），系京东商城网站（www.jd.com）的实际运营者。

2016年5月13日，范某分三笔订单在京东商城购买了四款京东"自营"的真力时手表，总价款14.7万余元。购买时网页商品说明显示表镜材质为蓝宝石水晶，但是范某在收到商品后，发现商品说明书保修卡上写明手表材质为蓝宝石水晶玻璃。心中狐疑的范某将手表送至中工商联珠宝玉石检测中心进行检测，检测结果为人工合成蓝宝石。范某认为，手表材质既不是天然蓝宝石，也没有天然水晶成分，仅仅是廉价的合成蓝宝石玻璃，因此京东商城网站宣传构成欺诈，随后将京东电子商务公司诉至北京市朝阳区法院，要求退还货款14.7万余元、赔偿检测费400元，同时索三倍赔偿44万余元。京东电子商务公司辩称，京东自营的商品并非京东电子商务公司销售。双方不存在买卖合同关系，尽管涉案产品标注为京东自营，但该公司仅提供网络交易平台，未参与买卖行为。

本案的争议焦点是：

（1）京东电子商务公司是否为适格被告？

（2）京东电子商务公司是否应该承担赔偿责任？

法院经审理查明，京东商城网站（www.jd.com）所属者为京东电子商务公司。该公司曾与天津京东海荣贸易有限公司（以下简称京东海荣公司）签订《平台服务协议》，约定：京东海荣公司自愿向京东电子商务公司申请使用网络交易平台，京东电子商务公司仅提供产品信息展示的平台服务，不从事产品交

---

① 案件来源：北京市互联网法院（2020）京0491民初23770号民事判决书。

易事宜，不对产品交易事宜负责。庭审中，京东电子商务公司提交了三张电子发票，发票显示销售方为京东海荣公司。本案中，与京东相关的几个公司主体之间关系复杂，其中产品销售者京东海荣公司是由北京京东世纪贸易有限公司于 2016 年 1 月 13 日独资注册，由张雱任法定代表人；京东电子商务公司则是由刘强东、张雱、李娅云三个自然人于 2007 年 4 月 4 日出资注册的公司，由刘强东任法定代表人；北京京东世纪贸易有限公司则是由京东香港国际有限公司于 2007 年 4 月 20 日出资成立的台港澳法人独资企业，由刘强东任法定代表人。京东电子商务公司曾向法庭表示，"自营"为京东集团自营而非京东商城自营，具体的销售主体由京东集团根据订单具体情况确定，即根据消费者所在区域、商品库存量等，由京东集团自行决定开发票主体及发货公司主体。法院审理认为，范某购买的京东自营商品，销售主体为京东海荣公司，京东电子商务公司仅为网络交易平台的所有者，其已通过电子发票形式对销售者真实名称、地址和有效联系方式进行了公示，范某购买产品的发票均显示已开具，可以认定其通过电子发票已知悉商品销售者真实名称、地址和有效联系方式，且无证据证明京东电子商务公司明知或应知销售者利用其平台侵害消费者合法权益，故范某应向京东海荣公司索赔，京东电子商务公司并非适格被告。据此，法院裁定驳回范某的起诉。宣判后，双方均未上诉。但法院也认为销售主体的模糊会侵害消费者知情权，目前销售模式下，消费者只能通过申请开具发票才能得知自营商品销售者的真实情况，这一披露方式存在明显瑕疵，容易误导消费者，在发生纠纷时也容易发生起诉主体的错误，造成司法资源的浪费。在电商平台区分"自营"与"非自营"的前提下，电商平台本身基于用户对"自营"的产品质量承诺和售后服务支持的信任和信赖，获得了较为突出的竞争优势，但是，电商平台与其关联公司"自营"销售者方面又通过不充分、不显著的信息披露，增加了消费者的维权难度。

2016 年 12 月，朝阳法院向京东电子商务公司发出司法建议，建议该公司在网站页面显著位置对"自营"等专有概念作出明确解释，所有商品销售页面均应披露销售者详细信息，并将销售授权书在明显位置予以公示。

第四节　侵害消费者权益的法律救济

一、电子商务消费者的救济途径

古语云，徒法不足以自行。电子商务消费者权益的真正落实，不仅需要法律对其的承认和宣示，更需要建立起一整套科学完备的法律保障机制，为消费者提供各种救济途径。中共中央、国务院在 2018 年公布的《中共中央、国务院关于完善促进消费体制机制 进一步激发居民消费潜力的若干意见》中指出："健全消费者权益保护工作部门协作机制。……探索建立纠纷多元化解决机制，完善诉讼、仲裁与调解对接机制。适应互联网时代发展要求，加大网络消费者权益司法保护力度。"概言之，电子商务消费者主要的救济途径包括协商和解、进行调解、提起仲裁和提起诉讼。

（一）协商和解

协商和解机制是指，消费者与电子商务经营者在意思自治的框架内自行处理双方之间的争议，达成相关协议，对彼此的权利义务关系进行妥善安排的争端处理方式。此种机制具有高效便捷、成本可控的特点，能够使得消费者的权益在较短时间内得到恢复，使其免受诉累困扰。在实践中，协商和解在电子商务争端解决中扮演着十分重要的地位。然而，协商和解也具有明显的短板和不足。由于消费者与电子商务经营者为处于平等地位的私法主体，任何一方均不具有高人一等的优越地位，因此，协商和解的实际成效与电子商务经营者的态度有着十分密切的关联性，当其拒不配合，甚至存在推卸责任等行为时，协商和解将出现僵局，难以继续推进。① 除此之外，由于双方在利益格局、彼此认知和掌握材料上的差异性，消费者与电子商务经营者可能对事实的认知存在较大分歧，此种分歧往往难以通过协商和解的方式加以有效化解，这使得此种争端处置机制在实际效果上受到一定影响。

（二）进行调解

调节机制，是指在消费者组织、行业协会、人民调解委员会等第三方组织的协调、介入之下，消费者与电子商务经营者交换意见看法、进行友好协商，达成一致协议以解决双方之间分歧的机制。调解具有成本低廉、形式灵活等特点，其能够有效避免繁琐程序给相关主体带来的困扰。与此同时，由于中立第三方的介入，其具有一定的权威性和客观性，能够避免矛盾进一步激化，有效维护社会安定团结。对于电子商务消费争端而言，进行调解的主要机构包括：① 消费者组织。消费者组织的重要职能之一便在于受理和对消费者投诉事项开展调查，并主持调解有关纠纷；② 行业协会。行业协会是行业自律组织，一般采取非营利性社团法人组织形式，旨在实现业界与社会各界的良性互动，推动本领域的精进与成熟。按照我国《电子商务法》第八条对于电子商务行业组织职能的规定，进行争端调解属于其职责的重要内容，电子商务行业组织理应积

---

① 赵旭东:《电子商务法学》，高等教育出版社 2019 年版，第 142 页。

极参与到这一过程中来；③ 人民调解委员会。人民调解委员会为基层自治组织下设的旨在调处民间纠纷的群众组织，基于自愿原则对电子商务纠纷进行调解，如经调解双方达成一致，可以由该委员会制作协议将相关内容固定下来。

（三）提起仲裁

仲裁机制，是指仲裁委员会依法对电子商务经营者与消费者之间的争端进行裁断，并作出具有法律拘束力的仲裁结论的非诉讼程序。仲裁程序的适用遵循自愿主义原则，只有双方表达出同意仲裁的意愿时方可援引，此种合意通常表现为仲裁协议。该协议的达成具有排除法院诉讼的效力，当电子商务经营者与消费者之间存在合法有效的相关条款时，法院将不再受理双方之间的纠纷。有别于诉讼程序，仲裁委员会依法作出的裁决具有终局性效力，除法律规定的例外情形允许当事人允许寻求额外救济外，原则上当事人不得向法院提起上诉，或者要求更换仲裁庭进行重新仲裁。仲裁庭依法作出的仲裁裁决对于电子商务经营者、消费者等当事人均产生规范拘束力，当事人应当按照仲裁裁决的内容完整、及时、全面地履行自己一方的义务。当出现违反该义务的情形时，对方当事人可以寻求国家公权力的帮助，借助强制执行的手段最终维护其合法权益。

（四）提起诉讼

法律诉讼是电子商务消费争端的最终解决方式。有别于协商和解、进行调解等争端解决方式，向人民法院提起诉讼这一模式具有终局性、强制性的特征，能够有效避免前述争端解决方式的弊端，且以国家强制力为后盾，能更为彻底、有效地解决电子商务经营者与消费者之间存在的纠纷。法律诉讼的主要优势在于：① 其具有强制性的特征。当事人经法院传票传唤后必须到庭应诉，违反该义务者将面临缺席判决等诸多不利影响。与此同时，法院可以主动进行调查取证，借助国家强制力更为广泛、全面地搜集证据，最大限度还原事实真相。② 其具有终局性的特征。人民法院依法作出的判决生效后对电子商务经营者与消费者均产生拘束力，当事人不得再寻求其他救济渠道，而是应当按照判决确定的内容全面履行义务，违反这一要求的行为将面临强制执行的法律后果。当然，此种救济模式也存在明显的弊端，主要体现在程序繁琐、耗时漫长、金钱成本高昂等方面，因此，当事人应当审慎考虑争端的相关情况，优先选择非诉讼争端解决机制，避免过度依赖诉讼带来的负面效应。

二、侵害消费者权益的法律责任

侵害消费者权益的法律责任是指，经营者因违反与消费者保护有关的法定或约定义务而应依法承担的法律后果，可以分为民事责任、行政责任和刑事责任。

（一）民事责任

当电子商务经营者违反法定或约定义务，对消费者的民事权益造成损害时，其应依法承担相应的民事责任。为使消费者权益得到充分保障，《消费者保护法》第七章较为系统地对经营者的民事责任作出了规定，《产品质量法》《电子商务法》《产品质量法》等法律规范中也涉及与经营者民事责任有关的特别规定，主要包括以下几个方面：

1. 产品侵权责任。产品侵权责任，是指电子商务经营者因所提供的商品或服务存在缺陷，导致消费者的人身、财产权利受到损害而承担的民事赔偿责任。产品侵权责任又被称为缺陷责任、产品责任，其具有以下特征：① 以存在因产品缺陷导致的损害为前提，无缺陷、无损害则无责任；② 直接责任主体是作为生产者或销售者的电子商务经营者，而平台经营者可能因未履行审核义务或安全保障义务而承担连带责任；③ 责任承担对象不仅包括消费者，还包括因产品缺陷而受到损害的电子商务用户和其他第三人；④ 责任承担方式是进行损害赔偿；⑤ 通常适用无过错原则或进行过错推定，不要求消费者证明经营者存在主观过错。

根据我国法律的规定，产品侵权责任的构成以满足以下要件为前提：① 产品有缺陷，即产品不具有人们所期待的安全性，存在不合理的人身、财产安全隐患。[1] 实践中通常以是否符合有关保障人身健康、财产安全的国家标准、行业标准作为判断产品是否存在缺陷的依据。[2] ② 对消费者人身或除缺陷产品外的其他财产造成损害。产品缺陷未造成实际损害结果，或其所造成的财产损害仅仅是缺陷产品本身的损坏时，不发生产品侵权责任；此时，经营者应依法承担进行修理、更换或退货的瑕疵担保责任。③ 产品缺陷和损害结果之间具有客观的、内在的、必然的联系。

就产品侵权责任的归责原则，我国《产品质量法》对不同的责任主体采用了不同的标准：① 对生产者适用有例外的严格责任，即无论生产者是否存在主观过错，只要满足以上三项构成要件，都应当承担侵权责任。作为例外，可以免除生产者产品侵权责任的事由主要包括：产品未进入流通领域，导致损害的缺陷在产品投入流通领域时尚不存在或根据当时的科学技术水平不能发

---

① 《产品质量法》第 46 条。

② 张新宝、任鸿雁："我国产品责任制度：守成与创新"，载《北方法学》2012 年第 3 期。

现；[1]② 对销售者适用过错责任，销售者具有主观过错是产品侵权责任的构成要件之一。但在销售者无法指明缺陷产品的生产者和供货者时，由销售者承担赔偿责任。[2] 为了保障消费者的索赔权，受到侵害的消费者可以选择向生产者或销售者请求赔偿；有关生产者或销售者应先行向消费者支付赔偿，再依法向最终责任人进行追偿。[3]

2. 惩罚性赔偿责任。惩罚性赔偿责任，是指依照法律的规定，经营者在实际损害的范围外向消费者或有关受害人承担的额外的赔偿责任。作为与补偿性赔偿责任相对应的概念，惩罚性赔偿责任具有以下特点：① 不以弥受害人的损害为目的，而是以惩罚和遏制违法行为为目标；② 不以存在实际损害结果为前提，但通常要求加害人存在主观故意或重大过失；③ 惩罚性赔偿的金额不受实际损害程度的限制，可以大大超过受害人实际受到的损失；④ 惩罚性赔偿的金额由法律规定或法官根据实际情况判定。

对实施特定行为的经营者课以惩罚性赔偿责任有其特殊的用意：一方面，惩罚性赔偿责任可以通过加大经营者的违法成本遏制其侵害消费者权益的违法行为，并对实施了有关不法行为的经营者进行惩戒；另一方面，在一般的补偿性赔偿无法为消费者提供充分救济的情形下，惩罚性赔偿责任制度可以为消费者提供救济，同时激励广大消费者检举、揭发经营者的违法行为，增强消费者对经营者进行监督的积极性。

根据我国法律的规定，经营者应承担惩罚性赔偿责任的具体情形包括：① 经营者实施欺诈行为的，消费者有权要求其加倍赔偿，增加的赔偿金额以有关商品价格或服务费用的 3 倍计算，但最低不低于 500 元；[4]② 在明知产品存在缺陷的情况下，经营者仍向消费者提供有关商品或服务，导致发生重大人身伤亡的，受害人除要求经营者进行一般的损害赔偿外，还可以要求其支付不超过受害人所受损失二倍的惩罚性赔偿；[5]③ 经营者生产假药、劣药或不符合安全标准的食品，或者明知是假药、劣药或不符合安全标准的食品仍进行销售的，除进行一般的损害赔偿外，经营者还应承担额外的惩罚性赔偿责任。惩罚性赔偿责任金额为有关药品、食品价款的 10 倍或受害人所受损失的 3 倍，但最低不

---

① 《产品质量法》第 41 条。
② 《产品质量法》第 42 条。
③ 《产品质量法》第 43 条。
④ 《消费者保护法》第 55 条第 1 款。
⑤ 《消费者保护法》第 55 条第 2 款。

低于 1000 元。①

3. 电子商务平台经营者的"相应责任"。电子商务平台经营者的"相应责任"来源于《电子商务法》的第 38 条第 2 款，是指平台经营者未履行资格审查义务或安全保障义务，导致消费者生命健康或财产受到损害时应承担的法律责任。具言之，电子商务平台经营者"相应责任"的适用范围仅限于关系到消费者生命健康的商品或服务，其适用情形包括平台经营者未履行资格审查义务和未履行安全保障义务两种情形。

"相应责任"这一表述在《电子商务法》立法的过程中几经修改，第三次审议稿采用的是"连带责任"表述，第四次审议稿修改为了"相应的补充责任"，而正式通过的法律文本最终采用了"相应责任"的表述。从这一过程可以看出，电子商务平台经营者的责任承担是一个较为复杂的法律问题，平台经营者的"相应责任"可能由多种多样的表现形式，不一而论。总的来说，应当依照特别法优先的原则，如果特别法对平台经营者的法律责任做出了专门规定，则适用特别规定；如果没有特别规定，则适用《民法典》有关侵权责任的规定。

在我国现有的法律体系中，《消费者保护法》《食品安全法》《广告法》等法律均包含对电子商务平台经营者法律责任的特别规定，例如：① 根据《食品安全法》的规定，平台经营者应当对经营食品业务的平台内经营者进行实名登记，并审查其是否具有食品经营许可，否则平台经营者与该平台内经营者承担连带责任；② ② 当平台经营者从事广告经营或发布业务时，根据《广告法》有关虚假广告责任承担的规定，作为广告经营者或发布者的平台经营者应就虚假广告依法承担先行赔偿责任或连带责任；③ ③ 根据《消费者保护法》的要求，当平台经营者不能提供商品销售者或服务提供者的真实姓名、地址和有效联系方式的，平台经营者应当承担先行赔偿责任，消费者可以直接要求平台进行赔偿。

除适用前述特别规定的情形外，当电子商务平台未履行有关义务，导致消费者权益因平台内经营者或第三人的行为受到损害时，平台经营者和有关平台内经营者、第三人可能构成共同侵权。此时，平台经营者应按照共同侵权的法律规则承担连带责任。如果不构成共同侵权，则应当考虑是否参照适用《民法典》第 1198 条第 2 款与违反安全保障义务的侵权责任有关的规定，由电子商务平台经营者承担补充责任。例如，假如电子商务平台经营者未履行有关义务

---

① 《食品安全法》第 148 条第 2 款；《药品管理法》第 144 条第 3 款。

② 《食品安全法》第 131 条第 1 款。

③ 《广告法》第 56 条。

的行为与消费者损害结果的发生之间不构成因果关系，但平台经营者的不作为增加了消费者权益受到损害的风险，则平台经营者作为虚拟交易场所的管理者和风险的制造者，由其承担补充责任也符合《民法典》第1198条的立法精神。

（二）行政责任

如电子商务经营者的行为在侵害消费者权益的同时，还违反了行政管理的有关规定，则其应依法承担相应的行政责任。不仅《消费者权益保护法》明确规定了经营者违法经营应承担的行政责任，《产品质量法》《食品安全法》等法律及配套行政法规中亦包含大量涉及经营者行政责任的规定，均可以成为电子商务经营者承担行政责任的法律依据。通常情况下，对经营者的监督和行政处罚由市场监督管理部门负责；如被监督或处罚事项属于其他行政部门主管范畴的，则由相关部门进行处理。

如果经营者的违法行为导致其须同时承担民事赔偿责任和行政责任的，应遵守民事赔偿优先的原则。如果有关经营者的财产不足以同时支付民事赔偿和缴纳行政罚款，则经营者应先支付民事赔偿款项，以确实、充分地保护受害人的合法权益。

（三）刑事责任

如电子商务经营者侵害消费者权益的违法行为严重到构成犯罪的程度，则将触发经营者的刑事责任。实践中，常见的侵害消费者权益的行为可能触犯的罪名主要包括以下类型：① 与制造假冒伪劣商品有关的罪名，例如制售伪劣产品罪，制售不符合安全标准的产品罪，制售假药、劣药罪，制售有毒有害食品罪等；② 涉及扰乱市场秩序的罪名，例如强迫交易罪，虚假广告罪等；③ 涉及侵犯知识产权的罪名，例如假冒注册商标罪，假冒专利罪等；④ 涉及危害公共卫生的罪名，例如非法行医罪；⑤ 渎职类的罪名，例如商检徇私舞弊罪。

【肖某、浙江淘宝网络有限公司网络服务合同纠纷案】①

本案原告为浙江淘宝网络有限公司（以下简称淘宝公司），淘宝网系淘宝公司运营的网络交易平台。被告为肖某，2010年7月28日注册为淘宝会员，会员名为"英姿文静"。

2015年5月12日，肖某以淘宝个人开店为由，通过支付宝进行实名认证，该账户支付宝认证信息绑定的手机号为184××××4567。2016年1月12日，会员名为"跪在坟前＿唱忐忑"（真实姓名为王某刚）的淘宝买家，在肖某的

---

① 案件来源：浙江省杭州市中级人民法院 (2019) 浙 01 民终 10314 号民事判决书。

淘宝店铺购买"Lenovo/联想笔记本电脑"（商品ID525163068115）1件，支付价款5080元。2016年8月3日，该淘宝买家通过淘宝"云客服"申请维权，称其购买的笔记本电脑，分期付款刚付清了两三天，电脑就坏了，但是现在找不到肖某的店铺了。2016年8月24日，由于肖某的保证金账户无余额，淘宝公司通过支付宝转账的方式，使用自有资金代肖某向该淘宝买家先行赔付5080元。2016年1月14日，会员名为"tb8211110_88"（真实姓名为罗某灿）的淘宝买家，在肖某的淘宝店铺购买案涉产品（商品亦为ID525163068115）1件，支付价款4848元。2016年4月4日，该淘宝买家申请淘宝公司介入，问题描述为漏液/花屏/白屏/黑屏不显示等。2016年4月5日，淘宝客服通知肖某因案涉产品被认定为假冒商品。2016年4月13日，淘宝客服判决，仅退款，维权定性：卖家出售假冒商品；赔付类型：淘宝基金兜底赔付。同日，由于肖某的保证金账户无余额，淘宝公司通过支付宝转账的方式，使用自有资金代肖某向该淘宝买家先行赔付4848元。淘宝公司遂向法院提起诉讼，请求判令：① 肖某支付淘宝公司为其先行赔付的款项共计人民币9928元；② 肖某支付淘宝公司利息共计人民币1087.36元（按中国人民银行同期同类贷款利率4.35%计算，自2016年8月24日起暂计算至起诉之日2019年3月1日，实际应计至偿还之日止）。庭审中，淘宝公司变更其第2项诉讼请求为：肖某支付淘宝公司利息（以9928元为基数，按中国人民银行同期同类贷款利率，自本案起诉状副本送达之日开始计算至实际偿还之日止）；③ 肖某承担案件全部诉讼费用。被告肖某辩称：① 肖某并未在淘宝开设店铺。本案涉案店铺系他人非法盗用肖某身份信息开设并经营，并非肖某本人开设；② 肖某不存在售卖假货行为。本案中涉案的电脑为实物，淘宝公司既然诉称肖某售卖假货并已向买受人进行了赔付，就应当提供该电脑的实物，而本案中淘宝公司自始至终都未提供其诉称的电脑。

本案的争议焦点为：

（1）肖某是否系案涉淘宝会员的注册及使用主体？

（2）肖某是否售卖假货？

（3）淘宝公司是否以自有资金代肖某先行赔付并取得追偿权？

一审法院在审理中认为：《淘宝平台服务协议》约定，用户的淘宝账户仅限用户本人使用。淘宝可要求用户按支付宝公司要求及我国法律规定来完成实名认证。本案中，根据在案有效证据来看，肖某在淘宝网上申请开设店铺时，向支付宝公司提供了其个人身份证、上传了个人上半身照及个人手持身份证的活体照片，经认证一致方成为淘宝卖家在淘宝网开设店铺。肖某虽然辩称其身份信息被盗用，但未提交有效证据证实该主张，且其向公安机关报案之后，公安机关并未立案侦查，也未出具书面证明材料证实其身份信息确实存在被盗用的情形，故肖某的该抗辩意见，法院不予采信。《淘宝平台服务协议》及相关淘宝平台规则另约定，淘宝公司有权以普通或非专业人员的知识水平标准，对卖家或买家提供的证据材料进行表面审核后，当其判断淘宝卖家未全面履行消费者保障服务内容时，淘宝卖家应对遭受权益损失的买家进行违约赔付；卖家明确同意如其保证金或支付宝余额不足以赔付，且卖家未自行向买家支付额外的赔付金额时，如淘宝使用自有资金代卖家向买家进行赔付的，淘宝公司有权就赔付金额向卖家追偿。如淘宝用户的行为使淘宝公司遭受损失（包括自身的直接经济损失及对外支付的赔偿金、诉讼费等间接经济损失），淘宝用户应赔偿淘宝公司上述全部损失。本案中，两位案涉淘宝买家购买案涉产品后，通过淘宝平台进行维权，均以其购买的产品存在问题为由申请维修，并提交了产品存在质量问题的基本凭证，肖某均超时未响应，亦未向平台提交任何凭证用以证实其销售的产品为正品，且不存在质量问题。而且，肖某销售的案涉产品，已被淘宝公司通过信息层面判断为假冒产品，且因其保证金账户无余额，买家贸然先退回货物可能存在人货两空的高度风险，况且肖某也未向平台提供货物退回维修的退货地址，淘宝客服据此作出退款给买家的调处决定，符合一般人的认知。肖某就案涉两笔订单，亦未举证证实淘宝客服的调处决定存在故意或者重大过失。故，法院认定淘宝客服就案涉二笔订单作出的退款给买家的调处意见符合双方合同约定。上述二笔订单，因肖某的保证金账户余额为0，淘宝公司代肖某向相应买家赔付后，要求肖某返还垫付款，具有相应的合同依据。故判决：

（1）肖某于判决生效之日起10日内向浙江淘宝网络有限公司返还垫付款9928元；

（2）肖某于判决生效之日起10日内支付浙江淘宝网络有限公司自2019年3月15日起至实际清偿之日止的利息损失（以9928元为基数，按中国人民银行同期同类贷款利率计算）。

浙江省杭州市中级人民法院二审，判决驳回上诉，维持原判。

三、消费诉讼

诉讼是消费者权利救济的最后一道防线。由于消费者和经营者之间的消费纠纷具有"小额多数"的特点，目前，应依托我国《民事诉讼法》所规定的小额诉讼、共同诉讼、团体诉讼和公益诉讼机制，发展和健全我国的消费诉讼制度，为消费者筑起坚实的法律防线。

（一）小额消费诉讼

小额消费诉讼，是指消费者针对经营者提起的案情简单、诉讼标的金额特别小的诉讼，属于小额诉讼的范畴。实践中，大多数经营者与消费者之间的纠纷涉及的金额较小、事实较为简单。这些纠纷一旦进入司法程序，如果适用普通程序或简易程序，可能给消费者带来过高的诉讼成本负担，对司法资源也是一种浪费。因此，消费者需要一种比简易程序更加省时省力的诉讼程序工具来维护自己的利益，这便是小额诉讼程序制度。

适用小额诉讼的程序审理案件可以简化诉讼流程，包括一次开庭审结并当庭宣判，实行一审终审，适用 2 个月的审理期限等。小额消费诉讼制度的建立可以为消费者提供更加便民、高效、公正的诉讼救济机制，适应了在我国大量存在的小额消费纠纷的司法需求。在 2021 年《民事诉讼法》的修订初步确立了我国的小额诉讼制度体系后，建立和完善小额消费诉讼制度必将成为完善我国消费者权利救济体系的必然选择。

根据我国《民事诉讼法》的有关规定，适用小额诉讼程序应满足的标准包括：① 案件基本事实清楚，不存在需要评估、鉴定或对诉前评估、鉴定结果有异议的情况；② 当事人之间的权利义务关系明确，不属于一方当事人下落不明或涉外情形；③ 案件争议不大，当事人未提出反诉；④ 原告的诉讼请求为金钱给付，不涉及人身关系、财产确权；⑤ 诉讼标的金额小，即标的金额不超过上年度当地年平均工资的 50%，或不超过当地年平均工资的 2 倍且当事人双方约定适用小额诉讼程序。

（二）消费共同诉讼

消费共同诉讼，是指由两个或两个以上消费者作为原告针对经营者提起的共同诉讼。当经营者实施违法行为时，受到侵害的消费者往往不止一名，因此发生消费共同诉讼的情形十分常见。按照《民事诉讼法》对于共同诉讼的分类，消费共同诉讼既包括必要共同诉讼，即作为原告的多名消费者与被告之间存在同一诉讼标的，又包括普通共同诉讼，即每名原告和被告之间的诉讼标的属于同一种类。

在消费共同诉讼中，作为原告的消费者往往人数众多，因此多采用代表人诉讼的形式，即由其中的一人或数人作为诉讼代表人，代表全体原告行使诉讼权利、履行诉讼义务。当作为原告的消费者人数确定时，诉讼代表人可以依照《民事诉讼法》的有关规定，由全体或部分消费者民主推选产生。当原告人数不确定时，诉讼代表人可以由参加登记的消费者推选；如消费者推选不出，则由法院与参加登记的消费者协商确定；经协商仍无法确定的，则由法院指定诉讼代表人。

（三）消费团体诉讼

消费团体诉讼，是指消费者协会或其他具有团体诉讼资质的社会团体为维护众多消费者的合法权益，依照法律规定针对侵害消费者权益的行为而提起的诉讼，属于团体诉讼的一种。团体诉讼的法律特征在于：① 为了保护特定领域的群体利益，符合法定要求的社会团体可以以自己的名义提起诉讼；② 诉讼的类型以不作为之诉为主，但也可以提起损害赔偿；③ 诉讼的判决结果具有扩张效力，消费者可以主动引用判决结果对抗对方当事人，维护自身的合法权益。

与一般的消费者相比，消费者协会等社会团体具备更强的经济实力和影响力，对有关消费者保护的政策、法律法规有更深入的理解和认识，能更好地利用法律武器保护消费者群体的合法权益。因此，我国《民事诉讼法》和《消费者权益保护法》对消费团体诉讼作出了明确的立法规定。[①] 根据前述法律规定：① 在原告资格上，我国消费团体诉讼的原告只能由消费者协会和其他消费者组织担任；② 在诉讼目的方面，消费团体诉讼旨在保护众多消费者的合法权益，但就多少数量的消费者才构成"众多"，法律并没有明确规定；③ 在性质上，消费团体诉讼本质上属于公益诉讼，因此提起诉讼的消费团体不得以各种名义向消费者收取或变相收取诉讼费用。

（四）消费公益诉讼

消费公益诉讼是公益诉讼的一种形式，是指根据法律的规定，由有关国家机关、社会团体或公民为维护众多消费者的合法权益而提起的诉讼。根据《民事诉讼法》第 58 条的规定，有资格成为我国的消费公益诉讼原告的主体包括人民检察院和消费者协会等消费者组织。因此，我国的消费公益诉讼可以分为两类：一是由消费者协会等消费者组织提起的私诉公益诉讼，即前文提到的消费团体诉讼；二是由人民检察院提起的公诉公益诉讼。按照《民事诉讼法》的要求，消费者协会等消费者组织是消费公益诉讼的主要原告主体；在前述组织不提起诉讼的情况下，人民检察院再来进行公诉公益诉讼。目前，我国检察院和消费者协会已经对将消费公益诉讼机制适用于电子商务领域的消费者权益受侵害事件进行了有益探索，消费民事公益诉讼制度的完善必将有利于保障广大消费者的合法权益和促进电子商务行业的健康发展。[②]

---

① 《民事诉讼法》第 58 条；《消费者权益保护法》第 37 条第 7 款。
② 苏号朋："论消费民事公益诉讼对电子商务平台的适用"，载《法律适用》2022 年第 3 期。

【思考题】

1. 简述电子商务消费者的定义和特征。

2. 举例说明在电子商务交易中，侵害消费者知情权、自主选择权或公平交易权的常见情形。

3. 论述电子商务平台经营者的资格审查义务。

4. 论述电子商务平台经营者的安全保障义务。

5. 论述电子商务经营者侵害消费者权益的民事法律责任。

【拓展阅读】

1. 肖宝兴、董平："构建快递服务合同消费者权益保护体系的探索与实践"，载《中国法学（英文版）》2017年第6期。

2. 孙颖："共享经济下的消费者权益保护"，载《中国市场监管研究》2018年第3期。

3. 丁道勤：《电子商务法》平台责任'管道化'问题及其反思"，载《北京航空航天大学学报（社会科学版）》2018年第6期。

4. 王晓晔："论电商平台'二选一'行为的法律规制"，载《现代法学》2020年第3期。

5. 郑佳宁："电子商务经营者信息披露义务研究"，载《福建师范大学学报（哲学社会科学版）》2020年第4期。

6. 马更新："平台经营者'相应的责任'认定标准及具体化——对电子商务法第38条第2款的分析"，载《东方法学》2021年第2期。

7. 张凌寒："网络平台监管的算法问责制构建"，载《东方法学》2021年第3期。

8. 郑佳宁、朱文超："电子商务平台经营者的安全保障义务"，载《月旦民商法》2021年第73期。

9. 苏号朋："论消费民事公益诉讼对电子商务平台的适用"，载《法律适用》2022年第3期。

10. 孟勤国："治理算法歧视侵害消费者权益的关键问题——以大数据杀熟为视角"，载《法律适用》2023年第3期。

第九章

电子商务中的快递服务

【导语】

　　由于电子商务中的交易双方并不发生现实接触，其实物商品的线下交付需要借助快递服务组织等第三人完成。因此，电商快递服务构成电子商务必不可少的线下履约环节，了解电商快递服务法律制度对于处理电子商务纠纷具有重要意义。

　　本章概述了快递服务的概念、特征与分类，总结了电商快递服务的法律规范以及智能技术在快递服务中的应用与规范；同时对作为快递服务经营主体的快递服务组织进行了介绍，包括快递服务组织的概念、市场的准入规则以及直营、加盟和平台三种不同经营模式的快递服务组织；最后详细阐述了快递服务合同的订立、效力和违约责任，帮助学生对电子商务中的快递服务形成全面的了解和认识。

　　本章的学习重点包括电商快递服务的法律适用，智能寄递服务的法律规范，快递服务组织的经营模式，以及快递服务合同订立与履行中的实名收寄、收寄验视、货物签收等具体制度。本章的学习难点在于识别平台快递服务组织的法律地位，准确判断电商快递服务中电子商务经营者、交易相对人和快递服务组织之间的法律关系，以及处理涉及限额赔偿、保价服务条款的快递服务责任承担。

第一节　概述

一、快递服务的概念、特征与分类

（一）快递服务的概念

交付实物商品是电子商务合同重要的履行方式之一，实践中当事人通常约定采用快递服务方式进行交付。国务院办公厅在 2022 年印发的《"十四五"现代物流发展规划》中要求"推动快递服务基本实现直投到建制村"。快递服务，是快递服务组织在承诺时限内快速完成的寄递服务以及相关的增值服务。其中，寄递服务构成了快递服务概念的核心范畴，即以物品为客体对象，旨在实现空间位置的快速变动，由收寄、分拣、运输、投递四个环节构成。自 1980 年我国现代快递服务业诞生之始，快递服务凭借着物流、商流、信息流三流合一的发展优势，已经成为国民经济中现代服务业的重要组成部分，2021 年全国业务量完成 1083 亿件，创造业务收入 10 332.3 亿元，年人均快件使用量为 76.8 件。2009 年在修订《邮政法》时，首次明确了快递服务组织的法律地位，取得快递业务经营许可的企业可以经营快递业务，提供快递服务。

快递服务是现代服务业的一种，具有服务的基本属性。其一，快递服务不涉及所寄递商品的所有权转移。快递服务虽然是由快递服务组织为服务接受者生产的，但他们之间实际上没有交换任何东西，即没有发生所有权的移转。快递服务组织直接对已经属于服务接受者的商品提供服务。其二，快递服务的生产与消费同时产生。与有形商品不同，快递服务本身就是寄递功能和作用，其实际生产与交付的过程在时空上和实际接受并消费的过程同一相伴。由此，快递服务的提供者和接受者势必相互作用和影响。其三，快递服务具有无形性，从而容易引发确定债务内容的困难、客观判断服务品质的困难等。与有形商品不同，快递服务本质上是一个过程，服务的异质性要求必须确定快递服务的标准化，以减少债务履行中的纠纷。目前，快递服务适用的是《快递服务》国家标准。其四，快递服务受到提供者特质的制约。快递服务组织本身的服务能力在很大程度上决定了服务的内容、质量，因此，应以快递服务组织"本人履行"为原则，"代为履行"为例外。其五，快递服务的不可复原性。快递服务在提供的过程中为服务对象所"消费""吸收"，快递服务本身无法还原或返还，因合同解除等引起的恢复原状面临无法实现的困境，当快递服务履行障碍时通常采用损害赔偿的救济方式。

（二）快递服务的特征

与同样提供物品空间转移的货运服务、邮寄服务相比，快递服务具有自身独特的服务过程，这种差异化服务构成了快递服务的主要特征。

第一，快递服务的时效性。时效性，是指快递服务组织应当在承诺时限内快速完成快递服务的提供。快递服务的功能就是要将某一物品在一定期限内运送至指定名址，且上述期限需符合快递服务高速运转的生命周期。快递时限的计算时间从快件揽收时起至快件第一次投递时止。根据《快递服务》国家标准的规定，[①]同城快件超过 3 个日历天，省内异地或省际快件超过 7 个日历天，快递服务即构成彻底延误，快递服务组织需要承担相应的迟延给付的违约责任。这一时效要求远远高于邮寄服务和货运服务。邮寄服务时限根据寄递的种类是信件还是包裹、印刷品，是同城、省内异地还是省际，规定了一个送达比例，并不要求 100% 在行业标准规定的时限内送达，时限上也存在一个 2 至 9 天的区间，如果属于交通不便的偏远地区还可以再适度调整。[②]而货运服务中并没有对服务时限的强制规范，服务时限由双方当事人自行约定，货运服务的提供者只需按照约定的履行期限将货物运送至约定地点即可。

第二，快递服务的全网性。全网性，是指快递服务依赖系统的寄递网络运行。寄递网络是快递服务的关键经营资源。寄递网络由若干个面向用户、负责快件集散的网点以及连通这些网点的网络，按照一定的原则和方式组织起来，在控制系统的作用下，遵循一定的运行规则传递快件。快递服务的全网性主要体现在三个方面：首先，快递服务覆盖的地域范围广，需分散在各地的经营网点通力协作，形成贯穿一体的寄递网络；其次，快件的寄递需要依靠完善的运输网络，包括干线运输网络和末端的收寄网络、投递网络；最后，快递服务需要在统一的信息系统下进行指挥调度和财务结算。任何一票快件只有依靠寄递网络的系统功能才能实现一个完整的快递服务过程。根据快件在寄递网络不同时空的业务处理流程，快递服务可以分为收寄、分拣、运输、投递四个环节。收寄，是快递服务组织从寄件人处收取快件的过程。分拣，是快递服务组织按照寄递名址信息对快件进行分类的过程。运输，是快递服务组织运用各种交通方式将快件从分拣中心运至目的地的过程。投递，是快递服务组织将已经到达目的地的快件送交收件人的过程。基于全网性特征，无论采用何种经营模式，无论处于何种经营环境，快递服务组织均应负有全网服务义务。

第三，快递服务的便利性。便利性，是快递服务组织在提供快递服务时应以便民、利民为服务宗旨。快递服务虽然本质上属于市场服务，但是其亦具有准公共服务的属性。快递服务组织应秉承服务民生的宗旨展开经营活动，在设置服务场所、安排服务时间、提供服务种类上充分考虑人民群众的实际需要。快递服务提供"门至门"的便利服务。其一，快递服务必须包含末端投递服务的环节，这是法律的强制规定，被称作是快递服务的"最后一公里"。快递业务员应当直接将快件派送至用户所在场所，包括但不限于家庭住址、单位地址、

---

① 参见《快递服务 第 3 部分：服务环节》国家标准第 5.4.7 条的规定。
② 参见《邮政普遍服务》行业标准第 6.3 条的规定。

物业传达室、快递驿站、智能快件箱等。快递服务组织必须依照快递运单上的名址信息进行至少两次免费投递服务，且不得以合同条款的约定排除投递义务。[①]其二，快递服务的收寄环节更加便利。快递服务提供的是零散物品的个别空间转移，实践中收寄的物品五花八门、种类繁多，其中有些物品无法用市场估价进行评判，因此，很难要求寄件人对物品的质量、价值进行详细且准确的说明。此处，应对寄件人的告知义务进行简化处理。在交寄物品时，寄件人通常只需告知快件的种类与性质便已履行了如实告知义务。只要不属于禁限寄物品的范围，快递服务组织就可以提供快递服务，免去了繁琐的磋商、评估流程。

第四，快递服务的安全性。安全性是指，任何单位或者个人不得利用快递服务从事危害国家安全、社会公共利益、他人合法权益的活动。快递服务业的发展要将安全生产作为基本原则贯穿始终，广义的安全性包括寄递安全、信息安全和从业人员安全等，狭义仅指寄递安全。寄递安全是生产安全在快递服务业的体现，是指快递服务组织在提供寄递服务的过程中，通过落实国家各项安全生产制度，采取人防、物防和技防等方式，保障快件在寄递各环节的安全的活动。[②]快递服务具有准公共服务属性，一方面体现在快递服务使用的普遍化上，一方面体现在寄递网络设施的公共化上，这些都对快递服务的安全性提出了更高的要求。收寄环节的安全性要求快递服务组织应当对寄件人执行实名登记，对邮件、快件进行开拆验视并妥善包装，防止邮件、快件毁坏或者给用户或他人造成侵害。分拣环节的安全性要求快递服务组织须在适宜的工作场所，以合理的方式对邮件、快件进行分拣处理。运输环节的安全性要求快递服务组织按照规定的路由和合理的方式进行运输，并保证快件装载、运输和卸载过程中的安全。投递环节的安全性要求快递服务组织应按照快件的名址信息及时地将快件运至收件人处，并交付于收件人。

需要注意的是，《电子商务法》采用了"快递物流服务"的称谓，快递服务与物流服务是两种不同的服务类型。物流服务，是指物品由供应地向接收地的流动过程产生的相关服务，物流服务以运输服务为核心，但其内涵外延又广于运输服务。物流服务的内容丰富，既可表现为物流经营者直接向用户提供基本的运输、仓储、装卸、搬运等物流服务，亦可表现为物流经营者向用户提供综合性物流服务，包括但不限于设计、管理物流系统和具体的物流作业业务在

---

① 参见《快递服务 第 3 部分：服务环节》国家标准 5.4.2.3 条的规定。

② 冯力虎："寄递渠道生产安全的理论思考与规制完善"，载《暨南学报（哲学社会科学版）》2017年第 3 期。

内的一揽子服务。而快递服务的功能更为狭窄，专注于为多元化用户提供零散物品的空间移动，与物流服务的大宗性、综合性、长期性的特征迥然不同，同时，快递服务还为用户提供"门至门"的投递服务，这也是物流服务通常所不包含的。对于电子商务交易而言，两者的适用范围有一定的差别。快递服务中的寄递物品类型既包括零散物品，也包括大宗商品，因此，此类服务适用于各种类型电子商务交易的履行，既包括 B2C 电子商务交易，也包括 B2B 电子商务交易。而物流服务主要针对的是大宗商品，其主要适用于 B2B 电子商务交易，对于 B2C 电子商务交易活动而言意义较为有限。有鉴于此，本书认为，从使用频次和覆盖范围而言，电子商务中的快递服务更具有成熟性与典型性，其规范化值得专章讨论。

（三）快递服务的分类

根据服务的内容不同，快递服务可以分为快递基础服务和快递增值服务。快递基础服务就是指寄递服务，即实现物品空间位置的快速变动。因此，在提供基础服务的过程中，快递服务组织须保证快件的及时安全送达，不得出现毁损、灭失、短少、延误的现象，这是提供者的主给付义务。快递增值服务，是指在完成快递基础服务之上，根据用户需求提供的各种延伸业务服务。快递增值服务存在的目标在于扩展快递服务的适用范围和领域，为当事人灵活便捷地实现自身利益提供多样选择。目前，我国快递增值服务主要包括签单返回服务、收件人付费服务、代收货款服务等具体样态。签单返回服务，是指快递服务组织按照寄件人的要求，将收件人签收确认后的签收回单在承诺的期限内返还给寄件人的服务。收件人付费服务，是指寄件人交寄物品时不支付约定的寄递费用，并由寄件人确认，投递时由收件人向快递服务组织支付寄递费用的服务。代收货款服务，是指快递服务组织利用其服务网络和资源，在提供寄递服务的同时，为寄件人代收货款并结算的服务。需要注意的是，快递增值服务与寄递服务相比，属于可供选择的服务内容，例如《电子商务法》第 52 条第 4 款规定，快递服务组织在提供快递服务的同时，可以接受电子商务经营者的委托提供代收货款服务，因此，无论在增值服务的内容、价格、赔偿等方面，都应当充分地尊重当事人的意思自治，承认快递增值服务条款独立的法律效果。

根据服务地域范围的不同，快递服务可以分为区域快递服务、国内快递服务、国际快递服务。服务地域的划分标准是由快递企业的服务能力决定的，快递服务组织只有具备了一定规模的寄递网络，包括拥有足量的干线和收寄车辆，适宜的快件处理场所和设备设施，以及统一的信息管理和跟踪系统等，才能在相应的地域范围提供合格的快递服务。为此，《快递市场管理办法》规定，快递服务组织必须在经营许可范围内从事快递经营活动，不得超越地域范围提供快递服务。[①]区域快递服务，是指快递服务组织在某一省、自治区、直辖市范围以内提供的快递服务。国内快递服务，是指快递服务组织在全国范围内提供的跨省际的快递服务。各大品牌快递企业均向用户提供国内快递服务。此处，需要注意的是快递服务组织的特殊经营模式加盟制，根据服务能力的大小，通常由被加盟者（总部）取得国内快递服务的快递业务经营许可证，加盟者（各级地区加盟商）取得本区域内的区域快递服务的快递业务经营许可证，两者根据加盟协议的约定共同完成快递服务的提供。国际快递服务，是指快递服务组织提供的两个或两个以上国家（地区）之间的快递服务。《电子商务法》中提到的跨境电子商务，由于收寄或投递有一端在境外，用户在线下交付商品时就必须使用国际快递服务。快递服务组织提供国际快递服务的，除了符合经营主体的一般准入条件之外，还应具备向有关部门提供快件的报关数据的能力，并拥有符合海关相关要求的处理场地、设施。

　　根据服务对象和目的不同，快递服务可以分为电商快递服务、商务快递服务和个人快递服务。电商快递服务，是快递服务组织为电商企业用户提供的用以满足消费者需求的快递服务。电商快递服务不能理解为系由电商平台直接提供的快递服务，该服务的提供者仍然是快递服务组织，而是服务的对象和目的与电子商务有关。为了实现电子商务的线下履约，电商企业委托快递服务组织将通过电子商务方式交易的实物商品寄递至购买者手中。结合《电子商务法》的相关规定，电商快递服务的寄件人为平台内经营者、自建网站经营者等，收件人为电子商务交易相对人。目前，电商快递服务的业务量已接近我国快递市场的80%，我国从事电商快递服务的企业主要有承接淘宝、天猫电商平台业务的通达系快递企业，承接拼多多电商平台业务的极兔速递和承接京东电商平台业务的京东快递。商务快递服务，是快递服务组织为企事业单位用户提供的用以满足工商业等用途的快递服务。商务快递服务完成的是企事业单位用户之间的物品转移，又分为文件类和工商业物品类，后者主要是指供应链中各成员单位之间原材料、在制品和产成品等的高效、精准流动。因此，商务快递服务以时效件、专业件、标准件为主要服务内容。顺丰速运是我国商务快递服务市场的开启者和领跑者，随着市场的不断开拓，其他快递企业紧随其后，纷纷推出"圆通B网""星联时效件""韵达特快"等服务产品。个人快递服务，是快递服务组织为个人用户提供的用以实现私人目的的快递服务。各大快递企业均提

---

① 参见《快递市场管理办法》第10条的规定。

供个人快递服务，向个人寄件开放寄递网络，比如个人散件、个人退货件等。《消费者权益保护法》第 25 条规定了消费者的反悔权，当消费者退回商品并负担运费时，其所使用的就是个人快递服务。

二、电商快递服务的法律规范

（一）法律规范体系

我国快递服务已经形成了以法律、行政法规为核心，部门规章、规范性文件为内容的法律规范体系。《邮政法》第六章"快递业务"中对快递服务进行了单章规范共计 10 个条文，又在第七章"监督检查"、第八章"法律责任"中规定了相应的监督检查措施和行政责任。《快递暂行条例》则是规范快递服务的首部行政法规，共计 8 章 48 个条文。此外，为了实现快递服务的规范性操作，以及应对不断出现的新技术和新的经营模式，行业主管部门还制定了《快递市场管理办法》《快递业务经营许可管理办法》《智能快件箱寄递服务管理办法》等一系列部门规章、规范性文件，对快递服务进行法律规范。电商快递服务作为快递服务的一种类型，自然受到上述法律规范体系的约束，同时还要受到《电子商务法》相关制度的调整。

具体而言，在法律法规层面，调整电商快递服务的法律规范主要有《邮政法》和《快递暂行条例》。快递服务于 2009 年纳入《邮政法》的调整范围。目前，2015 年修订后的《邮政法》中涉及电商快递服务的规范主要体现在三个方面。其一，快递业务经营许可制度。《邮政法》明确规定，经营主体应当依法取得快递业务经营许可，也就是说，电商快递服务的提供有着严格的准入条件。其二，快递服务操作规范制度。快递服务提供过程中的收寄验视、禁限寄物品、用户信息保护等制度均被提出，快递服务组织提供电商快递服务的，需要遵循快递服务操作规范的一般规则。其三，明确法律责任。《邮政法》对与快递服务相关违法行为的法律责任做出规定。快递服务组织在提供电商快递服务的过程中，有无证经营、不正当竞争、损害快递安全、违反操作规范等行为的，应当依法承担责任。

《快递暂行条例》由国务院 2018 年公布并在 2019 年进行了一次修订，是我国第一部针对快递服务业的行政法规，地位仅次于《邮政法》。《快递暂行条例》鼓励快递服务业与电子商务的融合发展，对电商快递服务的法制化起到了重要作用：其一，界定了加盟快递服务组织的概念特征、权利义务、赔偿责任，规定了加盟经营模式下用户的损害赔偿请求权。在电商快递服务市场上占主导的"通达系"快递企业均为加盟快递服务组织。其二，明确了快递服务组织、寄件人双方的如实告知义务，特别强调寄件人应当如实提供寄件人的身份信息、收件人的名址信息、寄递物品的相关信息，以供快递服务组织查验。如实告知义务有定分止争的功效，对电商快递服务的完成非常重要。其三，优化快递服务标准，强化用户权益保障。对电商快递服务各环节中各方之间的权利义务进行了梳理，完善了验收妥投、无着快件、损害赔偿、信息管理、异常报告等制度。其四，促进快递服务业健康发展。《快递暂行条例》专设"发展保障"一章，涵盖基础设施、从业人员保障、服务网络布局、现代科技应用等方面。

在部门规章层面，电商快递服务受到《快递市场管理办法》《邮政业寄递安全监督管理办法》《智能快件箱寄递服务管理办法》等部门规章的调整。《快递市场管理办法》于 2008 年由交通运输部发布，现行版本修订于 2013 年。《快递市场管理办法》是快递服务业的行业引领规章，共计 7 章 52 条，专注于解决快递市场中出现的焦点问题，是电商快递服务法律规范化的重要制度来源。总结起来，主要体现为两大类规范。其一，规定快递服务的基本规范。要求快递服务组织遵循快递服务标准，规范经营活动；强调快递服务组织的服务承诺公示义务，以督促其制定合理的合同条款；明确快递服务组织及其从业人员的禁止性行为；完善快件赔偿制度，区分快递服务组织与用户存在约定、购买保价、未购买保价三种情形下的赔偿规则。其二，规定快递安全的基本规范。在收寄安全制度方面，明确禁止寄递物品的种类，要求快递服务组织建立严格的收寄验视制度；在应急保障制度方面，要求快递服务组织负有持续经营义务，在发生服务阻断或者停止服务时及时妥善处理；在监督检查制度方面，明确邮政管理部门的职权，并对违法行为制定必要的处罚措施。

2019 年交通运输部发布《智能快件箱寄递服务管理办法》，共计 35 条。《智能快件箱寄递服务管理办法》以规范智能快件箱的运营企业和使用企业为调整对象，对智能快递服务进行了全方位的规范，是我国第一部人工智能商业运用的部门规章。电商快递服务可以选择智能快件箱作为末端投递方式，从而提升服务的效率与安全，不过，此时必须充分尊重用户的合法权益，保障收件人的知情权、选择权等，并明确智能快递服务中的责任主体，快递服务组织始终须为快件的损害承担责任，不因与智能快件箱运营企业的约定而免除责任。

2020 年交通运输部发布《邮政业寄递安全监督管理办法》，共计 43 条。《邮政业寄递安全监督管理办法》旨在加强整个寄递渠道的安全管理，保障用户和从业人员的安全。无论是快递服务的提供者还是使用者都必须遵守寄递安全的原则和相关制度，电商快递服务的过程也不例外。电商快递服务的提供过程需要严格遵守各项安全制度，包括收寄验视制度、安全检查制度、视频监控制度、协议用户管理制度、寄递信息安全管理制度等，否则就要面临相应的行政处罚。

此外，行业主管部门还制定了为数不少的规范性文件，以应对快递服务提供过程中出现的具体问题。例如，2014 年国家邮政局发布的《寄递服务用户个人信息安全管理规定》，对快递用户个人信息进行规范，快递服务组织要依法处理在提供电商快递服务中获取的信息，不得非法收集、使用、加工、传输用户个人信息，不得非法买卖、提供或者公开用户个人信息。2014 年国家邮政局发布《无法投递又无法退回快件管理规定》，对无着快件进行规范，在电商快递服务提供过程中有时会出现收件人名址不详或无正当理由拒收快件的情形，此时，若无法退回电子商务经营者，应当按照无着快件进行处理。2016 年国家邮政局会同公安部、国家安全部发布《禁止寄递物品管理规定》，防止禁止寄递物品进入寄递渠道，电子商务交易不应成为禁止寄递物品流通的法外之地，快递服务组织应当从源头上遏止违禁物品进入寄递网络，并依法妥善处理违禁物品，维护寄递渠道的安全。2020 年国家邮政局发布的《邮件快件绿色包装规范》，旨在推进邮件快件包装绿色治理、减少环境污染，快递服务组织在提供电商快递服务的过程中，不仅要自身遵守绿色包装的相关规范，还应加强与上下游的协同，避免二次包装、过度包装，电子商务经营者提供的包装不符合要求的，快递服务组织依法不予收寄。

目前，《电子商务法》对电商快递服务的法律规范比较简单，为第 20 条、第 51 条、第 52 条三个条文，涉及两个问题：其一，电商快递服务的基本制度规范。基本制度规范围绕电商快递服务的服务内容、服务时限、履行标准、增值服务等展开，做了框架性的规定。其二，重点厘清了电商快递服务中商品的交付和风险负担制度。商品的交付时间为收件人的签收时间。商品的风险负担则根据快递服务系由电子商务经营者还是交易相对人进行选择，有所不同。其实，在电子商务法制定的第一稿第三章中，曾出现过专节"快递物流与交付"，但是由于当时基础理论研究不够充足、制度衔接不够成熟，最终未被采用通过。随着电子商务、快递服务行业的创新发展，电商快递服务的法律规范体系必然是一个运动的过程、开放的体系，电商快递服务的相关法律制度亦将随之不断更新、完善。

（二）电商快递服务中的法律关系

在电子商务中，快递服务为电子商务交易提供实物商品的线下交付。从这个角度而言，电子商务中的快递服务是快递服务组织按照寄件人的需求，向收件人提供实物商品寄递服务和相关增值服务的过程。因此，在分析电子商务中的快递服务时，必须厘清快递服务组织、寄件人（电子商务经营者）、收件人（电子商务交易相对人）几方之间的法律关系。

第一，寄件人与快递服务组织之间存在补偿关系。根据《民法典》第522条第1款的解释适用，这种补偿关系为当事人之间的合同之债。寄件人与快递服务组织为快递服务合同的当事人，满足快递服务合同的书面形式后，双方便基于合意达成快递服务合同，形成债之法锁，受合同义务的约束。在快递服务合同中，寄件人的义务较为简单，主要为交寄快件、如实填写和告知寄件人、收件人和寄递物品的具体信息、支付快递服务费用。而快递服务组织的义务较为复杂，包括给付义务和附随义务。给付义务主要包括：依据寄递物品的信息对寄递物品进行包装与分拣；安排合理的运输路线和运输方式；及时通知收件人签收并按照约定的方式投递快件。附随义务主要包括：寄递过程中的保密义务；及时提供查询的义务。需要注意的是，在电商快递服务中，电商企业（寄件人）属于协议用户，通常与快递服务组织以合同书的方式订立合同，从而约定双方的权利义务，而不仅限于快递运单的内容。

第二，寄件人与收件人之间存在原因关系。合同当事人与第三人之间法律关系为间接法律关系。在快递服务合同中，寄件人与收件人之间债的类型不受限制，可以是有偿，也可以是无偿，且不限于合同之债，只表明合同当事人将给付方向改为第三人的原因。然而，在电子商务交易关系背景下，寄件人与收件人的原因关系是双务有偿合同关系，即电商企业与交易相对人之间的买卖合同。这类买卖合同在《电子商务法》中被称为电子商务合同。不同于传统交易，在电子商务合同中，电商企业（出卖人）与交易相对人（买受人）身处异地，在整个交易过程中并不发生面对面的现实接触，因此，交付标的义务的完成需要借助快递服务组织等第三人才能完成。根据诚实信用原则的要求，电商企业负有合理安排货物运送的义务，当选择使用快递服务时，电商企业（出卖人）就成为快递服务合同法律关系中的寄件人，交易相对人（买受人）就成为收件人。本书认为，不能将快递服务组织理解为电商企业的履行辅助人，这是因为：其一，电子商务合同中货物的运送并不一定属于电商企业履行债务的范畴；其二，快递服务组织是独立的运送主体，在提供快递服务时并不受电商企业的指挥和监督。

第三，快递服务组织与收件人之间存在执行关系。由于欠缺第三人加入合同的意思表示，执行关系被认为是准合同之债。该种执行关系适用快递服务合同之债的一般规则，快递服务组织应当向收件人履行提供快递服务的义务，在承诺的时限内将快件交付至收件人的名址。根据《民法典》第522条的规定，当快递服务组织未向收件人履行债务或者履行债务不符合约定的，应当向寄件人承担违约责任。也就是说根据合同相对性，在电商快递服务中，快递服务组织应向电商企业（寄件人）承担违约责任，至于交易相对人（收件人）能否享有独立的给付请求权，需要法律的直接规定或者快递服务合同当事人的约定。实践中为了保护电子商务消费者的权益，当事人往往约定交易相对人（收件人）可以向快递服务组织主张违约责任，而快递服务组织对电商企业（寄件人）的一切抗辩亦得以对抗交易相对人（收件人）。此外，交易相对人（收件人）有权拒绝受领快件，一旦其作出不欲享有利益的意思表示，交付环节即告终止，快递服务组织应与电商企业（寄件人）协商快件的后续处理问题。

（三）快递服务合同

快递服务合同是快递服务组织提供在承诺的时限内完成物品寄递服务，寄件人或者收件人支付寄递费用的合同。其中，快递服务组织是以提供快递服务为营业，而收取服务费用的当事人；物品为快递服务的对象。快递服务合同的法律性质如下：

第一，快递服务合同以提供寄递服务为主要目的。快递服务合同的订立，并非意图实现财产权利的移转与让渡，而是为了提供寄递服务及相关的增值服务。寄递服务的提供需达到物品空间位置限时变换的效果，因此，在寄递物品的过程中，快递服务组织须保证快件的外观完好、功能无缺，不得出现毁损、灭失、短少的现象。除完成寄递服务的主给付义务之外，快递服务合同还具有代为收取货款、提供履约凭证等方面的增值功能。从合同的层面界定，快递服务合同是以快递服务行为为标的的合同。

第二，快递服务合同具有双务性、有偿性、要式性、诺成性的特征。快递服务合同具有双务性、有偿性。在快递服务合同中，快递服务组织负有在约定的时限内将特定的快件安全、迅速地运送至约定的地点，及时通知并交付于收件人的义务，而寄件人或者收件人负有按照约定支付相应服务费用的义务，两种义务互为对价关系，故快递服务合同属于双务、有偿合同。快递服务合同具有要式性。快递服务合同须以书面形式为之，包括快递运单、快递服务协议等。快递服务合同具有诺成性。快递服务合同的成立不以交付标的物为要件，寄件人和快递服务组织双方意思表示一致，快递服务合同即成立。交寄物品的占有状态及其变动并不影响合同的成立。

第三，典型的快递服务合同属于为第三人利益的合同。为第三人利益的合同，简称为利他合同，是指当事人为第三人设定了合同权利，由第三人取得利益的合同。① 在快递服务合同中，合同所涉及的相关主体依具体情形而定。当合同中的寄件人与收件人为同一人之时，该合同所涉及的主体只有订立合同的快递服务组织与寄件人双方。但是在通常情形下，寄件人与收件人并不一致，为相互独立的民事主体，电子商务中的快递服务合同即属于这种情况。典型的快递服务合同涉及快递服务组织、寄件人与收件人三方，寄件人和快递服务组织是合同当事人，收件人是合同的利益第三人，快递服务组织应当依照合同的约定，向收件人给付快件。由于收件人并非合同当事人，其在快递服务合同中不承担具体的义务，并有选择受领快件的权利。

三、快递服务中智能技术的应用与规范

（一）智能寄递服务的基本问题与法律关系

科技创新是企业降本增效的有效方式。2017 年，工业和信息化部制定并印发《促进新一代人工智能产业发展三年行动计划（2018—2020）》，要求以市场需求为牵引，积极培育人工智能创新产品和服务，推动智能产品在工业、交通、物流等领域的集成应用，逐步形成智能化网络基础设施体系。② 各大快递企业纷纷响应，对快递服务的各环节进行全方位的智能技术升级改造，典型的成功范例有电子运单、自动分拣、无人仓、大数据算法、卫星定位、智能快件箱、移动投递车等。其中，以智能快件箱为代表的智能寄递服务应用最为广泛，截至 2019 年底，主要城市布设智能快件箱 40.6 万组，箱递率达到 10% 以上，③ 深入大街小巷、千家万户。

智能快件箱，也被称为智能快递柜、智能快件柜、智能物流柜、智能自提柜等，是指提供快件收寄、投递服务的智能末端服务设施。该产品由储物终端与网络管理系统组成，具备智能存件、智能取件、远程监控、信息管理、信息发布等功能，是物联网领域的重要商业实践，有助于提升快递服务的标准化、效率化和安全系数。智能寄递服务，是指智能快件箱运营企业、智能快件箱使用企业通过智能快件箱为用户提供快递服务的方式。无论是智能快件箱运营企业（以下简称"运营企业"）还是智能快件箱使用企业（以下简称"使用企

---

① 崔建远：《合同法》，北京大学出版社 2021 年版，第 30 页。
② 《工业和信息化部关于印发〈促进新一代人工智能产业发展三年行动计划（2018—2020 年）〉的通知》（工信部科 [2017]315 号），载工业和信息化部官网，http://www.miit.gov.cn/n1146295/n1652858/n1652930/n3757016/c5960820/content.html，最后访问日期：2022 年 9 月 10 日。
③ 《2019 年中国快递发展指数报告》，载国家邮政局官网，http://www.spb.gov.cn/xw/dtxx_15079/202003/t20200327_2068989.html，最后访问日期：2022 年 9 月 10 日。

业"），在性质上都属于快递服务组织，应当依法取得快递业务经营许可。

智能寄递服务涉及寄件人、收件人、运营企业和使用企业四方主体。智能寄递服务法律关系以服务合同为主线，充分尊重寄件人与使用企业、运营企业与使用企业之间的意思自治。根据具体的服务内容，可以将智能寄递服务法律关系划分为两类：一类是快递服务合同法律关系；一类是智能快件箱服务合同法律关系。前者在寄件人与使用企业之间形成，遵循快递服务合同的权利义务内容，寄件人或收件人都可以选择使用智能寄递服务。后者在运营企业与使用企业之间形成，运营企业须向使用企业提供综合服务，包含快件存储、承揽通知、数据管理等，同时，使用企业获得使用智能快件箱进行收寄或投递的权限。本书认为，这种综合服务属于租赁合同和服务合同法律关系相互融合的产物。其一，租赁合同法律关系。运营企业为出租人，使用企业为承租人，智能快件箱为租赁物。在租赁期间内，运营企业负有如下义务：交付租赁物并使租赁物适于使用、收益的义务；维护智能快件箱设施正常运营的义务。使用企业负有如下义务：支付租金的义务；正确使用智能快件箱的义务；返还智能快件箱相应空间的义务。其二，服务合同法律关系。运营企业为提供人，使用企业为使用人，运营企业提供的信息交互服务为合同标的。此处的信息交互服务，是指运营企业通过其配备的信息系统，追踪快件收寄与投递的全过程，并及时将有关信息传送至使用企业、用户，如将其系统生成的取件密码通过信息发送至收件人。

此外，运营企业与使用企业、快递用户还会产生保管合同关系。正常使用智能快件箱期间并不产生保管合同关系，只有当使用企业、快递用户违反约定，超期占用智能快件箱的相应空间时，①才会产生以物品的保管为合同目的的独立的保管合同法律关系。保管合同为不要式合同，以寄存人的实际交付物品为成立要件，并不需要采取特定的形式，因此，使用企业、快递用户将交寄物品或快件滞留在智能快件箱内的行为，可以视为与运营企业达成合意，保管合同即告成立。保管合同可以有偿，也可以无偿，当事人之间可以自由约定保管费。实践中，运营企业一般都会向逾期占有智能快件箱空间的责任主体收取相应的保管费用。

（二）电子商务中智能寄递服务的法律规范

智能寄递服务较好地解决了电商快递服务"最后一公里"的投递难题，有

---

① 丰巢科技官方网站公示，智能快件箱的免费保管期限为 18 小时。参见丰巢科技官网，https://www.fcbox.com/，最后访问日期：2022 年 9 月 10 日。

效应对"门难进""楼难上"的现代工作居住环境的客观窘境，缓解使用企业的投递压力、减少爆仓现象的发生，据调查，快递业务员使用智能快件箱投递可以提高 2~3 倍的效率。[①] 然而，采用智能寄递服务进行投递改变了传统的电商快递服务模式，收件人必须面对智能快件箱做出意思表示，丧失了与快递服务组织面对面的沟通机会，同时，数据传输是智能寄递服务赖以运行的基础，收件人个人信息面临更大的泄露风险。2019 年交通运输部出台的《智能快件箱寄递服务管理办法》是智能寄递服务的基础法律规范。

（一）收件人知情权

收件人的知情权，是指收件人享有知悉其接受的快递服务的真实情况的权利。在智能寄递服务中，为了防止电子商务交易相对人作为收件人，被动接受智能寄递服务，在不了解智能快件箱运行机理的情形下承受后果，应当从法律规范层面保障收件人的知情权。

第一，收件人知悉智能寄递服务内容的权利。根据《快递市场管理办法》第 19 条的规定，使用企业应当在营业场所公示或者以其他方式向社会公布其服务种类、服务时限、服务价格、损失赔偿、投诉处理等服务承诺事项。服务承诺事项发生变更的，应当及时发布服务提示公告。智能寄递服务是快递服务的一种提供方式，使用企业自然应当履行服务公示义务。此外，运营企业还需特别公示快件的保管期和预期收费标准。《智能快件箱寄递服务管理办法》第 25 条规定，运营企业应当合理设置快件保管期限，保管期限内不得向收件人收费。

第二，收件人同意接受智能寄递服务的权利。《智能快件箱寄递服务管理办法》第 22 条规定，使用企业利用智能快件箱投递应事先征得收件人同意，除非寄件人交寄物品时指定智能快件箱作为投递地址。[②] 也就是说，允许使用企业在履行快递服务合同时变更约定的名址使用智能快件箱进行投递，但是由于变更行为增加了收件人的取件负担，因此，使用企业无权单方决定，而需征得收件人的同意。收件人的同意为明示同意，包括书面和口头形式。

第三，收件人跟踪查询快件信息的权利。收件人在智能寄递服务的过程中

[①]　一般而言，快递业务员使用传统方式的小件投递量为每日均 200 件，使用智能快件箱投递方式的小件投递量可达每日均 600 件。

[②]　《智能快件箱寄递服务管理办法》第 22 条规定："智能快件箱使用企业使用智能快件箱投递快件，应当征得收件人同意；收件人不同意使用智能快件箱投递快件的，智能快件箱使用企业应当按照快递服务合同约定的名址提供投递服务。寄件人交寄物品时指定智能快件箱作为投递地址的除外。"

可以通过使用企业的跟踪查询系统了解快件的寄递状态，如收件信息、转运信息、派送信息等。在智能寄递服务中，使用企业负有告知收件人取件信息的义务。只有知悉取件信息，收件人才能准确定位智能快件箱的布放地点，并输入正确指令打开相应格口。《智能快件箱寄递服务管理办法》第24条规定，使用企业按照约定将快件放至智能快件箱的，应当及时通知收件人取出快件，告知收件人智能快件箱名称、地址、快件保管期限等信息。使用企业委托运营企业通知收件人取出快件的，不得免除使用企业的告知义务。

（二）收件人验收权

收件人享有验收权，即收件人或其指定的代收人现场拆封快件包装，并依据快递运单记载事项查验快件外观、数量是否与记载相符，最终在快递运单上签字确认、收取快件。该权利属于收件人的法定权利，规定于《快递暂行条例》《快递市场管理办法》等法律规范之中。[①] 在智能寄递服务中，会出现收件人与智能快件箱人机交互的场景，要保障人工智能应用模式的可检验、可修正、可控制，不得减损收件人的法定权利。

第一，保障收件人验收权的正常行使。《智能快件箱寄递服务管理办法》第9条、第26条规定，运营企业应当为收件人验收、拒收快件提供技术条件，若收件人验收后发现快件损毁、内件短少的，可以拒绝签收。收件人应当在智能快件箱安装的监控设备下对快件进行拆封查验，如无异议则取走快件，如有异议则按照运营企业的提示将快件退回智能快件箱，智能快件箱按规定应当设置专门的退件格口或退件区。退件至智能快件箱为快递服务合同履行瑕疵的初步证据，待使用企业取回退件后进行人工干预，最终确定原因及责任。

第二，明确收件人验收权的行使时间。在智能寄递服务中，由于投递快件与取出快件存在时间差，导致收件人无法进行当面验收。实践中，存在投件说与取件说两种不同截然不同的做法。本书支持取件说，即将收件人取件的时间作为签收时间。具体而言，使用企业将快件投放至智能快件箱后，系统将自动生成取件码等信息并通知收件人，收件人前往指定智能快件箱输入或扫描取件码后，在监控设备下验收快件，之后关闭格口触动传感器表示确认签收。取件签收信息由智能快件箱的网络管理系统自动进行记录。

（三）用户个人信息保护

快递服务是融合信息交流、物品流动、资金流通等为一体的综合服务，信息的收集、处理和利用是快递服务过程顺利完成的前提。快递服务信息除具备

---

① 参见《快递暂行条例》第25条；《快递市场管理办法》第17条。

无形性、可复制性、零消耗性等信息的基本属性之外，还有如下特征：其一，集中性。快递服务的初始信息的绝大部分内容集中记载于一张快递运单之上。其二，流通性。快递服务信息按需在收寄、分拣、运输和投递各个环节之间有序流通。其三，延展性。伴随服务过程的演进，快递服务信息在初始信息之外会不断产生新的衍生信息，如处理流程的时空信息、用户的查询评价信息等。根据信息主体不同，快递服务信息分为用户信息和经营者信息，用户信息又包括个人用户的个人信息和单位用户的商业信息。其中，快递用户个人信息是指，在快递服务过程中所收集、处理和利用的，能够直接或间接识别个人用户身份的姓名、地址、证件号码、电话号码、快递详情单号和物品明细等。

国家邮政局在 2019 年印发的《邮政企业、快递企业安全生产主体责任落实规范》中要求："强化用户个人信息保护：……（3）严格履行保护用户数据的责任，收集、使用个人信息，应当遵循合法、正当、必要的原则，不得收集与寄递服务无关的个人信息，不得出售、泄露或者非法提供寄递服务过程中知悉的用户信息；……（7）建立快递运单及电子数据管理制度，妥善保管用户信息等电子数据，定期销毁快递运单；（8）在发生或者可能发生个人信息泄露、毁损、丢失的情况时，应当立即采取补救措施，并向事件所在地邮政管理部门报告，配合相关部门进行调查处理。"在智能寄递服务中，快递服务组织对快递用户个人信息的处理行为应当受到法律规制。其一，快递服务组织对用户个人信息的收集以明确告知信息收集的目的并获取用户的同意为前提。信息主体同意的意思表示须以明示的方式为之，并且该意思表示可由用户的代理人做出。其二，快递服务组织对用户个人信息的存储、使用和传输等处理行为需受目的拘束。快递服务组织的处理行为应当限定在用户授权范围之内，采取对个人权益影响最小的方式进行处理。其三，快递服务组织对其所处理的用户个人信息必须维护其安全。无论是在服务过程中，还是在服务完成之后，快递服务组织必须在组织层面和技术层面保障用户个人信息的安全，使其免遭泄露、篡改、丢失。

在智能寄递服务中，运营企业与使用企业一样负有用户个人信息的保护义务。运营企业通过智能快件箱网络管理系统获取用户个人信息，并对其进行存储、使用和传输，一旦保护不当，将会导致智能寄递服务中断、用户信息泄露等不利后果。为此，《智能快件箱寄递服务管理办法》第13条规定，智能快件箱运营企业应当依法保护用户的信息安全，防止信息泄露、毁损、丢失。除法律另有规定外，未经用户同意，不得向任何组织或者个人提供用户使用智能快件箱寄递服务的信息。

【李先生诉好鲜公司网络购物纠纷案】①

本案原告为消费者李先生。被告为好鲜公司。

2019 年 7 月 17 日,李先生在该店购入一箱奇异果,订单实价 29.8 元,红包抵扣 2.6 元,实付 27.2 元。同日,好鲜公司通过某快递公司发货。7 月 18 日,包裹被存放至李先生所在小区的智能快件箱。李先生称快递公司未经其允许擅自将包裹放置智能快件箱 2 天,放置后也未电话或短信告知他。7 月 20 日,包裹被快递员取出,退回至好鲜公司。7 月 27 日,物流信息显示退回的包裹已被好鲜公司签收。看到物流信息后,李先生认为自己全程被"蒙在鼓里",感到十分生气,于是联系好鲜公司,要求退还货款,却被好鲜公司拒绝。李先生遂将好鲜公司诉至广州互联网法院,请求法院判令好鲜公司退还款项 29.8 元。被告好鲜公司未到庭,也未作答辩。

本案中双方的争议主要集中在以下几点:

(1)好鲜公司是否应将案涉商品货款返还给李先生?

(2)快递员未经同意能否将快递投入快递柜?

案涉商品为生鲜产品,根据《消费者权益保护法》第 25 条第 1 款规定,涉案商品不适用 7 天无理由退货。但该条款适用的前提是消费者收到商品,李先生并未收到案涉商品,也未收到收货或取货通知。网上购物约定通过快递物流方式发货的,收获人签收时视为交付货物。货物所有权在买方签收时即发生转移,所有权转移标的物的风险随之转移,在交付之前非因买卖双方的原因导致货物毁损灭失的风险由卖方承担,交付之后其风险应由买方负担。本案中李先生并未签收案涉商品,所以案涉商品并未交付,商品的毁损的风险和责任均由商家承担。根据《电子商务法》第 20 条规定,运输过程中的风险和责任应由好鲜公司承担。快递公司未经收件人同意,擅自将包裹投放至智能快件箱且未告知相关信息导致包裹被退回的,消费者可以依据买卖合同及《电子商务法》第 20 条的规定向商家主张权利。商家赔偿后,可以基于其与快递公司的运输合同约定另行追偿。并且,涉案平台《争议处理规则》第 10 条规定:卖家将发货商品交付承运人后买家签收前,商品风险由卖家承担。根据《智能快件箱寄递服务管理办法》第 22 条规定:"智能快件箱使用企业使用智能快件箱投递快件,应当征得收件人同意;收件人不同意使用智能快件

---

① 资料来源:许燕玲:"快递未获同意就'入柜',遭遇纠纷谁来赔",载《人民法院报》2020 年 6 月 3 日,第 3 版。

箱投递快件的，智能快件箱使用企业应当按照快递服务合同约定的名址提供投递服务"，即未经收件人同意，包裹不能被放至智能快件箱。对于放入智能快件箱的物品，《智能快件箱寄递服务管理办法》第24条第1款规定："智能快件箱使用企业按照约定将快件放至智能快件箱的，应当及时通知收件人取出快件，告知收件人智能快件箱名称、地址、快件保管期限等信息。"而对于生鲜产品、贵重物品，《智能快件箱寄递服务管理办法》明确规定不得使用智能快件箱投递。这是因为在实践中，此类物品被放入智能快件箱，收件人开箱验货的环节就会被跳过，一旦出现产品变质或其他问题，很容易产生退货纠纷。综上，快递公司未经收件人同意，擅自将包裹投放至智能快件箱且未告知相关信息导致包裹被退回的，消费者可以依据买卖合同及《电子商务法》第20条的规定向商家主张权利。商家赔偿后，可以基于其与快递公司的运输合同约定另行追偿。由于快递公司擅自将生鲜产品投递于智能快件箱，且未履行告知义务，导致李先生未收到案涉商品，此风险应由好鲜公司承担。李先生诉请好鲜公司退还货款，事实清楚，理由充分，广州互联网法院予以支持，故判决：

（1）被告好鲜公司于本判决生效之日起10日内向原告李先生退还货款27.2元。

（2）案件受理费由被告好鲜公司承担。

2019年广州互联网法院一审宣判后，双方当事人均未提起上诉，该案判决现已发生法律效力。

第二节 快递服务的经营主体

一、快递服务组织及其市场准入

（一）快递服务组织

快递服务的提供者系快递服务组织。在立法实践和业务操作中，存在"快递企业""经营快递服务的企业""快递服务组织"等称谓，其中"经营快递服务的企业"在法律规范文件中使用最为广泛。这里有一定的历史缘由，因为在快递市场初创之时，"快递企业"与"邮政企业"属于相对应的概念，前者提供的是竞争性的市场服务，后者提供的是公共性的普遍服务。而我国第一家从事快递业务经营的中国邮政速递物流股份有限公司则属于邮政企业中国邮政集团公司下设的直属单位，为了解决这一法律适用上的难题，行业主管部门提出

"经营快递服务的企业"这一概念，[1] 从而将从事快递服务经营的邮政企业纳入法律规范调整的范围。尽管到今天，无论是快递服务内容还是服务监管等方面，邮政企业、快递企业在从事快递经营活动中已无太大区别，但是之前的立法技术性方案仍然沿用。

本书认为，结合现今的行业发展趋势和法律规范需求，应当采用"快递服务组织"概念作为快递服务提供者的统一称谓，这也是《快递服务》国家标准所采用的术语。[2] 快递服务组织，是指依法具有相应资质，从事快递服务经营活动的机构。快递服务组织的本质是市场经营主体，应当在中国境内依法注册并符合快递市场准入的条件，既包括快递企业、邮政企业等企业组织，也包括提供快递服务的企业的加盟企业和代理企业。显而易见，相较其他称谓，"快递服务组织"这一术语更为灵活、宽泛，能够将更多的市场经营模式包涵其中，为今后快递市场准入的进一步放开预留充足的法律空间。

快递服务组织应当在法律规定的业务范围内提供信件、包裹、印刷品等物品的寄递服务。信件包括信函、明信片两大门类，其中，信函是指以套封形式按照名址递送给特定单位或者个人的缄封的信息载体。包裹是指按照封装上的名址递送给特定个人或者单位的独立封装的物品。印刷品包括出版物、包装装潢印刷品和其他印刷品，书籍、报刊、期刊等均属于印刷品的范畴。当然，快递服务组织的经营范围也要受到一定的限制。主要体现为：[3] 其一，邮政专营的限制。国务院规定范围内的信件寄递业务，由邮政企业专营。其二，国家机关公文的限制。快递服务组织不得寄递国家机关公文。其三，外资企业经营范围的限制。为了维护国家安全，禁止外商投资经营信件的国内快递业务。

（二）快递市场的准入制度

市场准入是政府参与经济和干预经济的一种必要手段，依据一定的规则，允许市场主体进入特定的市场领域从事生产经营活动。基于快递服务业的规模经济效益和准公共服务属性，[4] 需要政府从市场入口以直接规制的方法对快递服务组织按照法定的条件和程序进行筛选，从而在实现市场资源优化配置的同时

---

[1] 经营快递业务的企业是指取得快递业务经营许可、有权提供快递服务的企业；快递企业内涵外延较小，专指邮政企业以外的经营快递业务的企业。参见马军胜：《中华人民共和国邮政法释义》，法律出版社 2010 年版，第 127 页。

[2] 参见《快递服务 第 1 部分：基本术语》国家标准第 2.2 条的规定。

[3] 参见《邮政法》第 51 条、第 55 条的规定。

[4] 郑佳宁："快递市场外资准入的现实挑战与法律应对"，载《暨南学报（哲学社会科学版）》2017 年第 3 期。

维护社会的公共利益，这便是快递市场采用准入制度的原因。狭义的快递市场准入制度包括快递服务组织进入市场的方式、条件、程序等系统性规定。

目前，我国快递市场的准入方式为行政许可，即行政机关根据相对人的申请，经审查后决定是否解除法律的普遍禁止，并且允许相对人从事某类行为的权利或者资格的行政行为。①《邮政法》第51条规定："经营快递业务，应当依照本法规定取得快递业务经营许可；未经许可，任何单位和个人不得经营快递业务。"换言之，取得邮政管理部门颁发的经营许可证是快递服务组织进入市场从事快递经营活动的前提条件。

关于快递市场的准入条件，《邮政法》《快递业务经营许可管理办法》等法律规范做了详尽的规定，②具体如下：

第一，组织形态。现阶段，快递服务的提供者应当具有企业法人资格，国家机关、事业单位、个人独资企业、合伙企业、企业的内设机构与分支机构、个体工商户等主体均不得从事快递经营活动。

第二，注册资本。经营快递业务，快递服务组织需满足最低注册资本的要求。《邮政法》以经营地域范围为标准，分别设置不同的最低注册资本额要求：③提供区域快递服务的，企业的注册资本不得低于人民币50万元；提供国内快递服务的，企业的注册资本不得低于人民币100万元；提供国际快递服务的，企业的注册资本不得低于人民币200万元。

第三，服务能力。快递服务组织的服务能力应与其经营的地域范围和业务种类相匹配，申请区域、国内、国际范围内经营须依次具备更高的服务能力，申请收寄、分拣、运输、投递不同环节经营仅须具备与业务范围相适应的服务能力即可。具体而言，快递服务组织的服务能力由网络与寄递能力、快件处理场所设施、快件跟踪查询信息网络、高质量从业人员等方面组成。

第四，服务质量管理制度。快递服务组织应当具备完备的服务质量管理制度，包括但不限于服务承诺、服务项目、服务价格、服务地域、赔偿办法、投诉受理办法等。同时，快递服务组织还应当建立科学完备的业务操作规范，涵盖收寄验视、分拣运输、派送投递、业务查询等诸多规则。

第五，安全保障制度。快递服务组织应当形成严格的安全保障制度，切实

---

① 马怀德：《行政法学》，中国政法大学出版社2019年版，第175页。
② 参见《邮政法》第52条；《快递业务经营许可管理办法》第6条、第7条、第8条、第9条的规定。
③ 参见《邮政法》第52条的规定。

执行从业人员安全、用户信息安全、寄递渠道安全等核心制度，同时配备相应的安全设备设施和技术措施，并做好突发事件的应急预案。

关于快递市场的准入程序，企业应当根据申请经营的地域范围和业务范围选择向所在地省一级邮政管理部门提出申请，跨省经营或经营国际业务的，应当向国务院邮政管理部门提出申请，并提交相应材料。邮政管理部门应当在合理期限内进行审查，作出批准或者不予批准的决定，予以批准的，颁发《快递业务经营许可证》并公告；不予批准的，书面通知申请人并说明理由。快递业务经营许可证的有效期为五年。为了响应简政放权、转变政府职能的要求，国家邮政局于2018年7月30日印发《进一步优化快递业务经营许可工作方案》，提出将审批时限压缩一半、申请材料精简一半、充分利用信息化手段，进一步提升政务服务效能的要求。据此，跨省申请许可和经营国际快递业务经营许可的审批时限由45个工作日压缩至22个工作日，省内申请许可的审批时限压缩至13个工作日。同时，申请时需要提交的材料也被简化为八项，以最大程度减轻申请许可对企业可能带来的负担，即申请书；企业名称预核准通知书或者企业法人营业执照扫描件；企业法定代表人身份证明扫描件；分公司（营业部）、子公司名录；场地使用证明；安全保障制度和措施；加盟合同协议或意向书；国际业务网络证明材料（申请国际业务时须提交）。此外，不断改进信息化技术，推广电子证照、电子签名和电子签章的应用，以实现行政许可、年度报告、备案等工作网上全程公开办理。

二、直营快递服务组织

采取直营模式提供快递服务的经营主体是直营快递服务组织。直营模式，是指以快递总公司为主导，由其直接投资的经营网点提供具体的快递服务，并对各地的经营网点进行统一管理的快递经营模式。在我国，采取该模式提供快递服务的主要有中国邮政速递物流股份有限公司和顺丰速运有限公司。

（一）直营模式的组织结构

直营快递服务组织是一种典型的"总公司——子公司——分公司"的金字塔组织结构。金字塔的上层为总公司，由其构建并管理公司事业的组织系统；中层为在一定区域设立的快递子公司，负责特定地区快递公司的组织管理和专项业务；下层为区域内部的若干快递分公司，负责在其所属区域内开展具体的快递业务。其中，主要由最下层的分公司来从事快递服务末端的收寄、投递活动。这种金字塔组织结构是由快递服务的全网性特征所决定，快递服务的全网性主要体现为三个方面：首先，快递服务覆盖的地域范围广，需分散在各地的经营网点通力协作，形成贯穿一体的寄递网络；其次，快件的寄递需要依靠完善的运输网络，包括干线运输网络和末端的收寄网络、投递网络；最后，快递服务需要在统一的信息系统下进行指挥调度和财务结算。

在金字塔组织结构中，直营模式下的快递总公司持有子公司的全部股份或一定比例以上的控股股份。根据母子公司的基本法律规则，快递总公司与快递子公司之间的关系为各自独立的法人，并非公司内部体制中的行政隶属关系，但是快递总公司可以基于股权行使资本多数决来影响快递子公司的重大经营事项，对其进行宏观和间接的管理。而直营模式下的快递分公司与其本公司之间则属于公司体制内部的管辖关系，快递分公司作为其本公司的分支机构，在法律地位上依附于本公司。本公司参考经营地域、业务种类等因素对快递分公司的资金、业务、人员等进行合理分配和统一调度，从而实现对分支机构经营管理的直接和全面控制。

（二）快递子公司的法律地位

快递子公司作为独立法人，无论快递总公司拥有其多少股权，均无权撼动子公司的法人地位，二者需在业务经营和事务管理上保持法律上的明确区分，并依自己责任的基本法则，对各自的行为负责。然而，实践中快递服务组织的运营并非如法律最初设定的那般理想化，快递业务具有极强的全网性特征，快递总公司不仅通过股权持有对快递子公司的网点进行宏观管理，还凭借统一信息系统控制着各网点的物流调度和财务结算。如此这般，就意味着快递总公司实际直接控制、支配快递子公司的经营活动，二者具有业务混同之嫌。此外，在直营模式下，快递总公司与下设子公司之间的财产很难做出清晰区分，极易发生日常营业利润、公司账目等财产混同的情形。业务或财产的混同，必然会导致子公司法人人格形骸化，使得子公司成为母公司经营的工具。①

公司独立承担法律责任的基础为法人制的现代经济组织形式，法人制下公司股东出资产生公司财产，公司对该部分财产享有独立的所有权，并以其作为对外承担法律责任的来源和限度。然而，法人制时常成为股东逃废或者悬空债权的工具。针对这一现象，我国《公司法》引入了法人人格否认制度。本书认为，当快递总公司与其下设子公司之间具有业务或财产上的混同时，二者之间明确的法人界限已被打破，本质上违反了公司独立法人地位存在的基本要件，因此，可直接通过法人人格否认制度，使快递总公司与快递子公司共同对外承担连带赔偿责任。换言之，在此种情形下，如果快递子公司在提供快递服务过程中，导致快递

---

① 赵旭东：《公司法学》，高等教育出版社 2015 年版，第 9~10 页。

用户及他人的合法权益受损时，受害人对快递总公司和子公司均享有损害赔偿请求权。实践中，快递子公司多为总公司全资投资，此时应按照一人公司的规定，[①]实行举证责任倒置，由快递公司承担证明人格混同事实不存在的举证责任。

（三）快递分公司的法律地位

在直营模式下，快递分公司隶属于快递总公司或快递子公司，其在快递服务网络中扮演着重要的角色，主要体现在收寄、投递环节。快递服务的末端环节经营环境复杂、业务繁琐，实践中被称为"最后一公里"难题，这就需要直营模式下的快递分公司直接与快递用户"对话"，提供"门到门"的快递服务，以保障快递服务的有效完成。显然，快递分公司所提供的收寄或投递服务是整个快递服务的"触点"，其行为直接影响快递用户的服务体验，因此，必须通过行之有效的责任制度对快递分公司提供服务的行为进行有效的管控，以提升快递服务的品质。然而，需要注意的是，快递分公司并不是法律意义上的独立主体，法律只能通过向设立分公司的本公司追责，以间接规制快递分公司的行为。

基于快递分公司的法律地位，虽然如收寄、投递等服务行为系由分公司履行，但是其本公司才是快递服务合同的主体。快递分公司依其设立主体的不同，可分为两类：一是快递总公司直接设立的快递分公司；二是由快递子公司设立的快递分公司。因此，快递总公司和快递子公司都有可能成为快递服务合同的主体。依快递服务合同之要旨，快递公司应当在约定的时限内，安全而迅速地将快件运至收件人处，这是其必须履行的基本义务。如果快递分公司在提供快递服务的过程中，导致快件毁损、丢失、短少或者快件迟延时，实属合同义务之不完全履行或迟延履行，依据分公司与本公司在法律上的管辖与隶属关系，快递总公司或子公司需对用户承担违约责任。此外，快递服务的安全亦直接牵动着用户的人身和财产安全，快递服务组织应尽到合理的注意义务，维护正常的寄递秩序，保障用户和他人的合法权益，实现自我利益与他人自由的有机平衡。如果快递分公司在提供快递服务行为的过程中，因其不法行为而造成用户或他人合法权益受损的，快递总公司或子公司应对受害人承担相应的侵权责任。

三、加盟快递服务组织

采取加盟模式提供快递服务的经营主体是加盟快递服务组织。加盟模式是指，被加盟者在服务网络、组织结构、人员培训以及经营管理等方面为加盟者

---

① 《公司法》第 63 条规定："一人有限责任公司的股东不能证明公司财产独立于股东自己的财产的，应当对公司债务承担连带责任。"

提供支持，加盟者则需给予相应对价并提供某一环节的快递服务，且加盟者之间相互协作的快递经营模式。加盟模式最早由申通快递有限公司创立，在快递行业发展如火如荼的今天，该经营模式因能以相对较低的投资成本在短时间内快速实现快递市场网络布局的优势，成为我国众多快递服务组织的首选。如申通快递有限公司、圆通速递有限公司、中通快递股份有限公司、杭州百世网络技术有限公司和上海韵达货运有限公司等。

（一）加盟模式的组织结构

在加盟模式中，无论是加盟者还是被加盟者都必须是取得快递业务经营许可证的法人，所以，基层的快递经营网点一般不具有法人资格，其仅为加盟者的分支机构。加盟模式的组织结构包含纵向和横向两重法律关系。①

纵向法律关系是指，加盟者和被加盟者基于加盟合同所形成的权利义务关系。在纵向法律关系中，依据快递加盟合同，被加盟者对加盟者负有授权其使用品牌商标、商号、快递运单、运输网络等经营性资源，并对加盟者的人员培训、组织架构以及经营管理等方面予以协助指导等义务。与之相应，加盟者负有支付相应的加盟费、提供标准化快递服务、不得无故停业以及接受被加盟者监督等义务。加盟者与被加盟者之间的纵向法律关系是加盟模式中的主线，其支撑了加盟模式的主体法律结构。

横向法律关系是指，横向的各个加盟者之间根据快递服务的需要所形成的合作关系。虽然，从表面上来看，作为独立的经营主体，各加盟者分别在其经营区域内提供快递服务，各自为政，彼此之间似乎并不存在任何权利义务关系，其仅与授予特许经营权的被加盟者之间存在纵向法律关系。但是，快递服务的实现依托于整个服务网络，每票快件的寄递由收寄、分拣、运输、投递四个环节构成，这便意味着处于不同环节的加盟者之间将不可避免地发生交集，产生横向法律关系。在横向法律关系中，数个加盟者均为独立的经营主体，他们通过相互合作对快件的分拨、运输和结算等事宜做出安排，按照相互之间的约定履行具体的义务。横向法律关系，是整个加盟模式中的辅线，其与纵向法律关系的结合能够彻底盘活整个快递服务网络，保障快递服务的顺利进行。归根结底，加盟模式的组织结构，由纵向的加盟合同和横向的合作关系共同编织而成，呈现出纵横交错的之态。

---

① 参见郑佳宁："我国快递行业发展的'潘多拉之盒'——快递加盟连锁经营模式之法律问题探讨"，载《河南社会科学》2016 年第 3 期；郑佳宁："从结束开始：快递末端投递法律问题再审视"，载《大连理工大学学报（社会科学版）》2016 年第 4 期。

（二）加盟者的法律地位

当事人缔结合同，意在保证快递服务的顺利进行，而合同目的的实现，则有赖于债权债务的履行。加盟者作为快递服务的具体实施者，其合同义务主要包括以下三项：一是须根据快递加盟合同，在所授权的特定区域内提供某一环节的快递服务，并接受被加盟者的监督；二是须根据横向的合作关系，履行相应环节的职责，确保快件的正常流转；三是须妥当履行快递服务合同中的义务，在特定的时限内，安全且迅速地将快件送至收件人处。

义务意味着对行为的约束与限制，一旦合同的履行遭遇阻碍，法律就应当提供相应的应对措施和手段，防止当事人的合同权利落空。因此，如果加盟者逾越快递加盟合同，恣意行为，那么被加盟者可以要求加盟者承担违约责任。除了违约责任之外，加盟者在从事快递经营活动的过程中，亦须维护他人的自由，合理地限定自己行为的界限，担负起对快递用户和他人的人身与财产安全的合理注意义务。如果加盟者违反了该注意义务，对快递用户及他人的合法权益造成损害，应当承担侵权损害赔偿责任。

关于加盟者的法律责任，《快递市场管理办法》第14条规定，以加盟模式从事经营快递业务的，加盟者与被加盟者应当就用户合法权益发生损害赔偿后的损害赔偿责任进行约定。根据合同相对性原则，加盟者与被加盟者之间关于责任的约定对合同以外的第三人不具有效力。所以，不能以此认为，当加盟者的违约行为或者侵权行为导致快递用户合法权益产生损害的，需依据加盟者与被加盟者之间的约定确定责任主体。本书认为，根据立法者的本意，该条所规定的加盟者与被加盟者就损害赔偿责任的约定，是双方关于责任内部分配的约定，不影响外部责任的承担规则。

（三）被加盟者的法律地位

加盟合同，作为连接加盟者与被加盟者之间的法锁，其在成立并生效后须被双方严守，合同主体应依约履行合同义务。一旦依加盟合同所形成的纵向法律关系遭到破坏，整个快递服务将无从进行，加盟者会因此陷入进退维谷的境地。

因此，当被加盟者怠于履行加盟合同，或者履行行为不符合约定之时，其须对此承担违约责任，以补偿加盟者所产生的损失。除此合同义务之外，被加盟者作为快递加盟模式组织结构中的"指挥中心"，负责指导、调控快递服务的各个环节，一旦"指挥中心"失灵，寄递网络将会随之而陷入瘫痪。基于被加盟者的重要地位，被加盟者应当承担三项法定义务：一是信息披露义务，被加盟者应当及时向加盟者披露有关快递经营的重大事项，包括但不限于网络、品牌和股权的变动；二是全网服务义务，被加盟者负责提供安全、高效和畅通的快递服务网络，并对加盟者之间的关系进行管理与协调；三是持续经营义务，被加盟者不得擅自停止快递经营活动，并须承担起某一加盟者退出经营活动后该区域内的快递服务的提供。

因被加盟者并非快递服务合同主体，一旦发生快递服务的履行瑕疵，快递用户无法根据快递服务合同向被加盟者追责。而正如前文所述，鉴于加盟快递服务组织的特殊构造，被加盟者对此实际上有不可推卸的责任。为了维护快递用户的合法权益，《快递暂行条例》采纳了理论界和实务界"一票到底"的责任承担规则，要求被加盟者与加盟者对用户合法权益的损失承担连带赔偿责任。《快递暂行条例》第 19 条第 3 款规定："用户的合法权益因快件延误、丢失、损毁或者内件短少而受到损害的，用户可以要求该商标、字号或者快递运单所属企业赔偿，也可以要求实际提供快递服务的企业赔偿。"本书赞同被加盟者应与加盟者承担连带责任，但是横向关系中的加盟者应当如何承担责任，还需深思熟虑。本书认为，应当对连带责任的主体进行限缩，考虑到与用户利益损害的密切联系程度，应当将横向关系中的责任主体限定为收件方加盟者和投递方加盟者。此外，这种连带责任是不真正的连带责任，允许任何一方在对外承担相应的责任以后，仍能享有对真正的过错方请求赔偿的权利。此时的请求对象不再限于上述的连带责任主体，而应由真正的过错方承担最终的赔偿责任，除上述连带责任主体之外，还包括分拣方加盟者、运输方加盟者等涉及快递服务活动的其他主体。

四、平台快递服务组织

采取平台模式提供快递服务的经营主体是平台快递服务组织。平台模式是指，平台经营者利用互联网等信息网络技术构建平台，为快递用户、快递公司等多方提供网络快递管理服务的经营模式。网络快递管理服务包括但不限于提供网络交易场所、交易撮合、信息发布、数据处理、数据传输等服务内容。平台模式是近年来我国平台经济兴起后，商业模式创新在快递服务业经营活动上的体现，其代表企业为 2013 年由阿里巴巴牵头成立的菜鸟网络。经过理论与实践的检验，平台快递服务组织的法律地位得到了肯定，2019 年修订的《快递业务经营许可管理办法》明确了这类新型快递经营主体的合法性，要求其必须具备相应的信息处理能力，并依法取得快递业务经营许可证。[①]2022 年 9 月，

---

① 《快递业务经营许可管理办法》第 7 条第 1 款规定："……（四）通过互联网等信息网络经营快递业务的，有与申请经营的地域范围、业务范围相适应的信息处理能力，能够保存快递服务信息不少于 3 年；……"

抖音电商开放"音需达"平台服务，京东快递、圆通速递、申通快递、韵达速递等多家快递公司接入，采用平台模式为用户提供电商快递服务。

（一）第四方物流（快递）平台

平台快递服务组织系通过信息网络提供快递服务的经营主体，旨在建立起快递用户和快递公司之间的桥梁，对信息进行汇集匹配，并以此为基础转化为有效交易。在实务界，平台快递服务组织往往被定性为第四方物流（快递）平台，此因沿用物流行业的术语习惯而来。根据承担主体不同，传统的物流形式可以分为：第一方物流，卖方自行承担仓储、运输等物流服务；第二方物流，买方自行承担仓储、运输等物流服务；第三方物流，由独立于买卖双方的专业物流服务第三方承担专项或全面的物流服务。[①]第四方物流的概念，最早由美国埃森哲公司（Accenture）在 1998 年提出，是指对企业内部和具有互补性的物流服务提供商的资源、能力、技术进行整合管理，并提供一整套供应链解决方案。[②]在此概念下，第四方物流企业主要提供的是供应链管理服务。随着信息网络技术的发展，某些第四方物流企业从传统中介模式转向平台经济模式，第四方物流平台随之诞生，即利用互联网等信息网络技术整合第三方物流企业的资源，向用户提供物流管理服务的经营者。以菜鸟网络为代表的经营主体，同时通过信息网络提供物流服务和快递服务，因此被称为第四方物流（快递）平台。

平台快递服务组织是快递市场高速发展阶段才会出现的业态，是社会分工不断深化的产物，是快递服务运作专业分工信息化、精细化的结果。这就要求平台快递服务组织对服务地理、服务环境、服务政策以及服务对象都有着更为精准的掌握与控制，换言之，平台快递服务组织应当在电商企业、用户和第三方快递企业之间占据核心地位，通过信息技术优势进行快递服务的组织和运行，充分发挥数字时代信息的引导力量。在电子商务中，平台快递服务组织是一体化快递服务方案的组织者，一方面为电商企业和用户规划完整的快递服务解决方案，以满足电子商务线下履约的需求；另一方面则充分调配和管理自身及第三方快递企业的资源，从而确保快递服务方案的全面提供。具体而言，平台快递服务组织所提供的网络快递管理服务，具有如下特征：

---

① 参见王之泰："第三方物流理论与实践"，载《中国流通经济》2018 年第 3 期；《国家标准 物流术语》（GB/T 18354-2021）的规定。

② John Gattorna, Strategic Supply Chain Alignment: Best Practice in Supply Chain Management, Gower Publishing Limited (1998), p.425.

　　第一，综合性。综合性是指平台快递服务组织提供的服务内容涵盖了快递服务的各个阶段。在交易准备阶段，向快递用户和快递公司开放注册服务，双方可以上传需求信息和供给信息，并结合相应数据做出服务资源配置的建议。在交易缔结阶段，平台快递服务组织提供自动化缔约系统和电子面单系统，帮助双方缔约并将成交的快递服务信息以数据的形式记载，从而提升快递服务的效率。在交易履行阶段，平台快递服务组织通过对电子面单扫码采集分析数据，及时掌握快件的寄递动态，并向快递用户和公司反馈。

　　第二，远程性。远程性是指平台快递服务组织所提供的综合性服务，并不要求第四方物流（快递）平台与快递用户、快递公司处于同一时空。在传统快递服务合同的履行过程中，快递用户和快递公司之间必然存在直接的物理互动；而依托第四方物流（快递）平台，双方可以在不同地点提供和接受快递服务，并且对快递服务进行环节拆分、节点管理。例如，菜鸟网络在电子运单管理中开发运用的"三段码"技术完美实现了不同时空、不同环节的完美对接。[①]

　　第三，持续性。持续性是指平台快递服务组织所提供的服务是一个持续不断的过程，自快递用户、快递公司注册账户至其注销账户期间，平台快递服务组织都应按照合同约定持续不断地提供快递网络管理服务。正如前文所述，全网性的持续经营是快递服务业正常运行的根基，因此，服务期限、条件不宜限于特定的交易活动，而是应该尽可能地保持一段时间的稳定，以维系平台与快递公司之间的合作关系。2017年的"丰鸟之争"事件的一个重要诱因，就在于合同续期时菜鸟网络欲单方面修改合作条件所造成。

　　（二）平台快递服务组织的法律地位

　　在平台模式下，平台快递服务组织的性质为平台经营者，其并不直接配置资产从事快递服务经营活动，而是为快递用户、快递公司提供网络快递管理服务。平台快递服务组织具有如下法律特征：其一，平台快递服务组织是网络企业法人。平台快递服务组织首先是运用互联网等信息网络技术形成网络进行经营活动的商主体，其次考虑到平台运营的管理成本，平台快递服务组织应采取法人的商组织形式。其二，平台快递服务组织是第四方物流（快递）平台的运营者。平台快递服务组织对其投资设立或继受取得的第四方物流（快递）平台

---

　　① 所谓"三段码技术"，是指通过三段有规则的编码，来表示特定的快递服务节点信息。其中，第一段表示目的地中心及快件类型；第二段表示目的地分公司及分部；第三段表示派送路线或派送员。经由三段码技术，菜鸟网络可以充分收集各个环节的数据，并在后续处理与利用的基础之上，实现对"天网、地网、人网"三网的逐步优化。

享有运营的权利，换言之，第四方物流（快递）平台是其从事快递服务的经营工具。其三，平台快递服务组织运营平台的目的，是为了他人的快递服务供需提供服务。正如前文所述，平台快递服务组织不是自己独立承担一票物品的寄递，而是通过互联网等信息网络技术为快递用户、快递公司提供平台支持。

作为平台经营者，平台快递服务组织主要享有如下权利：其一，对第四方物流（快递）平台的运营权。第四方物流（快递）平台是归属于平台快递服务组织的虚拟财产，后者享有对前者的支配权，包括对第四方物流（快递）平台采取何种技术手段和管理措施，也包括允许哪些快递用户、快递公司使用该平台。其二，对平台交易规则的制定权。平台快递服务组织有权独立制定网络快递服务的交易规则，包括但不限于服务品牌、服务对象、服务时效、服务追踪等，快递用户、快递公司通过平台提供快递服务的行为都应当遵守上述交易规则。其三，对快递服务信息以及其他交易信息的管理权。快递服务信息包括用户信息和经营者信息，是在快递服务各个环节中所产生的全部信息的总和。[①]基于快递服务管理的需要，平台快递服务组织有权要求快递用户、快递公司在使用平台服务时提供真实信息并进行审查，同时，还可以在法律允许的范围内收集、处理、传输、存储快递服务信息以及其他交易信息。其四，对快递用户、快递公司违法违规行为的处罚权。依据社会共治原则，平台快递服务组织具有维护网络交易秩序的公共职能，可以对其用户在平台内的违法违规行为如违反寄递安全的行为、违反公平竞争的行为等进行处罚，具体的处罚措施包括但不限于警告、降权、罚款、删除、屏蔽、断开链接、终止交易和服务等。

作为平台经营者，平台快递服务组织主要负有如下义务：其一，为快递用户、快递公司提供网络交易场所的义务，保障快递用户、快递用户分别以个人或企业的身份接入第四方物流（快递）平台。其二，向快递用户、快递公司发布服务信息的义务，并根据供需要求进行匹配建议，撮合双方在线缔结快递服务合同。其三，为快递用户的价金提供资金托管支付服务，当快递服务完成之后再与快递公司进行结算。其四，向快递公司提供快递数据管理的义务，主要体现为电子面单、寄递路线、投递网点的数据处理与算法决策，从而维护快递服务网络的有效运行。其五，向快递用户提供快件信息查询的义务，保证其可以对一票快件的流通节点信息有效知悉。其六，为双方提供交易信用评价的义务，对快递服务质量进行完整、系统的评价，并妥善处理快递用户的相关投诉。

---

① 郑佳宁："'谁动了我的信息？'——快递服务信息的归属与保护"，载《兰州学刊》2016 年第 8 期。

　　一般认为，平台经营者不直接参与销售商品或提供服务的过程，因此，其只承担中介责任，但是，随着平台经营模式的多样化和经营机构的复杂化，强化平台经营者的责任已成为我国司法部门和行政部门的共识。中介责任之所以成立的原理在于，该理论认为平台经营者仅仅为用户之间的交易提供信息通道，具有明显的技术性、自动性和被动性的特征，[①]平台经营者只能在合理的控制成本范围内对不法销售和服务行为承担控制义务以及控制不力的责任。[②]因此，本书认为，可以引入控制力理论来判定平台经营者的行为，根据控制力的强弱在具体平台经营模式下重新分配平台经营者、平台内经营者与消费者之间的责任。若平台经营者所提供的网络服务对平台内经营者的交易活动具有相当的控制力，则应当认定平台经营者介入了该交易活动，甚至是该交易活动的直接主导者，此时，不得再援引中介责任之避风港条款进行免责，而是将平台经营者纳入直接电子商务经营者的范畴，要求其承担交易活动中相应的义务和责任。鉴于快递服务全网性、安全性等特征，平台快递服务组织必须对平台和具体的快递服务活动进行强力控制，保证上述对象按照其自身的意志运行。具体而言，平台快递服务组织通过统一的电子面单系统控制着各个节点之间信息的流通，一旦其中止快递数据的传输、处理，具体承接快递服务的快递公司将无法继续履行。同时，平台快递服务组织单方面制定的平台交易规则通常涉及交易达成、价格确定、合同履行、违约责任等诸多方面，实际上已涵盖了快递服务合同的主要条款。[③]综上所述，鉴于事实层面与法律层面的控制，应当将平台快递服务组织认定为快递服务的直接经营者，受到《邮政法》《快递暂行条例》《快递市场管理办法》的约束，承担快递经营主体相应的义务与责任。

【从"丰鸟之争"看平台快递服务组织的运营机理】[④]

　　2017 年，菜鸟网络和顺丰速运之间爆发了震动业内的"丰鸟之争"，这是一场没有硝烟的"数据争夺战"。2017 年 6 月 1 日，顺丰速运称，菜鸟网络单方面于 6 月 1 日 0 时切断丰巢科技的信息接口，6 月 1 日 11 时，顺丰速运才停止对阿里系平台的物流信息的详情推送。菜鸟网络则称，系顺丰速运行动在前，

---

① 杨立新："网络交易法律关系构造"，载《中国社会科学》2016 年第 2 期。

② See Directive 2000/31/EC of the European Parliament and of the Council § 15.

③ 郑佳宁：《快递服务合同通论》，元照出版社 2021 年版，第 76~78 页。

④ 资料来源：菜鸟网络官网，https://www.cainiao.com/policy.html?spm=cainiao.15076042.footertop. 5.76265591yfvTND，最后访问日期：2022 年 11 月 11 日。孟涛："基于'丰鸟数据之争'的数据财产的法律属性与保护路径"，载《大连理工大学学报（社会科学版）》2019 年第 2 期。

6月1日11时顺丰速运关闭了整个淘宝平台物流信息的回传，此举会日均影响100万消费者，菜鸟网络遂于15时关闭了淘宝部分下单接口。6月2日晚，国家邮政局召集菜鸟网络和顺丰速运管理人员到京，就双方关闭互通数据接口问题进行协调，经协调菜鸟网络和顺丰速运同意从6月3日12时起，全面恢复业务合作和数据传输。

菜鸟网络与快递企业之间的数据争夺战并没有就此结束，"不碰具体物流配送"的菜鸟网络至今仍然在"物流最后一公里"、生鲜电商等方面与各方快递企业展开交锋。2022年春节后，我国最大的快递服务数据处理平台菜鸟网络发布的一则《春节复工注意事项提醒》，指出"根据《菜鸟驿站合作协议》的相关约定，使用第三方收件系统入库，属于违约行为。一经发现则菜鸟有权与驿站终止合作，且同一合作主体关联的账户一年内无法再次入驻菜鸟驿站"。这份"禁令"一经发出，被业内认为是针对"多多买菜"新推出的"团长端软件"的"最后通牒"，以防止"多多买菜"通过该系统与快递公司系统直接连通，绕过菜鸟网络进行快递信息传输。

菜鸟网络是快递数据争夺战中的重要一方，其在全国快递市场中占据着巨大的市场份额，是一个具有重要影响力的快递平台。在交易达成方面，菜鸟网络推出了菜鸟裹裹APP。菜鸟裹裹是专门针对快递用户开发的快递服务APP，功能包括交寄、收取、查询等，菜鸟裹裹从"淘宝系"电商快件入手，用户可在该APP上享受一站式快递服务。在价格确定方面，菜鸟网络不仅掌握了快递数据管理服务的定价权，还实际上影响了快递服务各环节之间费用的分派。2017年5月，菜鸟网络与中通快递、圆通速递、天天快递统一定价推出了定时派送的增值服务，上调了投递费用。在合同履行方面，菜鸟网络建立了服务评价体系"菜鸟指数"并于2015年7月起推行，通过品牌认知、物流时效、派件服务、用户评价、包裹追踪，五大环节包含17小项指标来对快递企业的服务能力进行评价，该评价结果直接影响快递企业在商家端即电商快递寄件人的推介排名。在违约责任方面，菜鸟网络在官网"法律政策"版块公布了《菜鸟服务协议》，目前为2021年5月13日第十版，服务协议中对违约认定、赔偿责任、争议解决等事项做了详细的规定。

从菜鸟网络的运营模式来看，其属于典型的综合型第四方物流（快递）平台，其所提供的快递数据管理服务具有如下特征。其一，综合性。综合性是指菜鸟网络提供的服务内容涵盖了快递服务的各个阶段。在交易准备阶段，向用户和快递服务组织开放注册服务，双方可以上传需求信息和供给信息，使对方知悉交易机会，并结合相应数据做出服务资源配置的预测。在交易缔结阶段，菜鸟网络提供自动化缔约系统和电子面单系统，帮助双方缔约并将成交的快递服务信息以数据信息的形式固定，从而提高快递服务的效率。在交易履行阶段，菜鸟网络根据电子面单的扫描情况实时监控快件走向，并向快递服务组织和用户实时反馈。其二，远程性。远程性是指菜鸟网络所提供的综合性服务，并不要求第四方物流（快递）平台与用户、快递服务组织处于同一时空。菜鸟网络在电子运单管理中开发运用的"三段码"技术完美实现了不同时空、不同环节的完美对接。所谓"三段码技术"，是指通过三段有规则的编码，来表示特定的快递服务节点信息。其中，第一段表示目的地中心及快件类型；第二段表示目的地分公司及分部；第三段表示派送路线或派送员。经由三段码技术，菜鸟网络可以充分收集各个环节的数据，并在后续处理与利用的基础之上，实现对"天网、地网、人网"三网的逐步优化。其三，持续性。持续性是指菜鸟网络所提供的服务是一个持续不断的过程，自快递用户、快递服务组织注册账户至其注销账户期间，菜鸟网络都应按照合同约定持续不断地提供服务。结合快递服务业的特性而言，全网性的持续经营是行业正常运行的根基，因此，服务期限、条件不宜限于特定的交易活动，而是应该尽可能地保持一段时间的稳定，以维系平台与快递服务组织之间的合作关系。2017 年的"丰鸟之争"事件的一个重要诱因，就在于合同续期时菜鸟网络欲单方面修改合作条件所造成。

　　菜鸟网络以第四方物流（快递）平台经营者的身份，通过事实层面与法律层面的控制，广泛深入地参与到快递服务活动当中，对快递服务组织、上下游用户施加了极为重要的影响，因此，菜鸟网络应当被认定为快递服务的经营主体，受到《邮政法》《快递暂行条例》《快递市场管理办法》的约束，并应当遵循快递经营主体相应的义务与责任。2019 年新修订的《快递业务经营许可管理办法》亦专门关注了菜鸟网络这类"通过互联网等信息网络经营快递业务的"新型经营主体，要求其必须具备相应的信息处理能力，并依法取得快递业务经营许可证。实践中，菜鸟网络的两家下属企业已经分别取得快递业务经营许可证。2017 年杭州菜鸟供应链管理有限公司获得浙江省邮政管理局颁发的经营快递业务许可证，许可证有效的起始日期为 2017 年 10 月 10 日。2019 年浙江省邮政管理局发布公告称，根据国家邮政局新业态许可相关制度，其向浙江驿智网络科技有限公司颁发了全国第一张开办服务站经营快递业务许可证，许可证有效的起始日期为 2019 年 5 月 31 日。

第三节　快递服务合同

一、快递服务合同的订立

（一）订立的一般规则

快递服务合同的订立是快递服务组织与寄件人为意思表示并达成合意的状态。作为典型的双务合同，当事人要遵循公平原则确定快递服务组织与寄件人、收件人的权利和义务。快递服务合同是要式合同，必须以书面的方式订立。实践中，快递服务合同的书面形式包括快递运单和快递服务协议。前者适用于快递服务组织与个人用户之间，前述个人快递服务是为典型；后者则适用于快递服务组织与协议用户之间。需要注意的是，采快递服务协议形式订立合同的，快递服务组织仍须签发快递运单，当两者规定不一致时，以快递服务协议的内容为准。快递服务组织对免除或者限制其责任的条款，应当在快递运单上以醒目的方式列出，并予以特别说明。

电商快递服务一般由电商企业与快递服务组织以快递服务协议的方式订立。在电子商务中，包邮是一种常见的履行方式，《电子商务法》第51条中交付实物商品的一般规则即以包邮为设计蓝本。包邮，是指由电商企业承担商品的寄递费用，交易相对人在网上所拍商品价格为其最终的支付价格。在包邮的履行方式下，电商企业代替交易相对人成为真正的合同磋商方，与快递服务组织订立快递服务协议。而实践中，由于电子商务与快递服务之间的非对称依赖关系，[①]导致电商企业占有绝对的缔约优势，从而在电商快递服务的价格、内容等方面具有强大的议价能力。

（二）订立的特殊规则

为维护社会公共利益，确保快递服务行业稳健运行，我国法律规定快递服务合同的订立适用实名收寄制度与收寄验视制度。

快递实名收寄，是指在收寄快件环节，快递服务组织查验、核对寄件人身份，并如实登记相关证件的制度。该制度的产生有着深刻的现实根源。其一，实名收寄可以起到一定的震慑与阻却作用，借助心理机制防范违法行为的蔓延。在传统匿名收寄的模式下，快递服务组织以及相关监管部门并不掌握寄件人信

---

① 郝俊淇：“电商快递业持续低价竞争的危害、成因与法律防治”，载《中国流通经济》2021年第7期。

息，在侥幸心理的驱使下，寄件人有可能寄递违禁物品，实施不法行为。实名收寄制度的实施彻底消除了过去存在的灰色空间，使得寄递活动公开化、透明化，在相当程度上增加了寄件人的违法成本，起到了一定的震慑作用。其二，能够明确责任归属，减少模糊空间。实名收寄制度建立起特定主体与快件之间的有效联系，一旦出现问题，可以在较短时间内锁定责任主体，积极采取补救措施，并按照法律规定予以处罚，这大大提升了执法效率，使得保障公共安全的政策目标能够真正得以落实。其三，该制度与收寄验视、过机安检等制度相互配合、彼此衔接，形成一套完整的规范体系，从技术、人员、信息等多个方面筑起维护快递安全的牢固防线，为快递安全保驾护航，最大限度避免不法情事的发生。

按照《邮件快件实名收寄管理办法》的规定，快递实名收寄制度主要包括以下几方面内容。其一，寄件人提供身份信息的义务。当其为自然人时，应当提供的身份证件包括居民身份证、临时居民身份证；中国人民解放军军人身份证件、中国人民武装警察身份证件；港澳台居民居住证、港澳居民来往内地通行证、台湾居民来往大陆通行证；外国公民护照；以及符合规定的其他有效身份证件。当其为法人或者非法人组织时，应当提供统一社会信用代码，以及法定代表人或者相关负责人的身份证件复印件。在电商快递服务中，电商企业可以委托员工或其他人代为交寄物品，此时需要提供寄件人、代理人双方的有效身份证件。其二，快递服务组织审核查验的义务。快递服务组织应当严格落实实名收寄制度的相关要求，检查相关证件的真实性、吻合性与有效性，确保人证合一，同时将相关信息录入快件处理系统，并与国家实名收寄信息监管平台联网，以供后续查验。本书认为，考虑到快递服务组织实际的审核查验能力，对此项义务的履行要求不宜过高，原则上，快递服务组织对相关信息仅负担形式层面的审查义务。正如前述，电商企业通常属于协议用户，对此快递服务组织应当一次性完成查验、登记、留存工作，避免重复查验带来的低效和繁琐。其三，违反该制度的法律后果。当寄件人拒不提供相关信息或其提供的信息与实际情况不符时，快递服务组织不得向其提供快递服务。而快递服务组织违反实名收寄规定的，将依据《反恐怖主义法》《邮政法》《快递暂行条例》[①]等承担相应的行政责任。

快递收寄验视制度，是指在快递服务的收寄环节，快递服务组织对寄件人所交寄的物品应当场查验该是否符合寄递安全的相关规范，并对物品的相关信

---

① 参见《反恐怖主义法》第 85 条；《邮政法》第 75 条；《快递暂行条例》第 43 条。

息进行核实。2019 年，国家邮政局印发《邮政企业、快递企业安全生产主体责任落实规范》，要求"严格落实收寄验视制度"。收寄验视制度的功能在于维护公共秩序与寄递安全，这一点与实名收寄制度高度吻合，可以从以下几方面进行解读：其一，收寄验视制度具有法定性与强制性。法定性意味着该制度是合同的当然条款，对双方当事人均产生法律之力，无论当事人是否就收寄验视制度作出约定，均不改变其规范效力。强制性意味着收寄验视制度是国家意志的体现，确定、当然地发生法律效力，当事人不得排除该项内容的适用。其二，收寄验视制度兼具安全性与确定性的双重功效。安全性是指该制度的立法目的与最终归宿在于确保快递服务安全，防止禁止寄递的违禁物品伪装成普通物品流入寄递渠道。确定性是指该制度同时还具有明确责任归属、有效化解潜在冲突的重要功能。通过对交寄物品的检查核验，快递服务组织可以确定快件寄递前的表面状态，从而防止索赔争议频现。其三，该制度在实践中存在一定的落实难度。一方面，快递服务中上门取件是非常重要的业务模式，在该模式下，受到场地、设备等条件的限制，快递服务组织难以对快件的真实情况全面、准确地予以掌握。另一方面，快递从业人员职业技能千差万别，部分人员对物品的安全性判断能力较为有限，这也在一定程度上制约了收寄验视制度的实际效果。

就法律关系而言，收寄验视制度可以内部与外部两大维度进行分析。就内部关系而言，其表现为快递服务组织与寄件人之间的债权债务关系。诚如前述，收寄验视制度是快递服务合同的法定内容，对双方当事人具有天然的拘束力，快递服务组织与寄件人应当按照法定要求承担义务，并享有相应的权利。快递服务组织有权要求寄件人积极配合此项制度的落实，要求其现场协助交寄物品的查验，必要时还可要求寄件人提供相关信息，以供进一步核实。与之相对应，寄件人负担积极配合收寄验视并主动提供相关信息的义务。当寄件人拒不配合收寄验视、拒绝提供相关信息，或交寄物品经查验属于违禁物品时，快递服务组织有权拒绝提供快递服务，并视具体情况的不同向有关部门报告。就外部关系而言，快递服务组织、寄件人对不特定第三人的人身权益、财产权益均负有一定程度的注意义务，相关主体应当采取合理必要措施防范危险情事的发生，如违反该义务造成他人人身、财产损失的，应当对第三人承担相应的损害赔偿责任。[①]

[①] 郑佳宁："避害止争：快递收寄验视法律性质探究"，载《上海大学学报（社会科学版）》2018年第 1 期。

二、快递服务合同的效力

（一）寄件人的权利和义务

寄件人有权要求快递服务组织按照合同约定的名址安全、准时地提供物品的寄递服务。在快递服务提供的过程中，寄件人有权请求快递服务组织中止服务、退还物品、变更名址或将快件转投其他收件人，由此产生的额外费用由寄件人承担。在收件人拒绝受领快件时，寄件人有权要求快递服务组织退回快件或作出其他处理的指示，由此产生的额外费用由寄件人承担。寄件人对因快递服务组织的原因造成的快件损失，有权请求损害赔偿。

快递服务合同中的寄件人负有如下义务：第一，依约交寄物品的义务。寄件人依约交寄物品是快递服务过程开展的前提，寄件人自然须负担依约交寄物品的义务。鉴于快递服务的准公共性，违禁物品不得进入寄递渠道，因此，寄件人不得交寄或者在交寄物品中夹带枪支弹药、管制器具、生化制品、麻醉药品、传染性物品、放射性物质和危险化学品，以及国家禁止寄递的其他物品。具体违禁物品的名录参见《禁止寄递物品管理规定》等相关规范。

第二，如实申报的义务。寄件人使用快递服务，应当向快递服务组织如实准确表明寄件人、收件人的名址，交寄物品的品名、性质、数量，以及其他有关快递服务的必要情况。有关快递服务的必要情况，是指物品在快递服务过程中是否需要特殊照顾等情况，如生鲜件、保价件等。《快递暂行条例》第22条规定，寄件人应当如实填写快递运单，提供以下事项：寄件人姓名、地址、联系电话；收件人姓名（名称）、地址、联系电话；寄递物品的名称、性质、数量。寄件人若不如实申报有关信息，将给快递服务的提供过程增加麻烦，不仅带来的快件损失应由寄件人自行承担，还须赔偿快递服务组织、第三人遭受的相应损失。

第三，提供安全证明的义务。危险物品的寄递安全要求不同于一般货物的安全要求，为使快递服务组织能够对危险物品的快递服务采取有效的安全防范，寄件人负有提供安全证明的义务。当快递服务组织对交寄物品的安全性难以判断时，寄件人有义务出具相关部门的安全证明，以证实交寄物品的安全性。安全证明的出具主体应当满足权威性的要求，例如，普通化学品应由负责危险化学品鉴定的地区卫生管理部门出具相应的化学品毒性鉴定书。寄件人违反该项义务的，快递服务组织有权拒绝提供服务。

第四，支付快递服务费的义务。支付快递服务费和其他费用，是寄件人的主要给付义务，应及时履行。按照交易习惯，寄件人支付快递服务费与快递服务组织提供快递服务存在先后顺序，寄件人应在收寄环节支付费用，之后快件方能进入分拣、运输、投递等后续环节。如果寄件人拒不支付费用的，快递服务组织可以援引《民法典》第526条先履行抗辩权的相关规定，中止提供相应的快递服务。寄件人支付快递服务费的义务属于任意性规范，可以通过当事人的约定加以排除。例如，在电子商务中有时会出现收件人付费的约定，即约定由交易相对人（收件人）在商品到达时再支付快递服务费。该约定往往和货到付款、更换商品等情况相关联，反映了当事人对私人事务的自主安排，应当得到法律的肯定与尊重。

（二）快递服务组织的权利和义务

快递服务组织的主要权利为收取快递服务费及有关费用。快递服务费包括寄递费用及增值服务的费用。寄递费用是快递服务组织提供将物品按照名址运送至收件人处的服务而收取的费用，是寄件人享受快递服务所支付的对价。实践中，快递服务组织一般根据服务种类、计费质量、寄递距离等定价因素来确定寄递费用。快递增值服务的费用，是指快递服务组织在完成基础寄递服务之上，根据用户需求完成其他延伸服务而收取的费用。所谓有关费用，包括包装费、保管费、处置费等。快递服务组织在寄件人或收件人不支付快递服务费、其他有关费用时，享有对快件的留置权。快递服务组织对寄件人交寄的危险物品有处置权，其在分拣、运输、投递等环节中发现已经收寄的快件为禁止寄递物品或者夹带禁止寄递物品的，应当立即终止提供服务，并按相关规定处置，由此产生的费用和损失由寄件人承担。针对无法投递又无法退回的无着快件，快递服务组织可以依法进行送交、变卖、销毁等处置权。[①]

在快递服务合同中，快递服务组织负有如下义务：第一，适当封装的义务。与普通货物运输不同，快递服务中的快件多为零散物品，且规格不一，为了保障服务的顺利提供，适当封装的义务由快递服务组织负担。封装是指快递业务员根据交寄物品的性质、数量选配适宜的包装材料对快件进行封闭、包装的过程。寄件人所交寄的物品，只有经过快递业务员按照国家标准、行业标准封装之后，才能正式成为快件，进入寄递渠道。封装之前，寄件人对交寄物品采取的封闭、包装，不具有法律效力，也即不能以寄件人的自行包装代替快递服务组织的快件封装，此时快递业务员有义务对交寄物品重新按照标准进行封装，也有权开拆、替换原有包装，并根据收寄验视制度对交寄物品的内件进行检视。特别需要注意的是，快件封装必须符合绿色发展的要求，快递服务组织使用的

---

① 参见《快递暂行条例》第26条；《无法投递又无法退回快件管理规定》的规定。

包装材料应当满足环保化、减量化、循环化的要求。[①]

第二，合理分拣的义务。快递服务的主要运送对象为零担物品，服务提供中分拣环节的重要性不言而喻。分拣是指将快件按寄达地址信息进行分类的过程，其对后续运输环节的优化起着至关重要的作用。一般而言，在快递服务过程中，分拣环节至少需要经历 2 次，分别发生在寄出地与寄达地，如果运输距离较长，涉及中转的，还需要在中转地进行分拣。由于分拣环节需要重新装卸快件，因此必须对快递服务组织课以相应的义务。快递服务组织的合理分拣义务分为积极义务和消极义务，前者是指快递服务组织应当按照快件的种类、时限分别处理、分区作业、规范操作，并及时录入处理信息，上传至本组织计算机信息系统；后者是指快递服务组织不得实施野蛮分拣的行为，即禁止在分拣环节以抛扔、踩踏或者其他危险方法处理快件。

第三，安全运输的义务。在快递服务中，运输专指快递服务组织运用各种交通方式将快件从寄出地分拣中心运送至寄达地分拣中心的过程。这种运输也被称为"干线运输"，而单票快件从寄件人手中至寄出地分拣中心的过程、从寄达地分拣中心至收件人名址的过程，则分别为收寄环节、投递环节所吸纳。快递服务组织既可以利用自有的运输资源实际从事快件运输，也可以外包使用他人的运输资源开展运输活动。实践中，快递服务组织在运输环节扮演的角色，更多是不同运输方式的整合者、运输资源的使用者而非运输资源的所有者。因此，安全运输义务要求快递服务组织，在运输环节，按照快件的具体性质与时效要求合理安排运输路线与方式，保障快件在运输途中的安全。

第四，妥善投递的义务。快递服务组织应当采取合理方式及时向收件人发送通知，并在承诺时限内按照约定的名址至少提供两次免费投递服务。妥善投递义务，应当从以下几方面进行理解：首先，快件到达寄达地后，快递服务组织负有及时通知收件人的义务。该通知须以合理方式作出，如电话通知、短信通知等。其次，快递服务组织应当按照承诺的时限完成快递服务。因特殊原因导致承诺的时限发生变更的，应当征得寄件人或收件人的同意。再次，快递服务组织应当将快件投递至约定的名址，即约定的收件地址和收件人。为解决"最后一公里"的投递难题，法律允许快递服务组织与收件人协商变更约定的名址，同时承认经合法授权的代收人的受领权限。最后，收件人应当协助配合投递。根据行业标准，快递服务组织在进行两次投递之后仍未能妥投的，得以

---

① 参见《电子商务法》第 52 条第 3 款；《邮件快件包装管理办法》的规定。

免除债务的履行。[①] 对于未能妥投的快件，由收件人与快递服务组织协商处理。

第五，咨询、查询的义务。咨询、查询的义务，是法律直接规定的快递服务组织的附随义务。在快递服务合同中，快递服务组织与寄件人、收件人之间对信息的控制程度并不平衡，快递服务组织具有天然的信息优势，信息不对称的现象突出，因此，要求其负担咨询、查询的义务十分必要。为了提升快递服务的透明度，《快递暂行条例》第 28 条规定，快递服务组织应当实行快件寄递全程信息化管理，公布联系方式，保证与寄件人、收件人的联络畅通，向寄件人、收件人提供业务咨询、快件查询等服务，并及时处理寄件人、收件人的投诉。

第六，损害赔偿的义务。在交寄物品封装成为快件，进入寄递渠道之后，快递服务组织基于快递服务合同关系对快件的损毁、灭失应承担损害赔偿的义务。《快递暂行条例》第 27 条第 1 款规定，快件延误、丢失、损毁或者内件短少的，对保价的快件，按照约定的保价规则确定赔偿责任；对未保价的快件，依照民事法律的有关规定确定赔偿责任。需要注意，在电商快递服务中，商品的所有权仍属于电商企业（寄件人）或交易相对人（收件人），按照权利与风险对等的原则，快递服务组织仅对提供服务过程中商品的毁损、灭失承担赔偿责任，而不对商品自身的瑕疵、损耗等承担责任，后者应当根据电商企业（寄件人）与交易相对人（收件人）之间的买卖合同来确定。

（三）收件人的权利和义务

在电商快递服务中，电商企业（寄件人）与快递服务组织为交易相对人（收件人）设定了接受快递服务的合同权利，属于典型的为第三人利益的合同。具体而言，收件人享有如下权利：第一，收取快件的权利。在快递服务合同中，收件人享有在合同约定地址收取快件的权利。收件人在行使该权利时须出示有关证明，如身份证件、快递运单号、取件密码或凭证等。收件人可以委托他人行使收取快件的权利，也可以与快递服务组织协商变更收取快件的方式，如放置于快递驿站或智能快件箱，此时，妥善投递义务即告履行完毕。

第二，验收快件的权利。收件人取件时应当按照法律的规定现场拆开快件包装进行检验。[②] 在电商快递服务中，收件人对快件的验收权与交易相对人对商品的验收权，在检验功能、期间、内容上均有所不同。[③] 快递服务组织仅对

---

① 参见《快递服务 第 3 部分：服务环节》国家标准第 5.4.2.3 条的规定。

② 参见《快递暂行条例》第 25 条；《快递市场管理办法》第 17 条。

③ 郑佳宁："电商线下履约代收货款制度的法律规制与适用"，载《河南师范大学学报（哲学社会科学版）》2017 年第 5 期。

快递服务的不当履行行为负责，不对商品本身的瑕疵负责。收件人当场未对快件内件的外观、数量提出异议的，视为快递服务组织已经按照快递运单的记载交付的初步证据。收件人不得因商品的品质、效用、价值等与快递服务无关的内容，未能满足电子商务合同的规定而拒绝签收快件。

第三，请求损害赔偿的权利。快递服务提供过程中快件毁损、灭失的，在寄件人不行使或怠于行使损害赔偿请求权时，收件人有权直接请求快递服务组织向自己承担损害赔偿责任。此时，快递服务组织有权向收件人主张其可对寄件人主张的一切抗辩。

就债之关系而言，在快递服务合同中收件人仅负担不真正义务，如收取快件、验收快件等。不真正义务的特征在于相对人通常不得请求履行，其违反并不发生损害赔偿责任，仅使负担此项义务者遭受权利减损或丧失的不利益。[1]因此，快递服务组织无权要求收件人履行收取快件、验收快件的义务，当收件人拒绝签收、验收或迟延签收、验收时，并不会由此而承担违约责任。而快递服务组织在提供两次免费投递服务之后，即可宣告合同履行完毕，从快递服务合同的束缚中摆脱出来。

三、快递服务合同的违约责任

违约责任是指快递服务合同的当事人违反合同义务产生的不利法律后果，其具有如下特点：其一，约定性。此种责任的承担以双方之间存在合同法律关系为前提，若合同存在严重效力瑕疵而陷入无效之境地，此种责任自然无从谈起。与此同时，快递服务组织与寄件人可以在法律允许的范围内对责任范围、责任承担方式、免责事由等事项进行约定，自主安排双方之间的利益格局。其二，强制性。违约责任是合同义务违反产生的第二性义务，其以国家强制力为后盾和支撑。快递服务组织、寄件人违反约定义务的要求时，相对方能够寻求司法救济，要求国家公权力予以介入和保护。其三，财产性。违约责任承担方式多种多样，既包括赔偿损失，也包括继续履行，这些方式均主要着眼于合同当事方的财产格局，以增进和修补其财产权益为最终目的与归宿。[2]

（一）快递服务合同违约样态

快递服务合同违约行为的主要类型包括：第一，快件丢失及短少。这指在服务提供过程中快件全部或部分丢失的情形。在快递服务合同中，快递服务组

---

① 王泽鉴：《债法原理》，北京大学出版社 2013 年版，第 37 页。
② 韩世远：《合同法总论》，法律出版社 2018 年版，第 741~742 页。

织应当尽到合理的注意义务，保证快件的数量、重量与快递运单等书面形式的记载相符合，如违反则应承担相应的违约责任。快件丢失使得合同的履行陷入客观不能的境地，合同目的无法实现，此时，应当允许寄件人解除合同并主张损害赔偿。而快件短少并不一定会导致合同目的落空，当快递服务组织的行为并不构成根本违约时，合同对双方当事人仍然具有规范拘束力，寄件人只得寻求损害赔偿等救济。

第二，快件迟延。快件迟延是指快递服务组织提供快递服务超出合同约定的期限，未能及时向收件人交付快件的行为。对于快件迟延而言，须区分不同情形加以对待：在一般迟延的场合，因快递服务尚存在履行的可能性，寄件人不得主张解除该合同，只能寻求继续履行、损害赔偿等救济。根据行业惯例，除合同特殊约定之外，此项赔偿的范围与快递服务费用相同，两者可以彼此抵销。[①] 如果该行为已经构成彻底延误，[②] 将会导致合同目的落空构成根本违约，寄件人则可行使合同解除权，从根本上摆脱"法锁"之拘束。

第三，快件毁损。这是指服务提供过程中寄递物品自身形态的改变而导致其价值降低或完全丧失的情形。快递服务由收寄、分拣、运输和投递等多个环节组成，封装变形、野蛮分拣、运输不当、派送错误等任一环节的操作失误，都会导致快件的毁损。根据快件价值丧失的程度，可以分为全部毁损和部分毁损。快件毁损之认定并非全然基于物理层面，而须充分考虑社会观念与成本收益衡量。当快件虽然存在修复的可能，但其花费巨大且收益甚微时，纵然其在物理层面并未达到毁损的程度，但在规范意义上亦得成立快件之毁损。

第四，快递服务的瑕疵履行。快递服务的瑕疵履行是指快递服务组织在提供快递服务的过程中并未完全履行自身的合同义务，致使服务质量并未到达合同约定或行业通行的标准。在实践中，服务质量欠佳、不按名址投递等行为均属于快递服务瑕疵履行的范畴。对于服务瑕疵的判断，若当事人存在明确约定，以双方的约定为基准，若无缺明确约定，则应当遵循行业标准，以快递服务行业的平均水准作为判断快递服务组织行为合法性与否的尺度。有别于快件毁损、快件延迟等情形，快递服务瑕疵履行并不会导致寄件人、收件人财产权益的直接贬损，而带有较强的非物质性特征，其因规范的特别规定而同样满足可救济

---

① 根据《快递服务》国家标准的规定，除合同特殊约定之外，因履行迟延产生的迟延赔偿为免除本次快递服务的费用（参见《快递服务 第3部分：服务环节》国家标准第 A.3.2 条）。

② 根据《快递服务》国家标准的规定，关于彻底延误的时限，同城快件为 3 日，省内异地和省际快件为 7 日，从约定的快递服务履行期限到达之日起计算（参见《快递服务 第 3 部分：服务环节》国家标准 5.4.7 条）。

性的要求。

第五，附随义务的违反。该义务是指旨在协助、促进主给付义务的实现，基于诚实信用原则产生的辅助性义务。对于快递服务组织而言，其最为重要的附随义务是信息保护义务，该组织应当妥善保管其掌握的用户个人信息，严格按照约定的用途和范围使用相关信息，未经用户许可不得擅自变更使用目的或向第三人提供。当快递服务组织违反附随义务时，寄件人得对其主张违约损害赔偿。

（二）快递服务合同的损害赔偿

在快递服务合同中，当出现快件丢失、损毁等违约行为时，寄件人可提起违约之诉，向快递服务组织主张违约损害赔偿请求权。在电商快递服务中，由于寄件人（电商企业）与收件人（交易相对人）并不一致，此时需要明确收件人是否享有对快件的违约损害赔偿请求权。关于收件人的独立请求权，理论上存在支持说和否定说。[①] 本书认为，收件人作为快递服务合同的利益第三人，应当赋予其独立请求权，但是该独立请求权的行使需要受到一定的限制。只有当寄件人不行使或者怠于行使其违约损害赔偿请求权时，作出受领意思表示的收件人才能享有独立的快递服务合同的损害赔偿请求权。

对于绝大多数合同而言，违约损害赔偿适用完全赔偿原则，原则上全部损失均满足可救济性的要求，责任人应促使非违约方的利益格局恢复至损害情事未曾发生的应有状态。而快递服务合同与之不同，其采取的是限制赔偿规则。[②] 该规则是指设定最高赔偿限额，对于超出该标准的实际损失不予赔偿的规则。快递服务限额赔偿规则的正当性基础在于：首先，该规则契合民法公平原则的要求。快递服务的提供是一个系统工程，环节众多、风险难以预料，而寄件人支付的寄递费用数目较小，在这一情况下，快递服务组织的风险与收益之间并不相称。如果沿袭完全赔偿原则的既有做法，势必导致快递服务组织面临极大的经营风险，这对行业的发展而言并非幸事。其次，限额赔偿规则符合违约责任中可预见性原则的要求。该原则要求违约损害的范围须与违约方预见的范围相匹配，从而避免赔偿义务的过度蔓延。对于快递服务而言，寄件人对快件往往有着更为充分的了解，而快递服务组织对此知之甚少，只能从外观查验、询

[①] 参见周洋："快递行业消费者权益定位与法律救济"，载《重庆社会科学》2012 年第 8 期；贾玉平："网购快件丢失毁损时消费者权利救济途径"，载《中国流通经济》2015 年第 2 期。

[②] 参见郑佳宁："快递服务合同违约损害赔偿的理论剖析与审视"，载《北京社会科学》2017 年第 9 期；孙良国："快递物品毁损的限额赔偿论"，载《当代法学》2021 年第 1 期。

问寄件人等为数不多的有限渠道中略知一二，其风险化解与防范能力较为有限，与此相对应，其损害赔偿的范围也应当适当地进行限制，避免其承担过于严苛的赔偿义务。最后，限额赔偿规则在运输等行业中已经成为通行规则，快递服务可以借鉴上述做法。《蒙特利尔公约》、我国《海商法》《铁路法》等相关文件 ① 在航空、海上、铁路运输等领域均采用限额损害规则，该规则已经成为运输行业的通行做法，值得借鉴与吸收。

实践中，对赔偿限额的约定主要分成两类：一是约定赔偿限额的具体计算方法；二是直接确定损害赔偿的最高赔偿额度。第一类是以快递服务费用为基准，对因快件的短少、毁损和灭失等所引发的违约损害，赔偿一定倍数的快递服务费用。第二类则是以通常情况下某类快件的正常价值为基准，直接约定具体的最高赔偿金额，例如直接约定物品快件、文件快件等的最高赔偿金额。本书认为，第二类更为合理。这是因为，影响快递服务费用的因素为快件的重量、寄递距离和寄递方式，而上述因素与快件的真实价值之间并不相关，故以快递服务费用作为计算基准则无法在实际损失和赔偿限额之间建立起可靠的联系，反而会导致赔偿标准的不一致，有失公允。相反，第二类通过结合不同快件的种类和各类快件在通常情形下的价值，确定统一的最高赔偿金额，能够更为合理地实现对同类快件以同样的标准进行赔偿。

在电子商务交易中，如果涉及价值较高或者特殊价值物品的交付，寄件人（电商企业）可与快递服务组织协商选择使用保价服务，从而实现由限额赔偿向完全赔偿的回归。作为快递增值服务的重要组成部分，保价服务是指寄件人额外支付保价费用且快递服务组织予以接受，双方以保价金额为赔偿上限的服务。

保价服务的订立须遵循如下方面的规则：其一，寄件人声明价值的证实义务。保价服务仍然处于损害赔偿的框架之内，须遵循完全赔偿原则和禁止获利原则。为防范不当得利的产生，应当由寄件人提供证明寄递物品实际价值的相关材料。其二，快递服务组织对声明价值的审核。快递服务组织仅承担形式上的审核义务，其仅就寄递物品的表面状况进行审查，了解其形式意义上的真实性、关联性等事项，至于相关证明材料是否如实地反映了快件的真实价值，则不在审查范围之内。其三，特殊物品保价金额的确定。对于特殊物品，如特殊纪念品、证明文件等，其价值难以通过货币进行计算，此时，保价金额的确定主要依赖于当事人之间的协商与约定。当寄件人提出特定保价金额且快递服务

---

① 参见《统一国际航空运输某些规则的公约》（蒙特利尔公约）第 22 条；《海商法》第 56 条；《铁路法》第 17 条。

组织予以认可、接受时，该金额便已发生效力，事后快递服务组织不得以其违反完全赔偿原则主张抗辩。

对于保价快件损害赔偿具体规则而言，应当区分保价金额与实际价值之间的关系加以处理：[①] 其一，保价金额与实际价值相符的情形为足额保价，快递服务组织须完全赔偿寄件人遭受的损害，保价金额构成了损害赔偿的最高限额。其二，保价金额超出实际价值的情形为超额保价，为防止不当得利的产生，应当以实际价值作为损害赔偿的最高上限，保价金额超出实际价值的部分无效。对于超出部分的保价费用则视寄件人不同主观状态而适用不同的处理规则，当寄件人主观上为恶意时，该部分费用不予退还，反之，寄件人享有返还费用请求权。其三，在不足额快递保价的情形下，不应以实际损失为赔偿标准，而应当综合考虑保价金额与实际损失，按照实际损失与实际价值的比例进行赔偿。

（三）违约责任的免责事由

快递服务合同在违约责任方面采用无过错责任原则，但并不意味着违约方在任何情况下均须对其违约行为负责。在法律规定有免责事由的情形下，快递服务合同的当事人不承担违约责任；在当事人之间存在有效免责条款的情形下，也可以不承担违约责任或承担部分违约责任。本书认为，应当参照《民法典》关于货运合同的相关规定[②]并结合行业惯例，确立快递服务合同中的法定免责事由。

第一，不可抗力。这是指不能预见、不可避免并且不能克服的客观情况。[③]不可抗力是不受合同当事人意志所左右的客观事实，此类客观事实是债务人在缔约时无法合理预见到的客观情况，并且这种情况的发生具有必然性，不能避免与克服。例如，因自然原因引发的洪涝灾害、台风、地震等；因社会因素所造成的战争状态、军事行动等。此类客观情况的发生，都会对快递服务合同的履行造成无法避免与克服的客观障碍。在快递服务合同中，因不可抗力而产生的履行障碍，不得归责于快递服务组织。但是，如果不可抗力是在快递服务组织履行迟延后发生，则不能免除其违约责任。此外，快递服务组织对因不可抗力所产生的履行障碍，应当及时通知寄件人和收件人，如果快递服务组织没有履行或怠于履行通知义务导致损害结果扩大的，应就扩大的损害后果承担违约

---

① 参见郑佳宁："快递保价服务合同的规范结构与实现路径"，载《法学杂志》2019年第12期。

② 《民法典》第832条规定："承运人对运输过程中货物的毁损、灭失承担赔偿责任。但是，承运人证明货物的毁损、灭失是因不可抗力、货物本身的自然性质或者合理损耗以及托运人、收货人的过错造成的，不承担赔偿责任。"

③ 杨立新：《合同法》，北京大学出版社2013年版，第352~353页。

责任。

第二，寄递物品本身的自然性质。这是指寄递物品特殊的物理或化学属性致使其在快递服务过程中所产生的不可避免的损耗，包括热变性、易腐性、挥发性等。寄递物品本身的自然性质是物品自身所具有的客观风险，较之快递服务组织，寄件人作为寄递物品的控制者，更具有风险防范能力，由于自然性质所产生的合理损耗应分配给寄件人，快递服务组织无须对此承担违约责任。不过，适用该种免责事由时，需要注意两点：其一，快递服务合同不存在就寄递物品的自然属性的特别义务。例如，合同约定快递服务组织应当采用冷链技术寄递生鲜物品，此时，如果未采取合理的服务方式导致履行瑕疵的，应当承担违约责任。其二，寄递物品因自然性质所产生的损耗应当限定在合理范围之内。如果该损耗超过了合理的范围，就超出合理范围部分的损失，应当由快递服务组织承担违约责任。

第三，寄件人或收件人的过错。这是指因寄件人或收件人未能履行其所负担的合同义务，而导致快递服务合同的履行障碍。寄件人或收件人的过错作为免责事由的基础在于，履行障碍的风险应当由造成障碍的行为人来承担。此时，快递服务组织提供的快递服务与损害的发生之间不存在任何因果关系，快递服务合同利益的损害完全系由于外来原因，即寄件人或收件人的过错行为而引发。就债之关系而言，寄件人、收件人负有合理照顾自身权益的不真正义务，如告知、包装、签收等，此种义务程度较弱，快递服务组织不得请求寄件人、收件人履行该义务，但义务的违反将导致寄件人、收件人自身利益格局的贬损，快递服务组织得以此为抗辩事由主张免除责任或缩减责任范围。

基于合同自由的基本原则，寄件人与快递服务组织还可以就违约责任的免责事由进行约定。本书认为，在快递服务合同中，免责条款产生法律效力必须符合以下要件：其一，免责条款的特别约定必须经由合同双方意思表示一致，并须已明确记载于快递运单等书面合同中。口头约定，不发生法律效力。其二，所免除的责任不能是故意或重大过失之责任。因为债务人的故意和重大过失行为，是应受道德责难性的行为，法律通过违约责任对此类行为进行谴责和否定，当事人之间的约定不能干扰法律制裁的功能。其三，不允许当事人以约定的方式免除快递服务组织根本违约所产生的违约责任。根本违约是指一方当事人的违约致使另一方当事人的合同目的不能实现或者违约行为后果严重。[①] 合同的订立以完全履行为终极目标，对因根本违约所产生的违约责任的免除，将会形

---

① 郑云端：《合同法学》，北京大学出版社 2021 年版，第 266 页。

成对债务不履行的不适当鼓励。

【黄某旗与顺丰速运集团（上海）速运有限公司运输合同纠纷案】①

　　本案原告为黄某旗。被告顺丰速运集团（上海）速运有限公司（以下简称"顺丰公司"）系为原告黄某旗提供前述快递邮寄服务的快递公司。

　　2020 年 2 月 28 日，原告黄某旗收到其自 AOC 商用显示京东自营旗舰店所购得的 AOC31.5 英寸 4K 超高清 HDR600AH-IPS 屏，金额为 6479 元，因其认为该显示屏没有升级向商家提出退货退款，商家亦同意其退货要求。2020 年 2 月 29 日，原告将该显示屏通过顺丰快递邮寄至商家指定的退货地址，并将其打包好的快递包裹拍照发送给商家确认。原告所寄快递单截屏显示：托寄物信息为文件、数码产品，费用 40 元，附加服务处空白。该快递物流信息显示：2020 年 3 月 1 日由于收方客户拒收快件，待进一步处理。庭审中，被告确认因所寄显示屏损坏，故收件方拒收，现该显示屏仍在被告处。后双方就赔偿事宜多次协商未果，原告曾向 12315 互联网平台投诉亦未得到解决。

　　据此，黄某旗向上海市松江区人民法院提起诉讼，请求判令被告赔偿损失 6479 元。黄某旗认为，顺丰公司未尽合理告知、提醒的义务，故《电子运单契约条款》中对于货物破损的赔偿限额条款无效。《电子运单契约条款》为顺丰公司事先拟定的格式条款，根据法律规定，提供格式条款的一方在订立合同时，应当遵循公平原则确定双方相关权利义务，采取合理的方式提请对方注意免除或者限制其责任的内容，并按照对方的要求对该条款予以说明，否则有关格式条款无效，对快递赔偿限额条款，顺丰公司未尽合理告知、提醒的义务。黄某旗在二审上诉过程中进一步提出事实与理由：其一，顺丰公司提供的二维码与黄红旗下单时的二维码不一致。当时，黄某旗在扫码后，系统并未出现提醒保价的内容。顺丰公司提供的《电子运单契约条款》是该公司系统升级后的内容。其二，黄某旗已向顺丰公司快递员告知快递的涉案显示屏值 7000 余元，但快递员未告知黄某旗进行保价。其三，顺丰公司在管理中存在严重问题。事发后，涉案快递点被撤掉。其四，黄某旗从未快递过大件易碎物品，头脑中没有保价的概念，不知道风险的存在。被告顺丰公司应当按照所寄物品的实际价值进行赔偿，原告在京东自营旗舰店购买拟退货的显示屏时的购买价格为 6479 元，故被告应当向其赔偿 6479 元。

　　被告顺丰公司辩称：其一，其已经履行了合理告知、提醒的义务，《电子运单契约条款》系双方真实意思表示，快递赔偿限额条款合法有效。其二，黄

---

① 案件来源：上海市第一中级人民法院 (2020) 沪 01 民终 10751 号民事判决书。

某旗于 2020 年 2 月 29 日通过扫码方式在顺丰公司的微信公众号中下单。在下单过程中，系统会显示《电子运单契约条款》，并以红色加粗字体标注赔偿条款保价规则部分。顺丰公司对整个下单过程进行了公证，且在一审庭审中当庭演示。黄某旗称其不知道在快递下单时要购买保价服务，与事实不符。黄某旗自 2020 年初以来，多次在顺丰公司微信公众号中下单，对整个下单过程是清楚的，对是否选择保价服务会导致的不同后果是明知的。现黄某旗在未选择保价服务的情况下，要求按照保价后的理赔规则进行理赔，违反诚实信用原则。其三，应当按照《电子运单契约条款》约定的赔偿标准，即运费的 7 倍进行赔偿，以 40 元运费计算，赔偿金额为 280 元。

本案中双方的主要争议焦点集中在以下几点：

（1）快递赔偿责任限额条款是否具有法律效力；

（2）对于赔偿限额条款，顺丰公司是否履行了告知、提醒义务；

（3）被告应承担的违约赔偿责任金额如何计算。

一审法院认为，原告通过微信扫码下单委托被告运输涉案货物，被告快递员接单并收寄涉案货物，双方之间的运输合同依法成立。承运人对运输过程中货物的毁损、灭失承担损害赔偿责任，但承运人证明货物的毁损、灭失是因不可抗力、货物本身的自然性质或者合理损耗以及托运人、收货人的过错造成的，不承担损害赔偿责任。现被告确认涉案显示屏发生损坏故收件人拒收，且并未证明损坏系因不可抗力、本身的自然性质或者合理损耗以及托运人、收货人的过错造成的，被告理应承担赔偿责任。货物的毁损、灭失的赔偿额，当事人有约定的，按照其约定；没有约定或者约定不明确，可以协议补充；不能达成补充协议的，按照合同条款或者交易习惯确定；仍不能确定的，按照交付或者应当交付时货物到达地的市场价格计算。本案所涉《电子运单契约条款》中对于货物破损的赔偿有明确约定，即托寄物品未选择保价，被告在七倍运费的限额内进行赔偿。《电子运单契约条款》为被告事先拟定的格式条款，被告设置的下单流程使得包括原告在内的所有客户在下单时可以方便快捷地知晓并查看《电子运单契约条款》内容，对于赔偿的约定，采用显著的红色加粗字体明确标明，且只有在客户全部浏览完才会显示"同意本条款，下次不用提醒我"，客户选择确认该按钮，表明被告已经尽到合理范围内的提示义务，且在下单页面的按钮上方客户仍可以点击查阅该条款，故该格式条款，合法有效，原告选择下单寄件则该条款对原、被告均具有约束力。原告就涉案货物未进行保价，也未声明价值，其主张按照销售价格进行赔偿，于法无据，依据《电子运单契约条款》中未保价货物赔偿的约定，被告应按运费的 7 倍即 280 元进行赔偿。

据此，判令：

被告顺丰速运集团（上海）速运有限公司于本判决生效之日起 10 日内赔偿原告黄某旗损失 280 元。

上海市第一中级人民法院二审，判决驳回上诉，维持原判。

【思考题】

1. 简述快递服务合同的概念和特征。

2. 简述电商快递服务中的法律关系。

3. 简述快递服务组织的经营模式。

4. 论述快递服务合同的违约责任。

5. 论述智能寄递服务的法律规制。

【拓展阅读】

1. 郑佳宁、冯力虎："关于快递业发展的若干法律问题"，载《暨南学报（哲学社会科学版）》2017 年第 3 期。

2. 郑佳宁："快递服务合同违约损害赔偿的理论剖析与审视"，载《北京社会科学》2017 年第 9 期。

3. 王之泰："第三方物流理论与实践"，载《中国流通经济》2018 年第 3 期。

4. 刘文良："推进我国快递包装立法的思考"，载《中州学刊》2018 年第 3 期。

5. 郑佳宁："快递服务合同典型化的立法表达与实现路径"，载《法学家》2019 年第 1 期。

6. 王茜："邮政行业行政处罚裁量基准制度研究"，载《政法论丛》2019 年第 6 期。

7. 郑佳宁："快递保价服务的规范结构与实现路径"，载《法学杂志》2019 年第 12 期。

8. 郑佳宁、邬小丽："智能寄递服务的私法规制"，载《大连理工大学学报（社会科学版）》2020 年第 6 期。

9. 孙良国："快递物品毁损的限额赔偿论"，载《当代法学》2021 年第 1 期。

10. 郝俊淇："电商快递业持续低价竞争的危害、成因与法律防治"，载《中国流通经济》2021 年第 7 期。

第十章

电子商务中的个人信息保护

【导语】

随着电子商务的快速发展，电子商务经营者积累了海量的网络数据，这些数据往往包含着电子商务用户的大量个人信息。计算机和网络技术为人们获取、传递和复制数据提供了方便，但网络的开放性也给个人信息的保护带来了困扰。因此，了解个人信息保护制度是电子商务与法律课程的重要内容。

本章从个人信息的概念与权利定位出发，结合电子商务领域的典型场景与案例，介绍个人信息处理的基本原则与流通共享的具体规则，阐释个人信息保护的权利义务体系。

本章的学习重点包括个人信息的概念，个人信息处理与保护的基本原则，个人信息权的体系、行使与救济方式，个人信息处理的合法性基础以及信息处理者的保护义务等制度。本章的学习难点在于理解个人信息、隐私与个人数据之间的关系，敏感个人信息的处理，个人信息的流通共享制度，大型电子商务平台在信息处理方面的特别义务以及侵害个人信息的损害赔偿责任。

第一节 个人信息

电子商务依托信息网络技术而生，在电子商务交易过程中海量的网络数据被沉淀、挖掘出来，如何规制这些数据中所包含的个人信息，是一个时代性的命题。在制定《电子商务法》的过程中，初次审议稿还专门针对电子商务中的数据与个人信息保护做出了专节规范，但当时时机尚未成熟，最终决定留给嗣后的专门立法处理，《电子商务法》仅保留了三则条文。其中，第23条设置了一则参引性的条文，第24条规定了电子商务用户对其信息的查询、更正和删除的权利，第 25 条规定了电子商务经营者对其收集、储存的个人信息的保密义务。《民法典》初次对个人信息保护作出了原则性的规定，《个人信息保护法》在此基础上进一步做出了详细的制度安排，形成了个人信息保护的法律制度体系。

个人信息保护的法律制度体系主要包含两方面内容：一方面，立法者对个人信息处理行为设定明确的原则与规则，为处理他人个人信息的主体施加了一定的义务，并辅之以法律责任保障个人信息处理合法进行；另一方面，立法者尝试构建个人信息权利体系。自然人享有个人信息权，对自己的个人信息享有一系列权能，如知情同意权、查阅复制权、公正删除权等。立法者还希望协调和平衡个人信息的充分保护与合理利用之间的关系，上述法律制度体系具有保护与利用的双重价值取向。本章接下来将从个人信息的概念与权利定位出发，结合电子商务领域的典型场景与案例，介绍个人信息处理的基本原则与流通共享的具体规则，阐释个人信息保护的权利义务体系。

个人信息保护法的保护客体究竟是什么？这个问题在比较法上存在不同的回答。有的认为个人信息保护法的是个人隐私（Privacy），例如美国。有的认为个人信息保护法保护的是个人数据（Personal Data），例如欧盟。有的认为个人信息保护法保护的是个人资料，例如我国台湾地区。有的则认为个人信息保护法保护的是个人信息（Personal Information），例如，日本、俄罗斯、韩国等。我国《民法典》第 111 条、第 1034 条和《个人信息保护法》第 2 条均将保护客体直接定位为个人信息，一定程度上遮蔽了这一问题的重要性。但是在比较法上，上述各个保护客体确实存在差异，相关规则也确实存在区别。因此，本章首先讨论《个人信息保护法》中个人信息的概念，分析个人信息与个人数据、个人隐私之间的联系和区别。

一、个人信息的概念

对于个人信息的定义，境外立法例及我国实务界存在三种不同观点：一为关联型定义，即个人信息是所有与个人相关联的信息。目前，北欧和东欧的一些国家采用这种立法例。我国的部分司法解释或国家标准也具有关联型定义的特色，例如，《侵犯公民个人信息刑事案件的解释》[1]以及《个人信息安全规范》[2]。二者在识别标准之外，还增设了"反映特定自然人活动情况"的标准，

---

[1]　参见最高人民法院、最高人民检察院《关于办理侵犯公民个人信息刑事案件适用法律若干问题的解释》。

[2]　参见国家标准化管理委员会：《信息安全技术　个人信息安全规范》（GB/T 35273—2020），第 5 页。

且两项标准可以选择适用，与关联型定义异曲同工，事实上大大扩张了个人信息的范围，本质上也属于关联型定义。二为隐私权定义，即个人信息是个人不愿向外透露或不愿为他人所知的信息。目前，美国、澳大利亚、新西兰、加拿大等英美法系国家多采用这种立法例。这种立法例实际上以隐私来界定个人信息，我国学者持此观点的较为罕见。三为识别型定义，即个人信息是指能够直接或间接的与已识别或者可识别的特定自然人相关的信息。目前，欧盟、日本和韩国均采用了这种立法例。

识别型定义是我国学界的通说，我国多部法律也都用识别性定义对个人信息进行了明确界定。[①] 在识别型定义的基础上，《民法典》与《个人信息保护法》采取了不同的定义方式。《个人信息保护法》第 4 条以概括描述的方式对个人信息进行了定义，《民法典》第 1034 条除了概括描述之外还对现实中的个人信息进行了列举，国家标准化委员会总结实践经验进一步提出了更多的个人信息类型。[②] 两者相互印证，为个人信息的范围界定提供了判断标准。

根据上文的分析，本章将个人信息定义为，能够直接或间接地与已识别或者可识别的特定自然人相关的信息。例如，电子商务用户的姓名、地址、手机号码、银行卡账号、购物记录、消费习惯等信息，均可以识别出相关的用户，从而构成个人信息。从内涵的角度而言，构成个人信息需满足两个要件。

第一，主体性。个人信息的主体只能是自然人，法人或非法人组织均非个人信息的主体。然而，如果从法人的名称中可以识别出一个或多个自然人，那么，该法人应有权主张适用个人信息保护的相关规定。该规则得到了欧盟法院的确认。[③] 理由在于，欧盟《通用数据保护条例》对个人信息保护的目的之一是落实《欧盟人权公约》对人权保护的规定，该公约明确承认，人权保护的若干规则可以适用于法人。另外，虽然法人具有独立的人格，但是在小型的社团法人中，通过该法人的信息仍有可能识别出其社员的信息，出于保护社员个人

---

① 例如，《网络安全法》第 76 条第 5 项规定："个人信息，是指电子或者其他方式记录的能够单独或者与其他信息结合识别自然人个人身份的各种信息，包括但不限于自然人的姓名、出生日期、身份证件号码、个人生物识别信息、住址、电话号码等"。《个人信息保护法》第 4 条第 1 款规定："个人信息是以电子或者其他方式记录的与已识别或者可识别的自然人有关的各种信息，不包括匿名化处理后的信息。"《民法典》第 1034 条第 2 款规定："个人信息是以电子或者其他方式记录的能够单独或者与其他信息结合识别特定自然人的各种信息，包括自然人的姓名、出生日期、身份证件号码、生物识别信息、住址、电话号码、电子邮箱、健康信息、行踪信息等。"

② 参见国家标准化管理委员会：《信息安全技术 个人信息安全规范》（GB/T 35273—2020），第 23 页。

③ ECJ Case C-92/09，para.53; ECJ Case C-419/14，para.79; ECJ Case T-670/16，para.25.

信息的目的，有必要保护该社团的个人信息。

第二，识别性。识别即通过参考标识符直接或间接地检测到一个人。这些参考标识符通常是自然人的身体、生理、心理、遗传、经济、文化或社会身份的特征。其中，身份证号、基因等信息具有独一无二性，与自然人高度绑定，可以直接识别出个人；有些信息不具有独一无二性，但可以借助其他信息辅助确认，这种识别属于间接识别，姓名、出生日期、住址、电话号码、电子邮箱等其实均为间接识别信息。反之，如果某一信息无法识别出特定自然人，则该信息非个人信息。

另外，个人信息在界定上不需要现实地识别出个人，仅仅具有识别的可能性即可。那么，这里的识别可能性是针对谁而言的呢？换言之，不同的主体识别能力不同，以谁的识别能力为判断标准呢？

我国法律没有明确地规范这个问题。欧盟曾对此展开了曲折地探索，其历史经验可以给我们提供镜鉴。根据《数据保护指令》，在判断可识别性时，如果处理者现有的信息和技术尚不足以识别，但只要可以从外部来源获取额外的信息和技术手段加以识别，那么该条信息就具有可识别性。[1] 该标准是一种绝对化的标准。这意味着，只要世界上的任何人有可能从该信息识别出自然人，就满足"个人信息"的定义，从而适用相关的严苛规则。在结果上，这无疑扩大了个人信息的范围，增加了处理者的合规成本，在一定程度上阻碍了信息的自由流动。2016年10月，欧洲法院做出了重要的转向。其裁定认为，从某条个人信息识别出个人，如果在时间、成本和人力方面需要付出不成比例的努力，识别风险因而在现实中微不足道，那么这条信息就不具有识别性。[2] 上述标准是一种相对化的标准。这意味着，只有处理者在不付出过多努力的情况下识别信息主体，该信息才被视为"个人信息"。尽管该裁决基于《数据保护指令》，但《通用数据保护条例》有迹象表明此类标准得以沿用。[3] 据此，在间接识别的情况下，如果缺失信息容易访问获取，则可以认定已获取的信息具有识别性。例如，缺失信息可在电子商务平台便捷获取，则电子商务经营者已掌握的其他信息具有可识别性。通过相对识别标准，处理者的信息利用成本与个人的信息泄露风险得以充分平衡。因此，我国可以借鉴相对识别标准，判断个人信息的可识别性。

---

[1]　See Rec. 26 Data Protection Directive.

[2]　See ECJ Ruling C-582/14, para. 46.

[3]　See rec. 26 GDPR.

相对识别标准的核心是识别的成本、时间、技术与目的，这四项要素构成了判断可识别性的动态体系。[①] 识别的成本越高、时间越长、技术越不成熟、目的依赖性越强，则该信息的可识别性越低，反之则越高。成本与时间容易理解，在此不赘。在技术方面，需要考虑处理者可预见或可能的技术发展趋势。即便时下识别技术尚不成熟，但相关技术存在理论上的可能且正在飞速发展，也应将该技术视作成熟技术。在目的依赖性方面，如果信息处理的目的必须在获知信息主体的身份后才能实现，则应当假定该信息具有可识别性。否则，处理者压根就不会收集该信息。既然处理者收集了该信息，它就一定会想方设法识别出信息背后的个人，因此，处理目的的依赖性对可识别性的认定也有重要影响。

根据上述第一个要件，个人信息必须具有识别性，如果缺少该要件，则不构成个人信息。在技术上，目前已经可以实现将一条个人信息通过随机、泛化等手段去除其识别性，使个人信息无法识别特定个人且不能复原，这一过程被称为个人信息匿名化。例如，电子商务中，随机技术（Randomisation）改变信息的精确度，以此消除信息与个人之间的强关联，从而实现匿名化；泛化技术（Generalisation）改变信息容量规模，以此稀释个人信息的属性，如将出生地由社区泛化至城市，从而实现匿名化。个人信息经过匿名化之后，信息处理者可以不经个人同意即向他人提供。随着大数据时代、人工智能时代的到来，海量的个人信息数据已成为具有重大价值的资产，若对这些信息资产利用得当，必将产生巨大的社会效益，推动经济的发展。个人信息经匿名化处理后，个人很难再被识别出来，对其人格尊严也不会产生损害，此时，匿名化信息已失去了作为个人信息最本质的特征，不需要适用个人信息保护的相关规则，信息处理者可以不经个人同意即向他人提供。因此，通过匿名化技术消除个人信息的主体身份性，便成为利用这些信息数据的重要手段。

如何判断无法识别特定个人且不能复原，《民法典》未作出具体规定。从域外法上来看，欧盟个人信息保护专家工作组认为，[②] 匿名化始终存在再识别的风险，在评估匿名化的标准时，必须考虑与再识别风险的严重性和可能性，需要根据具体情况逐案判断。处理者拟实施匿名化之前必须评估个人信息泄露的风险，在匿名化之后应持续监控并定期进行风险再评估。此规范思路可资借鉴。

---

① See Art. 29 Data Protection Working Party, WP 136 (2007), p. 19 et seq.
② See Art. 29 Data Protection Working Party, WP 216 (2014), pp. 6, 7, 12, 16, 23~25.

二、个人信息与隐私、个人数据的关系

隐私与个人信息具有密切的关系。隐私包括私密信息、私密活动和私密空间，其中的私密信息就属于个人信息。侵犯个人信息和侵犯隐私权的主要方式都是非法泄露或公开。因此，英美法一般以隐私权的保护涵盖对个人信息的保护，《民法典》编撰过程中也有专家提出了这种意见。

不过，隐私与个人信息的区别非常明显。

第一，隐私强调私密性，个人信息强调识别性。两者仅在私密信息这一领域内重合。个人信息中既包括不愿意为他人知晓的隐私信息（如病史、犯罪记录等），还包括可以公开的非隐私信息（如姓名、性别等）。隐私中既包括私密信息，又包括私密活动、私密空间、私密的身体部位和生活安宁。

第二，隐私带有主观色彩，而个人信息可以依据纯粹的客观标准进行判断。比如，身高、住址、电话号码等个人信息，有些人视为隐私，有些人则愿意将之公开。在电子商务的场景中，有些用户甚至要求将购物人的姓名、电话号码打上星标，或者使用假名。在这些用户的心目中，对于陌生人而言，姓名和电话号码也属于隐私。但对于熟人而言，这些信息显然不是隐私。由此可见，隐私的判断具有一定的主观性，相反，这些是否属于个人信息只能依据可识别性这一客观标准判断。

第三，隐私权保护侧重于权利主体的人格利益，对隐私利用往往采取严格的限制立场；而个人信息的保护既保护自然人的人格利益，又保护个人信息上所附着的财产性利益，倾向于在自然人与信息处理者之间进行利益平衡，兼顾自然人的个人信息权益与信息资源的有效利用。

第四，隐私权保护模式多表现出消极、被动、防御的特点，以侵害行为或侵害可能为前提；个人信息保护模式则表现出积极、主动、控制的特点，权利人不仅有权消极防御个人信息的不法侵害，还可以决定其个人信息的处理，查阅复制相关信息，并有权针对个人信息的商业化利用获取报酬。

第五，对隐私权的保护程度高于对个人信息的保护程度。

另外，英美法上的隐私权与我国的隐私权存在很大的区别。我国现有法律制度中的隐私权，是与生命权、健康权、姓名权、肖像权、名誉权、荣誉权等并列的概念，范围比美国法狭窄。一些侵犯个人信息的行为未必侵犯隐私。例如，电子商务用户的姓名、肖像都属于个人信息，但已经被《民法典》人格权编独立出来，规定为一种具体人格权，与隐私权并列，而不是隐私权的保护客体。与之相反，美国法的隐私权已经囊括了私人活动的各个领域，不局限于私生活秘密，已经发展为一种一般人格权。

基于上述原因,《民法典》人格权编将个人信息保护与隐私权放在同一章,但仍将两者作为不同的制度加以规定。对于特定种类的个人信息,出现了规范竞合,在法律适用时应当遵守以下原则:个人信息保护是对其他具体人格权保护的补充。如果姓名权、肖像权、名誉权和隐私权可以具体保护特定个人信息时,应优先适用这些人格权的具体规则,在这些具体人格权没有规定的情况下,可以适用个人信息的相关规定。

个人资料与个人数据这两个概念在我国台湾地区并行使用。一般认为,个人资料是个人数据的另一种翻译称谓;两者在语义上可以混用。个人数据与个人信息的共性在于对自然人的可识别性。个人数据在《欧盟通用数据保护条例》中就被界定为"已识别或可识别的与个人相关的数据";个人信息在日本《个人信息保护法》第2条中被界定为"能够识别出特定自然人的相关信息"。由此可见,对自然人的可识别性是个人数据与个人信息的相通之处。但是,个人数据与个人信息存在本质区别。个人数据是个人信息的载体,个人信息是个人数据的内容。

《民法典》在上述三个概念中选择了个人信息作为立法连接点,主要有以下三点考虑:一是与已有的立法保持一致。在《民法典》和《个人信息保护法》颁行之前,《网络安全法》《电子商务法》《消费者权益保护法》《刑法》等法律,国务院的行政法规、部门规章,以及最高人民法院的司法解释,基本都采用了"个人信息"的表述,没有特别理由改变这一立法传统。二是"个人信息"的表述更为准确。如上文所言,个人数据只是个人信息内容的载体,就个人信息保护的实质而言,法律保护的并非是数据这个载体,而是载体所承载的内容。即便欧盟采用了个人数据的表述,但其相关规定实质保护的也是个人数据的内容,而非数据载体本身。[1] 三是个人信息适合于作为人格权的客体,而个人数据适合于作为财产权的客体。个人信息保护法虽然是一门独立的法律,但在民法典中,个人信息保护规定于人格权编。信息是语义上的意谓(semantische Bedeutung),而数据则是信息在符号中的句法呈现(syntaktische Repräsentation)。在数字时代,数据为机器所读取,而信息则由人来读取。[2] 因此,在人格权法的意义上,个人信息的概念相比于个人数据更加准确。

---

① 参见黄薇主编:《中华人民共和国民法典释义》,中国法制出版社2020年版,第199页。
② 参见申卫星:"数字权利体系再造:迈向隐私、信息与数据的差序格局",载《政法论坛》2022年第3期。

【庞某诉中国东方航空股份有限公司、北京趣拿信息技术有限公司隐私权纠纷案】①

2014年10月11日，庞某委托鲁某通过北京趣拿信息技术有限公司（以下简称"趣拿公司"）下辖网站去哪儿网平台（www.qunar.com）订购了中国东方航空股份有限公司（以下简称"东航"）机票1张，所选机票代理商为长沙星旅票务代理公司。去哪儿网订单详情页面显示该订单登记的乘机人信息为庞某姓名及身份证号，联系人信息、报销信息均为鲁某及其尾号××58的手机号。2014年10月13日，庞某尾号××49手机号收到来源不明号码发来短信，称由于机械故障其所预订航班已经取消。该号码来源不明，且未向鲁某发送类似短信。鲁某拨打东航客服电话进行核实，客服人员确认该次航班正常，并提示庞某收到的短信应属诈骗短信。2014年10月14日，东航客服电话向庞某手机号码发送通知短信，告知该航班时刻调整。当晚19：43，鲁某再次拨打东航客服电话确认航班时刻，被告知该航班已取消。庭审中，鲁某证明其代庞某购买本案机票并沟通后续事宜，认可购买本案机票时未留存庞某手机号。东航称庞某可能为东航常旅客，故东航掌握庞某此前留存的号码。庞某诉至法院，主张趣拿公司和东航泄露的隐私信息包括其姓名、尾号××49手机号及行程安排（包括起落时间、地点、航班信息），要求趣拿公司和东航承担连带责任。

东航抗辩称，该公司通过中航信提供订票系统服务，订票信息不存储于东航系统中，星旅公司向东航购买涉案机票时仅留存尾号1280手机号，故不可能泄露庞某的个人信息。趣拿公司则主张，涉案机票从星旅公司购买，去哪儿网仅为网络交易平台，趣拿公司在本次机票订单中未接触庞某手机号码，且趣拿公司已向鲁某发送谨防诈骗短信，尽到了提示义务。

本案争议焦点在于，行程信息是否属于个人的私密信息，以及东航和趣拿公司在形成信息泄露过程中有无过错。北京市海淀区人民法院认为，趣拿公司和东航在本案机票订购时未获取庞某号码，现无证据证明趣拿公司和东航将庞某过往留存的手机号与本案机票信息匹配予以泄露，且趣拿公司和东航并非掌握庞某个人信息的唯一介体，法院无法确认趣拿公司和东航存在泄露庞某隐私信息的侵权行为，故庞某的诉讼请求缺乏事实依据，法院不予支持，于是驳回庞某的全部诉讼请求。

庞某向北京市第一中级人民法院提出上诉。北京市第一中级人民法院认为：第一，根据《最高人民法院关于审理利用信息网络侵害人身权益民事纠纷

---

① 案件来源：北京市第一中级人民法院（2017）京01民终509号民事判决书。

案件适用法律若干问题的规定》第12条的界定，行程安排无疑属于私人活动信息，从而应该属于隐私信息。至于庞某的姓名和手机号，在日常民事交往中，发挥着身份识别和信息交流的重要作用。因此，孤立来看，姓名和手机号不但不应保密，反而是需要向他人告示的。然而，当姓名、手机号和庞某的行程信息（隐私信息）结合在一起时，结合之后的整体信息也因包含了隐私信息（行程信息）而整体上成为隐私信息。

第二，从机票销售的整个环节看，庞某自己、鲁某、趣拿公司、东航、中航信都是掌握庞某姓名、手机号及涉案行程信息的主体。但从本案现有证据及庞某、鲁某在整个事件及诉讼中的表现看，庞某和鲁某的行为并未违背一名善意旅客所应有的通常的行为方式。在没有相反证据予以证明的情况下，本院确信庞某、鲁某在参加购买机票的民事活动及本案民事诉讼活动时具备诚实、善意的通常状态，不属于自己故意泄露个人信息而进行虚假诉讼。在排除了庞某和鲁某的泄露可能性之后，趣拿公司、东航、中航信都存在泄露信息的可能。而从收集证据的资金、技术等成本上看，作为普通人的庞某根本不具备对东航、趣拿公司内部数据信息管理是否存在漏洞等情况进行举证证明的能力。与普通的第三人相比，恰恰是趣拿公司、东航、中航信已经把上述信息掌握在手。在本案所涉事件发生前后的一段时间，东航、趣拿公司和中航信被多家媒体质疑存在泄露乘客信息的情况。综上，本院认定东航、趣拿公司存在泄露庞某隐私信息的高度可能。

第三，东航和趣拿公司在被媒体多次报道涉嫌泄露乘客隐私后，即应知晓其在信息安全管理方面存在漏洞，但是，该两家公司并未举证证明其在媒体报道后迅速采取了专门的、有针对性的有效措施，以加强其信息安全保护。而本案泄露事件的发生，正是其疏于防范导致的结果，因而可以认定趣拿公司和东航具有过错，理应承担侵权责任。

第四，中航信的确与东航、趣拿公司一样存在泄露庞某信息的高度可能。但是，东航和中航信基于各自的泄露行为均应向庞某承担侵权责任，此时，东航和中航信对庞某构成不真正连带责任。而在不真正连带责任中，作为受害人的庞某有权选择起诉侵权人。在对外关系上，即便是中航信泄露了庞某的隐私信息，也可以由东航首先承担责任。东航在承担责任后可以依据其与中航信之间的服务合同条款，在相关证据具备的情况下，向中航信主张权利。本案中，庞某并没有起诉中航信，而中航信也并非必须加入本案诉讼。

此外，庞某请求趣拿公司和东航赔偿其精神损失，但现有证据无法证明庞某因此次隐私信息被泄露而引发明显的精神痛苦，因此，对于其精神损害赔偿的诉讼请求，本院不予支持。

综上所述，二审法院判决：一、撤销北京市海淀区人民法院（2015）海民初字第 10634 号民事判决；二、北京趣拿信息技术有限公司于本判决生效后 10 日内在其官方网站首页以公告形式向庞某赔礼道歉，赔礼道歉公告的持续时间为连续 3 天；三、中国东方航空股份有限公司于本判决生效后 10 日内在其官方网站首页以公告形式向庞某赔礼道歉，赔礼道歉公告的持续时间为连续 3 天；四、驳回庞某的其他诉讼请求。

三、个人信息处理与保护的基本原则

对于个人信息处理与保护，世界经合组织（OECD）制定的《隐私保护与个人数据跨国流通指南》、欧盟颁布的《通用数据保护条例》以及我国《民法典》《网络安全法》《个人信息保护法》都确立了一些基本原则，包括合法、正当、必要，目的限定、公开透明、信息质量、安全问责等。这些原则给电子商务经营者在收集、存储和分析用户信息时提出了相应的要求，下面进行逐一阐述。

（一）合法原则

信息处理者处理个人信息必须有合法的依据，处理的方法应当符合法律的规定。合法性可分为形式合法性和实质合法性。形式合法性（legality）也称合法律性，是指合乎既定的法律规则，属于狭义的合法性。实质合法性（legitimacy）也称正当性，不仅要求合乎既定的法律规则，而且要求合乎法律原则、法理等公平正义的价值，属于广义的合法性。如果从实质合法性理解"合法"，"正当、必要"也属于"合法"的内容。因此，合法、正当、必要原则中的"合法"指的是形式合法性，即合乎法律规则。"正当、必要原则"则指实质合法性。[①] 合法依据法律法规的明确规定，信息收集者与使用者应当严格遵守，不得违反。对于法律法规未规定的事项，信息处理者还应当遵守相关的行业规范。

（二）正当原则

正当原则是指处理个人信息主要遵循合法原则外，信息处理的目的和手段应当正当，应当尊重公序良俗，遵守诚实信用，并尽量满足透明的要求，以便当事人能够充分了解情况，自主行使信息权利。正当原则要求信息处理者规范信息处理行为，特别是不得强迫用户授权，不得以捆绑服务、强制停止使用等不正当手段变相诱导、胁迫用户提供个人信息，不得欺骗、窃取或者使用其他非法手段处理他人的个人信息，不得以大数据杀熟为目的滥用其获得的个人信

---

① 参见刘权："论个人信息处理的合法、正当、必要原则"，载《法学家》2021 年第 5 期。

息。个别的信息处理活动可能符合同意原则但违反了正当原则。例如，电子商务消费者允许电子商务经营者处理自己的消费记录并发送精准广告，而经营者不分白天黑夜频频向消费者推送各种广告，对其生活造成了极大干扰，虽经消费者同意却违反了正当原则。

（三）必要原则

必要原则是指处理个人信息的目的应当特定、明确，不得超出目的范围处理个人信息，不得将个人信息用于其他目的。例如，互联网医疗机构收集的患者疾病信息只能用于分析患者病情，不得用于非医疗目的；电子商务经营者收集的消费者购买行为信息只能用于研究分析消费发展趋势，不得用于商业推销目的。此外，必要原则还要求信息处理以对个人影响最小的方式进行，在必要的限度内进行。不能收集对提供服务没有必要的个人信息，处理的个人信息的内容和范围不应过于宽泛。《民法典》第1036条所规定的"不得过度处理原则"，本是必要原则的应有之义。但实践中，网络服务提供商过度处理个人信息的现象非常普遍，立法者才明确地、有针对性地单独规定了不得过度处理原则。

（四）目的限定原则

处理个人信息应当具有特定、明确、合理的目的，并应当与处理目的直接相关，不得以与这些目的不兼容的方式进行进一步处理，信息处理应采取对个人权益影响最小的方式。这是比例原则中适当性与必要性原则的混合，体现了对个人信息利用和保护之间的平衡。[①] 信息处理的目的对于处理活动的合法性起着关键的识别作用，它是判断后续的公开透明、信息质量等基本原则是否得到尊重的重要依据。在进行进一步处理活动时，处理者应验证这些操作是否与初始目的兼容。否则，新的处理活动只有通过重新同意或具备法定理由才能合法开展。目的的特定程度可能会因具体情况而异，处理者需要考虑整体处理环境，特别是信息主体的合理期望以及有关各方对目的的共同理解程度。受影响的信息主体数量越多，所涉及的地理区域越大，需要的目的就应越明确。如果处理活动超出了常见的处理目的范畴，处理者必须详细地告知处理目的。如果一个目的可以详细拆分成多个子目的，处理者也应该逐一告知相关子目的。

（五）公开透明原则

处理者应当公开处理信息的规则，明示处理信息的目的、方式和范围，此即公开透明原则。公开透明原则是个人知情同意的基础，也是个人行使其他个人

---

① 参见申卫星："论个人信息保护与利用的平衡"，载《中国法律评论》2021年第5期。

信息权的前提。公开透明原则与合法、正当原则密不可分，只有在个人充分了解处理规则与处理过程的前提下，个人信息处理才能称得上正当，该规则明确规定于《民法典》与《个人信息保护法》之中，因此，公开透明原则是个人信息处理的基石性原则。此处的公开透明并非指个人信息内容公开，而是指处理个人信息的过程和规则公开。这要求信息处理者用通俗易懂、简洁明了的语言与个人进行沟通。由于个人信息处理规则是信息处理者单方制定的，属于格式条款，因此也应当适用《民法典》合同编和其他相关法律关于格式条款的规范。

（六）质量原则

所处理的个人信息应当准确，避免因个人信息不准确、不完整、不及时对个人权益造成不利影响，此即质量原则。其中，准确是一项客观标准，意味着所保存的个人信息与实际情况相符。判断一项信息是否准确、完整、及时，需要以信息处理的目的为基准。例如，互联网金融机构收集个人信息以决定是否授予电子商务消费者相关信贷，那么，相关信息必须充分、真实地反映该个人的资信情况。反之，如果信息处理的目的与该个人的人身、财产利益无关，且相关处理目的不要求过高的信息质量，那么，强行要求提高信息质量可能给处理者带来过高的成本。

（七）安全原则

处理者应采取必要措施保障个人信息安全，此即安全原则。《个人信息保护法》当中同时存在强化个人对个人信息的控制和防范数据活动的社会风险两种理念。[①] 前者突出表现为第四章规定的个人的权利，后者则集中体现在第五章规定的个人信息处理者的义务当中，如风险评估、合规审计义务、设置个人信息保护负责人义务等。个人信息处理加剧了个人信息滥用与泄露的风险，强化对个人信息处理的安全管理十分必要。《个人信息保护法》规定安全原则，具体的规则虽然有助于指导实践，但难免挂一漏万。并且，随着技术的不断发展，今天有效的安全管理制度，明天就可能被证明存在漏洞。安全原则的宽泛性则可以要求个人信息处理者不断采用新的技术手段和管理手段，实现数据安全的目标。综上，安全原则发挥兜底作用，扩张个人信息安全保护的义务内容。

（八）问责原则

问责（Accountability）原则亦称负责原则、责任原则。"问责"的称谓体现了个人要求个人信息处理者承担责任的动态过程。个人将其个人信息提供给

---

① 参见梅夏英："社会风险控制抑或个人权益保护——理解个人信息保护法的两个维度"，载《环球法律评论》2022年第1期。

信息处理者处理，由此形成了委托代理关系。处理者作为受托人应当尽其受信义务，为个人信息的安全负责。问责原则最重要的意义在于强化问责制度，要求个人信息处理者对不法行为负责，尤其强调减轻个人的举证压力，要求个人信息处理者承担民事损害赔偿责任。① 在个人信息处理中，处理者容易因巨大利益诱惑而背离受信义务的要求。与之相较，个人的利益却被置于数据泄露、数据滥用等危险当中，而且一旦个人信息处理不法行为发生，个人遭受的损害往往无法恢复原状。无论是依据控制力理论还是风险—收益一致原则，个人信息处理者都应承受更重的责任。② 除了过错推定的民事责任之外，个人信息处理者还应承担较为沉重的行政处罚责任。在比较法上，欧盟《通用数据保护条例》便规定信息处理者应按照年度全球营业额的一定比例计算罚款数额，这对于大型互联网科技公司而言十分沉重。

第二节　个人信息权

国务院 2021 年印发的《"十四五"数字经济发展规划》提出："进一步强化个人信息保护，规范身份信息、隐私信息、生物特征信息的采集、传输和使用，加强对收集使用个人信息的安全监管能力。"个人信息作为一种人格权，在当前的理论与实务界已基本达成共识。理论界认为，自然人的姓名和肖像本身就是个人信息，它们在前数据时代已经被具体化为人格权，这说明个人信息权利化具有先例。在大数据时代，因个人信息泄露而使自然人人身、财产与生活安宁受损，已成为典型的人格侵权形式。传统的人格权类型显然不足以涵盖各式各样的个人信息，难以充分地保护个人信息所牵涉的人格权。另外，传统人格权偏重于保护，而个人信息偏重于保护与利用的平衡。因此，有必要在现有的人格权类型之外创设个人信息权。③2013 年修正《消费者权益保护法》时，立法者便新增了消费者享有个人信息依法得到保护的权利。2016 年《电子商务法》初次审议时，草案第 45 条明确规定，"电子商务用户依法享有对其个人信息自主决定的权利"。2021 年颁布的《个人信息保护法》也明确规定"个人在个人信息处理中的权利"。这些规定都是个人信息作为权利的明证。关于个人信息

① 参见程啸：《个人信息保护法理解与适用》，中国法制出版社 2021 年版，第 100 页。
② 参见程啸："论我国个人信息保护法的基本原则"，载《国家检察官学院学报》2021 年第 5 期。
③ 参见杨立新："个人信息：法益抑或民事权利——对《民法总则》第 111 条规定的'个人信息'之解读"，载《法学论坛》2018 年第 1 期；程啸："民法典编纂视野下的个人信息保护"，载《中国法学》2019 年第 4 期。

权的性质，理论界基本认同其具有人格属性，[1] 至于个人信息所表现出的财产价值，可以用人格权商品化的方式处理与解释。[2] 综上所述，个人信息权应当予以承认，并定位为一种人格权。下面将具体阐述个人信息权的诸项权能与行使救济方式。

一、个人信息权的体系

个人信息权由知情决定、查阅复制、更正删除权等诸多权能构成。[3] 下面，本书将对各项权能进行逐一阐释。

（一）知情决定权能

知情决定是个人信息权最核心、最基础的权能。从知情决定的本源来看，它是主体交往时设定法律关系的前提与基础行为。作为一种行为模式，"知情—决定"被广泛应用于诸多社会关系的建构之中，涉及政治国家、医疗健康、消费者保护与个人信息保护等，具有程序正义的价值。在个人信息保护领域，个人在知情的基础上才能对其个人信息进行充分的自我决定，进而促进信息融合，提升信息的经济与社会价值。知情权对应的是处理者的告知义务，处理者必须在收集个人信息时以清晰、明确、易懂的方式告知个人处理目的、储存时间等内容。在充分知情的前提下，由自然人或其监护人自主决定是否授权处理。这就体现了个人的决定权。《民法典》第 1035 条是知情决定权的原则性规定，《个人信息保护法》第 13~18 条则对于知情决定做出了周密细致的制度安排。

根据《个人信息保护法》第 17 条，处理者有义务告知个人即将处理其个人信息的事实、目的以及法律依据。这是个人信息处理公平和透明原则的基本要求。不过，告知义务也应当与处理者的成本相平衡，以实现个人自主决定与权利行使为限提供必要的信息即可，其他信息则可以不予提供。具体而言，处理者应提供下列信息：处理者的身份与联系方式、处理者所任命的个人信息保护负责人的联系方式、处理的目的与法律依据。这些信息在任何情况下都应提供，没有转圜的空间。此外，处理者还应告知个人信息存储时间、个人所拥有

---

① 参见申卫星："论个人信息权的构建及其体系化"，载《比较法研究》2021 年第 5 期。

② 参见王利明："论个人信息权在人格权法中的地位"，载《苏州大学学报（哲学社会科学版）》2016 年第 6 期。

③ 关于知情决定、查阅复制、更正删除等究竟是独立的权利还是不独立的权能的讨论，参见叶名怡："论个人信息权的基本范畴"，载《清华法学》2018 年第 5 期。目前学界通说认为这些属于不独立的权能。

的个人信息权、个人提起申诉控告的方式。这些信息并非在任何情况下都需要提供，而是由处理者权衡告知的成本与个人信息保护的急迫性。如果处理者能够证明这些信息未实质影响个人自主决定与权利行使，那么，未告知也不会构成义务违反。

（二）查阅复制权能

查阅复制权能也被称为信息获取权（right of access），是指个人有权主动查阅其个人信息被处理的情况，并有权对处理的个人信息进行复制。查阅复制的本质是处理者将其处理的信息提供给个人，向其充分披露。查阅与复制往往紧密相连，处于一体两面的关系之中。查阅复制权是行使其他个人信息权利的必要前提。自然人要行使其他个人信息权利，必须先了解自己的哪些个人信息被处理，以及被处理的情况如何，在处理过程中其个人信息是否保持完整准确。唯有如此，个人才能验证信息处理的合法性，决定是否更正、删除相关的个人信息。所以，查阅复制权是确保自然人实现其他信息权利的重要保障，任何组织或个人均不得非法剥夺。《民法典》第1035条第1款第1句提及了查阅复制权，《电子商务法》第24条、《个人信息保护法》第45条前两款作了具体的规定。

复制是查阅并留存档案证据的最终结果，复制与查阅密不可分。处理者提供复制的形式应当是结构化的、通用的、机器可读的。例如，在相关案例中，电子商务经营者主张用户可以截屏复制个人信息，[①] 这种方式便不具有上述特点。复制权的行使通常为以 Excel 表格、Word 文档、Pdf 文档、截屏图片等电子形式向个人提供可供下载的个人信息副本。然而，复制往往给信息处理者产生额外的成本，因此，复制权的行使应有一定的限制。这意味着，其一，复制应由个人明确主张，当个人仅主张查阅时，法院不宜额外判令处理者提供可下载的个人信息副本。[②] 其二，个人在特定时间段内申请的第一份复制件应当免费提供，在该时间段内重复申请的复制件可以收取适当的费用。如果处理者收集了某个人的大量信息，该个人必须明确说明其请求查阅复制的具体为哪些信息或哪些信息处理活动。[③] 在查阅复制之前，信息处理者既有权利也有义务验证查阅复制者的身份，以防止个人信息非法泄露。另外，查阅复制权的行使不

---

① 参见广州市中级人民法院："广州唯品会电子商务有限公司、周彦聪个人信息保护纠纷案"，（2022）粤 01 民终 3937 号民事判决书。

② 参见广州市中级人民法院："广州唯品会电子商务有限公司、周彦聪个人信息保护纠纷案"，（2022）粤 01 民终 3937 号民事判决书。

③ See Rec. 63 GDPR.

得侵害他人的合法权益。例如，电子商务经营者收集的个人信息往往同他人的商业秘密混杂在一起，此时，经营者必须先将商业秘密分离、保密，将剩余的个人信息部分提供给电子商务消费者查阅复制。

（三）异议更正权能

个人有权请求信息处理者改正不正确的个人信息、补充不全面的个人信息，并在信息改正补充之前声明该信息与自身的实际状况不符，此即异议更正权能。更正权具体包括：个人信息错误更正权，个人信息补充权以及个人信息更新权。个人信息往往涉及个人的信誉评价和商业服务，只有确保个人信息的准确、完整和及时更新，个人的信誉评价才能准确，信息处理者的服务质量才能有所保障，个人的合法权益才能得以维护。《民法典》第 1037 条、《个人信息保护法》第 46 条、《网络安全法》第 43 条和《电子商务法》第 24 条均提及了个人的更正权。赋予个人更正权也是国际上的通行做法，欧盟《通用数据保护条例》第16 条规定，数据主体有权要求数据控制者对其错误的个人数据进行更正。

改正权旨在矫正错误的信息，这本身就构成了个人行权的正当理由，因而，信息主体不必另行提供理由。但是，信息主体必须证明个人信息不准确，否则，将承担举证不能的不利后果。其中，不准确指的是个人信息不反映现实情况。反之，如果个人信息反映真实情况，但处理者做出的价值判断不妥当，个人无法行使更正权。例如，电子商务中，互联网金融机构根据真实的信息做出了拒绝放贷的决定，用户不能通过更正权获得救济，只能另寻他法。[①]如果价值判断是根据错误的个人信息做出的，而该价值判断本身又构成了该个人信息的一部分，且容易产生错误印象，则个人仍可以就该价值判断行使更正权。信息主体只能对自己的个人信息行使更正权，而不能更正他人的信息。补充权的行使受到的限制更多。添加新的信息以补充不完整的信息会导致处理者处理的数据量增加，因此，补充权仅应在达到处理目的所必需的情况下行使。信息主体必须证明，由于缺失了信息处理的背景信息，仅处理有限的信息将导致不妥当的结果。信息主体行权的正当性需要考虑添加的额外信息是否用于处理目的，处理者补充信息所花费的成本是否与特定处理情况相称，以及信息主体是否可能因信息不完整而面临风险。

（四）拒绝权能

个人有权根据某些特定情况要求信息处理者停止利用其个人信息，此即拒绝权，又称反对权（right to object）。《民法典》第 1036 条第 2 项和《个人信息

---

① See Worms, in: Wolff/Brink, BeckOK, Art. 16 (2016), rec. 49.

保护法》第 44 条都可以理解为拒绝权能的直接规定。

信息主体的利益与信息处理者或第三方的利益相权衡时，如果前者显著优于后者，那么信息主体有权随时提出反对，拒绝继续处理其个人信息。此规范不能被广泛解释，否则将破坏个人信息处理的法律基础。具体而言，信息主体必须额外证明其对拒绝信息处理具有正当利益，诸如信息处理影响了其个人权利或个人自由，或者信息处理侵害了其家庭生活和谐或者职业保密的利益。如果出于直接营销目的而处理个人信息，则信息主体有权随时反对。直接营销指使用个性化的营销方式直接向个人发送信息，是电子商务常用的推销手段，包括但不限于电子邮件、网站或应用程序的广告，对此，电子商务消费者有权随时提出反对处理的主张。

信息主体可以随时行使反对处理的权利，无论处理是否已经开始进行。信息主体可以使用信息处理者提供的技术措施自动行使反对权，这将简化信息主体的工作。如果信息主体成功行使反对权，则处理者不能再处理个人数据，但这仅仅意味着，处理者只是在未来不能从事处理活动，已经进行的处理活动不受任何影响。

（五）删除权能

个人在法定或约定的情况下有权请求信息处理者删除其个人信息，此即删除权。《民法典》第 1037 条、《个人信息保护法》第 47 条、《网络安全法》第 43 条和《电子商务法》第 24 条均对此进行了规定。

删除权可以在下列情形下行使：其一，个人信息处理的目的已经实现或无法实现。这种情况下，个人信息收集与处理都是合法的，但原定的处理目的已经实现或无法实现，信息处理者丧失了继续留存信息的必要，故应予删除。其二，信息主体撤回了信息处理的同意，且处理者不具备其他合法处理的基础。由于处理者有权随时撤回同意，在不具备其他合法处理基础的前提下，这意味着个人有权随时要求删除个人信息。其三，个人信息遭到非法处理。无论是缺乏合法的信息处理基础，还是处理者未遵守安全保障义务，都属于非法处理。换言之，只要处理者未遵守个人信息保护的相关规定，信息主体就有权要求删除其个人信息。

删除权在下列情形下例外地不能行使：其一，行使删除权妨碍了他人的言论自由。尤其是在新闻媒体报道的情况下，个人要求行使删除权往往使社会新闻无法报道，新闻媒体有义务进行去标识化处理，但出于报道的必要，无法完全删除相关个人信息。其二，法律设置了档案、账簿保存义务。税法、公司法往往要求企业记录相关的交易信息、钱款往来信息。这些信息很可能混杂了某人的姓名、地址或银行账户等个人信息。此时，个人要求删除上述信息，将使作为信息处理者的企业陷入两难的境地。其三，基于公共卫生、科学研究、档案保存等公共利益需求，且公共利益高于个人利益的情况。删除权本质上是个人利益与他人利益权衡的结果，如果个人利益在权衡时退居次席，删除权当然无法行使。

需要注意的是，删除权并非完全等同于欧盟《通用数据保护条例》所规定的个人信息被遗忘权。删除权的适用情形相比于被遗忘权较窄，缺少了个人反对处理的情形、已经收集了其他相关个人数据的情形。删除权的法律效果相比于被遗忘权较为单一，删除权的法律效果仅为删除，而被遗忘权除了删除之外还包括告知其他信息控制者、对信息处理进行限制等。因此，我国的删除权相对于被遗忘权而言还较为简陋。

【广州唯品会电子商务有限公司与周某个人信息保护纠纷案】[①]

2021 年 3 月 1 日，周某致电唯品会客服，表示其系唯品会客户，因其母亲接到陌生电话，对方对周某购物留下来的个人信息有所了解，故担心个人信息泄露，想知道唯品会收集了哪些个人信息，希望唯品会披露所收集到的其个人信息（比如姓名、性别、出生年月、家庭信息、常用地址、联系方式，账户信息、设备型号操作系统版本、唯一的设备识别符、位置信息、IP 地址等）。唯品会客服表示："用户有填写的信息，可以在 APP 个人中心予以查看，且这些信息采取了加密的保护措施，不会泄露；对于用户没有填写的信息，唯品会是没有办法展示的，且鉴于登录账号 6541 用户即周某本人账户没有实名认证，唯品会也是没有办法知道的。"同日，周某通过电子邮件"周缦卿〈zho×××@ 163.com〉"向广州唯品会电子商名有限公司（以下简称"唯品会公司"）隐私专职部门邮箱发送邮件，邮件内容称其刚致电了唯品会客服，客服称目前没有渠道向其披露唯品会公司所收集的个人信息，因焦虑个人信息被过多收集，请求唯品会公司披露相关内容，请求披露的内容同案涉起诉附件清单。唯品会公司未回复该邮件。

周某于是向一审法院起诉请求：一、判令唯品会公司向周某披露其在使用唯品会电商网站及 APP 客户端的过程中唯品会公司收集的周某的所有个人信息；二、判令唯品会公司删除在周某身上收集到的所有非必要信息。

唯品会公司抗辩称：其一，设备信息以及日志信息是系统自动记录的信息，兼具商业运营信息的属性，企业有权在合理范围内且在不损害用户权益的基础

---

① 案件来源：广东省广州市中级人民法院（2022）粤 01 民终 3937 号民事判决书。

上加以利用。其二，唯品会公司已经充分保障和满足了周某的个人信息查阅权，向周某提供了便捷的个人信息查阅途径。其三，周某在 2020 年 3 月 1 日致电唯品会客服并向唯品会公司发送电子邮件时未提供身份信息，唯品会公司也不掌握周某的身份证号、真实姓名、邮箱、昵称等身份信息。其四，本案无证据证明其个人信息遭到泄露，唯品会公司也采取了符合标准的数据安全保护措施保护用户的个人信息，唯品会公司未侵害周某任何权利，周某也未遭受损害。

本案争议焦点为：

（1）周某要求查阅、复制的信息是否属于个人信息；

（2）唯品会公司是否侵害了周某的查阅权和复制权，如侵权成立，唯品会公司应以何种方式保障周某的查阅权、复制权的行使；

（3）周某要求唯品会删除相关非必要个人信息的诉请能否得到支持。

一审法院认为：其一，个人信息认定的关键因素是"识别"，只有可以直接或间接识别特定自然人的信息才是个人信息。本案中，周某要求唯品会公司披露的信息，其中个人资料中的姓名、电话号码、订单信息一般情况可以直接识别到特定自然人的身份和财产状况；其他如设备信息、位置信息、浏览记录等信息，虽然仅凭借该信息无法识别出特定的自然人，但与其他信息进行结合就可以识别出特定的自然人。因此，周某诉请唯品会公司披露的以上信息属于个人信息的范围。其二，案涉周某注册的唯品会账号虽然未进行实名认证，但周某使用了其手机号码进行注册并绑定了账号，收货联系人手机号码亦与账号一致，且案涉周某的手机号码已实名登记。据此，电话号码这一信息可以识别出特定的自然人。周某通过实名登记的移动电话联系了唯品会公司的客服，客服亦通过周某的来电核实到周某的注册账号，因此，周某已经证明了其属于案涉账号的信息主体。其三，个人信息处理者应当提供正在处理的个人信息的副本，这种副本的形式应当包括纸质的，也包括电子化的，其应当是结构化的、通用的及可读的。一审庭审中，唯品会公司陈述可以通过截屏的方式获取个人资料的个人信息，但截屏显然不属于通用的个人信息副本方式。因此，唯品会公司有必要提供一种通用的、可下载的个人信息副本方式，考虑到周某以电子方式提出请求，唯品会公司也应当以常用的电子形式提供个人信息副本，如excel 表格、word 文档等。其四，周某未提交证据证明唯品会公司存在应当主动删除其个人信息的情形，唯品会公司根据周某的授权同意收集了相关个人信息，周某现要求唯品会公司予以删除，无事实和法律依据。

一审法院遂判决：一、唯品会公司于该判决发生法律效力之日起 10 日内提供自周某注册唯品会 APP 之日起至该判决发生法律效力之日止的已收集到的个人信息以及个人信息处理的相关情况供周某查阅、复制；二、驳回周某的其他诉讼请求。一审案件受理费 500 元，由唯品会公司负担。

二审法院认为，履行浏览记录及"与第三方共享的个人信息"披露义务需要耗费一定的成本和时间，本院将披露期限从一审确定的 10 日延长至 30 日。

二审法院判决如下：一、变更广州互联网法院（2021）粤 0192 民初 17422 号民事判决第一项为：广州唯品会电子商务有限公司于本判决发生法律效力之日起 30 日内提供自周某注册唯品会 APP 之日起至本判决发生法律效力之日止的已收集到的相关个人信息以及个人信息处理的相关情况供周某查阅、复制；二、撤销广州互联网法院（2021）粤 0192 民初 17422 号民事判决第二项；三、驳回周某的其他诉讼请求。本案一审案件受理费 500 元，由周某、广州唯品会电子商务有限公司各负担 250 元；二审案件受理费 500 元，由周某、广州唯品会电子商务有限公司各负担 250 元。

二、个人信息权的行使与救济

个人往往不了解自身拥有何种信息权利，为了充分保障个人信息权的行使，信息处理者有义务告知个人相关权利与行权的方式和程序。《民法典》与《个人信息保护法》均未明确规定这一义务，殊为遗憾。但是，《电子商务法》第 24 条在规定了个人信息权的同时，还规定了行权的方式，可以扩张适用于其他的信息处理情境。据此，作为信息处理者的电子商务经营者应以简单、清晰、易懂的方式告知用户相关的权利及行使方式和程序，并且不得设置不合理的行权条件。在收到个人的行权请求后，处理者应核实身份，并及时配合个人行权。国家标准《信息安全技术 个人信息安全规范》第 8.7 条规定，处理者应在 30 天内或法律规定的期限内做出答复及合理解释。实践中，许多电子商务经营者自我设定的响应时间更短。例如，电子商务平台经营者唯品会的隐私政策便声明，将在收到用户的书面请求并验证用户身份后 15 天内响应用户的权利请求。

如何具体判断信息处理者充分保障和满足了个人的信息权，向个人提供了边界的信息查阅途径？在实践中，这个问题颇费思量。有时，电子商务经营者通过应用程序或客户端软件的交互页面设计为个人提供了信息查阅途径，[①]并通过公示且经个人同意的《隐私政策》明示了个人查询相关信息的方法，个人通过咨询电话也可以了解查询个人信息的途径和方式。如果个人起诉主张行使个

---

① 这属于国家标准 GB/T35273-2020《信息安全技术 个人信息安全规范》第 8.7 条明确承认的响应个人信息主体请求的方式。

人信息查阅复制权，法院判决信息处理者应按照相关明细向个人披露相关信息，其中，个人可以通过 APP 等自主查阅的信息是否还需要在执行判决的过程中披露？例如，有的电子商务平台 APP 个人资料页面可以查询头像、收货地址、购物习惯，在账户与安全界面可以查询所绑定的手机号码，在"我的足迹"页面可以查询近期的商品浏览记录，在"我的订单"页面可以查询订单详情，其中包括收件人姓名、收货地址、手机号码等。另外，处理者在诉讼过程中将个人信息作为证据提交给了法庭和个人。可否认定该行为已经满足了个人的信息查阅权？例如，处理者作为被告，为了证明相关事实，提交了"原告个人信息情况"的证据，列明了 APP 可以显示的个人在电子商务平台注册账户的个人信息，包括登录账号、注册时间、昵称、头像、性别、出生年月、绑定手机号、用户系统收集的微信等信息，也包括订单信息和收件信息。对此，广州市中级人民法院确认，上述信息已经通过其他形式披露，无论该形式是 APP 自行查询还是诉讼中的证据，都具有披露的实际效果，处理者可以不再重复披露相关信息。

但在实践中，通过应用程序查询的信息一般比较笼统或比较局限。例如，在电子商务平台同第三方共享信息的场景下，应用程序一般只列明可能的第三方及信息共享列表，但究竟是哪些信息共享给了哪个第三方，仅凭应用程序一般无法详细查明。再如，有的应用程序，如唯品会 APP 仅提供近一个月的购物信息，其他的信息则无法通过应用程序查询。另外，有些信息虽然被电子商务经营者收集处理，但通常未呈现在应用程序上，包括但不限于设备信息（包括设备名称、设备型号、操作系统和应用程序版本、唯一设备标识符）、设备所在位置相关信息（包括 IP 地址、GPS 位置以及能够提供相关信息的 WLAN 接入点、蓝牙和基站等信息）、日志信息（包括搜索内容、浏览器类型、访问日期和时间等信息）。而且，个人无法核实通过应用程序查询到的信息的真实性。对于这些细节性信息，个人依然可以要求继续披露。

对于处理者未收集的个人信息，处理者应否披露。对此，个人必须提供证据证明处理者所收集的信息类别。在证明方式上，个人可以通过举证处理者的《隐私政策》所声明的收集信息目录予以证明。

按照《电子商务法》第 24 条及国家标准 GB/T35273-2020《信息安全技术个人信息安全规范》第 8.7 条，处理者在响应个人的行权要求之前，应验证个人的身份，在实践中应如何实现？普通个人在致电处理者客服、向处理者发送电子邮件时，通常不会提供身份信息，处理者一般情况下也不掌握个人的身份证号、真实姓名、邮箱、昵称等身份信息。虽然手机电话号码在我国实行了实名认证，但是，电子商务经营者并非电信、银行等掌握用户实名认证身份信息的企业，作为电子商务经营者的处理者不具备专业的身份识别手段和措施，没有能力仅凭借在电信运营商处实名认证的手机号码验证该手机号的主体信息，也没有能力仅凭邮箱地址和昵称推定个人的真实身份。即便处理者在接到个人电话时可以核查到该手机号以及该手机号注册的平台账号信息，但是平台账号通常并未关联任何实名认证的身份信息，昵称仅为个人在下单时用做收件人名称。但是无论收件人名称还是电子邮箱昵称均没有实名要求，可以虚构和任意变更。问题在于，处理者是否有义务主动核实个人的身份，还是可以在未确定个人身份的情况下，直接拒绝个人的权利主张。对此，广州市互联网法院认为，处理者应负有通过手机号码核实信息主体的义务，只要信息主体按照处理者提供的行权路径提出了权利主张，验证义务应由处理者承担。

个人行使权利是否需要说明正当理由。例如，电子商务消费者接到陌生电话，对方对其购物的相关信息有所了解，担心其个人信息泄露。对此，个人是否需要详细证明个人信息存在泄露风险，还是仅仅提出合理怀疑即可，处理者是否需要证明其采取了符合法律要求的信息安全保护措施。

个人信息权的诸项权能中，有的权能可能会针对同一信息客体反复行使，有的则一次性行使完毕。权利行使方式不同，个人信息处理者受到的影响与辅助行权的成本也不同。对于不同的权能，有必要设置不同的行权方式。其中，查询、复制、异议和更正是常态化行使的权能。常态化行使的权能中，有一对价值冲突需要着重处理：一方面，个人行权是个人信息保护的重要组成部分；另一方面，个人的频繁行权可能给信息处理者带来极大的响应与合规成本。如何既能保障个人有效行使权利，又能兼顾个人信息处理者正常的商业经营与行政管理活动？这是一个需要妥善平衡的问题。对于异议更正权，《民法典》和《个人信息保护法》已经明确规定个人提出相应证据才能请求补充更正，这就限制了个人不当行权的可能。但是，对于查询复制权，《民法典》和《个人信息保护法》都没有明确的行权程序规定。不过，《征信业管理条例》对个人查询和复制征信信息做出了次数限制，较好地平衡了个人与信息处理者间的利益冲突。征信信息的查询复制与其他信息没有显著的区别，因此，其他类型的个人信息查询复制可以类推适用相关规定。[①] 与上述权能不同，删除权属于一次性行使的权利，毕竟信息删除后原则上没有二次删除的必要。因此，删除权的行使不会给信息处理者带来太大的负担，无须设置严苛的行权规则。

---

① 参见程啸："我国《民法典》个人信息保护制度的创新与发展"，载《财经法学》2020 年第 4 期。

从实践来看，侵害"个人信息权"的现象十分常见。比如在微信读书案中，用户未在微信读书 APP 上添加关注即能看到好友读书信息，这显然侵犯了用户的知情决定权。[①] 个人信息作为一种人格权益，可以通过人格权请求权与侵权责任加以救济。侵权责任将在本章最后一节介绍，这里着重讲解一下人格权请求权。

第一，《民法典》第 1037 条规定的查询复制权、异议更正权以及删除权本身即属于人格权请求权的表现，它们本身都具有保障个人信息完满、受控的功能。

第二，这些权利都需要向信息处理者请求才能实现，如果信息处理者不积极配合，属于以不作为的方式侵害个人信息权利，需要法院介入救济。最高人民法院对于个人信息权能侵害的救济现在还有所疑虑，担心个人请求法院救济会带来诉累。这其实多虑了，可以从横向角度加以比较：如果说物权法上的物权请求权没有带来诉累的话，那么为何要担心保障个人信息权益的人格权请求权的诉累呢？因此，《个人信息保护法》第 50 条明确承认了个人被拒绝行权而向法院寻求救济的正当性。我国法院已经对多起相关个人信息权保护案件立案，并完成了判决。[②]

是故，针对不同的权能类型，可以主张不同的救济形式。具体而言，对于知情决定权的侵害，个人可以主张相关处理行为违法，进而主张删除个人信息；对于查询复制权的侵害，个人有权请求法院判令信息处理者承担查询、复制的行为义务；对于异议权的侵害，个人有权要求个人信息处理者予以更正或解释；对于删除权的侵害，个人有权请求法院强制个人信息处理者则删除个人信息等。

第三节　个人信息处理

个人信息处理活动，包括个人信息的收集、存储、加工、传输、提供、公开等。个人信息处理活动是人类社会在信息时代创造经济价值的基础。个人对其信息固然享有信息权利，但任何权利的行使都是有界限的。如果信息处理者对任何信息都要花费不合理的成本确定是否侵害他人的个人信息权益，或者允

---

① 参见黄某诉某科技有限公司等隐私权、个人信息权益网络侵权纠纷案，（2019）京 0491 民初字第 16142 号民事判决书。

② 例如，"广州唯品会电子商务有限公司、周彦聪个人信息保护纠纷案"，广州市中级人民法院（2022）粤 01 民终 3937 号民事判决书。

许个人频频打断信息的流通和传播，将严重影响信息产业的发展。因此，个人信息处理的规范需要协调信息保护与促进信息自由流通之间的关系。

一、个人信息处理的界定

我国《个人信息保护法》仅列举了几种典型的个人信息处理行为，没有做出明确的定义，给法律适用带来了困难。其他与个人信息有关的行为能否适用《个人信息保护法》的规定？《欧盟通用数据保护条例》第 4 条第 2 项规定，"个人信息处理"是指对个人信息执行的任何单一操作或系列操作。基本上，任何作用于个人信息的行为都将被视为处理行为，除了我国《个人信息保护法》列举的处理行为类型之外，还包括信息缓存、信息展示、信息编纂、信息结构化、信息删除、信息匿名化等。为了尽可能地将所有危害个人信息的行为都囊括在内，并使个人信息保护法可以适用技术的新发展变化，采用抽象的开放性措辞更为合适。[①] 因此，在解释我国《个人信息保护法》时，可以将一切作用于个人信息的行为都视为处理行为。

个人信息处理包括手工方式与自动方式。自动化处理主要通过电脑、手机、网络摄像头、行车记录仪、无人机、可穿戴设备以及智能网联汽车等进行，包括完全自动化处理和部分自动化方式处理。部分自动化处理意味着在某些处理步骤由个人执行，如将信息输入计算机系统。[②] 自动化处理容易产生更严重的个人信息侵害事件，需要适用更为严格的规范，采取必要的技术和组织管理措施，是《个人信息保护法》的主要规范对象。相反，单纯的手工处理速度慢得多，并且可以处理的数据更少，通常不会严重威胁个人信息权益，仅在特殊情况下才有适用《个人信息保护法》的余地。因此，根据《欧盟通用数据保护条例》第 2 条第 1 句，手工处理仅在同时满足两个条件时才适用严格的个人信息保护规定。其一，相关信息必须包含在归档系统中。归档系统可以将信息划分为不同的组，并进行系统管理。其二，这些档案系统必须根据特定标准构建，包括按时间顺序、按字母顺序或按其他逻辑顺序。[③] 这一点没有明确体现在我国《个人信息保护法》中，但是，在解释上应该明确区分两种处理类型。

二、个人信息处理的合法性基础

只有在信息主体同意或具备其他合法性基础的情况下，信息处理活动才合

---

① See Rec. 15 GDPR.
② Vgl. Ernst, in: Paal/Pauly, DSGVO, Art. 2 (2017), rec. 6.
③ Vgl. Plath, in: Plath, BDSG/DSGVO, Art. 2 (2016), rec. 7.

法。否则,任何个人信息处理活动都是被禁止的。这是个人信息处理合法原则的当然之理。下面将分别介绍信息主体同意和同意之外的其他合法性基础。

(一)同意

处理个人信息需取得个人的同意,该同意应当在个人充分知情的前提下自愿、明确做出,这是个人信息处理的核心规则,《民法典》第1035条第1款第1项及《个人信息保护法》第13、14条进行了明确规定。自然人或其监护人的知情同意是处理个人信息的主要合法性前提,充分体现了个人在个人信息处理中的主导地位,可以有效保障个人对个人信息的自主、决定与控制。

1. 同意的性质与规范构造。同意没有在《个人信息保护法》中得到明确界定。《欧盟通用数据保护条例》第4条第11项将同意界定为信息主体在知情的前提下自由做出的、具体的、明确的意思表示,其内容为授权处理者处理其个人信息。目前,我国多数学者也认可了上述观点,认为"同意"属于一种法律行为。[①]同意的法律内涵应当视其情景而定:其一,个人信息作为一种人格利益需要防御外来侵扰,原则上,处理他人个人信息的行为皆为侵权行为。但是,如果相关防御性规则过于严密,则既无法顺应信息互通互享的社会发展趋势,又可能给个人自己的生活带来不便。因此,在必要的情况下应该设定他人处理个人信息的免责规则。在这一背景下,"同意"本质上属于侵权免责事由的"受害人同意"。其二,现代社会中人格权商业化利用愈发普遍,此趋势促使人格权发展出积极利用的权能,个人可以积极授权他人以商业化的方式利用自己的个人信息。在这一背景下,同意成了对"以个人信息换取经济社会生活便利"合同的承诺,体现为对个人信息的处分。当然,从纸面的权利义务关系来看,可能没有这么明显的双务合同性质;但从实际的权利义务关系来看,个人确实因为让渡了部分个人信息权益而获得了经济生活的便利。

(1)明确性。同意既可以通过言语声明明示做出,也可以通过可推断的行为默示做出。但在实践中,明示的同意更受信息处理者青睐。这是因为,在基于同意而处理个人信息的情况下,处理者必须证明信息主体已同意处理,换言之,信息处理者须承担已获得同意的举证责任,尤其是在信息主体声称未给予同意或同意无效的情况下。显然,明示同意更容易证明。背后的法理在于,信息处理者应承担《个人信息保护法》第9条规定的问责原则,问责原则的基本要求就是由信息处理者证明其活动的合法合规。这一点也得到了《欧盟通用数

---

① 参见万方:"个人信息处理中的同意与撤回同意",载《中国法学》2021年第1期;陆青:"个人信息保护中'同意'规则的规范构造",载《武汉大学学报》2019年第5期。

据保护条例》第 7 条第 1 项的承认。举证责任问题在通过互联网处理个人信息的情况下尤为重要。为了在线获得同意，欧盟的互联网信息处理者在实践中往往使用两步选择程序。第一步，信息主体需要向信息处理者提供自己的有效电子邮件地址，由于电子邮件地址本身就是个人信息，所以这一步就需要获得个人的同意。第二步，信息主体会收到一封验证电子邮件，其中包含一个个性化的超链接，信息主体需要访问该超链接以最终完成同意。[①] 这种程序一方面保证了信息主体充分阅读了解同意的内容，另一方面给信息处理者提供了证据，是一种可资借鉴的实践做法。

如果同意是明示做出的，并且同意与其他事项同时出现在一份文件中，那么，同意应与其他事项明显区别，所统一的内容应以易于理解和接受的形式、使用清晰和简单的语言向信息主体告知，并应明确使用"同意"一词，通过图形、加粗、下划线、更换字体字号等方式突出显示同意请求。这是知情同意的基本要求，同意必须在知情的前提下做出。个人面对浩如烟海的同意文件，往往无法快速地找到要点，或者不理解同意文件的法律效果与实质影响，此时的同意必然是虚幻的同意。为了让信息主体逃脱这种同意陷阱，《个人信息保护法》设置了严格的告知程序，以保障同意的真实性与确定性。

如果同意是通过可推断的行为默示做出的，应确保该行为的明确性，只有部分行为才能被认定为同意。在实践中可能包括如下类型：其一，在访问互联网网站时勾选未勾选的框；其二，设定互联网设备的技术偏好，例如，电子商务用户允许互联网浏览器使用 cookie 技术收集信息；其三，任何其他明确表明接受信息处理活动的行为。[②] 相反，单纯的沉默、信息主体划去信息处理者预先完成的打勾以及默认的互联网设备技术偏好设置都不具有明确性，因而不应构成同意。

对于普通的个人信息同意，法律没有限制具体的方式。同意既可以通过与信息处理者签订协议，也可以由个人单方授权，还可以通过其他方式完成。但是，对于私密信息，根据《民法典》第 1033 条第 5 项，必须取得个人的明确同意；对于敏感信息，根据《个人信息保护法》第 29 条的相关规定，必须取得个人的单独同意，在法律、行政法规另有规定的情况下，应取得个人的书面同意。

（2）自愿性。同意必须自愿做出，如果信息主体没有可选余地而不得已做

---

① Vgl. Plath, in: Plath, BDSG/DSGVO, Art. 7 (2016), rec. 4.

② See Rec. 32 GDPR.

出同意，这种同意就丧失了自愿性。

在特定情况下，如果信息主体和处理者之间存在明显缔约力量不均衡，需要重点考察同意的自愿性。例如，在电子商务的背景下，信息主体作为电子商务用户通常没有太多的自由选择的空间，此时就不能一概认为存在自愿性，必须根据具体情况逐案确定。[①]另外，信息处理者不得将信息主体同意与否作为其他合同的履行或服务的提供的条件。我国《个人信息保护法》第 16 条和欧盟《通用数据保护条例》第 7 条第 4 款都进行了明确规定。否则，信息主体的同意显然具有明显的不自愿因素。

（3）特定性，个人的同意必须针对特定的信息处理者和特定的处理活动个别做出，处理者不得笼统地向个人征得同意。

个人做出特定同意的前提是信息处理者的充分告知。信息主体至少应了解以下内容：其一，处理者的身份；其二，个人信息的处理目的。当处理具有多种目的时，必须针对所有目的均获得同意。信息主体的同意必须与特定的信息处理主体与目的相对应，不能以一般授权的形式给予。如果同意不是单独做出的，则原则上推定同意不是自由给予的。当然，单独同意并非在所有情况下都是必须的，取决于特定的信息处理环境。[②]如果多项信息处理活动是单个服务的一部分，并且不付出相当大的成本就无法将多个同意分离出来，则没有必要进行单独同意。

例如，甲运行一家电子商务网站。为了保证网站的正常运转，甲必须收集和存储平台内经营者与消费者的基本个人信息。为了营利，甲将网站上的广告空间出售给第三方，这些第三方收集用户的浏览数据投放行为广告。在注册账号时，用户必须同意将其个人数据用于行为广告，才能成功注册。在这个例子中，按照上述法律分析，甲必须在获得用户同意之前告知其用户不同的处理目的（即运行社交网络 + 行为广告）。并且，行为广告的同意应与注册账号的同意相分离，以保证用户同意的自愿性。否则，这种同意将被视为捆绑同意而无效。[③]对此，甲应使用弹出窗口通知用户预期的全部信息处理活动和替代选项。

另外，个人信息的处理目的、处理方式和处理的个人信息种类发生变更的，应当重新取得个人同意（《个人信息保护法》第 14 条第 3 句）。这是个人信息处理目的限定原则的直接体现。这一规则也表明，个人信息处理的同意只能是

---

① Vgl. von dem Bussche/Zeiter/Brombach, DB 2016, 1359, 1363.

② Vgl. Laue/Nink/Kremer, Datenschutzrecht, Zulaessigkeit (2016), rec. 18.

③ See Art. 29 Data Protection Working Party, WP 187 (2011), pp. 18–19.

个别的同意，而不能是概括的同意。实践中，一些信息处理者通过隐私条款或服务协议的方式概括性地获取个人的授权，如果隐私条款或服务协议对处理目的、方式和种类进行明确限定的，后续的信息处理活动应当遵守上述限定。如果隐私条款或服务协议未进行明确限定，则应当认定个人的授权无效。

2. 同意的撤回。个人所做出的同意必须以其充分知晓、了解、熟悉所同意的事项为前提，唯有如此，方能体现个人信息自决的含义。不过在现实中，个人在作出同意时往往未充分阅读相应的隐私政策和信息处理者的告知说明，随意做出同意行为，从而陷入"同意困境（Consent Dilemma）"之中。这成为需要解决的新问题，赋予个人同意撤回权可以在一定程度上打破同意困境。

个人信息处理同意的撤回，本质上是意思表示的撤销。虽然《个人信息保护法》第 15 条明确采用了"撤回"的概念，但在意思表示理论上，撤回表示须在被撤回的意思表示生效前到达相对人；如果在意思表示到达相对人之后才取消前一意思表示，一般被称作"撤销"。另外，此处的撤回（撤销）与意思表示的撤销具有相似之处。[①] 首先，个人信息处理同意撤回权与撤销权一样都属于形成权，具有依单方意思表示使法律关系发生变动的性质。其次，个人信息处理同意撤回权与撤销权一样都可以消灭先前行为的约束力，个人可以据此禁止信息控制者的后续处理行为。

不过，个人信息保护法作为人格权法的分支，合同法作为财产权法分支，前者的"撤回（撤销）"与后者的撤销又存在些许区别。人格权的核心是对个人自决与人格尊严的保护，而合同法的撤销制度主要考虑行为人的自愿与相对人的信赖。这两套制度的规范目的存在区别，这为个人信息保护法中新型撤销制度的构建预留了理论空间。从制度细节来看，两者存在以下区别。

第一，个人信息同意撤回权的行使应更加便利。个人信息同意撤回权的行使条件设置应考虑不同利益的冲突与平衡。个人信息对于个人而言属于人格权，个人信息处理对于处理者而言则体现了财产权利益。人格利益与财产利益发生冲突时，前者原则上应居于优先保护的地位上。因此，基于人格权益保护的个人信息同意撤销权不应当受到过多限制。《个人信息保护法》第 15 条第 2 句"个人信息处理者应当提供便捷的撤回同意的方式"便生动地体现了上述论点。

第二，个人信息同意撤回不具有溯及既往的效力。溯及既往意味着先前实施的给付应当进行返还，双方的利益状态应恢复到同意做出之前。但是，人格权商品化不同于财产交易，人格利益一旦附着于商品或服务上便很难分离，信

---

① 参见万方："个人信息处理中的同意与撤回同意"，载《中国法学》2021 年第 1 期。

息处理者客观上无法将其获取的信息处理利益返还给个人。因此，溯及力没有实际意义，更有实际意义的制度是减轻同意对未来生活的不利影响。《个人信息保护法》第15条第3句便对无溯及力进行了明确承认。

第三，个人信息同意撤回可以直接通过意思表示行权。合同法的意思表示撤销需要向法院或仲裁机构起诉才能实现，这种形成诉权的行权方式顾然保证了双方的利益平衡，但耗时较长，成本较高，不利于及时救济人格利益。另外，个人信息同意的撤回不以法定事由为前提，法院没有必要审查行使撤回权的正当性。非诉讼的行权方式虽然未被法律明确承认，但可以从《个人信息保护法》第15条第2句推断出来。

第四，撤回权的行使不应受到除斥期间的限制。人格权请求权的功能在于保护民事主体人格利益的圆满状态，只要人格权正在经受持续的侵害或妨碍，权利人就应有权随时提出权利请求，消除不利影响。个人信息处理的"同意"本质上是对自己个人信息权利的放弃，同意形成了人格利益被合法侵害的状态。即便是合法侵害，个人也应有权随时恢复人格利益的圆满状态。因此，"同意撤回权"应当随时行使，不受除斥期间的制约。

第五，同意撤回也不存在信赖保护的必要。通常而言，意思表示的撤销将损害相对人的合理信赖，行使撤销权对无过错一方造成损害的，应由撤销人承担相应的赔偿责任。信息处理者在收集个人信息后，即需去标识化；当个人撤销其同意时，信息处理者又需要重新识别这批个人信息并调整权限。如此往复必然产生额外费用，因而只要个人撤回同意，处理者就一定会遭受损失。但是，《个人信息保护法》明确规定处理者须告知个人"同意撤回权"。这意味着，处理者应随时做好个人行使撤回权的准备，处理者不应也不能信赖其授权状态将持续稳定。另外，只有过错方才需要赔偿对方的信赖利益损失，而个人行使同意撤回权系其对自身权益的正当处分，具有合法性基础，并无过错。因此，除个人故意或重大过失外，不宜令信息处理者拥有损害赔偿请求权。

（二）同意之外的信息处理合法基础

同意原则存在着一些例外，在这些例外情形下，信息处理者可以不取得个人的同意而实施处理活动，但这些例外情形必须由法律和行政法规作出明确规定，目前主要是《民法典》第1036条与《个人信息保护法》第13条第2至7项。下面将分别阐述其他合法性基础的细节问题。

1. 订立或履行个人作为一方当事人的合同。这种信息处理基础在电子商务领域比较常见。例如，在电子商务网站下单后，为了履行合同，电子商务经营者必须收集顾客的姓名、联系方式、收货地址等必要的个人信息。如果顾客通过借记卡或信用卡支付，那么还需要收集银行账户信息。[①] 此处，"所必需"是必要原则和信息处理最小化原则的体现，例如，如果是货到付款，A 公司便无需处理银行账户或信用卡信息。"所必需"的范围可以依据合同义务的内容与比例原则判断，处理者必须证明其欲收集的信息对于合同的订立或履行的必要性。此规定的部分理由在于：信息处理者往往同时作为合同当事人，负有履行合同的义务，若个人不授权同意，信息处理者便陷入了义务冲突，法律不应在此强人所难。

除了履行合同之外，《个人信息保护法》还允许为了订立合同而直接收集个人信息。此合法基础应采取严格解释，否则将严重损害个人的信息权益。例如，某甲进入电子商务网站闲逛，并无具体的购物意愿，只是随便看看而已。此时，网站搜集某甲的手机浏览器 Cookie 信息，向其推送短信开展广告营销。这一情形中，某甲的个人信息和生活安宁都遭到了侵犯，这显然不是立法者希冀的局面。因此，订立合同的情形应特别注意考察"必要性"，在上述案例中，商场显然具有其他的推广渠道与方法，收集位置信息进行广告宣传不是必要的。比较法上，只有信息主体主动要求缔结合同的，处理者才能收集处理与缔约相关的信息。从规范目的出发，信息主体主动要求缔约的要件，应该考虑融入该条款的解释之中。

与比较法相比，《个人信息保护法》还增加了"实施人力资源管理所必需"的正当化基础。例如，用人单位有义务为职工投保工伤保险，这是用人单位人力资源管理的重要环节，职工作为工伤保险的受益人，必须提供其姓名、年龄、身份证号和劳动合同关系等基本信息，如果职工拒绝提供，用人单位就无法履行该义务。另外，用人单位往往雇员众多，如果向每一位员工分别征求同意，将面临高昂的成本。这种情形就属于实施人力资源管理所必需，当然，它也同时构成了履行法定义务所必需。

2.维护公共利益的诸种情形。出于维护公共利益而履行法定职责或义务的，可以豁免个人同意的要求而处理个人信息。法定职责主要针对国家机关而言。例如，交通管理部门为了开具罚单，而查验司机的身份证、驾驶证和行驶证。法定义务则针对非国家机关而言，例如，电子商务金融平台为了履行反洗钱义务，而查验客户的身份证件。需要注意，法定职责与法定义务中的"法"有特定的范围。有学者认为，这里的法既包括法律，也包括行政法规、地方性法规、

---

① 参见程啸、王苑："论个人信息处理中无需取得个人同意的情形"，载《人民司法》2021 年第22 期。

部门规章和地方政府规章等规范性法律文件。① 但如果将部门规章和地方政府规章也纳入法定的范围，可能给公权力侵入个人权益留下太大的空间，而限制在法律、行政法规则与民法典其他制度中对法的界定相称。

在为了履行法定职责或者法定义务所必需的情形下，原则上还需要向自然人告知。在告知同意的框架中，告知与同意是两个分离的环节，立法者豁免了同意，不意味着同时豁免告知。但是，有些情形下告知的要求也可以得到豁免。例如，公安机关或检察机关为了侦查犯罪而收集个人信息，涉及国家秩序和公共利益，在必要的情况下可以秘密进行。

在突发公共卫生事件的情况下，我国相关法律都为国家卫生健康部门或其他获得授权的单位和个人施加了相应的应急处置的职责和义务。个人不同意授权处理信息，将给突发公共卫生事件的处理带来影响和阻碍。因此，基于此目的处理个人信息，可以不经个人的同意。在疫情防控的特殊时期，《个人信息保护法》将这种情形单独提取出来加以规定，具有鲜明的时代特征。本质上，应对突发公共卫生事件是履行法定职责或法定义务的特殊情形。

为公共利益实施新闻报道、舆论监督等行为的，也可以不经同意而处理个人信息。新闻报道、舆论监督虽然不是新闻媒体的法定职责与义务，尤其在自媒体日益发达的当下，新闻舆论活动的法理基础主要在于言论自由。然而，新闻舆论对于公共利益的维护大有裨益，在公共利益与个人信息权益两相权衡时，公共利益应适当地居于个人信息权益之前。因此，这也属于不经同意而处理个人信息的重要情形。

3. 紧急情况下保护自然人的生命健康和财产安全。自然人本人的生命健康和财产安全收到紧急威胁的，可以不经个人同意而处理其个人信息。例如，自然人突发疾病、生命垂危，急需在掌握其既往病史等个人信息的基础上有针对性地抢救治疗。此时，为了挽救生命，可以在未获得其本人同意的前提下处理个人信息，如利用其指纹解锁手机联系亲属。该规定虽然是对个人信息自决权的限制，这种限制符合基本人权保护的要求。

在《民法典》的基础上，《个人信息保护法》进一步扩大了豁免同意的范围，将该自然人之外的其他自然人的合法权益也囊括在内。从法理来看，为了维护他人的合法权益而侵害个人信息权益，属于紧急避险，自然具有正当性与合法性。需要注意，在类型多样的自然人权益范围中，只有生命健康与财产安全才属于此处的特殊保护对象。欧盟通用数据条例序言仅提及自然人的切身利

① 参见程啸、王苑："论个人信息处理中无需取得个人同意的情形"，载《人民司法》2021年第22期。

益并将之限定于自然人的生命，我国进行了适度的扩大。因此，超出此范围的权益，如知识产权、肖像权、名誉权等都不在该规范的涵摄范围内。

4. 合理范围内处理已公开的个人信息。处理者可以处理已公开的个人信息。自然人自行公开以自然人实施公开行为为前提，例如患者主动向社会公开自己的生病经历，自然人主动向社会公开自己的性取向或者宗教信仰。自行公开意味着自然人在一定程度上同意他人对自己个人信息的处理。其他已合法公开则包括媒体在新闻报道中依法公开的个人信息、国家机关依法公开的个人信息。

该条基础的正当性其实值得推敲。个人公开其个人信息，只是消除了该信息的私密性，公开行为原则上不等于授权处理行为。如果从利益衡量的角度出发，已公开只能对后续的公开行为提供正当化基础，但无法为后续的其他信息处理行为，如信息聚合、存储、使用、加工、传输等提供正当化基础。而有些处理行为会显著提高个人人格权被侵害的风险。因此，解释该条文的关键在于"合理范围内处理"。合理范围的确定应结合该信息公开的原始目的判断。例如，患者出于自我激励而在网络上公开自己的患病经历，如果医生或医药代表借此信息向患者进行医药营销就超出了患者公开信息的目的。在当今爬虫爬取个人信息日益普遍的情况下，已公开的个人信息已成为爬虫的主要爬取对象。因此，对合理范围的把握至关重要。

【黄某诉腾讯科技（深圳）有限公司、腾讯科技（北京）有限公司等隐私权、个人信息保护纠纷案】[①]

黄某在通过微信登录微信读书时发现，微信及微信读书通过不授权无法登录使用的方式，将微信好友关系的数据交予微信读书，在微信读书的"关注"栏目下出现了使用该软件的原告微信好友名单。同时，在原告没有进行任何添加关注操作的情况下，原告账户中"我关注的"和"关注我的"页面下出现了大量原告的微信好友。此外，无论是否在微信读书中添加关注关系，原告与共同使用微信读书的微信好友也能够相互查看对方的书架、正在阅读的读物、读书想法等。原告认为，微信及微信读书的上述行为侵犯了原告的个人信息权益和隐私权，腾讯公司作为微信及微信读书的开发、运营方，应当承担相应的侵权责任。

被告腾讯公司辩称：微信读书没有为原告自动添加好友，微信读书获得原告的微信好友关系数据、向原告共同使用微信读书的微信好友展示读书信息，均经过了原告的授权同意。

---

① 案件来源：北京互联网法院（2019）京 0491 民初 16142 号民事判决书。

本案争议焦点在于：一、微信好友关系、读书信息是否属于个人信息和隐私；二、原告主张的微信读书获取原告微信好友关系、向原告共同使用该应用的微信好友公开原告读书信息、为原告自动关注微信好友并使得关注好友可以查看原告读书信息的行为，是否构成对原告个人信息权益或隐私权的侵害；三、如构成，腾讯公司应当承担的法律责任。

北京互联网法院审理认为：第一，从个人信息层面来看，微信读书获取的微信好友列表达到了识别性标准，应认定为用户的个人信息。同理，微信读书中的读书信息包含了可以指向该信息主体的网络身份标识信息，且包括读书时长、最近阅读、书架、读书想法等，能够反映阅读习惯、偏好等，属于个人信息。

第二，本案中，微信读书获取原告微信好友列表经过原告同意，腾讯公司获取好友列表不违反合法、正当、必要的基本原则，不构成对个人信息权益的侵害。但是，微信读书向原告共同使用该应用的微信好友公开原告读书信息、为原告自动关注微信好友并使得关注好友可以查看原告读书信息的行为，未以合理的"透明度"告知原告并获得同意，侵害了原告的个人信息权益。

第三，从合理隐私期待维度上，个人信息基本可以划分为几个层次：一是符合社会一般合理认知下共识的私密信息，如有关性取向、性生活、疾病史、未公开的违法犯罪记录等，此类信息要强化其防御性保护，非特定情形不得处理；二是不具备私密性的一般信息，在征得信息主体的一般同意后，即可正当处理；三是兼具防御性期待及积极利用期待的个人信息，此类信息的处理是否侵权，需要结合信息内容、处理场景、处理方式等，进行符合社会一般合理认知的判断。微信好友列表和读书信息更符合前述第三类信息的特征。在好友关系层面，以下情形中信息主体的社交关系上承载着合理的隐私期待：一是信息主体与特定人之间的关系较为私密而不愿为他人所知晓，二是信息主体一定量的社交关系公开可能遭受他人对其人格的不当评价而不愿为他人所知晓。结合微信读书使用微信好友列表的目的来看，其并不在于刺探原告的真实社交关系，而在于获取好友列表后用于扩展阅读社交功能。因此，从本案实际场景看，还需要结合微信读书收集原告微信好友列表后的进一步使用方式，不能单独评价软件本身获取好友列表信息的行为是否构成隐私侵权。在读书信息层面，以下情形中用户的读书信息具有私密性：一是某些特定阅读信息落入了共识的私密信息范畴，二是虽然各阅读信息分别不属于共识的私密信息，但在积累到一定数量时，结合主体的身份，该信息组合可以达到对信息主体人格进行刻画的程度，则一经泄露可能造成其人格利益损害。具体到本案中，原告读书记录中的两本书籍均未达到以上私密程度，故不构成对原告隐私权的侵害。

第四，基于微信读书中的信息组合与人格利益较为密切、微信读书迁移微信好友关系、微信读书默认向未关注的微信好友公开读书信息等因素，微信读书存在较高的侵害用户隐私的风险，应对用户进行显著的告知，确保用户充分了解、知悉信息处理的方式、范围及风险。但是，微信读书收集原告微信好友列表，向原告并未主动添加关注的微信好友自动公开读书信息，并未以合理的"透明度"告知原告并获得原告的同意。因此，腾讯公司违反了法律关于处理个人信息的规定，具有过错，侵害了原告的个人信息权益。

第五，用户要求网络运营者删除违法收集的其个人信息、停止继续违法使用其个人信息的，无需以构成实际损害为前提。目前，虽然用户可以在微信读书中手动解除关注关系，但鉴于该关注系因腾讯公司的侵权行为而发生，且腾讯公司认可腾讯计算机公司实际履行原告主张的删除、解除关注等请求，本院予以支持。微信读书收集微信好友列表并进一步向其展示原告读书信息的行为，系统自动关注好友并向 100 多名微信好友推送原告读书信息的行为，确会给原告造成精神上的负担，可以认定对原告造成一定损害，腾讯公司应承担相应的侵权责任。具体损害后果的发生范围仅在原告与其微信好友之间，且仅造成原告的精神负担，损害结果较为轻微，如果公开致歉，则超出损害后果发生的范围，本院不予支持。综合考虑侵权方式、范围、情节等，本院认为以书面形式道歉较为适宜。

北京互联网法院判决：深圳市腾讯计算机系统有限公司于本判决生效之日停止微信读书收集、使用原告黄某微信好友列表信息，删除微信读书中留存的原告黄某微信好友列表信息；解除原告黄某在微信读书中对其微信好友的关注；解除原告黄某的微信好友在微信读书中对原告黄某的关注；停止将原告黄某使用微信读书软件生成的信息向原告黄某共同使用微信读书的微信好友展示的行为；腾讯科技（深圳）有限公司、深圳市腾讯计算机系统有限公司于本判决生效之日起 7 日内以书面形式向原告黄某赔礼道歉；三被告于本判决生效之日起 7 日内连带赔偿原告公证费 6660 元；驳回原告黄某的其他诉讼请求。

三、敏感个人信息的处理

为了强化特殊类别的个人信息保护、减少个人信息泄露给个人人身、财产安全以及人格尊严带来的威胁，高度敏感的个人信息处理活动需要受到更严格的限制。下面将介绍敏感个人信息的界定与处理规则。

（一）敏感个人信息的界定

敏感个人信息极易导致对个人的权益的侵害，法律需要对敏感信息设置特别的处理规则、提供特殊的保护。在规则建构方面，敏感个人信息是首当其冲的关键问题。[①]《个人信息保护法》第 28 条第 1 款对敏感数据进行了具体列举，确定了判断敏感个人信息的标准。据此，如果信息泄露后自然人的人格尊严或人身财产安全容易遭到侵害，该信息就属于敏感个人信息。另外，未成年人的个人信息一律视为敏感信息。

1. 法定标准。就敏感个人信息的本质而言，敏感性需要依从该信息对个人基本权利和自由的影响加以判断。下面三点是我国通说所秉持的判断标准。

第一，泄露后容易导致自然人的人格尊严受到侵害的信息属于敏感信息。与人格尊严的紧密联系是认定敏感个人信息的核心标准，尤其是容易导致自然人受到歧视和不平等对待的信息都属于敏感信息。在对多元文化尚缺少包容的时代里，个人的社会政治文化观点、遗传病或传染病、性生活或性取向等信息一旦泄露，社会容易对该个人形成偏见，个人将受到社会舆论的巨大压力，甚至可能受到工作与生活中的歧视与不平等对待。因此，此类信息就属于敏感个人信息。

第二，泄露后容易导致人身、财产安全受到危害的信息属于敏感信息。人身财产安全是个人人格自由的物质基础，在利益权衡中居于至高无上的地位，牵涉到人身财产安全的信息皆属于敏感信息。例如，在人身安全方面，个人的行踪轨迹信息一旦遭到非法泄露，不法分子有可能利用该信息跟踪个人，进而侵害个人的人身安全。某些个人信息与个人的财产利益具有密切联系。例如，在电子支付普遍推广的当下，生物特征信息逐渐应用于支付认证，包括面部图像或指纹信息，这些信息与个人的身体特征相关，可以确认该个人的身份，一旦泄露将给个人财产安全带来巨大威胁，所以属于敏感信息。

第三，未成年人的信息均属于敏感信息。此规定为我国《个人信息保护法》独创，体现了我国对未成年人的特别保护。一方面，未成年人尚未深刻地认识和理解社会，容易受到哄骗，影响人格的形成与发展，信息泄露对未成年人带来的危害更大；另一方面，未成年人的信息一旦泄露，不法行为人可能趁机对家长实施诈骗或勒索。这都给未成年人的家庭带来了严重的危害。需要注意，《个人信息保护法》的"未成年人"是不满 14 周岁的自然人，与《民法典》和其他法律中 18 周岁的标准不同。

---

① 参见王利明："敏感个人信息保护的基本问题"，载《当代法学》2022 年第 1 期。

2."场景理论"标准。法定标准中"容易导致人格尊严或人身财产安全遭受侵害"其实并不容易判断。有的信息在某一场景下泄露后容易侵害个人的人身财产安全，在其他场景下泄露却不会产生太大的侵害。例如，普通人的家庭住址泄露之后其实不会产生太大的损害，但明星的家庭住址泄漏之后则会给其生活安宁带来较大影响。

"场景理论"强调信息处理的具体场景，要求综合评价信息处理的各个要素（如处理者、个人的身份、处理的目的、处理的场所及处理的影响等）。任何信息在特定的场景下可能都具有敏感性，反之，脱离了具体场景就可能失去敏感性。是否构成敏感个人信息，需要考虑所处情境才能作出判断。例如，个人在电子商务平台购买机票的信息并不构成敏感个人信息，但如果将多个购买机票信息组合在一起，就会形成完整的行踪轨迹，而后者构成敏感个人信息。因此，非敏感信息在特定场景下也可能构成敏感个人信息。

（二）敏感个人信息的处理规则

侵害敏感个人信息，在法律责任方面与侵害一般个人信息后果相同。保护敏感信息的特殊手段主要是为其确立特殊的处理规则。原则上，处理敏感个人信息是被禁止的，只有在例外情况下遵循特定的规则才能得以豁免，对于特殊的敏感个人信息还需要遵循特定的规则。在我国上述原则具体化为，处理敏感个人信息需要具备特定的目的，并且符合特殊的同意要件。

第一，对敏感个人信息的处理必须征得信息主体的单独、明确同意。这里的"单独、明确同意"不仅需要符合上文提及的同意的一般要求，还需要明确表露出特定的信息种类和处理目的。大多数情况下，信息主体自己可能也不了解何种信息属于敏感信息，鉴于这种情况，敏感个人信息的同意不能采取概括的一揽子授权模式，需要逐项取得个人授权。将同意敏感个人信息的处理同其他服务捆绑在一起，不同意就不提供相关服务，是一种典型的违反"单独、明确同意"规则的行为，所获取的同意应被认定为无效。

第二，由于敏感个人信息泄露极易侵害个人的权利和自由，大规模处理敏感个人信息必须满足下列要求：其一，必须进行个人信息保护评估。处理者必须在事前、事中和事后评估、监测个人信息泄露风险。只有评估无风险后方可开展信息处理活动，一旦发现风险提升，应立即中止信息处理活动。其二，必须任命个人信息保护官。个人信息保护官在我国也被称作个人信息保护负责人，负责监督信息处理活动的合规情况，与个人开展联络。个人信息保护官是敏感个人信息的重要保护屏障。其三，根据处理活动的风险等级采取适当的技术和组织措施，减低敏感个人信息的泄露风险。

第三，对于未成年人等民事行为能力欠缺者，需由其监护人决定是否同意。在个人信息同意的问题上，《个人信息保护法》规定，14 周岁以下的未成年人均需由监护人决定是否同意。该规则与《民法典》的一般规则有所不同，《民法典》允许 8 到 18 周岁的未成年人，依据其年龄和心智自行从事一些法律行为。正是由于二者的差异，学者对未成年人个人信息的同意规则产生了分歧。有的认为，14 周岁以下的未成年人全部由其监护人决定同意与否。有的则认为，8 到 14 周岁的未成年人也可以进行同意，这样就变成了未成年人和其监护人需要做出双重同意。前一种观点更合理一些。双重同意没有起到加强未成年人保护的效果，而且还增加了同意的成本。这里为了加强未成年人的保护，法律做出了未成年人心智状况的拟定，即个人信息保护法的立法者认为，14 周岁以下的未成年人都不具备做出同意的能力。这样解释符合《个人信息保护法》作为特别法的性质，也符合强化未成年人个人信息保护的宗旨。

四、个人信息的流通共享

个人信息流通共享是个人信息生成之后从控制者到使用者的流动过程。[①]个人信息体现了个人的人格利益，原则上不得转让。然而，现代社会中，歌星、影星和体育明星的穿着打扮、生活方式给大众争相模仿。一些人格要素，如姓名、肖像、声音等逐渐被商业化利用，制作广告、注册商标，产生了巨大的经济利益，出现了人格权商品化的趋势。[②]对于这一现象，学者将人格权中的人格利益与财产利益进行区分，将人格利益归入隐私权的保护范围，将财产利益归为公开权的保护范围，由此创立了公开权理论，将之设定为一种新型财产权。这种财产权可以转让、许可使用和继承。[③]《民法典》第 993 条规定的人格利益授权许可制度，便是对这一现象和理论的规范因应。个人信息通过大数据技术同样能提取出经济价值，因而也具有商业化的可能性，可以运用公开权理论构建起财产权制度。发挥个人信息生产资料价值的主要途径便是个人信息共享。然而，个人信息共享容易侵害个人信息安全，需要法律加以严格规范。对此，《网络安全法》第 42 条、《民法典》第 1038 条规定，未经被收集者同意，不得向他人提供个人信息。但是，经过处理无法识别特定个人且不能复原的除外。

---

① 参见高富平："数据流通理论：数据资源权利配置的基础"，载《中外法学》2019 年第 6 期。

② 参见程啸："论民法典对人格权中经济利益的保护"，载《新疆师范大学学报》2020 年第 6 期。

③ 参见王卫国："现代财产法的理论构建"，载《中国社会科学》2012 年第 1 期。

　　个人信息多次共享对其价值的发挥具有重要意义，但将大大增加个人信息泄露与滥用的风险。立法者若不明确相关规则，既不利于自然人的个人信息保护，又可能影响企业共享个人信息的积极性。[①] 个人信息共享实际上是不同的信息处理者反复收集个人信息的过程，这一过程应当由信息处理者自主决定并可控。对人格利益自主决定并控制是保障人格尊严的应有之义。若个人在初次授权后就丧失了对个人信息的控制，可能引发社会的不良舆论，让个人产生焦虑，难以保障个人信息的利用符合其预期。若任由个人信息被收集者随意共享给他人，由被共享者再次分享，甚至整合后投入个人信息黑市进行交易，则构成了对他人信息权益和隐私权的侵害，甚至触及非法侵入计算机系统罪、侵犯公民个人信息罪等罪名。[②] 告知同意是实现信息可控与自主利用的重要手段，可以有效保护个人的自决权，维护其人格利益。因此，个人信息共享后可以再次共享，个人信息共享及之后的再次共享都必须经过个人的明确同意。

　　个人信息流通共享后往往出现多个处理者共同处理个人信息的局面，《个人信息保护法》第 20 条设置了"共同处理者"规则，以实现清晰明确的责任分配。其法理在于，信息主体在面对多个处理者时，不应被置于比面对一个处理者更不利的位置。一方面，不明确划定责任，共同处理者可能会抓住原因力与过错相互推卸责任，进而损害个人的利益；另一方面，既然共同处理者共同确定信息处理的目的，原则上应当为处理的结果共同负责。

　　如何认定多个处理者构成共同处理者并不容易。在实践中，多个处理者可以拆分处理流程并约定各自负责其中具体的处理步骤，这种情况在公司集团和附属公司之间非常常见。有的共同处理者可能有非常密切的关系，共享所有的处理目的和处理手段；有的关系则比较疏远，仅共享部分处理目的。有时，不同主体仅在数据处理中相互合作或者进行简单的数据传输。[③] 那么，在何种情况下，多个处理者可以被认定为共同处理者呢？

　　在共同处理者的认定上，各方共同确定处理的目的和方式是关键。处理者需要就特定的处理行为相互合作，以共同确定基本的处理目的和处理手段。上述客观标准是决定法律责任承担的唯一标准，反之，无论当事人主观上如何约定，都不影响他们对外的责任承担。例如，电子商务平台 D 为了充分挖掘平台

---

①　参见管洪博："数字经济下个人信息共享制度的构建"，载《法学论坛》2021 年第 5 期。

②　参见王利明："数据共享与个人信息保护"，载《现代法学》2019 年第 1 期。

③　See Rec. 92 GDPR.

消费者的消费潜力，决定同数据分析商 X、Y 和 Z 利用 Cookie 等技术共同研发、部署平台内行为数据收集器，收集用户的相关信息。在这个例子中，四家处理者共同决定了信息收集的目的（收集消费行为及相关信息以分析消费倾向）和方式（利用 Cookie 等技术），因而，它们属于共同处理者。

共同处理者应签订合同确定其各自的责任，特别是关于谁将向信息主体履行告知义务，信息主体向谁行权，有必要时，他们还可以共同为信息主体指定一个联络人。另外，每个处理者都负有处理者的安全保护义务，必须满足相关的组织和实质要求，并且共同处理者之间的信息传输共享必须根据《个人信息保护法》合法开展。在共同处理之前需要进行详尽的个人信息保护影响评估，在适当情况下双方应开发个人信息保护管理系统以减少信息泄露的风险。[①] 如果双方未进行上述约定，影响了信息主体的权利行使，应按照《个人信息保护法》第 66 条承担相应的责任。

尽管共同处理者通过合同明确分配了各自的责任，并且该责任分配应向信息主体明确告知。但是，该约定只具有内部效力。信息主体依然可以找到各方矗立着的任何一方向其行使相关的权利；在发生个人信息泄露事件时，可以向任何一方处理者要求承担全部的赔偿责任。一方响应了个人的行权要求或承担了赔偿责任后，可以依据合同约定在处理者内部进行责任的再分配。

第四节　个人信息保护的义务与责任体系

中共中央办公厅、国务院办公厅 2022 年印发的《关于推进社会信用体系建设高质量发展促进形成新发展格局的意见》强调要"贯彻实施个人信息保护法等法律法规，维护个人信息合法权益"。个人信息涉及自然人的人格尊严，受法律保护。为保护信息安全，我国《民法典》《个人信息保护法》《网络安全法》《电子商务法》《消费者权益保护法》等法律、行政法规均对个人信息的安全保护义务做出了规定。信息处理者如果违反该义务，需要承担相应的法律责任。本章着重对个人信息处理者的义务及侵害个人信息的侵权责任进行阐释。

一、负有保护义务的个人信息处理者范围

个人信息处理者需要一定的物质和技术条件才能开展活动，并且负有较多的安全保障义务，并非所有民事主体均有实力和资格成为个人信息处理者，应

---

① Vgl. Martini, in: Paal/Pauly, DSGVO, Art. 26 (2017), recs. 24~25.

限制负有信息保护义务的主体范围。我国学者便提出,个人信息处理者并非任何主体,而应限于特定的范围。[1]GDPR 第 30.5 条也规定,个人信息控制者的范围中不包含雇员少于 250 人的经济主体或组织。我国实践中,尤其需要克以安全保障义务的个人信息处理者大致包括以下两类。

第一,线上经营主体。各类依托互联网开展商事经营的主体皆为线上经营主体。在《民法典》中,线上经营主体主要指网络服务提供者,即提供网络服务的主体。在《网络安全法》中,线上经营主体主要指的是网络运营者,即提供网络接入服务和管理服务的主体;在《电子商务法》中,线上经营主体主要指的是电子商务经营者,即提供电子商务平台服务和在平台上从事电子商务的经营者。虽然定义和范围有所差别,但只要他们依托互联网收集个人信息,以开展营业活动,就属于线上经营主体。尤其是在经济迭代转型、平台经济涌现之后,个人信息的收集、存储、使用、加工等行为基本上均由平台发起。网络平台相对于消费者的强势地位,加剧了个人信息自决权的侵害风险与个人信息的泄露风险。因此,提供基础性电子商务平台服务主体是当下需要特别规制的主体。

第二,国家机关与公共机构。国家机关与公共机构是当前另一类个人信息积极处理者。《个人信息保护法》专门设置了“国家机关处理个人信息的特别规定”,为国家机关设置了特殊的安全保护义务。除国家机关之外,公共企事业单位也在大量地收集和处理个人信息。虽然国家机构与个人处在不平等的法律管制之中,国家机关与公共机构的信息处理活动原则上应由行政法规范。但是,《个人信息保护法》具有鲜明的领域法特征,融合了与个人信息保护相关的公法与私法规范。因此,国家机关与公共机构也是承担《个人信息保护法》中安全保障义务的主体。

相反,无法采取安全保障措施的小型信息处理主体不宜确定为负有安全保障义务的个人信息处理者。例如,某大学生成立了一个小规模读书会,为了方便联络,收集了读书会成员的姓名、性别、联系方式、生日等个人信息。该大学生固然负有不泄露他人个人信息的义务,但他显然不具备进一步采取安全保障措施的实力,让他承担《个人信息保护法》第五章的信息保护义务不切实际。

二、信息处理者的义务

信息处理者对个人信息负有安全保护义务,这是个人信息安全的重要屏障。

---

[1]　参见姚佳:“论个人信息处理者的民事责任”,载《清华法学》2021 年第 3 期。

随着人工智能、数据爬取等技术的快速发展，个人信息被泄露、复制、窃取的风险越来越大。近年来，互联网黑客攻击和大规模个人信息窃取案件频发，信息窃取正在向批量化和规模化的方向发展，大量个人信息泄露导致人身财产受损严重，一些重要的数据信息甚至流向他国，信息安全威胁已经上升至国家安全层面。世界各国、各地区的相关立法均强调了这一点。我国《民法典》《个人信息保护法》《网络安全法》《电子商务法》《消费者权益保护法》等法律和多部行政法规也均对个人信息的安全保护义务作了规定。还应注意的是，个人信息处理者除了遵守《个人信息保护法》《数据安全法》等法律规定之外，还应当遵守和个人信息保护相关的其他法律文件。换言之，必要措施不等于"法律规定的措施"。在个人信息保护领域，个人信息保护的标准化文件（如《个人信息安全标准（GB/T 35273—2020）》）以及监管部门出台的管理性文件（如《常见类型移动互联网应用程序必要个人信息范围规定（国信办秘字〔2021〕14号）》）同样发挥极为重要的作用。根据上述法律规范，个人信息处理者应负担下列义务。

（一）不得泄露、篡改、非法提供的义务

信息处理者不得泄露或者篡改其收集、存储的个人信息；未经自然人同意，不得向他人非法提供个人信息。除了《民法典》《个人信息保护法》之外，《电子商务法》第25条第2句也作出了相应的规定。这个义务本质上是一种不作为义务。其中，泄露、篡改等行为属于广义上的个人信息处理，"向他人提供"既包括向不特定主体公开，也包括向特定人提供数据，另外，信息数据的技术处理、转让以及第三方接入，都使他人获得了获取该信息的渠道，在这种情况下也应当遵守相应的义务，需要适用知情同意的自主决定原则。在没有合法性基础的前提下，处理者的泄露篡改非法提供将违反其法定义务，不但要承担民事责任，造成严重后果的，还有可能承担刑事责任。

（二）采取必要措施的义务

信息处理者应当采取技术措施和组织措施，确保其收集、存储的个人信息安全，防止信息泄露、篡改、丢失。相较于上一个义务，这个义务本质上是一种作为义务。其中，技术措施针对的是第三人利用计算机病毒或其他手段攻击信息控制者的计算机系统，即由于信息处理者采取的安全技术手段不符合相关标准，而造成信息泄露毁损或丢失。它要求信息处理者为个人信息的存储提供必要的安全环境，例如，在电子商务环境中，平台应提供多重密码的设置机制、设置防火墙防止病毒入侵信息处理系统等。根据《个人信息保护法》第51条第3项，信息处理者还应当对个人信息采取加密和去标识化措施。在定向营销、数据库营销和商务智能分析的场景下，仅需要着重关注消费者的群体特征。[1] 因此，去除单个人的明确身份识别要素，避免个人信息泄露时个人被识别，可以降低个人信息使用传输和共享时的损害风险。另外，处理者在设计相关技术系统时就应该考虑到个人信息保护的需求，将二者融合起来，贯彻"经由设计的个人信息保护"的理念。

而组织措施则侧重于信息处理者的内部管理。例如，在电子商务环境中，平台及平台内经营者应详细记录信息处理的过程、目的及种类，详尽的信息记录不仅提高了处理者的合规水平，还方便了个人行使信息权利。再如，以个人信息处理为核心业务的处理者应任命个人信息保护官。信息保护官具有信息保护方面的专业知识和职业素养，负责日常地、系统地监督处理者的处理活动，确保处理活动合法进行。又如，处理者应开展个人信息保护风险评估。新研发的技术极易侵害个人的人权与自由，处理者必须事先评估新技术的潜在风险。如果不确定哪些新技术容易侵害个人权益而需要评估，处理者必须征求主管机关的相关意见。随着时间的不断成熟，主管机关可以逐渐形成需要评估的技术目录。[2] 采取必要组织措施的义务应涵盖事前、事中和事后的信息处理全流程。风险评估是典型的事前安全管理规则，记录义务、个人信息保护官制度以及合规审计侧重于对于个人信息处理活动的事中的陪同性控制，最小存储期限、目的实现后及时删除个人信息则是一种事后的安全管理策略。

在确定具体采取哪些措施时，可以结合各类措施的成本和个人信息的性质内容来具体判定和决断。敏感信息与非敏感信息对于安全技术措施的要求是不同的。对于个人敏感信息，处理者应当尽到更高的注意义务；对于非敏感信息，采取的安全措施可以适当放松。一些部门规章、规范性文件和国家标准也对个人信息安全的技术标准进行了详细的规定，如《信息安全技术 个人信息安全规范》第10条和第11条。

国家等级保护认证可以在一定程度上证明处理者尽到了安全保护义务。它由公安机关依据国家信息安全保护相关规范予以评定。在物理安全层面，处理者需要对其机房采取最基本的安全控制，防火、防潮，做好电磁防护，提升灾后数据恢复能力；在技术层面，处理者需要具备系统安全管理能力和恶意代码

---

[1] 参见张新宝："从隐私到个人信息：利益衡量的理论与制度安排"，载《中国法学》2015 年第 3 期。

[2] See Paul Voigt & Axel von dem Bussche：The EU General Data Protection Regulation: A Practical Guide，Springer 2017，p.4.

防范能力。获得国家等级保护认证需要经过处理者自行定级、申请公安机关备案、检测机构初评、依据差距分析和风险评估开展整改、检测机构复测并出具测评报告和公安机关监督六个环节。其中，五级国家等级保护为最高等级保护水平。[①]大部分电子商务经营者需要满足三级等级保护认证水平。在国际上，ISO27001：2013 也是广泛接受的信息安全领域的体系认证标准。

（三）补救、告知义务

发生或可能发生个人信息泄露、篡改、丢失的情况时，应当及时采取补救措施，及时告知个人和有关主管部门，启动网络安全应急预案，防止个人信息遭到进一步安全威胁，避免损害的进一步扩大。此处的数据泄露是指数据主体不愿意让外界知道的信息被外界知晓，实质上是违背个人意愿的不正当的数据传播。此处采取补救措施的及时性，需要考虑个人信息处理和传播的速度进行判断，确认采取的补救措施是否使损害最小化，《民法典》侵权责任编关于防止网络侵权所规定的删除、断开链接、屏蔽等措施都可以考虑采用。此处的告知或报告义务的具体形式、内容及要求，我国目前还没有具体的标准，按照相似情况相似处理的原则，此处可以类推适用信息处理者在处理前进行告知的形式要求，即信息处理者以可以理解的方式清晰、明确、全面地将相关危险情况告知当事人或主管机关。

三、大型电子商务平台在信息处理方面的特别义务

平台作为电子商务活动的重要支撑，其在个人信息保护方面的作用值得充分关注。通过不断更新平台数据安全管理文件，采用内部访问限制、数据加密、多重身份验证等措施，电子商务平台及平台内经营者可以持续地提高个人信息保护的技术水平和管理水平。下面重点阐述大型电子商务平台在个人信息保护方面的特殊义务。

（一）大型电子商务平台作为个人信息保护守门人的特殊地位

在电子商务生态系统中，一些信息处理者因掌握了底层技术架构或搭建了网络生态运营环境而处于关键地位。例如，电子商务所依赖的电商应用程序都需要在特定的操作系统上运行，操作系统为应用程序设置文件访问权限、分配硬件的运算资源，如果没有操作系统的许可，应用程序几乎无法完成任何操作。在操作系统与应用程序之间，操作系统扮演了权限控制者的角色。无论是Windows 系统、MacOs 系统，抑或是移动设备终端的安卓系统、iOS 系统都起

---

① 参见《信息安全等级保护管理办法》。

到了底层技术架构的作用。再如，移动设备终端的应用商店发挥了移动应用程序推荐、下载、收费的功能。出于系统一体性和安全性的考虑，应用商店会严格审查移动应用程序的安全性。有的应用商店，如苹果的 Appstore 甚至会从应用程序购买交易中收取一定比例的服务费。由此可见，应用商店对于移动应用程序触及用户发挥了至关重要的审核与过滤作用。再如，小程序在移动互联时代迅速兴起。微信、百度、今日头条等应用程序都可以内嵌其他主体开发的小型应用程序。小程序开发简便、即开即用，并且搭乘热门应用程序的流量快车快速地占领了市场，满足了用户的场景化需求，深入地挖掘了用户的潜在商业价值。应用程序为小程序提供流量支持和技术标准，并共享应用程序已获取的用户个人信息，帮助小程序运营者快速获客。由此，应用程序之于小程序运营者而言处于控制者与监管者的地位，可谓掌握了小程序命运的生杀大权。又如，电子商务平台经营者不仅为平台内经营者提供交易撮合、信息发布乃至履约管理等服务，还决定了平台内部的经营规则，有权监督平台内经营者遵纪守法，甚至在特定情形下有权对平台内经营者的行为施加处罚。《电子商务法》明确认可了这种事实状态的合法性。电商平台同样主宰着平台内经营者的命运。

上述四个例子中，操作系统开发者、应用商店运营者、小程序平台管理者以及电子商务平台都通过创造技术环境或运营环境建构了电子商务生态系统。这些主体有实力也有意愿影响电子商务生态系统中的其他主体。学理上称这些主体为互联网生态系统的守门人。[①]因具有特别的影响，法律为它们施加了特别的义务。

（二）大型电子商务平台承担特别义务的理据

在电子商务治理中，单靠行政力量难以发挥良好的监管效果，需要运用协同治理、共同监管思路，提升监管的效能。因此，大型电子商务平台在一定程度上扮演了准监管者的角色。为其设置特别义务，本质上是赋予其监管平台内经营者的权力。这种赋权的正当性体现在下四个方面。

第一，电子商务经营者数量众多，执法监督的人手、资金和技术实力有限，力量薄弱，难以做到全面覆盖。根据商务部的统计，截至 2020 年 12 月末，我国电子商务类移动应用程序数量达 34 万款，从业人数达 6015.33 万人，[②]而公安

---

① 参见张新宝："互联网生态'守门人'个人信息保护特别义务设置研究"，载《比较法研究》2021 年第 3 期。

② 参见商务部：《中国电子商务报告（2020）》，http://dzsws.mofcom.gov.cn/article/ztxx/ndbg/202109/20210903199156.shtml，最后访问日期：2022 年 6 月 15 日。

部等部门在历次专项行动中监测评估的应用程序累计仅 5 万款，[①]大量电子商务应用程序和从业人员散佚在监管范围之外。如此多的移动应用程序和从业人员难以通过短时间的运动式执法得到有效治理。传统监管语境下逐一评估、个别监管的模式难以有效应对电子商务规模海量增长的局面。

第二，行政执法监管具有较强的回应性和滞后性，难以及时发现电子商务应用程序的最新问题。近年来，电子商务应用程序过度采集个人信息，未经授权即偷偷开启用户手机的录音机或摄像头，私自读取、上传甚至删除用户设备内的文件，向用户大量推送广告，广受群众诟病。这些问题发酵了很长时间之后才得到政府的关注与重视。而当行政监管部门开始下大力气打击上述问题时，新的问题往往早已产生。行政监管疲于奔命，效果甚微。

第三，电子商务平台在个人信息保护监管方面具有更强的技术实力。上文已述，电子商务平台通过底层技术架构和生态运营环境控制了一众平台内经营者，可以在技术与运营层面更高效地规范、管控和治理有关个人信息的违法行为。例如，平台内经营者违法收集用户个人信息的行为，可以通过电子商务平台的技术监督机制更快速地发现。行政监管往往也需要参考产业界编写的技术规范文件，确定监管执法的标准。因此，行政执法必须与产业界通力合作，多元治理便应运而生。

第四，设置特别义务符合风险控制理论。风险控制理论认为，现代社会中侵权责任的归责原则已经转变为风险收益与风险控制。引起风险的人、有实力控制风险的人以及从风险中获益的人应当为风险事件负责。这既有利于减少风险事件，又有利于敦促有实力者采取风险防范措施，同时也符合收益与责任相一致的朴素正义观念。大型电子商务平台搭建了电子商务生态系统，本质上就创造了一个巨大的个人信息侵害风险源；大型电子商务平台拥有技术实力和运营实力，有能力控制个人信息风险事件的发生；同时，大型电子商务平台从平台经营中赚取了巨额利润。因此，理应为它们克以特别的安全保障义务。

（三）大型电子商务平台特别义务规范的适用

基于上述原因，《个人信息保护法》第 58 条对大型互联网平台规定了特别的信息保护义务，该义务当然适用于大型电子商务平台。在这则条文中，义务主体的界定、义务内容的解释以及义务性质的确定都值得研究讨论。本书结合

[①] 参见公安部：《APP 违法违规收集使用个人信息专项治理报告（2019）》，http://www.ahwx.gov.cn/wlaq/202007/P020200728325391015502.pdf，最后访问日期：2022 年 6 月 15 日。

电子商务的场景，讨论该条文对于大型电子商务平台的具体适用。

1. 义务主体的界定。提供重要的平台服务、用户数量巨大、业务类型复杂的电子商务平台是义务主体。其中，平台服务的重要性主要从服务的普适性角度判断，小众的服务涉及的用户数量少、影响也小；用户数量巨大考虑了电子商务平台的影响力，海量的用户规模给电子商务平台带来了极大的经济利益和社会影响力；业务类型复杂考虑了电子商务平台的网络效应，一个平台如果同时具有社交、游戏、娱乐、金融等多项业务，往往会形成一个极具用户粘性的网络生态系统，使电子商务平台的网络效应凸显；这样的主体更有实力承担特别的义务。

《个人信息保护法》的标准是抽象的，在实践中需要下位规范予以细化。2021 年 11 月，市场监督管理总局发布了《互联网平台落实主体责任指南（征求意见稿）》，要求超大型平台额外承担公平竞争示范、平等治理、开放生态、数据管理、内部治理、风险评估、风险防控、安全审计、促进创新等九项责任。其中，超大型平台被界定为上年度活跃用户不低于 5000 万且市值（估值）不低于 1000 亿人民币、具有表现突出的主营业务、具有较强的限制平台内经营者接触用户能力的平台。显然，超大型平台的界定可以对《个人信息保护法》中负有特别义务的处理者提供参考。

不过，数字经济与信息社会日新月异，具体的数量标准可能会随着技术发展和商业模式创新而很快过时。在设定量化标准的同时，应该为未来发展预留空间。是故，上述量化标准应该定期核查更新，以符合形势的快速发展。市场监管总局在上述部门规章中应调整义务主体界定的方法，避免明确在规章中列明具体的量化指标，而应规定具体指标由市场监管总局另行颁布通知确定，并且定期（如每半年）对上述指标进行调整。再者，应考虑被监管主体的发展势头，进行适度的前瞻式监管。电子商务经营者的发展势头都比较迅猛，一家小型电子商务公司可能在短短几个月内就成长为一家大型的独角兽企业。有的小企业在达标之前就已经占据了电子商务的关键地位，但是量化标准可能将这类平台遗漏在外。对此，应授权市场监管总局公布超大型平台名单，实施目录管理。凡在目录中的企业都具有超大型平台的地位，该目录定期更新。这样可以解决量化指标前瞻性不足的问题。

2. 义务内容的解释。按照《个人信息保护法》第 58 条，超大型电子商务平台在个人信息保护方面的特别义务包括以下四部分内容：

第一，按照国家规定建立健全个人信息保护合规制度体系，成立主要由外部成员组成的独立机构对个人信息保护情况进行监督。《个人信息保护法》《移动互联网应用程序个人信息保护管理暂行规定》《信息安全技术 个人信息安全规范》等法律、部门规章和国家标准对企业的个人信息保护合规做出了明确的指引，平台应按照上述指引建立健全个人信息保护合规体系。徒法不足以自行，上述体系还需要专门的机构监督才能运行。为了避免利益冲突，该条款特别规定由外部成员组成独立机构进行监督。类似于公司的独立董事，判断监督机构成员是否具有外部性时，可以考虑该成员与公司是否存在雇佣关系，以及与公司实际控制人、董事、高管是否存在亲属关系。

第二，遵循公开、公平、公正的原则，制定电子商务平台规则，明确平台内经营者处理个人信息的细则。电子商务平台对平台内经营者享有管理权限，平台可以制定管理规则为平台内经营者设定义务，化解平台内的纠纷。传统的平台规则主要关注电子商务合同订立、履行及违约责任等内容。《个人信息保护法》借助平台规则这个有力工具，将个人信息保护义务嵌入其中。有了明确的平台规则，平台内的用户也可以依据平台规则自行维护个人信息权益。为了强化个人信息的周到保护，平台规则不可以放松或调低法定的保护标准，但可以严格或调高法定标准。

第三，停止向严重违反法律、行政法规而处理个人信息的平台内经营者提供服务。作为平台管理的惩戒性手段，平台可以拒绝或停止向平台内经营者提供服务。该条款在解释适用时应注意以下三个要点：其一，平台惩戒应注意遵守比例原则，只有严重违反个人信息保护义务的经营者才可以被施以惩戒，轻微违法的经营者不得施加停止提供服务的惩罚。平台所采取的惩戒措施应当与经营者的违法性、危害性相适应，切忌采用过于严重的手段。其二，平台只能处以停止提供服务的惩戒，不能采取罚款、吊销营业执照、责令关闭等行政措施，后者只能由行政机关行使。有时，平台与平台内经营者会约定，违法的平台内经营者应缴纳违约金。此时，应考察平台是否会因平台内经营者违法而承担连带责任，以此判断这种违约金条款的效力。其三，停止提供服务应具有期限。按照字面含义，停止既有临时中断之意，又有永久终止之意。如果平台内经营者因个人信息违法而被永久终止了营业资格，则违反了比例原则的基本要求，而且对保护个人信息也没有太强的促进作用。

第四，定期发布个人信息保护社会责任报告，接受社会监督。按照《公司法》第5条，公司应主动承担社会责任，定期发布社会责任报告，接受社会监督。个人信息保护涉及电子商务平台与平台消费者之间的关系，后者作为平台的利害关系人，理应得到企业社会责任的保护。企业应以何种频率、以何种渠道发布社会责任报告？这个问题没有具体的规定。基于个人信息保护的社会责任报告与上市公司投资者保护报告之间的相似性，可以类似地设置年报、半年报、季报等报告期。为了方便个人信息保护责任报告的管理，主管部门可以建设统一的报告公示系统，供电子商务平台在其上发布报告。

3. 义务性质的辨析。超大型电子商务平台与平台内的经营者、消费者都属于私主体，其面向后者承担的义务原则上属于私法义务。但从上文分析可知，超大型电商平台在一定程度上承担了类似于行政主管机关的角色。那么，上述义务的性质究竟是什么呢？本书认为，该义务同时具有公法义务与私法义务的性质。个人信息面临的威胁呈现了大规模、高频次、群体性的特点，传统依靠自然人个体维权的思路难以有效地救济个人信息侵权。[1] 由此，私法上的个人信息保护问题需要行政法的积极介入。同环境法、消费者保护法类似，个人信息保护法也呈现出了公私法融合的特征。是故，超大型平台的特殊义务同样沾染了公私法融合的特质。

在公法方面，特殊义务是代理式监管思路下的第三方义务。由上文论述可知，电子商务时代的个人信息保护，面临着案件数量多、技术要求高的难题，单凭行政机关的力量根本无法有效应对。由政府指定有能力的私主体收集执法信息、甚至采取经授权的必要措施，政府机构和适格的私主体通力合作，就形成了代理式监管。[2] 在这种监管模式下，平台的合作监管既是义务又是权限。为了更好地行使监管权力、履行监管义务，平台应对平台内经营者的信息收集活动进行审查，为用户设计投诉和反馈渠道，向执法机关报告执法线索，警告违法违规的经营者，要求其整改。

在私法方面，特殊义务是平台对消费者承担的规格更高的个人信息保护义务。作为个人信息的处理者，法律本来就为电子商务平台设定了安全保障义务。不仅如此，超大型电子商务平台作为电子商务生态空间的管理者，还有义务对个人负担更高规格的安全保障义务。特别义务的私法性质有两方面的规范启示。其一，特殊义务作为私法义务有被合同加以排除的风险。对此，格式合同的严格审查可以起到防控作用。超大型平台排除或减轻自己的特殊义务的，应被认定为反公平原则与诚信原则而无效。其二，特殊义务作为私法义务可能引致民事责任。如果超大型平台未对平台内经营者采取有效的审查、警告、整改、停服等管理措施，就违反了对用户的特殊义务。用户若因此遭受损失，可以要求超大型平台承担连带侵权责任。

---

① 参见周汉华："个人信息保护的法律定位"，载《法商研究》2020年第3期。
② 参见王锡锌："个人信息国家保护义务及展开"，载《中国法学》2021年第1期。

四、侵害个人信息的损害赔偿责任

《个人信息保护法》第 69 条确定了个人信息侵权的特殊归责原则——过错推定原则以及损害赔偿的特别认定方法。在实践中，加害行为、损害后果与因果关系的判断也会出现疑难，下面按照侵权责任构成要件与法律后果的体系加以阐述。

（一）构成要件

根据《民法典》的规定，普通侵权责任需要符合 4 个构成要件：侵权行为、损害后果、行为与后果之间的因果关系以及过错。《个人信息保护法》对侵害个人信息的侵权责任采取了特殊的过错推定原则，这与普通侵权责任有所不同，其合理性在于个人相比于信息处理者在举证能力上处于劣势。过错推定责任是一种特殊的过错责任，原则上也需要符合侵权行为、损害后果、因果关系三项要件，下面对这些要件分别进行介绍。

1. 行为。个人信息处理者运用技术手段实施大数据处理，其侵害个人信息的行为具有大规模侵害性、技术相关性的特点。具体而言，包括如下行为类型：

第一，不当处理行为。不当处理包括不当收集和不当使用。不当收集指的是违反了法定的收集条件与程序的行为。例如，野生动物园收集游客的人脸信息没有正当、合理的目的，入门安检完全可以采用其他方式，没有充分的必要性。因此，违反法律规定的个人信息收集行为就是典型的侵害个人信息权益的行为。不当使用指的是超出了收集目的范围的使用行为。个人信息处理者收集的个人信息应当在明确合理的目的范围内使用，如果未经同意另作他用，则属于不当使用。

第二，信息泄露行为。例如，在"东航个人信息泄露案"中，[①]旅客在订票后，又收到了其他主体发来的列明其姓名、航班号的短信。这显然存在着信息泄露。加害行为需要由受害人证明，但是泄露行为发生在信息处理者处，个人通常无从知晓，而且举证十分困难。另外，泄露行为不仅侵害了个人信息，还可能侵害个人隐私。相比于不当收集行为而言，它的社会危害性更加严重。因此，泄露行为的证明标准可以适当地降低，个人只需举出初步证据，如信息处理者曾收集过其个人信息、随后不久就接到了垃圾信息或骚扰电话等。信息处理者可以反证自己没有泄露行为。当然，个人信息泄露往往是大规模侵权案件，信息泄露行为存否的证明相对比较容易。

---

① 案情参见"庞理鹏与北京趣拿信息技术有限公司等隐私权纠纷案"，北京市第一中级人民法院（2017）京 01 民终 509 号民事判决书。

2. 损害。任何因违反个人信息保护规范而导致自然人遭受的损害都属于此处的损害，自然人都有权从处理者处获得赔偿。这里的损害既包括物质性损害，也包括非物质性损害。在实践中，物质性损害比较少见，在黑市上一条个人信息可能仅仅价值几分钱。个人受到的更多是人身财产安全遭到风险暴露，以及由此产生的不安和焦虑。对于这类非物质性损害可否得到赔偿，虽然理论上一直比较慎重，但我国和域外的法院都出现了赞同的观点。[①] 究其法理，个人信息侵害本质上侵犯了自然人对自己个人信息的控制权，虽然个人信息不属于绝对权，但个人信息控制权与人格完整性不可分离，对个人信息的侵害就是对个人人格完整的侵害。因此，因个人信息侵害产生的非物质性损害也具有赔偿的基础。

但是，为了防止个人滥诉，影响信息处理者的正常活动与运营，必须对不具有显著性和客观性的损害赔偿进行限制。此处的显著性又称严重性，指的是非物质性损害需要达到一定的严重程度。过于宽泛的损害赔偿范围将导致信息处理者的赔偿漫无边际，严重干涉信息处理者的行为自由。客观性指的是损害必须是已经发生的或即将发生的，而不是臆测或妄想的结果。例如，用于注册信用卡的身份信息泄露不一定必然导致信用卡被盗刷，信用卡发卡银行通常会建立严密的防盗刷体系，用户发现信息泄露后可以立即采取换卡、挂失、修改密码等措施，并通知银行警惕用相同身份信息前来注册信用卡的可疑人员。[②] 在这种情况下，单纯的身份信息泄露不会必然导致信用卡财产损失，原告所声称的这种损失就没有客观性。损害通常需要自然人自行证明。

3. 因果关系。因果关系即处理者的加害行为与自然人的损害后果之间引起和被引起的关系。当存在多个信息处理者时，受害人往往难以证明哪个主体的行为才是导致损害发生的真正原因。例如，在申瑾与支付宝网络技术有限公司侵权责任纠纷案中，携程平台为了帮助用户订票收集了原告的个人信息，按照业务流程随即共享给了中航信公司与东航公司，是否发生了信息泄露。此时，原告很难证明自己的信息究竟是在哪个环节泄露的，便无法证明加害行为与损害后果之间的因果关系。在《个人信息保护法》颁布之后，第 20 条的"共同处理者承担连带责任"的规定也可以解决上述问题。上述携程、中航信与东航公司共同决定了原告信息的处理目的——订票，他们三者搭建技术平台交换信

[①] 支持的判决，例如赵鹏与杨喜东等隐私权纠纷案，北京市朝阳区人民法院民事判决书（2018）京 0105 民初 9840 号；Spokeo v Robins，136 S. Ct. 1540（2016）；等等。

[②] See Alleruzzo v. SuperValu, Inc. No.18-1648 (8th Cir. 2019).

息、沟通资讯共同决定了个人信息的技术处理方式，应当被认定为个人信息的共同处理者，按照法律规定应当承担连带责任。在信息处理者不属于共同处理者的情况下，例如，某甲经常在不同的网络平台购物，后来发现自己的手机号码泄露，经常收到推销信息，但无法具体判断哪一家平台泄露。这种情况下，学者主张适用无意思联络共同侵权的法理解决。[①] 即这些酒店的信息收集行为共同给某甲的个人信息带来风险，他们可以反证自己采取安全与技术措施的情况以及相关行为对信息泄露的因果力，按照各自的因果力承担责任；如果无法证明的，则承担连带责任。

4.过错。过错描述的是行为人做出侵权行为时的主观状态，在民法上，故意和过失都可以构成过错。因侵权责任是否需要具备过错要件，侵权责任可以区分为过错责任、过错推定责任和无过错责任。这三种归责原则对于被侵权人和行为人的利益倾向显著不同，现代社会中大规模工业侵权普遍采用过错推定责任和无过错责任。《个人信息保护法》第69条便采取了过错推定的归责原则，信息处理者不能证明自己没有过错的，应当承担侵权责任。过错推定责任本质上依然是过错责任，法院依然需要考察过错要件是否成立，由于故意的过错程度更高且在个人信息侵权中相对容易证明，所以由信息处理者反证自己没有过失往往成为法庭上争议的焦点。在现代侵权法中，过失的认定因法经济学思想的浸入而逐渐客观化。法院习惯于分析行为人履行义务的成本与损害发生的风险之间的成本收益关系。当前者大于后者时，法院倾向于认定行为人无过失。所以，法院在过错的判定上可以着重考察信息处理者在采取安全措施和技术措施方面是否达到了法律的要求。如果已经达到了法律的要求，但黑客技术过于高超，那么可以认定信息处理者没有过错。

（二）法律后果

个人因个人信息侵权所遭受的损失与普通侵权存在较大差异，主要表现在个人受到的损害往往是非直接损害与非物质损害，毕竟单条个人信息的价值通常不高。如果个人未因信息泄露而额外遭受人身与财产损害，能否主张侵权责任呢？对此，如当事人能够证明自己受到了精神损害，当然可以请求侵权的信息处理者承担恢复名誉、消除影响、赔礼道歉等民事责任。但是，能否请求损害赔偿则有较大的疑问。原则上，如果有以金钱化方式弥补非直接损害与非物质损害的必要的，可以给予损害赔偿的救济。在实践中，可以将下列损害认定为赔偿范围。

---

① 参见程啸、阮神裕："论侵害个人信息权益的民事责任"，载《人民司法》2020年第4期。

第一，信息泄露后，自然人为了防止损害的扩大采取补救措施而支出的成本可以要求赔偿。如个人信息遭泄露的个人为了更换相关的设备、更改相关的账户甚至购买相关保险所花费的费用就可以要求获得赔偿。

第二，个人信息泄露后，个人遭到的精神压力如果获得医学上的证明，也可以获得赔偿。例如，个人的电话号码被泄露后，可能遭受电话骚扰，从而感到心意烦乱、愤怒不安，生活安宁被打破，出现了焦虑的症状。这些损害就可以获得赔偿。

第三，信息处理者往往通过非法的信息利用获取了大量的利益。《个人信息保护法》第 69 条因此规定，个人信息损害赔偿责任按照个人所受损失或信息处理者因此获得的利益计算，上述计算方法仍然难以确定损害赔偿金额的，则根据实际情况确定赔偿数额。是故，个人可以将信息处理者的非法获益作为损害赔偿额加以请求。

【思考题】

1. 简述个人信息与隐私、数据的关系。
2. 简述个人信息权的权能。
3. 简述敏感个人信息的界定标准及处理规则。
4. 论述个人信息处理与保护的基本原则。
5. 论述电子商务环境中信息处理者的主要义务。

【拓展阅读】

1. 龙卫球："数据新型财产权构建及其体系研究"，载《政法论坛》2017 年第 4 期。

2. 程啸："论大数据时代的个人数据权利"，载《中国社会科学》2018 年第 3 期。

3. 孟涛："基于'丰鸟数据之争'的数据财产的法律属性与保护路径"，载《大连理工大学学报（社会科学版）》2019 年第 2 期。

4. 朱晓娟："论跨境电商中个人信息保护的制度构建与完善"，载《法学杂志》2021 年第 2 期。

5. 郑佳宁："数字经济时代数据财产私法规制体系的构塑"，载《学术研究》2021 年第 6 期。

6. 孔祥俊："商业数据权：数字时代的新型工业产权——工业产权的归入与权属界定三原则"，载《比较法研究》2022年第1期。

7. 赵精武："从保密到安全：数据销毁义务的理论逻辑与制度建构"，载《交大法学》2022年第2期。

8. 申卫星："数字权利体系再造：迈向隐私、信息与数据的差序格局"，载《政法论坛》2022年第3期。

9. 王茜："商法意义上的数据交易基本原则"，载《政法论丛》2022年第3期。

10. 郑佳宁、吴悠然："论数据交易类型化与规范准则"，载《月旦法学》2022年第11期。

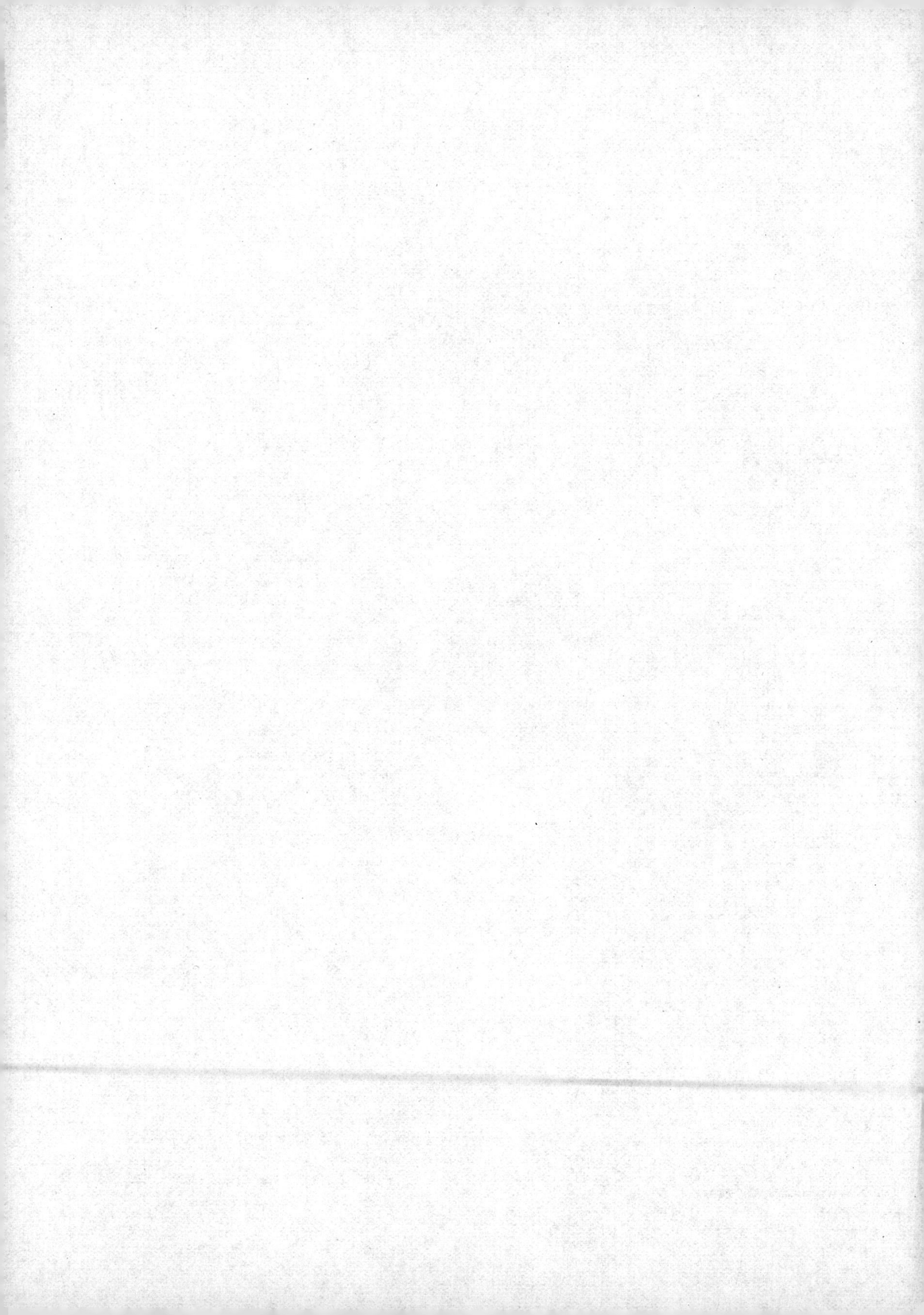